/// SS COVWR ILLUST ///

MURAKARUKI

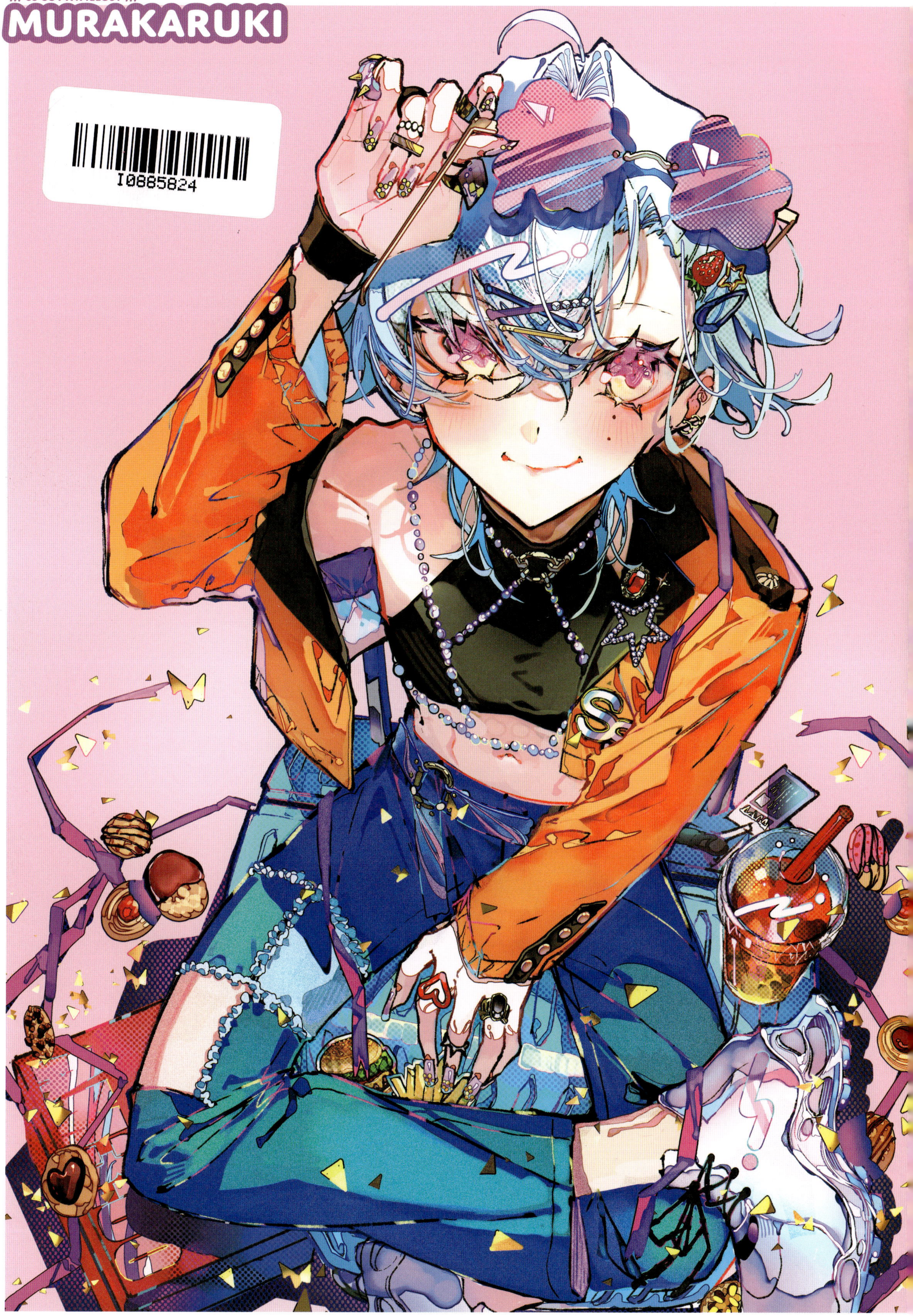

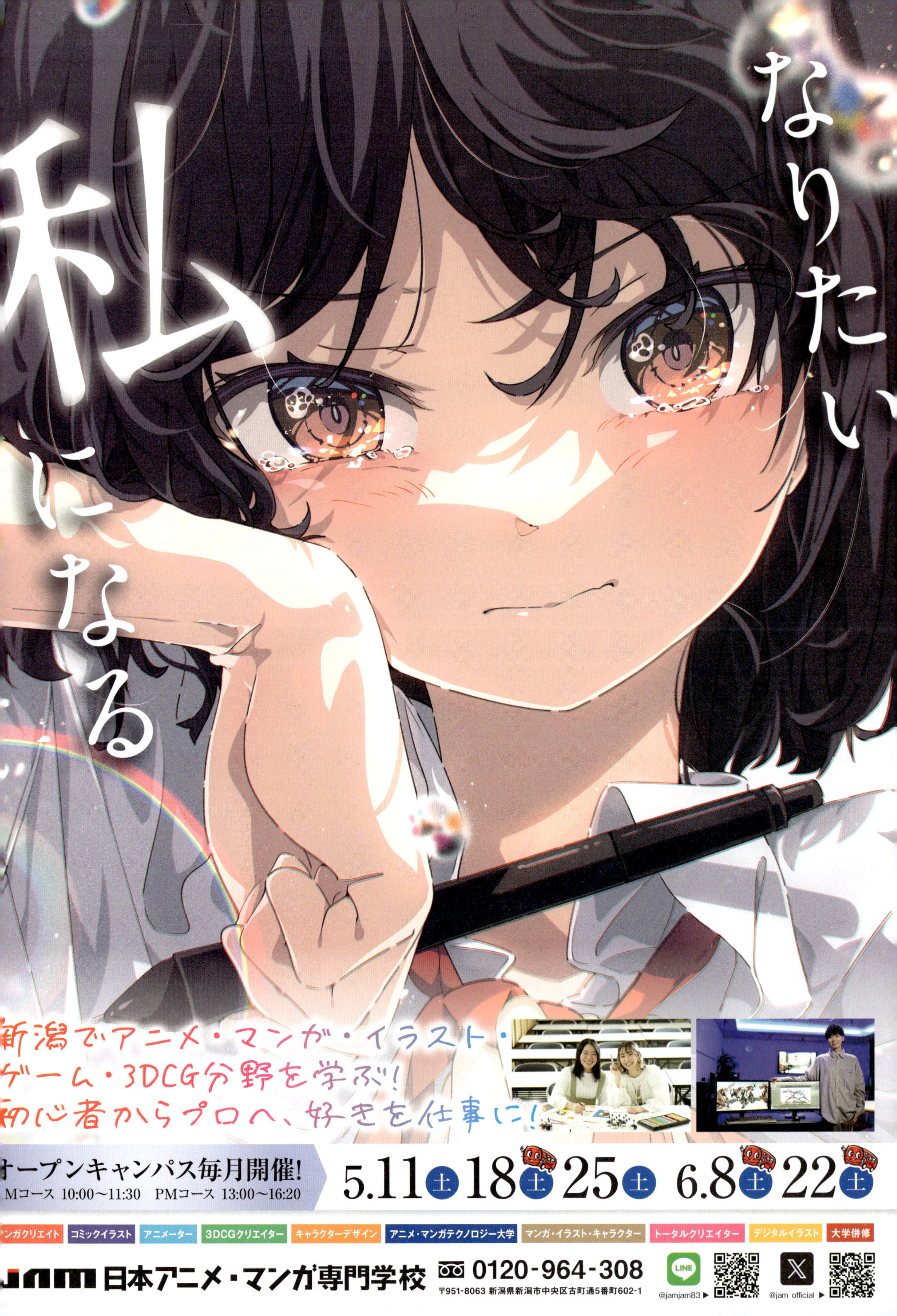
なりたい
私になる
新潟でアニメ・マンガ・イラスト・
ゲーム・3DCG分野を学ぶ！
初心者からプロへ、好きを仕事に！
ープンキャンパス毎月開催!
Mコース 10:00〜11:30 PMコース 13:00〜16:20
5.11土 18土 25土 6.8土 22土
ンガクリエイト
コミックイラスト
アニメーター
3DCGクリエイター
キャラクターデザイン
アニメ・マンガテクノロジー大学
マンガ・イラスト・キャラクター
トータルクリエイター
デジタルイラスト
大学併修
JAM 日本アニメ・マンガ専門学校
0120-964-308
〒951-8063 新潟県新潟市中央区古町通5番町602-1
LINE
@jamjam83
@jam official

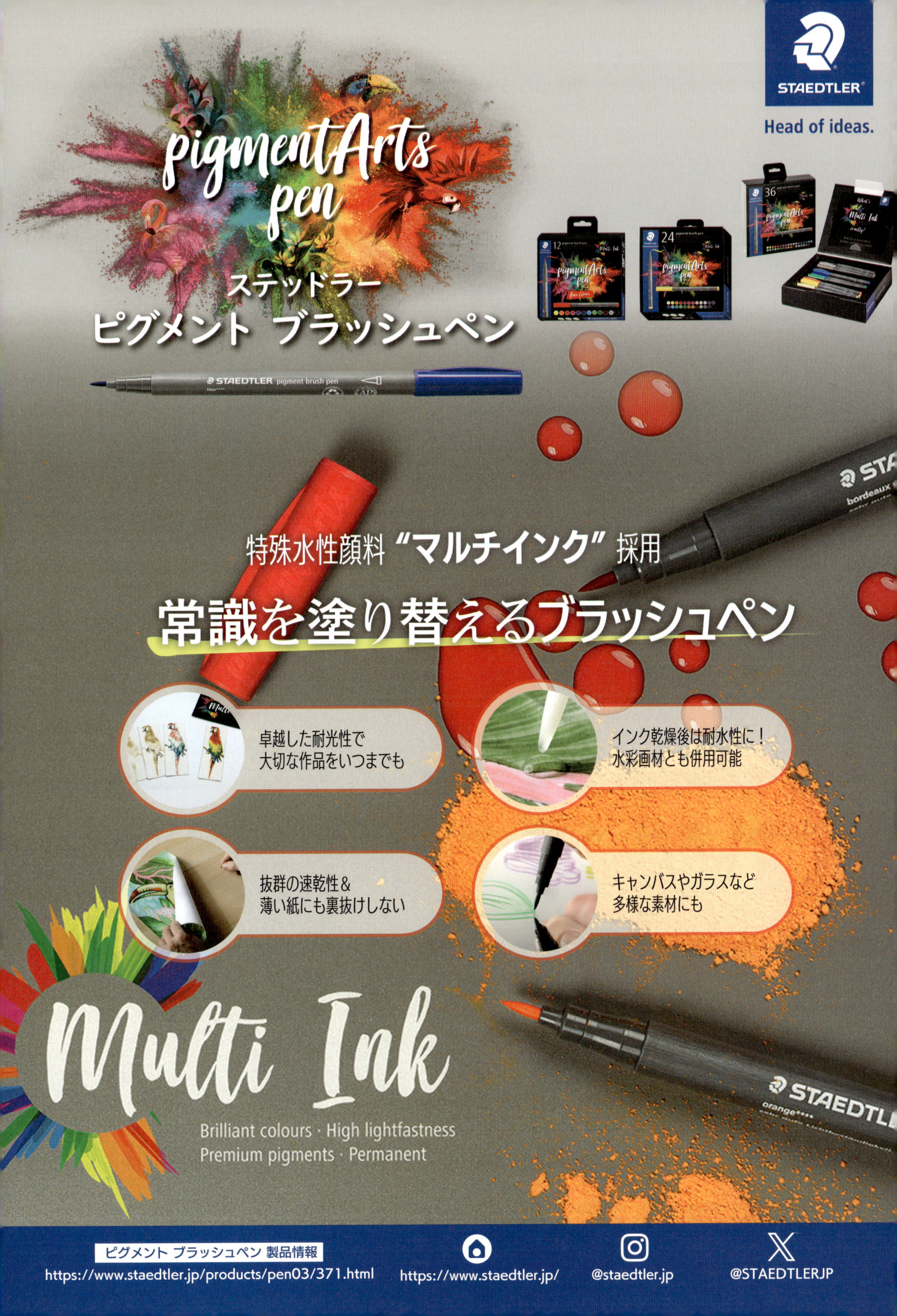
STAEDTLER
Head of ideas.
pigmentArts pen
ステッドラー
ピグメント ブラッシュペン
特殊水性顔料 “マルチインク” 採用
常識を塗り替えるブラッシュペン
卓越した耐光性で
大切な作品をいつまでも
インク乾燥後は耐水性に！
水彩画材とも併用可能
抜群の速乾性＆
薄い紙にも裏抜けしない
キャンバスやガラスなど
多様な素材にも
Multi Ink
Brilliant colours · High lightfastness
Premium pigments · Permanent
ピグメント ブラッシュペン 製品情報
https://www.staedtler.jp/products/pen03/371.html
https://www.staedtler.jp/
@staedtler.jp
@STAEDTLERJP

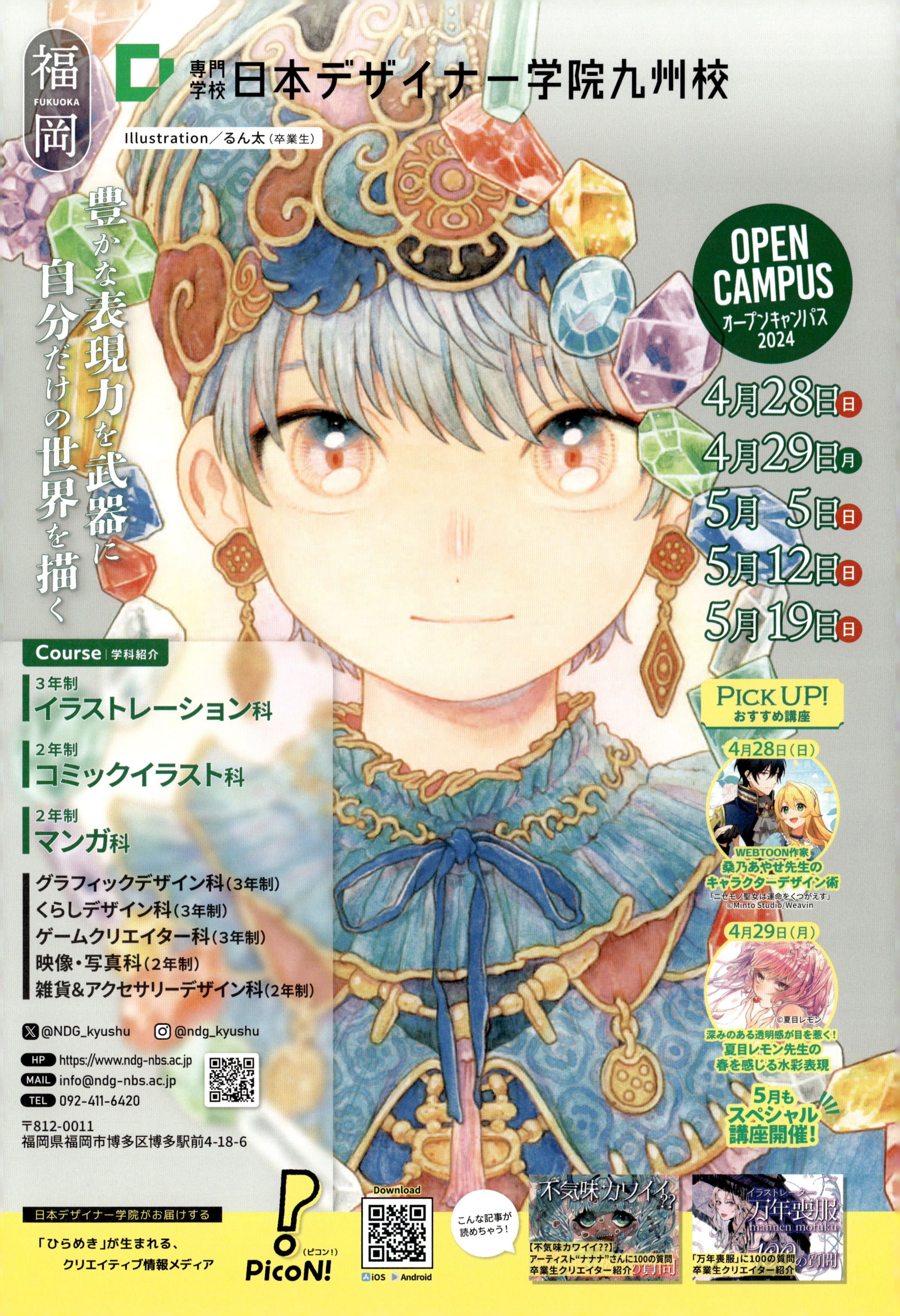

福岡
FUKUOKA
専門学校 日本デザイナー学院九州校
Illustration／るん太（卒業生）
豊かな表現力を武器に
自分だけの世界を描く
OPEN CAMPUS
オープンキャンパス
2024
4月28日 日
4月29日 月
5月 5日 日
5月12日 日
5月19日 日
Course | 学科紹介
3年制
イラストレーション科
2年制
コミックイラスト科
2年制
マンガ科
グラフィックデザイン科（3年制）
くらしデザイン科（3年制）
ゲームクリエイター科（3年制）
映像・写真科（2年制）
雑貨&アクセサリーデザイン科（2年制）
@NDG_kyushu
@ndg_kyushu
HP https://www.ndg-nbs.ac.jp
MAIL info@ndg-nbs.ac.jp
TEL 092-411-6420
〒812-0011
福岡県福岡市博多区博多駅前4-18-6
PICK UP!
おすすめ講座
4月28日（日）
WEBTOON作家
桑乃あやせ先生の
キャラクターデザイン術
「ニセモノ聖女は運命をくつがえす」
©Minto Studio/Weavin
4月29日（月）
©夏目レモン
深みのある透明感が目を惹く！
夏目レモン先生の
春を感じる水彩表現
5月も
スペシャル
講座開催！
日本デザイナー学院がお届けする
「ひらめき」が生まれる、
クリエイティブ情報メディア
PicoN!（ピコン！）
Download
iOS Android
こんな記事が
読めちゃう！
不気味カワイイ??
【不気味カワイイ??】
アーティスト“ナナナ”さんに100の質問
卒業生クリエイター紹介
イラストレーター
万年喪服
mannen mofuku
「万年喪服」に100の質問
卒業生クリエイター紹介

CONTENTS

巻頭イラスト

16 月鈴蘭／白ノ／塔野アカリ／雨図／はむメロン／マッペ

イラストメイキング・講座

22 「村カルキ」表紙イラストメイキング／画材：CLIP STUDIO PAINT

27 「村カルキ」インタビュー

32 「相楽ちと」コピック

36 「香琳」ステッドラー ピグメントブラッシュペン

40 「夏目レモンの色んな画材をつかってみよう！」アムステルダム アクリリックカラー 編

44 「しいろ&明日見ゆうら」CLIP STUDIO PAINT初心者講座 デジタルイラストを完成させよう 編

48 七神マナ先生と一緒に描く100円ショップお絵かきチャレンジ

52 対談「くりゅう×南野葵」

56 インタビュー「アンファン・テリブル｜ゆめ（前編）」

SS学園

60 SS学園通信・描き下ろし（ハモンド華麗／香琳／こけし／鴉堂）

67 「SS学園」投稿コーナー

イラスト連載

71 友風子『汐風便り vol.38』

72 七神マナ『あなたの可哀想なおんなのこ 24人目』

カラーイラスト投稿コーナー

73 Sky Sフリー

111 Sky Sテーマ「お気に入りの衣装」

120 お絵描き合宿開催のおしらせ

121 エスレア（和桜恋／豚骨先生）

122 S Search

モノクロイラスト投稿コーナー

123 Sea S Sense

130 Sea S Select「お気に入りの衣装」

134 Sea S Story

137 Sea S Stage

140 Sea S Something

142 Sea S Say

147 うちのこ倶楽部

152 男子部「スーパークロップ男子」ナビゲーター：上ノ句

155 女子部「スーパークロップ女子」ナビゲーター：劣性遺伝

158 SS恋愛部

160 SS投稿の次号応募要項

161 アンケートハガキ

スモールエス 2024 Vol.77
SS第77号／2024年6月1日発行
年4回発行（1,4,7,10月発売）

COVER 村カルキ

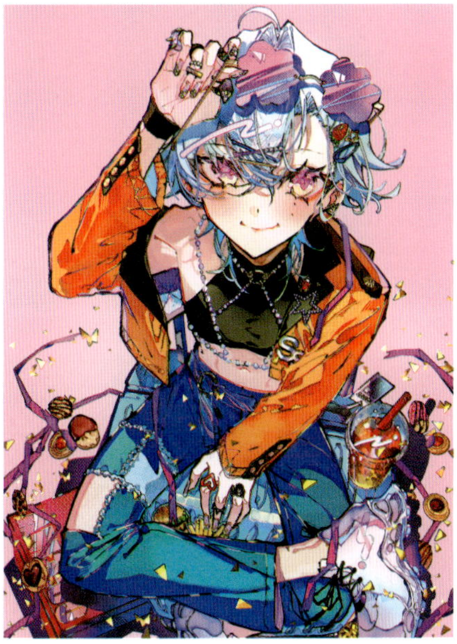

今号のえす丸背表紙

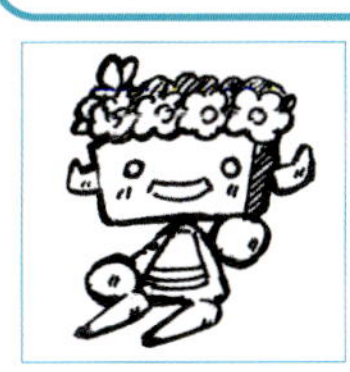

SSの背表紙に掲載されるえす丸は投稿イラストのなかから採用しています！今号は【神奈川県・外側ゆーこ】さんが描いてくださった、春にぴったりの花冠をつけたえす丸です。可愛いお花が蝶々も気になるようですね✿*+ɛïɜ*

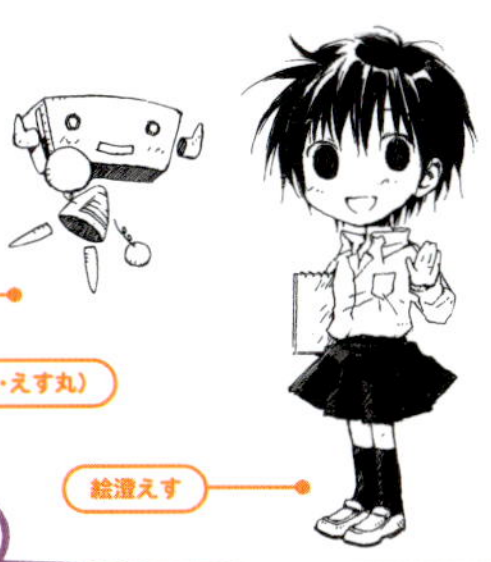

SS ナビゲーター キャラクターデザイン：水谷ゆたか

STAFF

Editor-in-Chief
天野昌直

Editor
高橋祐美
水谷文香
草野友美加
中村穂乃香

Design
佐々木弥生

Support Staff
斉藤真子
紺野恵未
今井野乃歌
大城麻優美
篠田侑里
新井日和

Public Relations
杉本歩美

Publisher
三芳寛要

Printing Director
加藤弘貴（広済堂ネクスト）

●発売＝株式会社 パイ インターナショナル
〒170-0005
東京都豊島区南大塚2-32-4
TEL：03-3944-3981（代表）

●制作＝株式会社 パイ インターナショナル　エス編集部
〒150-0041
東京都渋谷区神南1-13-3アーク神南ビル2F
TEL：03-6455-0223（編集部直通電話）

●印刷＝株式会社広済堂ネクスト

PIE International Inc.
2-32-4 Minami-Otsuka, Toshima-ku, Tokyo 170-0005
email international@pie.co.jp
www.pie.co.jp/english

Printed in Japan

SSは季刊エスの「妹」雑誌です。小さなＳでスモールエス。1号目はSS(エスエス)と表記してましたが、正式名はスモールエス。通称はこれまで通りSS(エスエス)です。よろしくお願いします〜。

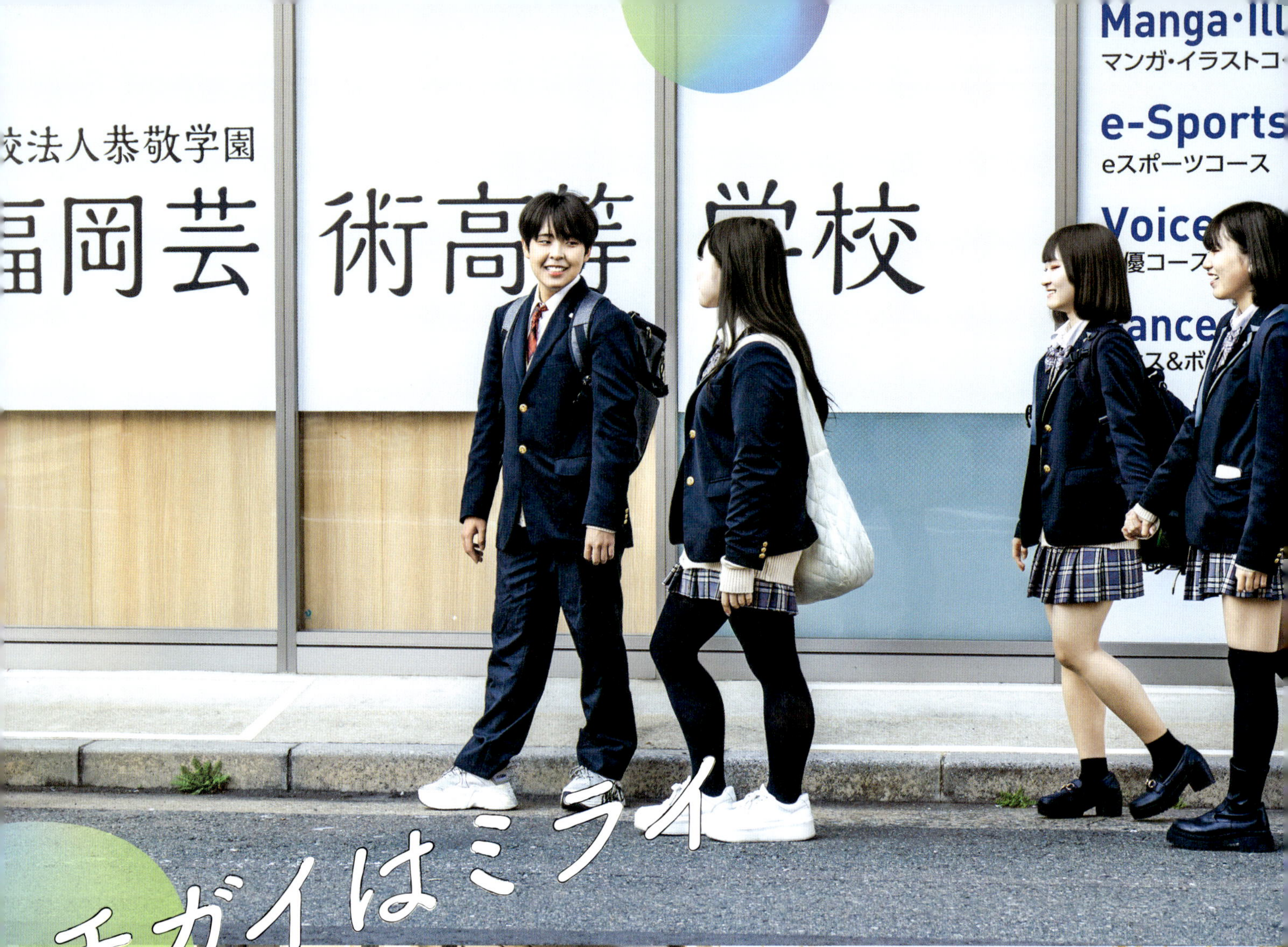
校法人恭敬学園
岡芸 術高
校
Manga·Ill
マンガ・イラストコ
e-Sports
eスポーツコース
Voice
ance

チガイはミライ

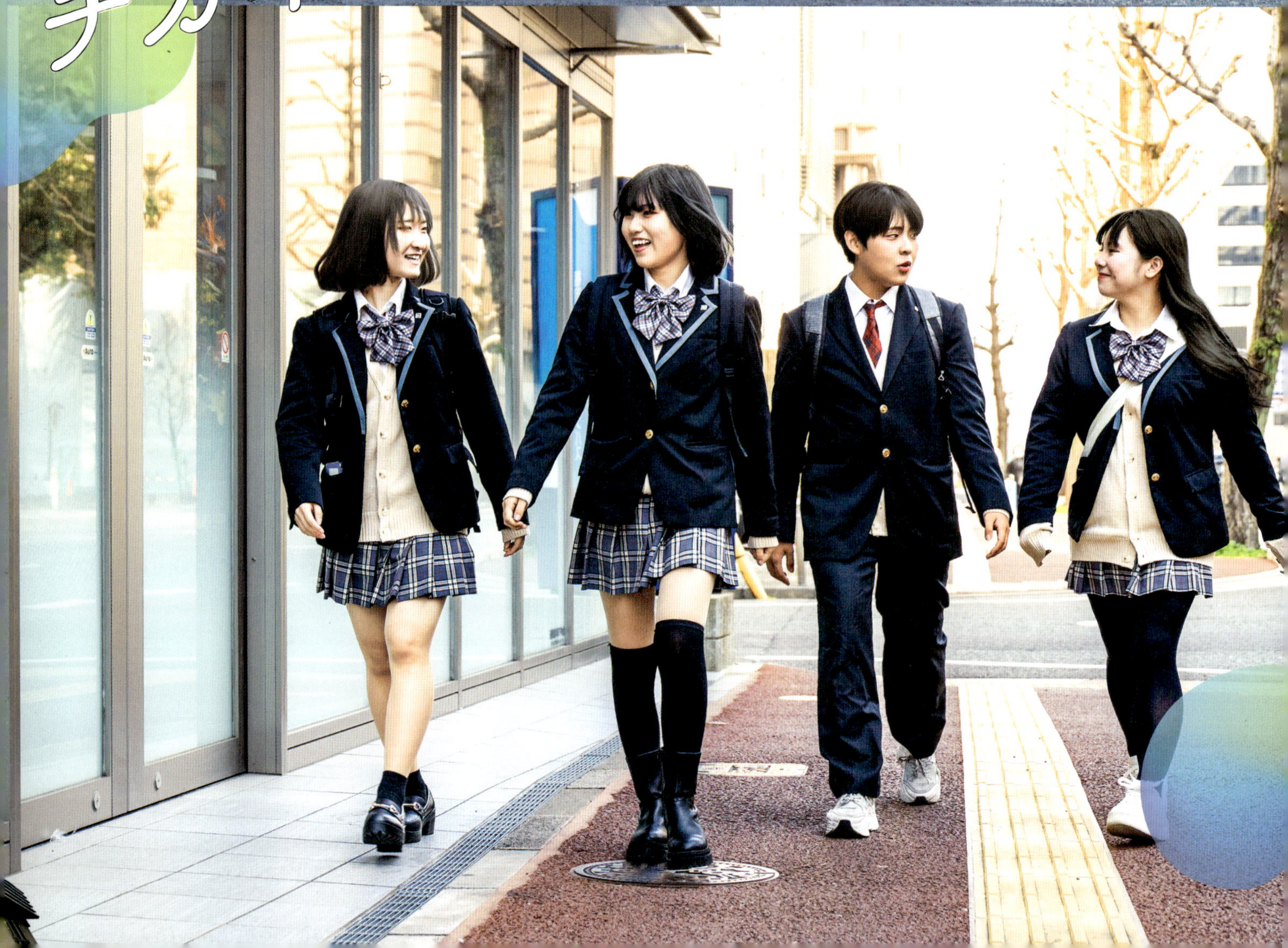

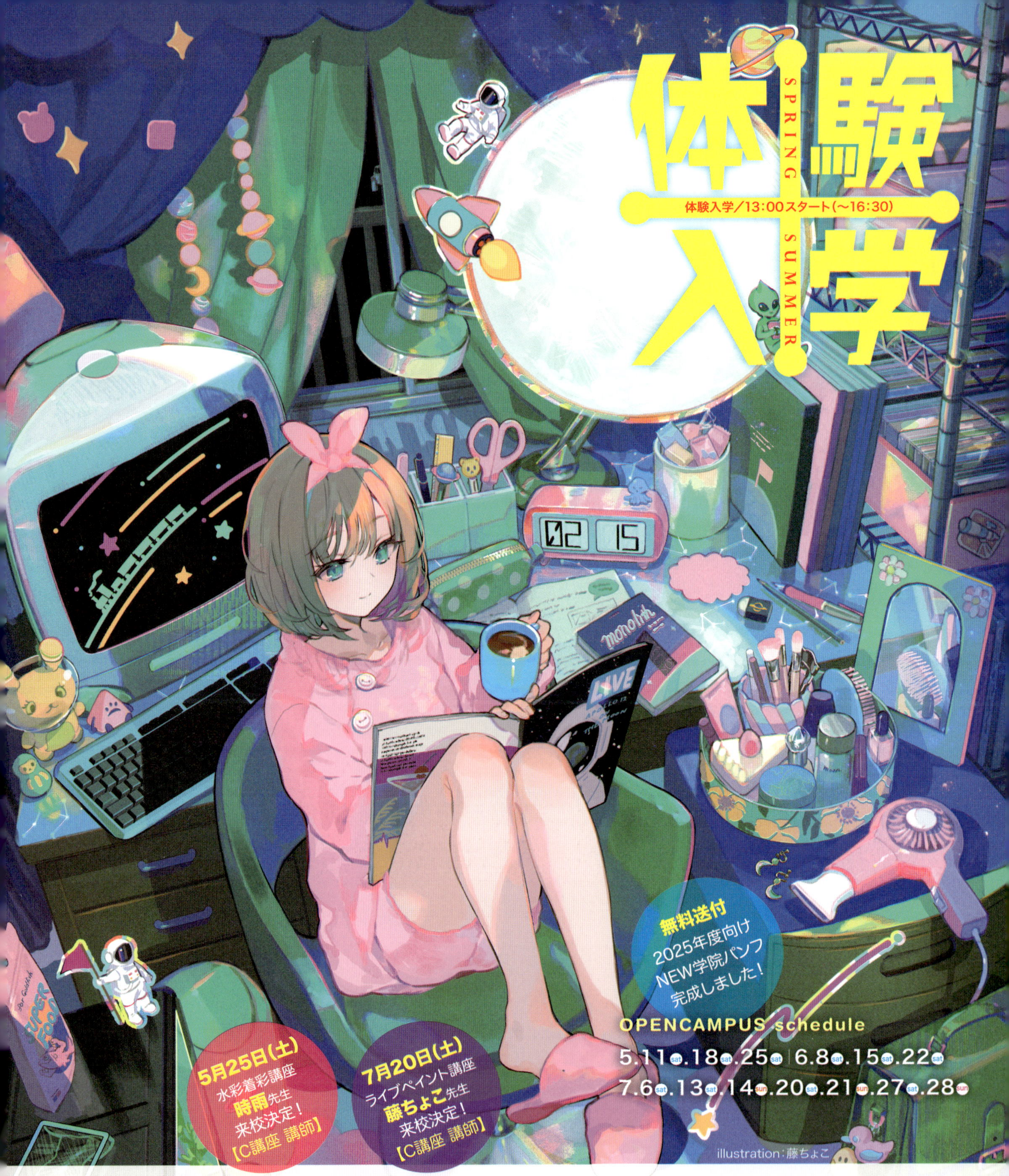
体験入学
SPRING SUMMER
体験入学／13:00スタート（～16:30）
無料送付
2025年度向け
NEW学院パンフ
完成しました！
OPENCAMPUS schedule
5.11 sat .18 sat .25 sat 6.8 sat .15 sat .22 sat
7.6 sat .13 sat .14 sun .20 sat .21 sun .27 sat .28 sun
5月25日（土）
水彩着彩講座
時雨先生
来校決定！
【C講座 講師】
7月20日（土）
ライブペイント講座
藤ちょこ先生
来校決定！
【C講座 講師】
illustration：藤ちょこ

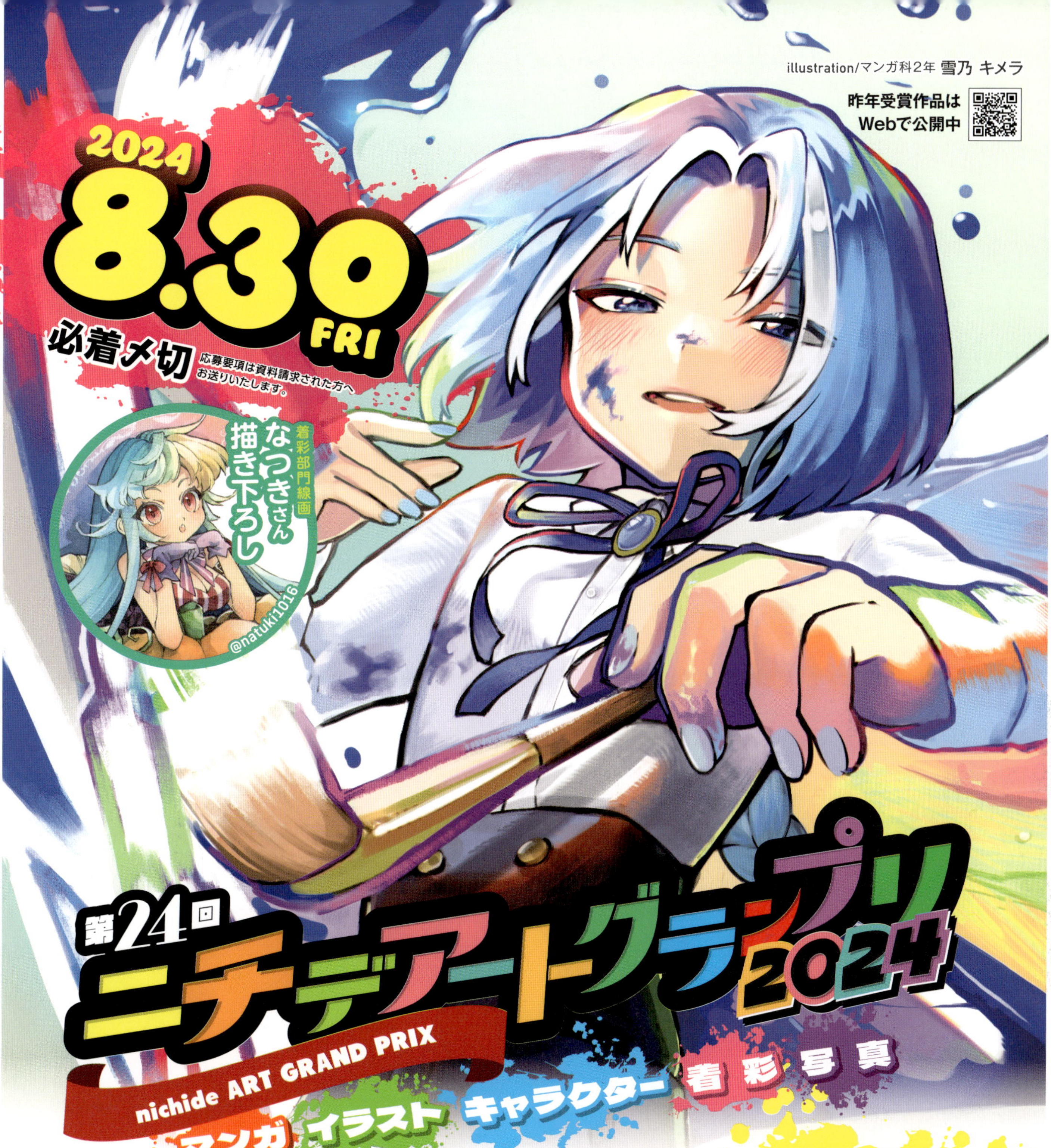

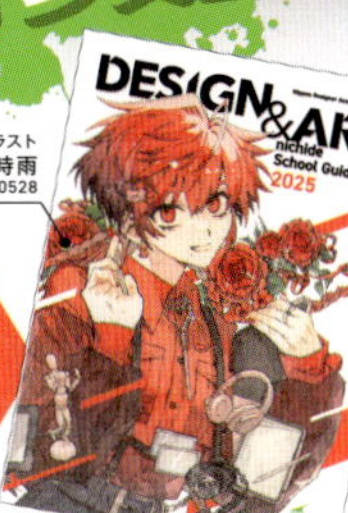

表紙イラスト
時雨
@shigure0528

ニチデアートグランプリ募集要項ほか、
学生寮情報等も同封されていて情報充実

資料請求受付中

公式Web
オープンキャンパス情報／
資料請求／学校紹介 など
https://nichide.ac.jp

note
学生の日常／授業・イベントの様子 など
https://note.com/nichide

LINE 公式アカウント
@nichide
イベント・キャンペーン情報
1:1トーク／作品添削
＊オリジナル作品のみ

ID 75277241　@nichide_sendai　@nichide_s

YouTube nichide 専門学校日本デザイナー芸術学院 仙台

nichide OPEN CAMPUS

2024 April-July

ニチデのオープンキャンパス

入学後をよりイメージしたい人にオススメ

体験授業型／要予約

ニチデの授業を体験できる日

4/20 sat　5/19 sun　6/15 sat　6/23 sun　7/14 sun　7/27 sat

進路活動を始めたばかりの人にオススメ

自由見学型／予約不要

ニチデを自由に見学できる日

5/11 sat　6/1 sat　7/6 sat

マンガ　デジタルアニメ　ゲームCG　コミックイラスト　イラストレーション　クリエイティブデザイン（グラフィックデザイン・Webデザイン）　写真映像

nichide
学校法人 英智学園
専門学校 日本デザイナー芸術学院 仙台

〒984-0051 宮城県仙台市若林区新寺 3-2-1
TEL 022-299-1641　Email info@nichide.ac.jp　Free Dial 0120-025-370

※掲載情報についての詳細はニチデWebサイトをご覧ください。　※OPEN CAMPUS 及び学校説明会に参加することで、2025年度入学予定の方にAO入学エントリー・出願資格が付与されます。

OSAKA SOGO DESIGN

オンラインのコミックアートコース 2024年9月開講

別科オンラインコース
コミックアート初級
コミックアート中級

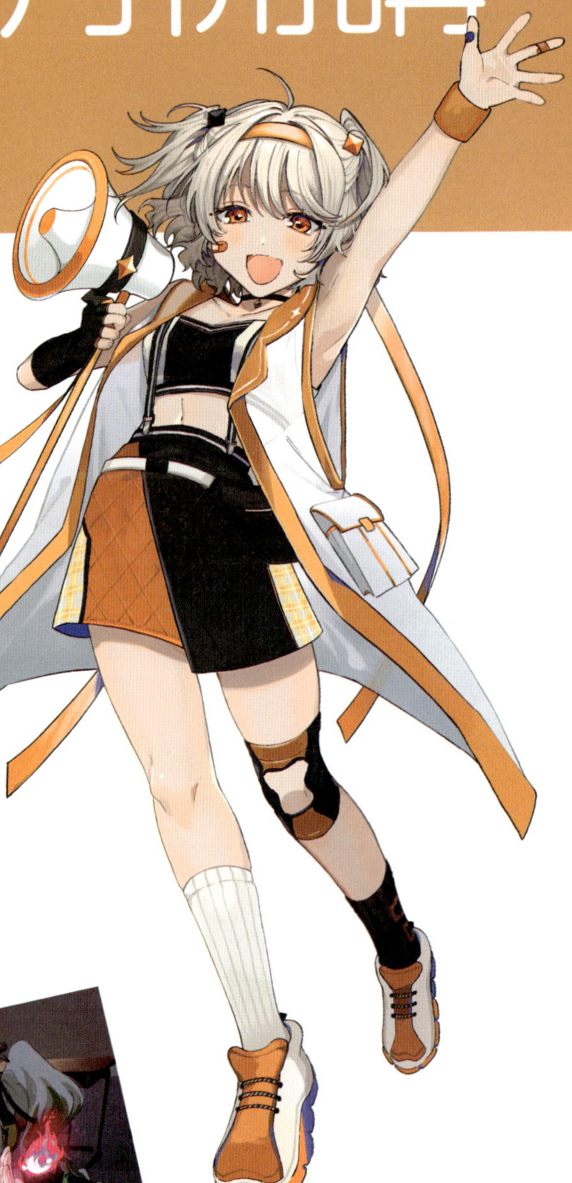

いわゆる"通信教育"ではありません。

020年コロナ禍の中で、コミックアートコースはいち早くリアルイムオンライン授業の体制をとり、様々な形での学生の皆さんともに授業の経験を蓄積してきました。その経験を活かし、この度アルタイムオンライン授業の別科コースを設置、本科のカリキュムをベースにした新しい学びのプログラムをスタートさせます。

絵が上手になりたい」と真剣に思っている人が対象です。

「絵が上手」とは技術的な側面だけを意味しているのではありませ。技術のみで見る人の共感や感動を得られるような世界ではないのが絵の世界です。

絵だからできること、絵でしか表現できないことは何かを考え、自分の発想を形にし、自分の表現方法で見る人に伝える力をつけるため、先生や助手とみなさんと一緒に頑張りましょう。

信教育ではなく、遠隔での対面授業になります。

コミックアートオンラインコースは、どこにいても授業を受ける環境にあれば学ぶことができますが、動画や資料の提供だけの通信教育とは異なり、授業は決まった時間に行われ出席もとります。

一方で授業で説明を聞き逃したりしてしまった人のために授業中の説明や解説は録画をしますので後で見ることもできます。

アルタイムで先生とコミュニケーションできます。

絵は独学でも学べる領域ではありますが、それを学校で学ぶ最大のメリットは先生とのコミュニケーション機会が得られることです。

先生や助手とのチャットやミーティングルームを使った直接の対話の中で、自分の絵の方向性や絵に対する悩みの相談ができたり、会話の中からヒラメキやヒントを得たりすることが多く、学校で学べるメリットの一つです。

業内容そのものに本科2年制との大きな差はありません。

本科2年制コミックアートコースとの違いは授業時間数が約60%となっている点ですが、課題や解説などについては同様で、オンラインに合わせスタッフも本科より強化されるため、積極的に講師に質問するなど、授業に一生懸命取り組む限りにおいて本科との差は実質ありません。

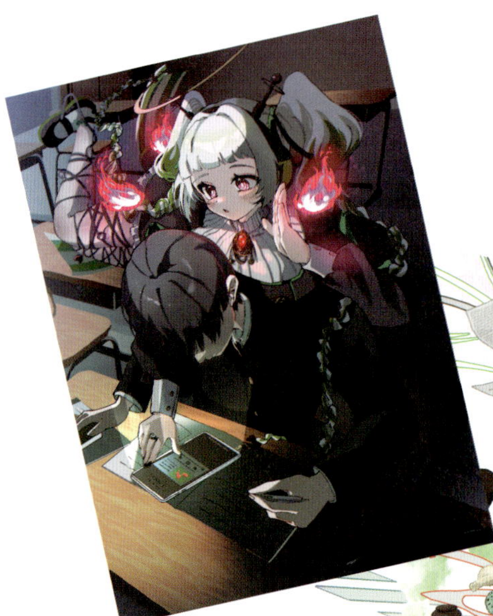

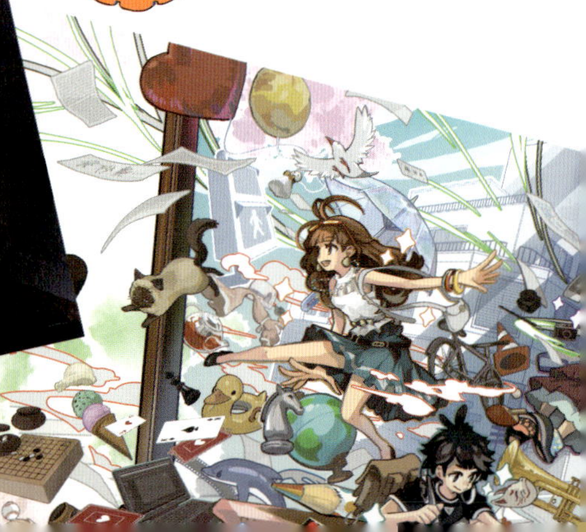

コースについて

■修業期間
2024 年 9 月～翌年 3 月末までの 7 か月間
■設置コース
コミックアート初級コース　（定員３０名）
コミックアート中級コース　（定員３０名）
■授業時間及び授業数
３時間授業 × 6～7 科目 × ３０回授業を基本にしています。
※本科コミックアートコースの約 2/3 としています。
■授業方式
非登校リアルタイムオンライン対面授業
（ZOOM・GoogleMeet・MSTeams 等利用）

授業について

■時間割
・授業は修業期間の月曜日から金曜日の授業となります。（冬期休暇含）
■授業内容
・本科コミックアートコースの重点学習領域を考慮して編成
（初級と中級を同時に受講することはできません。）
■授業運営体制
・一つの授業科目につき主任講師 1 名＋助手が 1 名～2 名が担当。
・オンライン上での全体説明や個別対応はチャットや対面会話を活用。
■受講の形
・ZOOM/GoogelMeet/MSTeams などの WEB オンラインツールを使用。WIFI 接続の iPad や PC があれば対応可（スマートフォンのみは不可。）
・顔は見せなくてもシステムに対応可能なアバターでの参加も可。
■イベント参加等
・随時本科も含めた学外での展示などに希望者は参加可能。

入学について

■入学金　50,000 円
■学　費　820,000 円（授業料・学生諸費・施設整備費で構成）
■入学資格等
・18 歳以上で高等学校卒業以上または高等学校卒業相当の学力があると本校が認定した方。
・日本語の授業及びコミュニケーションに対応できること。
■入学手続きについて
・詳細はコース資料をご請求の上、ご確認をお願いいたします。

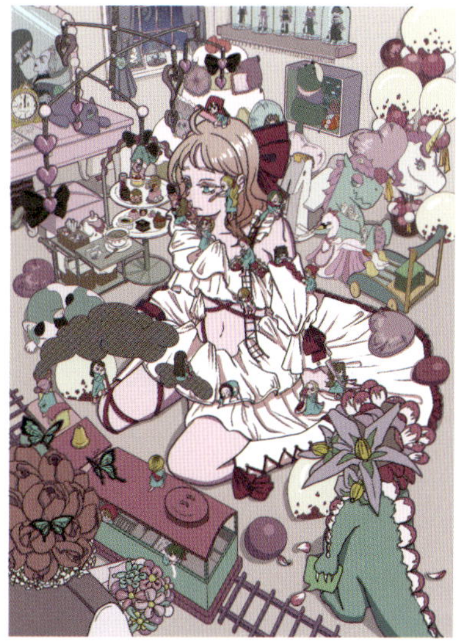

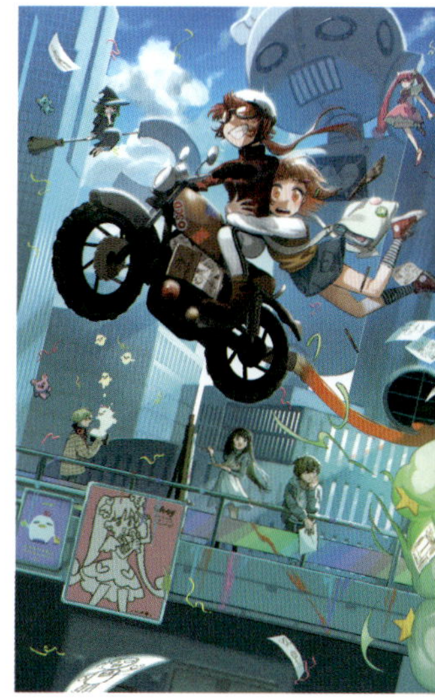

本科２年制コミックアートコースもコミックアートオンラインコースも共通して目指しているもの
枚絵イラストの作画表現力の向上です。このスキルは将来どの進路に目指す場合でも大切になる部
あり、「考えて描く」習慣をしっかり身に付けていただきたいです。
技術はもちろん必要ですが、技術は目的ではなく絵の説得力を向上させる重要な手段です。この能
向上には継続的な練習が必要ですが、練習方法は個人の置かれている状況や経験によって異なる。
先生と相談しながら効果的な取組み方を見つけてください。

【Q&A】

◆本科コミックアートコースと違いは何ですか？
・２年制ではなく初級と中級の２コース制になっています。
・授業時間数が 2/3 となっています。それに合わせて授業料も 2/3 となっています
（授業運営体制は遠隔対応であることから本科以上に強化されています。）

◆資格はとれますか？
・本科の２年制コミックアートコースと異なり、専門士の資格をとることはできませんが、イラスト関連業界は絵を描く実力そのものが評価されるケースが多く、専門士の資格が専門職就職、フリーランスのお仕事、作家活動に必須の資格とは言えません。

◆リアルタイムオンライン授業を受講する学習環境として何が必要ですか？
・オンライン講義に参加できるハードやソフトが必要です。

①ハードウェア	・P C または iPad（アップルペンシル含む）
	・ご自宅の Wifi 通信環境（5 G である必要はありません。）
②ソフトウェア	・ClipstudioPaintPro
③その他画材	・透明水彩又はアクリル絵の具の 12 色程度
	・水彩筆、水彩紙など

初級コース・中級コースの主な授業科目

本科２年制コミックアートコースの授業に準じた内容となっています。

■コミックアート初級コース

キャラクターイラストの初心者でも気軽に受講できます。

・基礎造形 1
・人物描写 / キャラクターデザイン
・デジタルイラスト
・アナログイラスト
・コミックアート実習 1
・イラスト表現演習
・空間描写

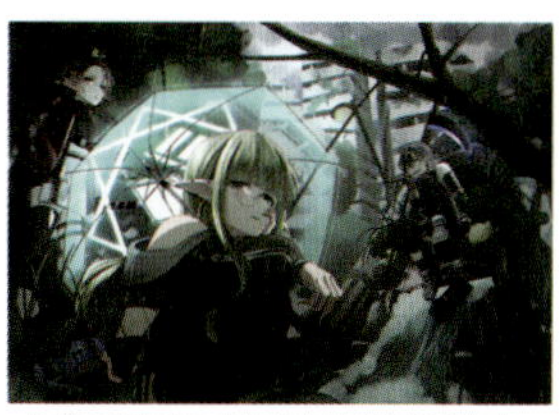

一枚絵を描ききる方法論や技術を学びます。

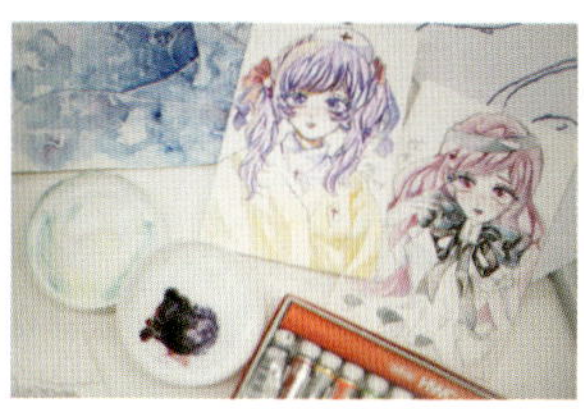

アナログの授業もあります。

■コミックアート中級コース

キャラクターイラストの作画経験が一定以上の人が対象です。

・基礎造形 2
・コミックアート実習 2
・イラストコンテンツ制作
・セルフプロデュース
・専門実践演習Ⅰ（選択授業）
・専門実践演習Ⅱ（選択授業）
・専門実践演習Ⅲ（選択授業）

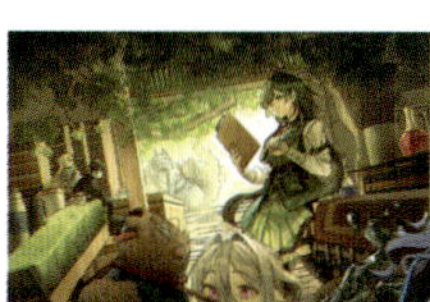

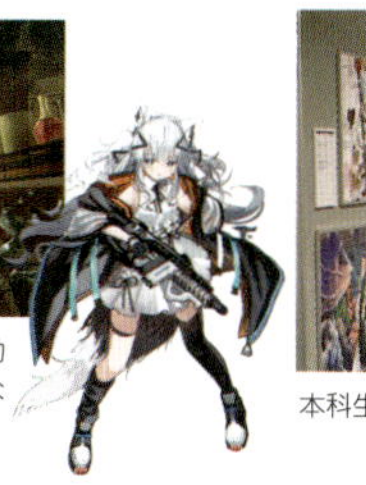

一枚絵に加え、LIVE2D や動画制作など仕事で武器となるスキルを身に付けます。

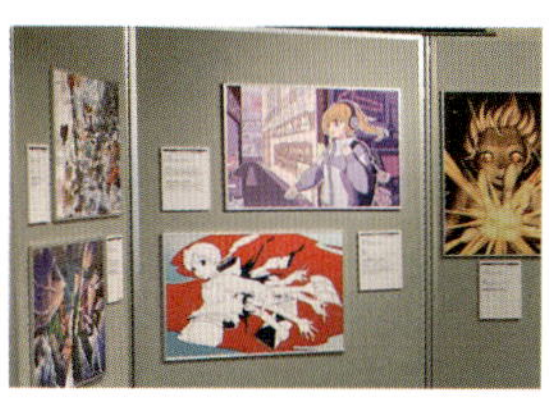

本科生と共同で展示参加もできます。

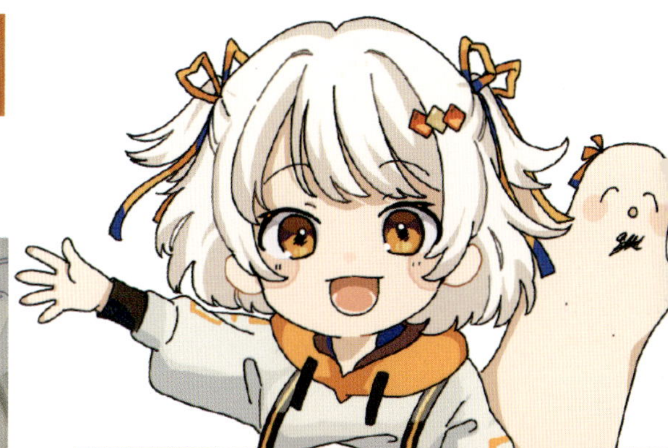

詳しい資料のご請求やオープンキャンパス情報は下記までお気軽にお問合せください。

学校法人 上田学園
大阪総合デザイン専門学校
IT・グラフィックデザイン／空間デザインコーディネイト／商品・雑貨クリエーション
漫画／アニメーション／コミックアート／ 3DCG・メタバース／デジタルプロダクト

フリーコール 0120-21-0069
http://www.oscd.jp
〒530-0012 大阪市北区芝田2丁目8番35号　大阪・梅田より徒歩5分

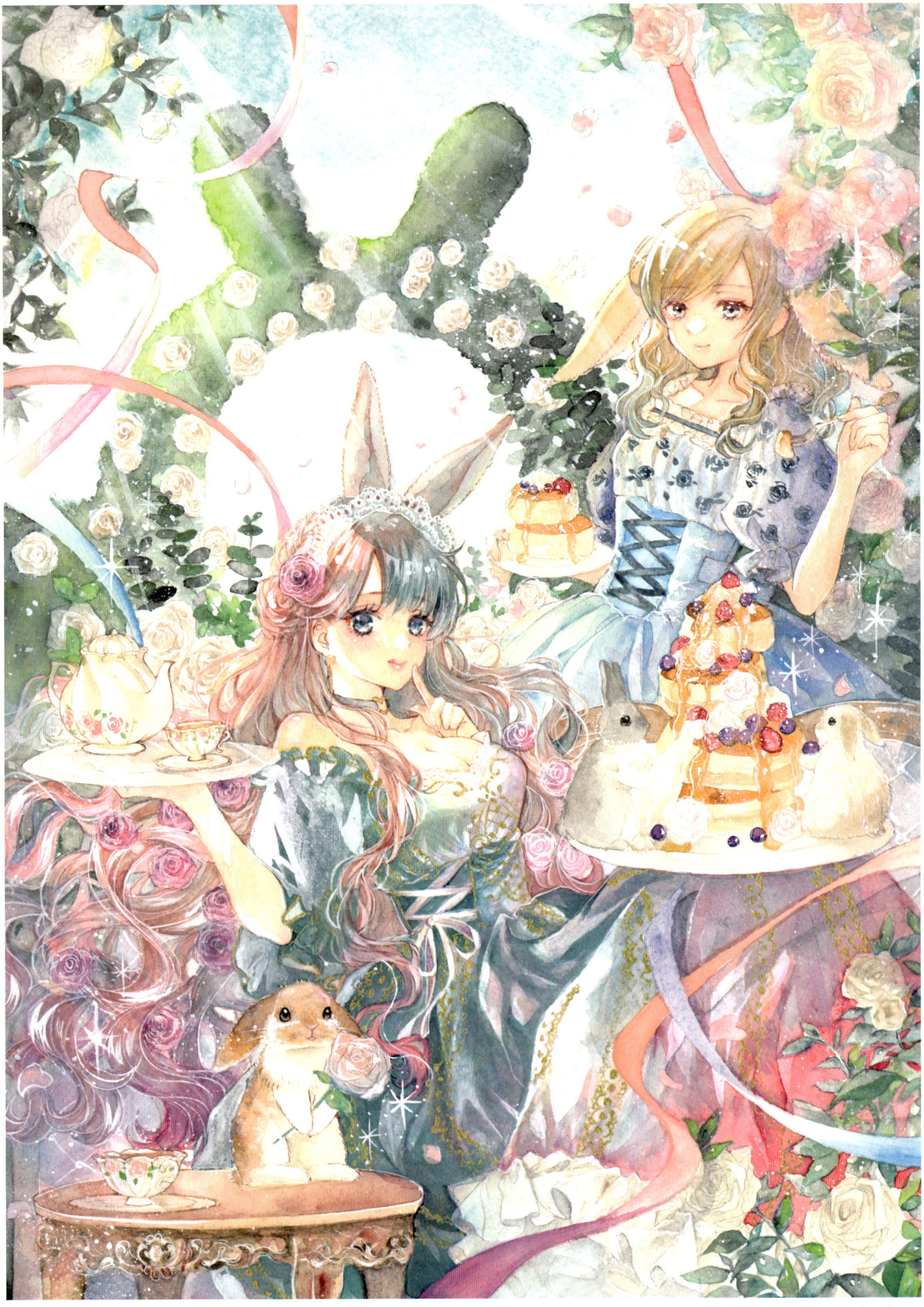

画材：透明水彩
X【@kirahime_ran】

月鈴蘭「お茶会はいかが？」

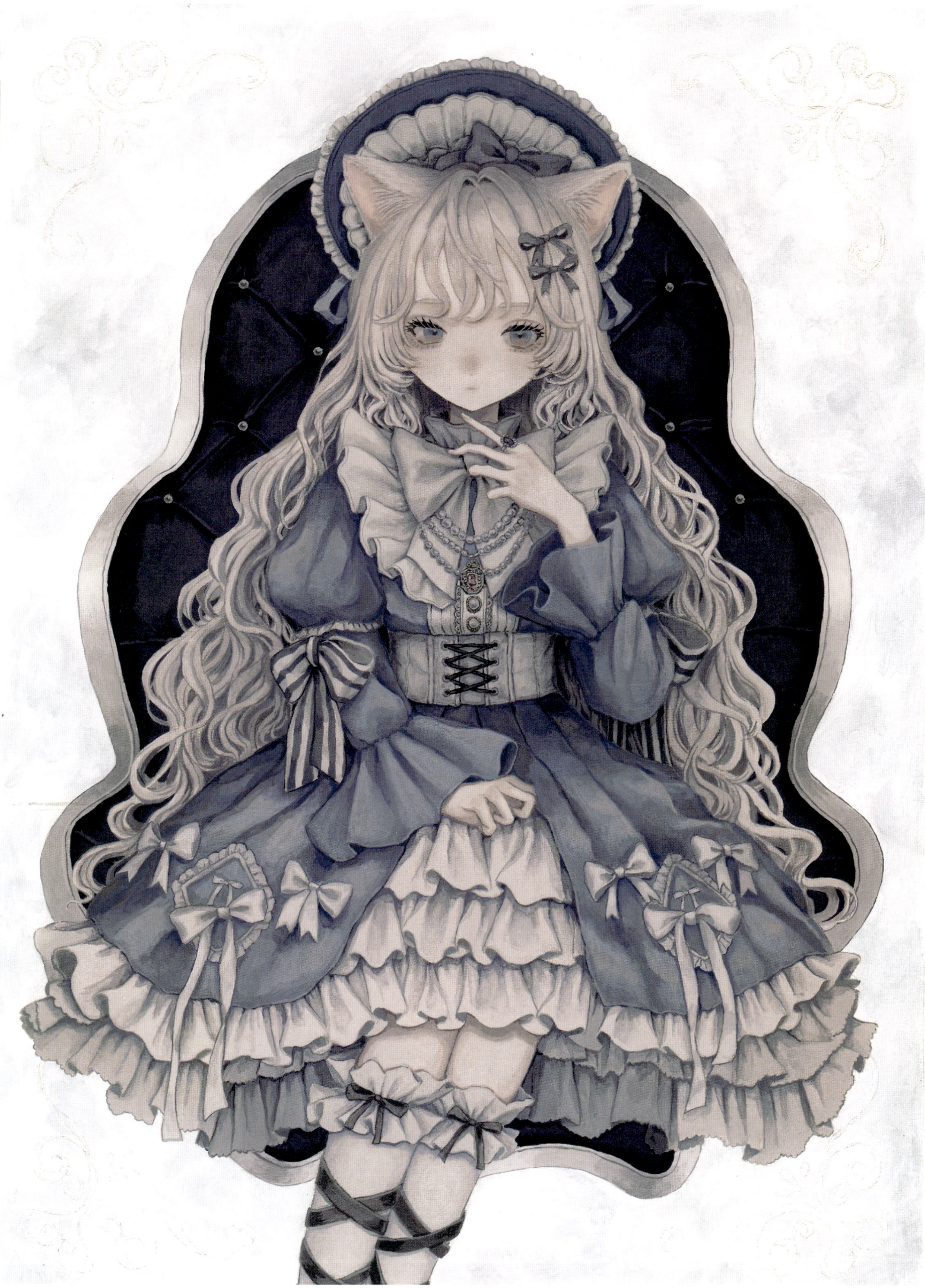

白ノ「Noble cat」

画材：アクリルガッシュ
X【@shirano_n】

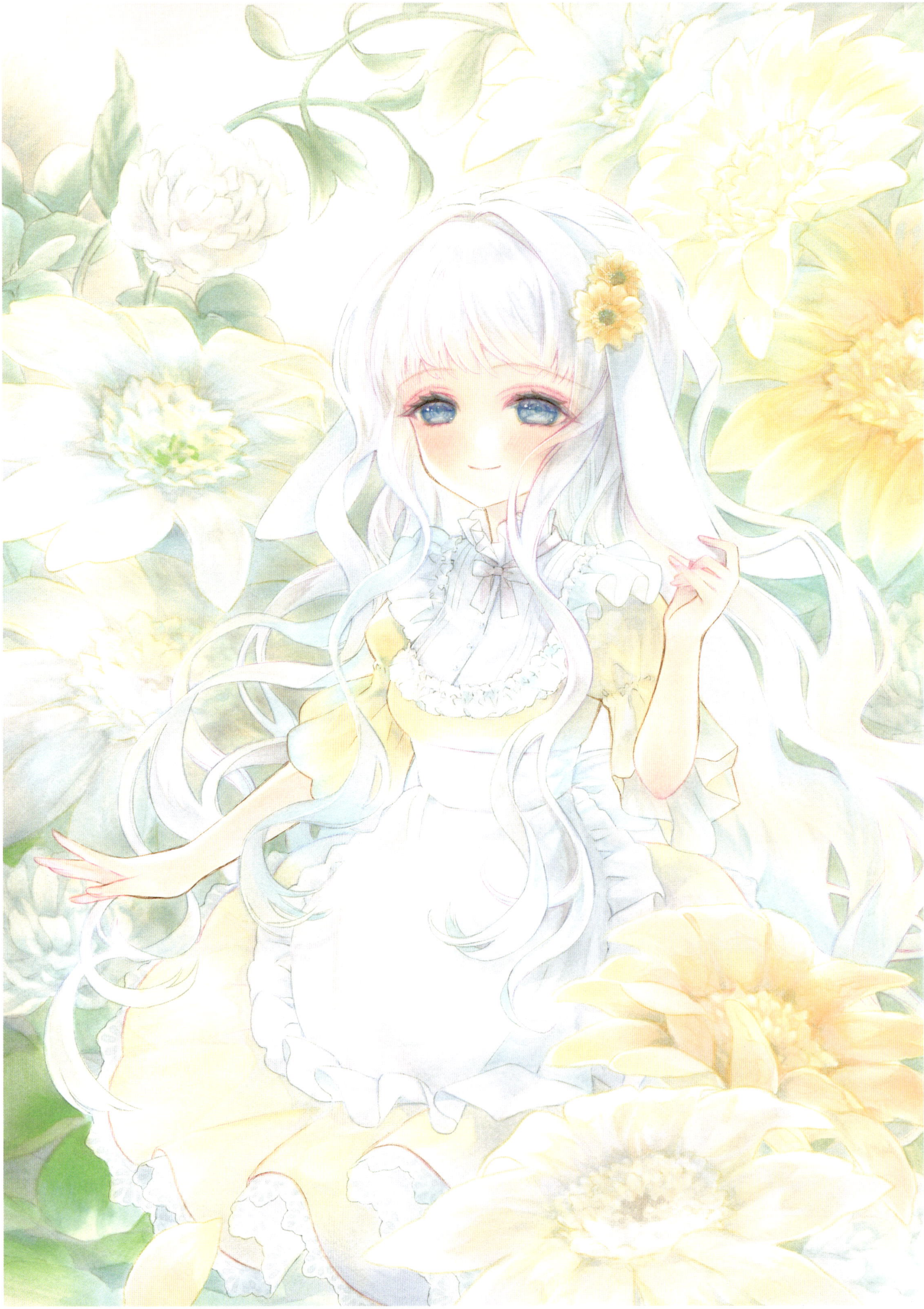

画材：コピック、コピックマルチライナー、水彩色鉛筆、ホワイト、コピックペーパー画学紙
X【@tounoakari】

塔野アカリ「うららか」

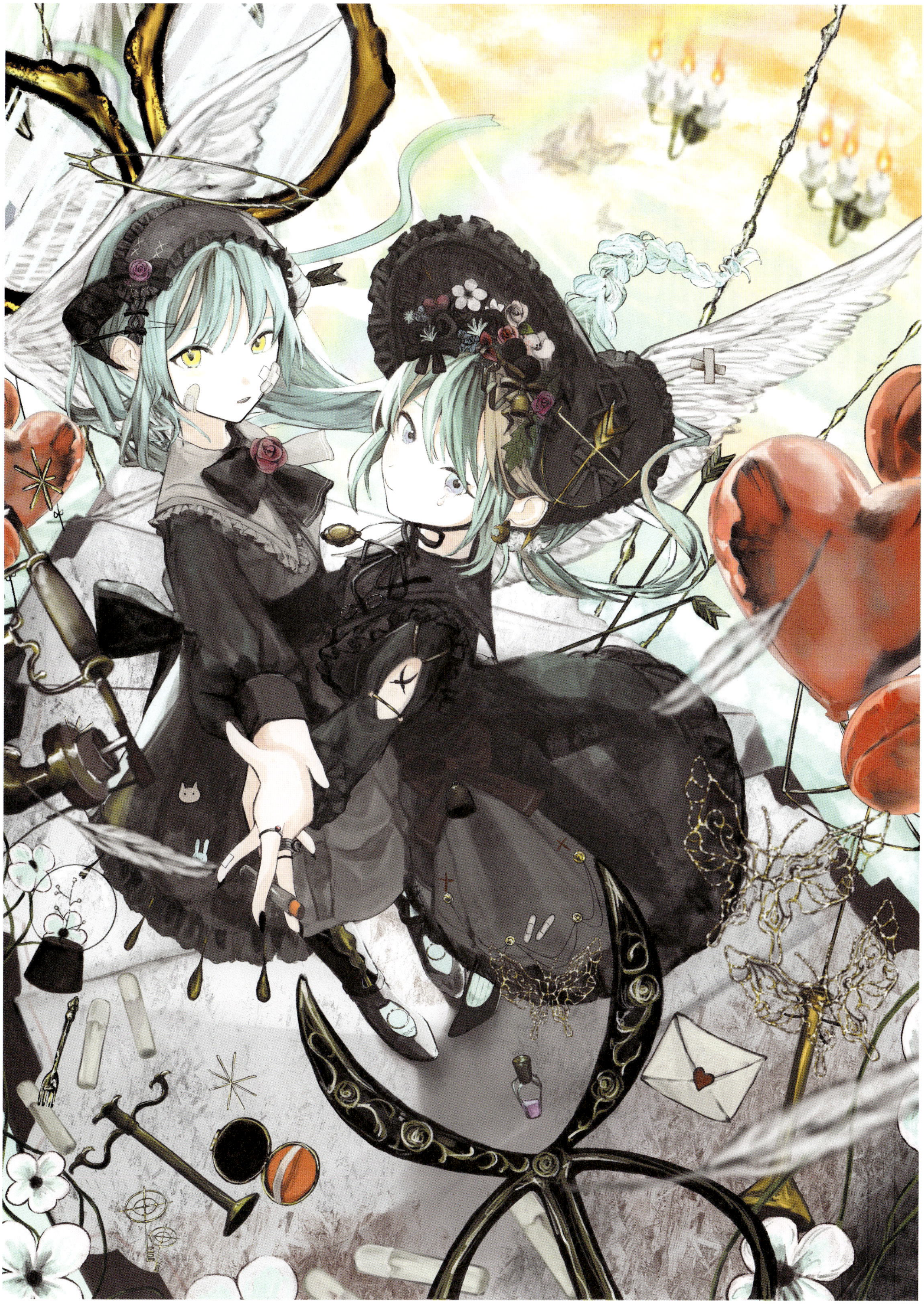

雨図「刺してみなさい」

画材：procreate
X【@uzu_121amazu】

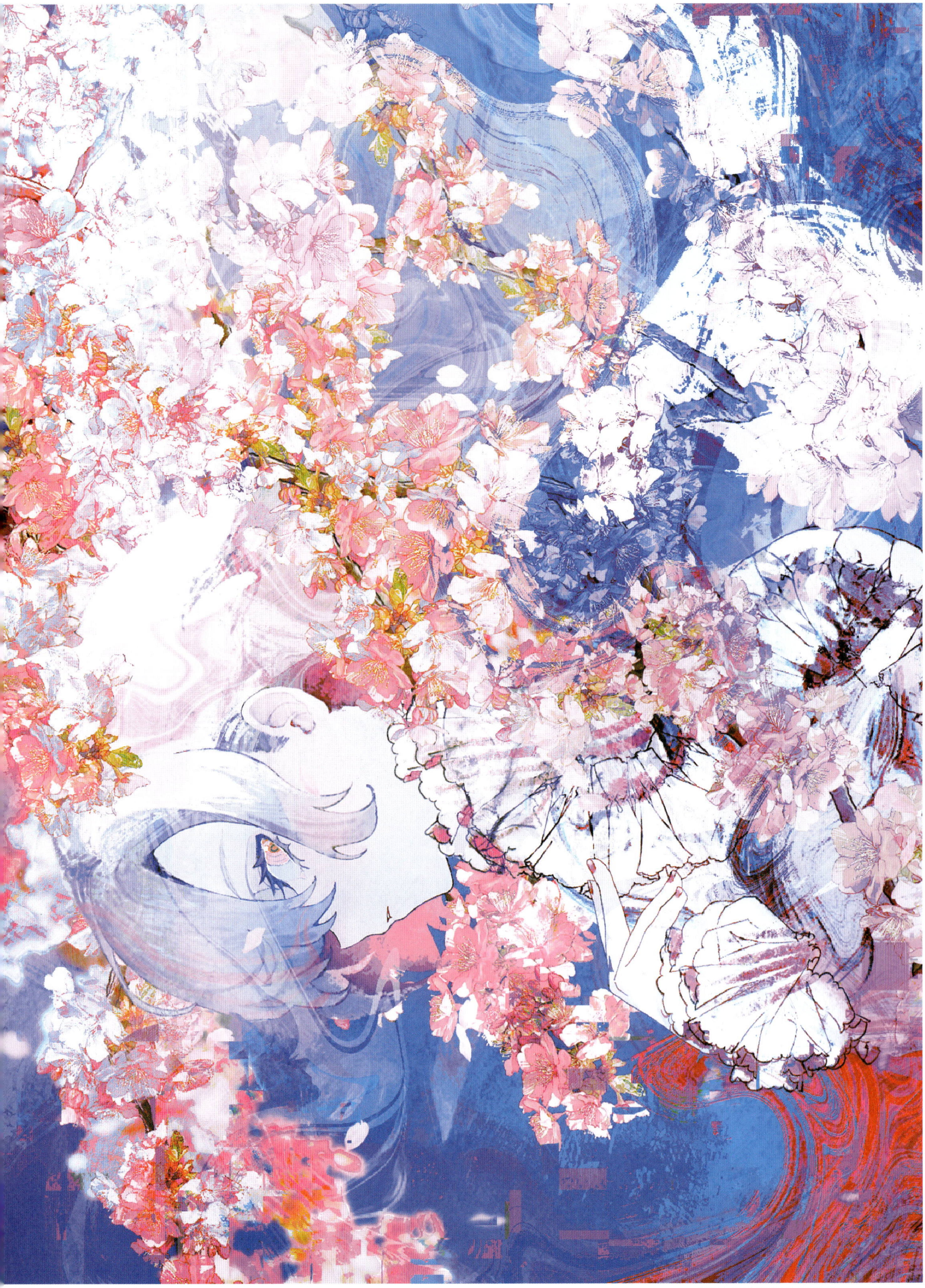

はむメロン「PINK」

画材：CLIP STUDIO PAINT、procreate

X【@iloha_24】

マツペ「試合してみる」

画材：CLIP STUDIO PAINT
×【@GyoJuvenile】

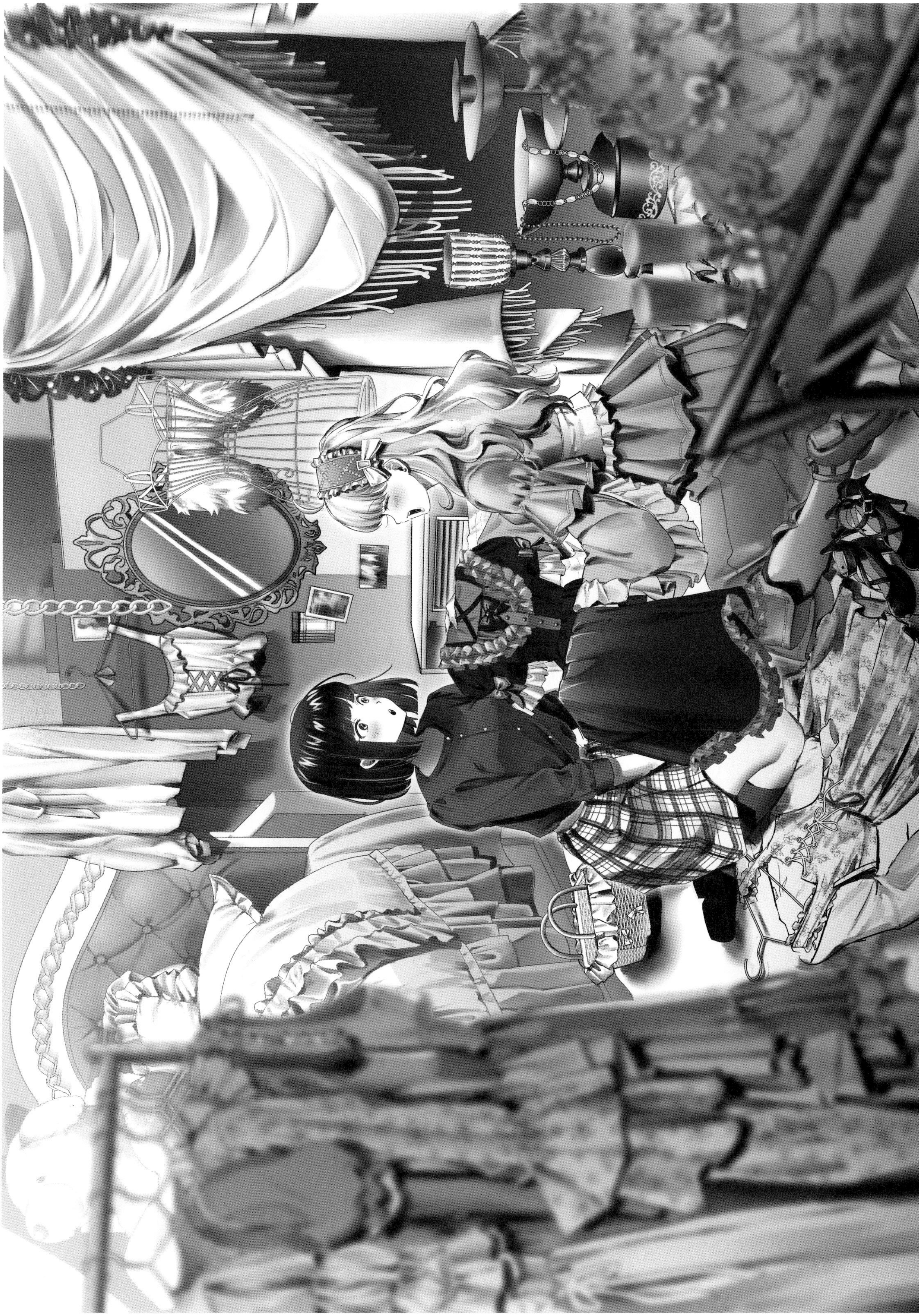

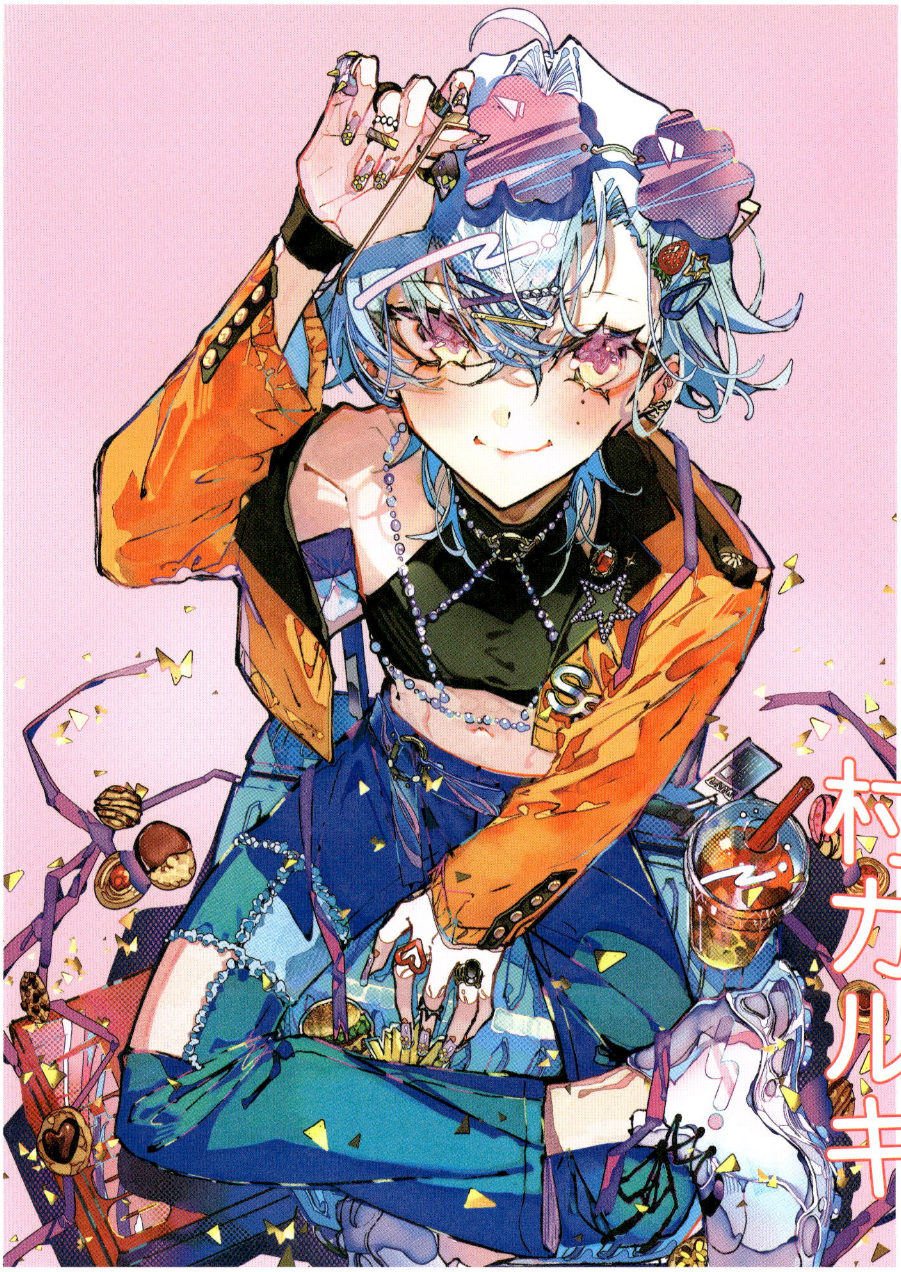

村カルキ

making of CLIP STUDIO PAINT

今号の「SS（スモールエス）」の表紙は、ピンク色と水色の組み合わせを意識した春らしい、村カルキさんの描き下ろしイラストです。こちらに微笑みかける男の子は、村カルキさんのオリジナルキャラクター「ユーリ」くん。水色の髪とおしゃれなスタイリングでピザやお菓子を美味しそうに食べる姿が微笑ましいです。イラストメイキングでは、ブラシのタッチを生かした厚塗りやカラフルな装飾の作画のポイントを紹介。表紙イラストが完成するまでの工程をご覧ください!

作業環境

◎PC：Windows
◎描画ソフト：CLIP STUDIO PAINT
◎ペンタブレット：Cintiq22 FHD
※ブラシ名やツール名は【　　】でくくっています。

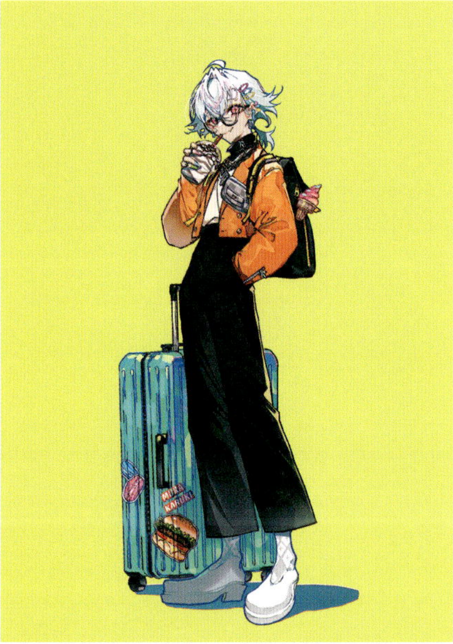

表紙イラストと同じアイテムが登場する村さんの作品。あまり描かない真正面の立ち絵を、練習を兼ねて描いたとのこと。キャリーケースとドリンクを組み合わせたのは偶然だったそうです。

ラフを描く

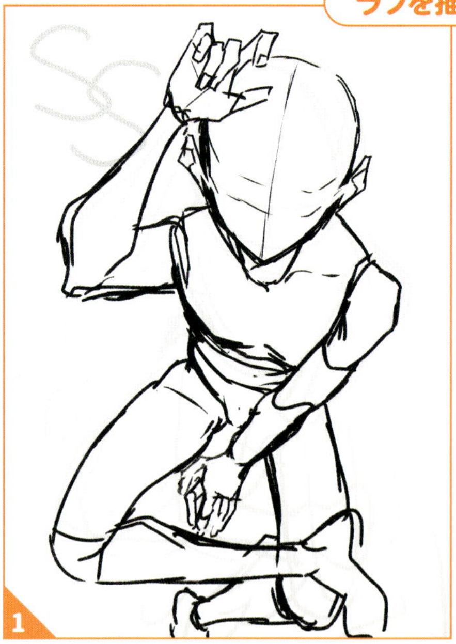

1 大まかに人体のパーツを置いたアタリを敷いて、別レイヤーにポーズを描き込んでいく。顔の中は描かず、まずは関節の位置を確かめながら体の動きを細かく練っていく。

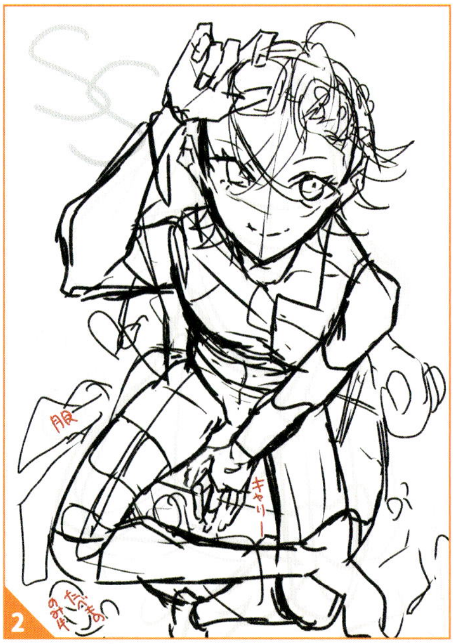

2 素体を描き終えたら人物の表情を描く。衣装のアタリも描き入れた。この段階で大まかなデザインや周りに描く小物を決めている。描くアイテムのメモ書きも添えてある。

カラーラフ

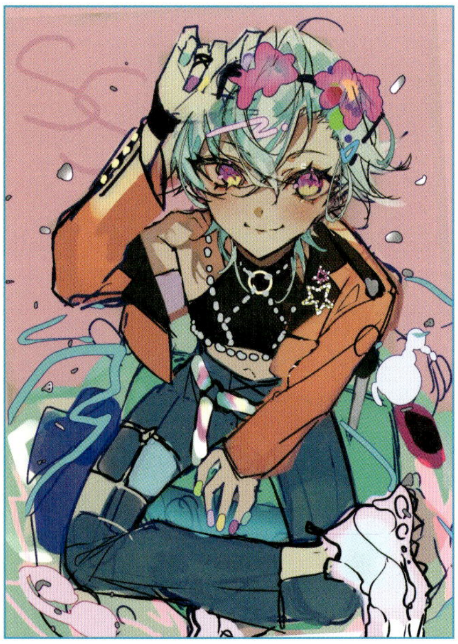

村さんの作画は、線画の工程がなく、ラフの次に描くカラーラフの上に加筆しながら完成まで進めていく。上図は色を乗せながら顔周りは少し描き進めてある。髪色やキャリーケースなど、決まっている色とのバランスを考えつつ配色していく。オレンジと黒を使った上着を組み合わせることで甘すぎない印象になっている。

POINT・境界効果（フチ）で塗りと線を同時に表現する

村カルキさんは線画を描かず、色ラフをベースに厚塗りで描き込んでいく。その際に多用するのが「境界効果（フチ）」。色を置いたフチに境界線がつくのでブラシのタッチの臨場感が強く感じられる。

村カルキ　私が彩色で主に使っているのが「境界効果（フチ）」です。以前は「境界効果（水彩境界）」を使っていましたが、「境界効果（水彩境界）」よりもしっかり輪郭線がつくこの方法を使うようになりました。

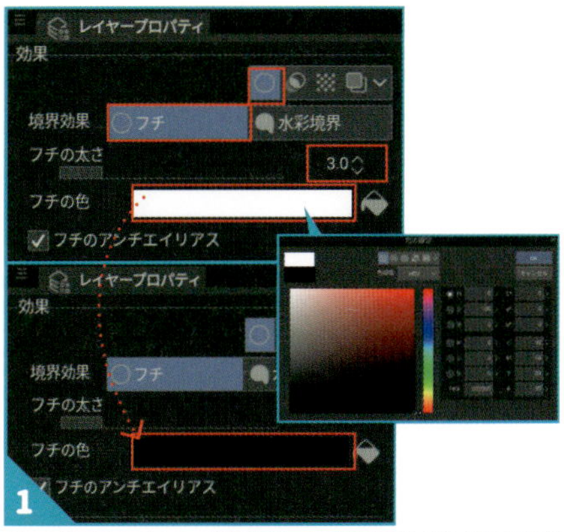

「レイヤープロパティ→境界効果→フチ」でフチの色や太さを調整することができる。隣にある「境界効果（水彩境界）」よりも線がくっきりと付くので、主線を描く感覚で使うことができる。

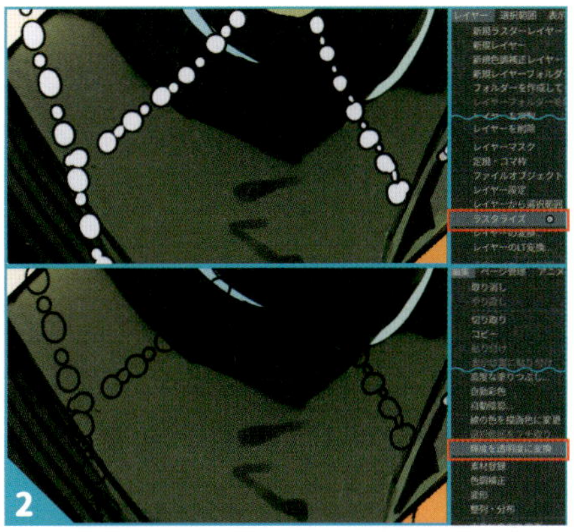

ブラシの色を「白」・フチの色を「黒」にしたのが上図。線画のみ抽出したい場合は、「レイヤー→ラスタライズ」→「編集→輝度を透明度に変換」を行う。塗りが透過された状態になる。

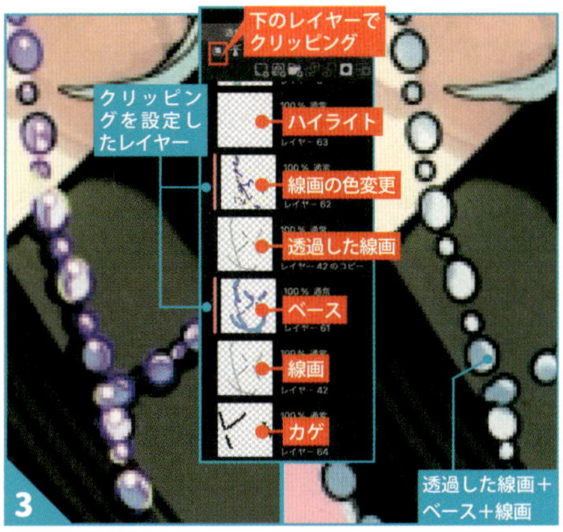

モチーフの内側は【塗り&なじませ】ブラシで彩色。ハイライトも「境界効果（フチ）」で表現した。「下のレイヤーでクリッピング」を設定すると、細かいモチーフでも色をはみ出さず塗ることができる。

肌や髪を塗り進める

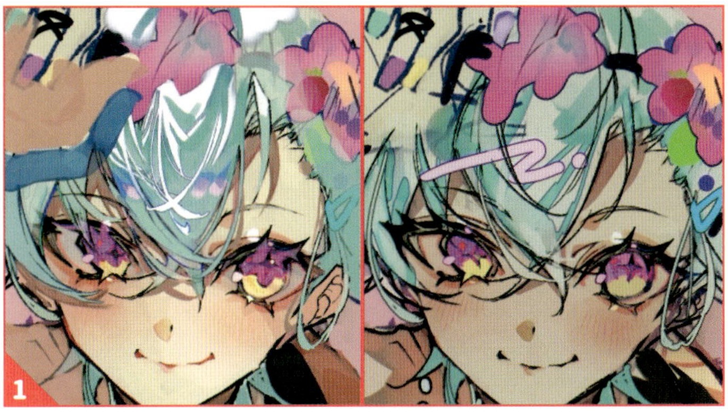

【塗り&なじませ】ブラシを使い、カラーラフ（右図）に加筆していく。瞳の描き込みや肌の色の調整、カゲの形を整えた。髪の毛束やハイライトの作画には「境界効果（フチ）」を活用した。塗りと同時に輪郭線が引けるので、髪の作画との相性が良い。

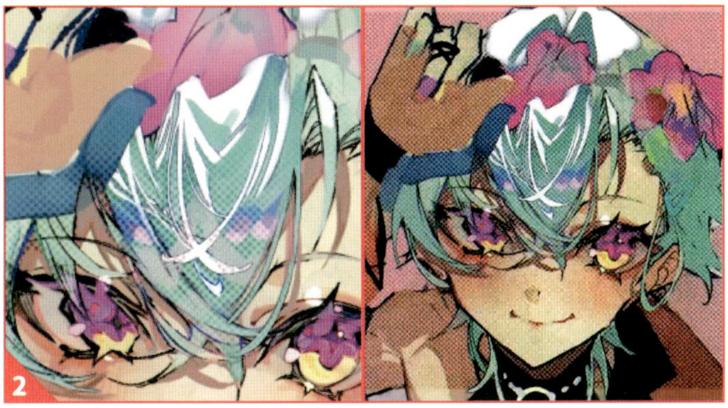

新規レイヤーを作成し、ドット模様の素材を顔全体に乗せる。【消しゴム】で不要な部分はカットしていく。肌には乗せず、髪のカゲの一部に風合いをつけた。通常の塗りに加え、ドット模様の素材を乗せることで塗りの情報量が増す。

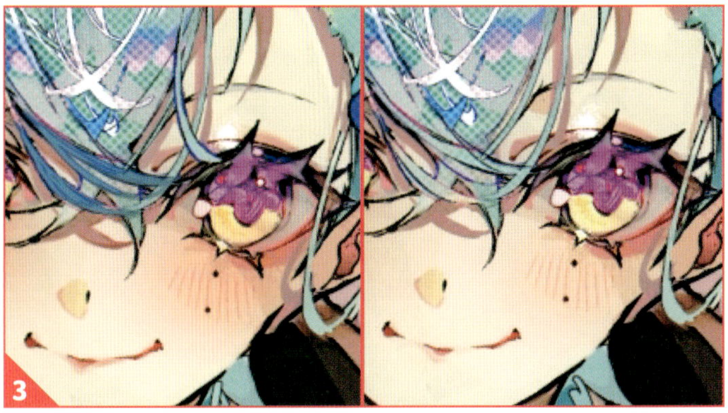

黒目に入れるハイライトは控えめだが、まぶたにラメを追加して目元にツヤを出した。あわせて、頬に淡くピンク色を「乗算（100%）」で乗せる。また、前髪に入れたカゲの輪郭をなぞってメリハリをつけた。カゲが濃くなり過ぎないように赤系の色を選ぶのがポイント。

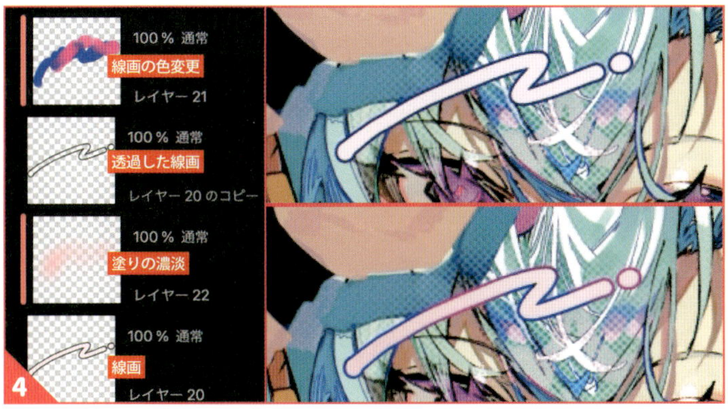

デザイン的なハイライトを入れることでポップさが加わる。このラインも「境界効果（フチ）」によるもの。塗りと線が同時に表現できるので、勢いのあるラインになる。ライン上に濃淡を足したり、透過した線画の色を変えるなど、一工夫することもポイント。

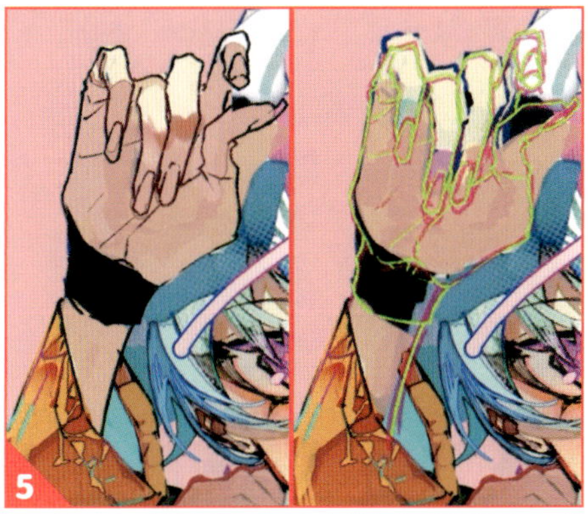

画面上で手の仕草などアタリから描き直す場所もある。絵に埋もれない鮮やかな黄緑色で描いたら、「下のレイヤーでクリッピング」を設定し、新規レイヤーで黒く塗りつぶす。

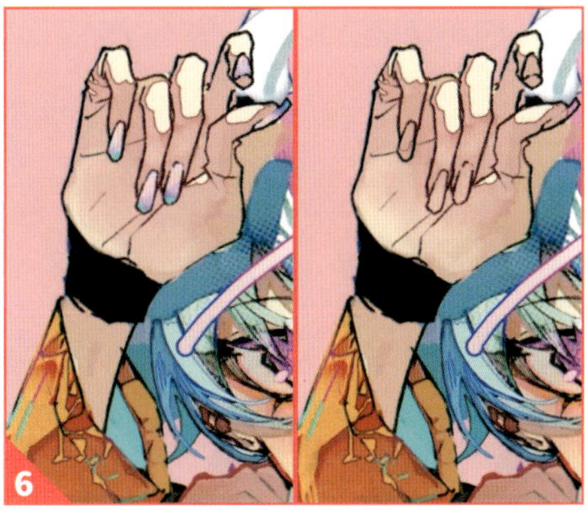

ハイライトは「境界効果（フチ）」を設定して描いてパキッとさせた。明暗が生まれ、メリハリがついたことで立体感が増す。キーカラーのピンク色と水色でネイルも描いた。

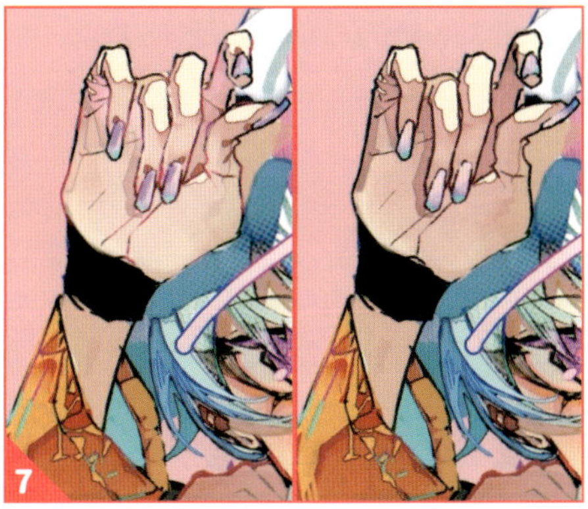

指に沿って手のひらに濃いめのカゲを置き、バランスを見て濃度を調整する。手全体を塗り終えたら線画に「下のレイヤーでクリッピング」を設定し、一部を絵に馴染む色にした。

ジャケットのシワや装飾を描く

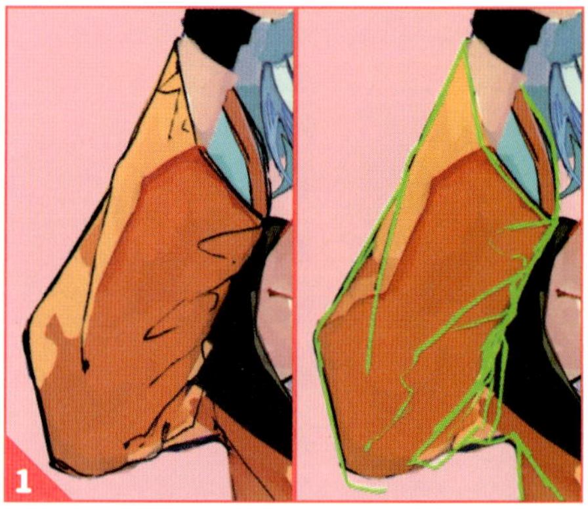

ジャケットに細かくシワやカゲを入れる前に線でアタリを描く。アドリブで描くのではなく、しっかりとシワが入る位置を確かめて、形に違和感があれば塗りつぶして描き直す。

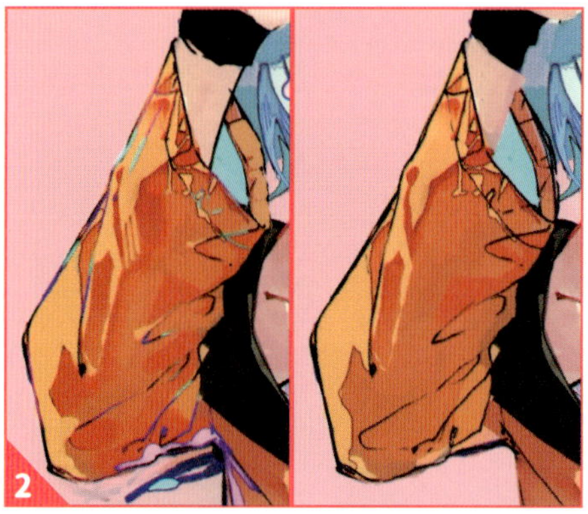

袖口にリブを足したりシワに沿って濃淡を加えたりする。布の質感を意識して塗るのがコツ。カゲをつけ終えたら、部分的に線画を鮮やかな緑色や紫色に変えてカラフルにした。

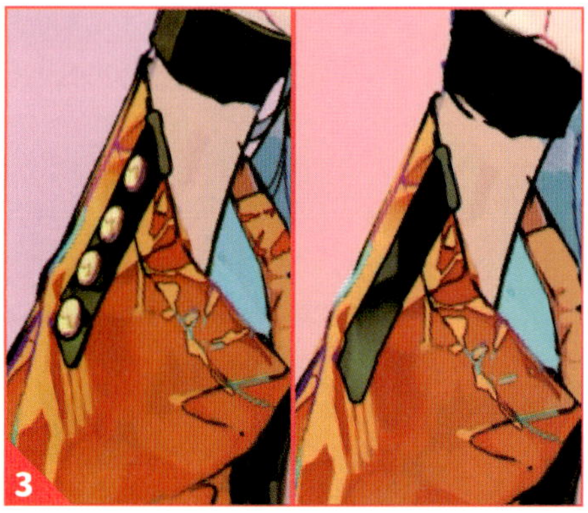

袖口を開き見せ（あきみせ）のデザインにする。黒い布を描いたあとにボタンを描く。ボタンの厚みや布の厚みをしっかり描くことで、装飾としての説得力が増す。

パッチワークデニムを描く

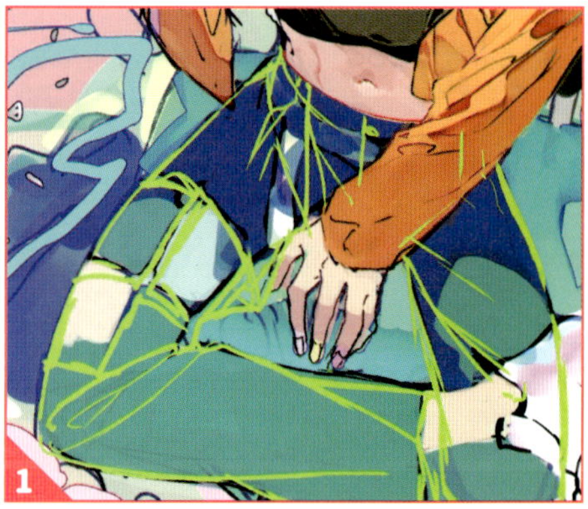

デニム生地のパンツもシワを描く前にアタリを描く。膝がしっかり曲がっているポーズなので、深くシワが入る。パッチワーク部分も脚の立体感に沿って形を調整する。

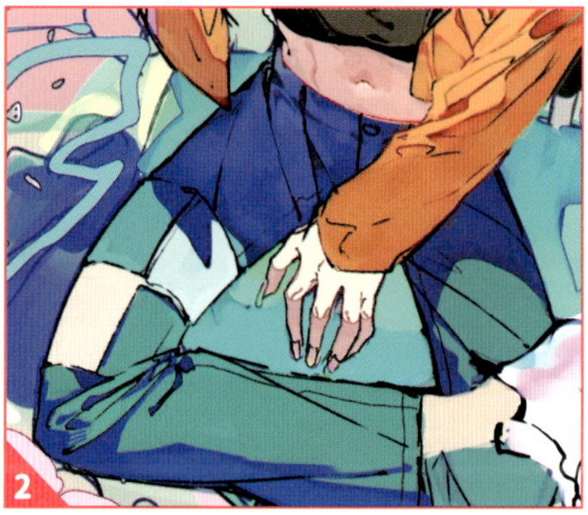

アタリを細い線で描き起こしたら、【塗り&なじませ】ブラシでシワとカゲを加える。濃い色の中に少し明るくムラを作って、塗りが平坦にならないようにする。

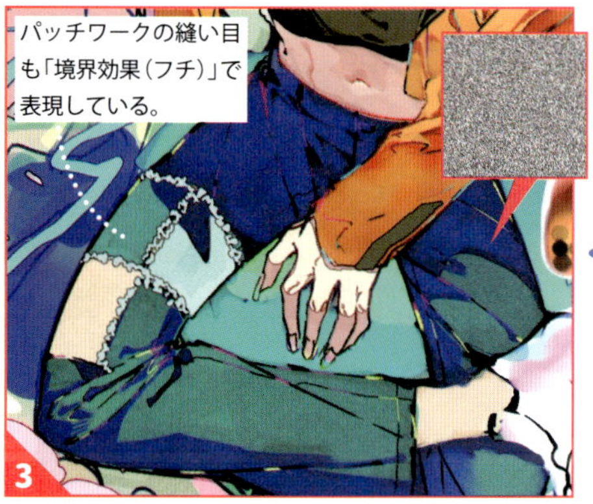

ノイズのテクスチャを貼り付け、デニム生地の質感を表現する。このノイズテクスチャは画面全体にも入れている。同じテクスチャを選ぶことで、絵に馴染む。

スニーカーを描く

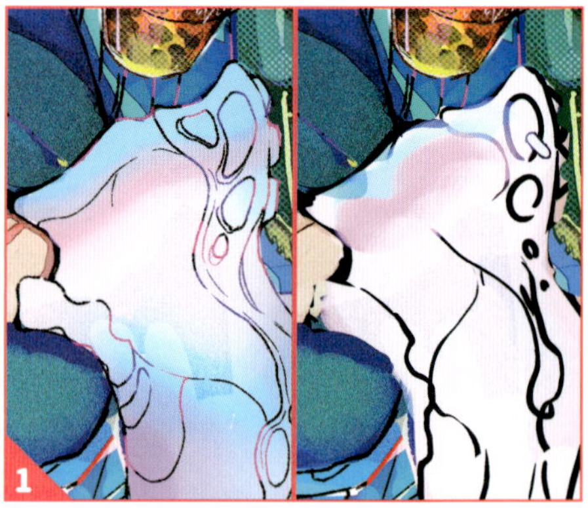

オーロラカラーのスニーカーを描く。ラフを元に細いサイズのブラシでデザインを加えた。ソールのフォルムや上面のアッパー、ベロなど、構造を意識するのがポイント。

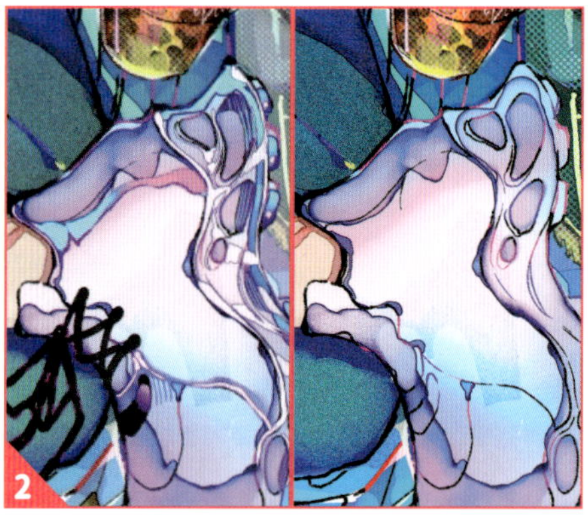

村カルキ　オーロラカラーは、カゲの中にピンク色や青色、黄色を入れたり、白い所に水色を乗せたりします。常に色味が変わる正解の色がないので、自分の好みの割合で描いています。そこが難しくもあり、描き甲斐でもあります。

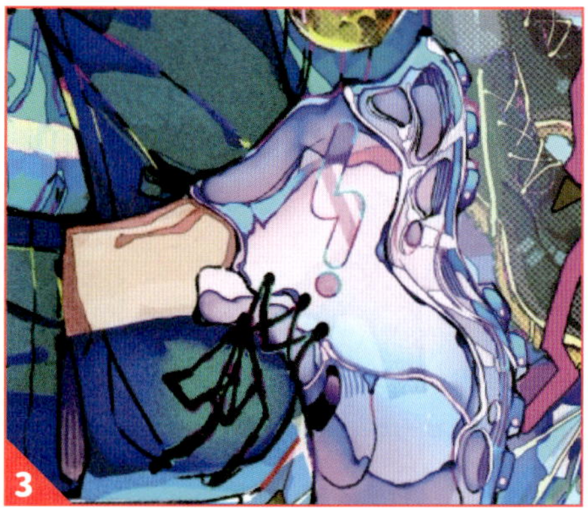

光沢を加えたり、靴紐の色を部分的に変えたりして完成。スニーカーは存在感のあるアイテムなので、靴紐やソールなどのパーツをしっかり描くことで絵に説得力が増す。

POINT･オーロラ素材を描くコツ

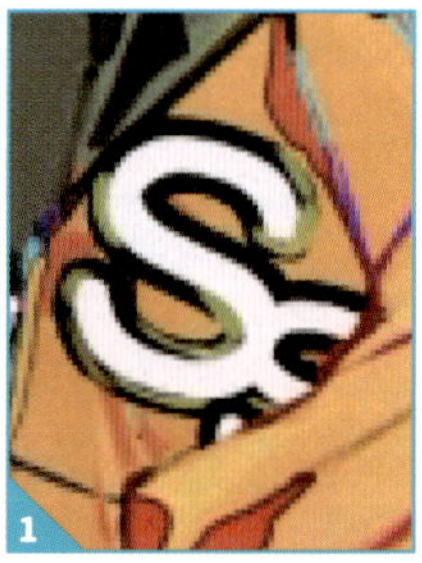

胸元の「SS（スモールエス）」のロゴ。シルエットを強調するように輪郭線を太くする。

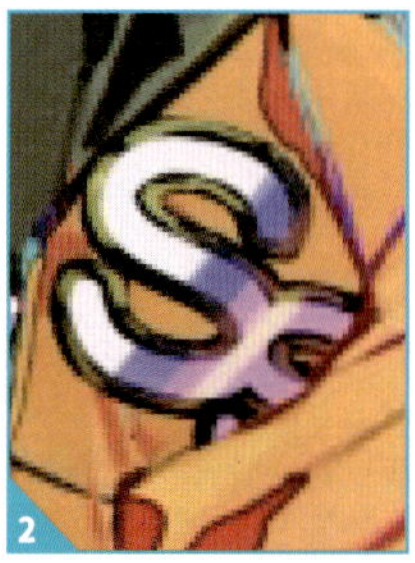

「青紫色→黄色→赤紫色」のグラデーションを作る。明るい黄色を入れると光沢感が出る。

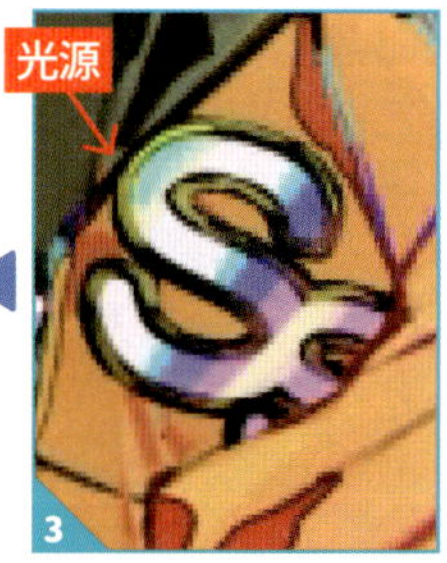

もう半分は「淡い水色→白色→水色」のグラデーションにした。光源を意識して色を置く。

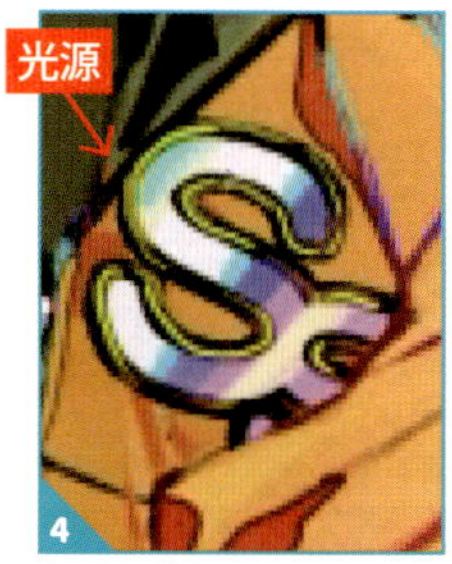

光源側の輪郭線に沿って明るい黄色で細くラインを入れる。ロゴのシルエットが強調された。

村カルキ　オーロラ素材を描くのにハマっています。「ファッションの一部として、この場所に面白い素材が入っていたら楽しいだろうな」と考えつつ絵の中に加えているんです。ハイブランドの独創的な服を見ることが好きなので、「素材の使い方が斬新」「なぜここに装飾がついているんだ」といった、個性の強い服から刺激を受けています。オーロラ素材を意識するようになったのは、好きな「ブルーハムハム」のグッズで使われていたからなんです。たくさん持っているので影響があると思います。オーロラを描くときに使う「ピンク」「青（水色）」「黄色」の3色は、高校生の頃から使い慣れている色だったんです。学生の頃に蛍光マーカーのピンク色、水色、黄色の3色でよく絵を塗っていました。それがオーロラの色合いとよく似ているんですよね。オーロラは実際に描くととても難しい素材だと感じます。でも、自分の絵柄にも合うし、可愛くて面白いですよ。

小物を描く・サングラス

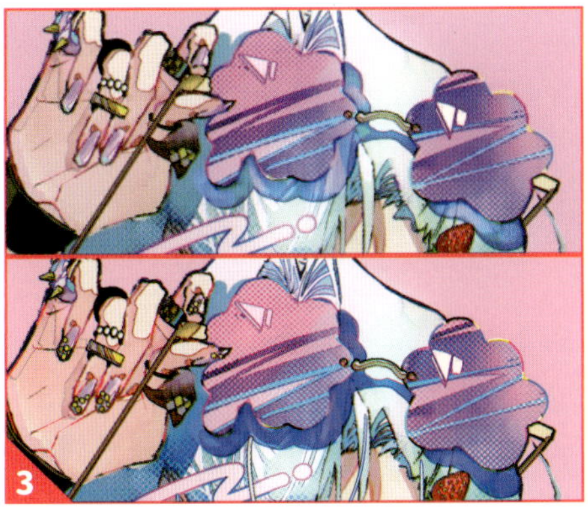

ドット模様の素材を乗せる。全体に色が入ったら、新規レイヤー（オーバーレイ100%）を作成し、ピンク色と水色をグラス部分に薄く重ねて彩度を調整する。

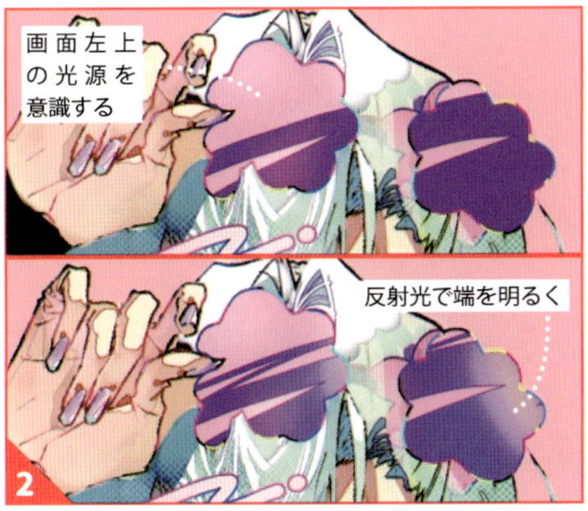

デフォルメの強いデザインなので、映り込みやハイライトもリアルには描かない。工程①を「下のレイヤーでクリッピング」に設定することで、はみ出さずに塗ることができる。

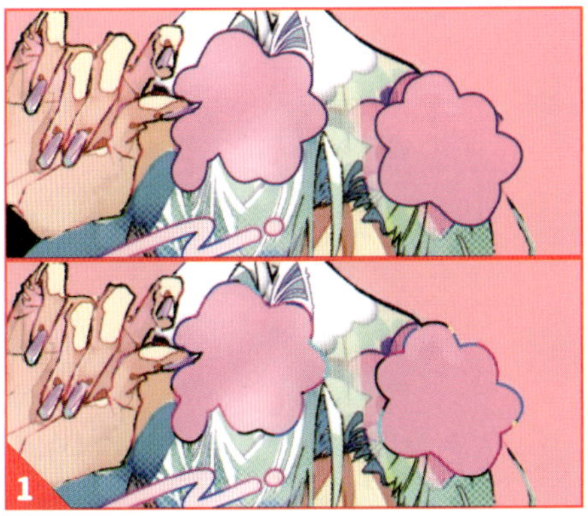

「境界効果（フチ）」を使ってサングラスのシルエットと輪郭線を同時に描く。輪郭線は線画を透過させ、カラフルな色をつけた。不定形なシルエットはポップな印象を与える。

小物を描く・ドリンク

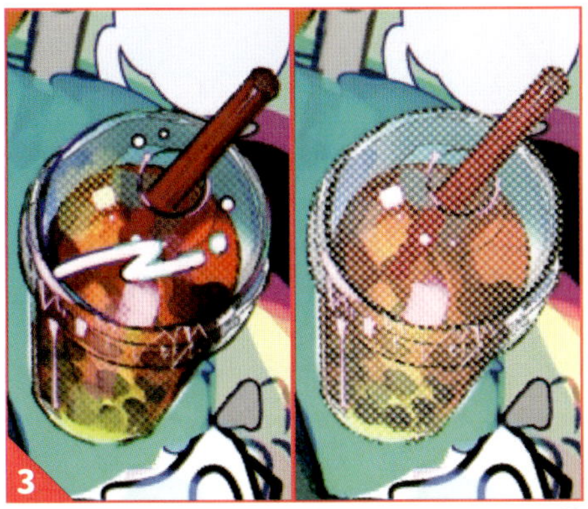

ドリンク全体にドット模様の素材を乗せる。ドットは3種類あり、「ドット（黒色）→オーバーレイ」「ドット（白色）→通常」「ドット（カラフル）→通常」と使い分けている。

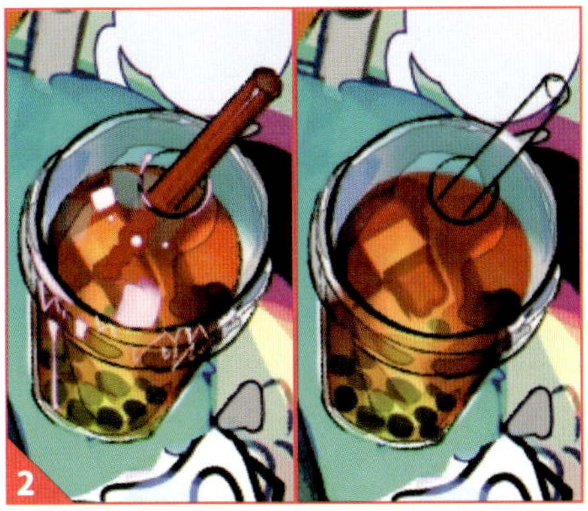

タピオカはお茶の中に沈んでいるので、黒ではなくグレーで描く。手前は濃いめ、奥は薄い色にして遠近感をつける。ハイライトは「境界効果（フチ）」で加えた。

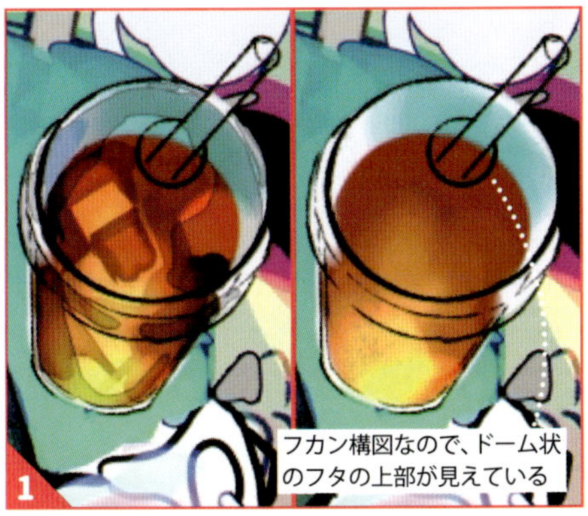

ドリンクや容器の透明感を表現するのがコツ。紅茶部分に赤茶色で四角い氷を描く。プラカップはクリア素材なので奥の色が透けて見える。キャリーケースの水色を乗せた。

小物を描く・キャリーケース＆ステッカー

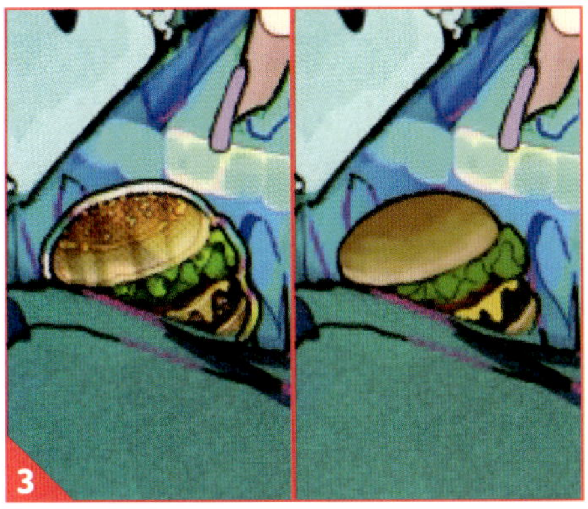

ステッカーはリアルになり過ぎないデフォルメ加減で描く。塗りの外側に白い余白を作るとステッカーらしく仕上がる。キャリーケースの凹凸に沿ってカゲをつけた。

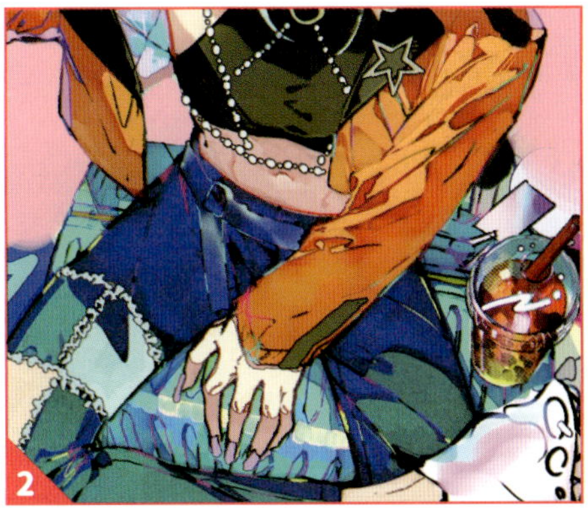

工程①で描いた凹凸に沿って明暗を入れる。最初は直線的な箱として描いたが、実際のキャリーケースの角はなめらかに湾曲しているので、明るい黄色を乗せて表現する。

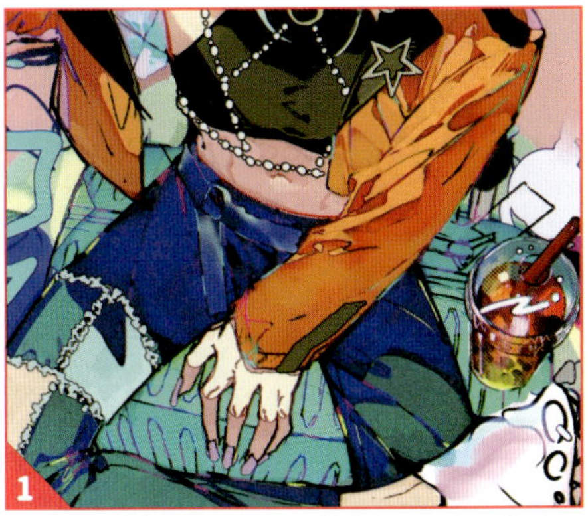

大きくて存在感のあるエメラルドグリーンのキャリーケース。座る面を意識しつつほかのモチーフと同様に太めのラインでアタリを描いてから、細い線で描き込んでいく。

POINT・幅広いドット模様の使い方

カゲの色を調整する

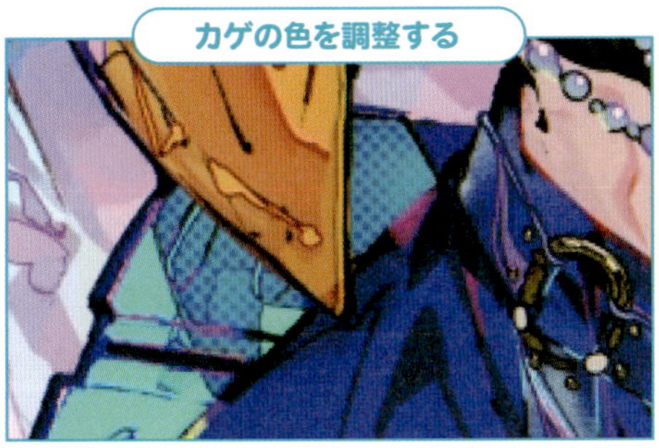

カゲ部分にドットを加えることで、塗りが軽やかになる。強い色が多くても、絵が重くなり過ぎない。

存在感のあるデザイン

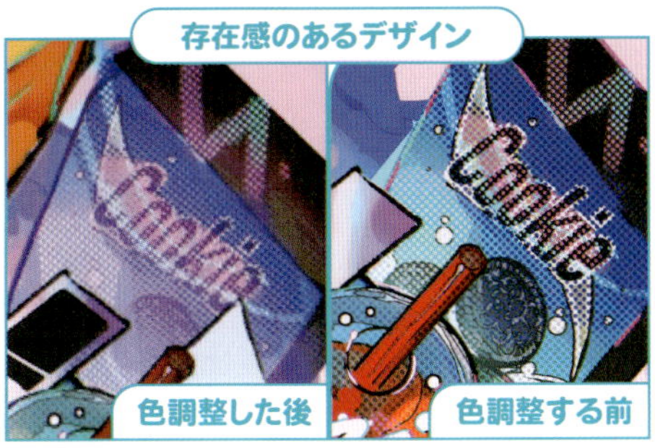

ロゴなどのデザインの上に重ねることで、淡いトーンになっても単調にならず存在感が残る。

手前と奥に違いを出す

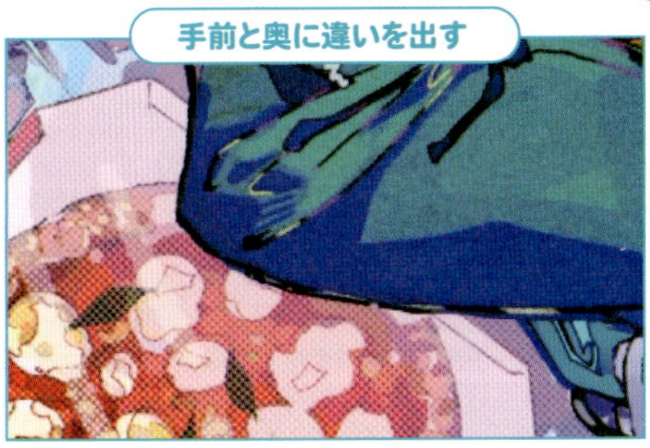

手前の人物がメインなので、背景のモチーフが目立ち過ぎないようにペールトーンのドット模様を重ねて淡くする。

背景に登場するアイテムを変更する

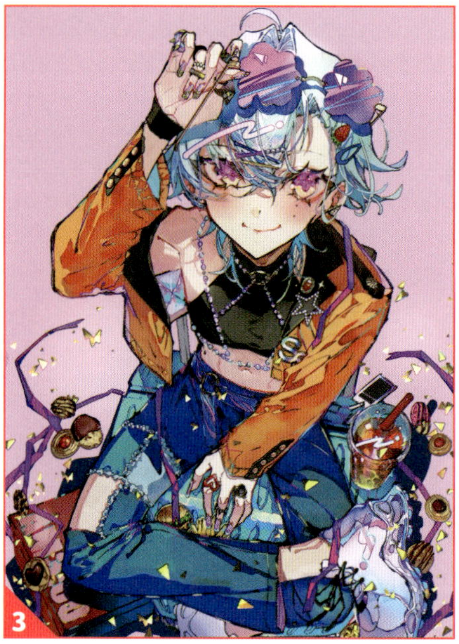

村カルキ　苦労して描いたモチーフでも、変えたり消すことは、よくあるんです。もったいないと言われるのですが、絵を良くするためなので気にしていません。

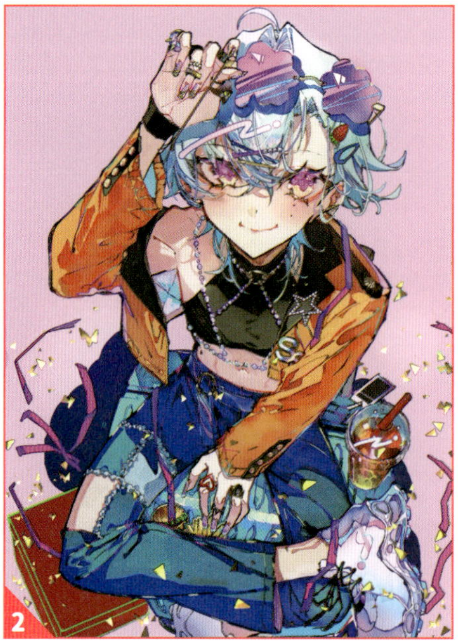

村カルキ　リボンや金の紙吹雪は視線誘導のために残して、他は無くしました。雑誌の表紙は文字も入るので、そこも意識してシンプルにスニーカーの箱だけにします。

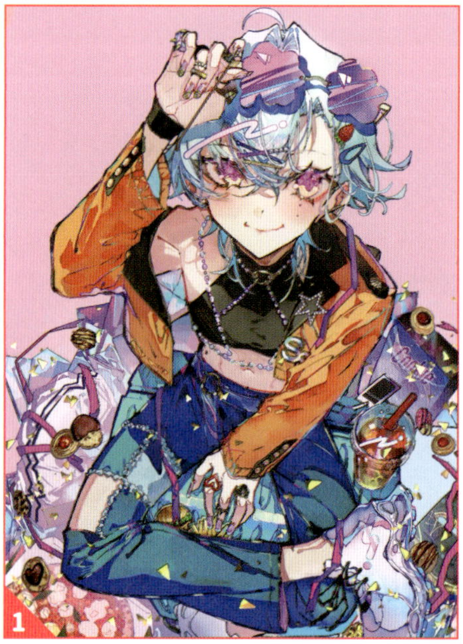

村カルキ　ファッションブランドの宣伝写真などで見る、たくさんのアイテムに埋もれた構図をイメージしながら描いていたのですが、詰め込み過ぎてしまいました。

加筆・仕上げ

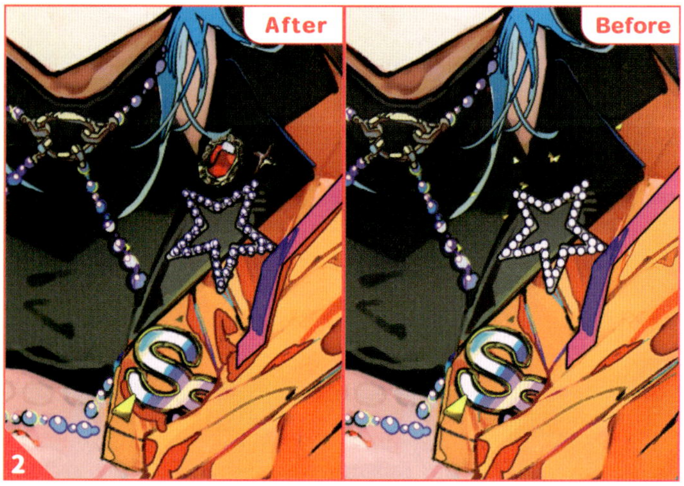

一番見てもらいたい顔周りに装飾を追加して情報量を足す。星型のラインストーンは少し色を抑えて紫系に変更。その上にビジューのブローチを足すと、より華やかになった。

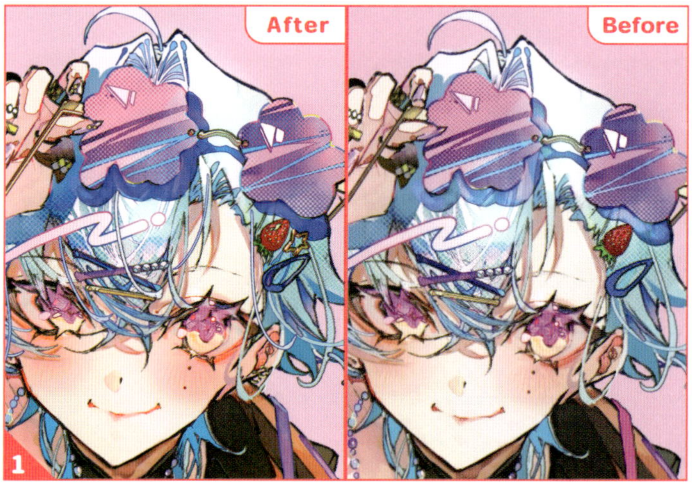

後れ毛を追加する。ハイライトよりも上の層に新規レイヤーを作成し、「境界効果（フチ）」をつけて細い毛を足す。ハイライトの上に毛を乗せることで、ふわっとした毛の流れが出る。頬に赤みも追加して、肌の血色を良くする。

まとめ

爽やかなカラーリングのイラストが完成しました！　フカン構図でアイテムを見せつつ、作画の情報量を丁寧にコントロールしている描き方が印象的です。特に、工程の後半で時間をかけて描いたモチーフを再考した理由は、絵を描く上でとても重要なポイントだと感じます。「昔は、構図や作画を足し算で考えていたんですけど、今は引き算で考えるようになりました。見やすさを重視しています」と、村さんはお話くださいました。描く側の視点だけでなく、見る側の視点で考えることも大切です。ぜひメイキングを参考に描いてみてください！

色紙プレゼント

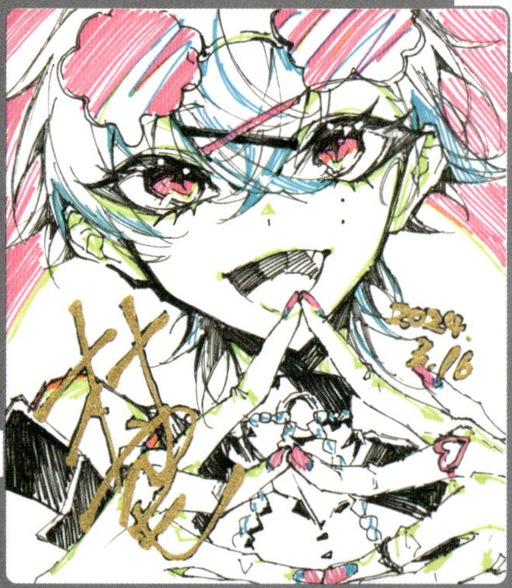

村カルキ　蛍光ペンの話が登場したので、色紙を描くときに使ってみました！

POINT・印刷用に色調整する

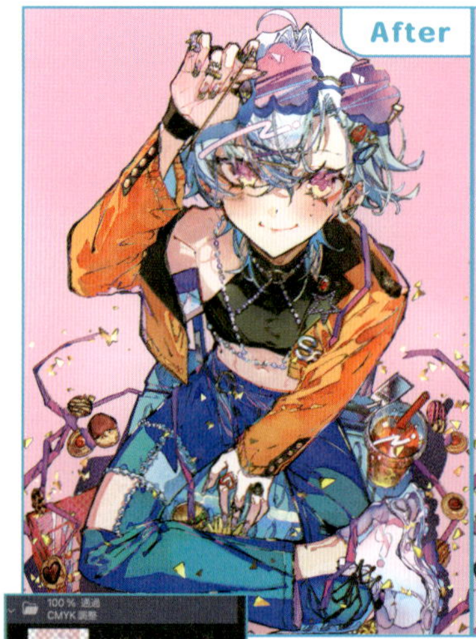

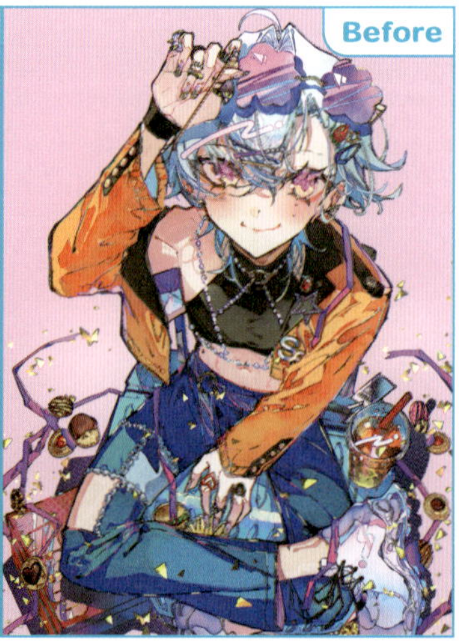

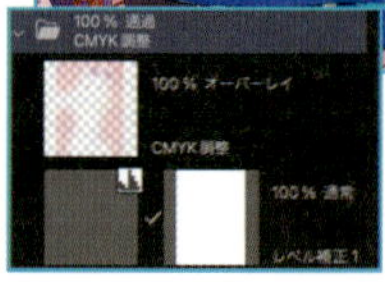

RGBで完成まで仕上げた。今回は紙に印刷されるので、CMYKに変換して色調整を行う。RGBで綺麗に見える青系や紫系はCMYKではくすんでしまう。「新規色調補正レイヤー→レベル補正」で全体を明るくしたり、オーバーレイ（100%）で背景を中心にピンクを乗せて彩度をあげた。

SS INTERVIEW 村カルキ インタビュー

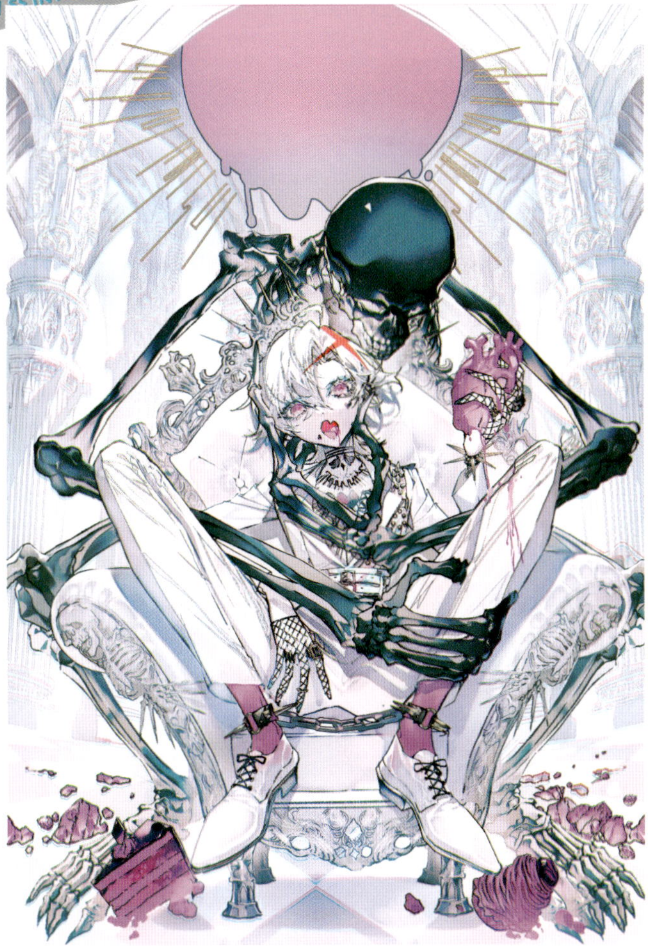

今号の「SS（スモールエス）」の表紙を飾るのは村カルキさん。艶やかな黒色と鮮烈な赤の差し色で、孤独を抱える死神と少年の繋がりが美しく描かれる「BLACK」シリーズ。お互いの存在を確かめるように体を絡め合い、深く刻むような眼差しに惹きつけられる。インタビューでは表紙イラストをどのように着想されたか、村カルキさんのフェチ、学生・社会人時代のお話、お仕事についてなど、ここには収録しきれないほど楽しくお話いただいた。

村カルキ／ninelive.所属のイラストレーター。これまでに、村カルキ画集『我』（玄光社）がある。技法書では『美少年の描き分け 塗りテクニック』、『7色のテーマイラストで学ぶ 塗りテクニック』（以上、ホビージャパン）を担当。ほかにも、『終焉ノ花嫁』（原作：綾里 けいし／KADOKAWA）のイラストを手掛ける。「SS（スモールエス）」では、これまでに背景講座やCLIP STUDIO PAINT初心者講座に登場している。

X（旧Twitter）【@murakaruki】
Instagram【murakaruki】
pixiv id【811927】
HP【https://mura73424033.jimdofree.com】

「契り」
「BLACK」シリーズを描いた1枚。心臓を喰らうBLACKの飄々とした表情が美しい。神聖な空間を破壊するかのような、蛍光ピンク色で描かれたスイーツの散らばり、血の描写が刺激的。また、大きな身体でBLACKのことを抱くBLOODの、執着や崇拝にも感じられる表情に惹かれる。

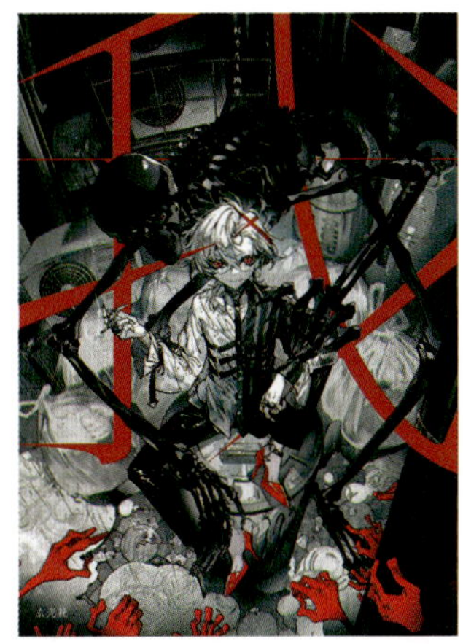

村カルキ画集『我』
発行：玄光社　価格：3,300円（税込）

——この度は、「SS（スモールエス）」にて表紙を描き下ろししてくださり、ありがとうございます。男の子のサングラスをクイッとあげる仕草や上目づかいの表情がとても可愛らしいです…！　今回、表紙はどのように着想されたのでしょうか？

村　普段は暗い色をつかってダークなテイストの作品を描くことが多いのですが、「SS（スモールエス）」が発売する季節が春でしたのでピンク系にまとめました。また、例えばお母さん、お父さんに雑誌を買ってもらうとなったときに、手に取りやすい明るい雰囲気の絵にしたいと思ったんです。まだまだコロナは鎮まってはいないけれど、最近外に出られる機会が増えているなとも感じていて。絵を見たときに、食事へ行ったり旅行できたりする、明るい気持ちになってもらえたらと思って描きました。表紙のタイムラプスを見返すと、描きながらかなり血迷ってますね（笑）。

——村さんらしい、ビビッドなピンクや紫系がつかわれていて素敵です。描きはじめた最初のイメージと最後では、どんな変化があったのでしょうか？

村　最初はデパートにあるアパレルのディスプレイのように、いろんなアイテムに埋もれている人間をテーマに描こうと思いました。折り重なった服や靴、ピザやホットドックなどを途中までは人物の周りに描いていたのですが、ゴチャゴチャしすぎてしまって。賑やかし、視線誘導としてリボンは残しつつほかの描き終えたものを全て消してキャラが目立つように仕上げました。周りにモチーフを置いているほうが当初のコンセプトとしては合っていますが、キャラクターが見やすいというシンプルさが一番大事だなと。二日間かけて描いた部分だったので消してしまう虚しさはありましたが、描いている自分が「この絵の焦点、定まらないな」となるのはダメだ！　と判断して全消ししました。

——描いたものは愛着も生まれるし勿体なくて消せないことが多いですが、残す・残さないの判断を決められると作品の完成度が変わってきますよね。

村　私は情報量の多い絵が好きでついつい足し算方式で描いてしまうので、見やすさ重視の引き算を意識しています。今回の作品はできなかったことでもまた別のときに活かせたら良いな、と切り替えることが大事です。

——また、村カルキさんのオリジナルキャラクターである「ユーリ」くんが登場しています。ユーリくんはどんな性格ですか？

村　食べることとファッションが大好きな、元気な男の子です！　いろんな国に飛んで各地の食文化を楽しみながらモデルをしています。ユーリくんは母校でおこなった一時間半のライブペイントで生まれた子です。参加していた高校生に好きと言ってもらえるようなキャラクターデザインを意識しています。生まれたてのユーリくんは身につけているアクセサリーも少ないし髪色も暗かったですね（笑）。ユーリくんは私の好きな要素と、みんなが好きなものの半々が取り込まれたキャラクターなので、技法書の表紙などよくお仕事の場面で登場してもらっています。

——村さんの専属モデルのような子なのですね。また、ユーリくんがハイカロリーな食べ物を豪快に食べている姿（※29ページに掲載）がとても可愛いです！

村　男キャラでご飯を食べている作品があまり無い気がしたので描いたら面白いかなって！　私自身カロリー爆弾的な食べ物が大好きなのですが、年を取って脂っこいものをたくさん食べれなくなってしまった代わりにユーリくんが食べてくれたらと思いながら描いています。ユーリくんはよく女の子に間違われるのですが、体格としては男の子です。最近、男性アイドルがピンク色のスーツを着て踊っていたのがすごく可愛くて、自分の絵でもユニセックスなテイストを積極的に取り入れたいと思っているんです。

——村さんが描く男の子は肉付きが柔らかいというより、触ったらしっかり骨！　あるいは筋肉！　と、ピタッと固そうな体格をしていますよね。

村　とにかく細い体格、骨と皮ぐらいのメンズ、骨が大好きなんです…！　「BLACK」シリーズ（※村さんのオリジナルシリーズ作品。28ページにて紹介）を描いていると「暗いメッセージ性を感じる…」とアーティスティック的な感想をいただくこともあるのですが、私は大好きな「ブルーハムハム」を愛でているのと同じ気持ちで骨を愛でているだけなんです。ほかの人から見れば骨はグロテスクだと思う人もいるし生と死の象徴とも言われますが、私は「可愛い！」と思って描いている。

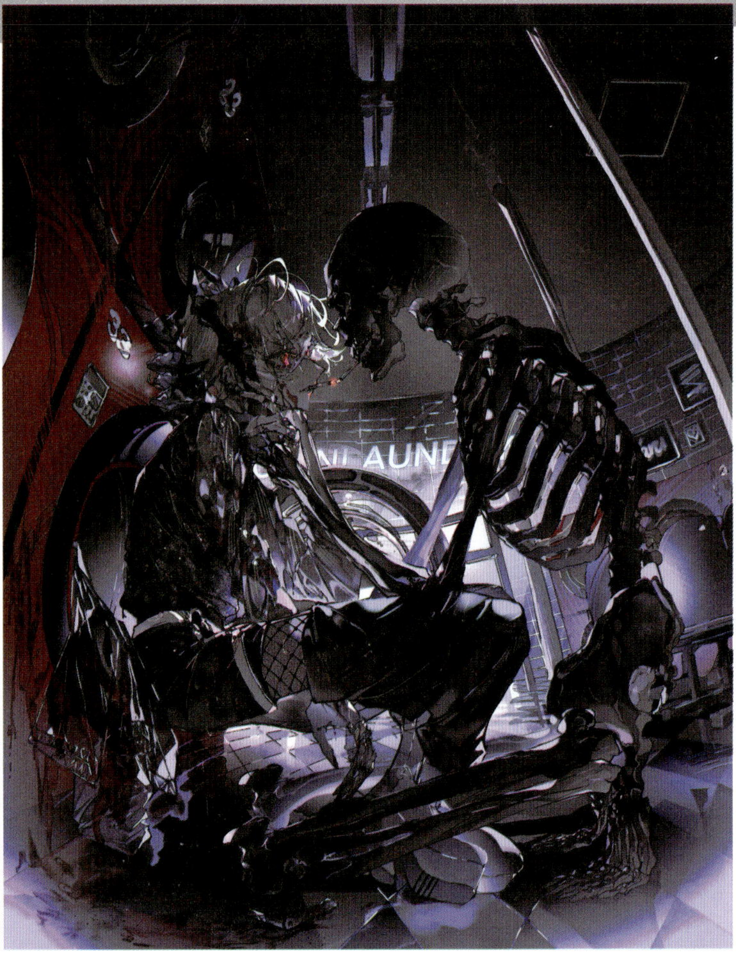

「BLACK」シリーズ

村カルキさんオリジナル作品「BLACK」シリーズでは、骸骨の姿をした死神『BLOOD』と白髪の美少年『BLACK』が登場する。【共犯者】となった彼らの、甘美で切ないやり取りに目を奪われる。

BLOOD

本来、死神は白い姿をしているが、黒い身体として生まれた。外見の違いだけでなく、優秀さを妬んだ白い死神たちからは、【呪イ】と気味悪がれており孤立している。そんなBLOODのことを「きれい」と言い触れたがるBLACKに出会い、戸惑いながらも興味を抱いたBLOODは【共犯者】としての契約を提案する。

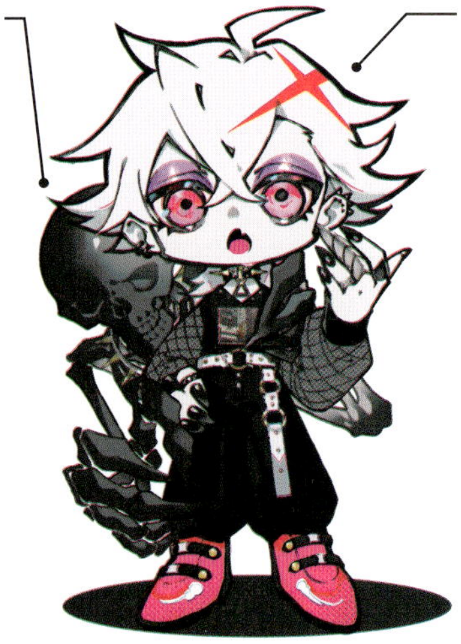

BLACK

幼い頃に母親に捨てられ、数日まともな食事を摂ることができず生死を彷徨っていた。黒い姿の死神・BLOODと出会い、この世の何よりもきれいだと見惚れてしまう。そんなBLOODのことを触れたいと願ったBLACKは、共に生き、共に死ぬ運命共同体となる【共犯者】の契約を結ぶ。

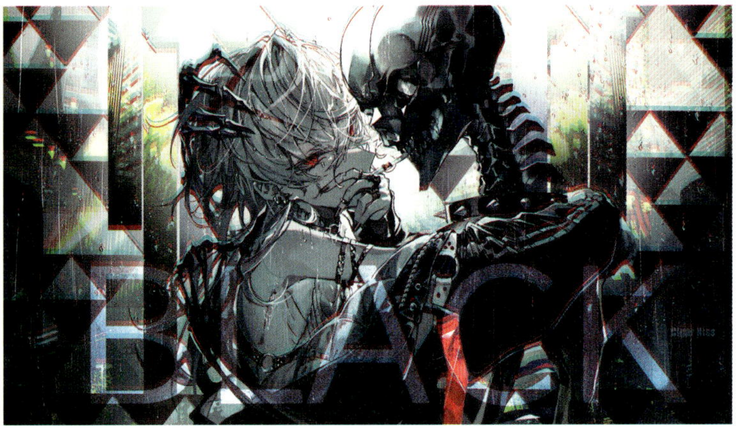

上図「深海」下図「Cigar Kiss」

どちらの作品でも、シガーキスを交わす彼らが描かれており、密な関係性が見られる。「深海」と初期の作品「Cigar Kiss」を比べると、BLOODの骨格が大きくなり、BLACKをより抱擁できる体格差へと変化したことが分かる。

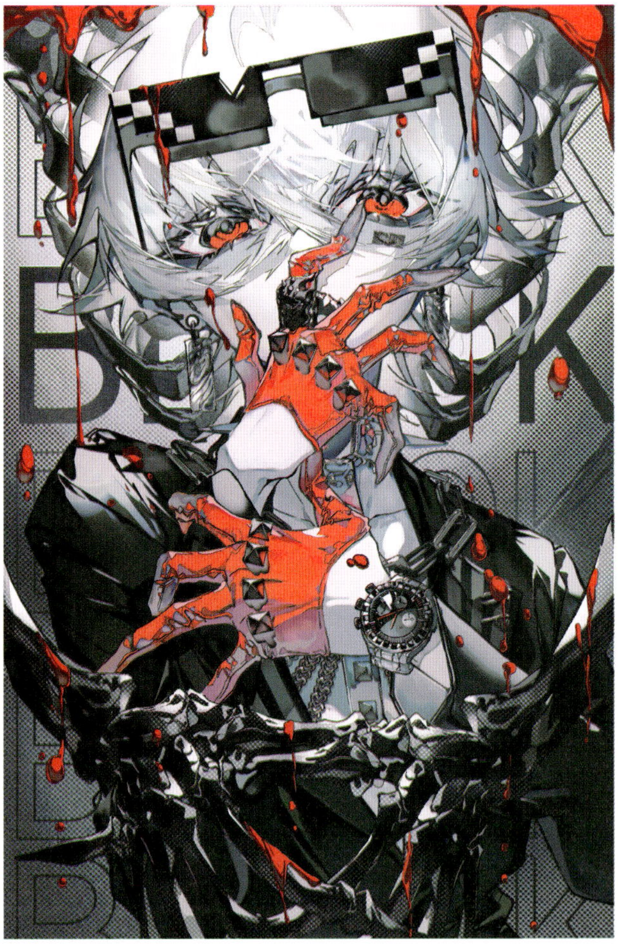

「村カルキオリジナルリング～陽炎～」描き下ろしイラスト『陽炎』

村カルキさんがデザイン&監修を担当するオリジナルシルバーリングが受注予約にて発売決定。描き下ろしイラスト『陽炎』でも、BLACKの華奢な指に骸骨のシルバーリングがはめられている。また、鮮明な赤色の瞳やグローブ、ポタポタと垂れる血の描写から生々しい美しさを感じられる。

リング詳細【https://oshibaco.myshopify.com/collections/村カルキ】

――延長線上に愛情があるんですね。骨はどのようなキッカケで惹かれはじめたのでしょうか？

村　もともと、生命が危うそうなガリガリの細身に魅力を感じているのですが、自分の完全趣味で描くと細すぎて周りに引かれてしまい、お仕事でもなかなか描く機会がありませんでした。でも骨を描けば、そもそも肉が無いのでどれだけ細く描いても引かれないということに気づきました。それから、骨が異常に可愛く見えて…！　骨を描くのは大変ですが、最近はファンの方から「村カルキさんの描く骨が好きです！」と言っていただけて、とても励みになっています。

――ツヤっと輝きガッシリしている、スタイルが抜群に良い骨ですよね。また、BLACKとBLOODの体格差に萌えを感じています…！

村　病的に細い白髪闇落ち美少年と骨の体格差カップリングは美味しいじゃないかという気持ちで「BLACK」シリーズは描いています。BLOODは通常の人間の骨とは違って、手足を大きめにしたりと自分好みの骨格です。友達に「骨の3Dを用意したほうが描くの楽じゃない？」と言われたこともありますが、年々自分が好きな骨のスタイルも変わっているし、都度デフォルメ具合が変化するので自分で描いています。オリジナルのシルバーリング『陽炎』（※28ページ掲載）で、最初は指輪をつけた二人を描きたいと思っていたのですが、骨の手の指があまりにも大きく「あっ…指輪入らないなぁ…？」と、冷静になって（笑）。体格差カップリングを意識するあまり、キャラの頭をわし掴みにしても手が余るぐらい、年々大きくなっていますね。以前、好きな体型で人間を描きすぎたときに、クライアントさんやユーザーさんからもデッサンが崩れていると言われてしまうことがありました。そのときは今後イラストレーターで

ユーリ

村カルキさんのオリジナルキャラクターである「ユーリ」くんはモデルをしている。また、食べることが大好きでパンケーキ、ピザ、ハンバーガー、たこ焼き、ドーナツ、アイスクリームなどハイカロリーな美味しいものをよく食べている。今回の「SS(スモールエス)」の表紙にも、旅行を楽しむユーリが描かれている。

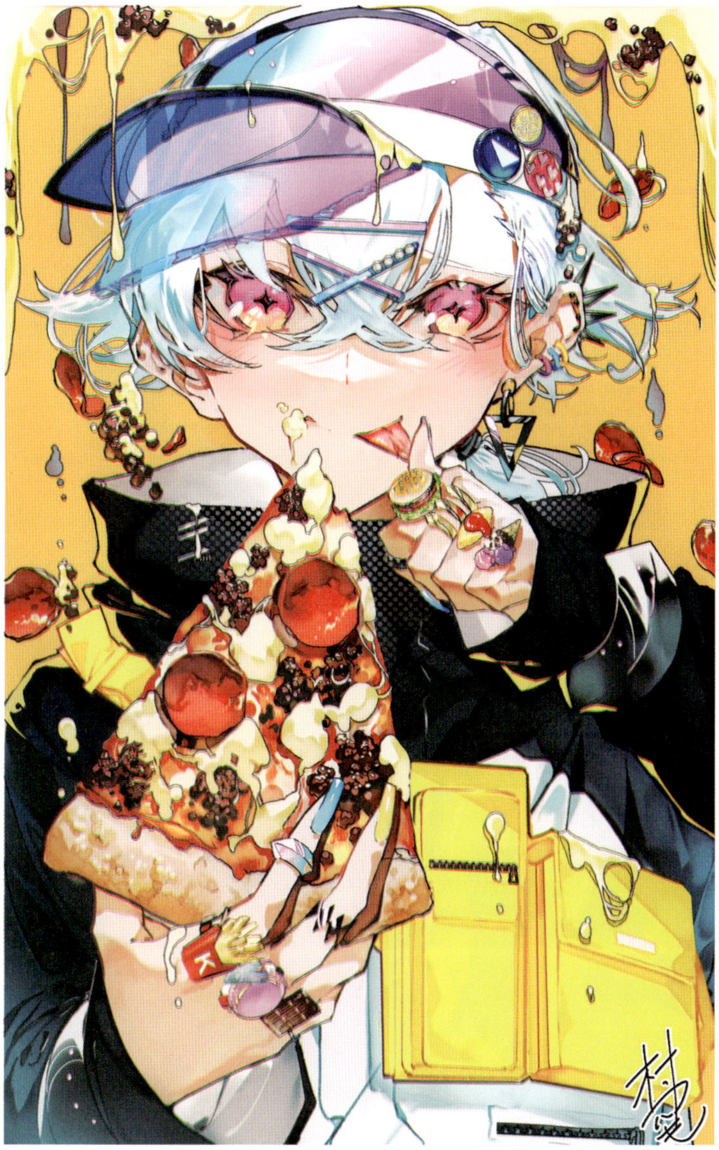

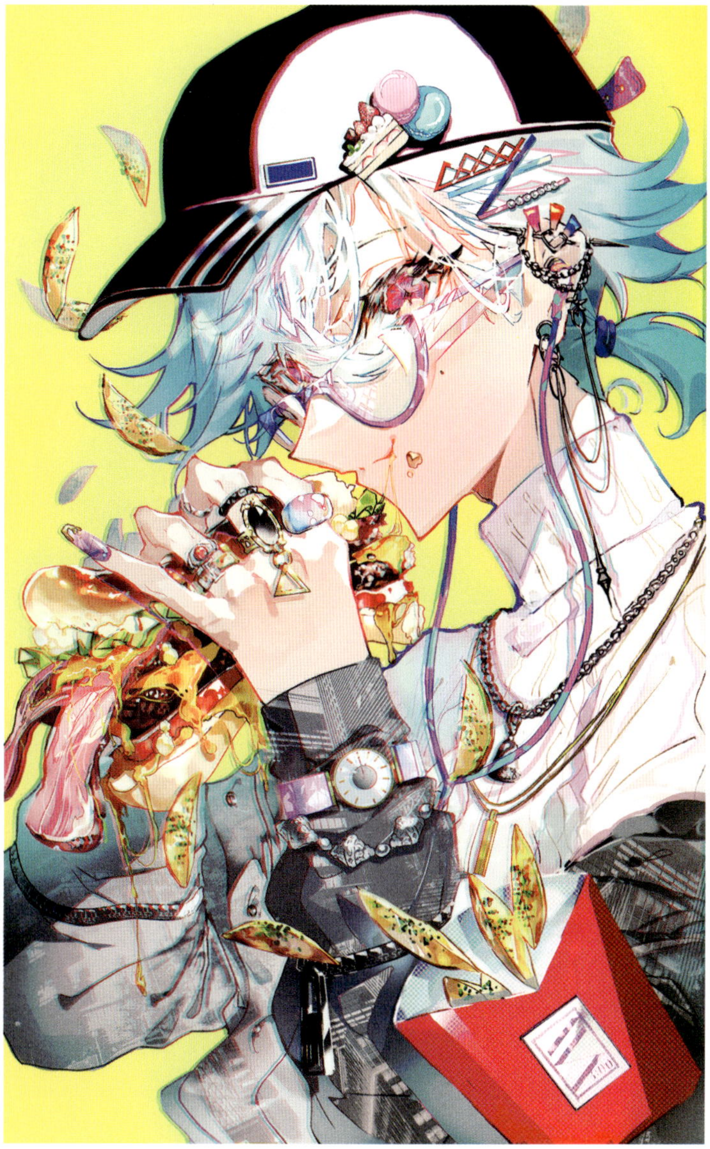

生きていくためには自分の受け入れられない趣味と、人が受け入れられる趣味のバランスを見極めなければならないと感じました。バランスは今でも必死に考えています。

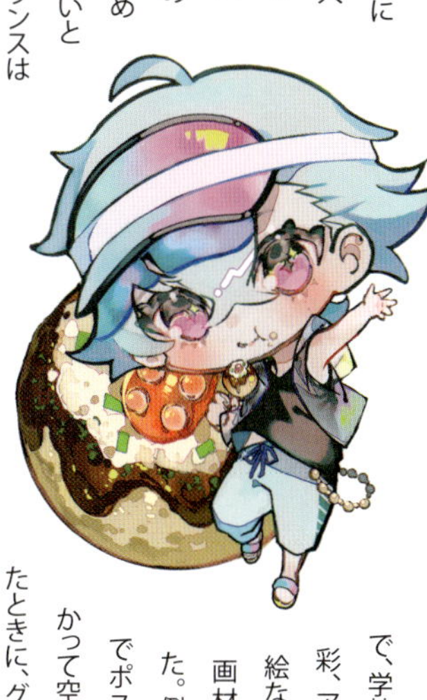

――そういったときに、SNSなどの反応は参考になりますか?

村　SNSの反応だけが全てではないのですが、参考にはなると思います。人間は一番見慣れたものなので、デッサンの狂いは一番絵の違和感になりやすいです。私は骨を描くことで折り合いがついたと思います。また、ある程度「この描き方を好きな人が多い」「この方向なら商業的に食べていける」などを考えるときにも、かなり参考になっています。私は流行を積極的に取り入れていきたいタイプなので、たくさんの絵を見て流行を感じ取ったりもしています。

――SNSを上手に活用して、自分の活動や作品を研究するのは大切ですね。では、ここからは村カルキさんの学生時代について教えてください。学生のときは、どんな画材をつかって描いていましたか?

村　中学生の頃もたくさん落描きをしていましたが、色塗りはしていませんでした。高校生になるといろんなアナログ画材をつかってカラーイラストを描くようになりましたね。学生だったこともありお金が無かったので、蛍光マーカーで塗っていました(笑)。

――確かに、ペン先が平たくて広い面積が塗りやすいですし、濃淡もつけられますよね。

村　もちろん勉強にもつかえるし、アナログでかるく色を塗るとなったら丁度良くて。自分が通っていた高校が美術コースだったので、学校にはコピック、水彩、アクリル、顔彩、油絵など一通りアナログ画材が揃っていました。例えば授業の課題でポスターカラーをつかって空を描きたいとなったときに、グラデーションが上手くできないと先生に相談したら、わざわざ自分のエアブラシを貸してくれて。絵を描くのに良い環境でした。

――それは嬉しいですね。授業ではキャラクターイラストを描いていましたか?

村　課題では漫画っぽい絵を描いてはダメでした。また、私は漫画部に所属していたのですが、「まんが甲子園」や「こうちまんがフェスティバル まんさい」に参加する際は、コピック、水彩、アクリルガッシュでイラストを描いてましたね。漫画部は総勢六〇人ほど居て、部誌も毎月発行されるぐらいとても活発でした。部誌のイラストはGペンとトーンをつかって描いてましたね。あとは、絵と一緒に好きな漫画やアニメ、BGMを添えた、同人誌即売会で配布しているペーパーみたいなものもよく作っていて。部誌をキッカケにジャンルが合いそうな先輩後輩と盛り上がっていましたね。美術コースの人たちもみんな仲が良かったのでワイワイ楽しくしていたと思います。

――楽しく絵を描ける環境だったのですね。ちなみに、村さんが学生のときに見ていた作品はどんなものでしたか?

村　『天元突破グレンラガン』の話をよくしていました。あとは、高校生でお金も無いから友達同士で漫画やゲームの貸し借りをしたり、友達の家に泊まりで遊ぶことが多かったです。

――いいですね！　友達の家では絵を描い

てましたか?

村 「おでライ」(※「おでかけライブin高知」という同人即売会)の準備をしていましたね。高知で同人イベントに出るとなると、「おでライ」しかないんですよ…! できる限り「おでライ」会場の近くに住んでいる友達の家に泊まって、イベントの直前までラミカ用の絵を描き、早朝五時にコンビニでカラー印刷をして、ハサミで切り、友達のラミネートカード機を借りて刷り、「やべえ七時だ!」と慌てて会場へ行く…。前日～早朝までイベントの準備をして、自分がサークル参加をしないときは友達の手伝いをするといったオタクライフを送っていました(笑)。

――充実したオタクライフに懐かしい気持ちでいっぱいです(笑)。オリジナルだけでなく版権も描かれていたのですか?

村 版権のほうが多かったです。それこそ『天元突破グレンラガン』、『テイルズ オブ ジアビス』をよく描いていたと思います。お姉ちゃんがよく「おでライ」に出ていたので、遊びに行っていたこともあり、高校生になると自然と参加していました。都会と比べると参加費も高くなかったので三ヶ月に一回ぐらい出ていた気がします。

――かなり活発に活動されていたのですね! 少し話は変わりますが、以前は背景イラストをよく描かれていたと思います。いつ頃から背景に興味を持たれたのでしょうか?

村 中学校の頃に熊倉裕一先生の『王ドロボウJING』を読み、背景や世界観のつくり方にたいへん衝撃を受けました。友達に「熊倉さんに影響受け過ぎ」と言われるぐらい、背景つきの絵を描いていたと思います。コンシューマーゲームを好きになってからは、設定資料集に載っている背景を見ていました。それから高校二年生の冬休みに、『バテン・カイトス』、『FFⅨ』、『ブレス オブ ファイア5』を一気にクリアして、さらに背景に興味を持つようになりました。小さい頃からぼんやりと絵を描く仕事に就きたいと思っていましたが、当時は今ほどイラストレーターがメジャーな職業ではなかったし、ライトノベルで成功した一握りの人しか生きていけないみたいなイメージがあったので、「ゲーム会社に入って背景デザインが担当できたらイラストレーターにはなれないけれど、好きな世界観をつくる一員として生きていける」と思ったんです。それから、ゲーム会社に入りたくて東京アニメーションカレッジ専門学校に入学しました。

――背景はどのように練習されたのでしょうか?

村 完全に見様見真似の独学です。技法書、pixivもなければ、そもそもネット環境もない古いタイプの家だったので、大好きな熊倉先生の作品、ゲームの設定資料集を見ながら描いていました。

――ちなみに専門学校に通われていた頃が、「SS(スモールエス)」に作品を投稿されていた時期でしょうか?

村 専門学校を卒業してフリーターとして働いていたときに、時折就職の相談を先生にしていました。先生に「就職一本で動いているけれど、自分の絵をプロやほかの人に見てもらう機会を増やしたほうが良い」とアドバイスをいただき、いろんな人に見てもらえる「SS」に投稿をはじめたんです。六七質さんやタイキさんの絵に憧れて、細かい背景をアナログで一生懸命描こうとした記憶があります。その後、ソーシャルゲームのイラスト制作会社に入社できたのですが、とにかく仕事内容がキツくて…。徹夜も当たり前だし上司から「お前の絵はつかい物にならん」みたいなことを言われる毎日でどんどん病んでしまい…。背景を三日で四十枚を求められたりと過酷な状況に追い込まれていました。そういった状況のなか、息抜きとして「SS」に投稿を続けていたらエス編集部から依頼をいただけて…! 会社の仕事は名前を公表できなかったので、「SS」の描き下ろしは自分の絵柄で名前を表に出せるはじめてのお仕事でした。雑誌に名前が載ることで友達や家族も喜んでくれて嬉しかったし、仕事でスキルを磨きながらフリーランスになったほうが自分には向いているかもしれないと思いました。

――フリーランスを目指すにあたって、絵の練習はされましたか?

村 デッサンやクロッキーなど基本練習が苦手でやりたくなかったので、趣味で『キルラキル』など好きな版権キャラを描いて練習していました。フリーランスになるに向けてファンの方を増やしたいと思って、描いたら必ず投稿をしていたし、休みの日は一日三枚ぐらいpixivに上げていました。

――ちなみに「SS」の描き下ろしをしたあとも会社のお仕事は続けられたのでしょうか?

村 それがあれから二年ほど経ったある日突然、イラスト制作事業部が潰れてしまい…。別の会社からもお誘いがありましたが会社員自体向いていないなと思い、それを機にフリーランスになりました。フリーランスになりたての頃に『神獄のヴァルハラゲート』のイラストコンテストに応募したのですが、優秀賞をいただき、コンテストを見た別企業の方からソーシャルゲームの依頼をいただけるようになりました。イラストの仕事がもらえるようになったから会社を辞めたというわけじゃないので、地道にコンテストに参加したりこまめに絵を投稿して、自分の作品を見てもらえるように頑張っていました。

――村さんは現在も、どんなに忙しい時期でも新しい絵を見てもらうことを継続していますよね。

村 仕事の絵ばかりを描いていると自分の描きたいものが分からなくなってしまうので、趣味の絵はどんなに忙しくても描いています。仕事の締め切りと被らないように調整しつつ、週一で版権の落描きをして、一ヶ月に最低でも三枚は創作を描くというノルマを自分に課しています。

――仕事をしっかりおこないつつ、自分の描きたいものを大事にされることで心のバランスも取れそうです。では、ここからは村さんのお仕事についてお聞かせください。「初音ミク × namco TOKYO・NEO MUSIC LOUNGE」では、ボーカロイドたちがネオンカラーの衣装を身につけてスタイリッシュな魅力があります。

村 「ネオン」というテーマだけ決まっていて、ほかはほぼお任せだったので好きなように衣装をデザインしました。背景も、「ナムコトーキョー」というロゴ以外は全部描いています。イベント会場にも遊びに行ったのですが、グッズだけでなく飲み物にも自分の絵がプリントされていてとても嬉しかったです。お客さんも私が描いたイラストのはっぴを着てくださったり、グッズを買ってくださったりしていて、とても嬉しかったです。なかなかできない経験をさせていただきました。

――これまでに背景をたくさん描かれてきたからこそ、キャラクターだけでなく世界観をデザインするのに活かされていますね。また、『プロジェクトセカイ カラフルステージ! feat. 初音ミク』「25時、ナイトコードで。」の7th Single「ザムザ/キティ」ジャケットイラスト(※31ページに掲載)を描かれていますね。

村 アルバムに収録されている曲が本当に素敵な曲で。もともと、てにをはさんの曲「ヴィラン」などを聴いていたのですが、「ザムザ」は儚いイメージを抱いており、淡い色合い選んで水彩風のタッチに仕上げています。フカンの構図で階段のパースを取るのが

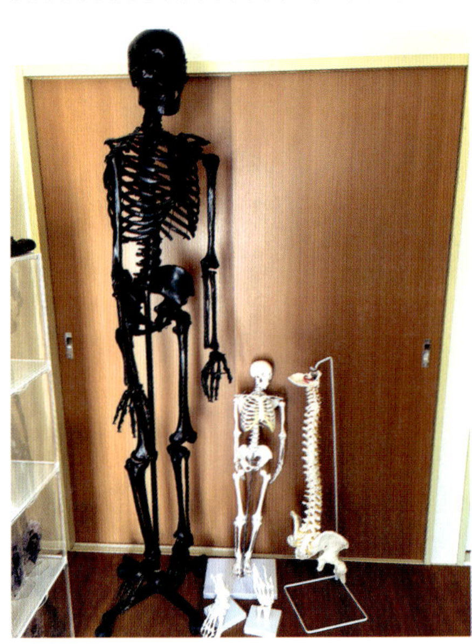

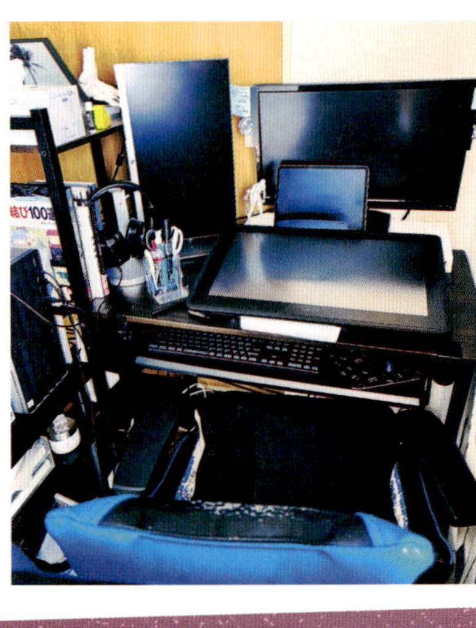

村カルキさんの作業机、人体骨格模型

村カルキさんの作業机には、モニターやWACOMの液タブ、iPadが置かれている。また、男性のデッサン人形や足の模型、着物の資料などもある。そして個展「我」にて展示されていた黒塗りの人体骨格模型(175cmほど)など、村カルキさんの大好きな人体骨格模型が勢揃い!

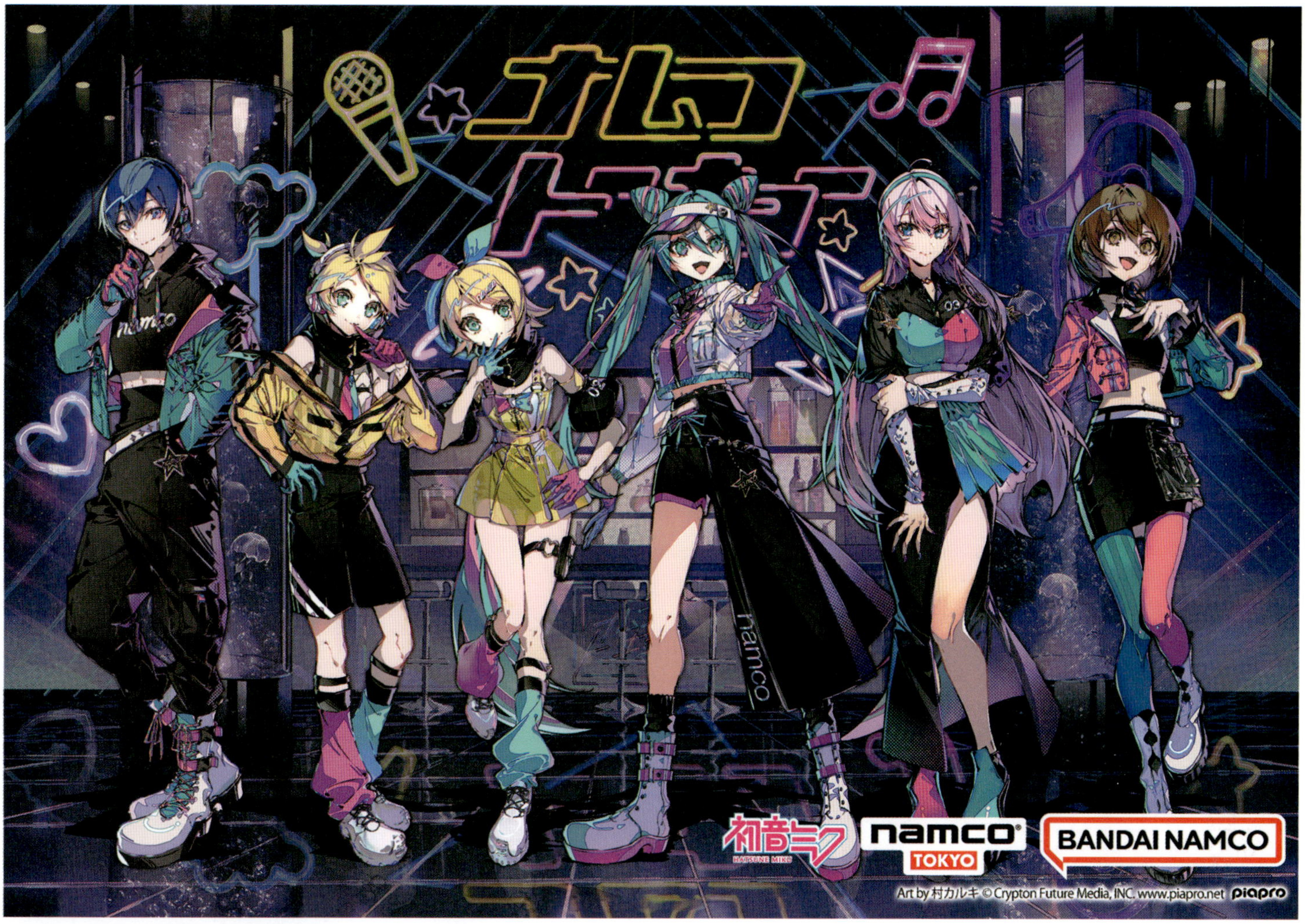

「初音ミク × namco TOKYO -NEO MUSIC LOUNGE-」キービジュアル

2023年12月～2024年2月に開催（※現在は終了しています）した、初音ミクたちをイメージしたコラボフードやオリジナルグッズが楽しめるイベント「初音ミク × namco TOKYO -NEO MUSIC LOUNGE-」のキービジュアルを村カルキさんが担当。「ネオン」をテーマに、村カルキさんがピアプロキャラクターズ６人の衣装をデザインしている。ネオンカラーでまとめられた、ストリートファッションがとても似合っている。

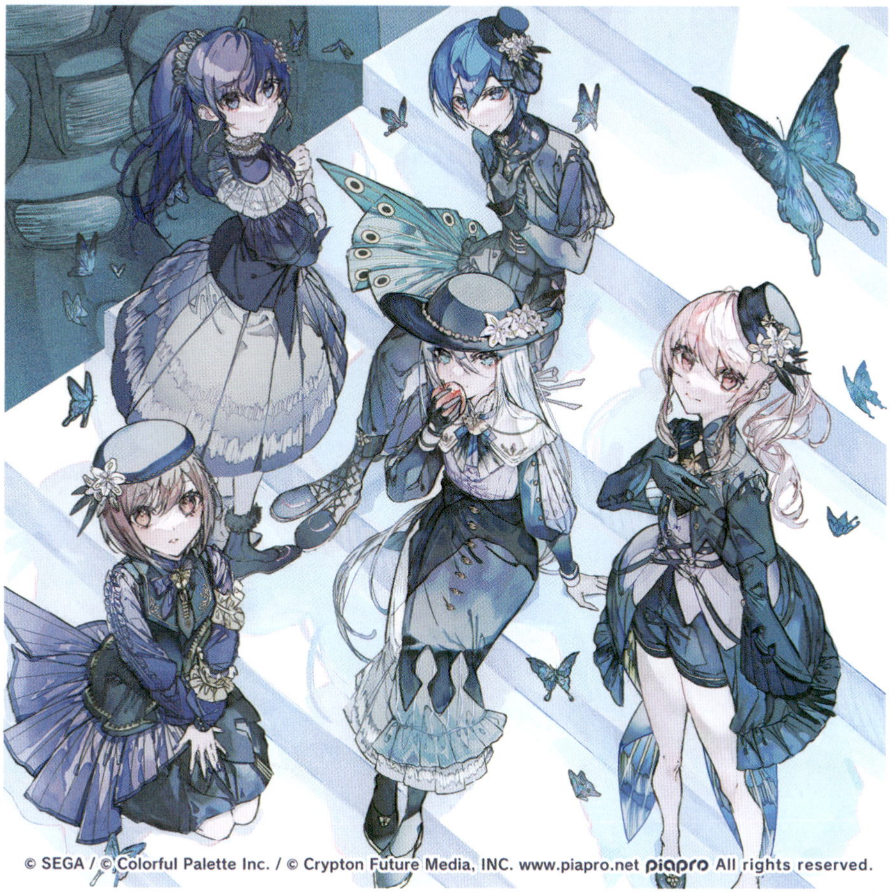

『プロジェクトセカイ カラフルステージ！ feat. 初音ミク』
「25時、ナイトコードで。」7th Single「ザムザ／キティ」ジャケットイラスト

発売日：2023年11月8日　価格：1,540円（税込）

「25時、ナイトコードで。」7th Single「ザムザ／キティ」ジャケットイラストを村カルキさんが描き下ろし。こちらを見つめる、メンバーそれぞれの表情がとても魅力的に描かれている。蝶がひらりと舞い、幻想的だ。

難しかったので、はじめて3Dをつかってみたり…。また、キャラクターの顔を見ただけでパッとその子だと分かる、イメージが伝わるように頑張りました。いつもの絵とは違う雰囲気になったので私自身も新鮮でしたし、「村カルキさんはこんな絵も描けるんだ！」という感想もいただけて嬉しかったです！

――お仕事を通して、新しい発見があったのですね。では、最後に村さんの今後の目標について教えてください。

村　一番最初の目標だった、コンシューマーゲームのお仕事をしたいです。また、オリジナルシルバーリング『陽炎』のデザインもとても楽しかったので、今後も機会があればやりたいです！　絵自体の仕事は会社員を含めると十二年目になるので、キャラクターデザインでしたり、「村カルキといえばこれだ！」と独り歩きしてくれるようなジャンルを持ちたいです。これからも地道に、一生懸命活動を続けられたらと思います！

――村さんの今後のご活躍も楽しみにしております！　今回は表紙の描き下ろしとインタビューをありがとうございました！

ILLUST MAKING

COPIC AWARD 2023 受賞者記念メイキング

作家名

相楽ちと

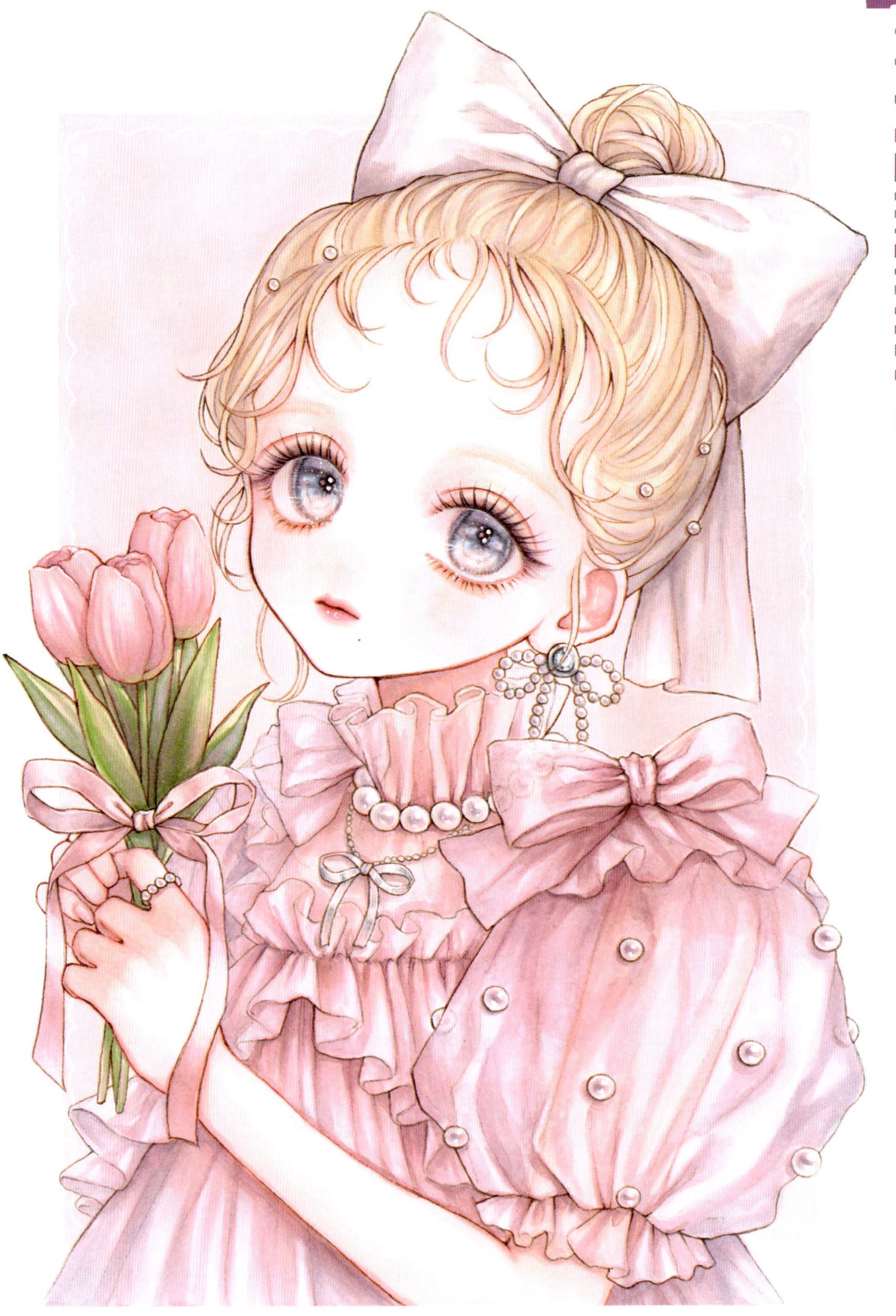

主にコピックをつかい、フリルやリボン、ビジューやパールを身につけた甘くロマンティックな女の子を描く相楽ちとさん。うるんできらめく瞳は、どこか憂いを帯びた美しさを放っている。今回は「COPIC AWARD 2023」にて「SNS賞」を受賞した相楽ちとさんのコピックメイキングをお届け。陶器のようになめらかな肌、瞳のにじみの表現、メイクアップをするような描画方法など注目いただきたい。

画材 コピック／コピックマルチライナー（セピア、ラベンダー）／色鉛筆（カリスマカラー、アーテレーズカラー）／ホワイトペン（タチカワ ピュアホワイト）

用紙 コピックペーパーセレクション 画学紙

相楽ちと
X（旧Twitter）【@0527_ice】
Instagram【sgr_tt】

「COPIC AWARD 2024」開催決定！

「コピックアワード」とは…

「世界中のコピックユーザーとつながる」ことをコンセプトにした、ウェブ上で作品を募集するコンテストです。2023の開催では、世界82カ国から3,900点を超える応募作品が集まりました。コピックを使用したオリジナル作品を広く募集しており、どなたでも無料でご参加いただけます。また、応募作品はコピックアワードの特設サイトに掲載され、自分の作品を多くの人に発信できると同時に、世界中の参加者の作品観覧もお楽しみいただけます。過去に開催された「COPIC AWARD 2023」では、相楽ちとさんが「SNS賞」を受賞されました！

「COPIC AWARD 2024」

■応募期間：
2024年5月10日（金）12:00～
2024年6月30日（日）23:59（※日本時間）

■参加料：無料

詳細はコチラ

応募方法や応募作品は公式サイトにてご確認いただけます。
HP【https://copicaward.com/ja/】
X（旧Twitter）【@COPIC_AWARD】
Instagram【copic_award】

making of コピック

ラフ

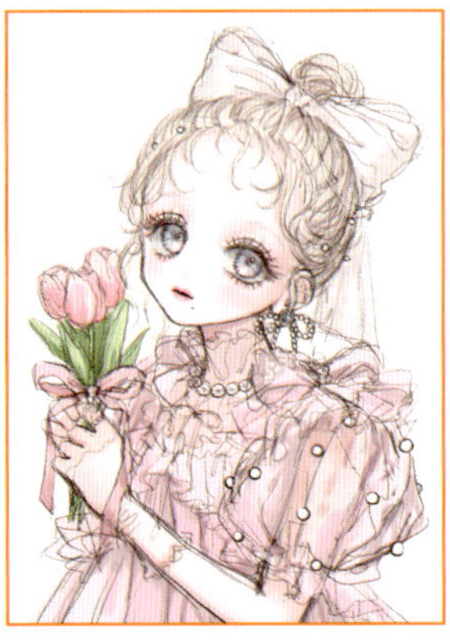

今号のテーマ「お気に入りの衣装」に合わせて、デジタルで描かれたラフ。「バレエコア」というバレエをモチーフにしたファッションスタイルを描いており、春らしい色合いにまとめられている。チュール素材で作られたトップスにパールをあしらったデザインが魅力的だ。

相楽ちと 洋服の流行を調べるのにSNSや通販サイトのランキングがとても参考になるのでよくチェックしています。

線画

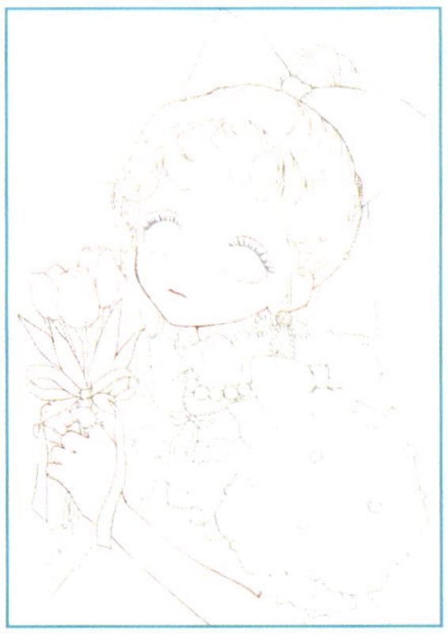

ラフを印刷し、トレース台でトレースした線画。トレースをするときは、まず色鉛筆でアタリをざっと描いてから、マルチライナーで主線を引いている。ぱっちりとした印象の瞳にするために、まつ毛はラベンダーで描かれている。

相楽ちと 色鉛筆は消しゴムで消せるのでよくつかっています。また、油性色鉛筆であればコピックを重ねても色が溶けにくいので、線画だけでなく加筆にもつかいやすいと思います。

ONE POINT・肌の着色

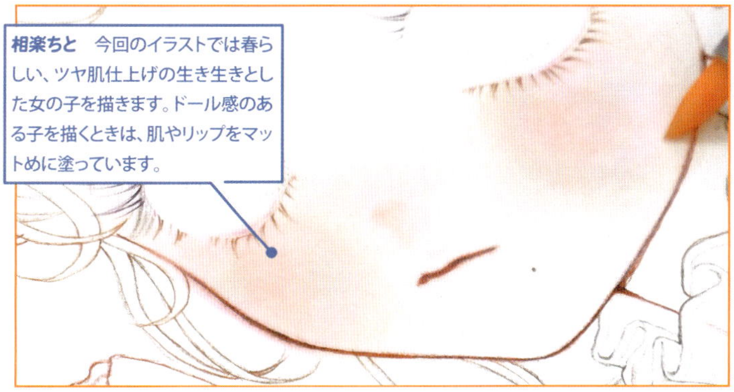

頬を塗る。とても淡い紫色V000をつかい、くるくるとニブ先を動かしながら塗る。極めて淡い赤紫色RV0000、淡い赤色R00でなじませることで、ホワホワとした頬をつくる。続いて、頬が乾かないうちに肌を塗る。極めて淡い赤色R0000をつかい、頬から顎辺りまで塗り広げる。インクをたっぷりつかい、手早く塗り広げるのが滑らかな肌に仕上げるポイント。

ONE POINT・カラーラフ

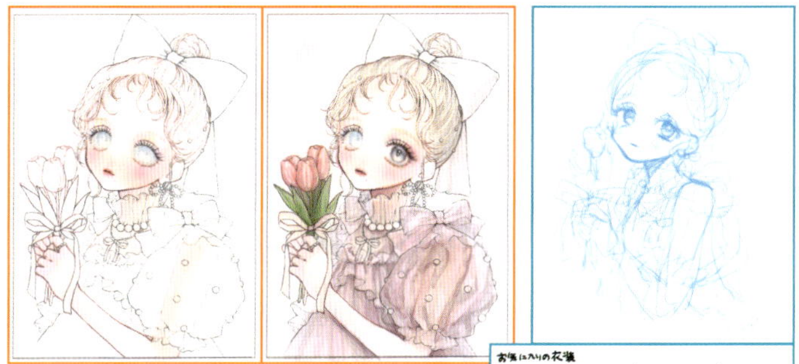

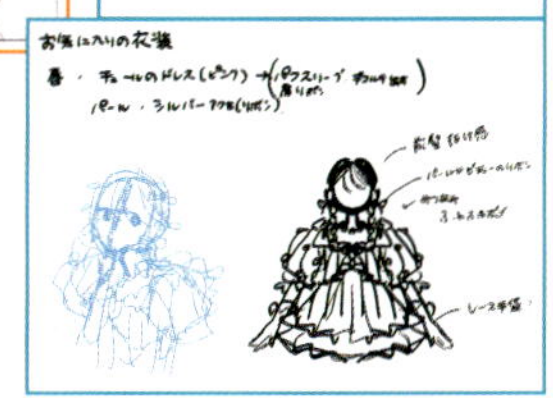

上段左図は本番と同じ紙に線画を印刷して試し塗りしたもの。作品の完成イメージや、肌の凹凸が想定されている。今回のメイキングで塗り間違いや色選びで悩まないように、相楽さんはカラーラフを確認しながら着彩を進めている。

肌を塗る

使用色（V000／RV0000／R00／R0000／R000／E40／YR0000／RV11）

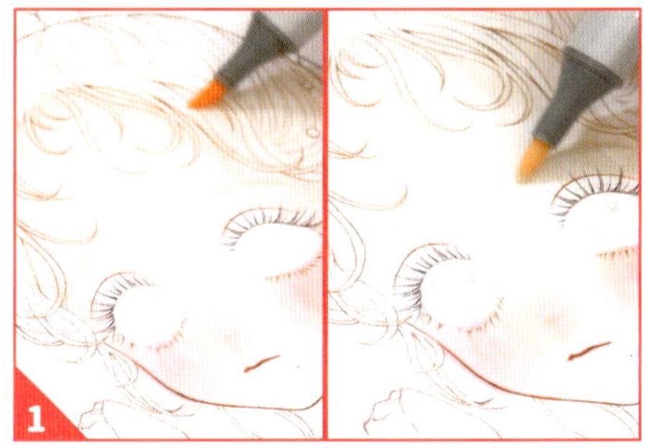

1 RV0000をつかい、上から下へとニブを並行に動かすのを繰り返し、おでこを均一に塗る。鼻の頭辺りは少し塗り残す。また、おでこのキワにはとても淡い赤色R000とV000を重ねて血色感をプラスする。

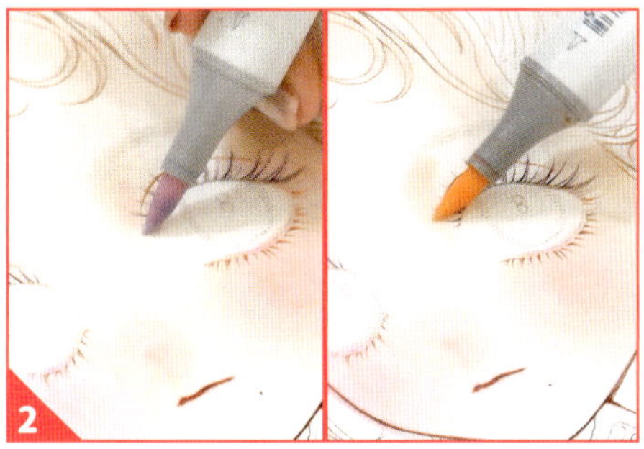

2 R000をつかい、目頭へカゲを入れることでまぶたの立体感を描く。また、V000をくぼんでいる部分にカゲとして入れつつ、R000でフチをぼかしてなじませる。このカゲを入れることで顔の立体感だけでなく、瞳の大きさが強調される。

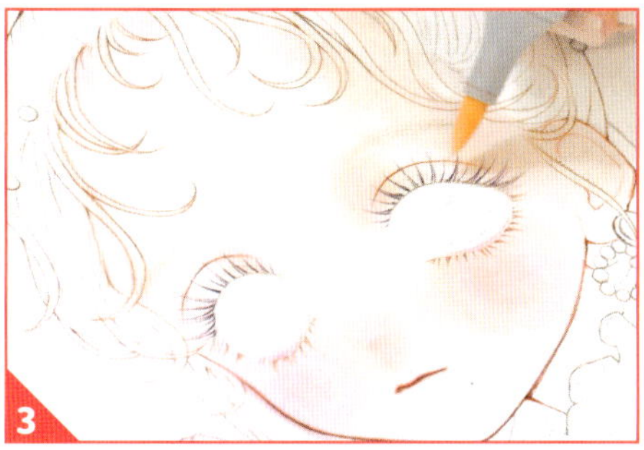

3 まぶたやこめかみの辺りにR000を重ねて、②をなじませることでツヤ肌にする。こめかみ付近のトーンを濃くすることで、顔の立体感を表現する。

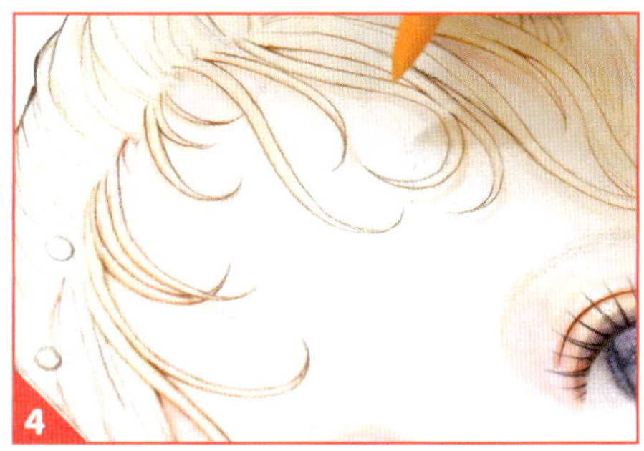

4 R00をつかい、前髪のカゲをニブ先でスッと描く。カゲはあえて毛束から離して描くとエアリーな前髪を表現できる。カゲには淡いベージュE40を重ねて色のトーンを落ち着かせた。ほかにも、R00やR0000を重ねて滑らかなカゲにする部分もある。

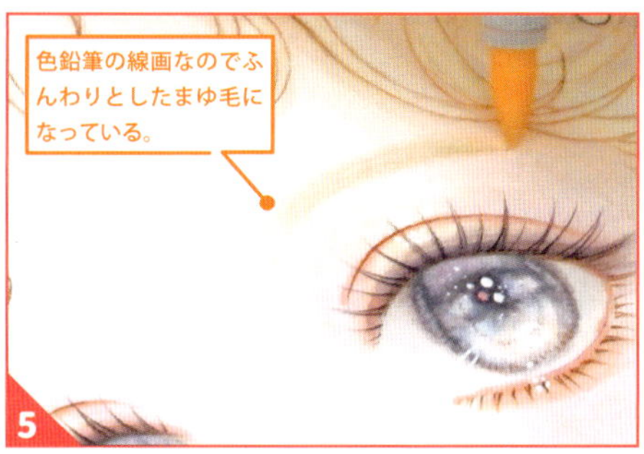

5 色鉛筆で描いたまゆ毛の上に、極めて淡いオレンジ色YR0000を塗る。R000、R0000、E40を上から重ねて、まゆマスカラをしているようなイメージで塗り進める。

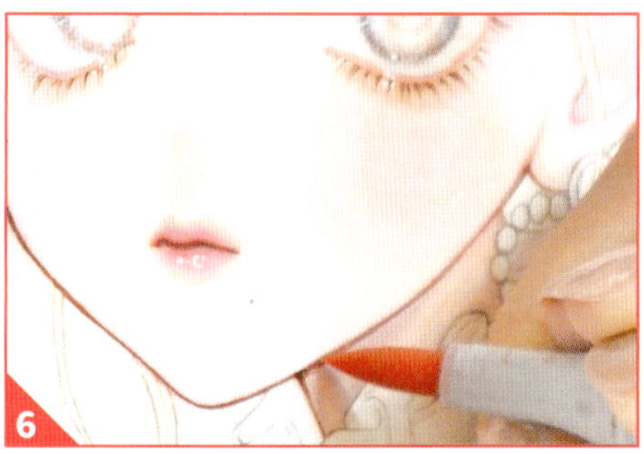

6 仕上げをする。赤紫色RV11をつかい、顔のりんかく線をなぞる。線画からはみ出さないように、ニブの先端で慎重になぞっていく。りんかくの線画と肌の色のなじみが良くなり、血色感も増した。

唇を塗る

使用色（R00／R000／RV63／RV00／R83／RV10／R20）　使用画材（ホワイトペン）

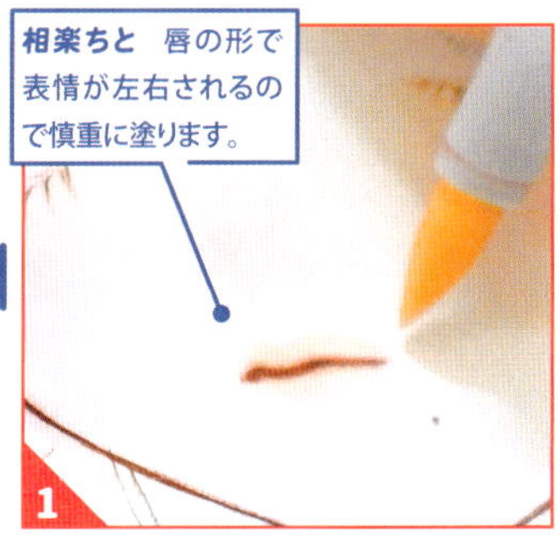

1 ぷっくりとした唇のベースを塗る。R00をつかい、唇を描く。唇のベースのフチはR000でちょんちょんとなじませている。

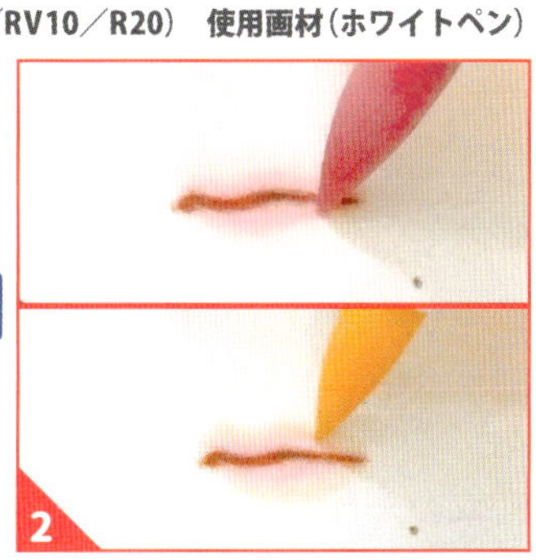

2 唇に赤みを加える。ピンク色RV63をつかい、①のベースからはみ出さないようにフチを残しつつ中央を塗る。また、ニブ先でR00をちょんちょんと重ね、赤みをベースとなじませる。

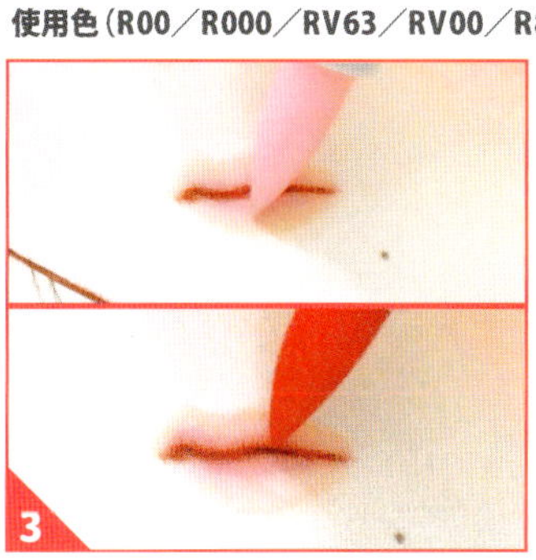

3 口紅を塗る。淡い赤紫色RV00で唇のラインを描く。また、赤色R83を線画に沿わせるように塗る。RV00、淡いピンク色RV10、ピンクベージュ色R20をつかい、唇の縦シワを表現するように縦方向にインクを乗せつつ、形を整える。

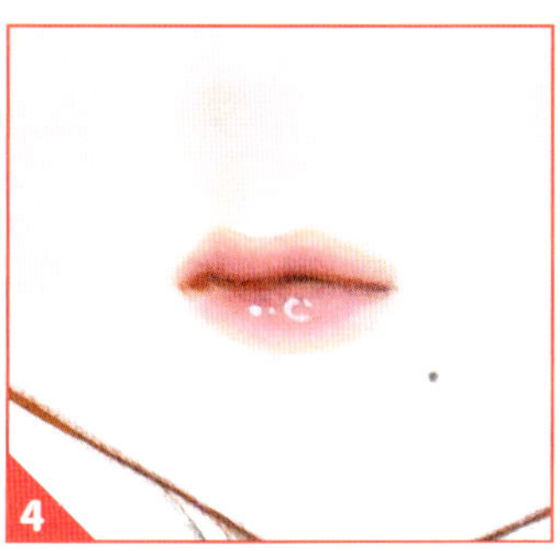

4 ホワイトペンをつかい、唇のツヤを入れる。点々のハイライトを中央に置きつつ、「C」の形をしたハイライトも描いた。ぷっくり感が表現された。

瞳を塗る

使用色（T0／R0000／B41／V000／R000／YR30／V91／V95／BV000／V28／RV91／R00／RV000／［V91＋R0000（7:3の配合）］の色／V01／0番／RV11／RV23／E71／V00／RV93／V93／R20／V15／RV42） 使用画材（色鉛筆、ホワイトペン）

相楽ちと ［V91＋R0000］は、もう少し肌なじみの良い、赤みがかったV91にしたく混色しました。

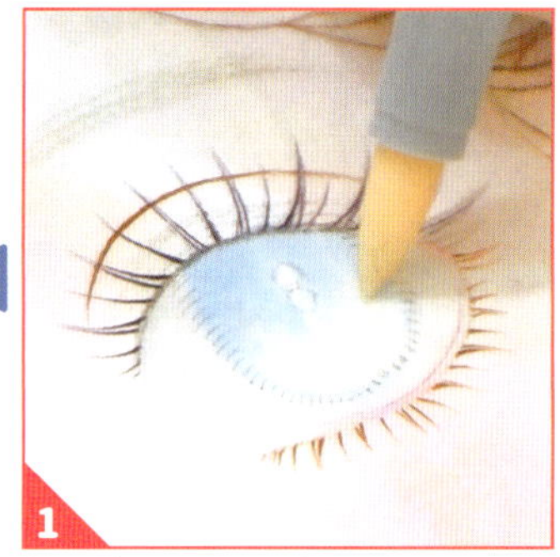

1 白目は極めて淡い灰色T0を上部に塗り、R0000で下に向かってグラデーションする。瞳は上部、中央辺りを水色B41で塗り、境目をR0000でぼかしつつ下部に向かって塗り広げる。

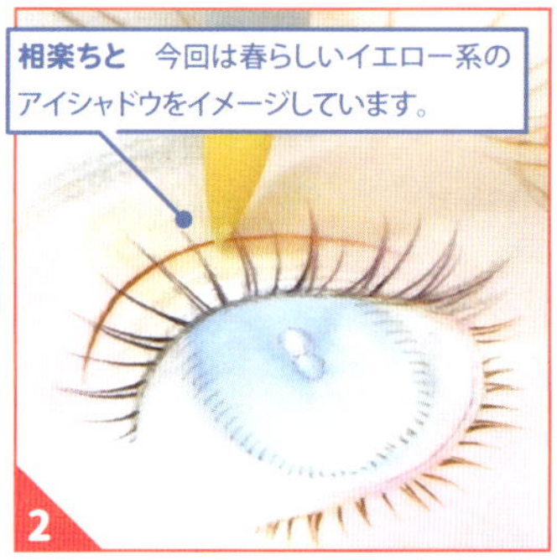

2 まぶたを塗る。V000、R000で血色感をプラスする。次にまぶたにアイシャドウを塗る感覚で、中央にクリーミーな黄色YR30をちょんちょんと置く。

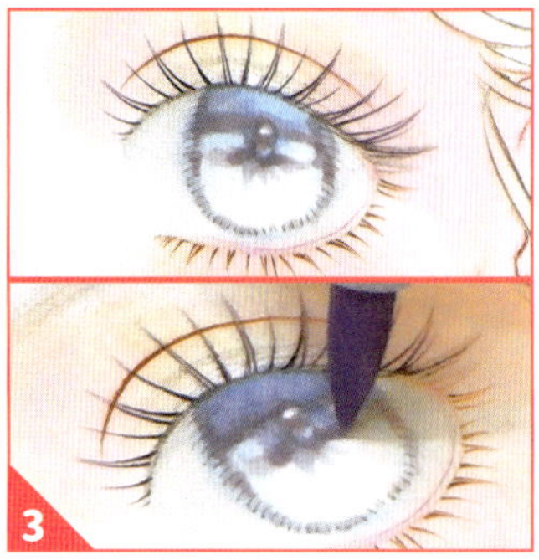

3 淡いラベンダー色V91をつかい、ハイライトの粒を囲む。また、瞳の模様を描いた。次にくすんだ紫色V95をつかい、上から模様をちょんちょんとなぞり細かなタッチを加える。

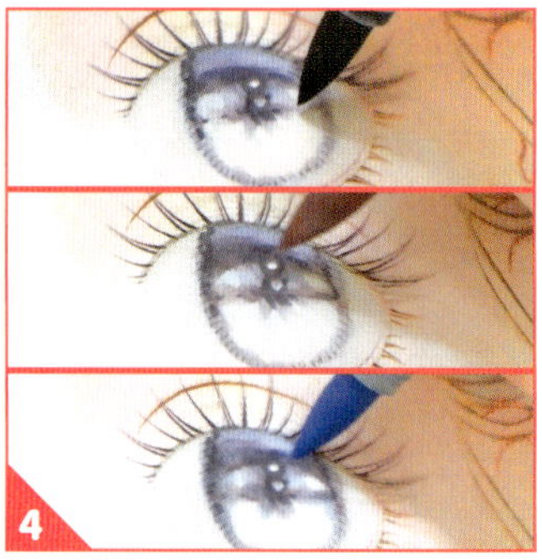

4 淡い青紫色BV000を瞳の模様に重ねて、繊細なにじみのタッチを表現する。また、紺色V28でハイライトの粒を囲ったり、模様を加筆する。さらに濃い赤紫色RV91やB41を重ね、模様を複雑にさせる。

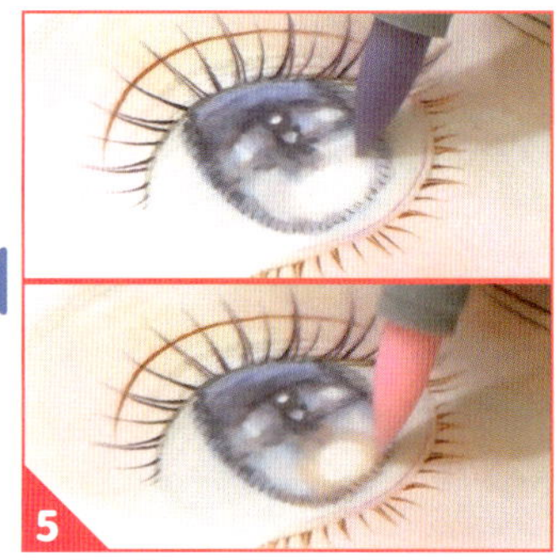

5 瞳下部のハイライトになる部分を残しつつ、BV000、B41を塗る。また、R00やとても淡い赤紫色RV000をつかい、瞳下部のハイライトを囲う。

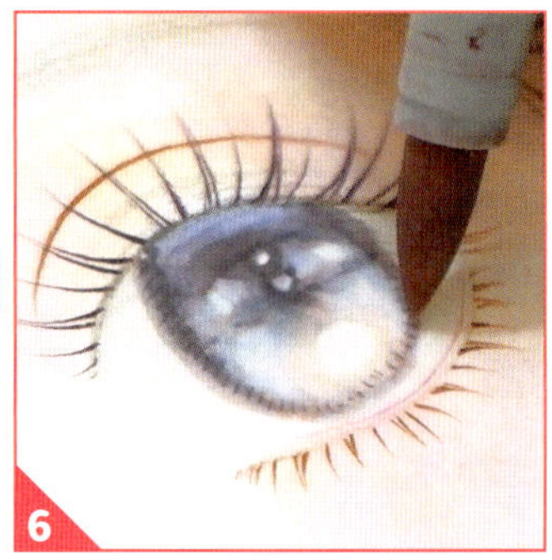

6 V95をつかい瞳と白目の境目をなぞる。またRV91を重ねて、少しぼかした。瞳のりんかくをなぞることで、ジワッとうるんだ印象になる。

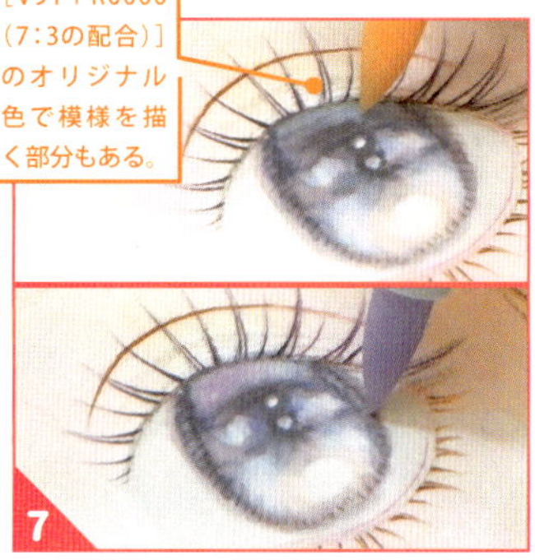

7 瞳上部にR000を置き、下の色を抜くことで輝く瞳にする。色を抜いた部分に、淡い紫色V01を重ねた。また、BV000で瞳のフチをなぞり、色を溶かすことでラインを生み出す。

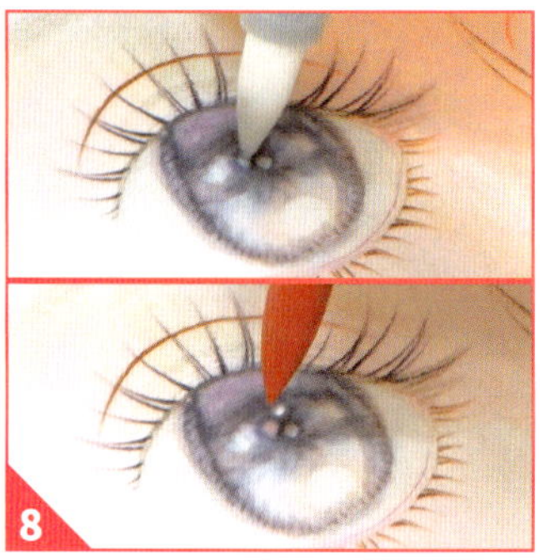

8 0番でハイライトを描く。ニブ先でトントンと軽く叩くようにして色を抜き、ハイライトの粒をより白くしたり、新しく追加する。また、新しく追加したハイライトの粒にRV11やくすんだ濃いピンク色RV23を置く。

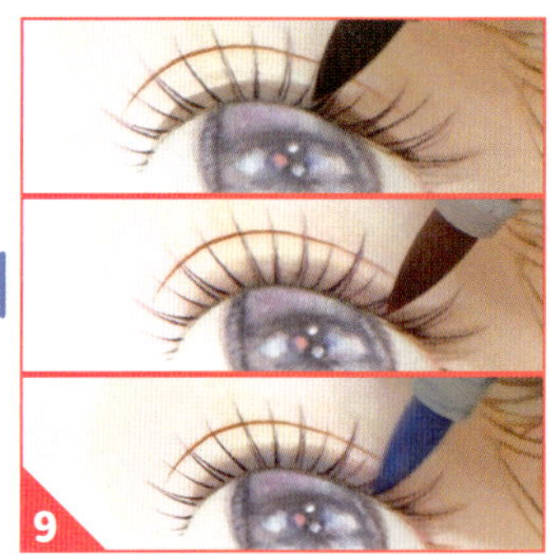

9 アイラインを引く。まずはじめに、焦茶色E71をつかい、太めのアイラインを描く。次に淡い紫色V00や濃い赤紫色RV93をつかい、上に向かってぼかしながらラインを太くする。仕上げにB41を中央のキワに重ねた。

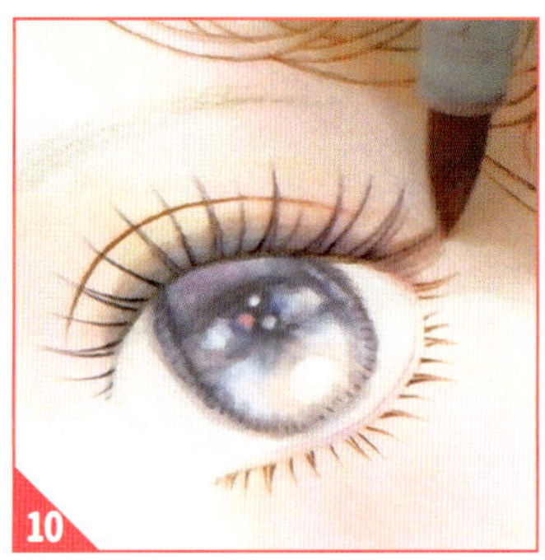

10 目尻にアイラインを描く。⑨の延長を描くような感覚で、R00、茶色がかった紫色V93をつかい目尻に跳ね上げラインを描く。パッチリとした印象になる。

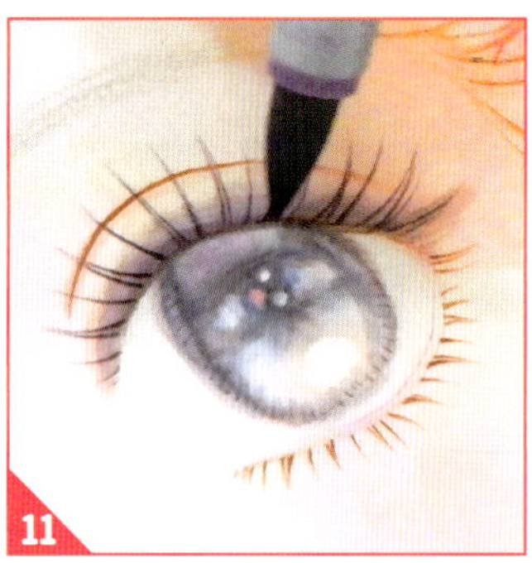

11 淡い紅色R20をつかい二重幅をなぞる。また、とても濃い紫色V15をつかい、まつ毛の生え際にくっきりとした細めのアイラインを引く。目力が増した。

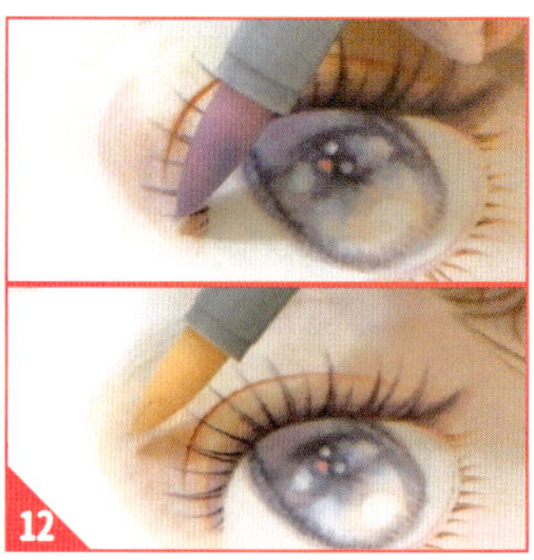

12 まぶたのくぼみを描く。V000をくぼみ部分に塗り、R0000を重ねてなじませる。紫色をカゲにつかうことで、瞳ともなじんだ。

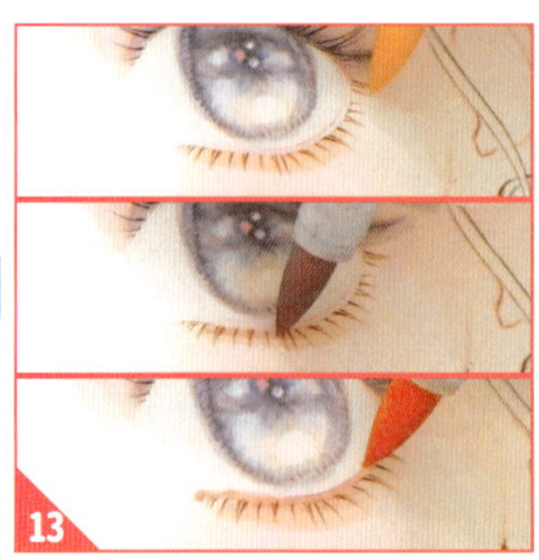

13 涙袋や粘膜を描く。R00を涙袋のベースとして塗り、下まつ毛の生えぎわにRV91でラインを描く。下まつ毛が隣接する白目のフチに、サーモンピンク色RV42を塗り、粘膜を表現する。

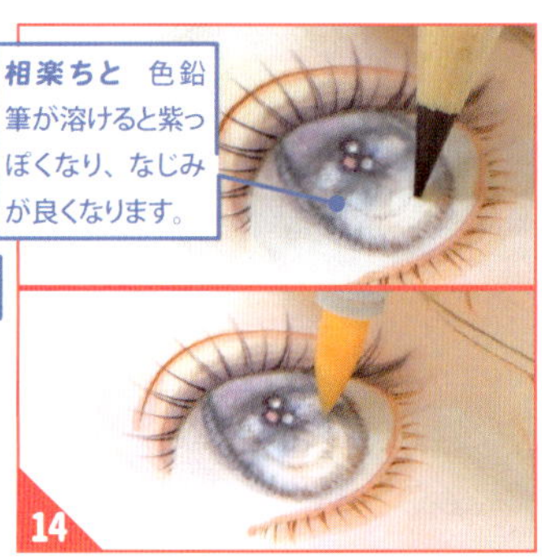

14 茶色の色鉛筆で瞳を加筆する。ハイライトを囲ったりちょんちょんと虹彩を描くことで、瞳のきらめきが増す。また、虹彩をR000でなぞる。

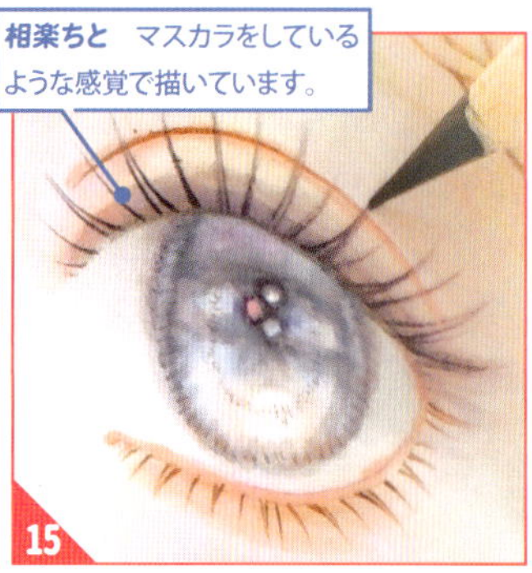

15 茶色の色鉛筆でまつ毛をなぞる。上側はスッと力を抜いて線を引き、毛束の細いまつ毛にする。仕上げに加筆することで、美しいまつ毛にする。

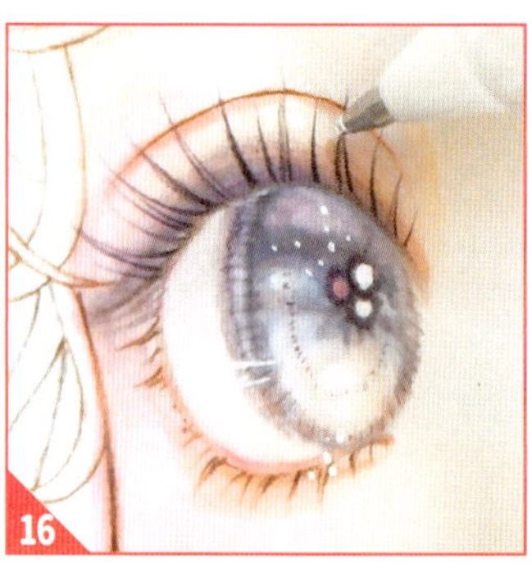

16 ホワイトペンで瞳に細かな粒子のきらめきを足す。瞳の球体をイメージさせる横線も引いた。また、まぶたにホワイトをランダムに置き、指で叩いてなじませることで、アイシャドウのラメの輝きを表現する。

髪を塗る

使用色（E50／E40／BV0000／V000／E70／YR30）

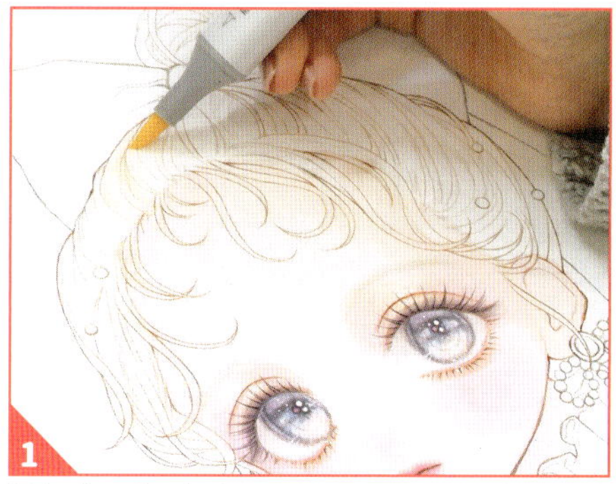

極めて淡いベージュ色E50をつかい、ササッと髪全体を下塗りする。頭の丸みを意識して濃くインクを重ねる部分もある。

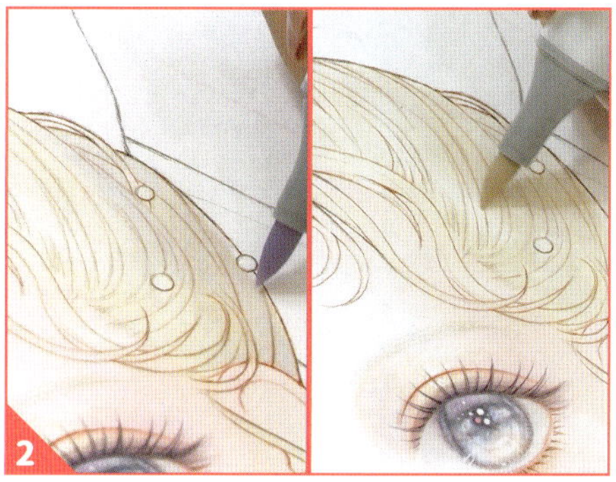

E40を重ねて下塗りとなじませる。奥になる側面にはインクを重ねて色を濃くし、立体感を表現する。また、極めて淡い青紫色BV0000をV000を側面に塗り、奥行きと透明感を表現する。

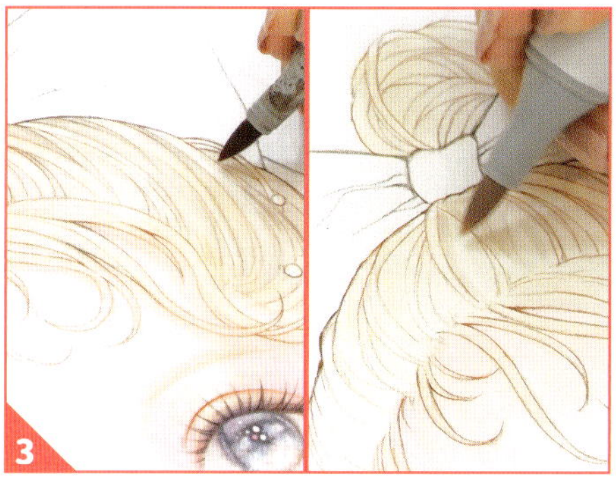

灰色がかった茶色E70をつかい細かな毛束のカゲを描く。E50やYR30でぼかしたり、毛束を加筆する部分もある。

腕が透けて見える袖を塗る

使用色（V000／R00／R000／［V91＋R0000（7:3の配合）］の色／R0000／RV93／RV91）　使用画材（色鉛筆）

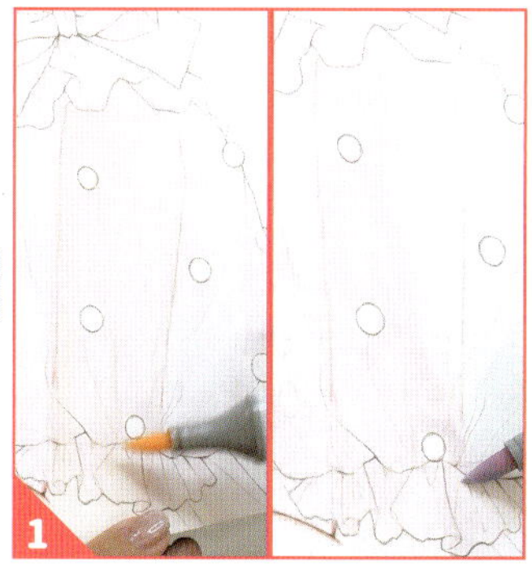

V000をつかい、パールを避けながら服全体をササッと下塗りする。次に腕を描く。R00で腕の線画をなぞってから、R000で腕全体を塗る。

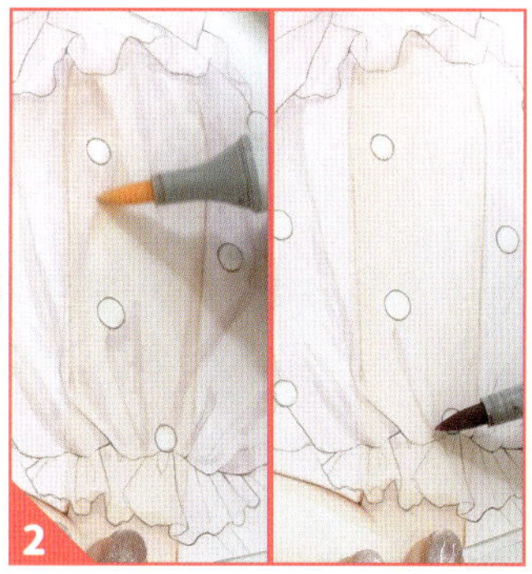

①が乾いたら、［V91＋R0000（7:3の配合）］のオリジナルカラーで服の細かなカゲを入れる。R0000でぼかすことで、ふんわりとしたカゲにする。

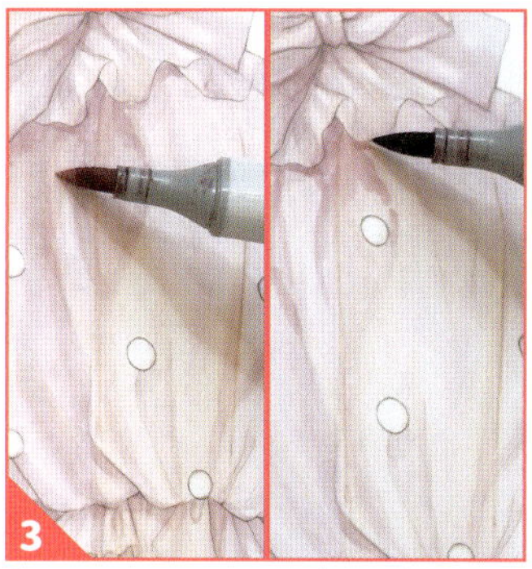

②のシワにRV93をつかい濃いカゲを入れる。インクが乾かないうちに、くすんだピンク色RV91やR000でなじませる。なじませたカゲにすることで、柔らかい生地の質感を表現する。

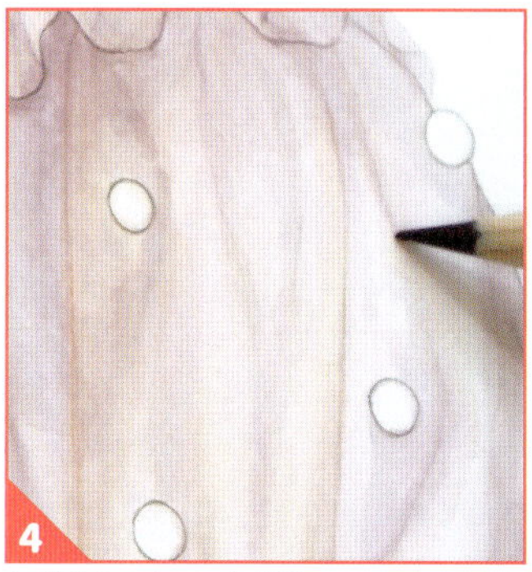

色鉛筆をつかい、部分的にシワのラインを強調する。軽い筆圧で線を引くことで、透けた生地の柔らかさを表現しながら、膨らんだ袖のボリューム感も出す。

パールを塗る

使用色（使用色：T0／V91／E40／RV000／BV000／RV91）　使用画材（ホワイトペン）

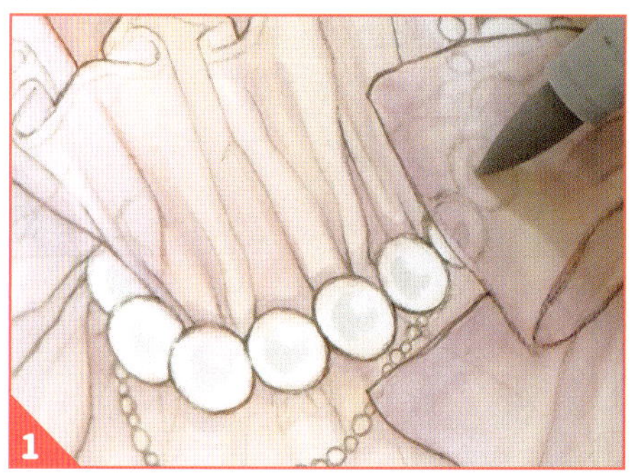

パールを塗る。T0をつかい、線画より内側を塗り、ツヤっとした光沢を表現する。奥のパールはリボンに透けて見えるが、同様の手順で塗る。

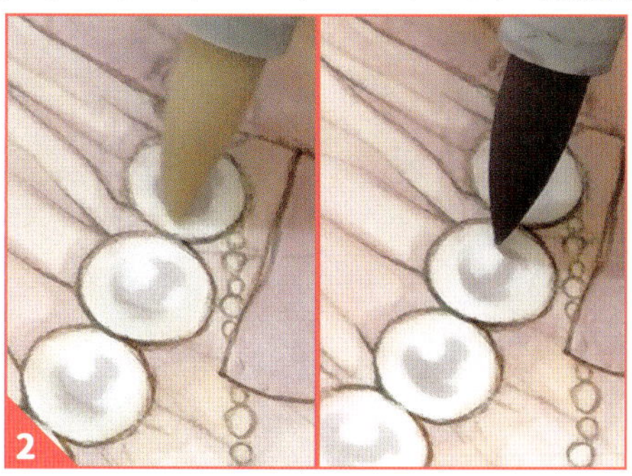

ハイライトをフチ取るような感覚で、①で塗った部分にV91を重ねる。「C」のような形で色を塗るのがパールらしく見せるコツ。また、E40を全体に重ねて丸みを出す。

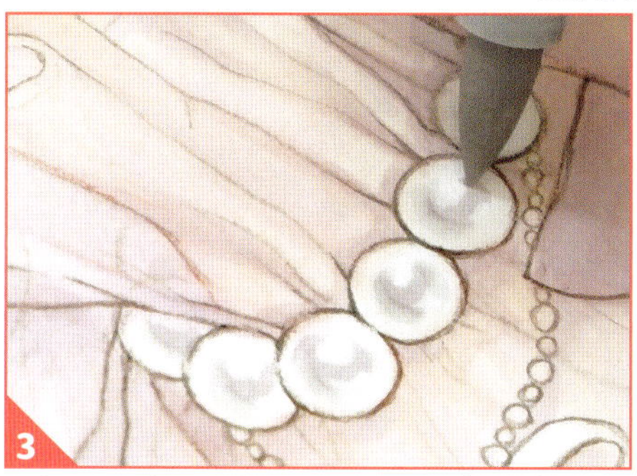

T0をつかい、向かって左側のツヤのフチをぼかす。半光沢に光るパールを表現でき、リッチな仕上がりになる。

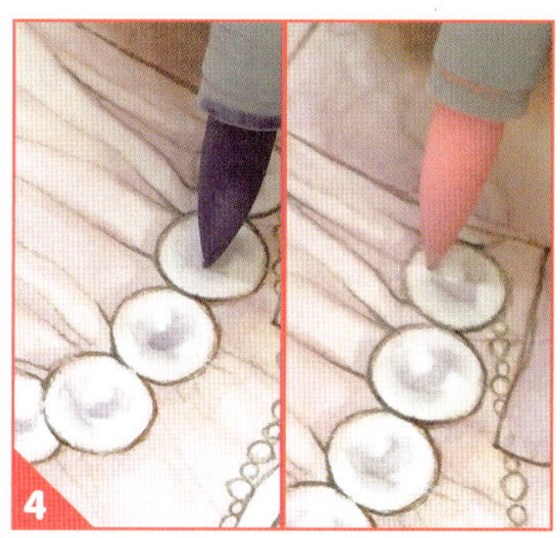

反射光を入れる。RV000をつかいツヤを少しぼかすようにして、隣接する服の色を入れる。また、BV000をつかいツヤの中央をちょんちょんと塗り、深みをプラスする。

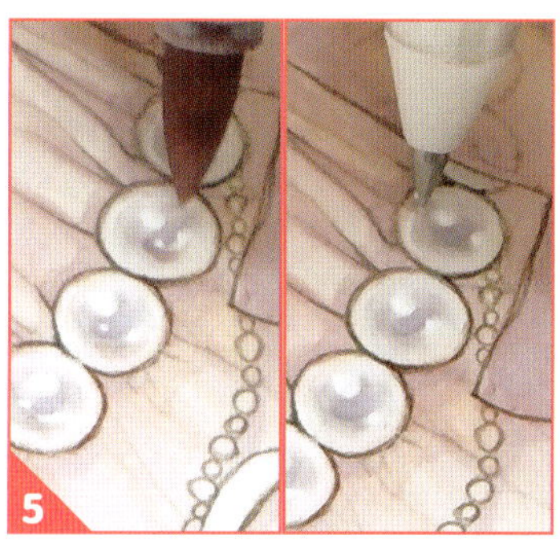

ホワイトペンをつかい、ハイライトを入れる。②で「C」の形で塗り残した部分にハイライトを置くと、パールの粒感が表現できる。また、RV91で服の反射光を少し入れ、きらめくパールの完成！

まとめ

春色にときめく、ぱっちりとした瞳を持つ女の子が完成！　つるんとした丸いおでこに流れるエアリーな前髪からはあどけなさが感じられます。パールモチーフにリボンを組み合わせたクラシカル×ガーリーなスタイルが可愛らしいです。相楽ちとさんは何層にも色を重ねることで、にじみのタッチやきらめきを生み出しています。また瞳では、あえて色を抜いてラインを生み出すことで情報量を増やしていました。みなさんもメイキングを参考に、オシャレを楽しむ女の子を描いてみてくださいね！

色紙プレゼント

ILLUST MAKING

作家名
香琳

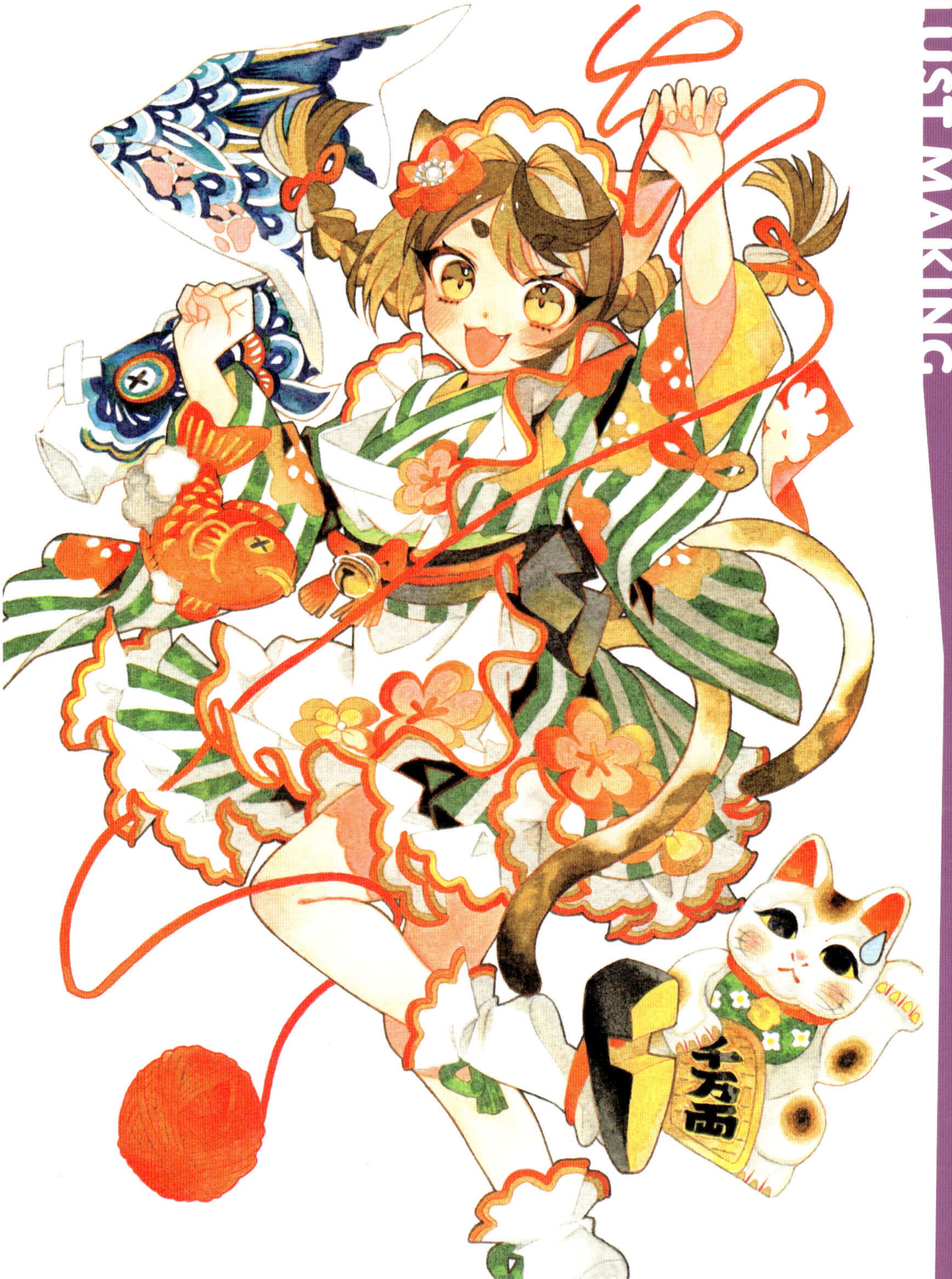

コピックをはじめとするアルコールマーカーを用いて、たくさんのモチーフを散りばめた華やかでファンタジックなイラストを描く香琳さん。そんな香琳さんがステッドラー ピグメントブラッシュペンを使って、元気いっぱいな猫又メイドを塗っていく模様をレポートします！

画材　ステッドラー ピグメントブラッシュペン・ステッドラー ウォーターブラシ（水筆）・ステッドラーピグメントライナー・ステッドラーピグメントライナー カラー・ステッドラー 水彩色鉛筆
用紙　ホワイトワトソン

香琳
X（旧Twitter）【@11karin23】
Instagram【11karin23】

今回使用する画材

【ステッドラー ピグメントブラッシュペンの特徴】

- 長期間日光に当たっても色褪せない脅威の耐光性。
- 描いてすぐに乾き、乾燥後は耐水性に。
- 重ねて塗っても鮮やかな発色で、一本で美しいグラデーションが可能。
- 細かい描写がしやすいブラッシュ芯。
- 紙以外にも木材、ガラスなど様々な素材に描くことができ、裏写りしない。

ステッドラー ピグメントブラッシュペン
各価格：330円（税込）

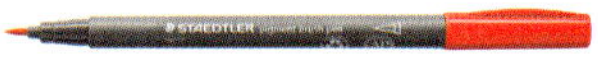

色数：36色
成分：特殊水性顔料インク

ステッドラー ピグメントライナー
各価格：330円（税込） 12線種

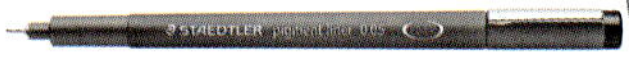

ステッドラー ピグメントライナー カラー
各価格：330円（税込） 2線種/全12色

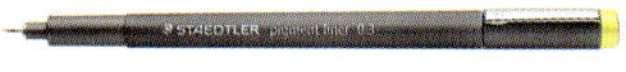

ステッドラー ウォーターブラシ（水筆）

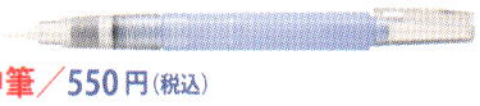

中筆／550円（税込）

発売元：ステッドラー日本株式会社
https://www.staedtler.jp
※価格は税込表示です

making of
ステッドラー ピグメントブラッシュペン

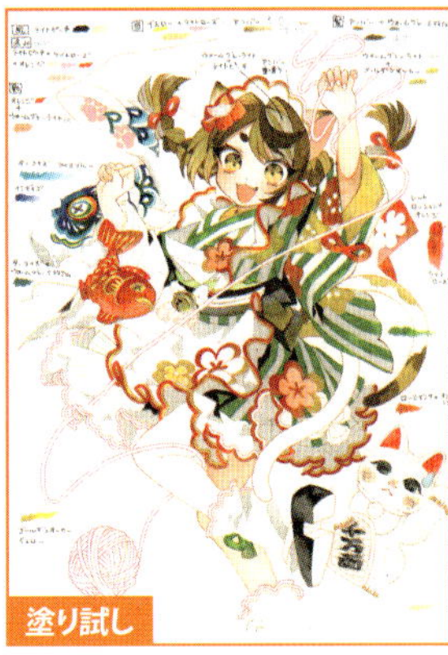
塗り試し

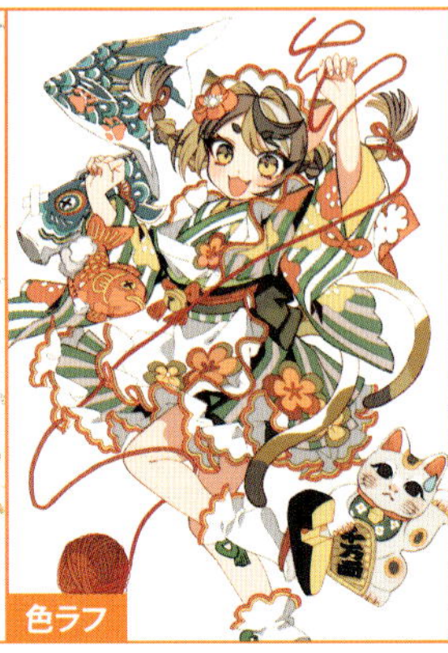
色ラフ

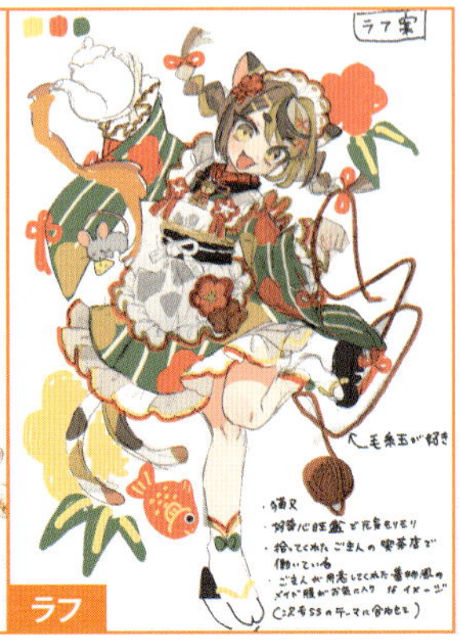
ラフ

ラフ・塗り試し

今号のテーマ「お気に入りの衣装」に寄せて、着物風のメイド服が可愛い猫又の女の子を描いてくれた香琳さん。そこから、さらにポーズや小物を推敲して、めでたい色ラフが完成。塗り試しまでしてくれました。

肌を塗る

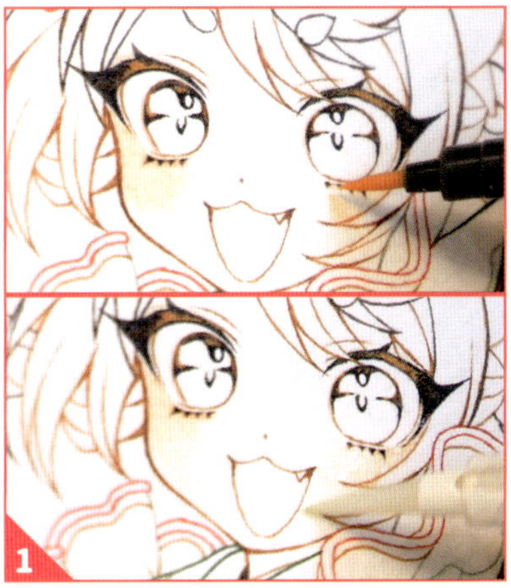

頬に赤みを入れる。ライトピーチを目のキワから頬に直接塗り広げたら、水筆（＝ステッドラーウォーターブラシ）で頬全体に伸ばす。

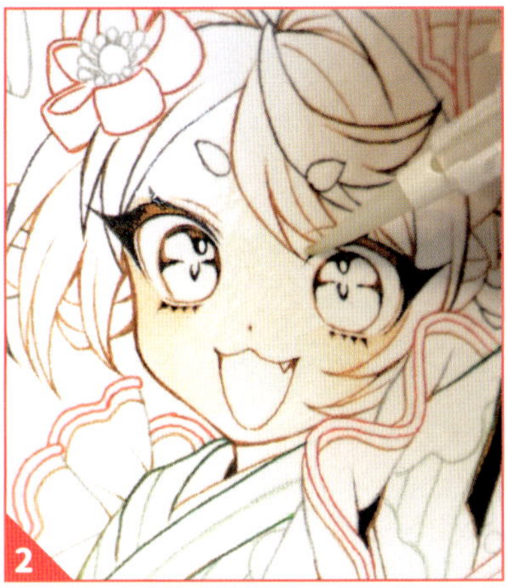

肌のベースを塗る。淡く塗りたいので、①で使ったライトピーチをクリアファイル（パレットとして使用）に塗りつけ、水筆に取って顔全体に広げる。

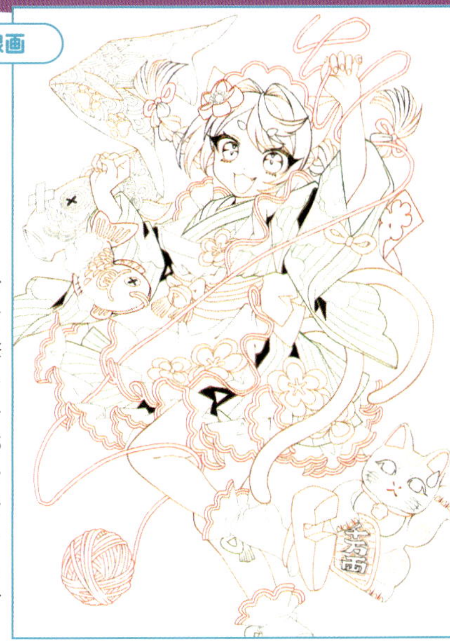

線画にはステッドラー ピグメントライナーと水彩色鉛筆を使用。ピグメントライナーは、モチーフに合わせて、0.05と0.3、ブラック、ライトブラウン、ブラウン、グレイ、ライトグリーン、グリーン、レッドを使い分けている。

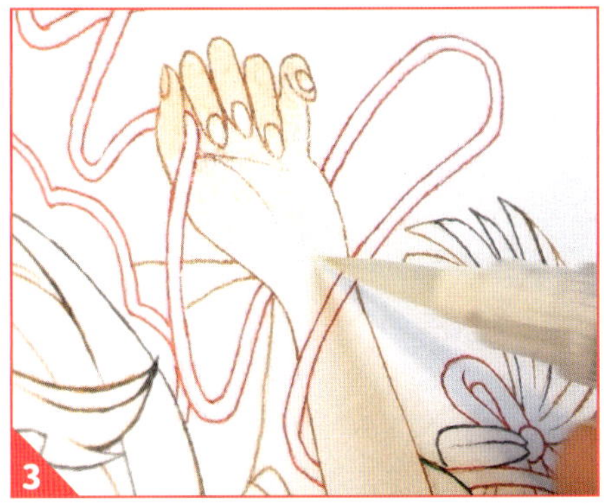

首、指先、ひじも、頬同様にライトピーチで赤みを入れる。指とひじは、水筆で手や腕全体にインクをぼかし広げる。

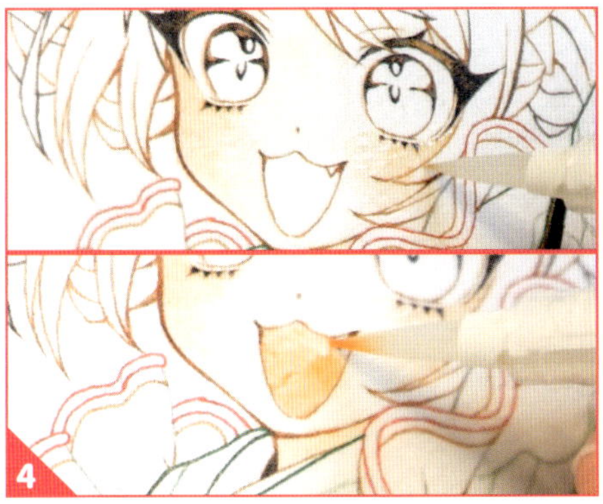

ライトピーチ、ライトローズ、オレンジの3色を混色し、水筆に取って頬に広げる。口の中は、ライトローズ、オレンジを混色して水筆で塗る。

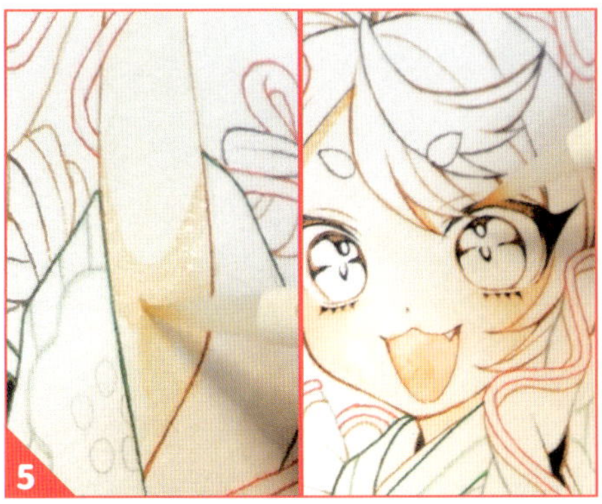

ウォームグレイライトとオレンジを混色して水筆に取り、カゲを塗る。顔は、髪の下をふちどるようなイメージで塗り、首と腕は着物の落ちカゲを入れる。

髪を塗る

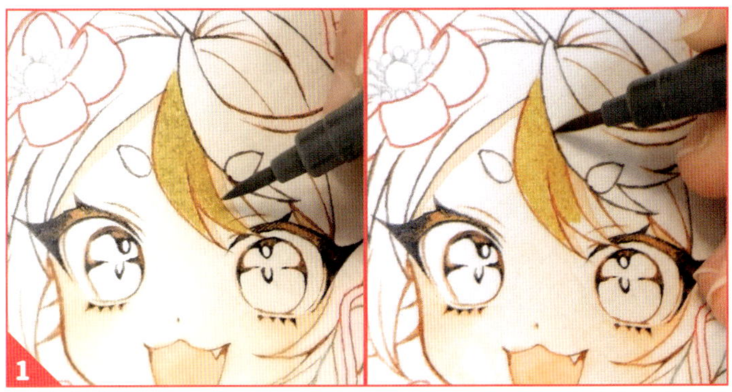

髪は、束ごとにブロックで陰影を入れる。まずは前髪部分をゴールデンオークルで直塗り。上からウォームグレイライトを重ねて紙の上で混色する。少しくすませるイメージ。濃い色ではないので、いったんクリアファイルの上で混ぜてから水筆で塗る方法でなくていいそう。

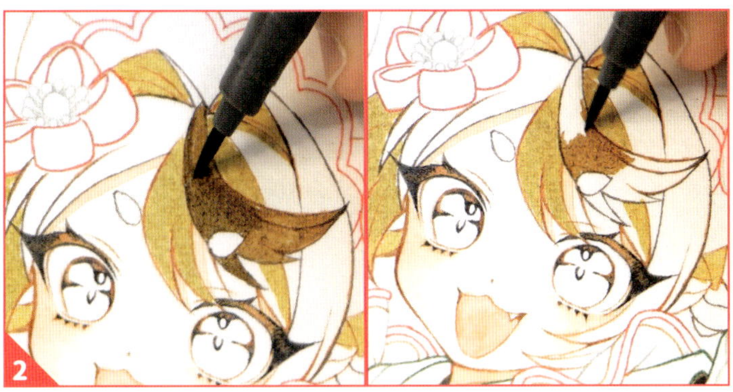

明るい髪の束を塗り終わったら、暗い髪の束を塗っていく。まずはアンバーを全体に塗ったあと、上からウォームグレイミディアムを重ねて混色。暗く、くすませるイメージ。

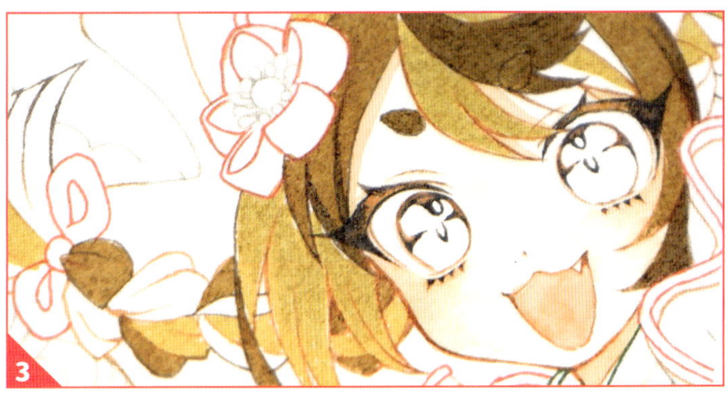

全体を塗り進めた状態。暗い部分のなかでも色差をつけるため、2色目のウォームグレイは重ねるところと重ねないところをつくる。

香琳　明るい髪束（工程①）のほうも、2色目のウォームグレイライトは全体に重ねているわけではありません。毛先は重ね塗りせず、黄色っぽい色みを残しています。

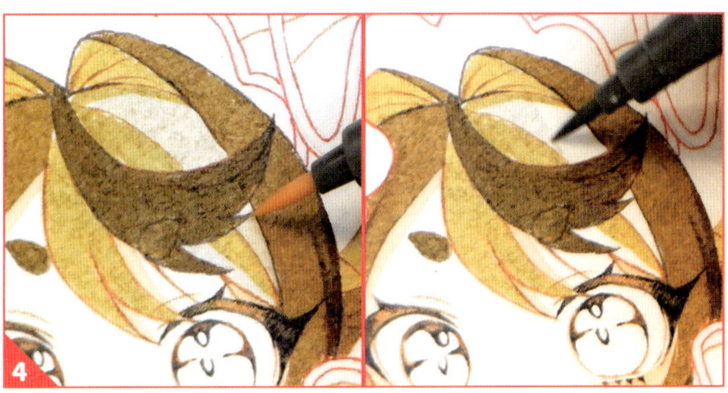

最後に白抜きしていたハイライト部分を塗る。ウォームグレイライトを全体に塗ったあと、ライトピーチを重ねて混色。グレイ1色にするより、明るさと温かみを出すことができる。

瞳を塗る

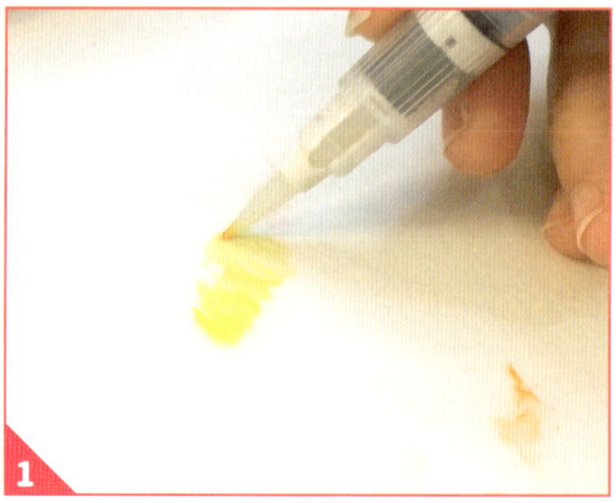

クリアファイルにイエローを塗りつけ、ライトローズを少し足して混色する。

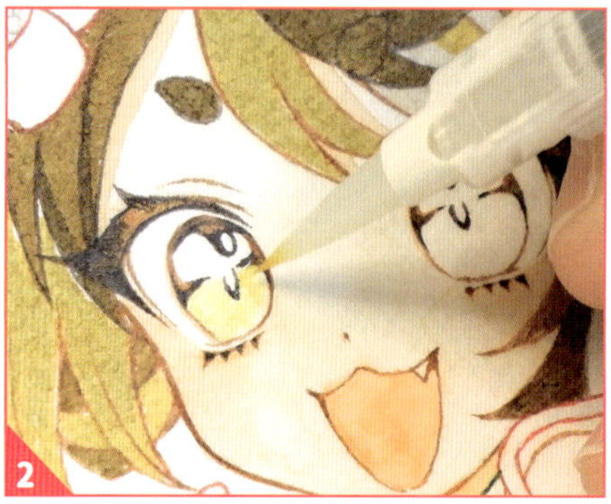

①で混色した鮮やかな黄色を、瞳の下半分に水筆で塗り広げる。

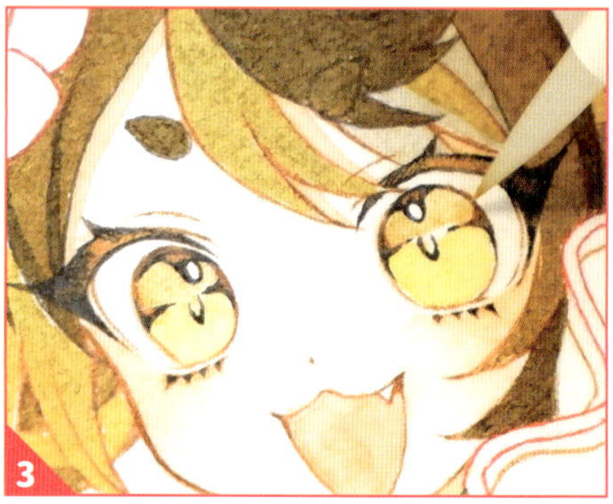

アンバーを水筆に取って薄くしたものを、瞳の上半分に塗り広げる。

髪飾りを塗る

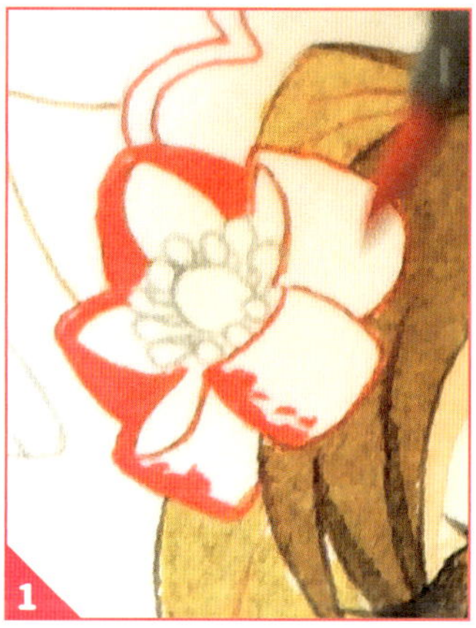

レッドで花びらの外側を塗っていく。部分的に点を打って、生地の質感を表現する。

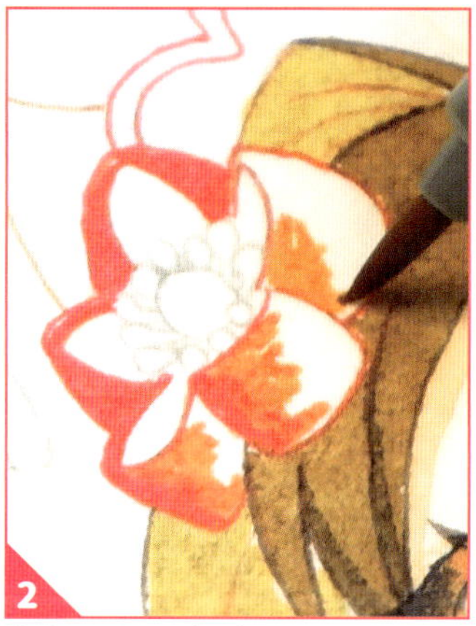

花びらの外側をグラデーションにする。①で塗ったレッドの上にローシエンナを重ねて、塗り伸ばす。

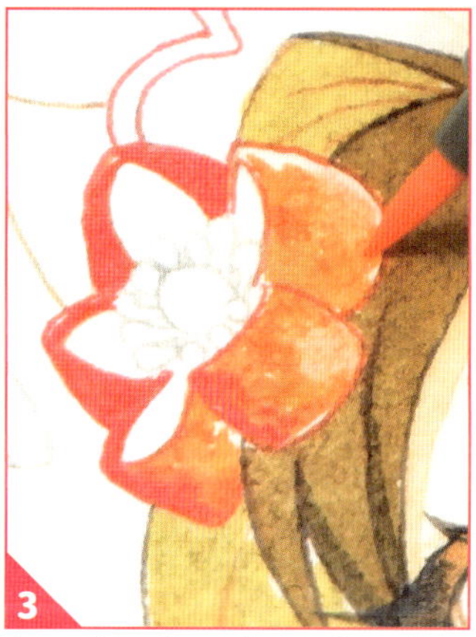

オレンジ、ライトローズの順に塗ってさらにグラデーションをつくり、花びらの外側を塗りつぶす。

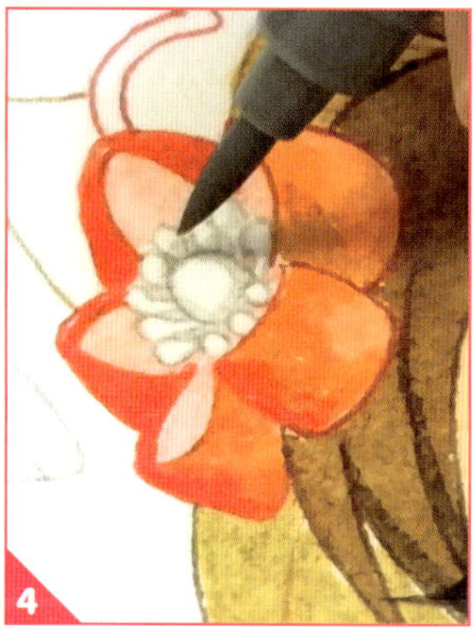

ライトローズでお花の内側部分も塗ったら一度インクを乾かし、ウォームグレイライトで中心部分にカゲを入れる。

着物を塗る

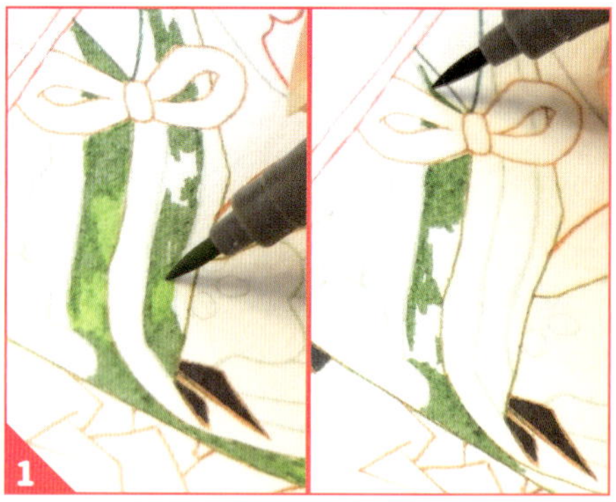

縞模様を塗る。オリーブグリーンで白い部分を残してギザギザ塗ったあと、塗り残しをウィローグリーンで埋める。

香琳　水彩作家さんがやられているような、にじみの表現を意図的につくるイメージで塗っています。

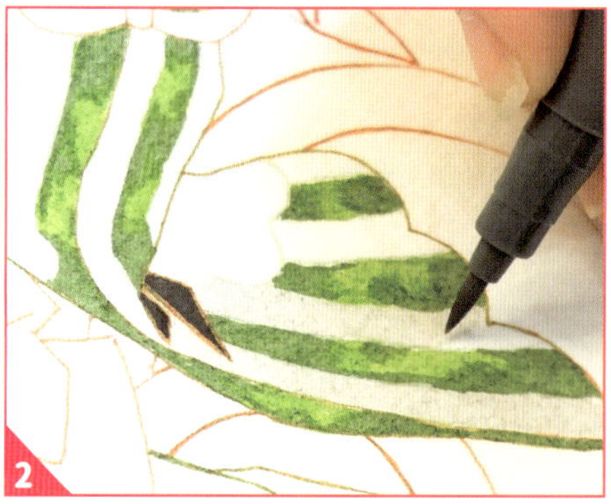

着物は白と緑の縞模様。袖の垂れた部分（袂）は全部カゲになるので、白い部分をウォームグレイライトで塗りつぶす。

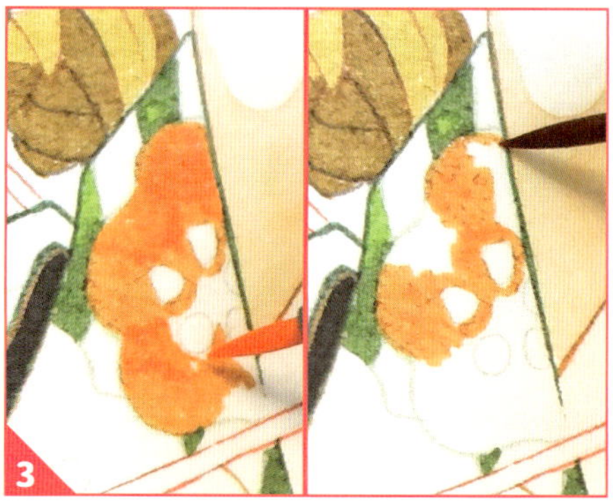

花柄を塗る。縞模様同様に、にじみのような質感を出すため、2色でグラデーションにする。最初にローシエンナを塗ったあと、塗り残し部分をオレンジで埋める。

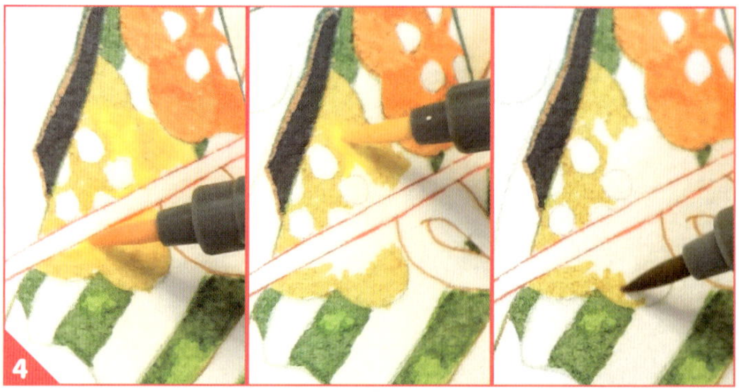

黄色いお花も③で塗ったお花と同じように、にじみの表現をする。こちらはゴールデンオークル、イエロー、ライトピーチの3色でグラデーションにする。

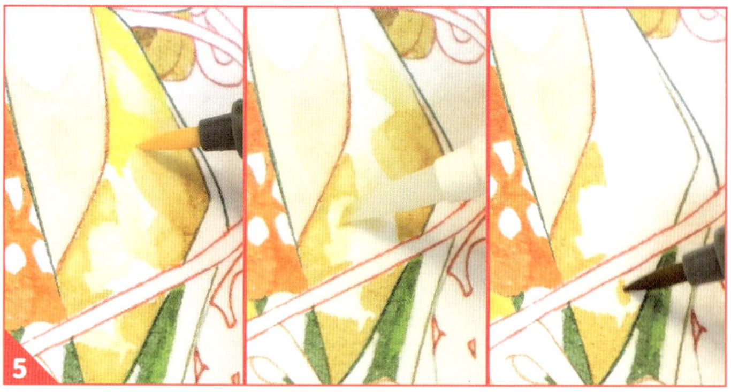

袖口の中もグラデーションでにじみをつくる。まずは下側をゴールデンオークルで塗ったあと水で伸ばしてぼかす。塗り残し部分にイエローを重ねることでジュワッとにじむ。

鯉のぼりを塗る

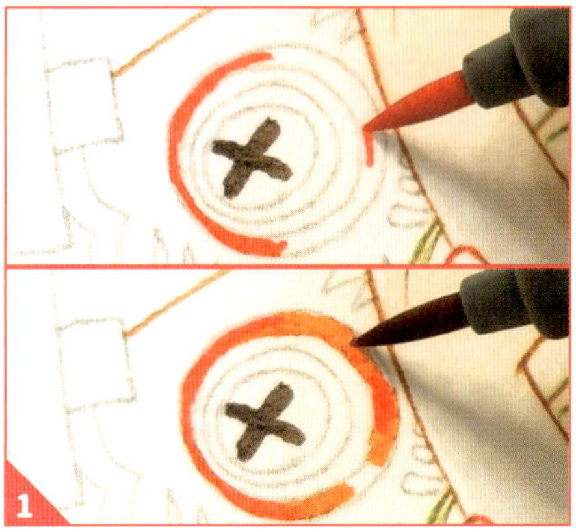

1 着物と同じようにグラデーションでにじみをつくる。まずは目から。レッドを塗ったあと、塗り残し部分をローシエンナで塗る。

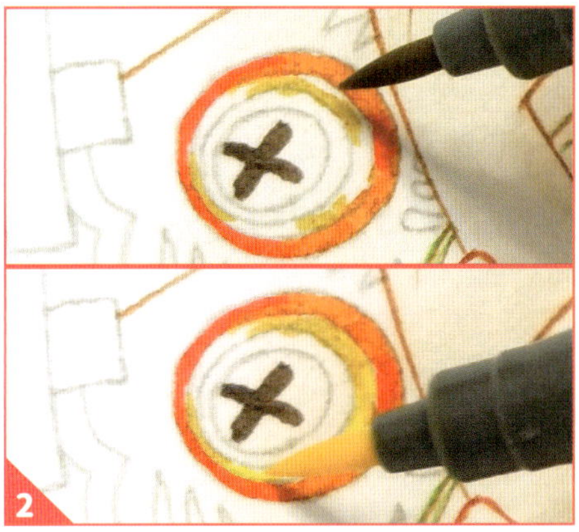

2 続いて、ゴールデンオークル、イエローの順番に塗り、グラデーションをつくる。

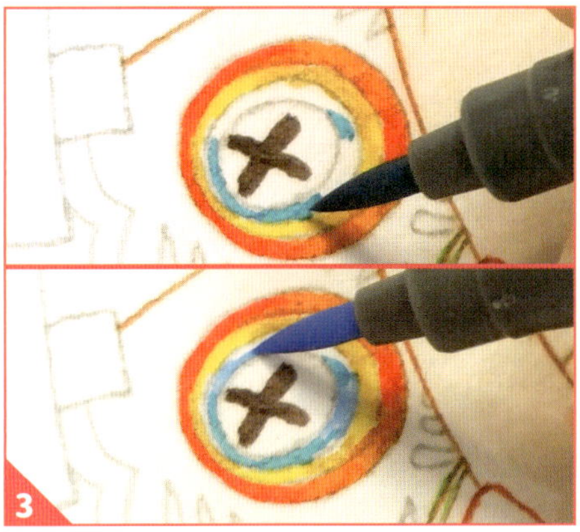

3 一番内側は、ターコイズ、ライトブルーでグラデーションにする。

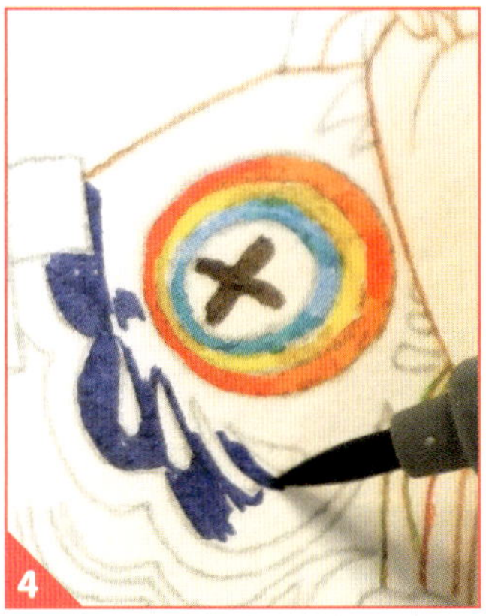

4 ウロコを塗る。白抜き部分を避けながら、インディゴを塗り広げる。

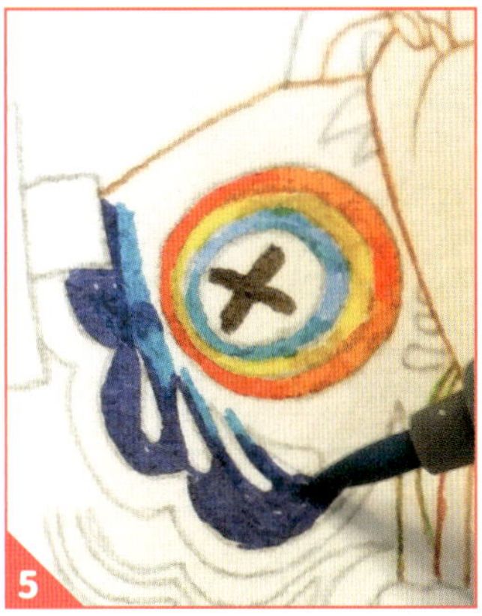

5 ①のインディゴを溶かすようにターコイズを重ねて、グラデーションにする。

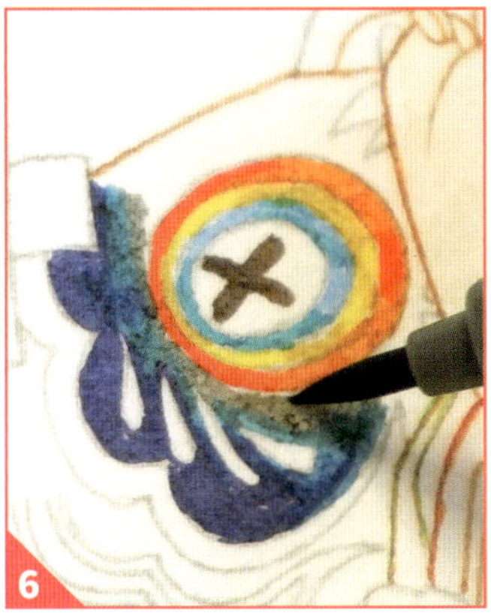

6 さらに、ウォームグレイミディアムを重ねて、内側に伸ばしていく。

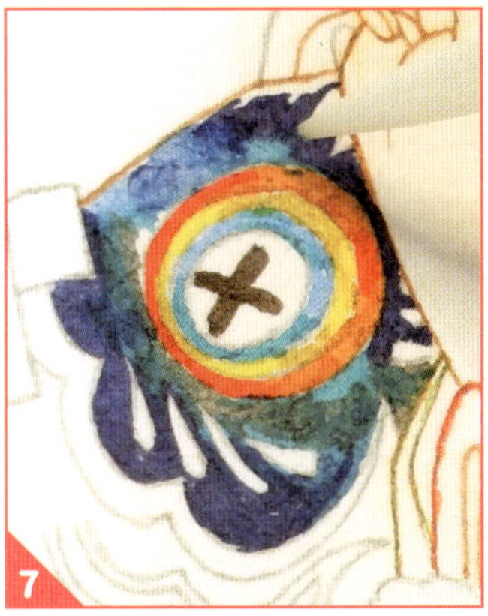

7 インディゴやターコイズでなじませたり、水筆でぼかしたりしながら、全体を整える。

仕上げ

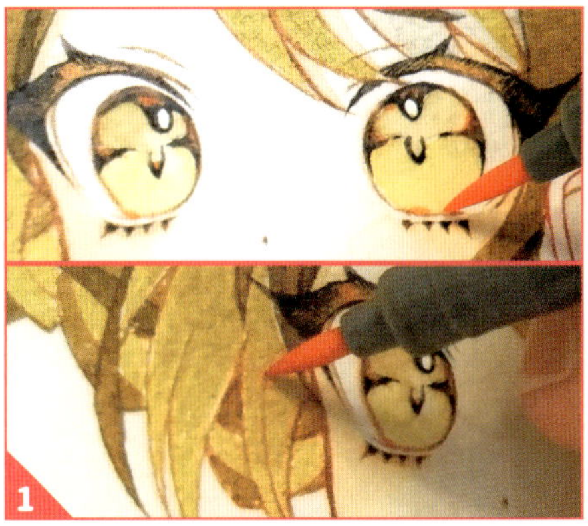

1 瞳の線画のキワや髪の毛の線画のキワをオレンジでなぞる。差し色を入れることでパッと華やかな印象になる。

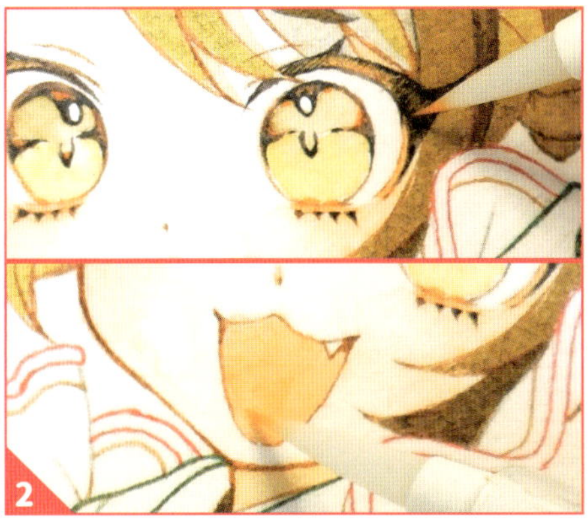

2 目の粘膜や、色みが薄いと感じるところに色を足していく。オレンジとライトピーチを混色した淡いピンク色を水筆に取り、まつげのキワ、二重部分、口の中などに重ねた。

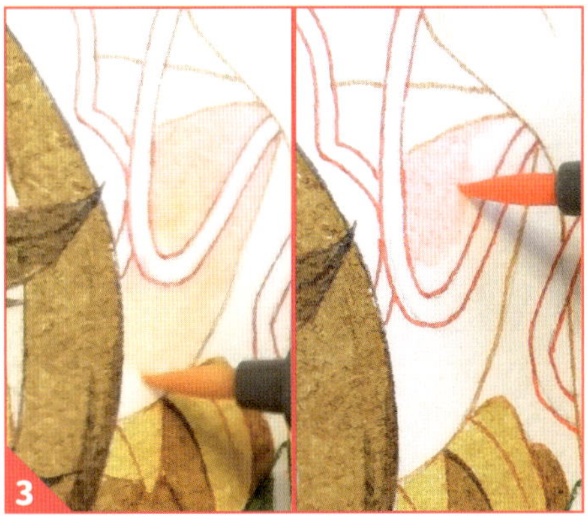

3 猫耳の中を塗る。中心部分にライトローズを塗り、ライトピーチで全体に塗り伸ばす。

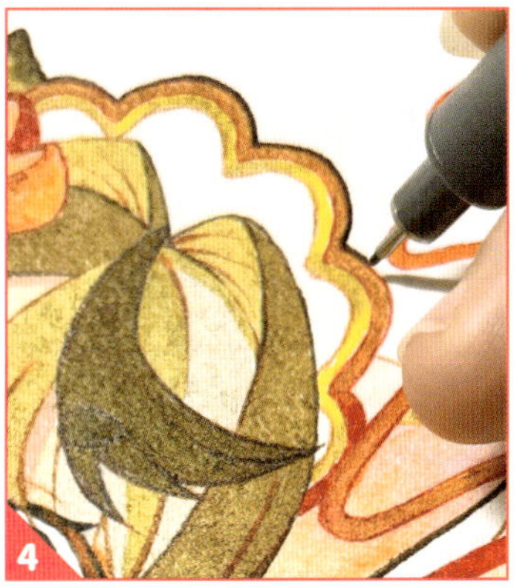

4 彩色が一通り終わったら、キャラクターの線画(アウトライン)をピグメントライナー0.3 のブラウンでなぞって太くする。メリハリが出た。

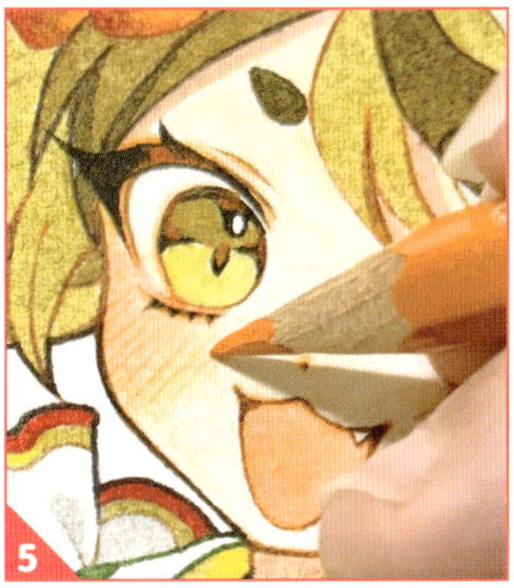

5 頬の赤み部分に水彩色鉛筆のオレンジで斜線を入れる。より可愛らしさが際立った。

まとめ

元気いっぱいな猫又メイドのイラストが完成！　基本的にはペンの直塗りで、グラデーションをつくりながら作品を描き進めていた香琳さん。ピグメントブラッシュペンは原色だけでなく中間色も多く揃っているため、直塗りや紙の上での混色、ぼかしなどもしやすかったそう。それでも薄く塗りたいところはクリアファイルの上にインクを塗りつけ水筆で塗るなどの方法を取っていました。度々行っていた「意図的なにじみ」の演出も参考になったのではないでしょうか。ぜひ、色々と塗り試してみてくださいね！

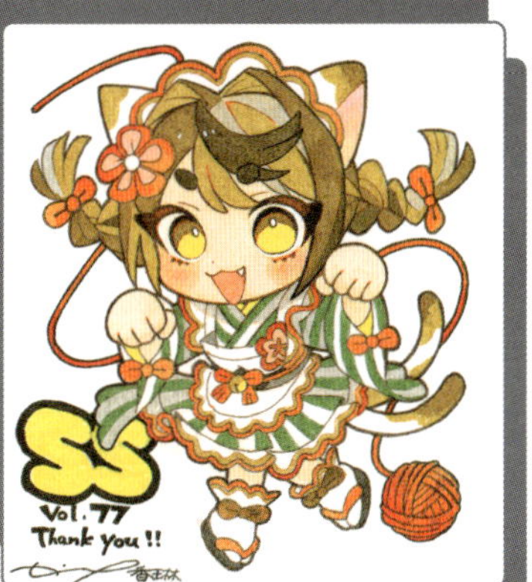

色紙プレゼント

作家名 夏目レモン

夏目レモンさんに色々な画材でイラストを描いてもらう画材試し連載・第27回！今回は小さなお人形たちと、明日着るお洋服の作戦会議をする女の子のイラストをアムステルダムアクリリックカラー 24色セットを使って塗っていきます。

画材　ターレンス アムステルダム アクリリックカラー20ml　24色セット・コピックマルチライナー ワイン(0.3)
用紙　アルシュ水彩紙（細目）

夏目レモン
X（旧Twitter）
【@Natsume_Lemon0】
Instagram
【natsume_lemon0】
YouTube【夏目レモン】

今回使用する画材

【アムステルダム アクリリックカラーの特徴】

- ロイヤルターレンスの大作用アクリル絵具。
- 20mlから1000mlまでの幅広い容量バリエーションを揃える。
- 基本73色に特別色17色を加えた全90色。
- 確立された品質とリーズナブルな価格で、プロ作家からアマチュア画家の制作までサポート。
- 配色バランスが良く混色もしやすく、多彩な表現が可能。

アムステルダムアクリリックカラー 20ml 24色セット
価格：8,360円（税込）

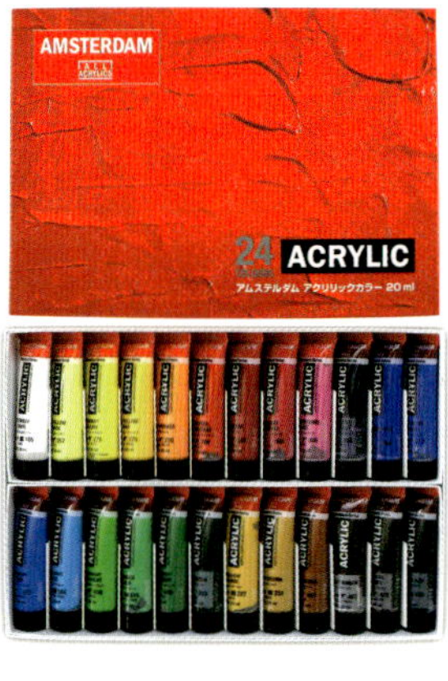

発売元：株式会社ターレンスジャパン
https://www.talens.co.jp
※価格は税込表示です

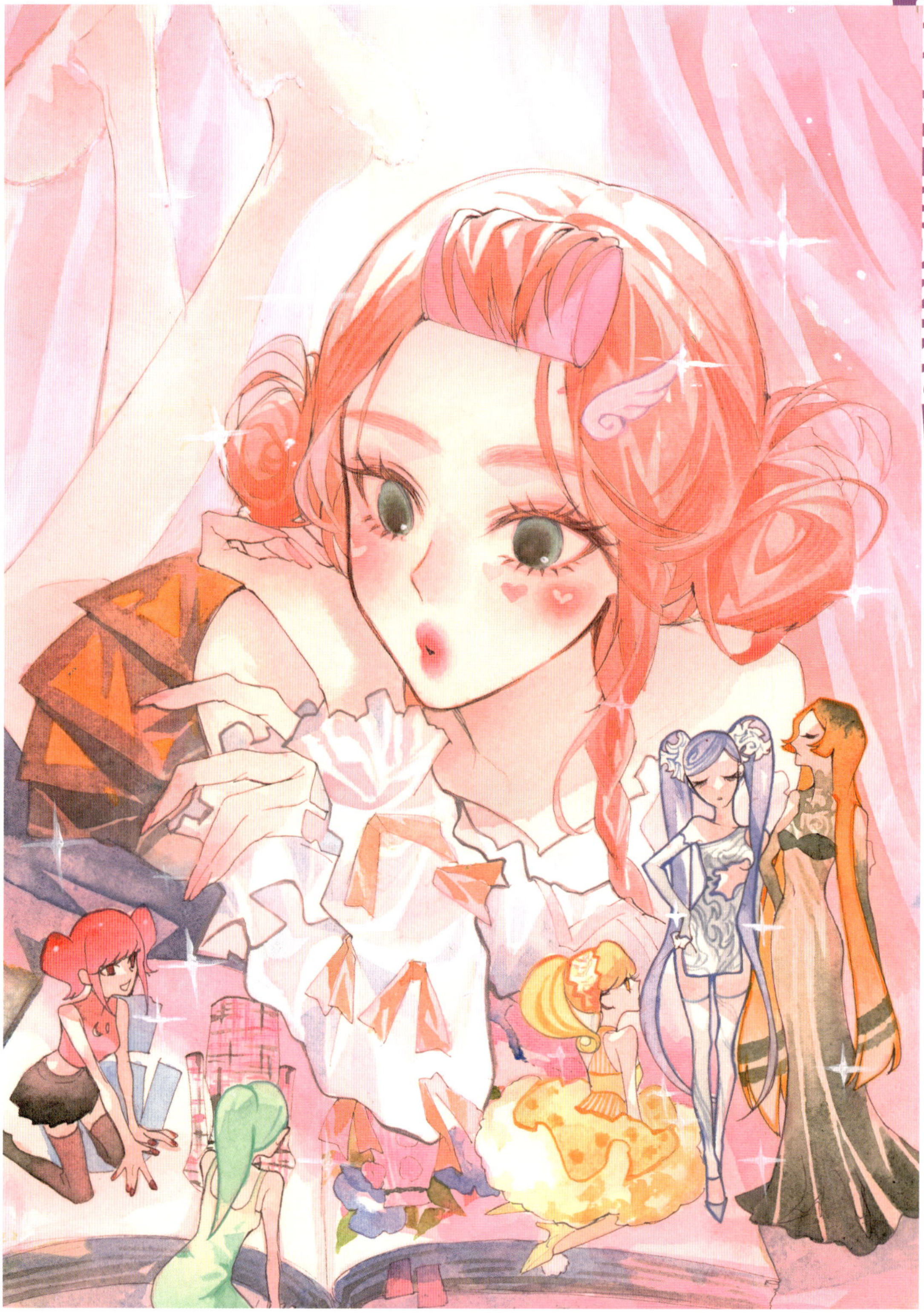

レモンの色んな画材をつかってみよう！
アムステルダムアクリリックカラー編

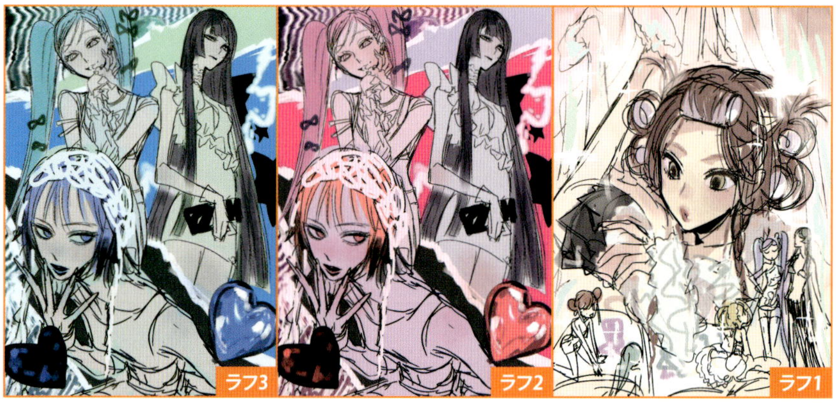

ラフ

今号の投稿テーマ「お気に入りの衣装」に寄せて、3つのラフ案を出してくれたレモンさん。ラフ1は「明日、何を着ていこうか」と小さな人形たちと作戦会議をしている女の子を描いたもので、ラフ2は女の子たちのお気に入りの衣装をコラージュしているイメージだそう。ラフ3はラフ2の色違いバージョン。決定稿はラフ1に。

顔を塗る

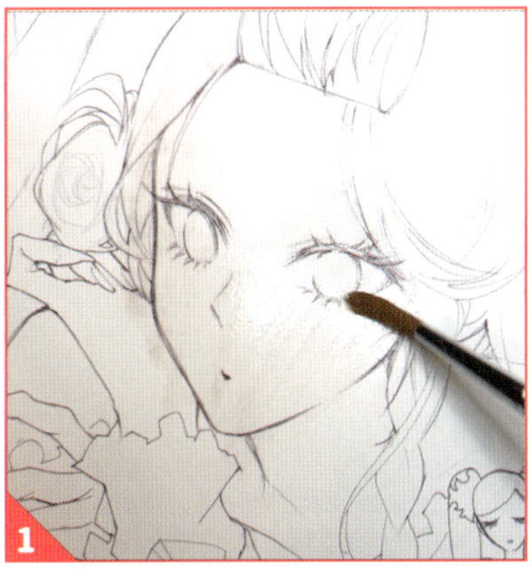

まずは肌の下塗り。#366キナクリドンローズ、#564ブリリアントブルー、#276アゾオレンジをたっぷりの水とともに混色。そうしてできた薄いピンク色を肌全体に薄く塗り広げる。

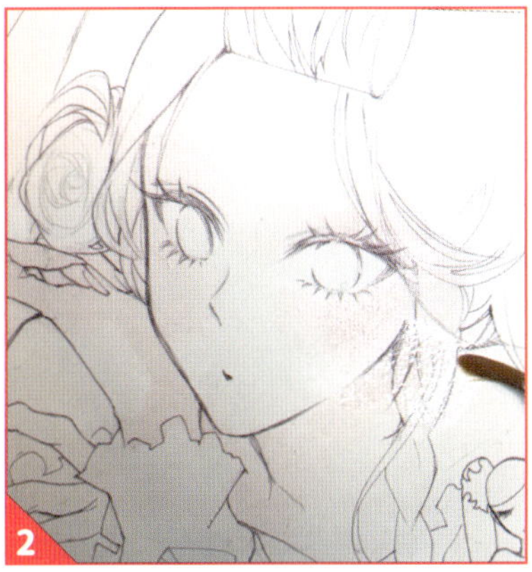

肌に赤みを入れる。①でつくった薄いピンク色を頬、指先、首や肩などに重ね塗りする。

夏目レモン　今回はピンク一色なので、可愛いピンク色のグラデーションでやわらかく仕上げます。

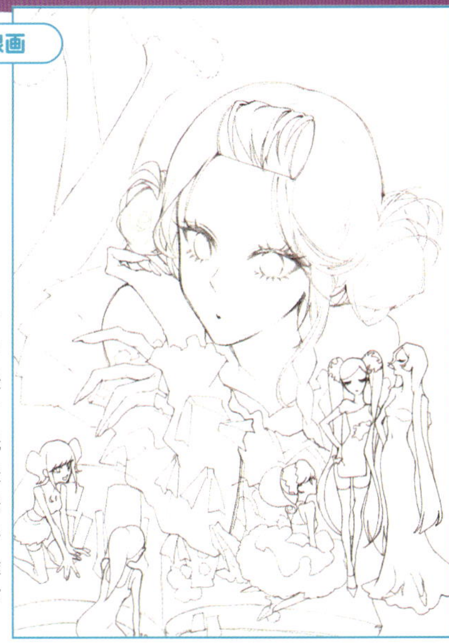

線画

線画はコピックマルチライナーのワイン(0.3)で描く。後ろから光が差している構図なので、光で飛んだような表現になるよう、背景はほぼ線画を描かない。足元の線も途切れさせるのがポイント。

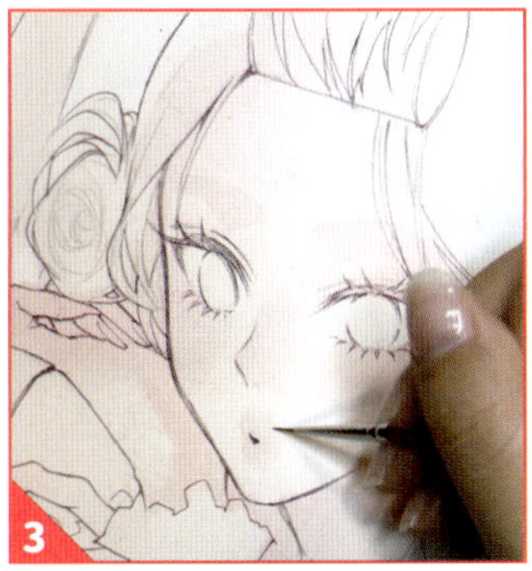

顔の立体感をつくる。#366キナクリドンローズ、#276アゾオレンジを混色した①②より強いピンク色を、口、鼻、眉毛などに塗っていく。

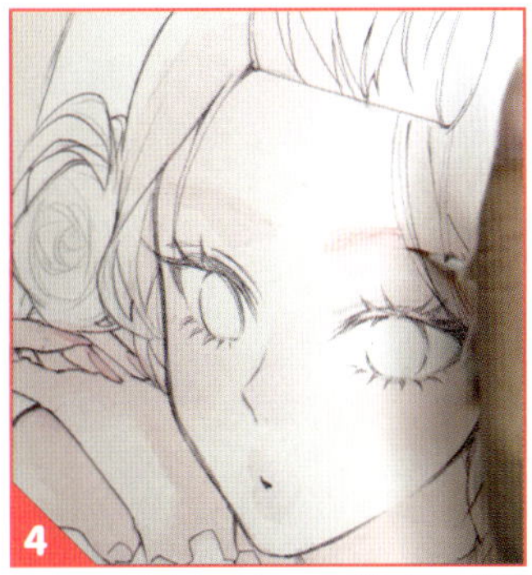

爪に#366キナクリドンローズをさっと伸ばしたら、眉毛は③のピンク色を重ね塗りして形を取る。あとで眉毛を描くための下準備。

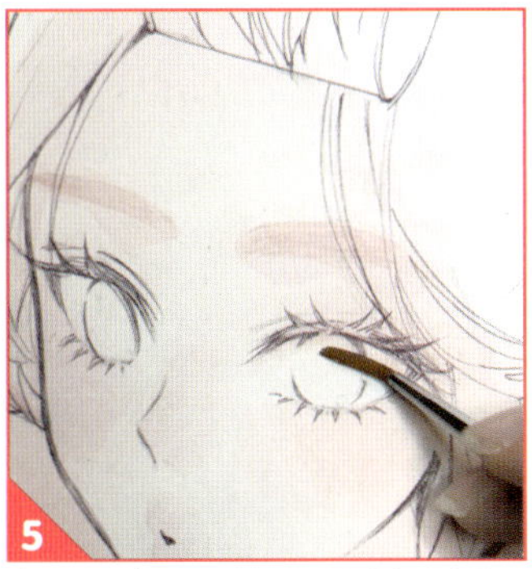

白目にカゲを入れる。このカゲ色にも①でつくったピンク色を使う。

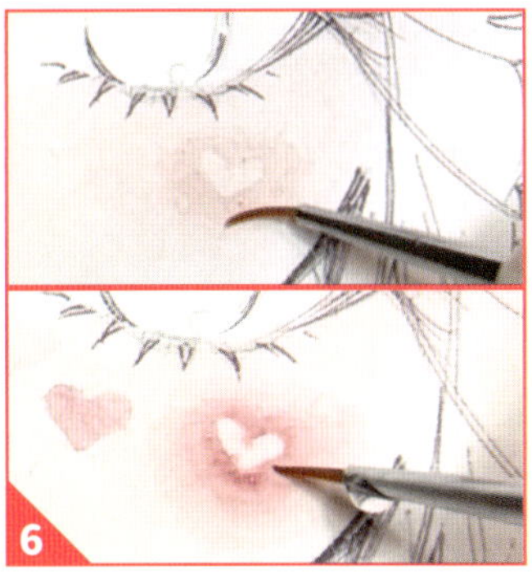

ハートのペイントは#366キナクリドンローズ、#276アゾオレンジ、#369プライマリーマゼンタの濃いピンク色でふちどる。

夏目レモン　数回塗り重ねて、少しずつハートの形が浮き上がるようにします。

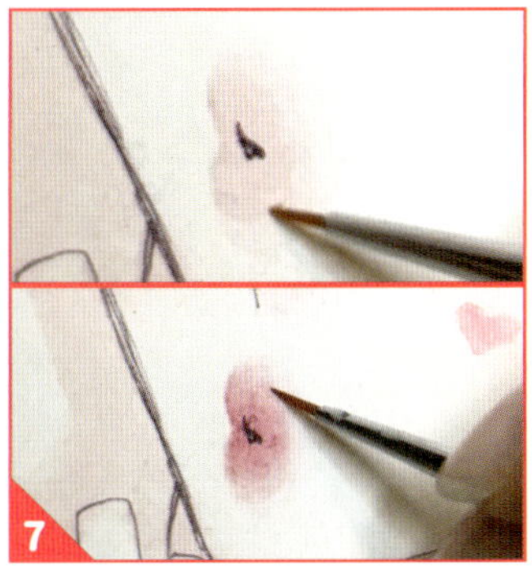

唇もハートと同じ濃いピンク色で塗る。

夏目レモン　唇の形をしっかりと取るのではなく、ジュワッと赤く発色するよう、たくさん塗り重ねてグラデーションにします。

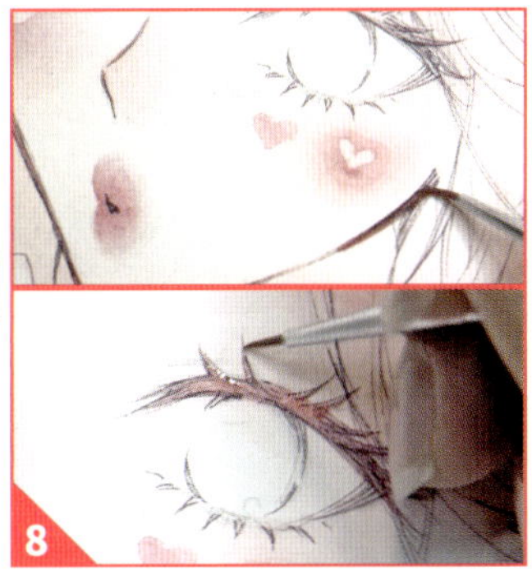

線画もピンク色で塗りつぶす。顔の輪郭と鼻、睫毛の線画を#369プライマリーマゼンタ、#409バーントアンバーを混色したくすんだピンク色でなぞる。

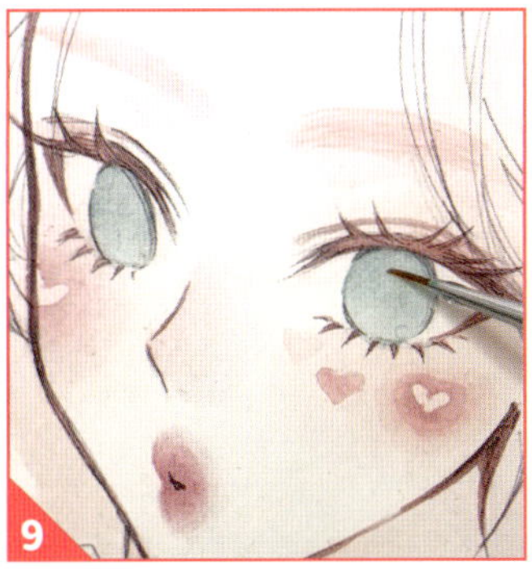

瞳のベースを塗る。#564ブリリアントブルー、#227イエローオーカー、#409バーントアンバー、#615エメラルドグリーンを混色した、くすんだエメラルドグリーンを使用。

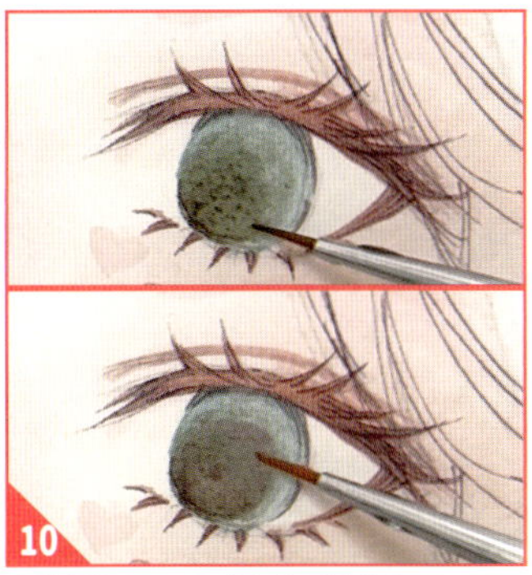

瞳孔を塗る。#735オキサイドブラック、#227イエローオーカー、#564ブリリアントブルー、#615 エメラルドグリーンの深緑色をふわっと置いたあと、全体のピンク色になじむよう、#369プライマリーマゼンタを上から重ねた。

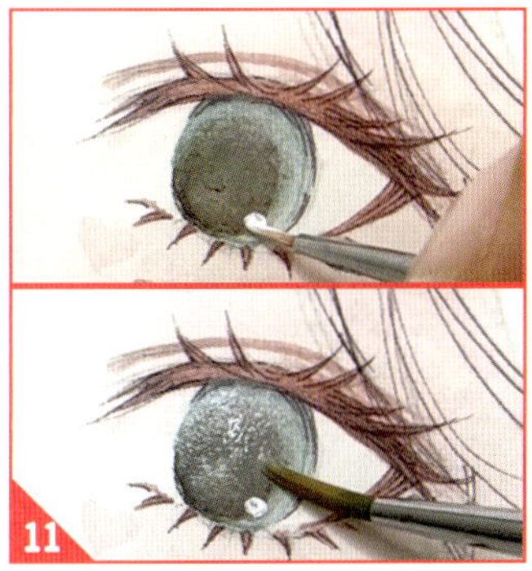

#105チタニウムホワイトでハイライトを入れたあと、瞳のコントラストが強すぎると感じて、たっぷりの水と混ぜた#105チタニウムホワイトを瞳全体に重ねた。

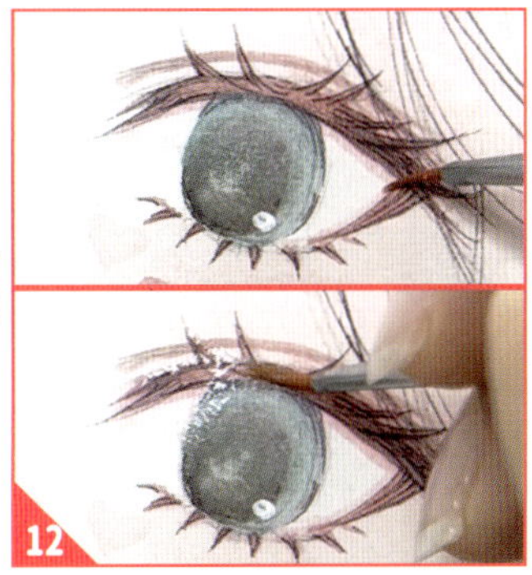

③と同じ強いピンク色で粘膜を塗ったら、水筆でぼかして、粘膜と睫毛をなじませる。

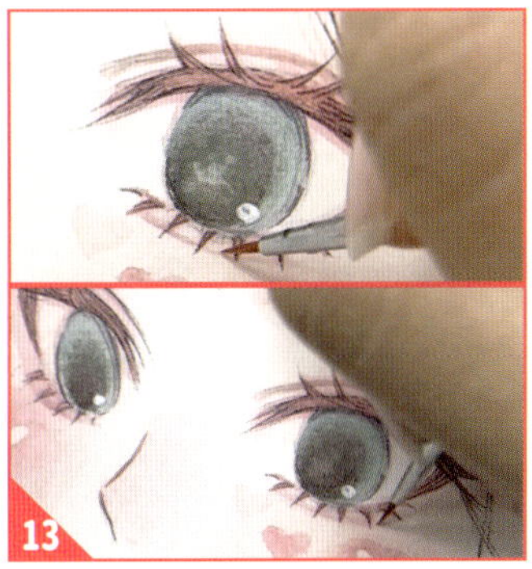

#366キナクリドンローズ、#105チタニウムホワイト、#409バーントアンバーのくすんだピンク色で、涙袋のラインを引き、#366キナクリドンローズと#105チタニウムホワイトのピンク色で、涙袋とアイシャドウを濃くしていく。

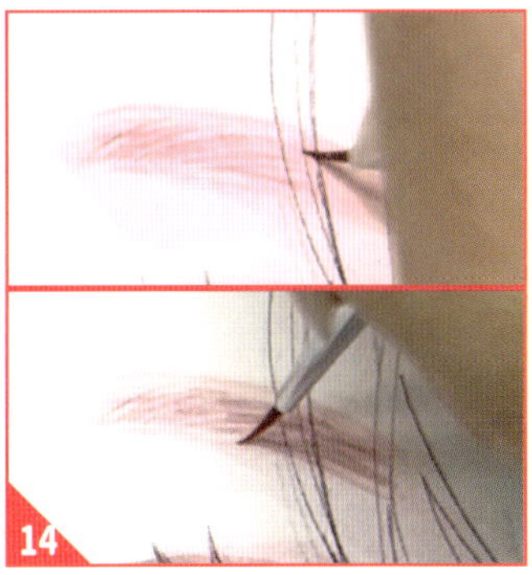

眉毛を描く。⑧の線画と同じ、くすんだピンク色を使用。ふわっとした眉毛になるよう、細い線を何回も重ねていく。

髪を塗る

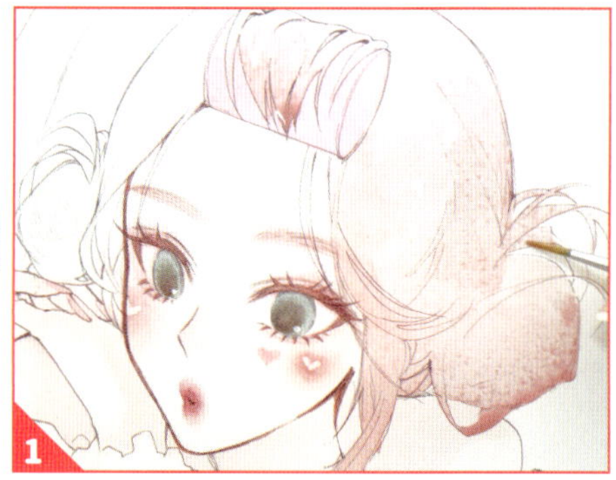

1
髪のベースを塗る。肌にも使った#366キナクリドンローズ、#276アゾオレンジを混色したピンク色を伸ばす。後ろから差す光に合わせて、頭の上部は部分的に白抜きする。

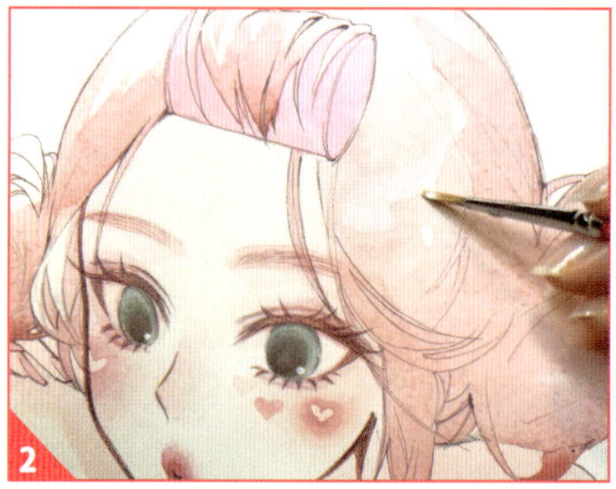

2
羽のアタリを#105チタニウムホワイトで薄く入れてみるが、イメージ違ったのでティッシュで拭き取る。アクリリックカラーは、失敗しても上から塗りつぶせばいいので問題なし。

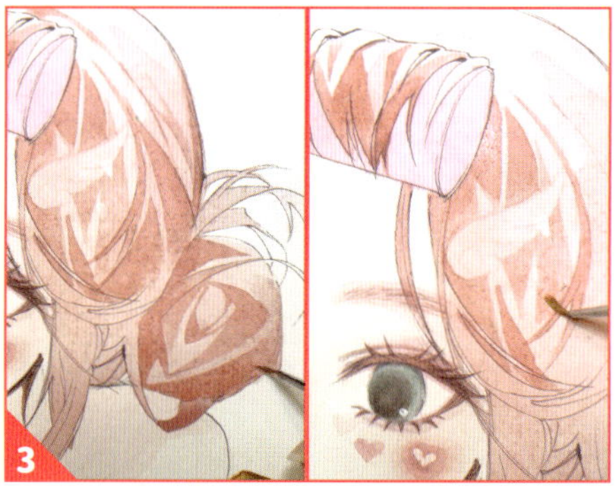

3
髪の毛のカゲを入れる。#409バーントアンバー、#276アゾオレンジ、#366キナクリドンローズ、#105チタニウムホワイトを混ぜたベースより少し濃いピンク色で、羽の形をふちどりながら塗る。

夏目レモン　毛の流れを大事にしながら、細い毛束と太い毛束に塗り分けて、メリハリを出します。

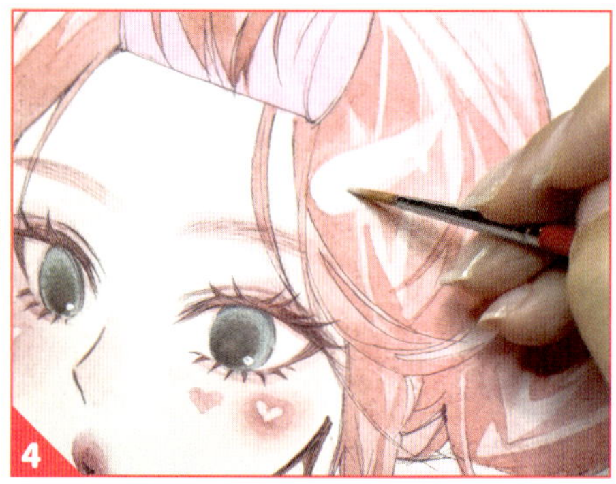

4
羽を#105チタニウムホワイトで白く塗りつぶす。

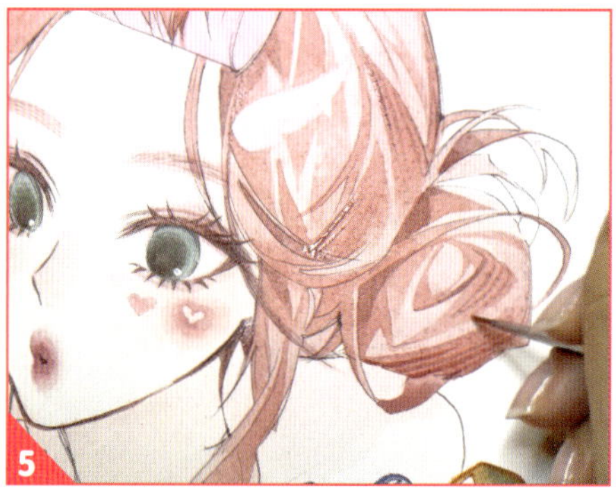

5
濃いカゲを入れる。③のカゲ色に#568パーマネントブルーバイオレットを混ぜた赤紫色で、毛を描くイメージ。

夏目レモン　③で塗り分けた太い毛束が間延びしないよう、濃い色で毛の流れを描き入れていきます。

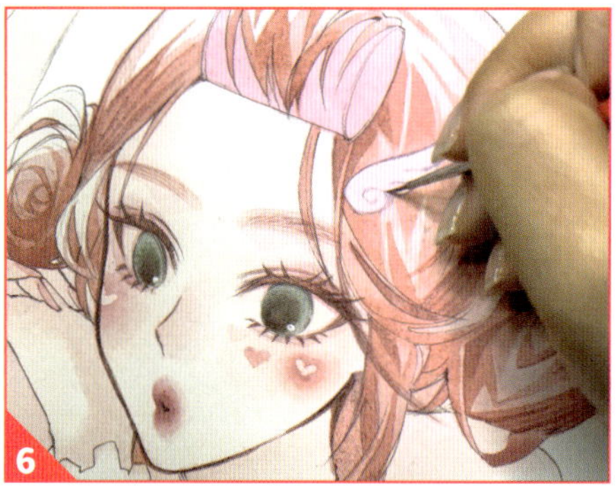

6
#105チタニウムホワイト、#568パーマネントブルーバイオレット、#366キナクリドンローズを混色したパステルパープルで羽の輪郭を描いたら完成!

紫色のお人形を塗る

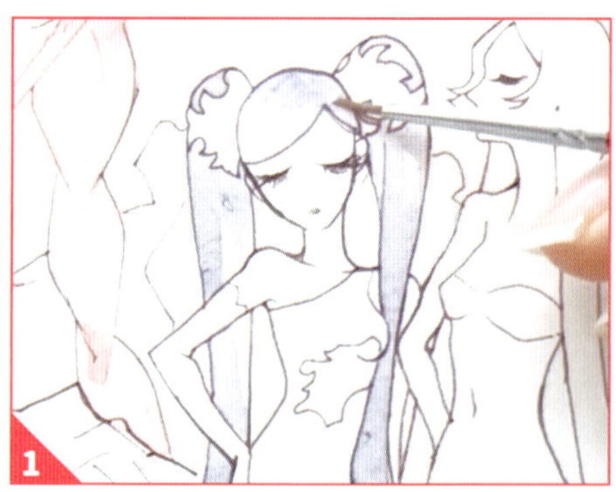

1
#512コバルトブルー(ウルトラマリン)、#105チタニウムホワイト、#366キナクリドンローズを混色した紫色で、ざっくりと髪の毛を塗る。

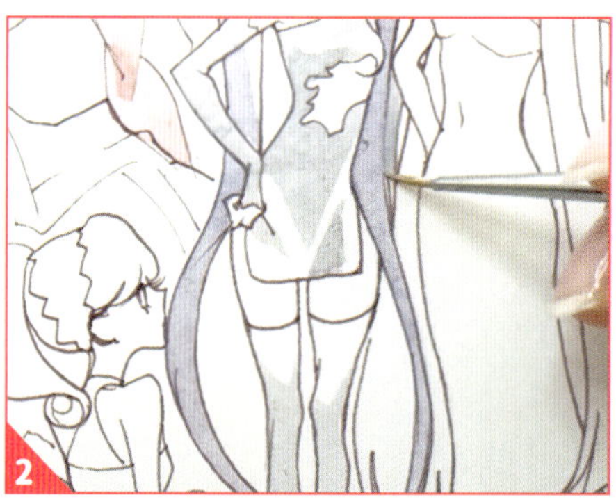

2
①の紫色に#735オキサイドブラックを足して、紫がかったグレーをつくる。このグレーがドレスのカゲ兼、地色となる。

夏目レモン　髪と同じで、あまり大きなシワは入れず、ざっくりと塗ります。

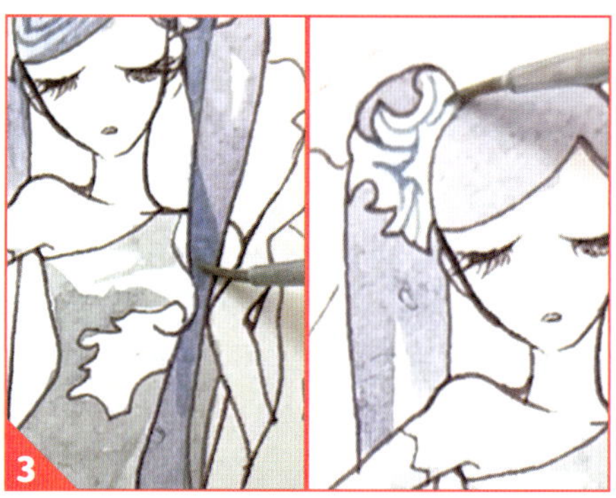

3
髪飾りの模様と、髪のカゲを塗る。#512コバルトブルー(ウルトラマリン)に、①の紫色を少し足した青紫色を使用。

夏目レモン　細筆で描いていきます。写実的なリアルなカゲというより、デザイン的に処理します。

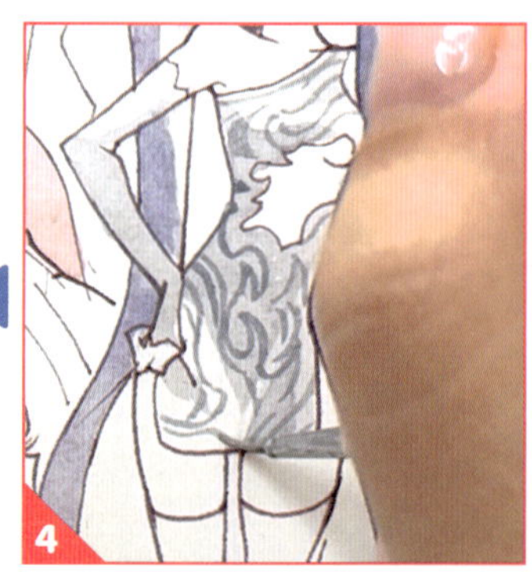

4
ドレスの模様を描く。③の青紫色に#735オキサイドブラックを足したグレーを使用。

夏目レモン　わりとアドリブです。

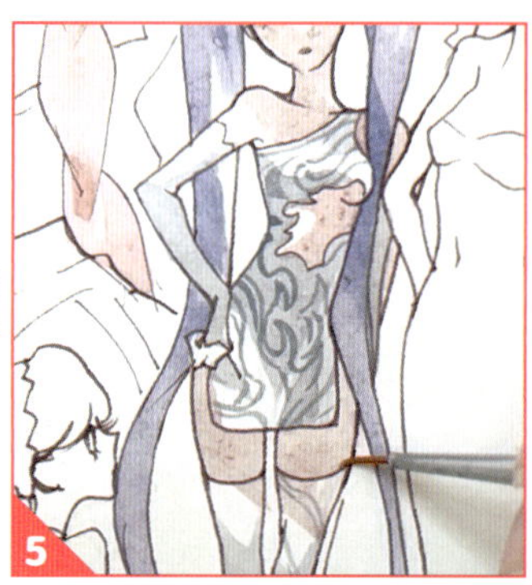

5
肌を塗る。#366キナクリドンローズ、#105チタニウムホワイト、#411バーントシェンナを混色した、くすんだピンク色を使用。この一色で陰影をつくる。明るい部分は白抜き。

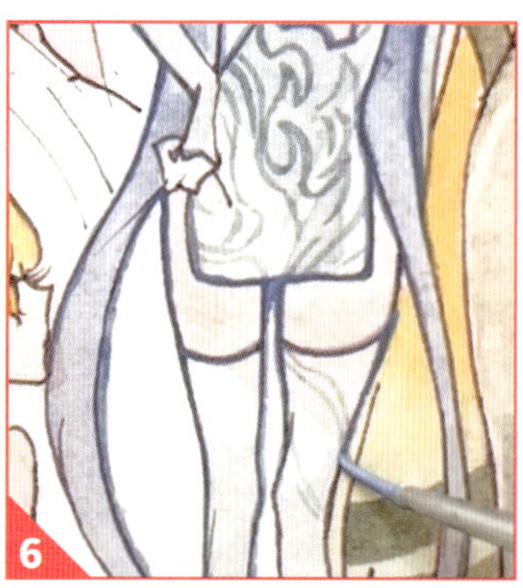

6
輪郭線をなぞる。③の紫色を水分量を少なくして使用。

夏目レモン　人形ごとにメインカラーを強調したいと思い、線画の色を変えました。

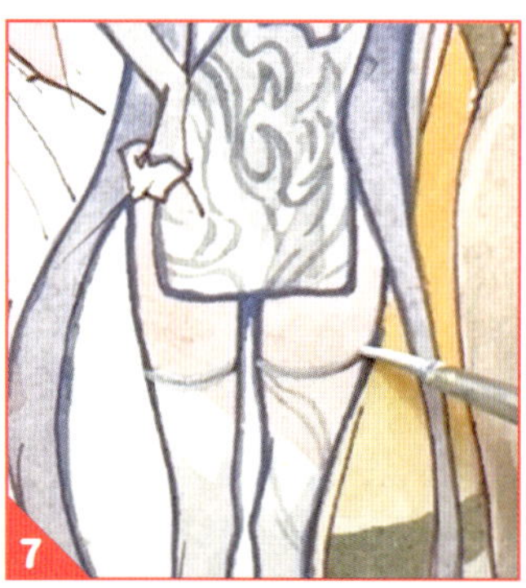

7
太もも部分のタイツの輪郭線は紫色だと主張が強すぎるので、②のグレーを上から重ねて、控えめにした。

黄色のお人形を塗る

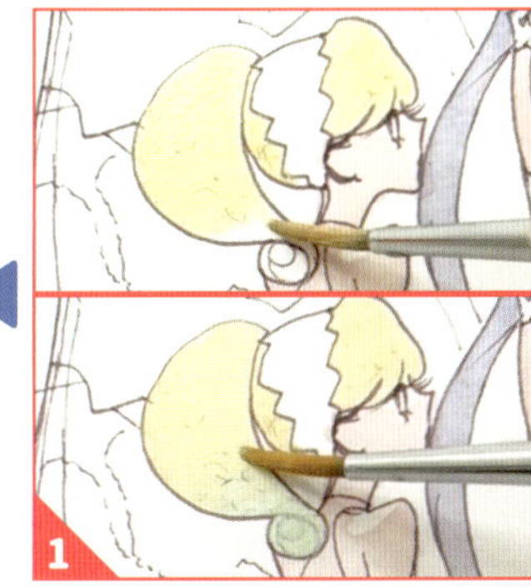

1
髪を塗る。#267アゾイエローレモン、#105チタニウムホワイトを混色したパステルイエローを上部に塗り、下にいくにつれて#615エメラルドグリーンを足して、黄色から黄緑色のグラデーションにする。

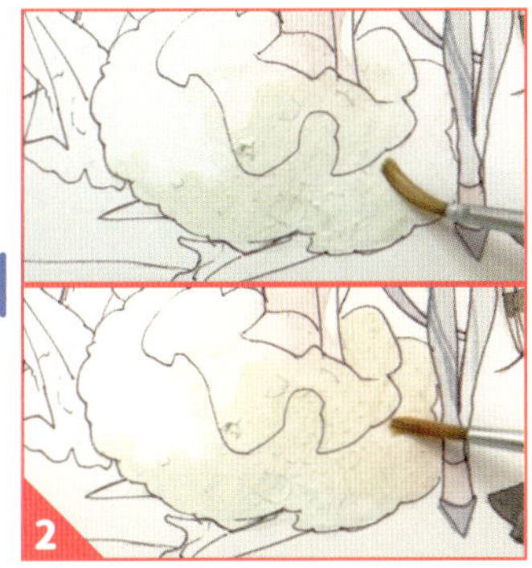

2
スカートを塗る。①の黄色と黄緑色を紙の上で混色するイメージ。さらに#276アゾオレンジを足して、赤みを入れる。
夏目レモン　カゲの範囲が広いのでいろんな色を混ぜています。

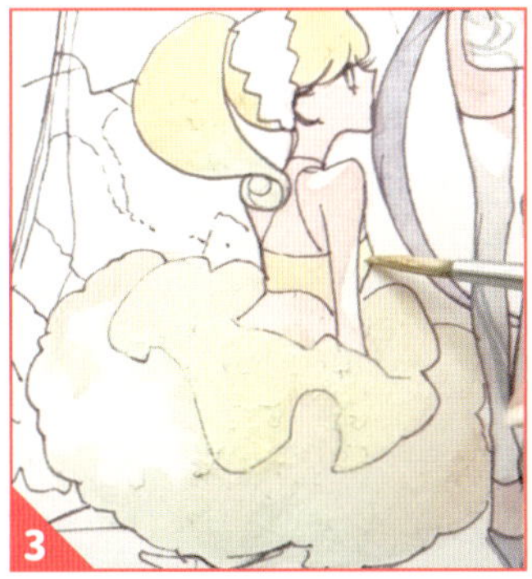

3
胸の部分は①と同じ黄色でベタ塗り。スカートの上部は、①の黄色にさらに#105チタニウムホワイトを足した、よりマットなパステルイエローでベタ塗り。

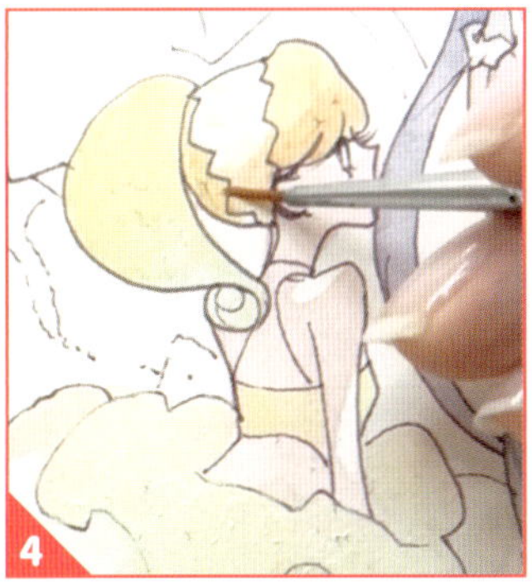

4
髪の毛のカゲを入れる。#270アゾイエローディープと#366キナクリドンローズを混色したオレンジ色を薄く塗っていく。

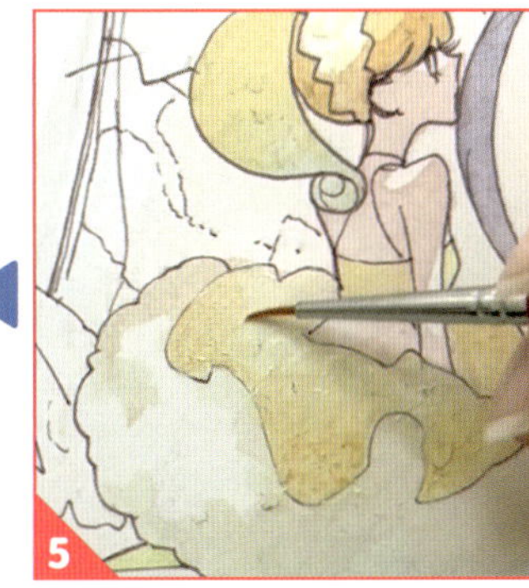

5
スカートの裾にカゲを入れる。④の髪のカゲと同じオレンジ色で塗る。

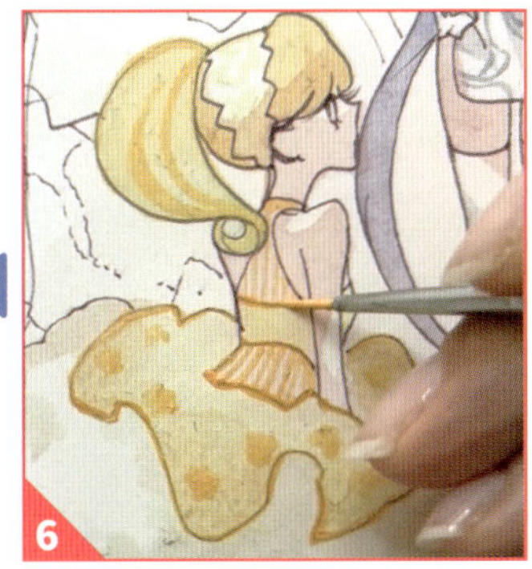

6
#276アゾオレンジと#105チタニウムホワイトを混色した鮮やかな黄色で髪の毛束や、服の模様を入れていく。

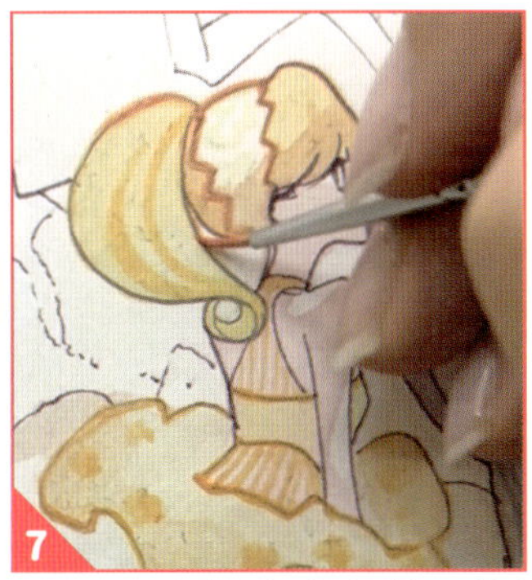

7
メインカラーを強調するための線画の塗りつぶし。⑥の黄色に#366キナクリドンローズを足したオレンジっぽい黄色でなぞる。

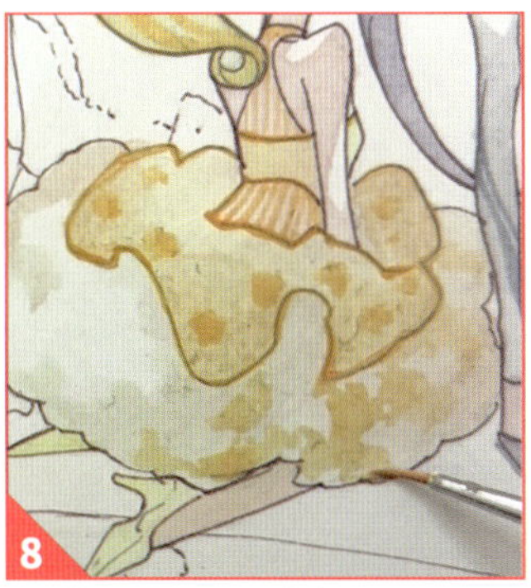

8
⑥の黄色でスカートに質感を入れる。
夏目レモン　もふもふ感を出すために、部分的に筆跡を残しつつ、奥に行くにつれてぼかしも入れて立体感を表現します。

ブラウスを塗る

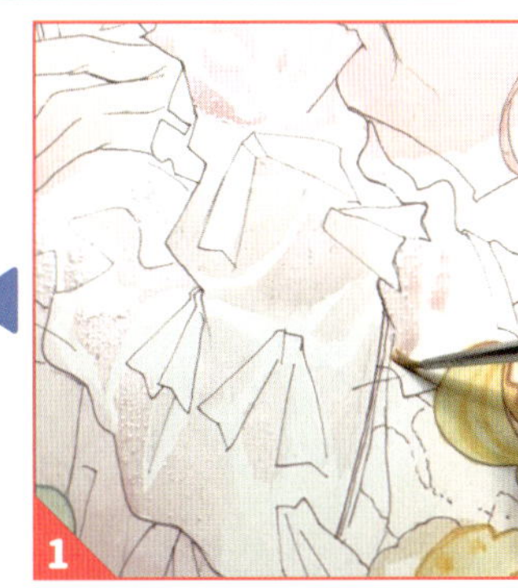

1
#366キナクリドンローズと#105チタニウムホワイトのピンク色でシワを入れる。
夏目レモン　ブラウスの薄い素材感を表現するために、シワをとにかくたくさん入れるのがポイントです。

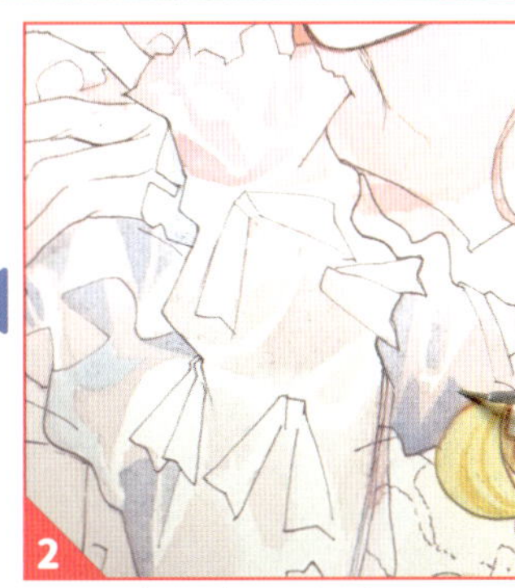

2
#512コバルトブルー(ウルトラマリン)と#105チタニウムホワイトを混ぜたラベンダーでカゲが濃くなる部分を塗る。

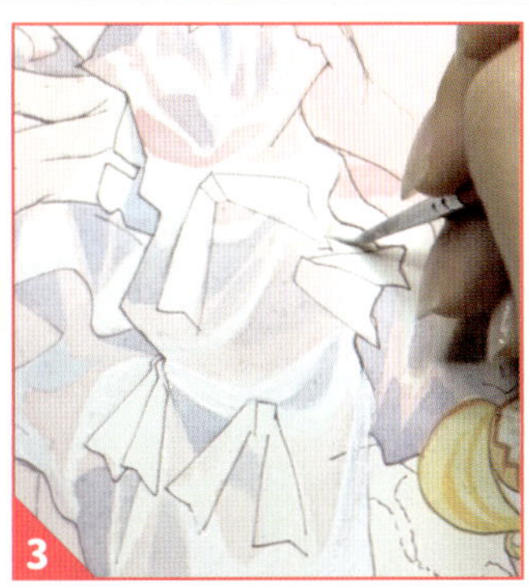

3
#105チタニウムホワイトで白い部分を塗りつぶす。紙色よりも白くするためのアクリリックカラーらしい表現。

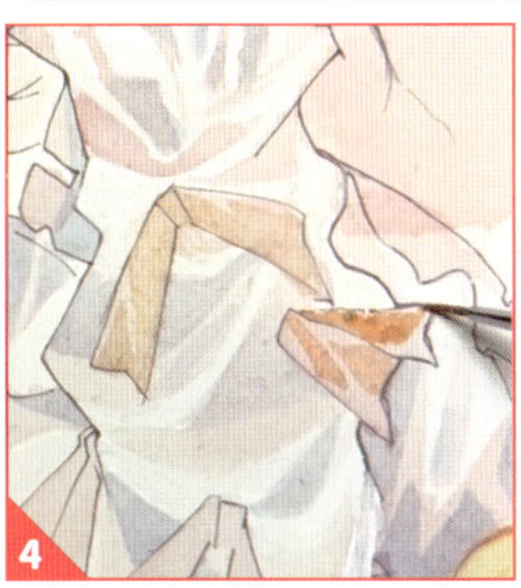

4
リボンを塗る。①のピンク色をリボン全体に下塗りしたあと、#276アゾオレンジと#366キナクリドンローズを混色した茶色でカゲを入れる。

まとめ

お人形たちとお洋服について会話する女の子を描いたガーリーなイラストが完成！　光の演出とメインカラーのやわらかなピンク色が印象的なイラストは、レモンさんらしい複雑な混色と透明感あふれるグラデーションを多用しつつも、黄色のお人形をはじめとするマットな塗りや、#105チタニウムホワイトを活用することで、アクリリックカラーらしい表現にもなっています。紙の地色以上の白さを表現できるのは、まさにアクリル絵具ならではです。みなさんも、ぜひ色々と塗り試してみてくださいね！

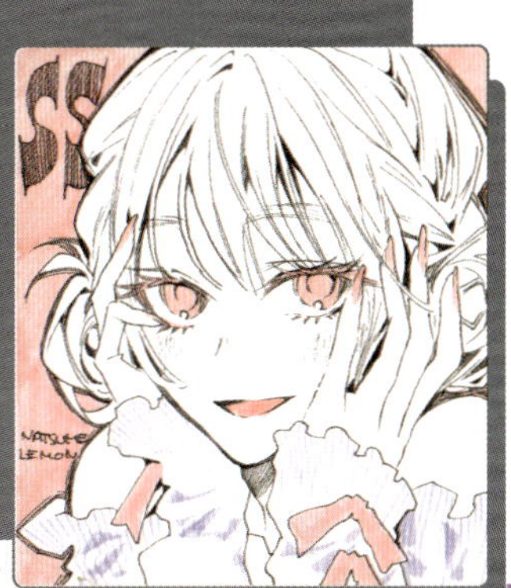

色紙プレゼント

夏目レモンさんの「アムステルダム アクリリックカラー」の感想

夏目レモン　せっかくのアクリリックカラーなので、普段の水彩っぽい塗りもしつつ、アクリル絵具らしい表現も試してみました。透明感だけでなくマットな質感も出せて新鮮です。

好きな色について

●**#366キナクリドンローズ**………肌の塗りやメイク、ブラウスのカゲにも使うなど、とにかく多用しました。色々と使い勝手が良く、色としても好きですね。

●**#512コバルトブルー(ウルトラマリン)**………紫色のお人形、ブラウスや本のカゲ色に使いました。沈みにくい青色で使いやすいと思います。

仕上げ

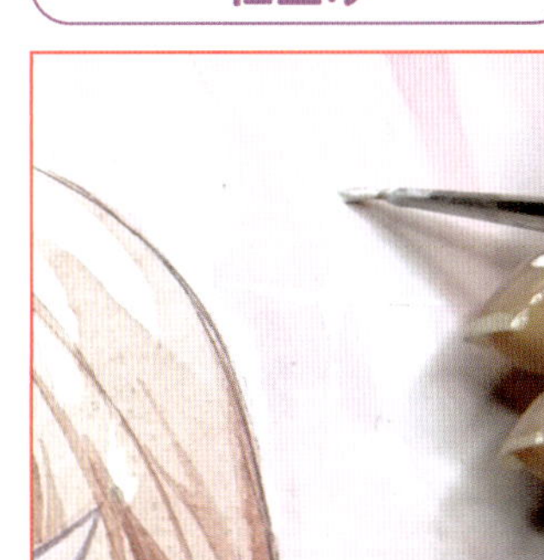

#105チタニウムホワイトで上からキラキラを入れて完成!

CLIP STUDIO PAINT × SS

第1回ナビゲーター しいろ＆明日見ゆうら

「CLIP STUDIO PAINT（クリスタ）」は、「SS（スモールエス）」の投稿者が多く使っているだけでなく、使用してみたい画材の上位に入っているお絵描きアプリです。前号に引き続きデジタルイラストに挑戦する講座を誌面で開催！　教えてくださるのは普段からCLIP STUDIO PAINTを使う「しいろ」さん。受講生は最近iPadを使い始めてデジタルイラストに挑戦中の「明日見ゆうら」さんです。後編は、おふたりの彩色工程とあわせて、デジタルでイラストを描くときに知っていると便利なCLIP STUDIO PAINTの機能や、ひと手間加えることで画面がより映えるコツを紹介します。デジタル画材に興味はあるけれど使い方に不安があったり、自分にあった描き方を知りたいときの参考にしてみてください！　みなさんからも「こんな使い方をしてみたい」「こういった絵を描くときはどうすればいい？」など、CLIP STUDIO PAINTを使ってみて気になること、描き方について聞いてみたいことを募集しています！　巻末のアンケートハガキに書いて送ってくださいませ。

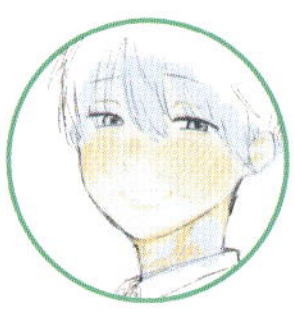

明日見ゆうら／高校2年生。SS（スモールエス）69号の巻頭イラストを担当した。少し不思議でファンタジックな世界が好き。
X【@PXA6JELkBb49955】
Threads【asumi_909__】

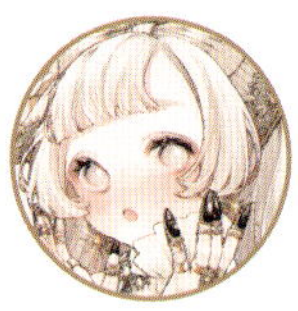

しいろ／SS（スモールエス）75号の巻頭イラストを担当。きらびやかな装飾やコスチュームにエレガントなカラーリングでドールのような美しい女の子たちを描く。
X【@shiiro_illust】
Instagram【shiiroillust】

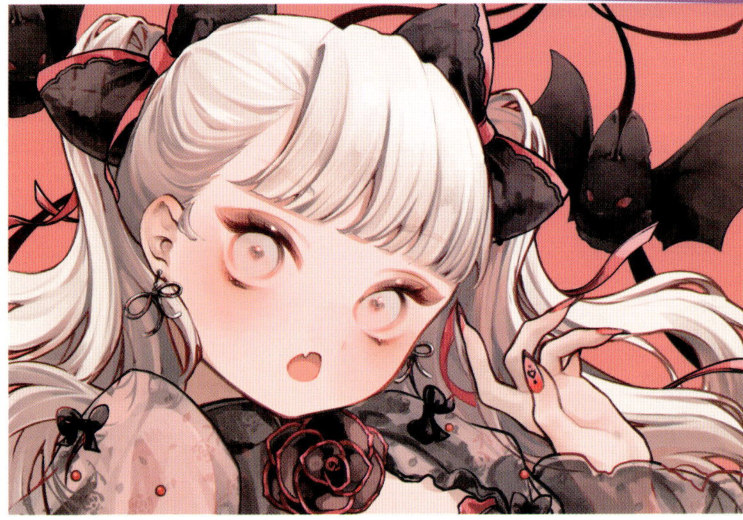

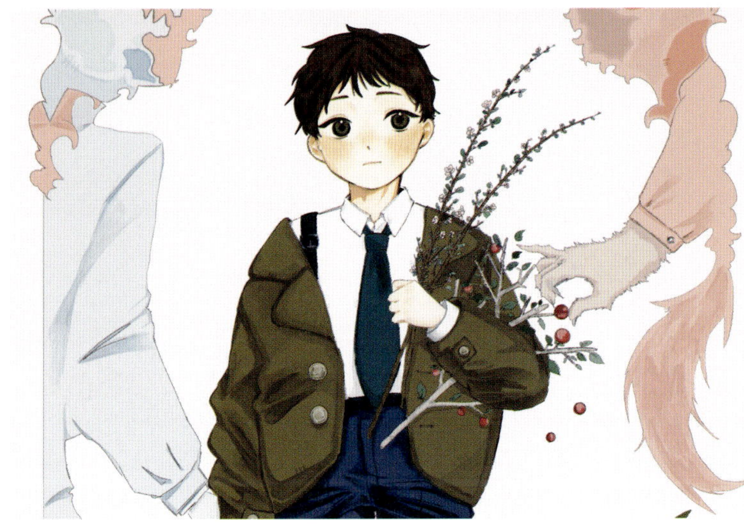

CLIP STUDIO PAINT BEGINNER MAKING

「CLIP STUDIO PAINT」初心者講座
デジタルイラストにチャレンジ 後編
「デジタルイラストを完成させよう」

CLIP STUDIO PAINTでデジタルイラストを描くときに準備するもの・おさらい

スタイラスペン

筆圧対応ペン Apple Pencil／Apple Pencil（第2世代）
機種によって対応している種類が異なるため注意が必要です

筆圧対応ペン 2000円〜5000円で購入できるもの
絵に向いているペンなのか、レビューを参考にすると良いです

Apple Pencil以外でも描くことはできますが、筆圧対応していないと線や濃淡の強弱が反映されません。そのかわり対応機種に制限がなかったり充電が不要だったりと、手軽に使える良さもあります。

筆圧非対応ペン

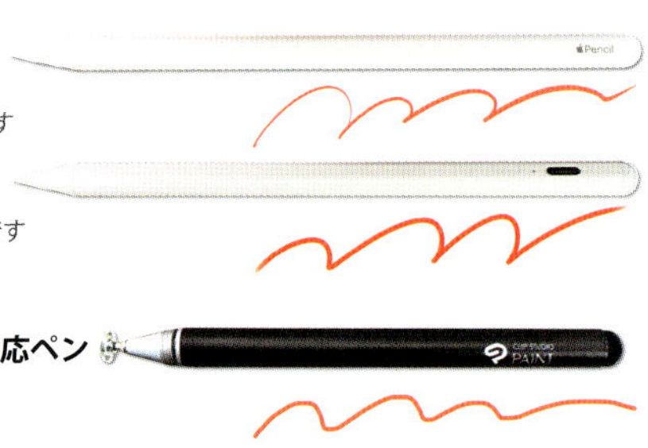

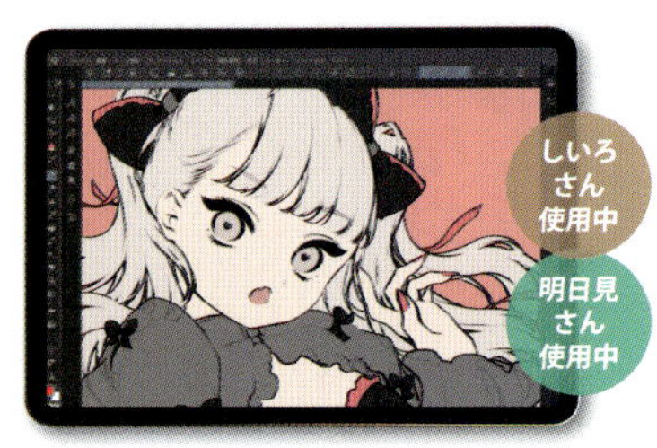

タブレット
【CLIP STUDIO PAINT for iPad を使用する際の動作環境】
- OS：iPadOS 16、iPadOS 17
- メモリ：3GB以上のメモリ必須 4GB以上推奨
- サイズ：10.5インチ以上のディスプレイサイズを推奨
- ストレージ空き容量：6GB以上の空き容量のあるストレージ

液晶サイズが大きいのでツールが見やすく描きやすいです。筆圧対応しているペンを使うことで紙に描く感覚で描画できます。

スマートフォン
【CLIP STUDIO PAINT for iPhone を使用する際の動作環境】
- OS：iOS16、iOS17
- メモリ：3GB以上のメモリ必須 4GB以上推奨
- サイズ：5.5インチ以上のディスプレイサイズを推奨
- ストレージ空き容量：6GB以上の空き容量のあるストレージ

手軽さが◎　機能はパソコンやタブレットと変わらず本格的。表示もスマホ用に設計されています。指かスタイラスペンで描きます。

タブレットで描くときに使いたい「タッチジェスチャー」

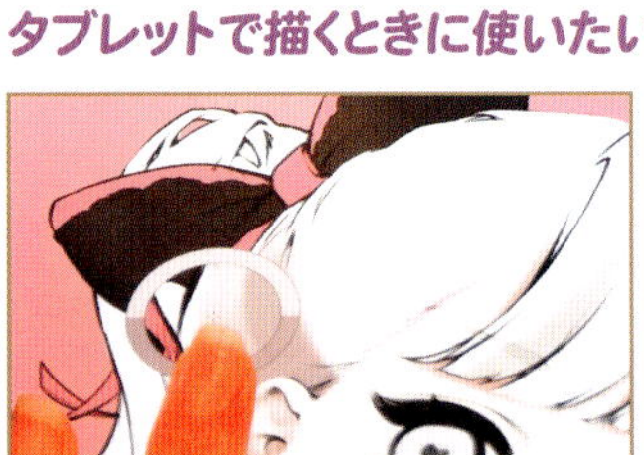

指かペンで液晶を長押し（ロングプレス）するとスポイトに切り替わります。直感的に色を選べると思います。

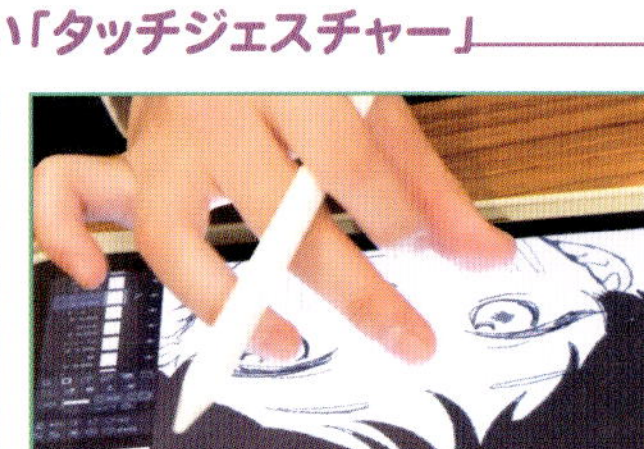

iPadの制作に少し慣れてきました。キャンバスをくるくる動かしたり拡大できるので、とても描きやすいです！

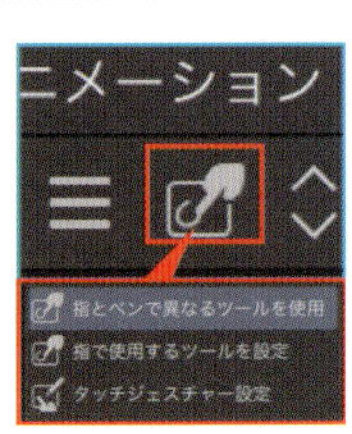

タッチジェスチャーを使う場合は上図のアイコンをタップ。細かなカスタムも可能。

しいろさんに聞くCLIP STUDIO PAINTのおすすめ機能・彩色時のポイントを紹介!

パーツごとに塗りつぶすひと手間で彩色が楽しくなる！

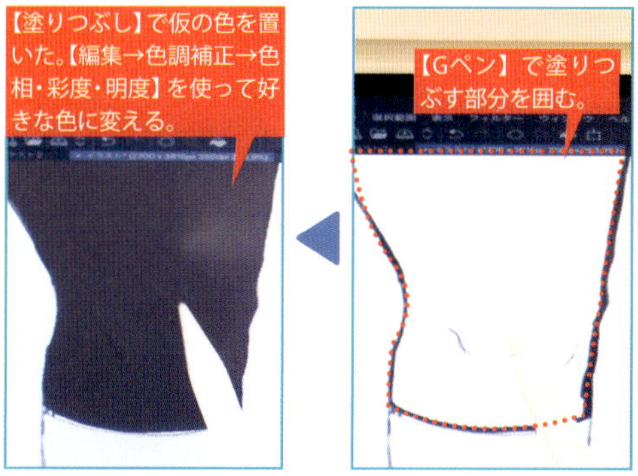

風合いのあるブラシで線画を描くと綺麗に塗りつぶせないことがあります。そこで、新規レイヤーを作成し、【Gペン】などツルツルしたブラシでシルエットを囲むという方法も使うようになりました。その場合は「塗りつぶし→編集レイヤーのみ参照」で簡単に塗りつぶせます。

これまでは線画を描いてすぐにフィーリングで塗ってしまっていたのですが、はみ出したり線が消えてしまっていました。塗り分けすることで「下のレイヤーでクリッピング」を使えることが実感できたので、パーツごとに塗り分けてみようと思います！

「下のレイヤーでクリッピング」で塗りがはみ出ない！

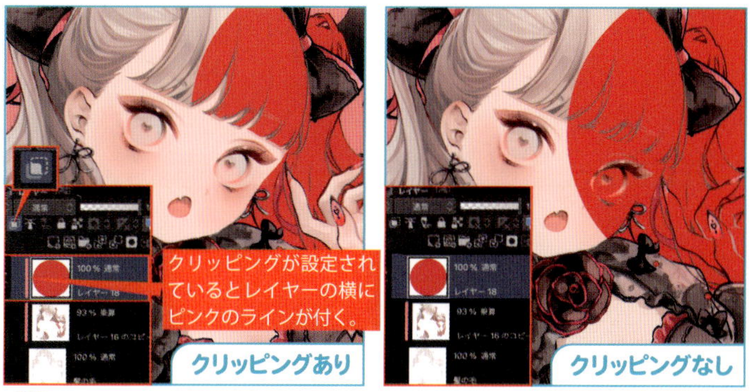

「クリッピング」という言葉を聞いたことはありましたが、どんな使い方をするのか分かりませんでした。パーツを色分けする工程と繋がっていることも初めて知ったんです。実際に使うところを見せてもらえて、こんなに便利なのかと驚きました！

塗る場所にあわせてブラシを使い分けよう！

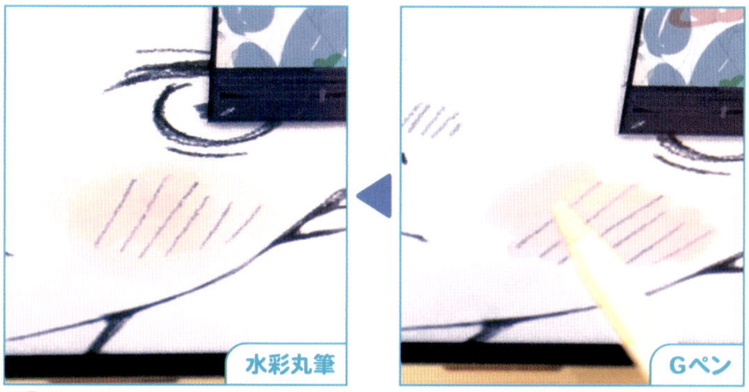

肌の赤みなど、ブラシの筆跡を出したくないときは、水彩系のブラシを組み合わせるのがオススメです。塗りのフチがなめらかになって肌の色とも馴染みます。頬の斜線の色を変えてみても可愛いですよ。描いた線画の色を変えられるのもデジタルならではです。

資料を見ながら描けるサブビューが便利！

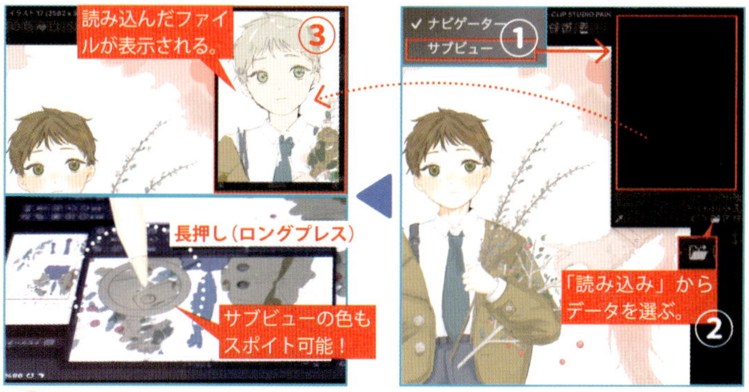

教えてもらった「ウィンドウ→サブビュー」がとても便利です！　絵の全体を確認できる「ナビゲーター」は使っていますが、こちらは資料や別の絵を表示することができます。それだけでなく、そこから色をスポイトできるので、色ラフを表示させて使ってみました。

途中でモチーフを追加してもOK！

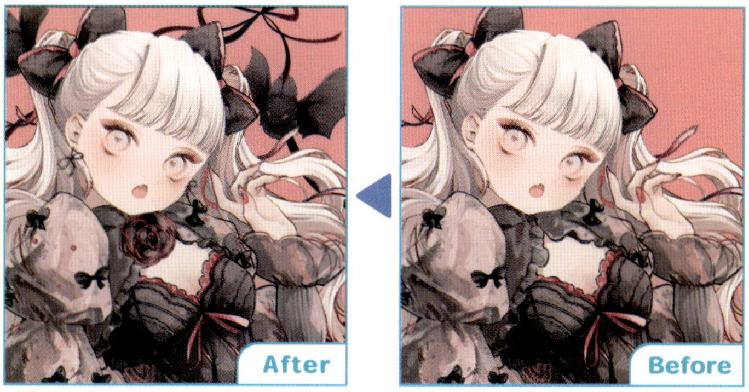

厚塗りは塗りの情報量が全体的に多くなるので、ラフと塗り終わったときでは印象が変わります。今回の絵では画面の右側が少し寂しくなったのでコウモリやリボン、薔薇のコサージュなどを追加しました。デジタルなので、気負わずに足せますよ！

厚塗りで描くときのポイント！

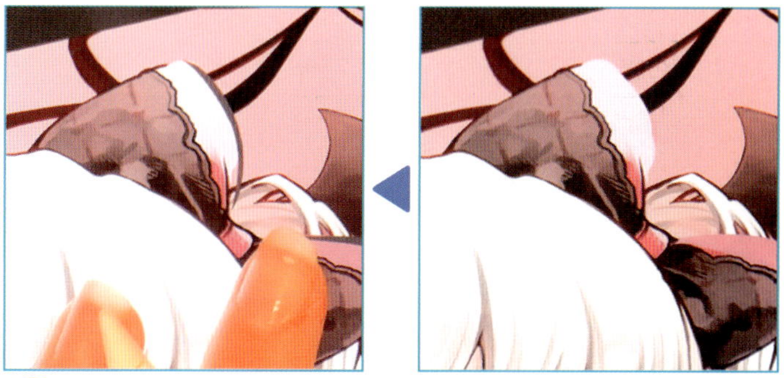

厚塗りらしい塗り方のひとつが、不透明な色で主線を塗りつぶすこと。手のひらや髪の毛束など内側にある線画は、塗りと近い色にしつつ【色混ぜ→指先】ツールでぼかして塗りと馴染ませています。ほかにも、リボンをひと回り大きくするなど、塗りつぶしつつ加筆するときはブラシの不透明度を「100%」にしています。

輪郭線をなぞって完成度アップ！

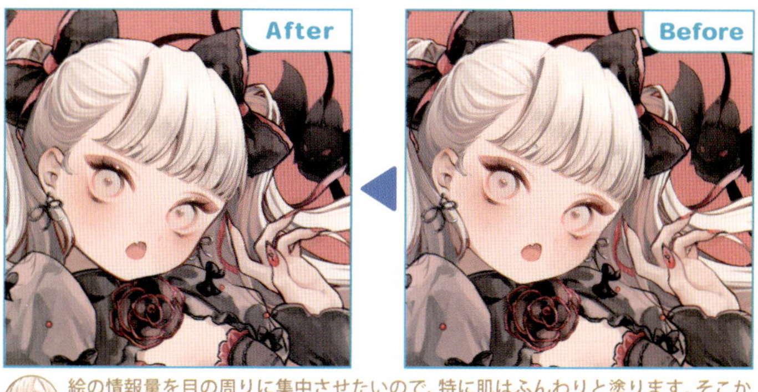

絵の情報量を目の周りに集中させたいので、特に肌はふんわりと塗ります。そこから瞳や顔の輪郭、ほっぺの斜線をくっきりと描いて、ぼやけた印象にならないようにコントロールします。上から線を乗せる場所は、表情や指の仕草、体のラインなど、キャラクターとして見る人が注目するところが多いです。

レイヤー合成モード「スクリーン」で遠近を表現できる！

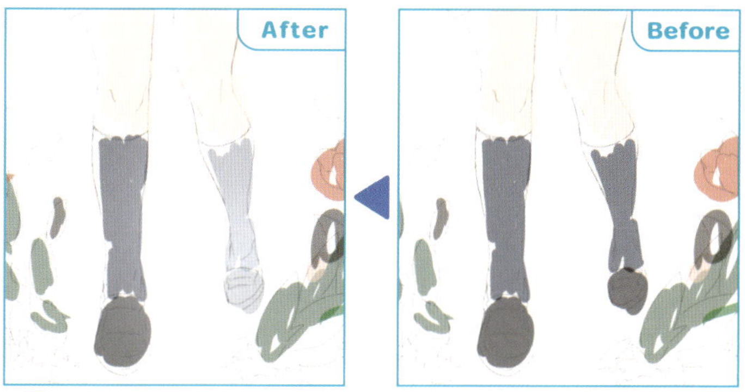

立ち絵の立体感に迷ったときは、ゲームのイラストが参考になりますよ。奥側の足に色を少し明るくする「スクリーン」で青系の色を乗せてみてはいかがでしょうか。あとは、手前の靴は細かく描いて、奥は控えめに描くという距離の出し方もあります。

しいろさんのイラスト制作工程を紹介！

パーツごとに塗り方を変えつつ彩色する

肌と瞳を塗る

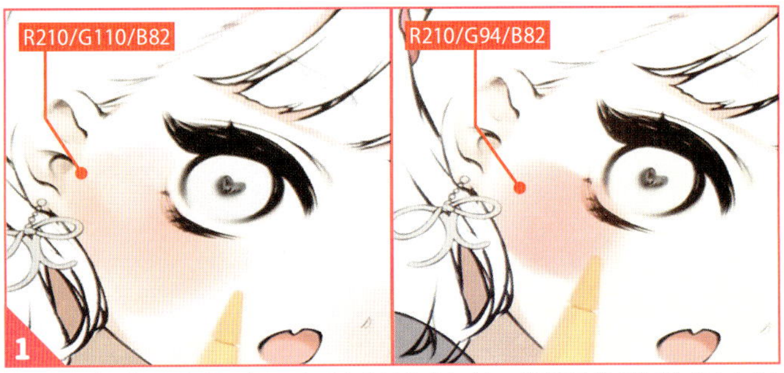

【濃い水彩】や【透明水彩】で頬のピンク色を置く。少しオレンジ寄りの色を外側にふんわりと塗って広げていく。筆圧を軽くすれば※淡い色を置くこともできる。(※筆圧対応ペンの場合)

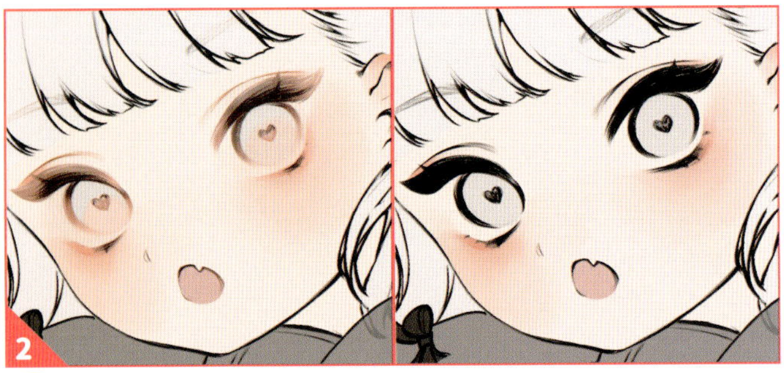

【透明水彩】や水彩系のブラシは塗った色同士が混ざるので、なめらかに塗りたい肌や頬の赤みと相性が良いです。塗った色の端をぼかしつつ広げていきます。

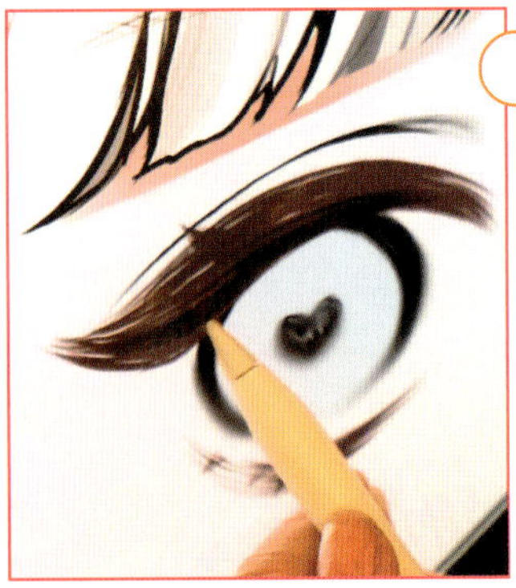

瞳を描くときのPOINT

まぶたの線画は、色を変えるだけでなく、新規レイヤーを作成して、内側にもう1層まつ毛を描き足しているんです。私は厚塗りが好きなのですが、全体を厚塗りで仕上げると大人っぽい印象になると感じました。女の子が可愛らしく見えるバランスを考えて、部分的に線画を残す方法に行きついたんです。また、黒目の描き込みを抑えているのはドールのように見せたいためです。黒目がシンプルなぶん、まぶたやアイホールをしっかり描くというバランスも意識しています。

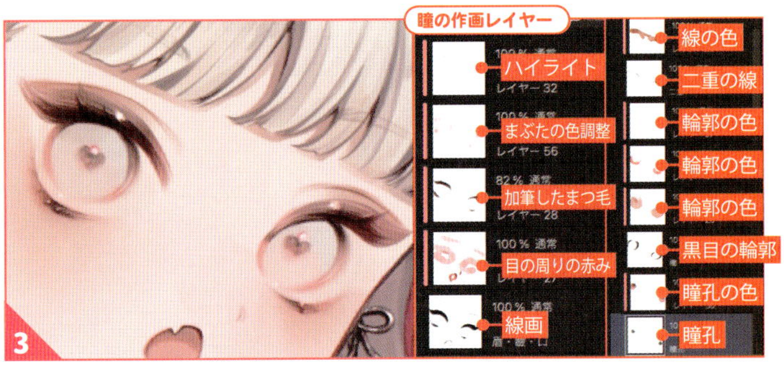

しいろさんが描く特徴的な瞳は、パーツをとても細かく分解して彩色しているからこその表現。ふんわりと色を重ねた目元は、厚塗りと線画とが共存する独特な風合いで引き込まれる。

髪を塗る

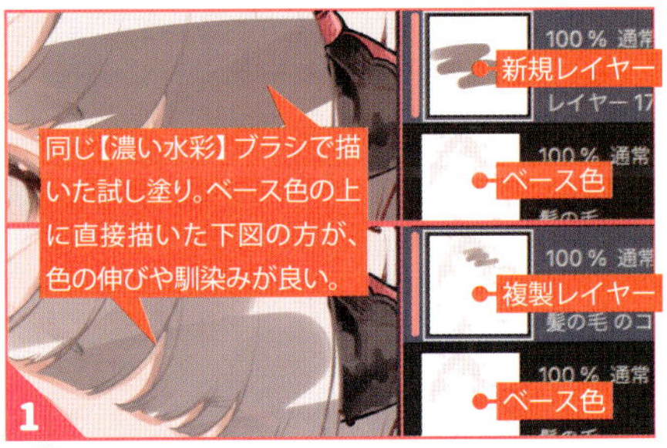

髪はベース色のレイヤーを複製した上に描き込みます。新規レイヤー上にカゲだけを塗るよりも、【濃い水彩】の濃淡が綺麗に出るんです。

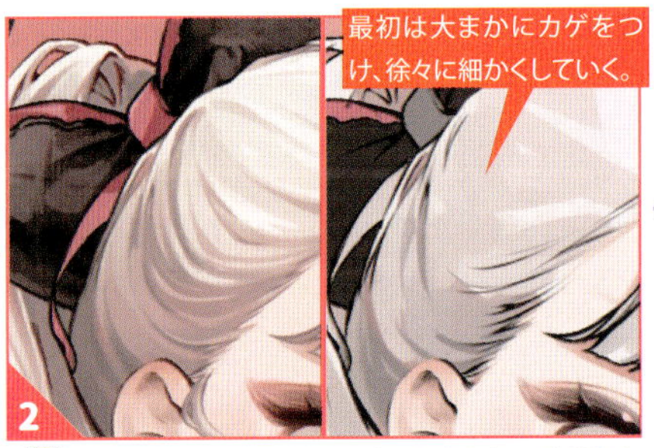

【濃い水彩】で塗った明暗から作られる中間色をスポイトしつつ塗り進めます。髪以外に塗りがはみ出ることがないので、作画に集中することができます。

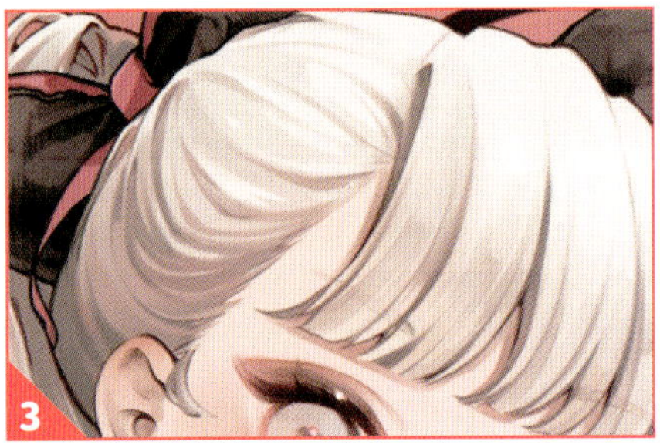

線画の色を変えて塗りと馴染ませる。前髪など肌に隣接する部分は肌馴染みの良い色にしたそうだ。見た目は厚塗りだが、線画がしっかりと生かされている。

完成！

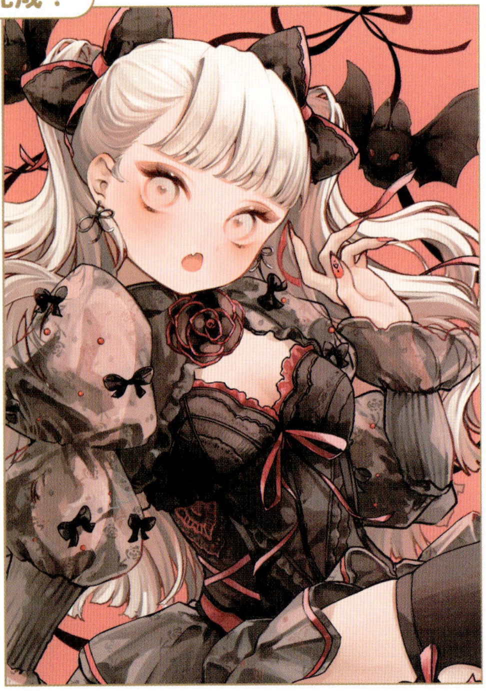

塗り込むと輪郭や形がぼやけていくので、見てほしい場所の輪郭線をくっきりさせました。厚塗りはガシガシと描く印象もありますが「下のレイヤーでクリッピング」を活用することで、シルエットを生かしつつ厚塗りすることができます。

バランスを見て装飾を追加する

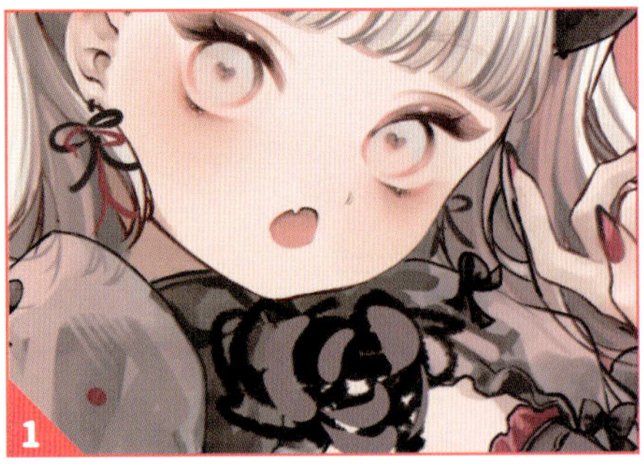

全体を塗り終えたらバランスをチェック。一番見てもらいたい顔の周辺にコサージュやピアスを足すことにした。

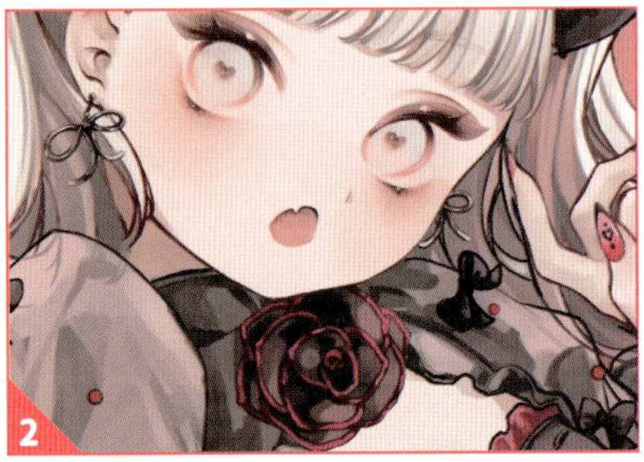

追加したアイテムは衣装と同じ黒と赤のカラーリングで仕上げているので、違和感なく馴染んでいる。

透け感のある衣装を塗る

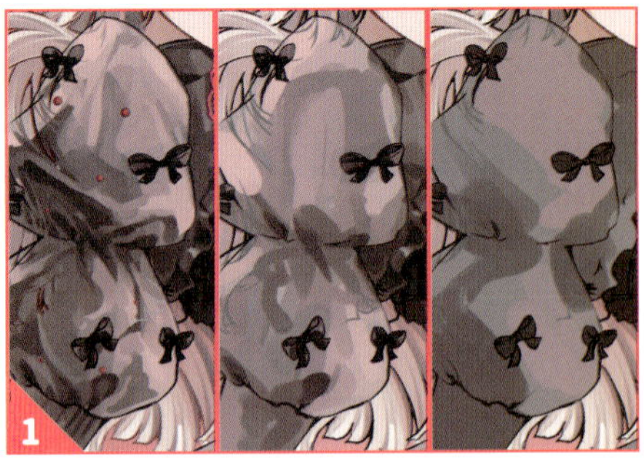

最初はベースの灰色よりも濃い色と明るい色で大まかな明暗を作る。途中でピンクを足しながらまとめていく。

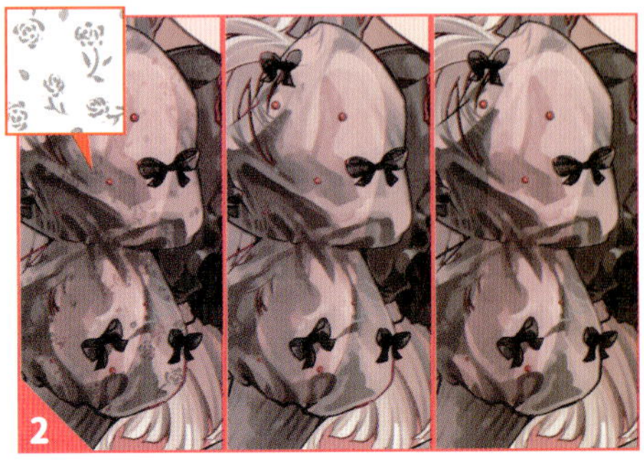

透けて見える腕は新規レイヤー（オーバーレイ）上に描く。最後に薔薇の素材（左上）を乗せて、エレガントに仕上げる。

明日見ゆうらさんのイラスト制作工程を紹介！

【Mameo鉛筆】Mameoさん制作素材　ID:1870475

明日見さん実践編① キャラクターやアイテムを塗ってみよう

男の子の顔を描く

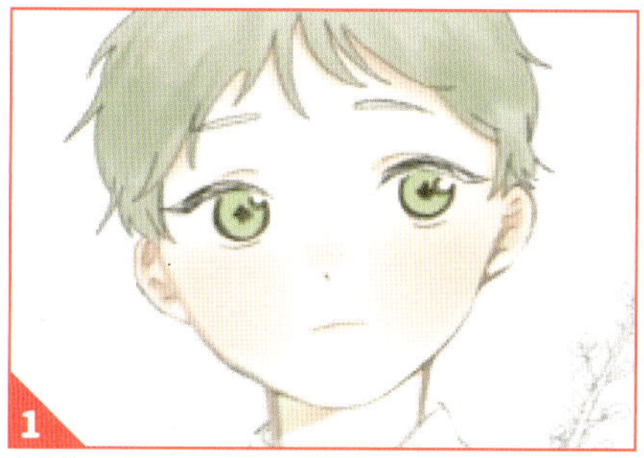

1 全体的に淡い色で塗り進める。頬の赤みには【水彩丸筆】を使い、塗りのフチをふんわりとぼかしてなめらかにした。

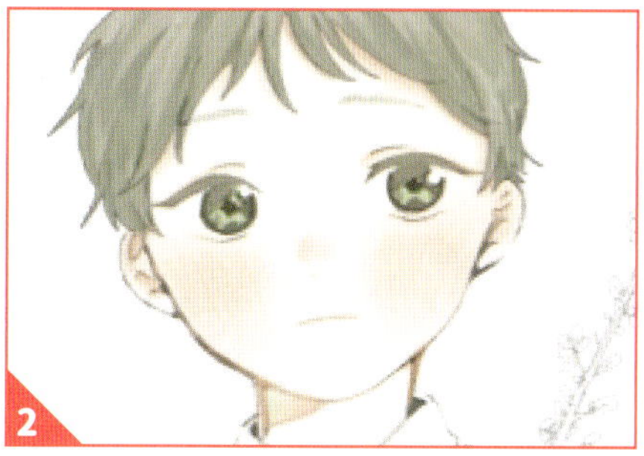

2 線画と同じ【Mameo鉛筆】を使い、頬や鼻に斜線を足す。瞳も加筆して、形や色を整えた。髪にも明暗をつけていく。

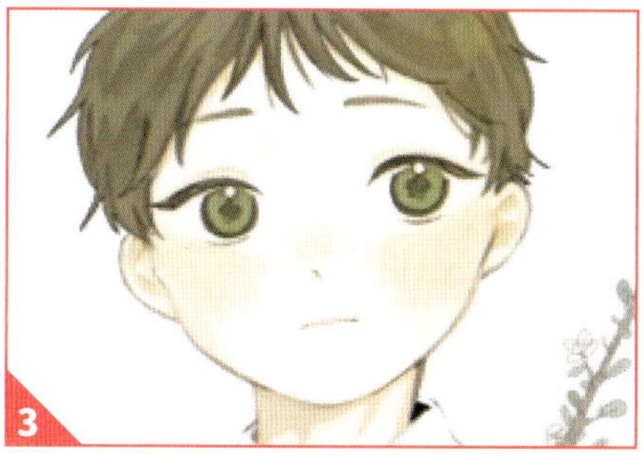

3 線画を複製して表情や輪郭を描き直した。最初の表情よりも切なさが加わり、頬の赤みも控えめになった。

顔の塗りが自分のイメージ通りにならず、何度も描き直しました。やり直せるのはデジタルの良いところでもありつつ、力不足も感じたところです。これまでは色を直感で選んでいて、勢いや色の強さで仕上げていました。絵全体のまとまりやバランスを意識した色選びはこれまでしてこなかったので、色ラフを作ったり、自分のイメージ通りに塗れるしいろさんはすごいです！

衣装やアイテムを塗る

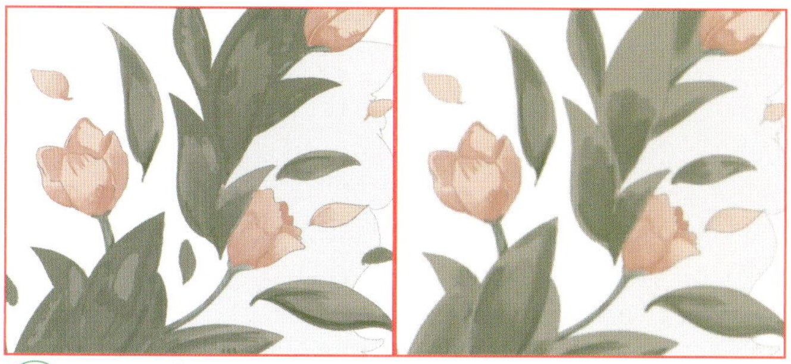

チューリップの葉をなめらかに塗っていたのですが、もの足りないと思ったのでガサガサとした質感にしてみました。アドリブを加えながら描けるのも楽しいです。

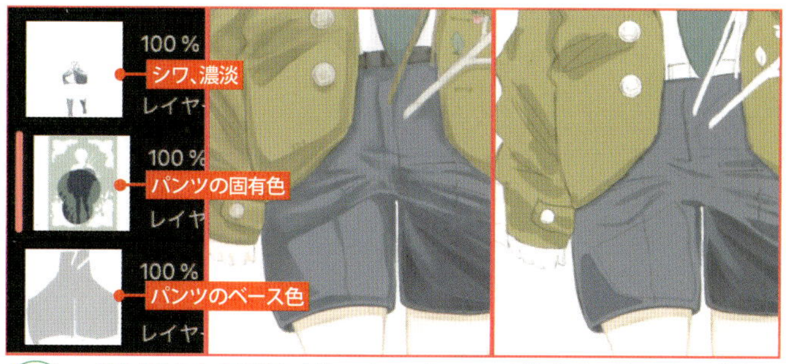

一番力を入れたのは脚とズボンのシワです！　シワを描くときに活躍したのが【色混ぜ→ぼかし】でした。ほかと塗りのバランスが崩れないように注意しつつ、部分的に色をぼかしています。カゲのフチに少し濃い色を入れる表現も好きなので、実践してみました。

完成！

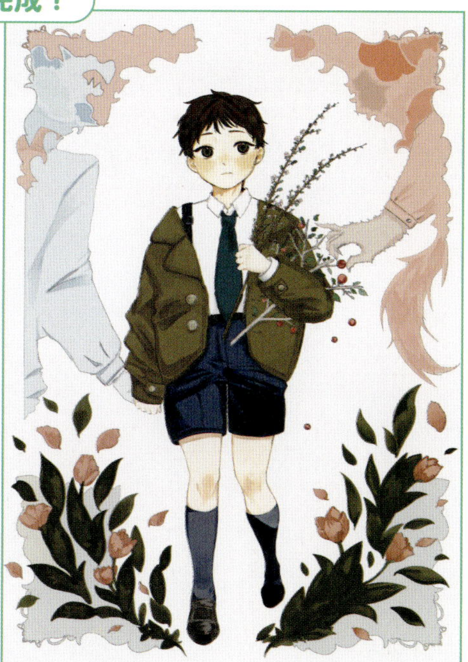

色を調整したことで、塗りにメリハリがつきました。愛を込めて描いた脚は、熱が入りすぎてしまって顔よりも目が行くほどです。彼は格式高い屋敷の御令息だからキズもなく健やかな柔らかい膝をしているんだ…と想像しつつ塗りました。

明日見さん実践編② 描いたあとの仕上げ「色調整・テクスチャ」に挑戦

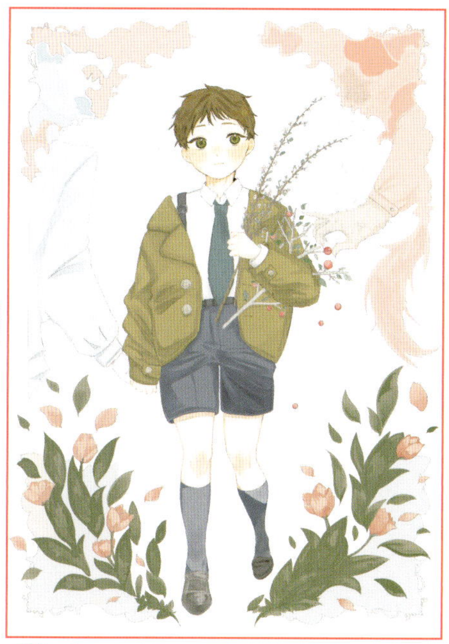

塗り終わりました！　靴は自分のローファーを見ながら塗ったのですが、観察は大事ですね。全体を見た時に色が薄いと感じたので、濃く調整したいと思います。

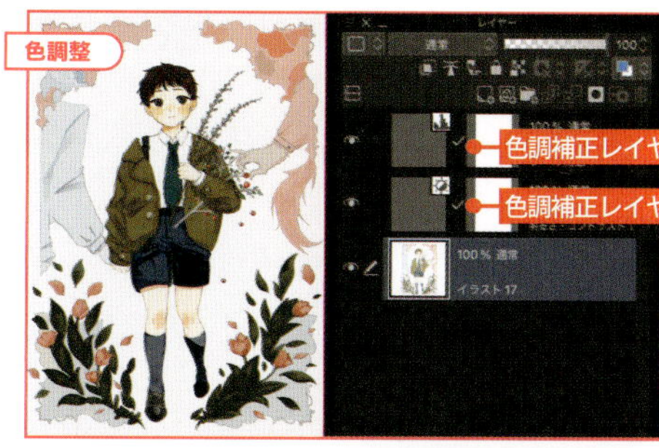

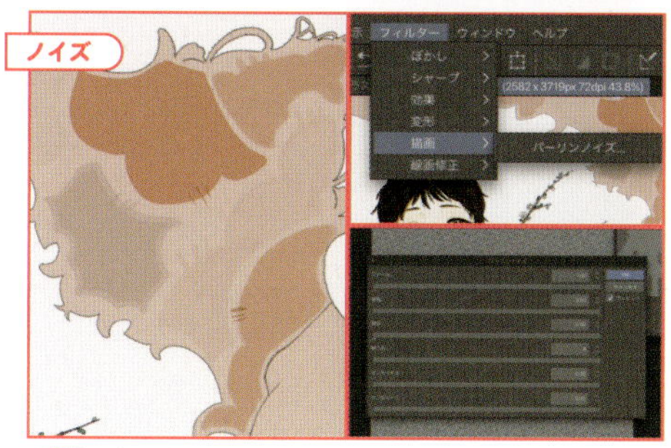

色調整とあわせて「フィルター→パーリンノイズ」を全体に乗せることにしました。「レイヤーの表示／非表示」で違いを確認したり、レイヤーの不透明度で濃さを調整しました。乗せるほうが仕上がりが丁寧に見えると感じました。

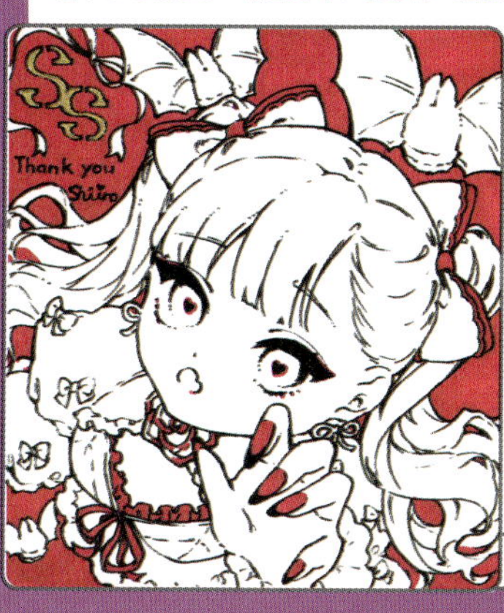

――最後にCLIP STUDIO PAINTのお気に入りポイント、オススメしたいところを教えてください！

CLIP STUDIO PAINTは機能もブラシの種類も多くて、カスタマイズできる幅広さが魅力的だと思います。自由に個々の描きたい方向性や作画方法にフィットするところが良いですよね。3月にはバージョン3.0がリリースされたりと、アプリ自体も更新を重ねて新しくなっているので、私自身ツールの研究を重ねていきたいですし、活動に合わせて使い方が変わっていくのだろうなと思います。

CLIP STUDIO PAINTの多彩な機能は最初こそ難しいですが、使いこなせると本当に絵の可能性が広がると思いました。また、今回の講座のなかでしいろさんにオススメしてもらったブラシをダウンロードしてみたのですが、使用できる素材が沢山あることもとても面白いです！　自分にあうブラシにカスタムできるところも魅力的だと感じました。今回の講座の途中でApple Pencilに変えてみたのですが、デジタルだけれどアナログのように筆圧で強弱がつくことに感動しました！　CLIP STUDIO PAINTでの描き心地も発揮できていると感じます。

前後編で登場いただいたしいろさんの直筆サイン色紙をプレゼント！　詳しくは巻末をご覧ください。

「ＳＳ」で水彩絵具をつかいイラストの描き下ろし連載をしている七神マナが、普段とは異なる画材をお試し！　前回は、すべて100円ショップで売られている画材でイラストの描き下ろしてくださいました（右図イラスト）。今号も引き続き、100円ショップの材料をつかい、絵の額装とキャプション制作の様子を紹介していきます。みなさんも身近にあるけれど、使ったことがない＆気になる画材があればぜひ、アンケートハガキでリクエストをお送りください～！　七神マナ先生とかどちゃで画材を調査します♡

使用した画材／フォトフレーム、デコレーションリボン フェアリー、ホログラム セルフラミネート、両面テープ付リボン ホワイト、マスキングテープ、グルーガン、グルースティック、のり付きパネル

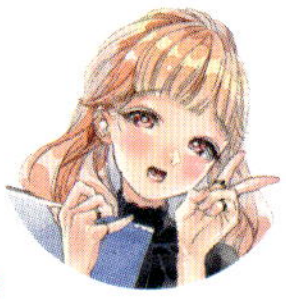

教師：七神マナ
水彩を極めし匠。絵以外は何も出来ず、生活能力がかけている。かどちゃと出会い、毎日がハッピー♡

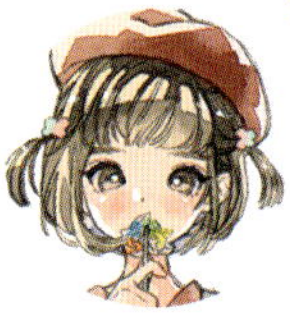

生徒：かどちゃ
お絵かきの初心者。七神マナ先生の超絶水彩テクニックに惚れていて、今日もDNAを欲しがっている。

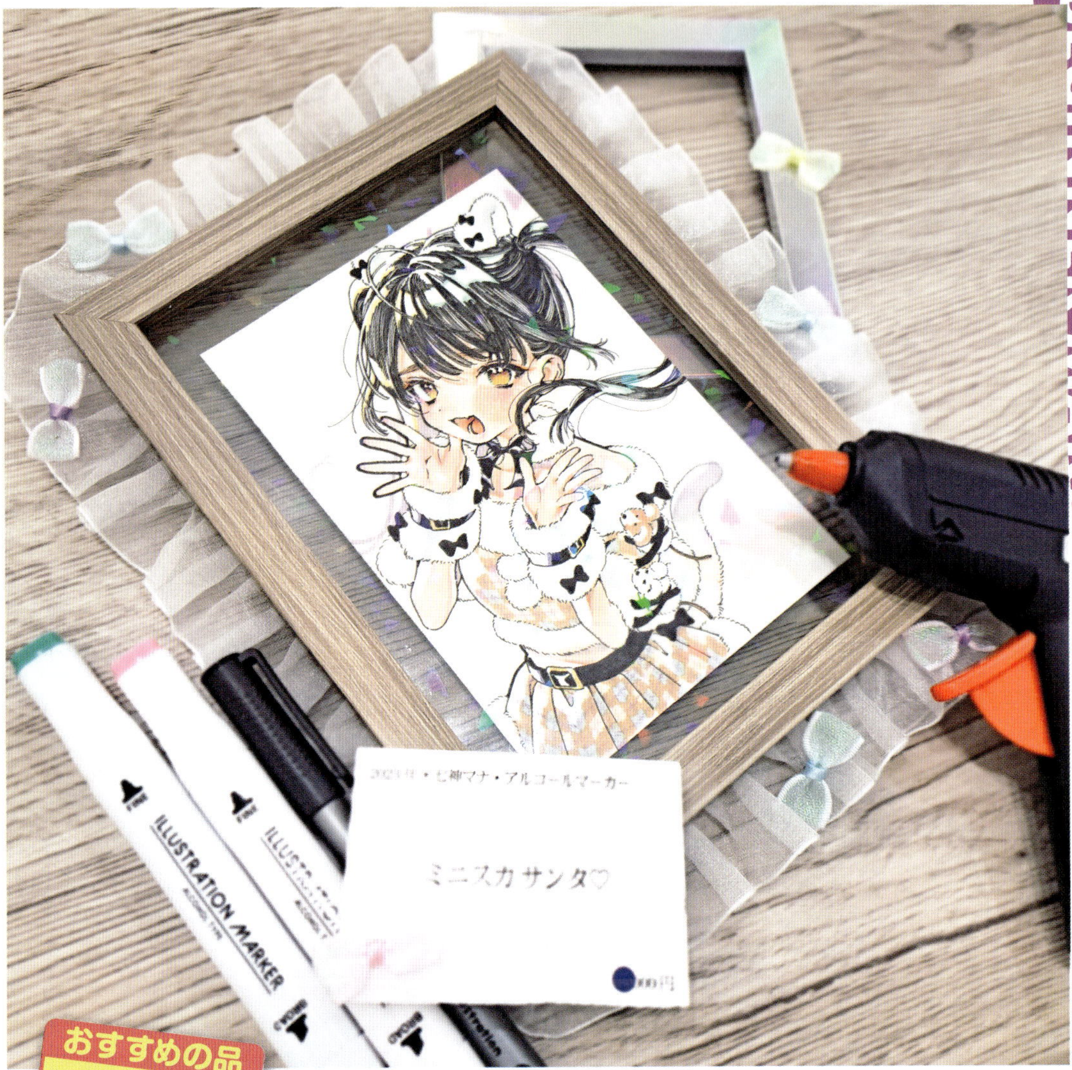

おすすめの品
今回つかった材料費合計
¥900-　税込990円

七神マナ先生と一緒に描く
100円ショップお絵かきチャレンジ！

今回使用する画材

七神先生、今回はかどちゃが調べた情報と一緒に紹介しますね！
七神先生はかどちゃが頑張って調べた調査結果を聞いていてください！

わ～♡　今日もかどちゃは可愛いね～♡　それに、頼りになる～！

Seria（セリア）

のり付パネルは、ホームセンターや画材店などでも「スチレンボード」という名前で販売されています！　剥離紙をめくるとのりが付いているんです。Seriaでは、A4サイズ（297mm×210mm）で売られていました。剥離紙にはマス目もデザインされているので真っ直ぐカットしやすいデザインなのも便利ですね！

のり付きパネル
価格：100円（税込110円）

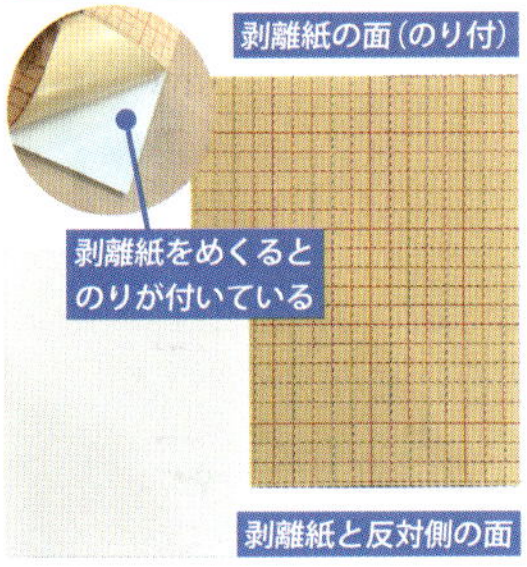

ホログラム セルフラミネート A4
価格：100円（税込110円）

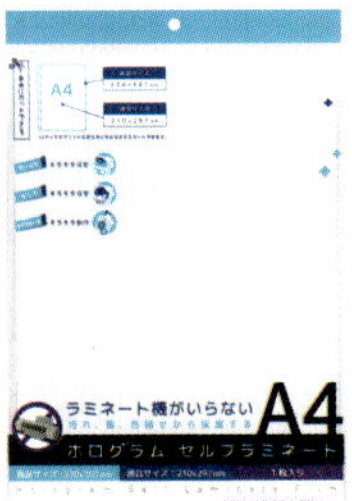

いまは100円ショップで、いろいろな種類のホログラムアイテムが売られていますよね！　今回、七神先生は専用機器をつかわなくてもラミネートができるセルフラミネートを買っていました。ほかにもホログラムシール、ホログラムのクリアポケットなど、いろいろな柄のホログラムアイテムが置いてあります！　すごくかわいいから、かどちゃもたくさん買っちゃいました！

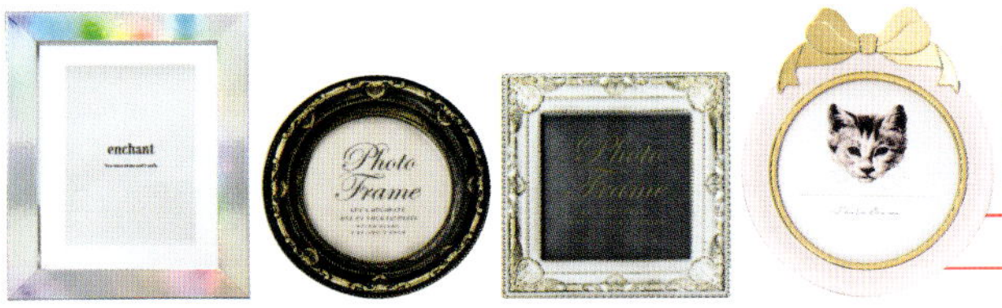

DAISO（ダイソー）

グルーガンは、熱を加えて溶かすことができる固形のり「グルースティック」を溶かす道具です！　グルースティックを溶かすと、紙、布、フェルト、木材、発砲スチロールなどの材質を接着できるみたいです。でも、鉄、ガラス、プラスチックなどのツルツルな素材への接着は苦手みたい…。DAISO以外にも売っているのを見かけました♡　それに、グルースティックは今回つかった乳白色のほかに、クリア、白、黒のカラーもありました！　今度、かどちゃも色々な素材に試してみますね！

グルーガン　価格：200円（税込220円）
グルースティック 20本入 乳白色　価格：100円（税込110円）

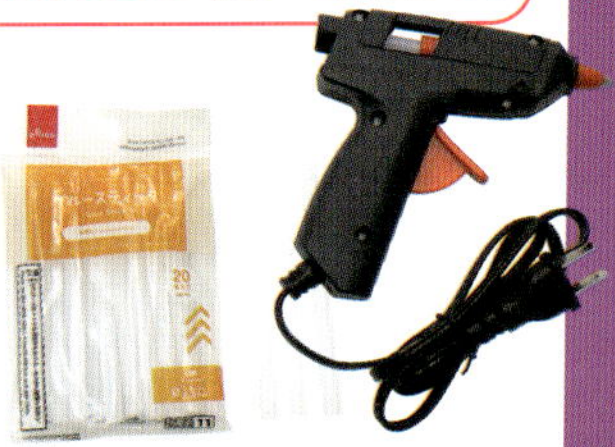

デコレーションリボン フェアリー 10個　価格：100円（税込110円）

デコリボンは、ハンドメイド売り場に置いてあるパーツです！　時期によって、どんどん新しいデザインが出てきて、楽しいですね♡

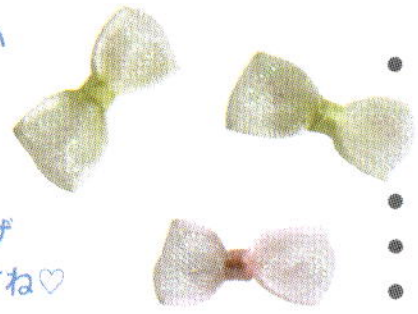

100円ショップのフォトフレームはデザインも豊富で、お金のないかどちゃにとって、天国すぎます!!　今回はDAISOで販売されているフォトフレームをつかいました。ほかにも、丸いフレーム、オーロラフレーム、スクエアフレームなど、会社ごとに絵の額につかえそうなフォトフレームがたくさん売っていて迷っちゃいますね！

フォトフレーム　価格：100円（税込110円）

Can Do（キャンドゥ）

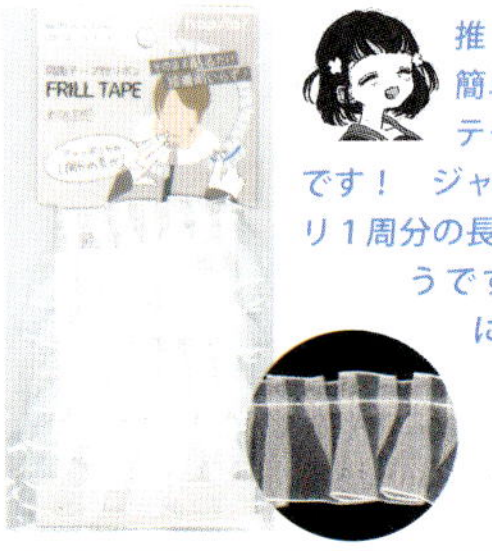

推し活用のうちわを簡単にデコれる両面テープ付きのリボンです！　ジャンボうちわピッタリ１周分の長さになっているそうです♡　フリルの裏には両面テープがついていて、簡単に接着できるのも便利です！

両面テープ付リボン ホワイト
価格：100円（税込110円）

額装をする（使用材料：フォトフレーム、デコレーションリボン、ホログラム セルフラミネート、両面テープ付リボン、グルーガン、グルースティック、マスキングテープ）

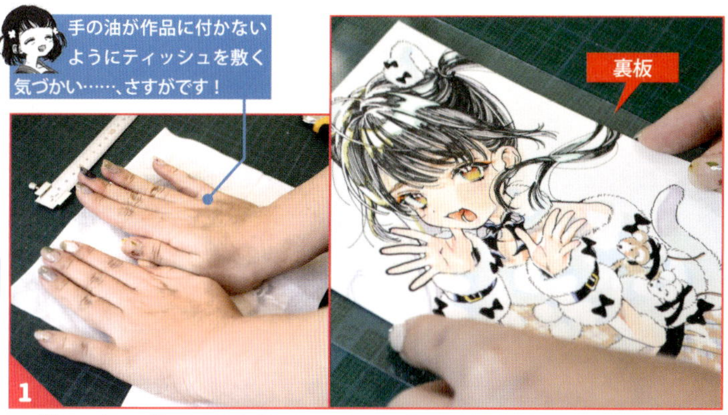

今日は描いた絵を額装していこう！　今回は裏板が透明なフォトフレームを選んだよ♡　まずは、くるっと輪っかにしたマスキングテープを絵の裏に貼って、裏板の中心に絵を仮置きするよ〜！　貼り付ける場所が決まったら、裏板と絵をしっかり定着させようね♪

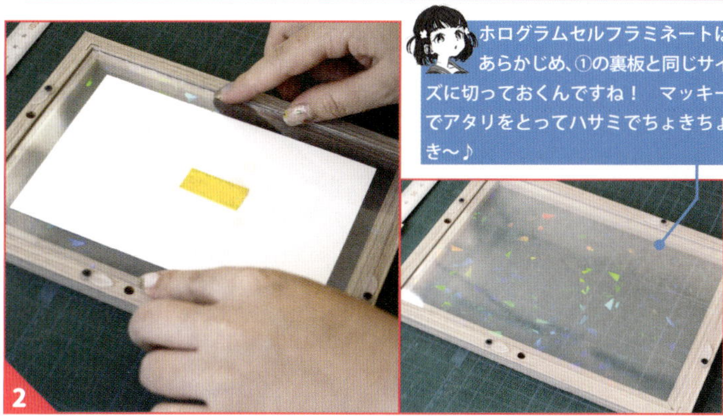

今回は絵を保護するために絵の表面にホログラムセルフラミネートを挟めて面材のかわりにするよ〜！　ホログラムセルフラミネートは少し硬めのプラスチックのようなものに貼り付けてあったから、そのまま生かすとイイ感じだね♡　ホログラムセルフラミネートを敷いたら、①でセットした絵を重ねていこう！

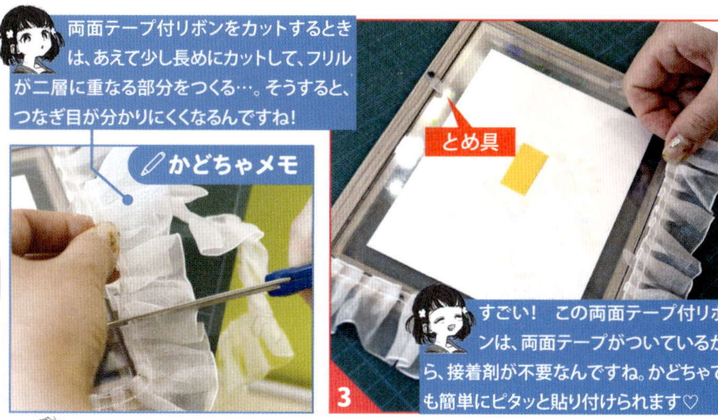

フレームのとめ具を閉めて、絵を額に納めたら、フレームをかわいくデコレーションしていこうね♡　両面テープ付リボンをフレームの形に合わせて、貼り付けていくよ〜。フリルテープが一周したらハサミでカット！

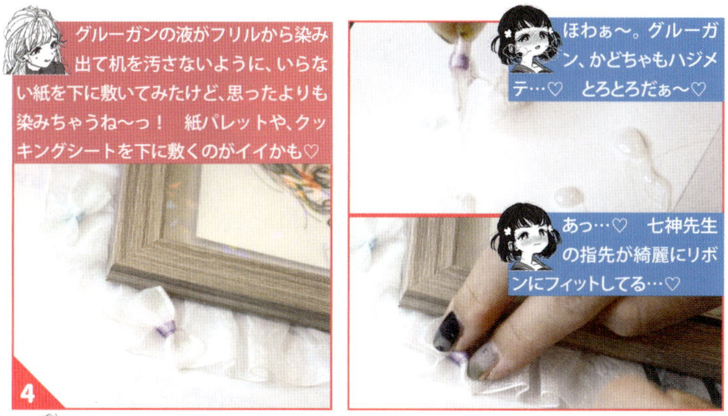

最後にデコレーションリボンを乗せていくよ！　いらない紙にグルーガンの液体をダシて、リボンですくい上げるように付けるのがイイよ…♡　先生もグルーガンはハジメテだけど、普通の接着剤に比べて乾くのが早くてドキドキするなぁ〜♡

キャプションをつくる（使用材料：のり付パネル、ハサミ、アルミ定規、カッターマット、カッター）

トンボってなんですか…？

キャプションをつくるときは「トンボ」をつけるよ。トンボは、断ち切り（切り落とす）位置を指すためのマークのこと♡　Adobe IllustratorやCLIP STUDIO PAINTで設定できるよ！　トンボを設定することで、キャプションを綺麗にカットすることができるからチャレンジしてみてね♡

さすが、七神先生！　トンボは内側のＬ字を繋ぐようにカットするんですね！

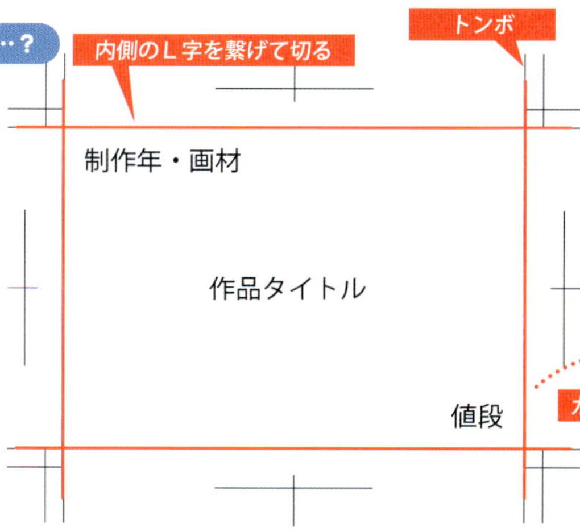

キャプションってなんですか…？

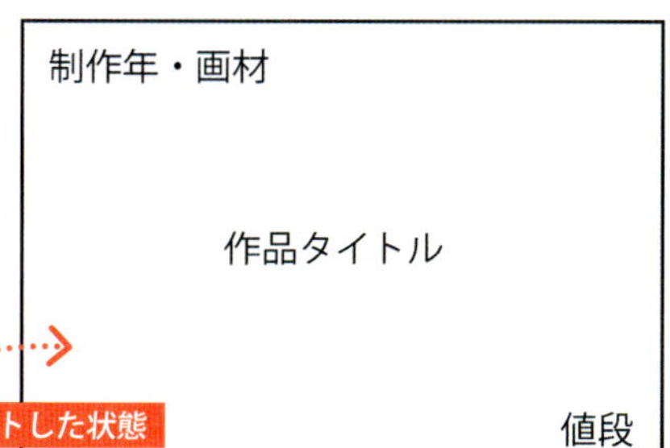

描いた画材、作品タイトルなどを説明するための「キャプション」は展示では必須！　キャプションのサイズは基本的にはA8が多いかな〜。作品を販売する人は値段も入れてね！　キャプションのデザイン、サイズ、記載内容は展示する作家さんや会場によっても違うから、展示会場で気にかけて見てみるとイイかも！　今回は、制作年と画材のあいだに作家名をいれたよ♡

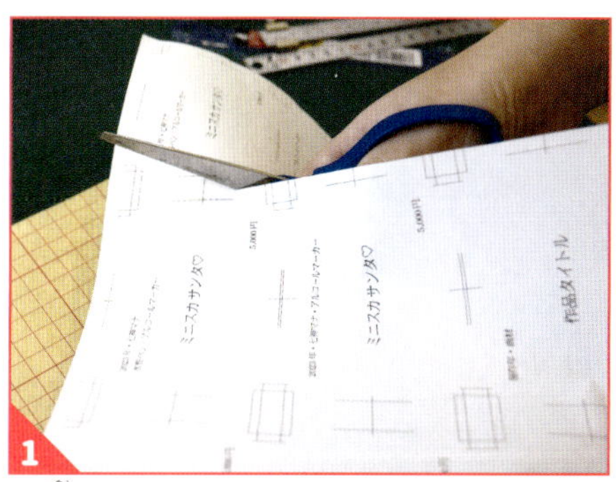

つくったキャプションデータを印刷して、切り貼りしやすいサイズにカットしていこうね！

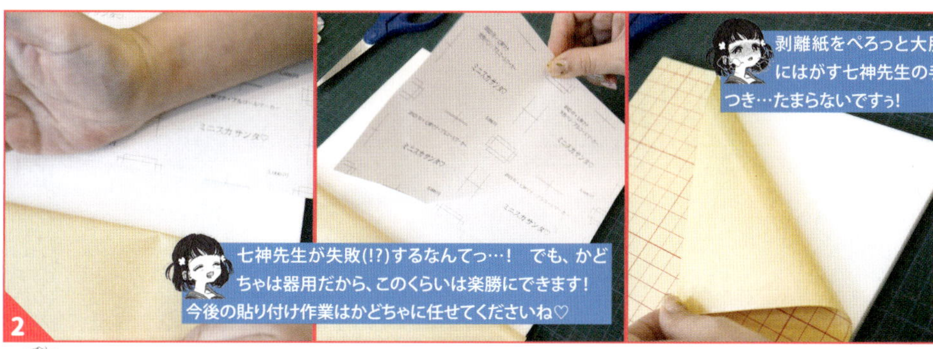

のり付パネルに、キャプションを印刷した紙を貼り付けるよ！　のり付きパネルの剥離紙を半分くらいぺろっとめくったよ♡　そして、①でカットした紙を貼っていくよ〜っぉと！　わ〜〜っ（泣）!!　変な位置に張り付いてしまった……。もっと綺麗に貼りたかったけど、なんとかなるね…！　紙とパネルを定着させるために、手の側面で紙の表面を撫でていこう♪

キャプションをつくる（つづき）（使用材料：のり付パネル、ハサミ、アルミ定規、カッターマット、カッター）

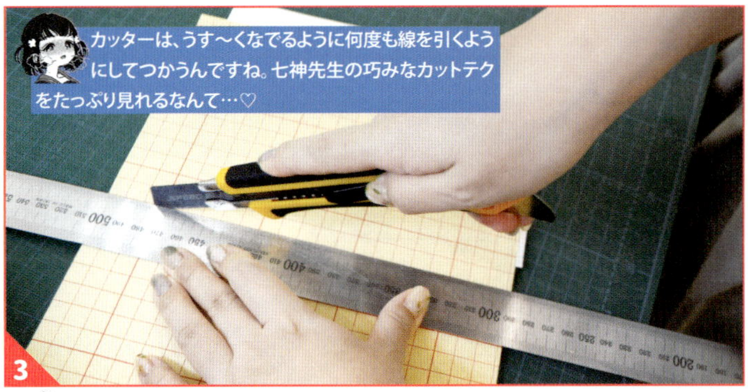

工程②までに、めくっていたのり付パネルの剥離紙をもとに戻すと、マス目が描かれているよ！　それをガイドにしながら、①でカットした紙のサイズに合わせてのり付パネルをカットしていこう〜♡　カッターをつかうときは、アルミ定規を使うとイイよ♡

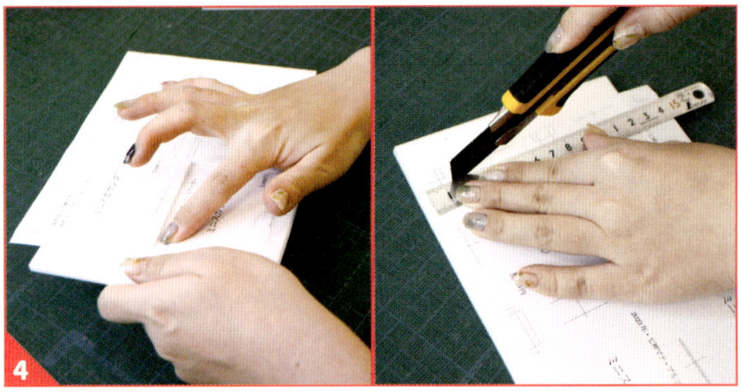

剥離紙を外したらキャプションを切り落とすよ♪　トンボの内側の線に定規を合わせて、カットしていくよ〜。4辺にカッターの刃を入れたら、優しく指でパネルを取り外そうね…♡

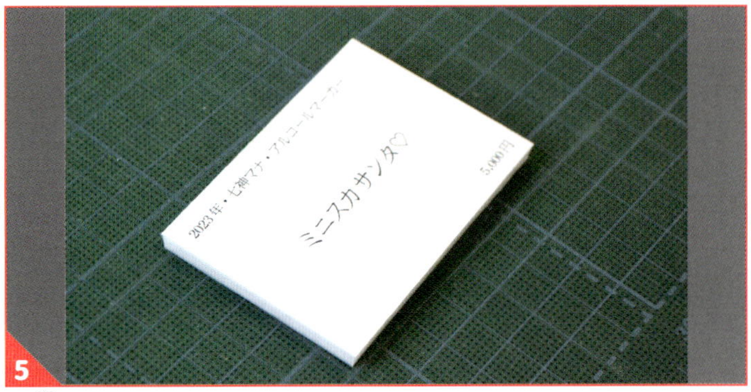

キャプションの完成〜！　ここからは、ワンランクアップの上級テクを紹介するよ♡

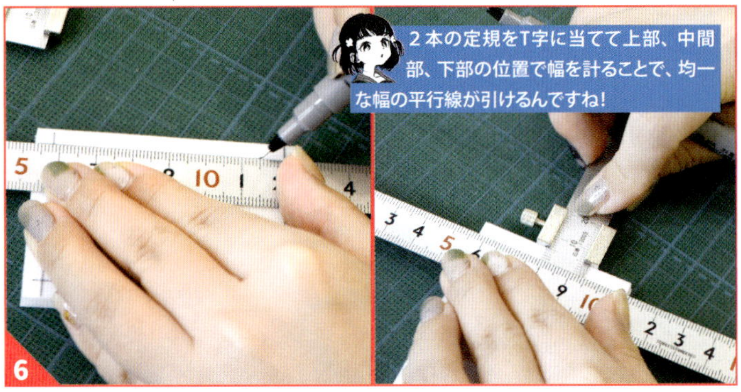

キャプションの側面を斜めにカットしていくよ！　そうすることで、キャプションを飾ったときにより美しく見えるよ♡　まずはキャプションの裏面に5mm幅の線を4辺に引いていくよ〜♪

斜めにカット…？　かどちゃ、分からないから教えて欲しいな♡

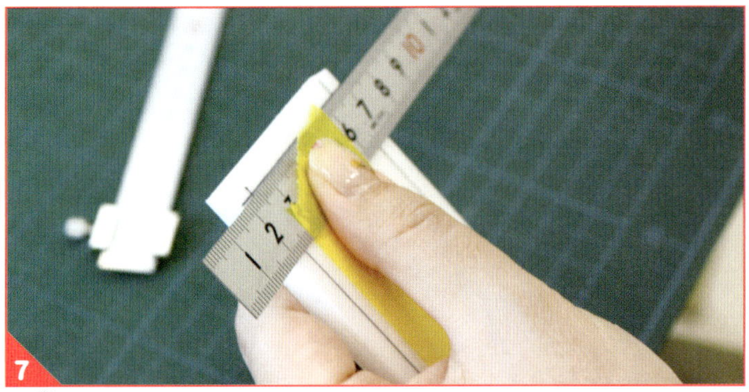

⑥で引いた線に沿って、アルミ定規をイイところに当ててね…♡　アルミ定規がブレないようにマスキングテープで今回は固定したよ〜。

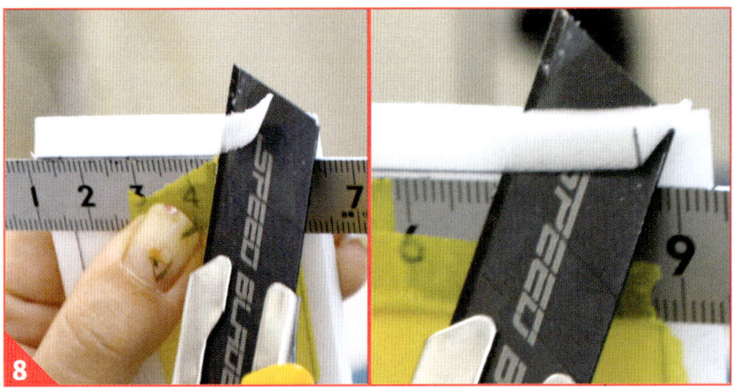

側面を斜め45度にカットしていくよ！　先生は、宙に浮かせながらカットしたけど、カッターマットに置きながらカットしてもイイよ〜！　厚みもあるから、一度でカットできないときは、うす〜く優しく、パネルの角度を整えていこうね♡　4辺をカットしたらワンランク上のキャプションの完成だよ♪

かどちゃのお悩み「トンボがつくれない…!」

かどちゃはお金もないし、専門的なデジタルソフトも無いからトンボがつくれないよ〜っ！

困っているかどちゃも、かわいいね〜♡　トンボをつくることで、キャプションを綺麗にカットすることができるんだけど、かどちゃにはまだ早かったかな…？　例えば、トンボのかわりに、カットするライン（断ち切り線）を引くのはどうかな？　今回ならA8サイズの四角を、目立たない程度の淡いグレー色で描く、みたいな！

それだったら、かどちゃでもできそうです！　かどちゃも、将来的にはトンボもマスターして、展示会に参加したいです！

かどちゃメモ

制作年・画材

作品タイトル

値段

まとめ

もう100均アイテムのみで生活できるくらいなんでもあるね！　どれも良物件だけどわたしはseriaに住もうかな♡　いろんなものを試せるプチプラアイテムをたくさん使ってみて、安くても大丈夫なものと高級な画材が高い理由を体感していけると、上達する近道になりそうだね♡

完成

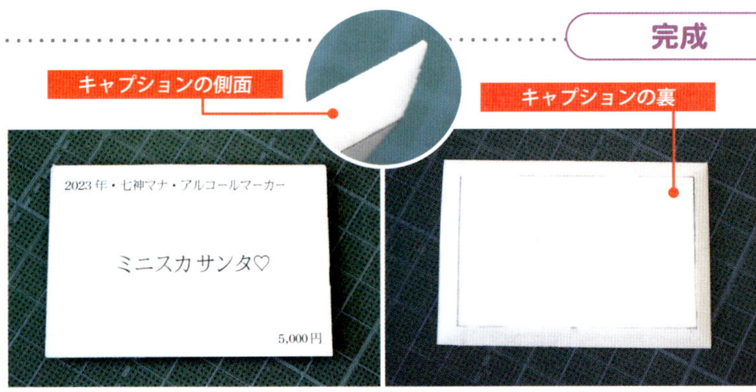

完成したキャプションの裏面はこんな感じ！　側面を見てみると、おもてから裏に向かうにつれ、斜め45度にパネルが切られているのがわかるかな…？　斜め45度にカットすることで、展示したときにキャプションが浮いているように見えることから、より作品を美しく見せることができる効果があるよ！　ただ、キャプションをつくるときは、紹介した工程⑤まででも大丈夫。まずはチャレンジしてみてね！　それにしても、100円ショップにのり付パネルが売っていると思わなくてびっくりしたな〜！　近年はデジタルイラストをのり付パネルに貼って展示することも多いから、アナログ＆デジタル関係なく便利な100円ショップすごいね！

SS-mono Software Hardware Materials etc

水彩画や色鉛筆などにオススメの コットン100%国産水彩紙!!

Doアートペーパー/Beアートペーパー

コットン100%ペーパー
209g/㎡・中性紙
ナチュラルホワイト色
(各紙共通)
パッド:
サイズ、価格、天糊・15枚入
A3規格:2,970円(税込)
A4規格:1,650円(税込)
B5規格:1,100円(税込)
シート:サイズ、価格
4/6判(1,091mm×788mm)
Y目 726円(税込)

Do art paper［ドゥーアートペーパー］(左)
適度なザラつきのある紙肌と柔軟性を持った風合いある表面が特徴で、自然な水彩表現が可能です。

Be art paper［ビィーアートペーパー］(右)
滑らかな紙肌(細目)と柔軟性を持った表面が特徴で、絵具も適度に吸い込み、発色に優れます。

ミューズ
オンラインショップ

● 株式会社ミューズ ☎03-3877-0123(代)
● www.muse-paper.co.jp

muse DRAW ON OUR EXPERIENCE

「Wacom One ペンタブレット small / medium」新発売！

デジタルクリエイティブに挑戦したい人に向けた新しい「Wacom Oneシリーズ」が登場。
購入してから開封、使い始め、さらにスキルを磨くところまで、Wacom Oneが寄り添ってサポート。
多彩なチュートリアルやサービスが付いた、初心者にぴったりのモデルです。

■製品情報
・製品名：Wacom One ペンタブレット small / medium
・型番：CTC4110WL / CTC6110WL
・外形寸法 (L×W×H)：
188 x 141 x 8 mm / 252 x 181 x 8 mm
・筆圧レベル：4096 レベル
・接続方法：USB Type-C もしくは Bluetooth
・価格：オープン価格
・対応システム
Windows® 10 以降（最新の SP 適用 /64bit のみ）
macOS 11 以降
最新バージョンの Chrome™ * に対応したデバイス
Android™ OS バージョン 8.0 以降

*1 コンピュータに標準装備されたUSBポート以外での動作は保証していません。
*2 専用ペンによる入力が可能なタブレットPCなどのコンピュータでの動作は保証していません。
*3 電子マニュアルのダウンロードにインターネット接続が必要です。
*4 Chrome™ OSは特定の地域または国では使用できない場合があります。

●株式会社ワコム ☎0120-056-814(平日9:00〜20:00／土曜日10:00〜18:00※日祝を除く) ● www.wacom.com

特殊水性顔料「マルチインク」採用 大切な作品、もう色褪せない、ブラッシュペン

ステッドラー ピグメント ブラッシュペン

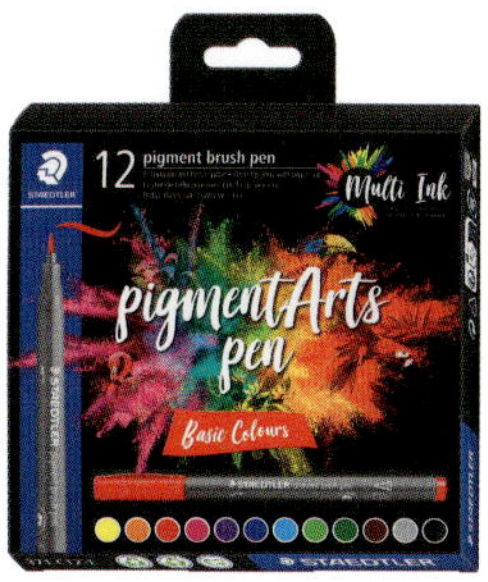

卓越した耐光性、速乾性、耐水性を兼ね備え、描いた作品を永くお楽しみいただける「マルチインク」は、APマークに準拠し、身体にも安全な無臭で長時間でも安心して描いていただける「特殊水性顔料インク」です。

色数・単色全36色　1本 価格:330円(税込)／12色セット 価格:3,960円(税込)
24色セット 価格:7,920円(税込)／36色セット 価格:11,880円(税込) *ドイツ製

● ステッドラー日本株式会社
● https://www.staedtler.jp

彩色用のカラー筆ぺんと 線描き用ペンのセット！

リアルブラッシュ＋MANGAKA

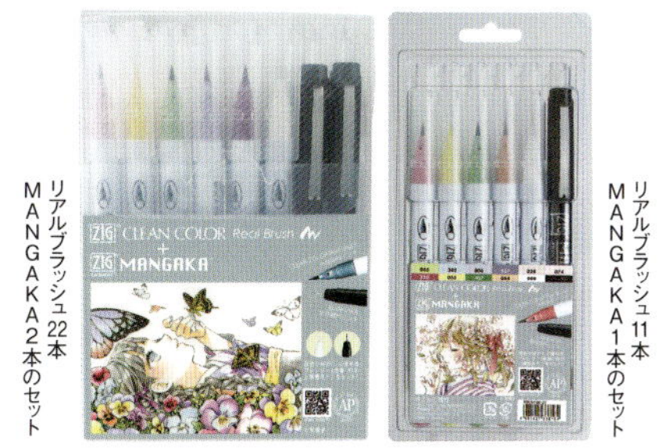

淡く透き通った色彩で可憐な少女のイラストを描く、イラストレーター友風子さんとコラボしたセット♪　描きおろしイラストは、各セット内の商品を使って描かれています！

右・リアルブラッシュ＋MANGAKA／12V　価格:2,860(税込)
左・リアルブラッシュ＋MANGAKA／24V　価格:5,720(税込)

● 株式会社 呉竹　☎0742-50-2050
● https://www.kuretake.co.jp/

スマホ・タブレット パソコンで描ける

CLIP STUDIO PAINT PRO

クリップスタジオペイント プロ

Ver.3.0

デジタルでお絵描きするなら
みんなが使っている安心定番のペイントアプリ！
[Windows/macOS/iPad/iPhone/Galaxy/Android/Chromebook]

CLIP STUDIO PAINT PRO
［一括払い］Windows / macOS
5,900 円(税込)
［月額利用プラン］Windows / macOS
iPad / iPhone / Galaxy / Android / Chromebook
初回申込み時最大 3ヶ月無料
年間契約で最大 7ヶ月分お得
100 円 / 月(税込)〜

- リアルで自然、思い通りの描き味
- ペンも UI も自由自在にカスタマイズ
- 無限に追加される数万点のブラシ・素材
- スマホなら毎月30時間まで体験！

[CLIP STUDIO PAINT 公式サイト] www.clipstudio.net/

● 株式会社セルシス　● www.celsys.com/

厳選された原料による鮮やかな発色 ターレンスの最高級ブランド

レンブラント透明水彩絵具

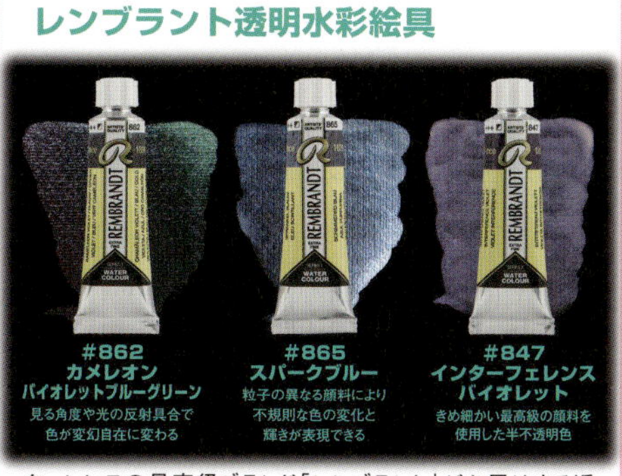

ターレンスの最高級ブランド「レンブラント」がお届けする透明水彩絵具。きめが細かい顔料と無色のアラビアゴムが、輝きのある純粋な透明感を表現します。

色数：全 120 色
価格：10ml チューブ　各 770 円〜990 円(税込)

● 株式会社ターレンスジャパン　● www.talens.co.jp/
X @talensjapan　@talens_japan

同人誌からオリジナルグッズまで 高品質・格安印刷でお届けします！

同人誌印刷・同人グッズ制作なら コミグラ

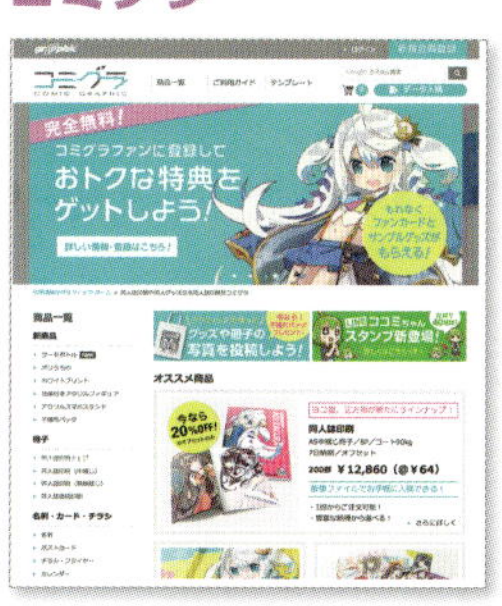

同人誌やイラスト集はもちろん、iPhoneケースやアクリルバッジ、キャンバスプリントなど様々なグッズが作れます。各種イベントでも多くの絵師様にご愛用いただいております。当社自慢のフルカラー印刷であなたの創作活動を応援します！

24時間いつでも 注文・入稿受付 OK

[コミグラ]www.graphic.jp/comic/

新規会員登録ですぐに使える500円分のポイントをプレゼント！さらに初回ご注文納品時のアンケートに回答して500ポイント！

● 株式会社グラフィック
● www.graphic.jp/

gr@phic®

水彩画に要求される透明感と 色の純粋さをとことん追求した 新しい透明水彩絵具

ターナー透明水彩絵具

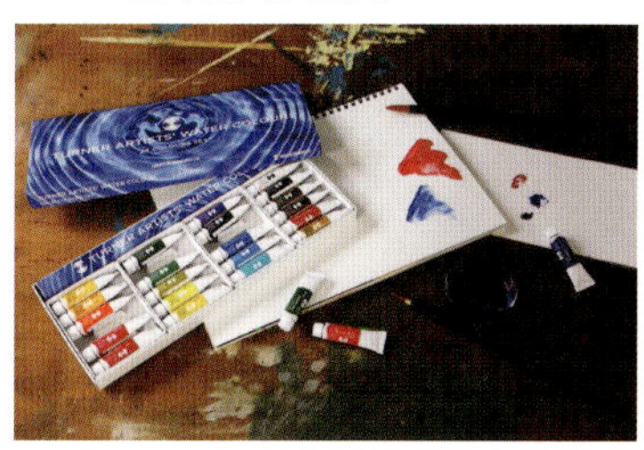

全 54 色のうち 37 色が単一顔料で作られており、混色しても色の濁りがほとんどなく、自然な色調、深みと奥行きのある仕上がりになります。また、耐候性にも優れた顔料を選びぬき、描いたままの美しい色彩を長期間保つことができます。

価格：単色 (5ml) 全 54 色／各 209 円〜418 円(税込)
24 色セット(5ml)：4,895 円(税込)

●ターナー色彩株式会社　☎06-6308-1212(代表)
●https://www.turner.co.jp

フレンド☆マッチング企画
くりゅう×南野葵

絵を描く作家同士を結び合わせる(!?)ハッピーな不定期・新企画「フレンド☆マッチング」。ＳＳ編集部に居座りついた妖精・エンちゃんが、時にはいたずらに、時には大胆に、みなさんのお友達作りをお手伝いします！　記念すべき二組目は、少女漫画家である・くりゅうさんと南野葵さんをマッチング♡　エンちゃんのラブのチカラで二人は友達になれるのか!?

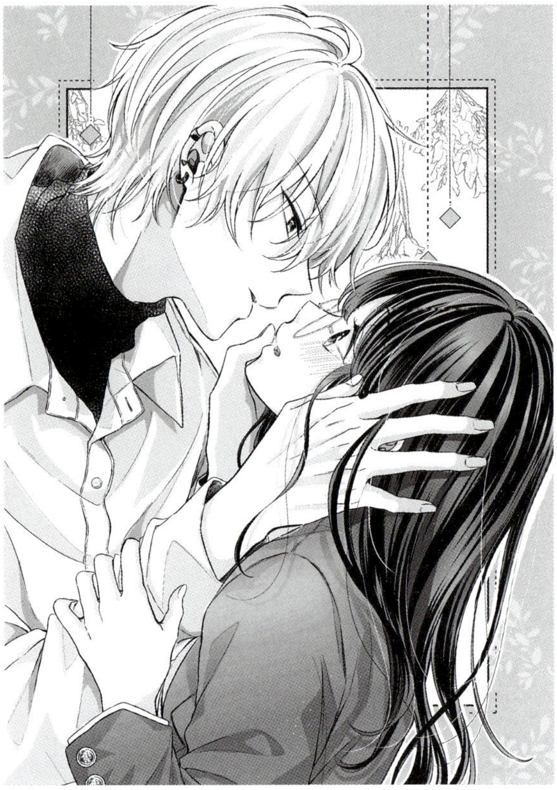

▼『陰キャめがねと耀先輩』©くりゅう/白泉社
（初出：2023年「ザ花とゆめディープ・ラブ3/1号」掲載）

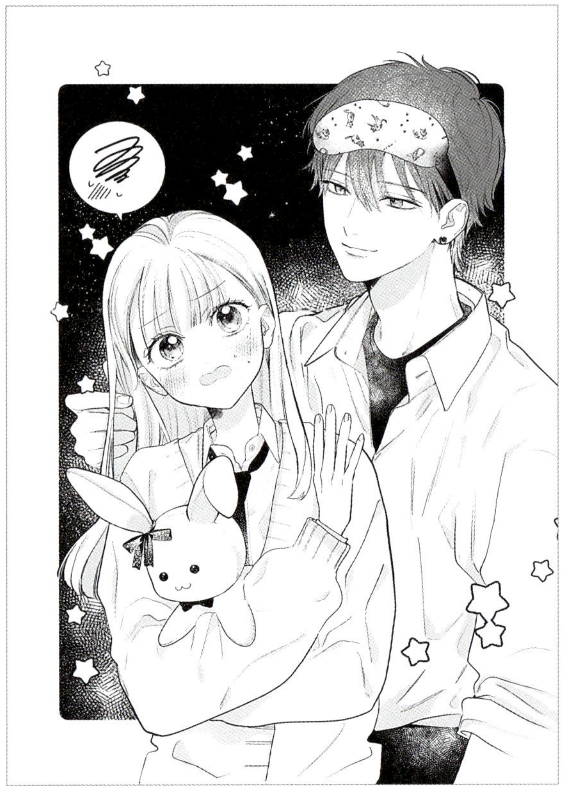

▼『sleepな恋！』©南野葵／集英社
（初出：2023年「マーガレット5号」掲載）

くりゅう／漫画家、イラストレーター。2023年に「花とゆめ」増刊号である「ザ花とゆめ」（白泉社）にて『陰キャめがねと耀先輩』の読切が掲載されデビューする。2024年2月には初の単行本『その問には答えられません！』が発売。現在は、「ComicFesta」（wwwave comics）にてフルカラー漫画『夜伽が禁忌のこの世界で』と、「noicomi」（スターツ出版）にて『溺れるくらいに、愛してあげる』（原作：みゅーな**）を連載中。ほかにも、歌い手グループのメインビジュアルなど多数手掛けている。
X【@kuryuu_000】

南野葵（みなみの・あおい）／漫画家、イラストレーター。「マーガレット第12回まんがゼミナール」で『sleepな恋！』が準入選し、2023年に「マーガレット」（集英社）で掲載され、デビューする。これまで、同誌にて読切『今日も好きです！京先輩』、『シトラスとカヌレ』、『手に余るあい』を掲載。ほかにも、『黒騎士様から全力で溺愛されていますが、すごもり聖女は今日も引きこもりたい！』（原作：来栖千依）の作画を担当。現在「Berry's Fantasy」にて連載中。
X【@mnmnaoi】

エンちゃん
ラブのチカラでみんなを盛り上げたい妖精。自由気ままに縁結びをする。

エンちゃん　オレっちは妖精見習いのエンちゃんだぜ～。ＳＳ編集部で寝ていたら今日も「絵のお話ができる友達が欲しい」という思いを感じ取ったぜ。一体誰のお願いかナ～？　耳をすませてみよう…。

南野　（前号のＳＳを見ながら）「フレンド☆マッチング」っていう企画があるのーっ!?　私も少女漫画の悩みを相談できる少女漫画家のお友達が欲しいよ～（泣）！　できたら、くりゅう先生とお話しがしてみたいなぁ～。

エンちゃん　エン～っ！　二回目にしてまさかの指名制ッ!?　葵ちゃんとくりゅうちゃんのフレンド☆マッチング率を計測してみよう！　エンエンエンッ…。一〇〇％の相性だネ♡　早速二人をマイホーム「ギャラリーエクリ」（ＳＳ編集部の隣にあるギャラリー）に、妖精の力で召喚しよう！

南野　エンちゃんとくりゅう先生!?　ここはまさか…。

くりゅう　わ～～っ!!!　南野先生、声をかけて下さりありがとうございます～!!　身に着けているアクセサリーまで南野先生の作品そのものだ…推せる…。

エンちゃん　今日も、オレっちのラブのチカラで二人をあたためるぜ～☆　とりあえず自己紹介がてら、漫画家デビューまでの話を聞かせてよ！

くりゅう　私が漫画をちゃんと描き始めたのは高校生の頃です。高校は単位制でしたので美術にまつわる授業ばかりを選択していました。自由制作の時間をつかい、三〇ページほどの漫画を描いて「なかよし」に持ち込みをしたら、そのまま新人賞に入って初めて担当さんが付きました。ただ、「なかよし」にしては内容が大人過ぎたみたいで、別の雑誌のほうが向いているかも、という話になって。

南野　そうなんだ～！　でも、最近の「なかよし」は大人っぽいですよね。

くりゅう　きっと時代が変わったんでしょうね。

エンちゃん　大人な物語、気になるヨ～！

くりゅう　普通にリアルな学生の話です。ただ、当時の「なかよし」は魔法少女や白馬の王子さまのようなヒーロー系であったり、手を繋ぐまでのライトな恋愛を描いた作品が多かったように思うので、私の漫画は小学生が読むには早かったのかもしれないですね。そのあと、「別冊マーガレット」にも持ち込みに行きました。担当さんにも付いていただいたのですが、高校卒業後はバイトをしながら漫画を描いていたこともあり、生活がすごく大変で漫画を描かなくなってしまったんです。それから、四年前に個人事業主になったことをキッカケに、漫画を再び描き始めました。今はｗｅｂ漫画を描きながら「花とゆめ」でも作品発表をしています。南野先生はどうですか？

南野　私は自分で描いた漫画をどこかへ応募したことはなく、妹が書いたネームとプロットを作画した作品が、漫画アプリ「マンガワン」で入選したことがキッカケで、出版社から声をかけていただきました。そのあと「マンガワン」で読み切りを一作品描かせていただいたのですが、漠然とした違和感もあって。そうしているうちに私も自分の生活が忙しくなり、何年か絵を描かない時期を過ごしたんです。絵を描くことを再開してからは、いくつかの出版社からお声がけいただきました。

エンちゃん　二人とも、漫画を描かない季節を抱きしめながら、再び巡り合ったんだネ。次は二人が小さい頃に読んでいた漫画についても語っていこうぜ～！

くりゅう　私は昔から目黒あむ先生が好きで、全ての作品を読んでいます！　初めて読んだ漫画雑誌は「なかよし」でした。作品としては、菊田みちよ先生の『まもって！ロリポップ』やフクシマハルカ先生の『オレンジ・プラネット』が好きでした。私は絵から作品に入るタイプなので、知らない漫画でも表紙を見て買うことがあります。あむ先生の漫画も、とにかく絵が大好

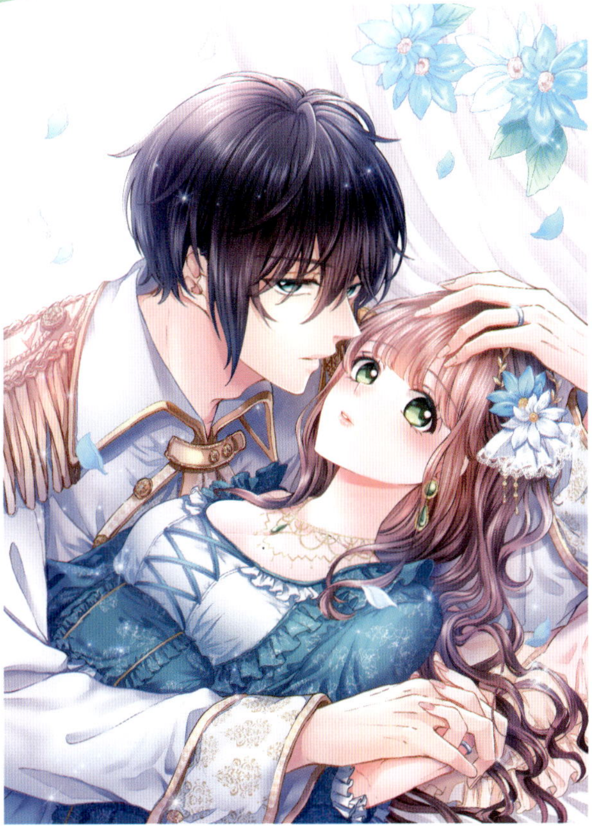

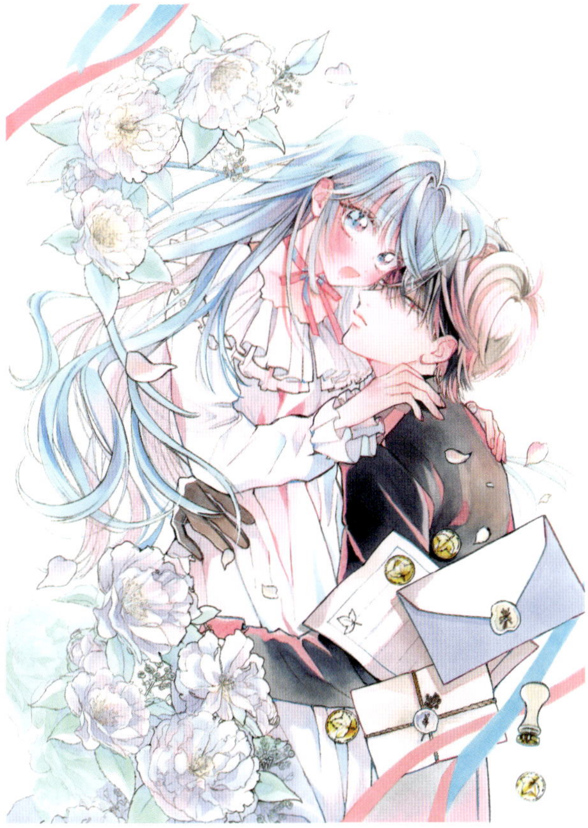

『黒騎士様から全力で溺愛されていますが、すごもり聖女は今日も引きこもりたい！』（原作：来栖千依）

カラーイラスト

南野葵さんがコミカライズを担当する本作は、電子コミックス誌「Berry's Fantasy」で連載中。原作は小説サイト「Berry's Fantasy」で来栖千依さんが発表していた物語で、「第3回ベリーズカフェファンタジー小説大賞」異世界ファンタジー部門を受賞したことをキッカケにコミカライズ化。3月22日には、第3話が発表された。描写を見てみると、王女のルルと黒騎士のノアが顔を寄せ合う仕草や表情に目を奪われる。また、広がりを感じるルルのやわらかな髪、そして二人を囲む花々からは華やかな印象を感じる。

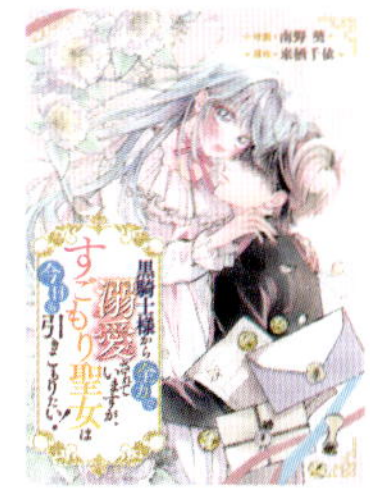

『黒騎士様から全力で溺愛されていますが、すごもり聖女は今日も引きこもりたい！』

●原作：来栖千依　●作画：南野 葵

●出版社：スターツ出版

※本作が掲載された「Berry's Fantasy」は各電子書店で発売！

『夜伽が禁忌のこの世界で』

カラーイラスト

「ComicFesta」（wwwave comics）にて現在連載中のフルカラー漫画『夜伽が禁忌のこの世界で』は、2022年9月より各電子書店にて配信がスタート。2024年3月31日には「ComicFesta」にて第13話が先行配信された。本作は、現代社会から異世界転生をしたクラリスと、シエロ王国の王子・アルヴィンのちょっぴり大人な物語。描写としては、艶やかな人物の髪の描き込みが素晴らしい。異国を感じさせられるきらびやかな衣装に、二人の関係性を想像させられる人物の構図に引き込まれる。

きなんです～！　それに、あむ先生もほくろフェチですよね。

毎回、男の子にありますよね（笑）。私は少女漫画でいうと、「ちゃお」「なかよし」「りぼん」「マーガレット」のすべてを通ってきた人間なのですが、幼少期の話でいうとこの辺りですね（過去に描いたファンアートをスマホでひらく）。私が最初に買った漫画は『だぁ！だぁ！だぁ！』なのですが、『まもって！ロリポップ』『ミルモでポン！』も好きですね。最初に瞳の描き方を習ったのは『ミルモでポン！』でした。

（南野さんのファンアートを見ながら）懐かしい～！　私も『ぴちぴちピッチ』好きでした！　あと、『しゅごキャラ！』も見ていました。

一緒ですね～！　大人になると、種村有菜先生が好きになりました。世代的には『満月をさがして』でしたが、『時空異邦人KYOKO』が一番好きです。巻数は少なかったのですが、一番印象に残っています。逆滝という男の子が姫様にゾッコンなんですよ。やれやれ系の男の子なのですが、姫様に振り回される、という二人のやり取りが可愛くて好きなんです。それに逆滝は黒髪で……（照笑）。

そういえば、くりゅうちゃんも黒髪をよく描くよネ！

好きだけど、描くのは難しいですね。あとは、銀髪も好きです。昔は、黒髪黒縁メガネが好きでした。

私と一緒だ（笑）！　育ったものが一緒過ぎる～っ！

マッチングOK！　共有点発見！　黒髪の良さも知りたいナ～。

う～ん、髪が黒いと肌の色が白く見えるし、中性的な雰囲気が出て好きなんですよね。

私も中性的なキャラが好きです。ただならぬ色気がある…。

シンプルなTシャツを一枚着ても映えますしね！

わかります、私は首筋フェチでもあるのでTシャツも好きです！

私は手フェチです（笑）。あとは、茶髪よりも黒髪のほうが若干ミステリアスさもある気がします。

かっこいい男前というよりは〝美〟みたいな。

うんうん、耽美と真面目のあいだのような…。美術品のような綺麗さではなく、近寄れるほどのリアルさは欲しい。

リアルを手に入れるんだ～。黒髪黒縁メガネの子の性格は、どんなイメージなのかナ？

生徒会ではないですね。運動部に入っていたら良いなぁと思います。でも、サッカー部だとチャラ過ぎるので、アーチェリーや剣道がいいかなぁ。

わかります！　袴や道着が似合う色気と落ち着きがたまらないです。

今はもっと大人っぽくて妖しげな雰囲気のある男の子も好きです。私は過去にとんでもない闇を抱えたヒーローが大好きで！　どうしようもない事情から思考が歪んでしまったり、自分の性格の歪みを隠しながら、あえて爽やかに見せている、みたいなキャラもツボですね。ふとした瞬間に闇が見えるとキュンっとしてしまいます。あとはホストの話も読み切りで描いたのですが（『雫にホストは早すぎる！』）、ホストの圧倒的にミステリアスで闇のある雰囲気や世界観にときめいてしまって、追いかけたくなると思いました（笑）。

ワルな男に引っかかる予感（泣）！　葵ちゃんのメンズフェチも教えて欲しいナ！

コレですね。

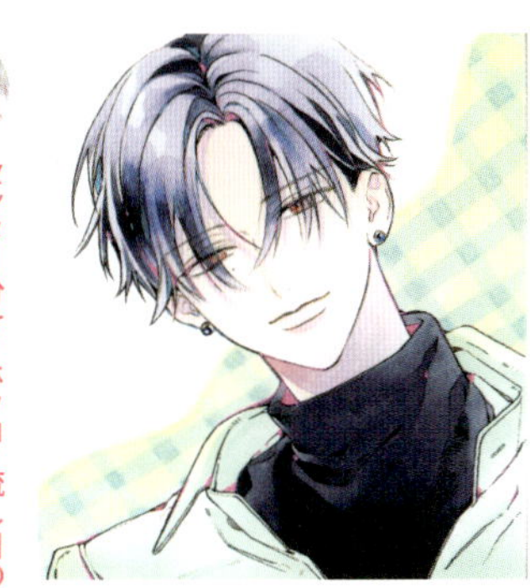

センター分け・ホクロ・流し目の男です！　身長よりはスタイルが優先で、逆三角形になるシルエットが大好きですね。あとは少女漫画でいうと『お嬢と番犬くん』も好きです。お嬢を守る若頭の啓弥という男の子を一度みなさん検索して欲しいです。啓弥は女遊びをしているし、物語としては極道が舞台なので、銃が出てきたりして治安が悪いのですが、啓弥はお嬢に対しての愛がめちゃくちゃに深いんです！　でも、何を考えているのかわからないミステリアスさもある。私は、恋愛でも家族でも、ただならぬ愛のある関係性が好きです。

（検索して啓弥を見ながら）かっこいい……はぁ…。

▶『その問には答えられません!』

第１話　カラーイラスト（初出：2023年「花とゆめ21号」掲載）

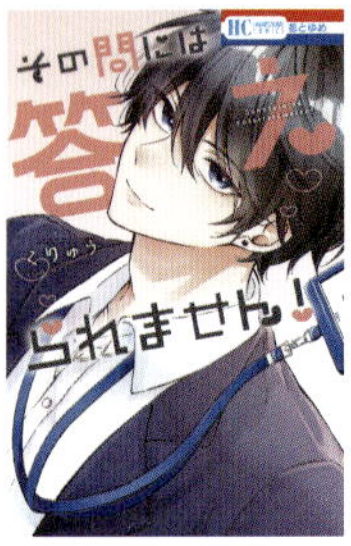

高校二年生の福田優凪は、乙女ゲームが大好き。ある日、あまりにも勉強ができない娘の将来を心配した母が、学習塾へと優凪を連れて行く。塾で優凪が出会ったのは、裏表が激しすぎる数学塾講師の碧玲央。優凪は塾に通いながら勉強を頑張っているうちに、碧先生のイロイロな一面を知っていき、自然と惹かれていくのだった——。本作は現在、単行本が発売中！　また、単行本には『雫にホストは早すぎる!』も収録されている。くりゅうさんの初の単行本をぜひチェックしてください！

『その問には答えられません!』©くりゅう/白泉社

●2024年2月刊　花とゆめコミックス

●発売：白泉社　●定価：528円（税込）

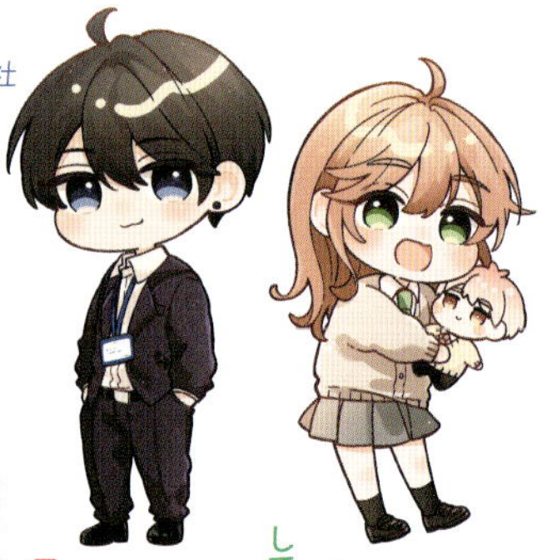

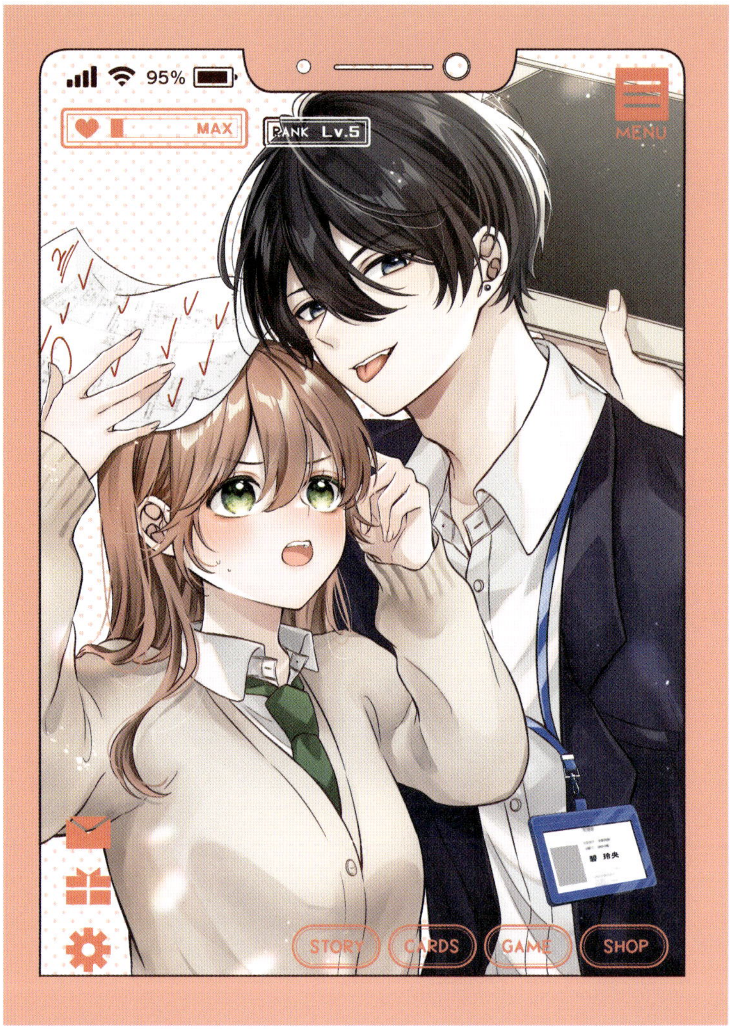

イイ感じに盛り上がってきたネ！　このあたりで、恋バナかましていこうぜ☆

私が高校生の頃は、結構やんちゃな男の子たちと仲が良かったんです。そのグループは女の子の机に勝手に座る人が多かったのですが、ひとりだけ女の子に席に座っていいかを聞いたり、机の持ち主が近くに来たら必ず席を返すような気づかいができる人がいたんです。それに、女の子が寒そうにしていたらセーター貸す、みたいな。

え〜！　高校生で、そんな出来た子います〜っ!?

そういう所が良いなと思って好きになったのですが、その時は恋愛的な意味で相手にされず、普通に仲のいい友達の一人でした。高校三年生の終わり頃、彼が警察官になるための試験に落ちてしまって…。すごく頑張っていたのも知っていたので、私が勝手に泣いちゃって（笑）。それから、お付き合いすることになりました。前回の「SS」の表紙インタビューでこの話をしたときにエス編集部の方から「国宝級イケメンの目黒連さまに似ているの!?」というコメントがありましたが、全然違います（笑）。むしろ、お笑い芸人のジョイマン・高木に似ていたので！

Snow Manより、彼ジョイマン〜。肉まん、カレーまん〜♪

顔は似てはいましたがネタはできなかったですよ（笑）。私もくりゅう先生と同じで、どちらかというと好きな人を追いかけたい側なんです。そうじゃないと好きになれないし、溺愛されるとその愛には答えられないなって。それに、自分のどこが好きなんだろうと考えてしまうんです。実は、警察官を目指していた彼のことを追いかけていたときに、同時に私のことを好きだと言ってくれていた同級生の子がいたんです。高校生活の二年半くらい、毎日電話もしてきてくれるし、毎日好きだと言ってくれるような男の子でした。

え〜！　すごい!!

身長は私と変わらないくらいの、おとなしくて可愛い子でした。アニメがすごく好きだったので、それで意気投合したんです。キャピキャピした女の子が多い高校だったので、「その子たちは自分を見下しているように感じる」けど、私は分け隔てなく会

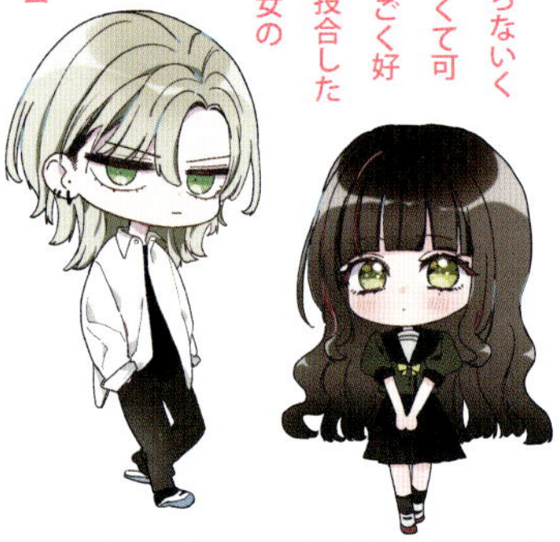

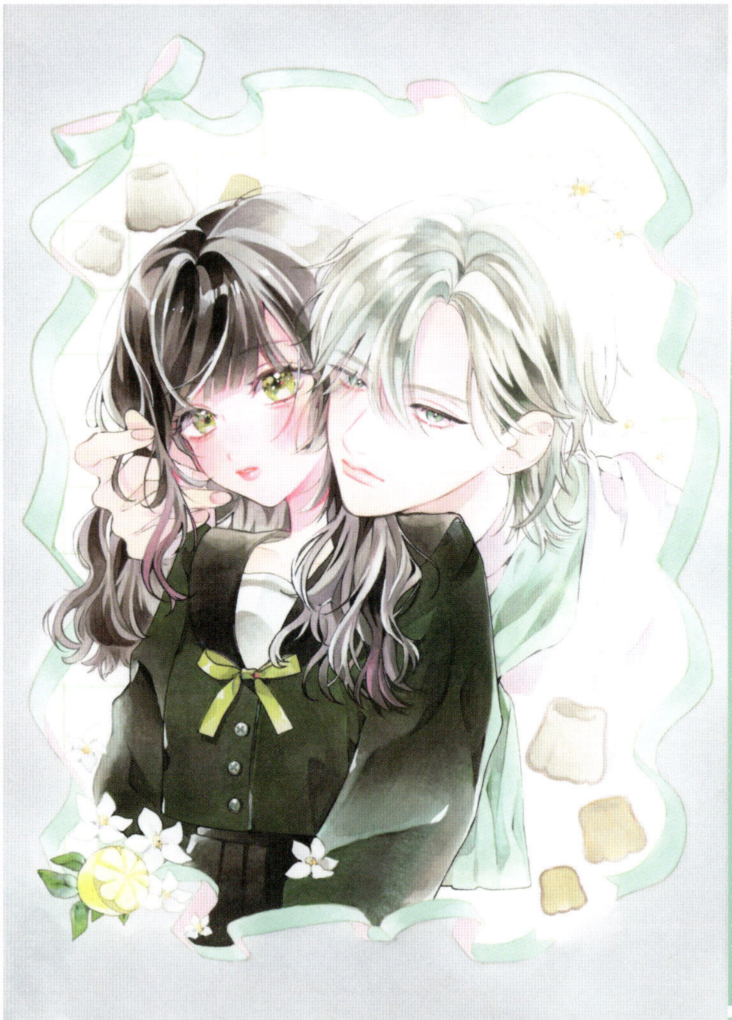

▶『シトラスとカヌレ』

口絵記事リメイクイラスト

（初出：2023年「マーガレット15号」掲載）

2023年「マーガレット15号」に掲載された「妄想コミックスグランプリ企画」のカラーイラストをリメイクした一枚。このふたりを描いた物語は2023年「マーガレット19号」で読切として掲載された。もとはデジタルで描かれた絵であったが、掲載作品は、2024年にエス編集部のギャラリー「ギャラリーエクリ」で開催した南野葵さんの個展「ほ〜り〜ほっく!」に合わせてコピックで描き直したもの。多々良嵐の切れ長な瞳に透明感あふれるアッシュ系の髪色は美しく、溝口みのりのウェーブがかった髪に手を絡ませる仕草が色っぽい。また、みのりの赤く染まる頬からは可憐な印象を抱く。さらに、お菓子作りのときだけピアスをオフする多々良のキャラクター像からも南野葵さんのこだわりを感じる。

話をしてくれる」と言っていたので、自己評価や自己肯定感が低い子だったのだと思います。あまりにも一途だったのでお付き合いするか、すごく迷った思い出があります。

わぁ、素敵…♡ 南野先生のことがすごく眩しく写っていますね。私は高校一年生の時に初めて、七つ年上の社会人の彼氏ができました。ですが、当時は私もすごく子供で結局うまくいかず、一年くらいでお別れしたんです。それから、二年生・三年生は好きな人もいなかったので、彼氏もいませんでした。好きだと言って下さる方はいたのですが、蛙化現象が起きてしまい「無理だ!」と思ってしまって…。学生時代は、同い年の子が子供っぽく見えてしまうことが多く、話が合う人がいなかったので、年上の人とお付き合いしたほうが楽でした。それから、高校を卒業してすぐにネットで知り合った人とお付き合いをしました。その人が、ヒモ&依存体質のヤバい彼氏で(笑)。一緒に暮らし始めてから色々なことが明るみになる…という体験をしました。そのほかにもたくさんのヤバい経験をしましたが、今は去年からお付き合いしている恋人がいますので安心してください! 私の家族はみんな男運が悪いので、そういう男を引き当てちゃうのでしょうね(笑)。

クズ男たちは、くりゅう先生に甘えたくなるんでしょうね。

「怒らないと思っていた、許してくれると思っていた」と、いつも言われます。

くりゅうちゃんには浮気しても許してくれそうな雰囲気が…。

そんなヤツいねぇよ! って思いますよ(笑)。でも、それを相手に強くは言えないかも…。

私は逆に強く言ってしまうんですよね。

いいことだと思いますよ〜!

相手が嫌われないようにしているのがわかるんですよ。すっごいビクビクしていて…(笑)。

え? 犬と付き合っていたのかナ?

指輪を返して別れを伝えると「えぇ!? 悪いところは直すから〜(泣)」みたいな男ばかりで(笑)! 高校生の頃も別れを切り出したら、相手がショックを受けて、熱を出したままインフルエンザにかかってしまって。友達に「メールしてあげなよ〜」と言われたのですが、彼の家はすぐに携帯が止まってしまう大家族だったので、メールも数回しかしたことがありませんでした。きょうだいも十人くらいいたかな〜。そう思うと、くりゅう先生とは真逆ですよね。ちなみに、くりゅう先生の今の彼との出会いを聞いてもいいですか?

ネットで知り合ったのですが、三年間くらいはずっと友達でした。Discordでゲームをする友達の一人で、去年の頭くらいに初めて会いました。会って話をしても違和感がなくて、一緒に住んでいることが想像できる人だったんです。今までは好きだと言ってくれた相手を好きになろうと頑張っていたのですが、私には難しくて…。今の方は素でいられて、最初から自分の中にスッと入ってきてくれた感覚でした。それに、私から誰かを好きになったのは、高一のときにお付き合いした年上の彼以来、二人目なんですよ。

素敵ですね!

ラブラブハッピー生活を祈ってるヨ! 次は女の子像についてもトークしていこう〜。

私はツリ目の子も、やんちゃな子も、子も好きですし、「SS学園」の陽みたいな天真爛漫な子が頑張っているのも好きです。特に見た目にこだわりはなくて、一生懸命に何かを頑張っているという姿が好きですね。

いいですね。私は芯のある子が好きです。ドラマの「恋は続くよどこまでも」で上白石萌音ちゃんが演じた七瀬の性格が好きです。とにかく頑張り屋さんで、一生懸命に生きていて、まっすぐな性格の子を応援したくなりますね。

でも、漫画で描くとなると、読者を引き込むポイントとして、頑張っている女の子が一度は挫折する展開を描く必要がありますよね。「どんな出来事で挫折するのか」を考えるのがいつも大変で。「こんなに頑張っているのにどうして可哀想な目にあってしまうの」と、辛い気持ちになってしまい、手加減してしまうんですよね。

そうそう、悪役って難しいですよね。意地悪するキャラは描くのが大変ですよね…。

わかります。『シトラスとカヌレ』でも、悪役のモブを描くのは自分のなかではハードルが高くて…。

すごくわかります!! 悪役の言葉は考えるのが大変ですよね。現実世界に、そこまで性格の悪い子はいないじゃないですか。現実味がないからこそ難しいんですよね。だから友達にLINEで罵ってくれとお願いすることもあります(笑)。

罵りのおねだり…。オレっちも募集しようかナ。ディス&クレーム! イイ感じに盛り上がってきたところで、今日のラブタイムは終わりにしよう! オレっちから湧き上がるラブのチカラで二人は今日からズッ友だぜ☆ 最後にみんなでコールしよう。いくぜ、フレンド〜?

マッチング〜!

ジャストオーライ!

ハッピー"エン"ド!

色紙プレゼント交換

「ギャラリーエクリ」で開催されたフレンド☆マッチング企画。友達といえば、プレゼント交換!? 最後はエンちゃんの指示のもと、二人で色紙交換をしました〜!

私は南野先生に描いてもらうなら、やんちゃな子がいいです! 南野先生は何かリクエストはありますか?

くりゅう先生に描いてもらえるなら、やんちゃ系にしてもらおうかな。兄貴感もありながら…という雰囲気が好きなので、それでお願いしたいです!

わかりました。ホクロが首筋とかにあったら好きそう…。私は、ピアスも欲しいです! あと、制服も着ていて欲しい! さらに言うと、第二ボタンくらいまで開けてて欲しいな〜。私は『シトラスとカヌレ』の多々良くんが好きで、ずっと見下されたいって思っていたんですよ(笑)。見下し顔が好きすぎるので、見下している表情がイイかも(笑)。

実は多々良と私が開けているピアスは同じ位置で同じ数なんですよ。

え〜っ! めっちゃ素敵!

くりゅうちゃん&葵ちゃんのリクエストを踏まえて色紙を描いて交換しようぜ☆

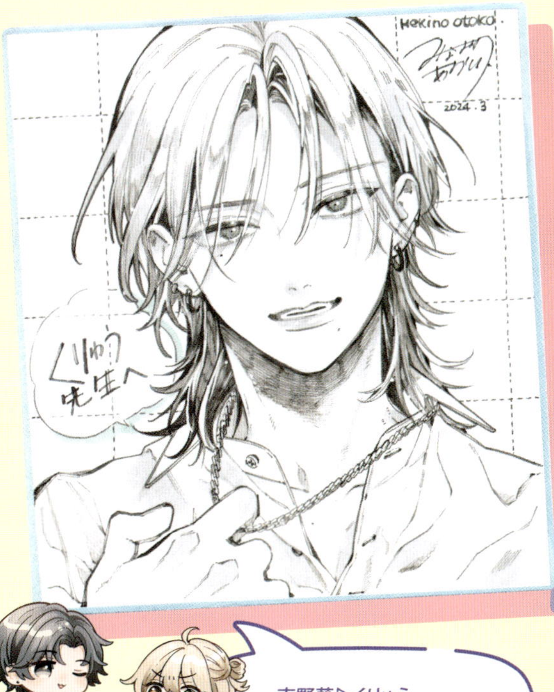

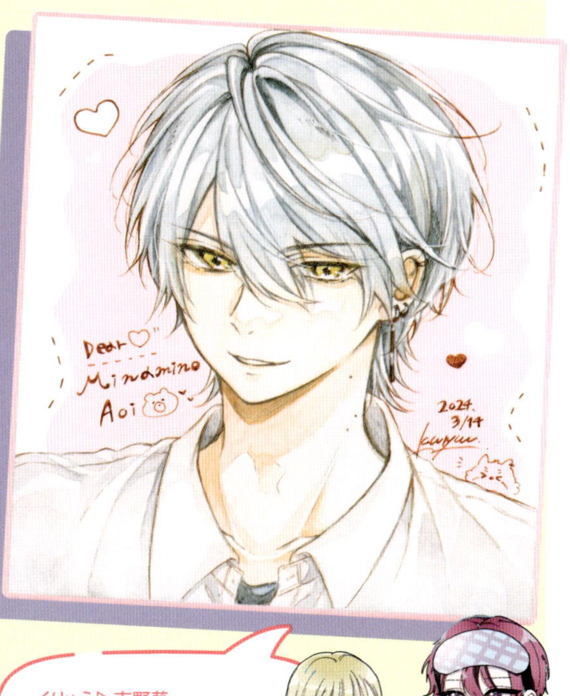

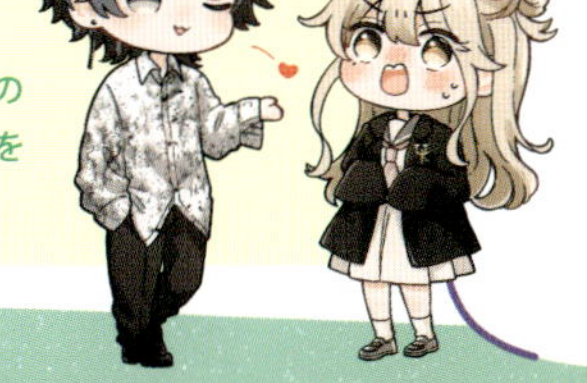

南野葵▷くりゅう
葵ちゃんからくりゅうちゃんへのプレゼント! 三白眼ぎみな瞳に散らばるホクロたち…。ネックレスに手をかける仕草も相まって、色気が溢れて止まらないッ♡♡♡

くりゅう▷南野葵
くりゅうちゃんから葵ちゃんへの色紙! 鋭い眼差しに首筋のラインに描かれたホクロに目を奪われる…ッ! ミステリアスに微笑む口元も妖しげで気になるヨ…。

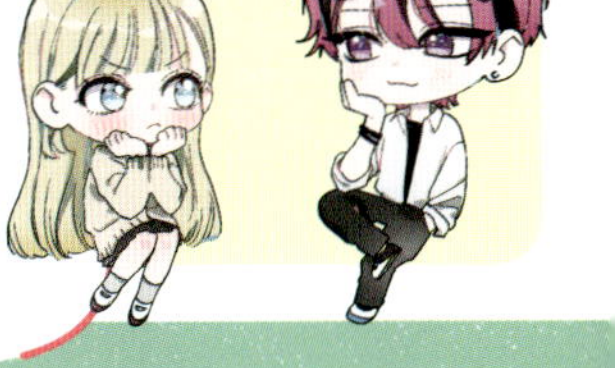

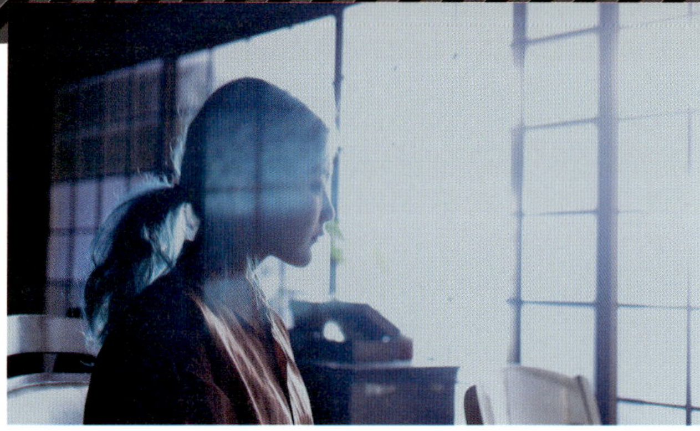

ゆめアーティスト写真

アンファン・テリブル SS Vol.3 Enfants Terribles

「アンファン・テリブル」とは、「型破り、革新、アヴァンギャルド、斬新という、新しい力をもって、おそるべき作品を生み出す人物」のことを言います。もともとは、危険で反抗的で大人たちを翻弄する子供を指すフランス語で、日本語に訳すと「恐るべき子供たち」。同名のジャン・コクトーの小説によって、世界に知れ渡った言葉で、革新的な芸術家も、こう例えられるようになりました。「SS」でも、とても若い投稿者さんが増えたと皆さん思いませんか？　その年齢で、こんな作品を描くなんて、どんな生活を送って来たんだろう…。編集部でも、そう驚いたりします。このコーナーは、とても若い年齢で刺激的な投稿をくださった方にお話を聞き、その恐るべき才能に迫りたいと思います。

ゆめ（前編）インタビュー

第三回は、8歳の頃から「SS」に投稿をし始め、現在は15歳になったゆめちゃんへお話を伺いました。ゆめちゃんは小学4年生のときに学校に通うことを辞め、現在は兄姉5人と兄嫁と共に、育てた野菜や描いた作品を販売することで生計を立てています。また、それだけではなく、家族全員が音楽や絵の活動を精力的におこなっているのも印象的です。今回は、長女のpotatoさん、次女のKeiさんにも一緒にお話ししていただきながら、ゆめちゃんの現在の生活と描かれる作品についてお聞きし、ゆめちゃんの作品世界について紹介していきたいと思います。

――今回は、八歳の頃から「スモールエス」（以下、SSと表記）に投稿し始め、現在は一五歳になった投稿者のゆめちゃんにお話を伺います。ゆめちゃんは、「SS」のメイキングに度々登場してくださったpotatoさんや、表現する女の子たちをクローズアップする撮影企画「S'teem」でモデルとして登場してくれたRinさん、Keiさんと共に暮らしています。potatoさんやKeiさんを含めた五人の兄姉を持ち、兄に嫁いできたお嫁さんのRinさんを含めた家族で、現在は育てた野菜の販売を中心に、きょうだいたちだけでお金を稼いでいるんですよね。親御さんが引退されたから、絵を売ったり、自分たちで生計を立てていると聞きました。同時に、それぞれがバンド活動や絵の活動を精力的におこなっているのも印象的です。まずは、ゆめちゃんが絵を描き始めた頃の記憶について教えてください。

ゆめ　幼稚園の年長さんのときには絵を描いていたような気がします。お兄ちゃんやお姉ちゃんが絵を描いていた横で、一緒に絵を描いていたのが始まりだったかな。ママに絵を描いてもらった記憶もあります。その頃は、動物とカラフルなものがすごく好きだったので、好きなものを組み合わせてカラフルな動物の絵を描いていました。また、家にはたくさんの図鑑があったんです。特に恐竜が好きで、家にあった恐竜図鑑を見ながら、色々な生き物が混ざった生物を描いていました。

potato　たしかに、動物が好きな印象はあったかな。小さい子なりに、動物が食べられている場面など、躍動感のあるシーンをたくさん描いているなと思っていました。

ゆめ　覚えてないな〜（笑）。でも「ジュラシック・パーク」は好きでした。食べられている捕食シーンが絶対あるので、それを見て描いていたのかもしれないですね。

――描いた作品は家族に見せていましたか？

ゆめ　はい。隠れて描いてはいませんでした。小さい頃は描いた絵をパパが壁に飾ってくれていたので、壁一面に絵が貼ってありました。今は写真を飾っています。もっと小さいときには、壁や柱、車の窓にも絵を描いていたのですが、パパから作品として絵を残すなら白い紙に描くようにと言われた記憶があります。パパは今でも描いた絵について客観的な目線で感想やアドバイスを伝えてくれます。

――素敵ですね。小学生になると描く絵は変化しましたか？

Kei　私が見ていた感じだと、人物を描くようになったかもしれないです。

ゆめ　小学校二年生頃にタブレットを貰ったのが大きいかもしれないです。スマホを手にしたことで、Twitter（現、X）などのSNSをたくさん見るようになりました。そこでイラストレーターさんを見つけたことで、人物を描くようになったと思います。

――小学生の頃はどのくらい絵を描いていましたか？

ゆめ　小学四年生までは学校に通っていたので、その頃は自由帳に描いていた程度でした。今ほど描く量は多くなかったんじゃないかな。家に帰るとおもちゃもあったし、休み時間は友達と運動場で走り回ったりして遊んでいたので、絵だけを描いていたわけではなかったです。

――周りの友達は絵を描く子ではなかったんですね。

ゆめ　そうですね。むしろアクティブで、恐竜が好きという共通点を持つ男女の友達でした。何度か転校をしましたが、家には家族がいたので、友達が欲しいとあまり思わなかったかもしれない。二つめの学校のときは先生がすごく良い人でした。その学校を転校するまでの四年間は先生と仲が良かったので、楽しくて学校に行っていて、帰ってきてきょうだいと絵を描くという感じでした。

――小学生の頃は、周りと少し自分が違うなと感じたことはありますか？

ゆめ　私の家族がもともと普通とは違ったので、気にしたことはなかったです。中学生の年齢になると、中学の先生が定期的に家に来たりしていました。同級生の子からも手紙を貰ったりして、文通がキッカケで一人だけ友達になった子もいます。その子が手紙に、体育祭や合唱コンクールに来て欲しいと書いていたので、たまに学校へ見に行ったりもしていました。登校はしないけど、友達がいるから行く、みたいな。

――そうか、中学は義務教育だから、行かなくても学籍はあるんです

手づくりルアーとお部屋

エス編集部がゆめちゃんと初めてお会いしたのは2021年の秋頃。当時、撮影させていただいたゆめちゃんの手づくりルアーと、お部屋の壁を紹介する。ルアーはキラキラと輝く素材でつくられているのがわかる。また、ルアーを入れるケースもゆめちゃんの手描き。お部屋の壁には、ゆめちゃん＆potatoさんらの作品が飾られている。

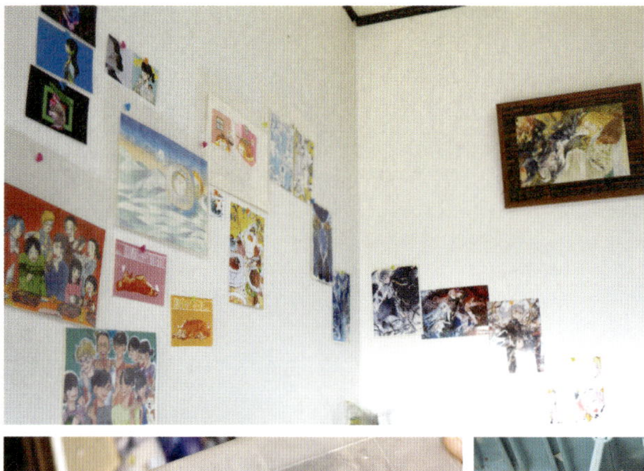

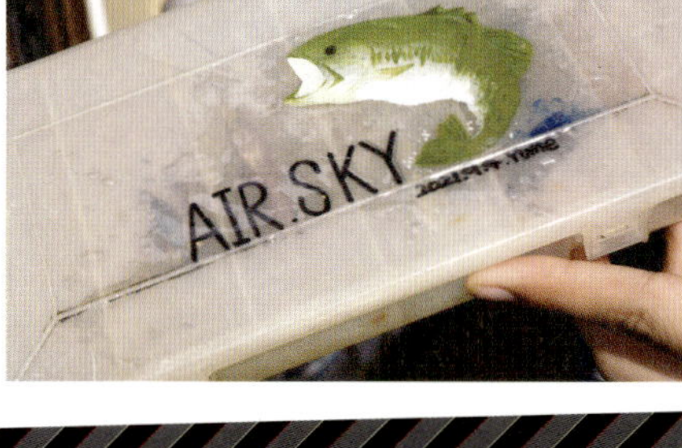

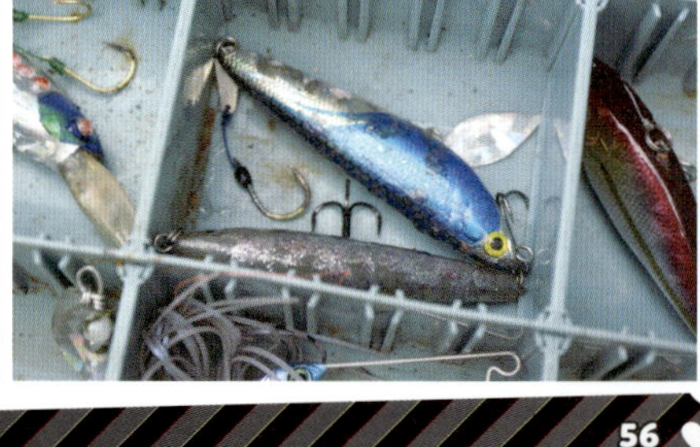

ね…。一般的な社会では、良い大学へ通って良い会社へ就職することを目指しなさいと言われますが、ゆめちゃんは小学生のときに学校へ行くのを辞めて、家の手伝いをしようと思えたんですよね。その決断が出来た理由はありますか？

ゆめ 上のきょうだいはみんな、中学卒業後は家で働いていたからなぁ…。でも一瞬、学校へ行きたいと思った時期もあり、勉強をしていたんです。でも勉強が好きでもないし、友達も別にいらないし、早起きするのも嫌だなぁと思って。そのときパパが、学校へ行かない選択肢もあると言ってくれました。それから小学校へ行くのを辞めて、ただただ家にいる生活をしていました。ですが、学校に行かない代わりに時々、運動も兼ねて畑の手伝いや犬の散歩をしていましたね。それから、中学の年になると、お父さんに将来について聞かれたんです。「家にいても良いけど、家にいるなら畑の手伝いをしたりして、家の仕事に加わっていくほうが良い。そうやって手伝うなら家にいてもいい」と言うので、中学一年生の年齢には家のお手伝いをしようと決めました。パパも「うちは一般的な家庭ではない」と言っていたのですが、最近になってその意味が分かるようになってきましたね。

——私たちエス編集部がゆめちゃんに初めてお会いしたのは一二歳の頃でしたね。カラフルな髪色が印象的でした。その頃はルアーをつくって販売していたと思います。

ゆめ ルアーは川釣りにハマっていたときにつくっていました。お金を稼いでいる認識はなかったのですが、パパが「売れるんじゃない？」と言ってくれて、もっとキラキラにさせようかな、という会話をしていた記憶があります。今でもそのときにつくっていたルアーで釣りをすることもありますが、最近は絵を描く時間のほうが多くなりました。

——ほかにも、potatoさんの作品販売のお手伝いもされていましたよね。

ゆめ そうですね。私が十二歳のときくらいにpotatoちゃんが、水彩イラストを月に百枚描くことを目標にしていたことと、水彩を触ってみたいとも思っていたので、手伝っていました。「SS」にも初めて1／4サイズで大きく載せていただいた時期だったと思います。

——ゆめちゃんが一人で絵をお金にしようと思ったのはいつ頃でしたか？

ゆめ potatoちゃんとお兄ちゃん(蓮@hasunohato_)が先にskebを始めていて、お客さんが使ってくれているのが良いなと思い、私もやりたいと思ったのがキッカケです。

——そうだったんですね。ここからはゆめちゃんが描いた作品についてお聞きしたいです。今回、油絵の作品を送ってくださいましたが、油絵を触り始めたのはいつ頃でしたか？

ゆめ 四年ほど前に油絵具やパテなどを一式もらう機会があって、少しずつ触るようになりました。もちろん絵具を触っていない期間もあったのですが、最近また絵が描きたくなって、油絵具を広げています。キャンバスを買ってきて、初めて完成させたのがこのイラストです（57ページ掲載「儚きは」）。

——モチーフはどのようにして決めましたか？

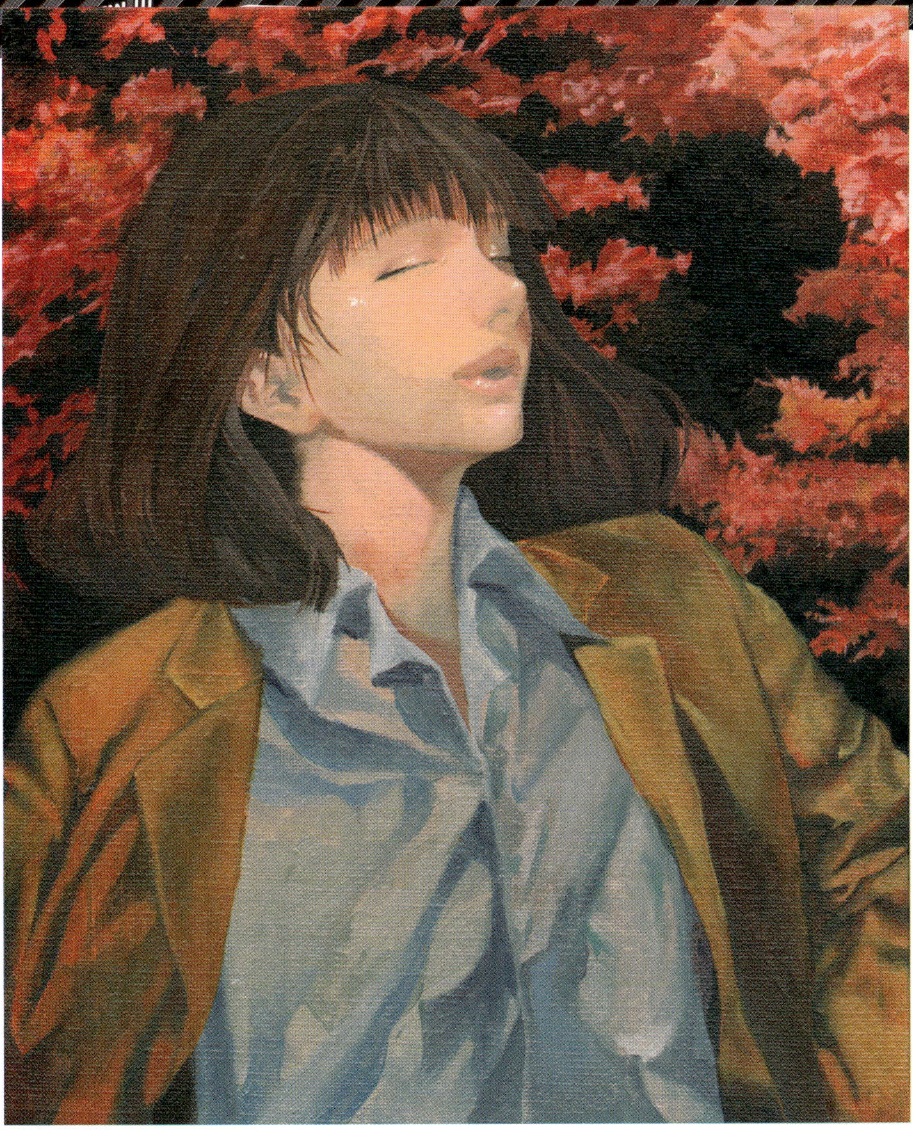

「儚きは」（2024年）

谷村新司さんの楽曲「儚きは」をイメージしながら油絵で描いた作品。目をつむり、わずかに口をあけた少女の表情からは、彼女の想いを想像させられる。シャツやジャケットに描き込まれたシワのディテールも素晴らしい。また、背景に描かれた鮮やかな紅葉は作品を華やかに見せている。

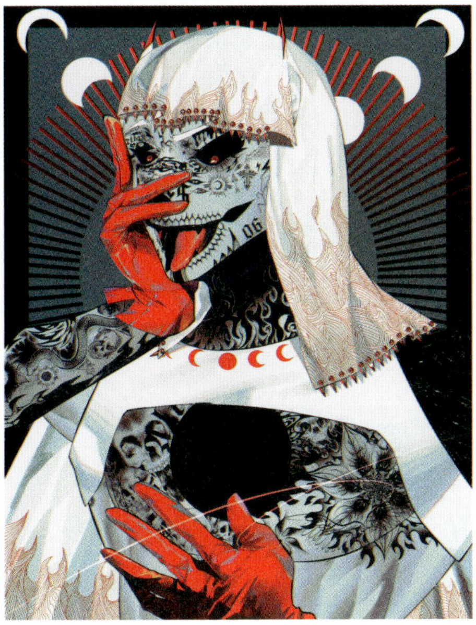

「ヒール」（2022年）

ゆめちゃんが13歳の頃に描いたSS72号掲載イラスト。プロレスに凝っていた時期に描いたとインタビューで話をしてくれた作品。人物のニヒルな笑みに、赤の色づかいが鮮烈な印象を与える。また、臨場感を残しながらもデザイン的にまとめあげる表現力は見事。ボディに描かれた刺青の描写も細やかで、見応えのある作品となっている。

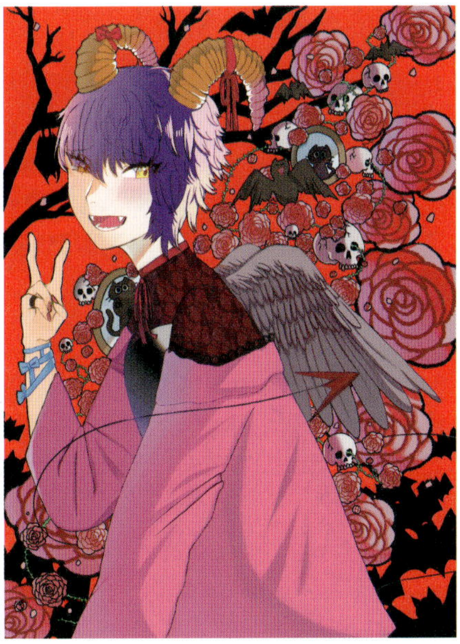

「悪魔」（2020年）

2度目の投稿で初めて掲載された作品。当時、8歳だったそう。八重歯を覗かせながら、頬を赤らめ微笑む表情がチャーミング。ワインレッドの色づかいに、バラやレース素材のお洋服からは、ゴシックな雰囲気を感じる。光源を意識して加えられたライティング、首のカゲに乗せた色からはこだわりが伝わってくる。背景に描かれたユコウモリや猫は、絵を楽しげに見せている。

ゆめ　これは去年の十一月に描き始めた絵なので、紅葉を描いています。バンド活動をしているお兄ちゃんたちが、「音楽を絵にできたら良いよね!」と言ってくれたことがキッカケで、曲をイメージした作品を描きたいと思うようになりました。もともと音楽を聴くのが大好きだったのと、谷村新司さんのファンなので、どうにか谷村新司さんの曲を絵で表現することができないかと考えました。この作品は「儚きは」を聴きながら描いたもので、悩みながら描いた思い入れの深い作品です。

――歌詞には女性が出てくるのでしょうか?

ゆめ　いえ、女性は登場しないのですが、イメージを膨らませて描くことにしました。顔や背景は「儚きは」を聴きながら描いたのですが、服、構図、色合いはイメージです。

――この作品(57ページ掲載「ヒール」)についても教えてください。

ゆめ　このときは、プロレスにハマっていました。メキシコのプロレスがすごく好きで。特にルチャリブレはマスクマンが多く、顔が隠れているのがカッコいいなと思ったのと、アメリカの「WWE(World Wrestling Entertainment, LLC.)」で、手袋をしているプロレスラーがカッコいいと思ったので、赤い手袋を描きました。

――プロレスにハマったキッカケはありますか?

ゆめ　「シャバダバの空に」というバラエティー番組を一時期すごく見ていたんです。その番組に獣神サンダー・ライガーが出てきて、めっちゃ良いなと思って(笑)。特に、喋りがすごく好きだと思いました! それからプロレス動画を見始めたのですが、動画ではトークよりも試合をしている時間が長いので、自然と試合を見るようになり、プロレスの面白さに目覚めたんです。卍固めや柔術のような技よりも、アクロバティックな技のほうがカッコいいと思ったので、どんどんメキシコ系にいきました。

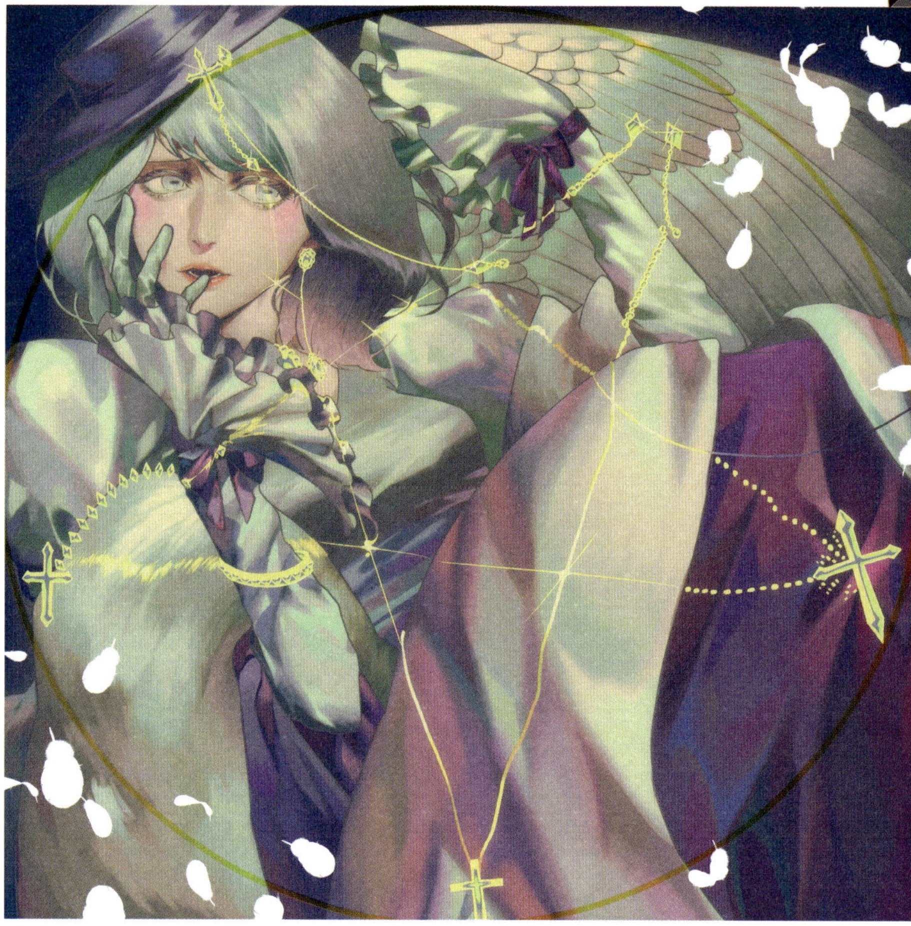

「五芒星」(2023年)

天使を装う悪魔を描いたSS76号掲載イラスト。悪魔でありながらも真っ白なお洋服を身につけた人物のアンニュイな表情が気になる。ピンク色のチークはキュートさがありながらも、薄い唇に小指を添える仕草は艶やか。髪や服に乗せたグラデーションの色もなめらかで美しい。連なるゴールドのアクセサリーが五芒星になるアイデアも効いている。

――生活で気になることが作品に表れているんですね。

ゆめ　そうですね。そのときにハマっているものを描いています。「SS」76号に投稿した作品を描いていた頃は絵画に凝っていました し、今回の描き下ろしイラスト(左ページ掲載「縁」)は少しだけ幻想的な雰囲気を出せたらと思いながら描きました。今は模写に凝っていて、見て描くことをずっとしています。

potato　人間の体をリアルに描きたいという話をしていたよね。

ゆめ　プロレスを好きになったからね。

――模写に凝っていたのは、「SS」76号の投稿絵を描いていた頃ですか?

ゆめ　そうですね。でも、リアルなタッチで描けば描くほど、自分の感覚だけで描いたモチーフに違和感を感じてしまうことが多くなり、修正に時間がかかることが分かりました。やっぱり、模写をしたほうが早いなって。今回もなるべく写真を調べて見たりしながら描きました。

――でも、人物はデフォルメされていますね。

ゆめ　人物は、本やネットでモデルさんの写真をたくさん見ます。描きたい角度やポーズで写っている腕、脚、胸などのパーツをそれぞれ探して、一つの体として合体させながら描いているんです。資料を探すときは体型も意識していますが、時々、手だけは自分のを撮影して、美化しながら描くことがあります(笑)。

――人物はブロンズ肌で健康的な印象を抱きます。

ゆめ　肌の色はいつも悩んでいて、参考写真を見ながら決めています。写真に写っている人物のポーズは無視して、色味だけ真似をして描きます。また、今回はモチーフに白色が多いので、褐色のほうが似合うと思い、ブロンズ肌に決めました。

――モチーフはどのようにして決めましたか?

ゆめ　インタビューのお話を頂いたとき、すごく嬉しかったので、「嬉しい・幸せだ」という気持ちを絵にしたいと思いました。ウサギ、フクロウ、カエルは幸せの象徴らしいです。ウサギとカエルは跳ねる生き物なので「飛躍、福が必ず帰る」と言われていて、フクロウは名前に「福」が入っていて縁起がいい。青い鳥は童話『幸せの青い鳥』で、見ると幸せになると言われている。リボンも「縁を結ぶ」と言うように、縁起がいいものらしいです。それで今回は「SS」とご縁があったということで、縁を結ぶリボンをメインに描くことにしました。お花は、カーネーション、ラナンキュラス、チューリップ、バラ、シバザクラ、カンパニュラを描きました。これも全て「幸せ」であったり、ハッピーな花言葉が付いています。また、「SS」の発売日である、四月二〇日の誕生花であるシバザクラも描きました。今回は、嬉しい気持ちから幸せなものをいっぱい詰め込む作品にしました。

――素晴らしいですね。構図で意識したことはありますか?

ゆめ　リボンを真ん中に描きたかったので、今回はリボンから描き始めました。potatoちゃんと一緒に絵を描くときは、構図を埋める話をよくしていて。今回も隙間を埋めるのなら、ここに鳥かな、ここに花を散らそうかな、と考えていきました。

――なるほど。話は変わりますが、絵画に凝っていたころに、好きな画家はいましたか?

ゆめ　ジョセフ・クリスチャン・ライエンデッカーさんが好きです。イラストで広告チラシを描いている画家なのですが、リアルな人物を描いているけれど、ほんのりデフォルメが効いているバランスがすごく可愛いなと思って!

Kei　イラストレーターの82PIGEONさんも好きだよね。

ゆめ　82PIGEONさんは小物の細かさやリアルさがすごく上手で、そこを見るのが好きです。キラキラとした雰囲気の絵も良いと思うのですが、私は顔のタッチはリアルに描きたいと思っています。

――なるほど。まだまだ話し足りませんが今回はこの辺りで、次回に続きます。後編では、ゆめちゃんのバンド活動についても、詳しくお話を伺っていきたいと思います。ありがとうございました。

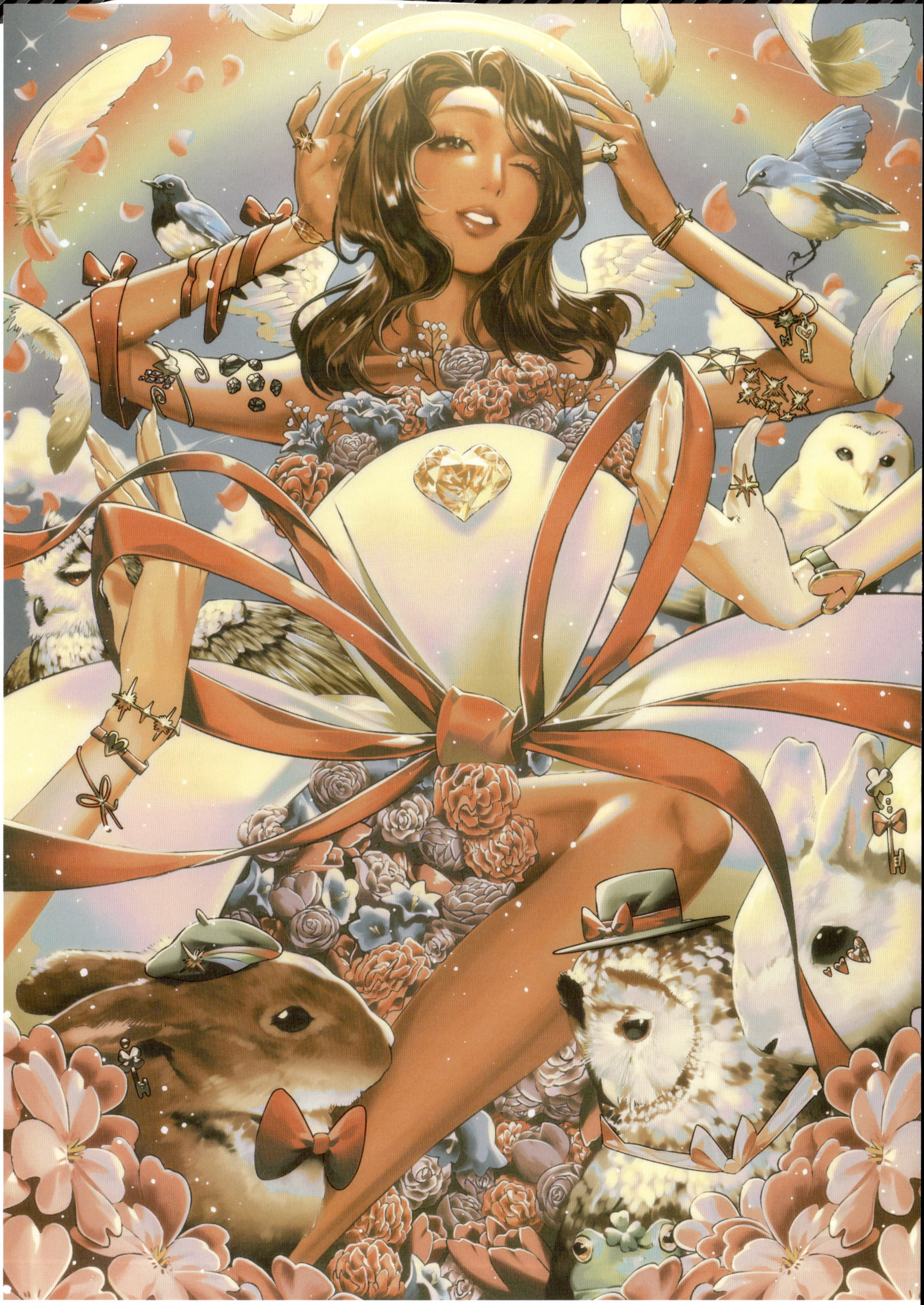

「縁」(2024年)

はいどうも〜！　絵澄えすです。今号のSS学園通信のはじまりです！　いろいろと学園のことをお伝えする係をつとめさせていただきます〜。

えす丸です。このコーナーは、SS学園の生徒たちのグラビアや、その活躍をとらえた物語を紹介する「SS学園通信」です。この後のページの投稿コーナーでは、SS学園の新しい生徒さんを紹介していますが、投稿者さんの描き下ろしも実施中！

それでは今回もSS学園通信を紹介しましょう。投稿作品からの描き下ろしは、鴉堂さん！　高等部一年生のルクリカ・エルメティアさんの学園生活がアルバムのように見られます。

まめもひさんの森野ゆなさんとは、ルクリカさんが得意なクレーンゲームの話題を、ゆめこばこさんのアーヴェリー・アートモッドさんとはパンケーキを食べたお話、まろやかさんの薊野宮詩緒理さんとは植物の話をしていますね。いろんな姿が見られて楽しいです〜。

リングノートになったアルバムの周りにあるお花も美しいです！　SS学園の生徒さんたちが交流している姿をお写真風に見られるのも楽しいです。それにしても、毒草を食べちゃって大丈夫でしょうか…。

SS学園にも毒草生えてるかな？　紫万くんに探してもらって欲しい。そして、今回は、ハモンド華麗さんのカナリアくんの4コマ漫画もあります！カナリアくんの日常が見られますね〜。カナリアくんは無口でポーカーフェイスな様子だから、SS学園で過ごす日々も、淡々とした姿ですね〜。鳥でありながらも、執事の役割を務めているツグミさんも登場していますね。

人間の姿になるときは、女性にも男性にもなれるというツグミさん。謎めいていますね〜。カナリアくんと鳥たちの生活、面白いです〜。私も動物と暮らしてみたい。よくわからないロボットではなく！

え…！　未来からお絵かきを教えにきた、お絵かきロボットの僕ではなく？　えすちゃんの絵を上達させるために創刊以来、頑張ってきたのに…。

もう何年も、私が投稿者の皆さんから絵を学ぶコーナーをやらなくなったね〜。そろそろ再開して、絵を学ばないと、万年初心者から脱却できないよね…。さて、コーナー紹介を続けますと、香琳さんの古紺團八くんが登場！　レトロゲーム機器のような画面でにぎやかな様子が楽しい！　カラフルでわちゃわちゃしています。團八くんは、朱青アサギくん、朱青ザクロくんの双子からゲームを教えてもらっているので、まさにゲームをプレイする世界ですね〜。

頑張っている様子の團八くんが良いですね。ゲームもどんどんレベルアップして、双子コンビとも楽しく遊んで欲しいです〜。さて、今回も雲母蘭湖ちゃんのパンツプロデュース・ストーリーを紹介しましょう！　今回はSS学園の生徒会が、数々のパンツ事件を起こす蘭湖ちゃんを落ち着かせようとする物語！　生徒会長の佐倉周ちゃんをはじめ、みんな困っているようです。

蘭湖ちゃんのパンツ騒ぎが、学園の運営を困らせるほどの問題になっているとは…。そして、生徒会がそれを解決するために動くなんて、とてもお疲れさま&頑張って欲しい案件だよ。そして集まって会議中の生徒会に、緊急助っ人として現れた小夏陽ちゃんが大胆なアドバイス。徹夜の会議で判断力が低くなった皆さんが、そのトンデモなアイディアに乗ってしまう…。

晴臣くんがまた振り回されているというか、大変な役目を引き受けていますね。そして、蘭湖ちゃんがついに恋をしてしまった…？　今後もこの恋の行方はどうなるのか〜。

パンツの恋、気になる〜。今後もSS学園をよろしくお願いします。以前に発表したSS学園のアニメ化も進行したら、ご報告していきます。

皆さんによる学園生徒の投稿もお待ちしております！　よろしくお願いします〜。

SS学園24人選抜メンバー相関図

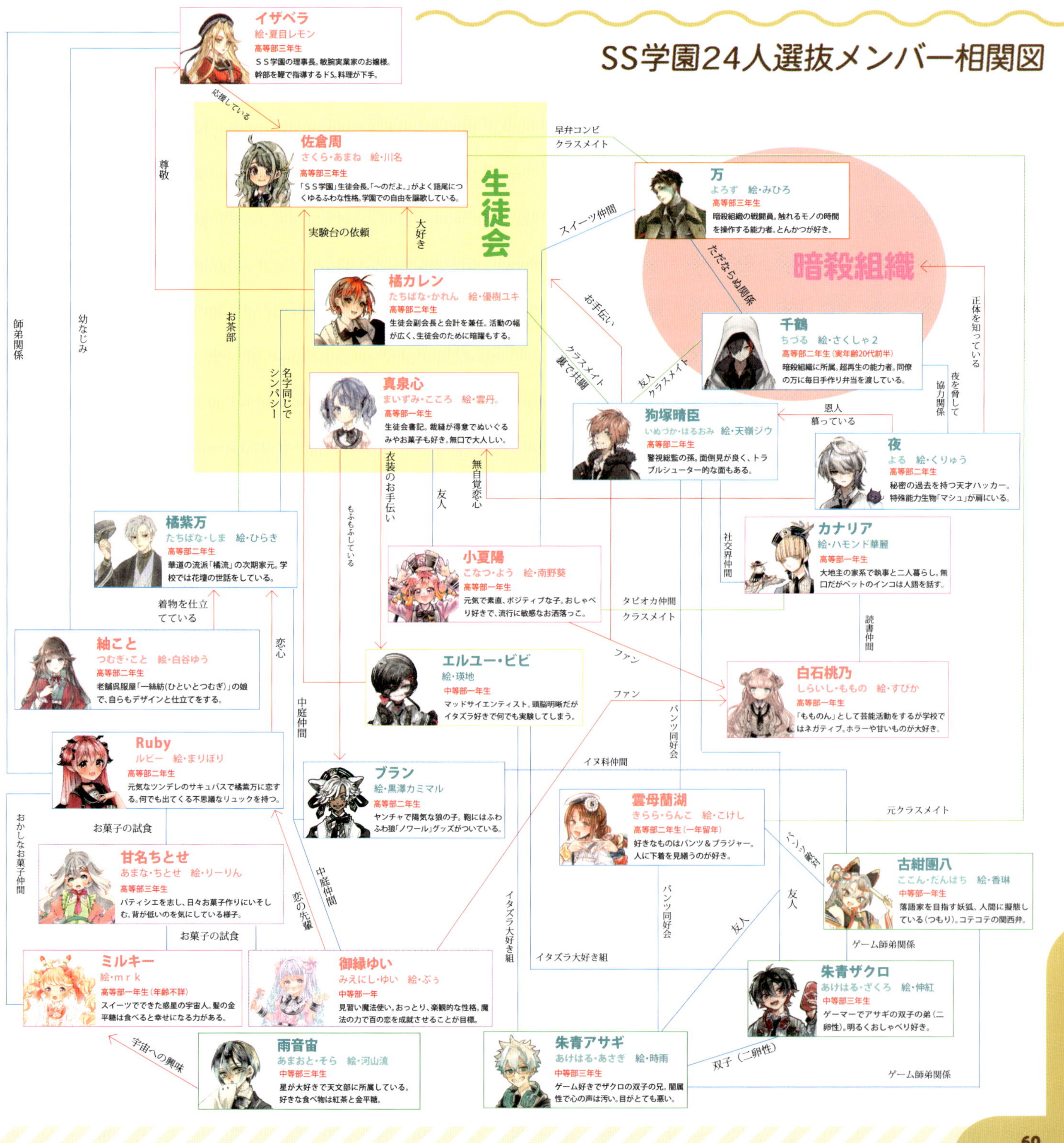

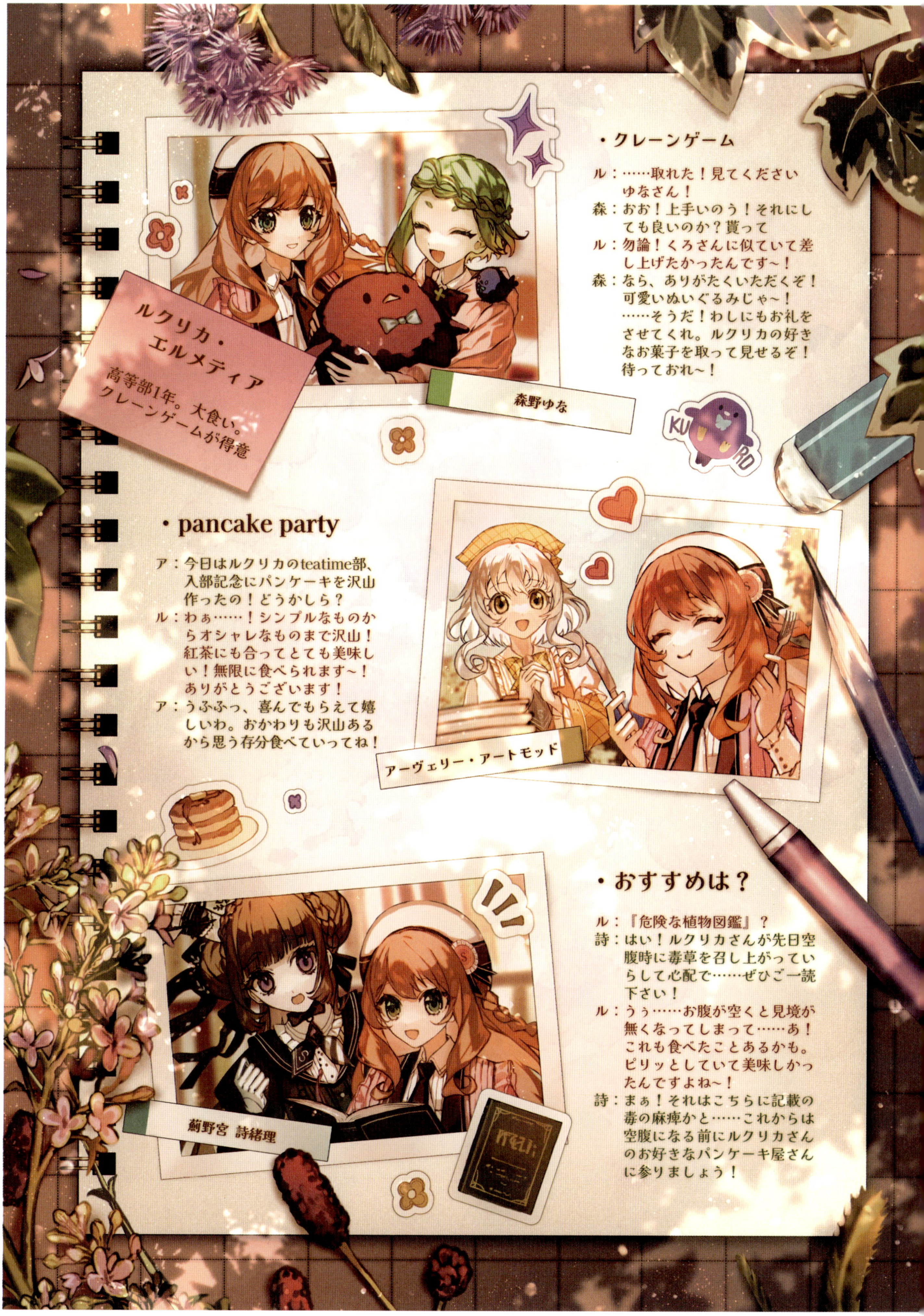

作：鴉堂

出演：ルクリカ・エルメティア、森野ゆな、アーヴェリー・アートモッド、薊野宮 詩緒理

SS学園4コマ「カナリアと鳥達」 作者：ハモンド華麗

SS学園とは…

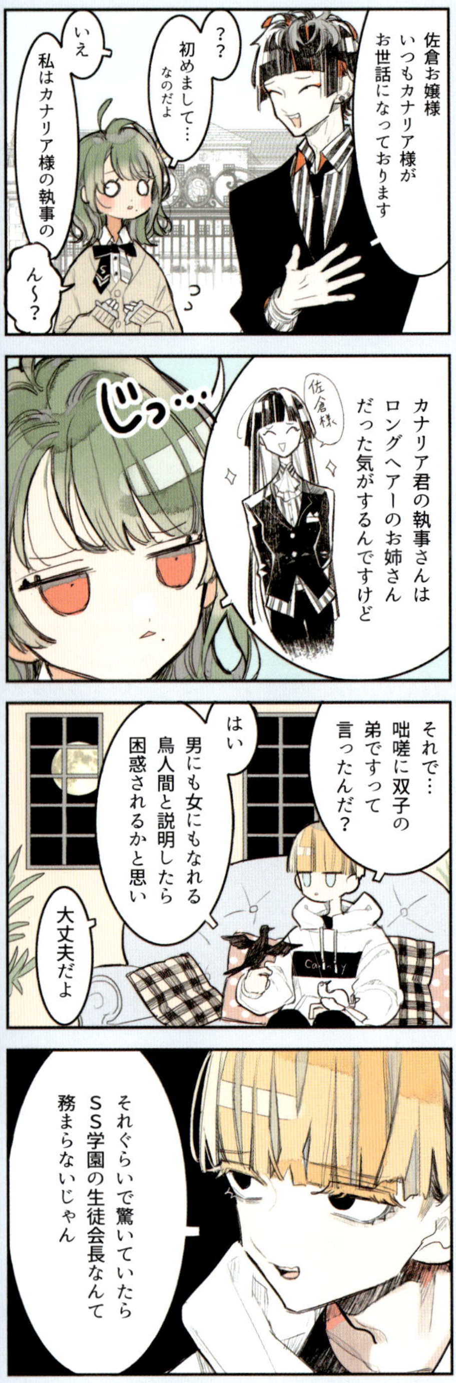

とり君の日常

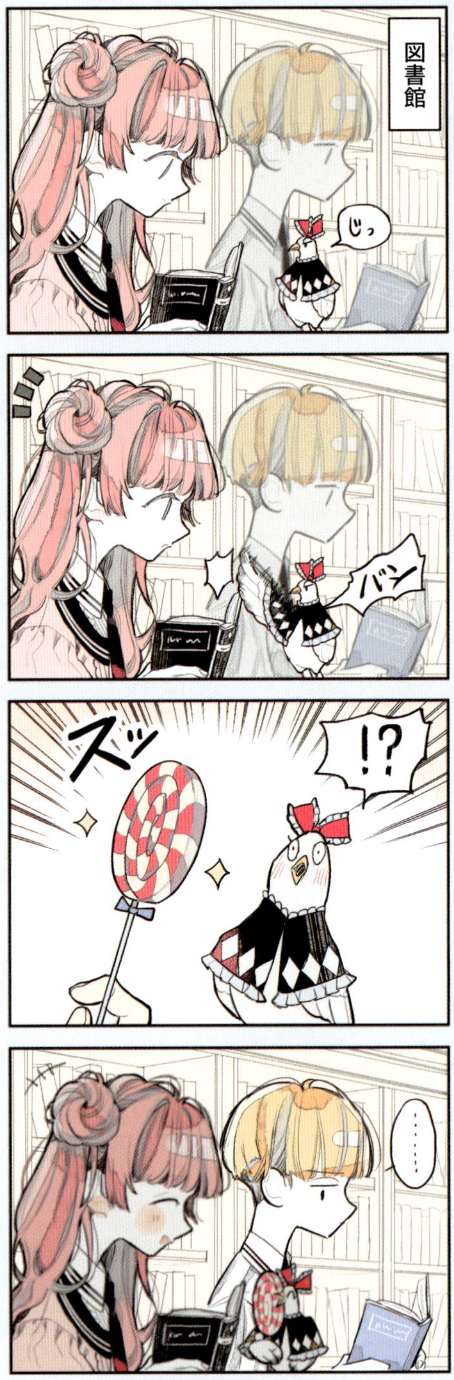

カナリアの日常

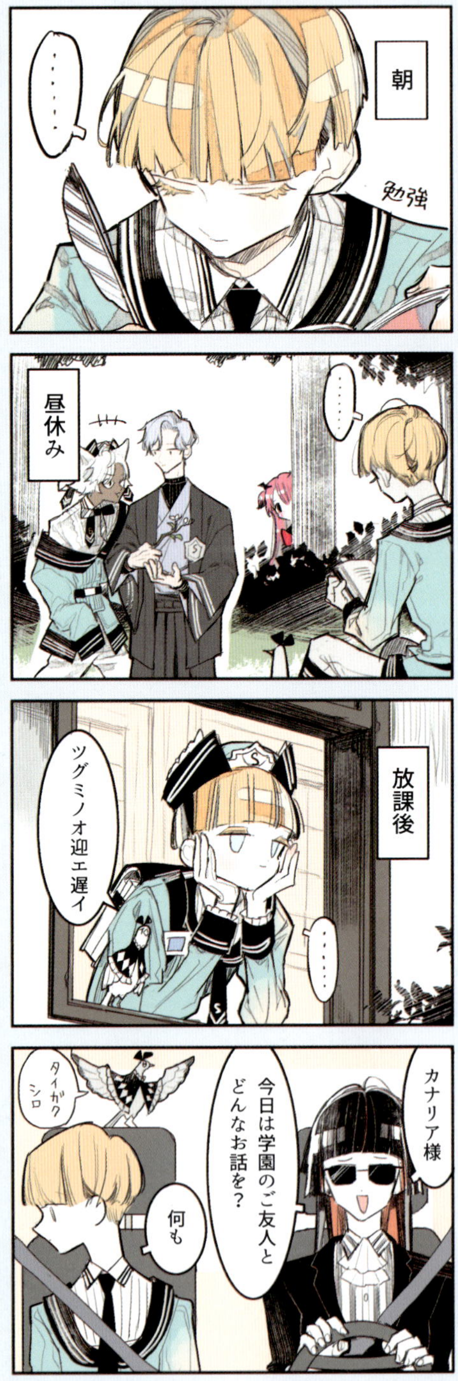

出演：カナリア、橘紫万、ブラン、Ruby、白石桃乃、佐倉周

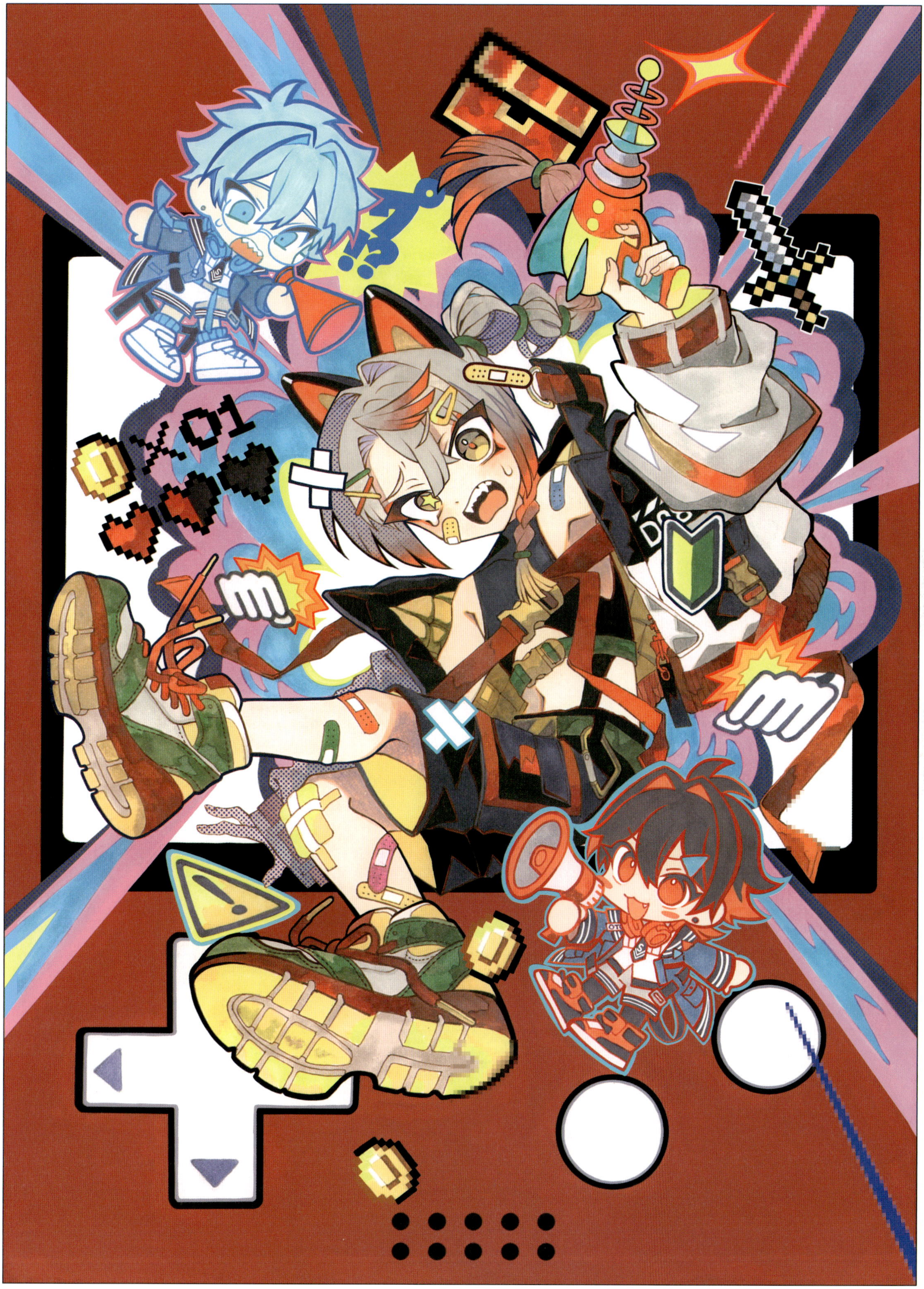

作：香琳 出演：古紺團八、朱青アサギ、朱青ザクロ

SS学園物語「蘭湖、パンティ仮面と出会う」　作者:こけし

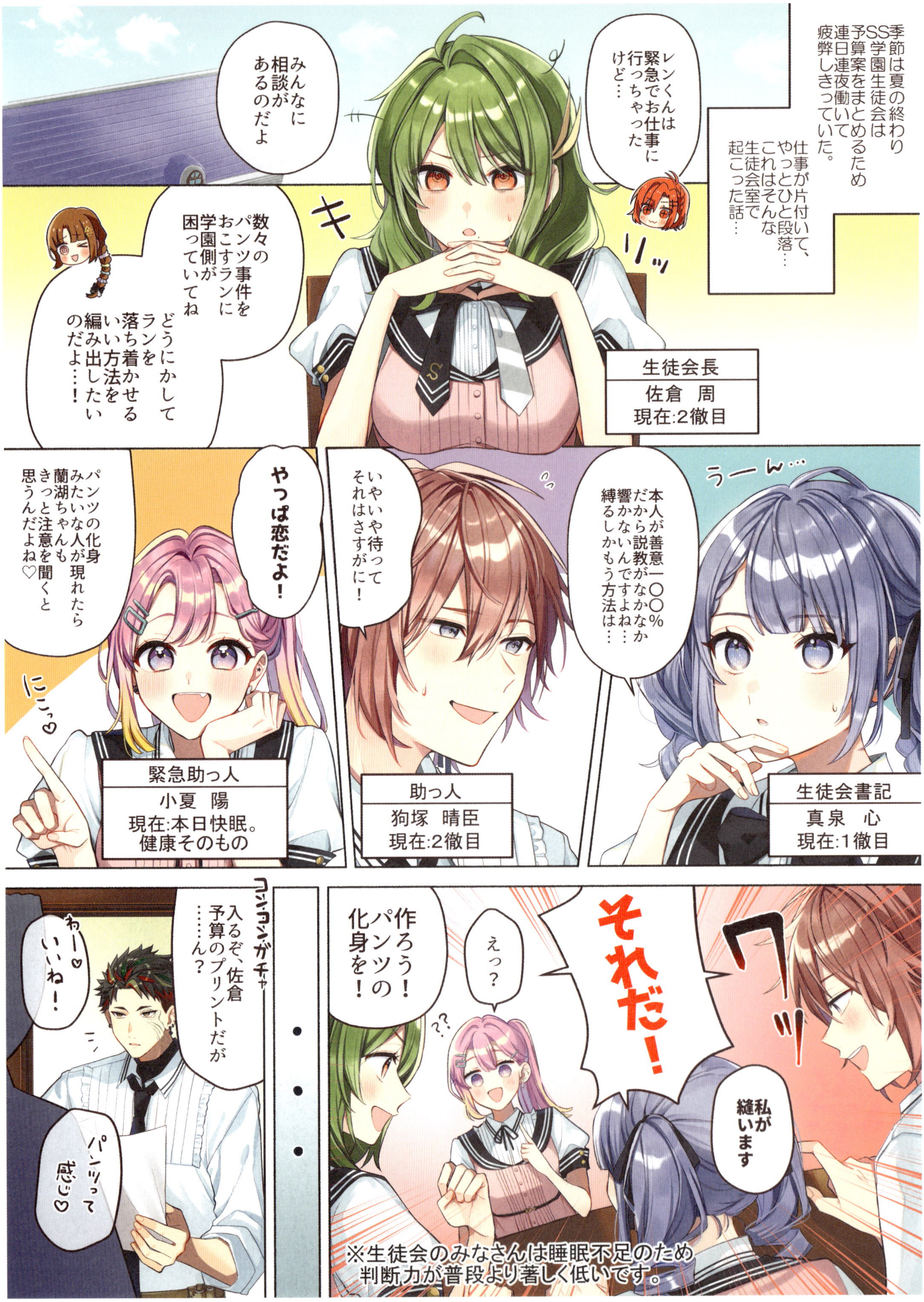

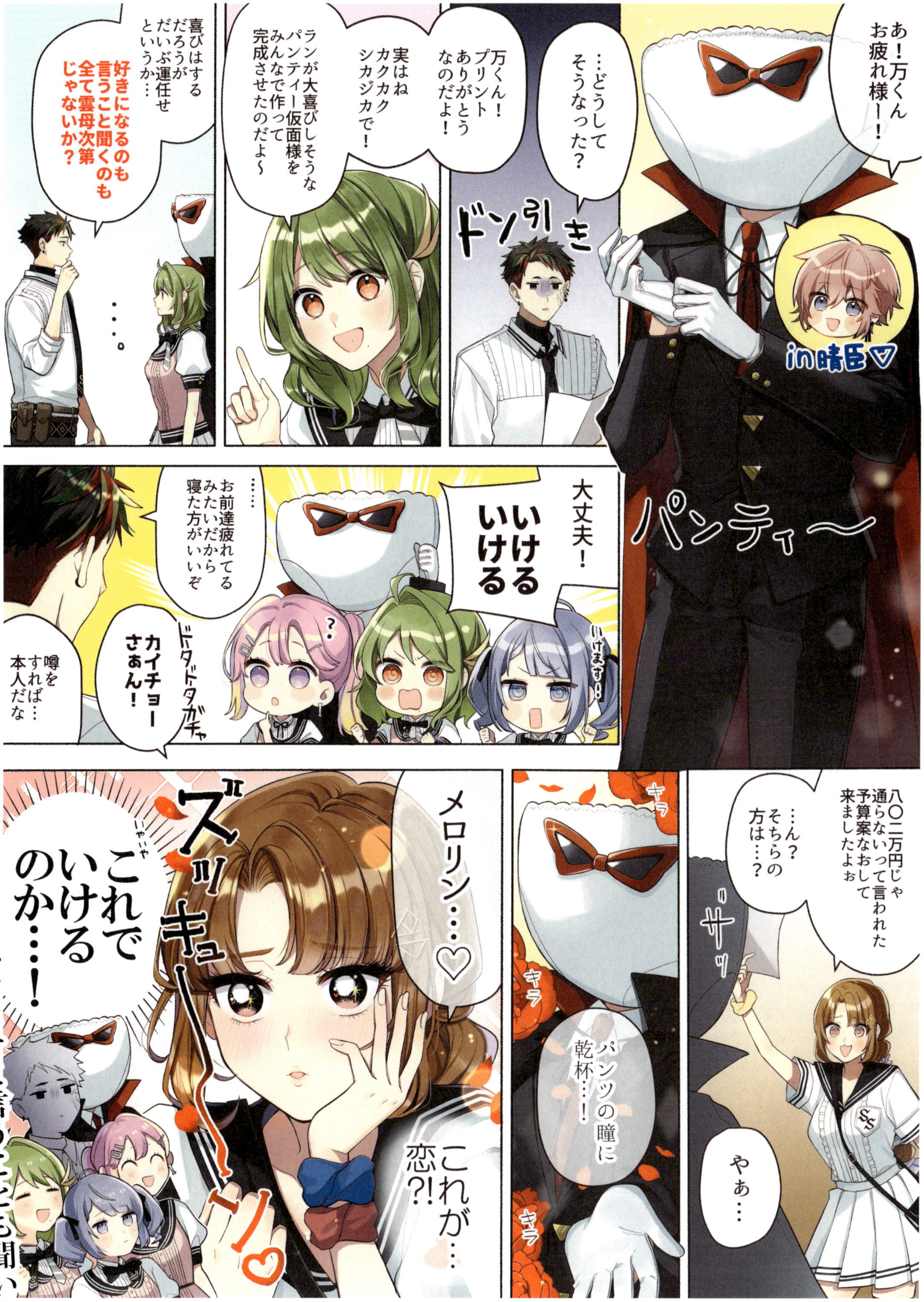

恋に落ちたし、そこそこ言うことも聞いた

出演：雲母蘭湖、佐倉周、橘カレン、真泉心、狗塚晴臣、小夏陽、万

「SS学園」投稿ガイド

制服ベースデザイン：ハモンド華麗

「ＳＳ学園」の生徒を自分で考える際は、このデザイン画を参考に、制服を描いてください。

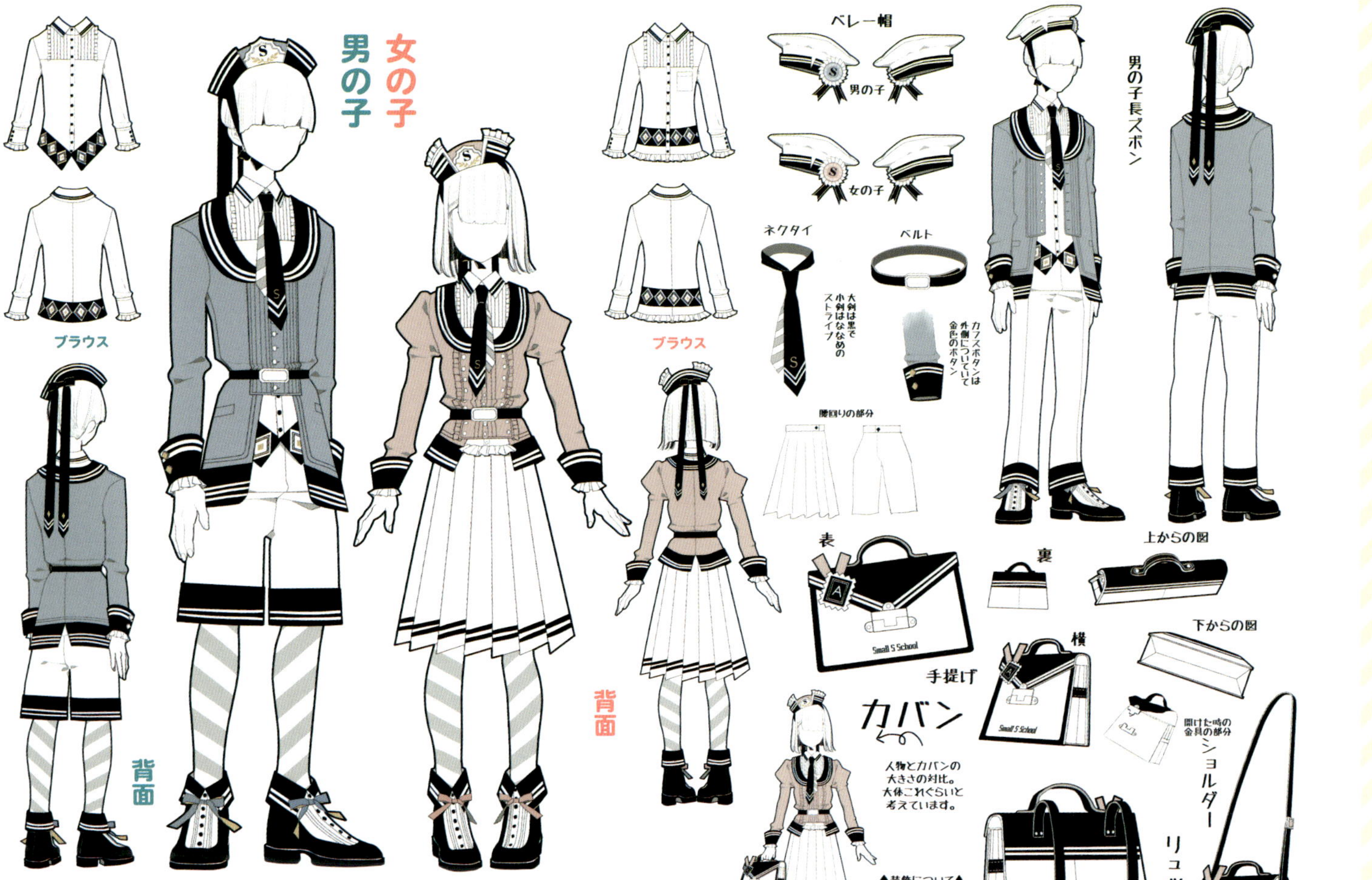

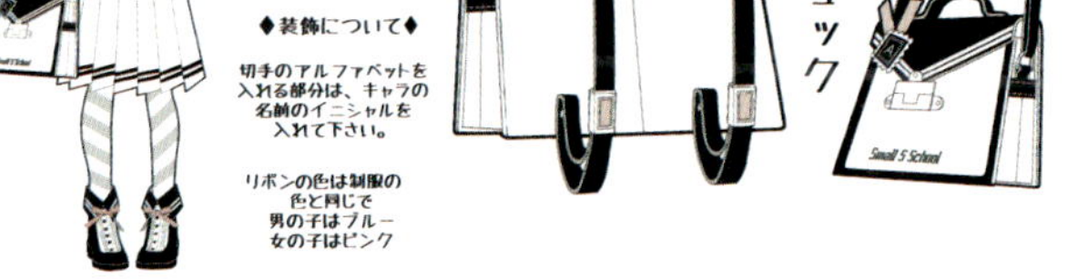

男子の半ズボン、長ズボンは自由に選んでください。帽子やベルトは装着自由。制服の色は、男子は青系、女子はピンク系ですが、細かな色味は自由です。全体的に制服はアレンジがOKです。細部は考えてくださいませ！

「SS学園」とは、とある国に、1388年に設立された私立の学校。もともとは全寮制のパブリックスクールだったが、現在は日本式の初等部、中等部、高等部で構成されている。世界中から入学を受け付けており、どんな出身、どんな生い立ちでも学校に入ることが可能。各国の政治を担う人材や警察関係者の子息も通っているが、「善に寄りすぎず、悪の美学も知れ」との教えから、闇社会や秘密組織の学生たちも在校。目立った立場の生徒も多いが、大半は普通の生活をする家庭の子供。様々な人と交流できるのも「SS学園」の魅力とされる。

入学案内
←
SS 学園の説明

注意!!

【創作物への注意事項】 SS学園を扱った有償のグッズや同人誌の販売は今後OKになります。
その際は同人誌の奥付、グッズの場合は告知文の中で、以下の事項を記してください。
●「SS学園」は、雑誌「スモールエス」の誌面企画です
●制服ベースデザイン：ハモンド華麗 （※こちらは公式の制服を描いた場合に入れてください）
また、他の作家のキャラを描いて販売をする際は、必ずお互いの作家同士で了解をとってください。

「SS学園」の生徒イラスト投稿募集！

1枚の紙に自分が考えた「SS学園」の生徒、もしくは今号に掲載された生徒を描いてください。絵の中に、キャラクターの名前、紹介文を書き入れてください。なければ掲載できない場合があります。人物紹介の文体は自由です。また、複数のキャラを描いても良いですが、それぞれの名前がわかるようにしてください。

最初の人物紹介が掲載された生徒は、その後に自由な形式で、絵や漫画を描いてOK。ただ、皆がわかるように人物名は絵に入れる！

●生徒は人外やファンタジー設定でもＯＫ。生徒会長や理事長など、選抜メンバーで描かれたキャラ設定は避けてください。なお、血縁や恋人など、近すぎる固有の関係は避けてください。相手のキャラ設定に大きな影響が出ます。

●他の作家さんの生徒を描く場合は、その人のペンネームとキャラ名も絵に入れてください。

郵送時の応募コーナー名
「スモールエス●●号 SS学園係」

カラーイラスト、モノクロイラスト、１ページ漫画を募集します。掲載はカラーページです。

※●●には、送付時に募集している号数をお書きください。

※データ投稿の場合、応募コーナー名は投稿画面での選択式になります。応募時に「SS学園」を選択ください。

※絵の中に、キャラクターの名前と設定文を書き入れてください！ 絵のみの投稿は不可。キャラ名と、初回はキャラ説明を入れるのが必須です。

NEXT 投稿の締切

2024 **5/23** 当日消印有効

「SS学園」公式設定資料集 発売中

「SS学園」の初代選抜メンバー18人のキャラクターの設定、学園の建物などの美術設定が収録されたSS学園公式設定資料集が、BOOTHで販売中。18人それぞれをメインとしたイラストや漫画作品も掲載されています。電子書籍です！ ぜひチェックしてみてください～！

https://kikan-s-ss.booth.pm/

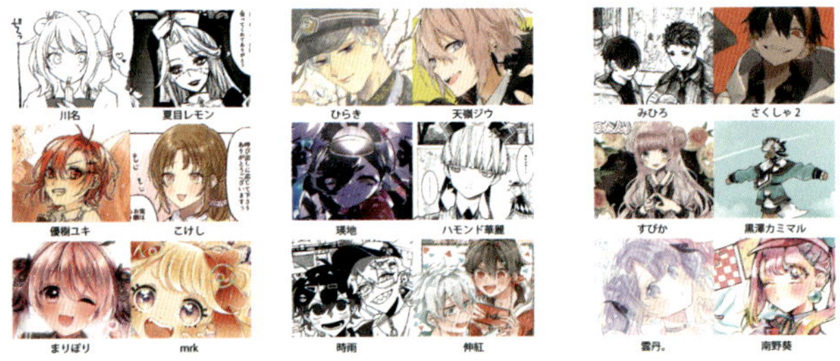

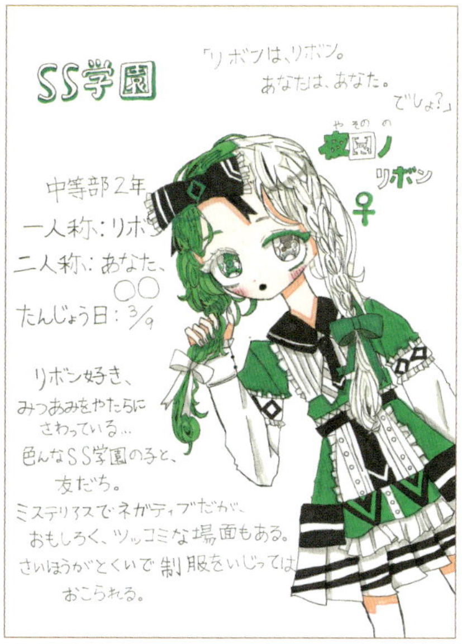

静岡県・参月みすず・10歳

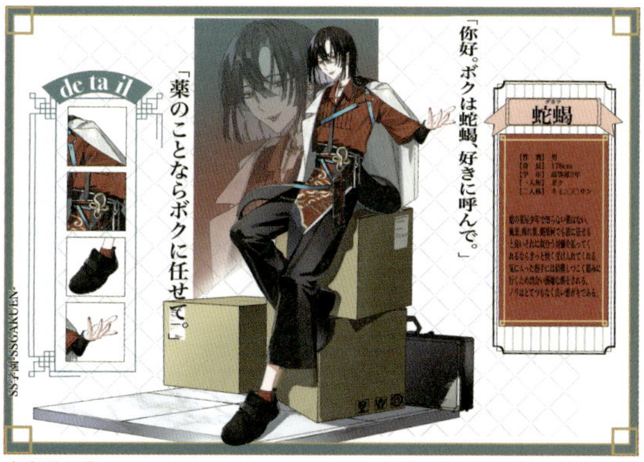

広島県・⑨

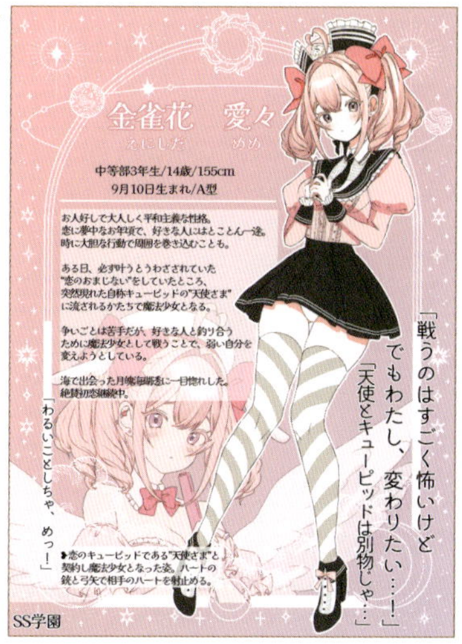

静岡県・はないも

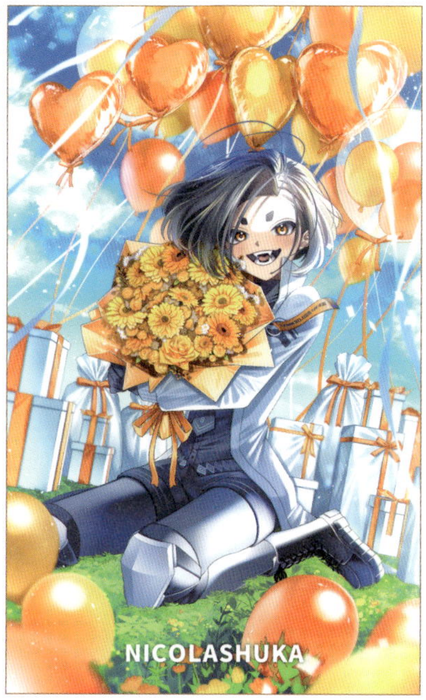

滋賀県・真田しろ

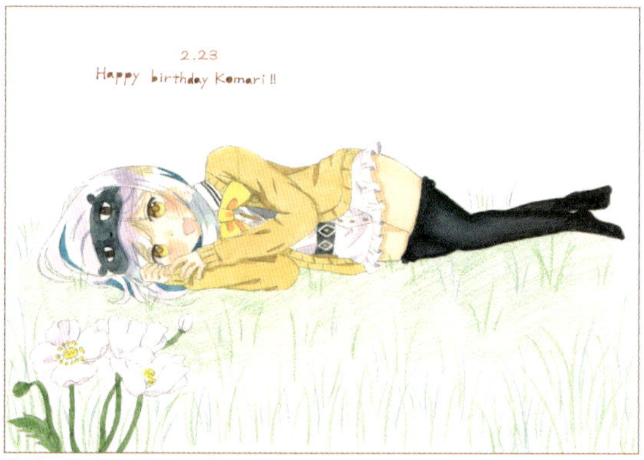

茨城県・めーたん・15歳

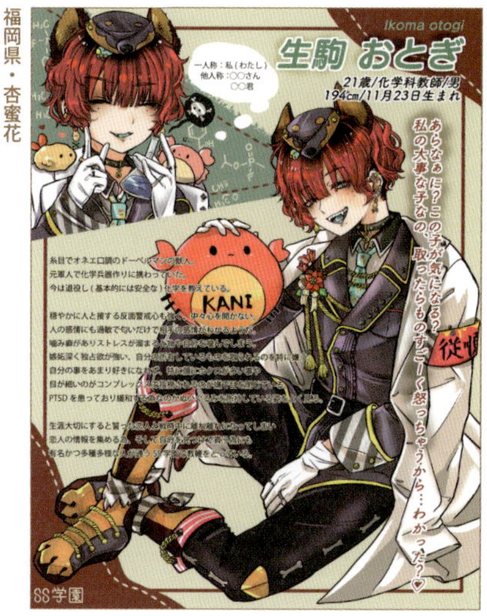

福岡県・杏蜜花

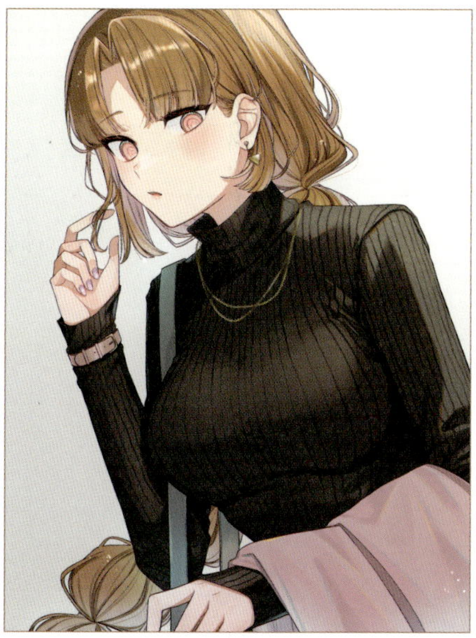
愛知県・こけし

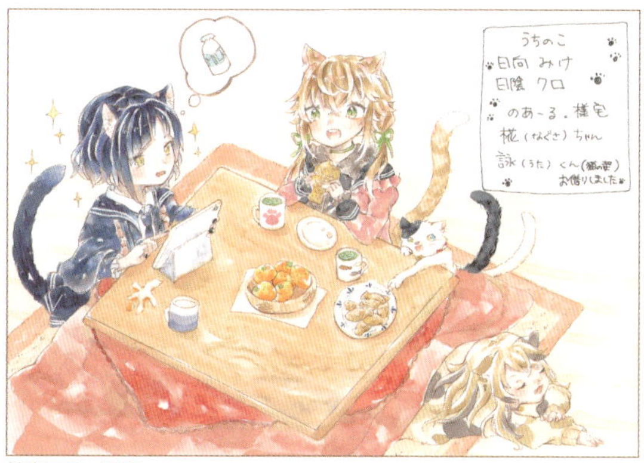

神奈川県・梨玖

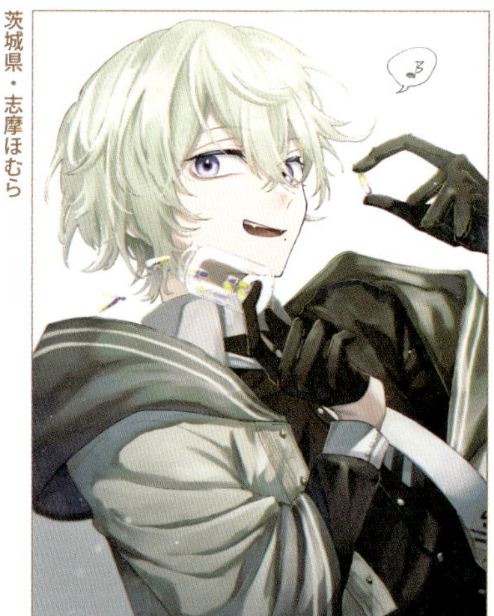
茨城県・志摩ほむら

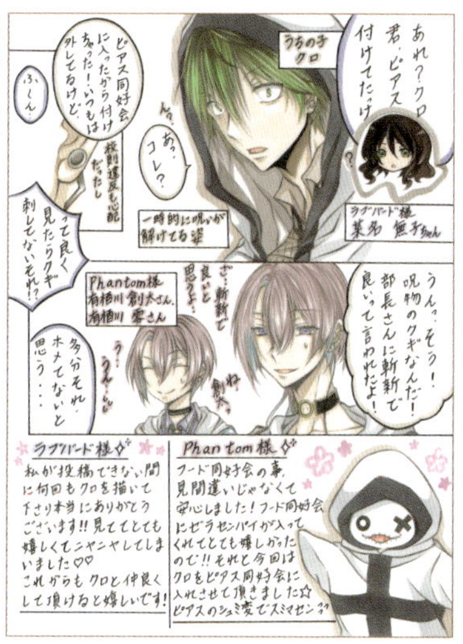

東京都・黒羽

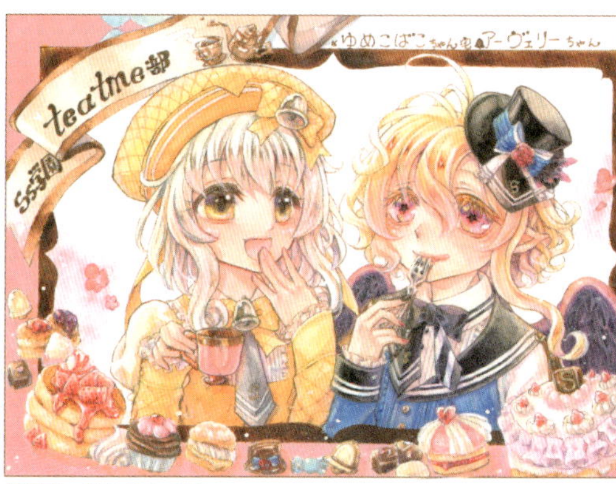

千葉県・ひなのうさぎ

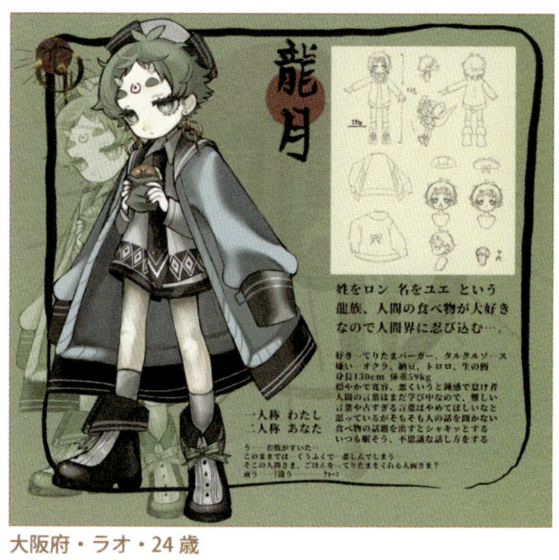

大阪府・ラオ・24歳

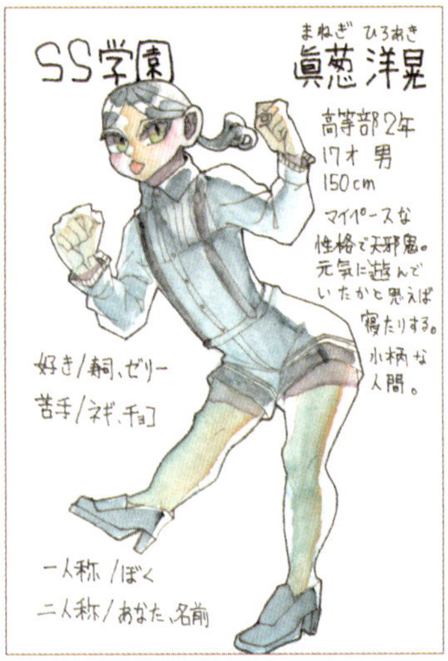

長崎県・橘らのま

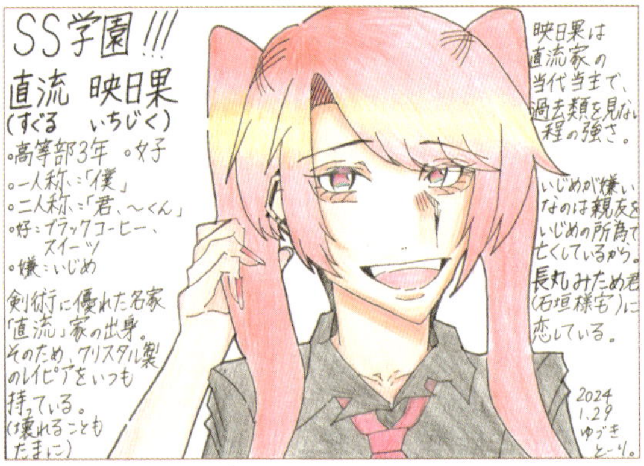

神奈川県・雪月風凛・17歳

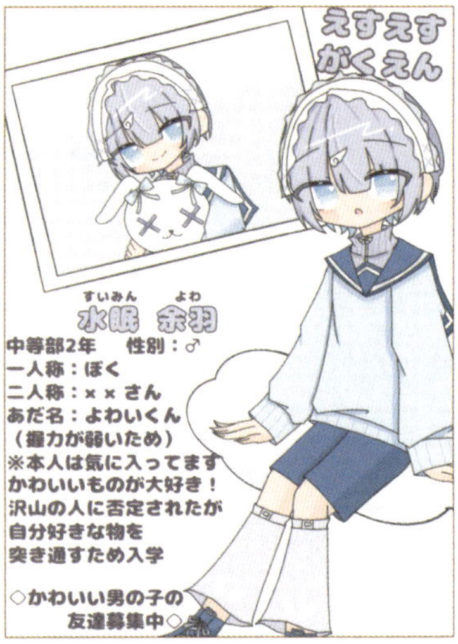

愛知県・瑠璃萩

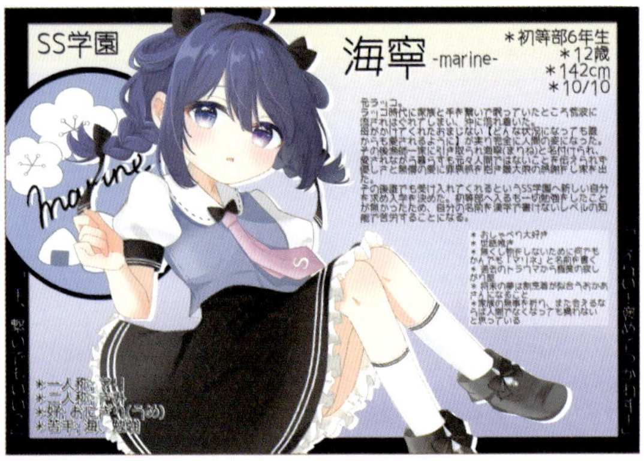

宮城県・なべしき

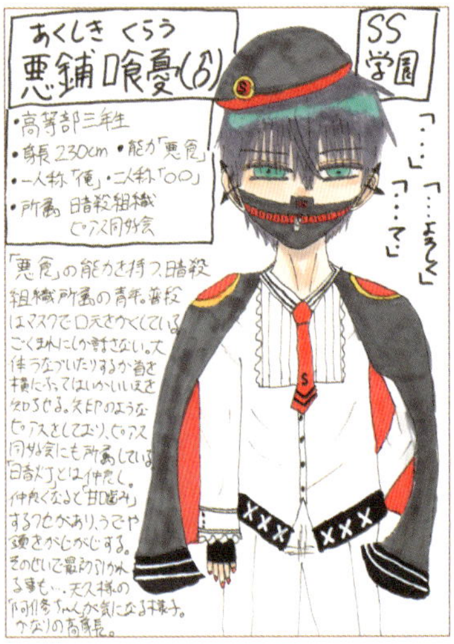

熊本県・月黒守・27歳

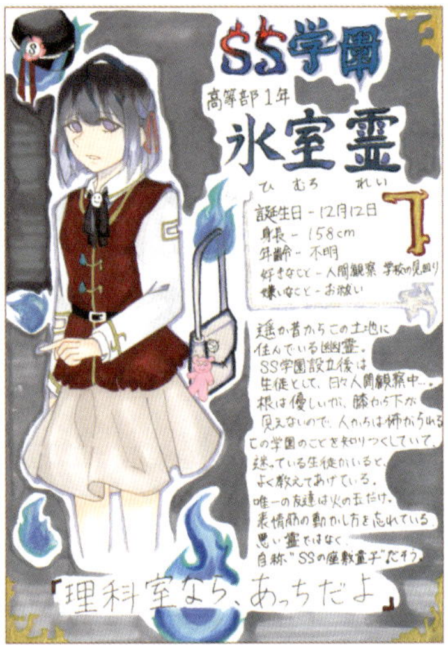

福岡県・エキゾチック・パーカー・14歳

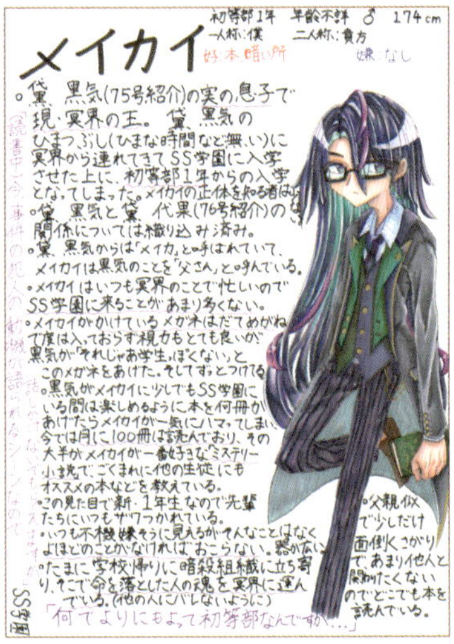

鹿児島県・ごまたに・14歳

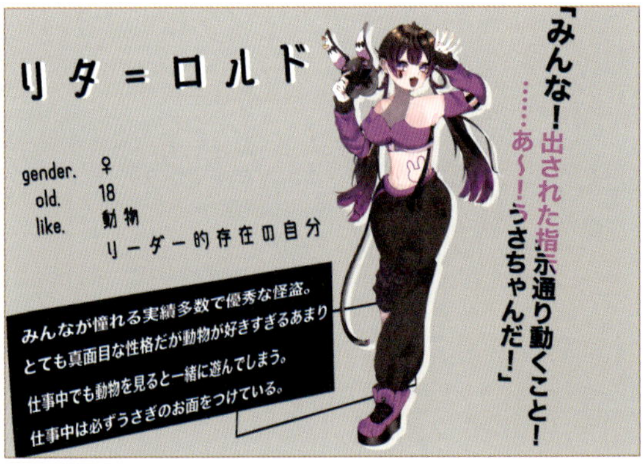

東京都・ろあ

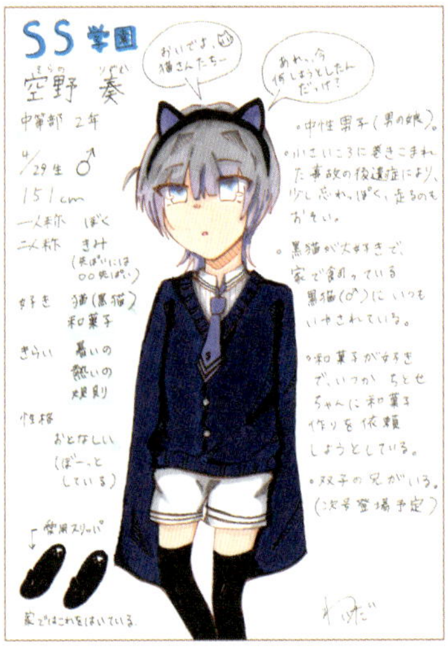

福島県・Y田(よこた改め)・12歳

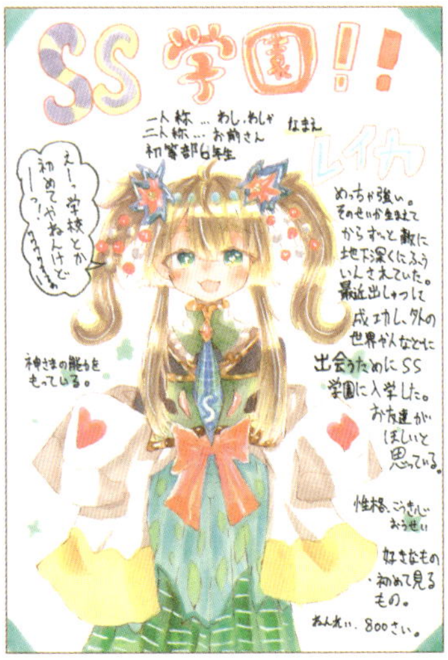

神奈川県・おくら・12歳

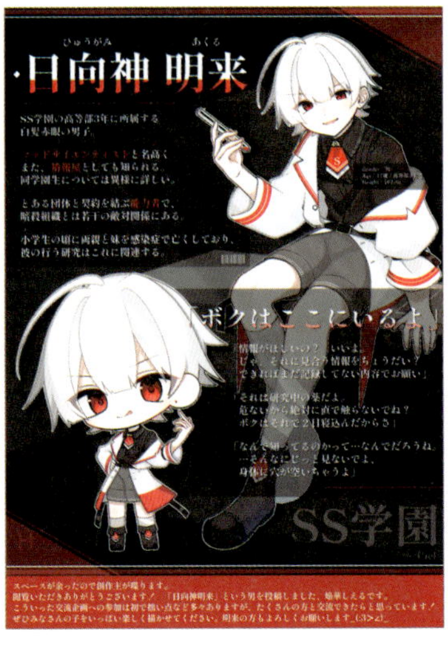

岐阜県・焔華しえる・16歳

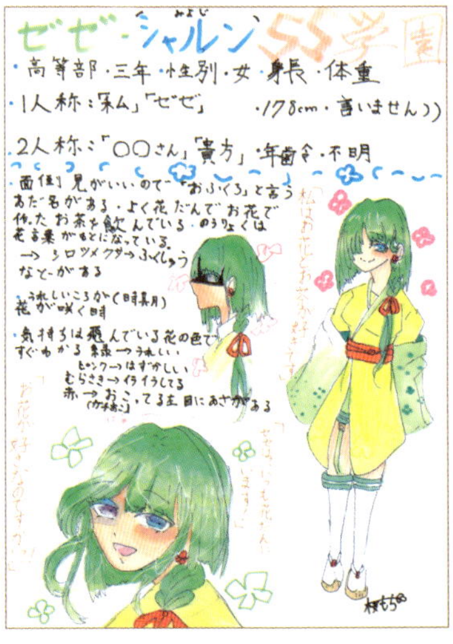

桜もち

SS GAKUEN

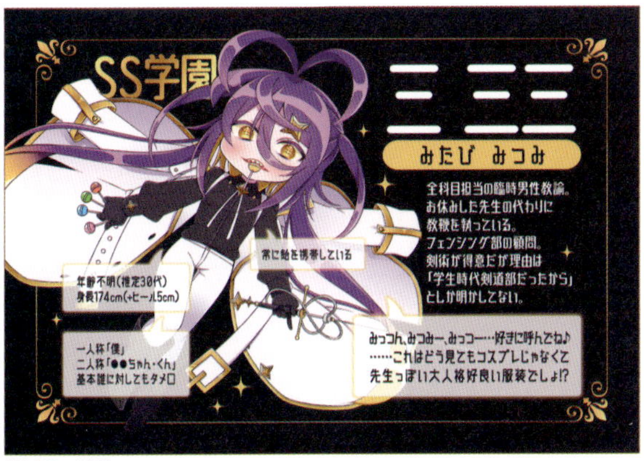

茨城県・練乳。

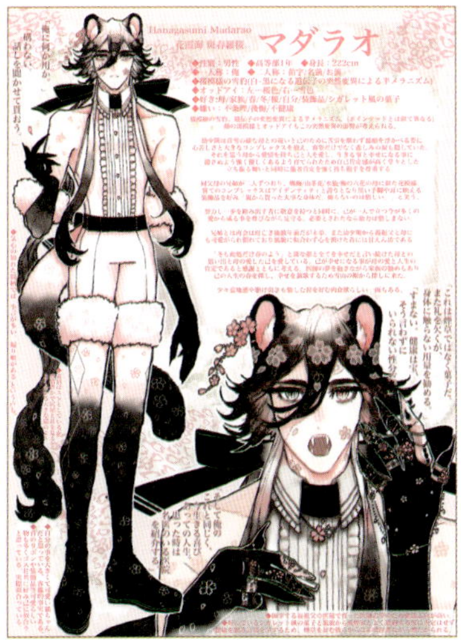

高知県・まろやか

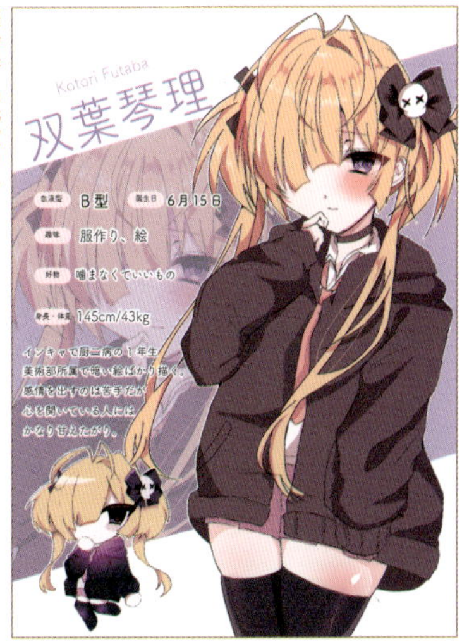

福島県・中野ぷりん

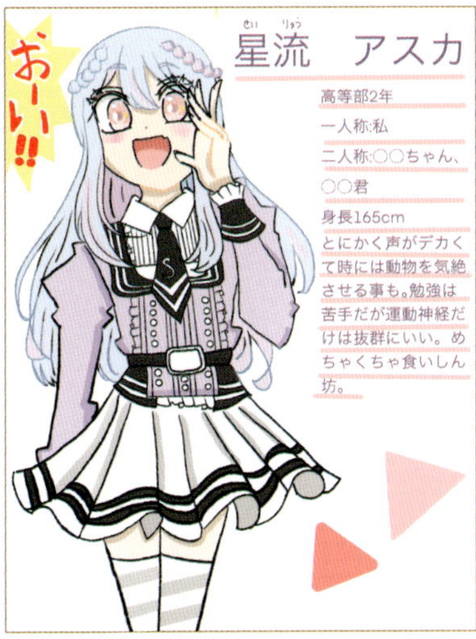

東京都・まどか・9歳

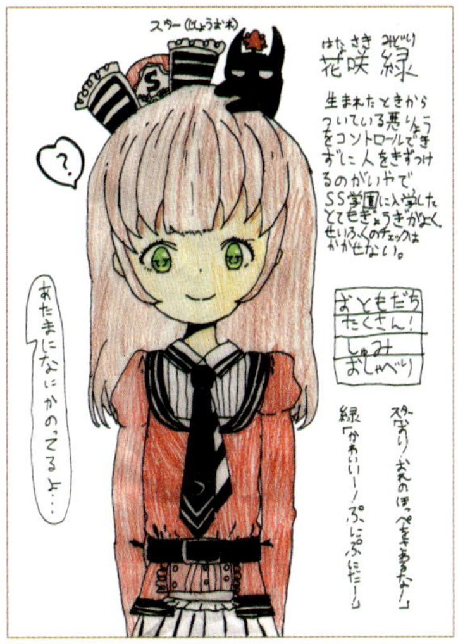

東京都・とうもろこしふりかけ・9歳

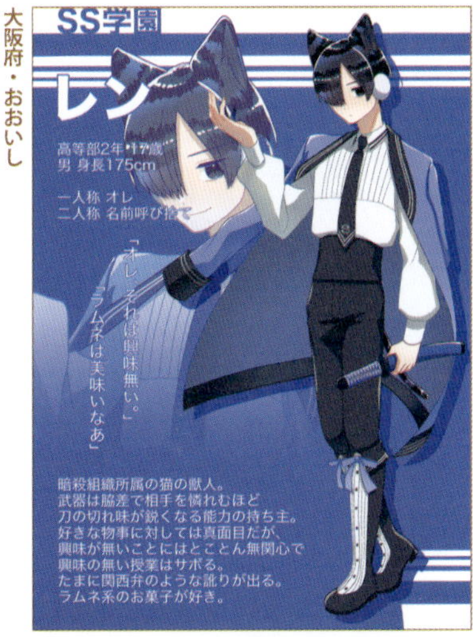

大阪府・おおいし

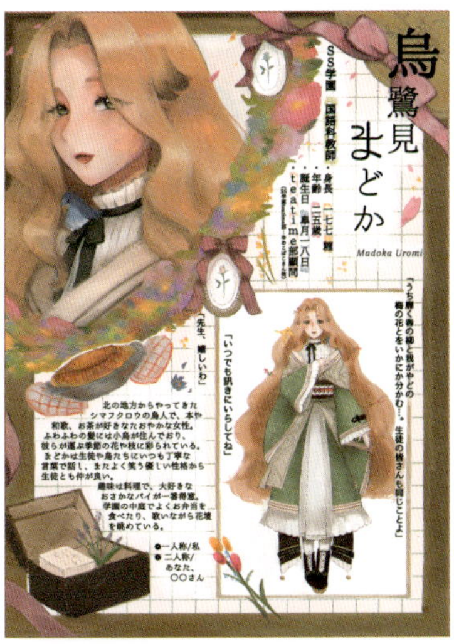

兵庫県・やお

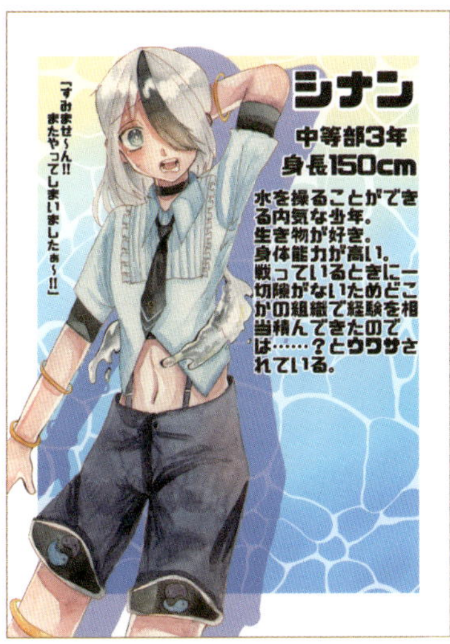

滋賀県・花月穂太琉・17歳

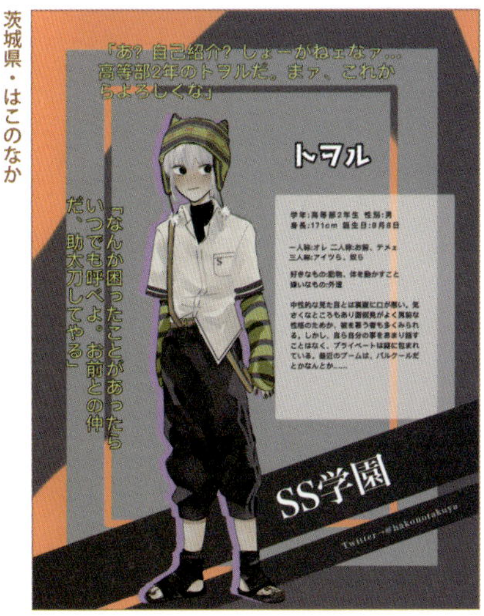

茨城県・はこのなか

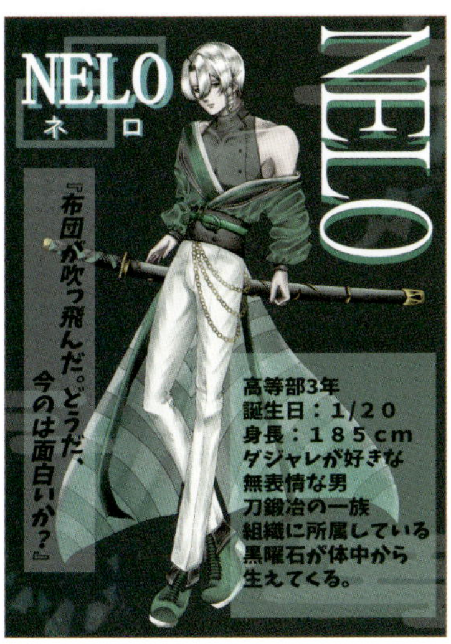

東京都・あおい藍(そぼろ改め)

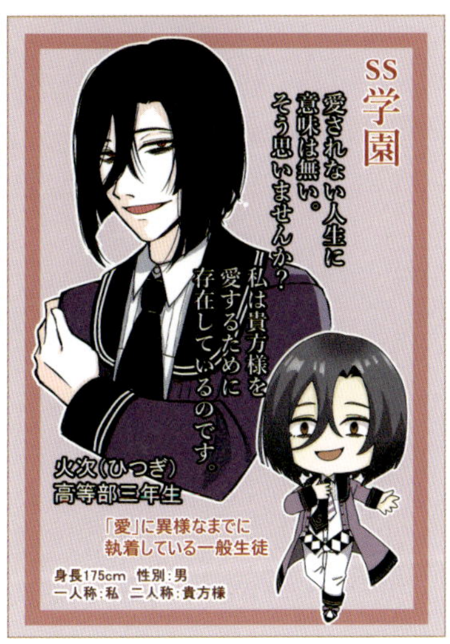

福岡県・白骨舞踏(くろのす改め)

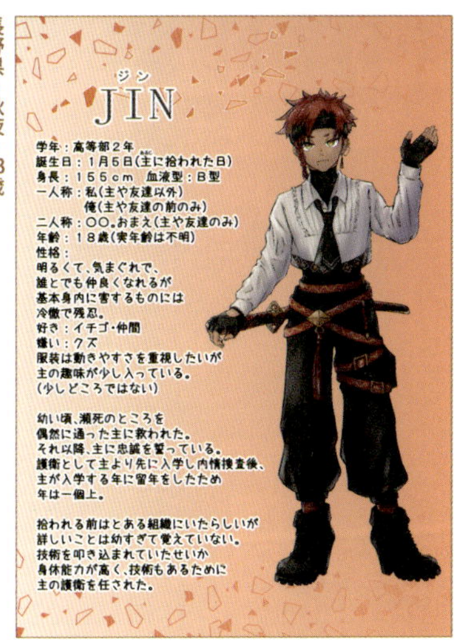

長野県・秋夜・23歳

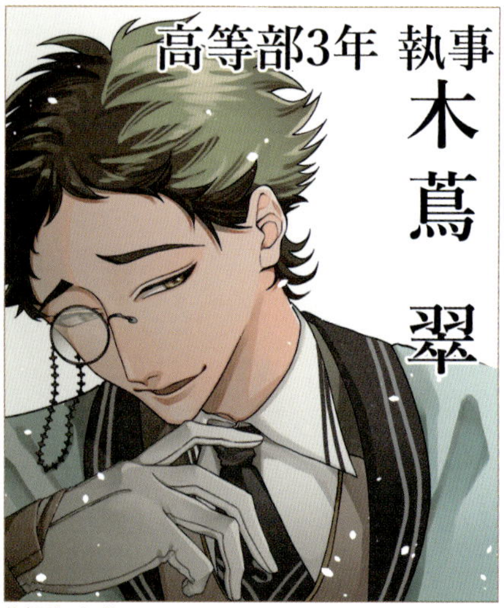

佐賀県・紅葉

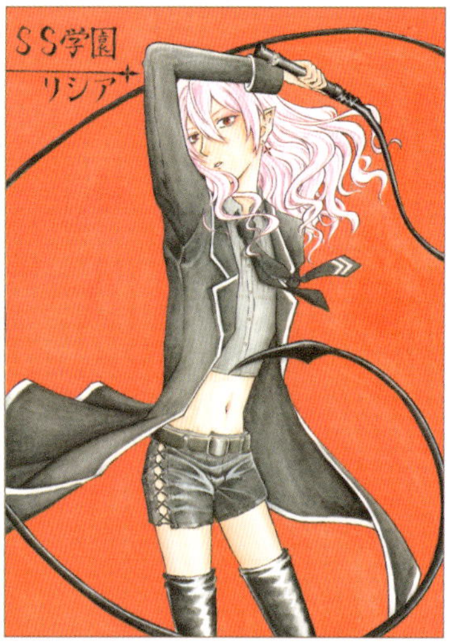

愛媛県・黒カガチ・29歳

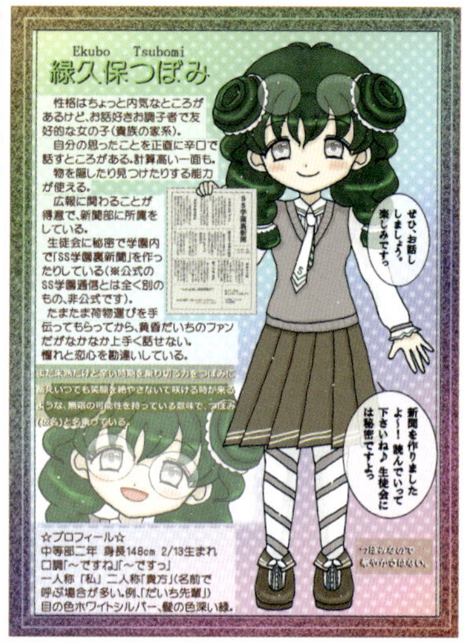

神奈川県・ゆめこばこ

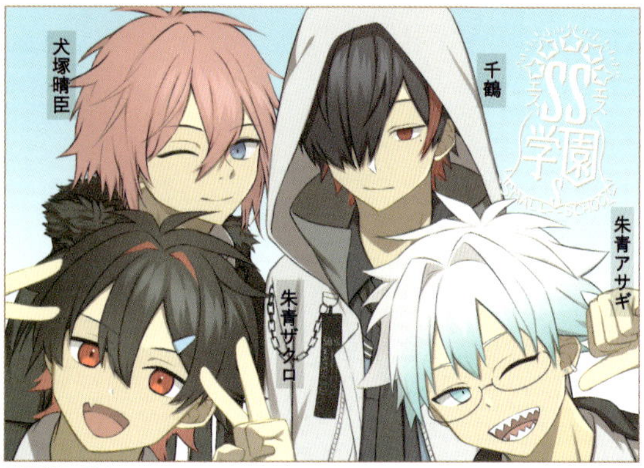

埼玉県・武右

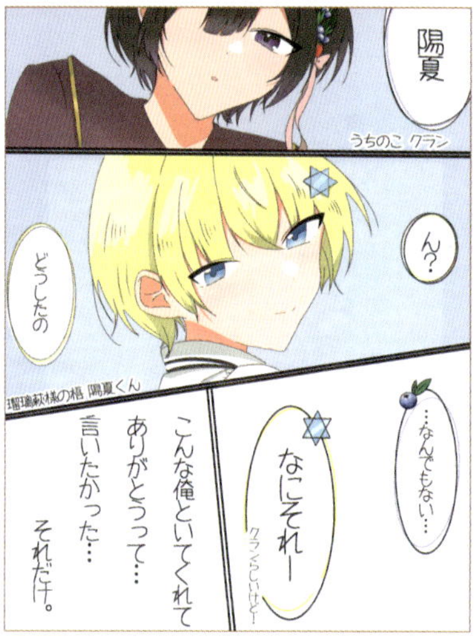

岡山県・月菟

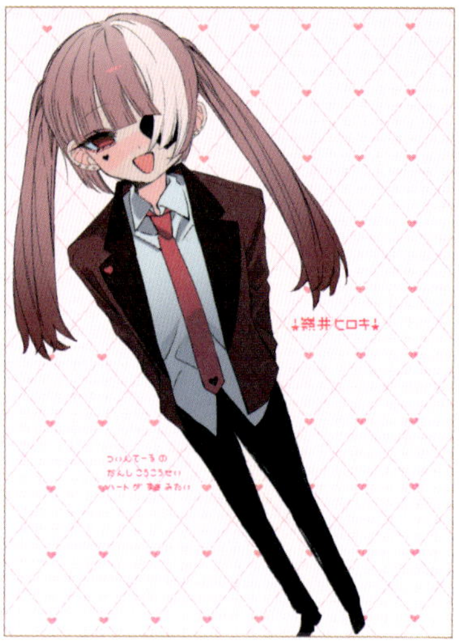
東京都・ぽんちゃん

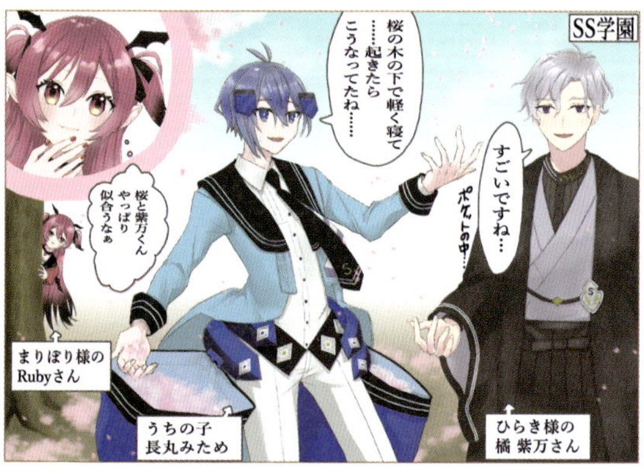

神奈川県・石垣

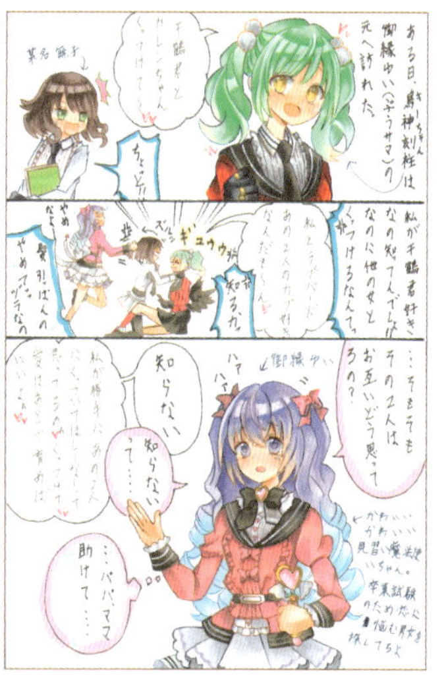
大阪府・ラブバード

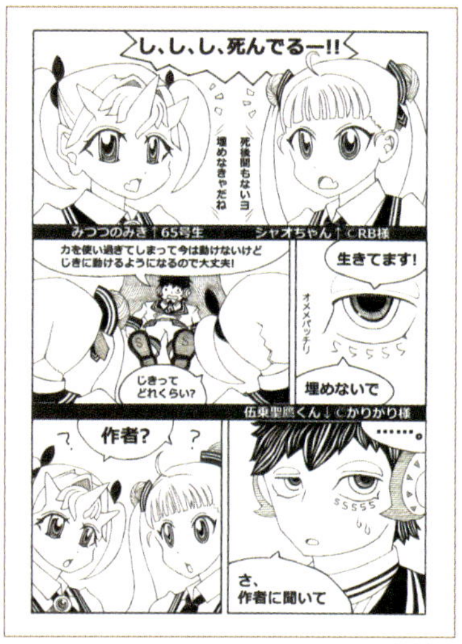

東京都・品一そとと

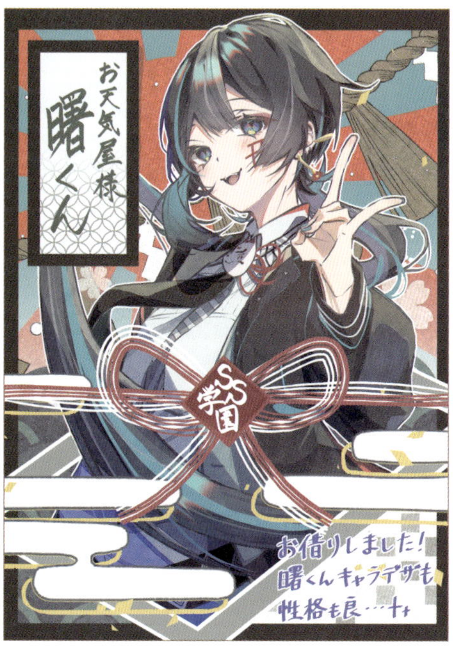

和歌山県・キ海月

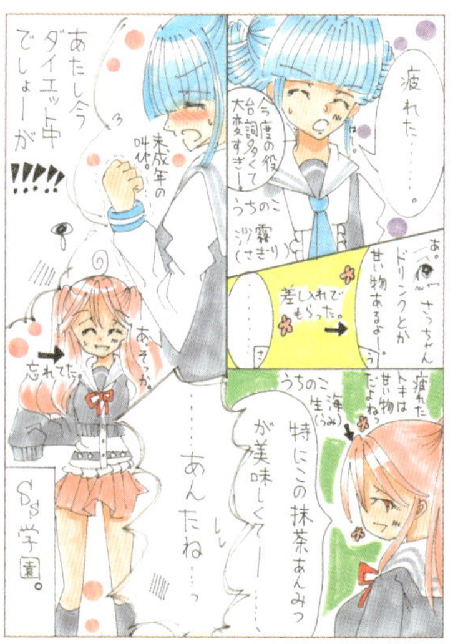

長野県・谷川りおん

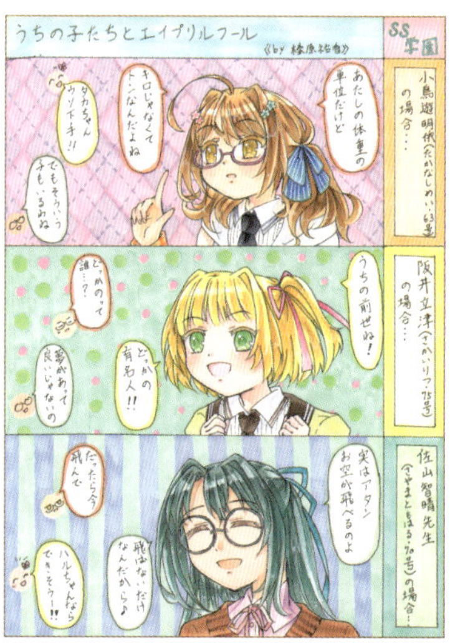

広島県・榛原祐香

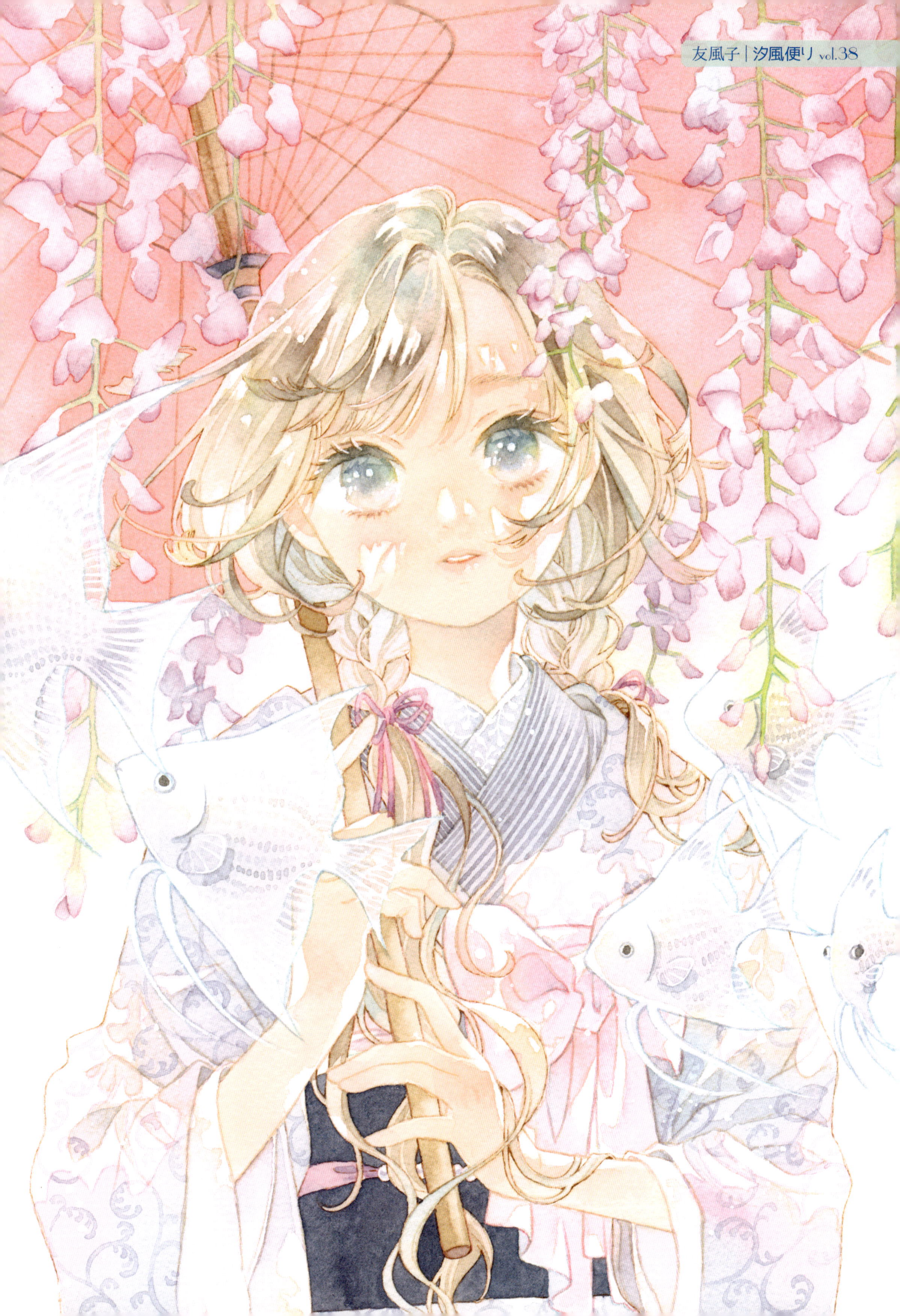

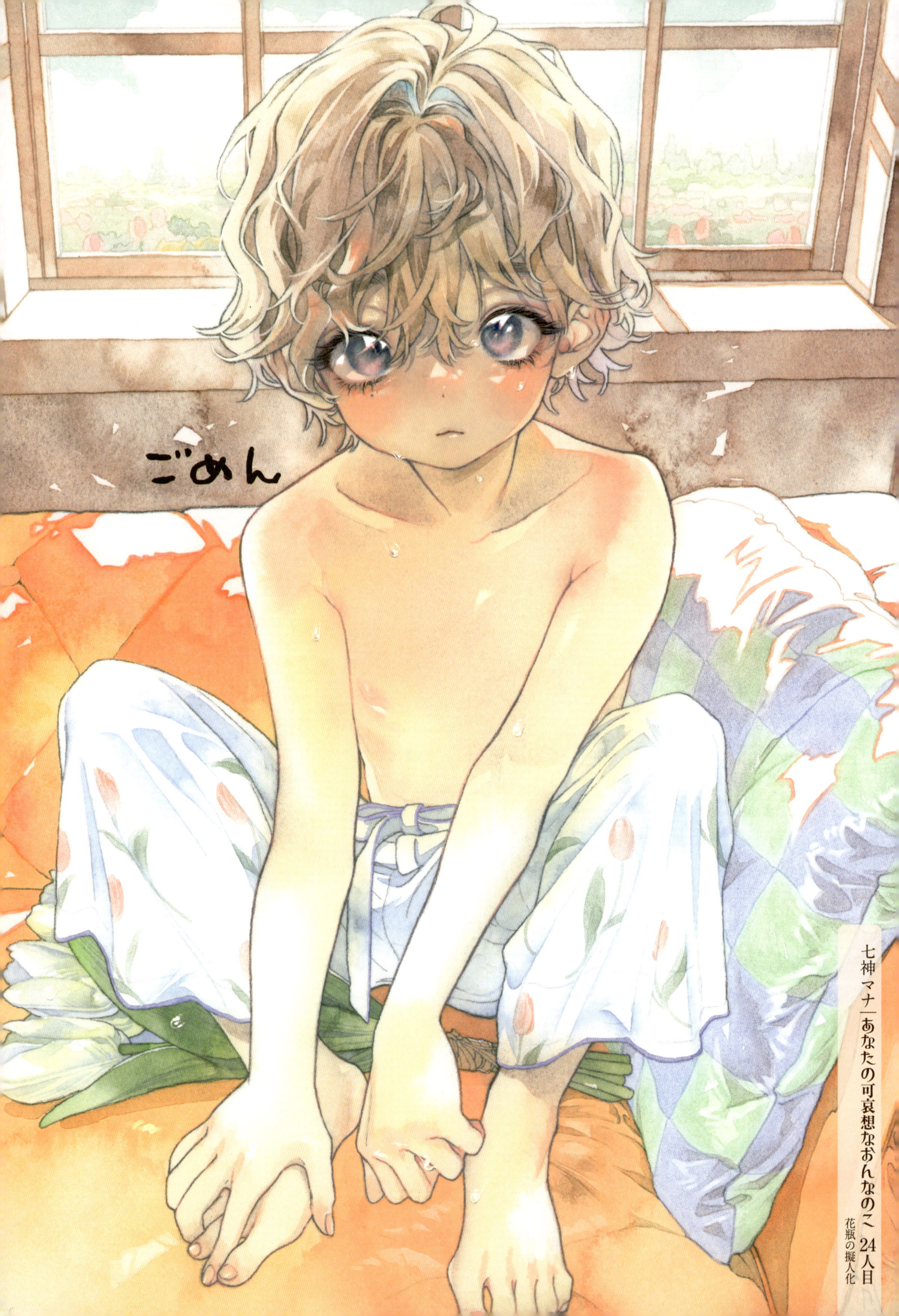

七神マナ｜あなたの可哀想なおんなのこ 24人目
花瓶の擬人化

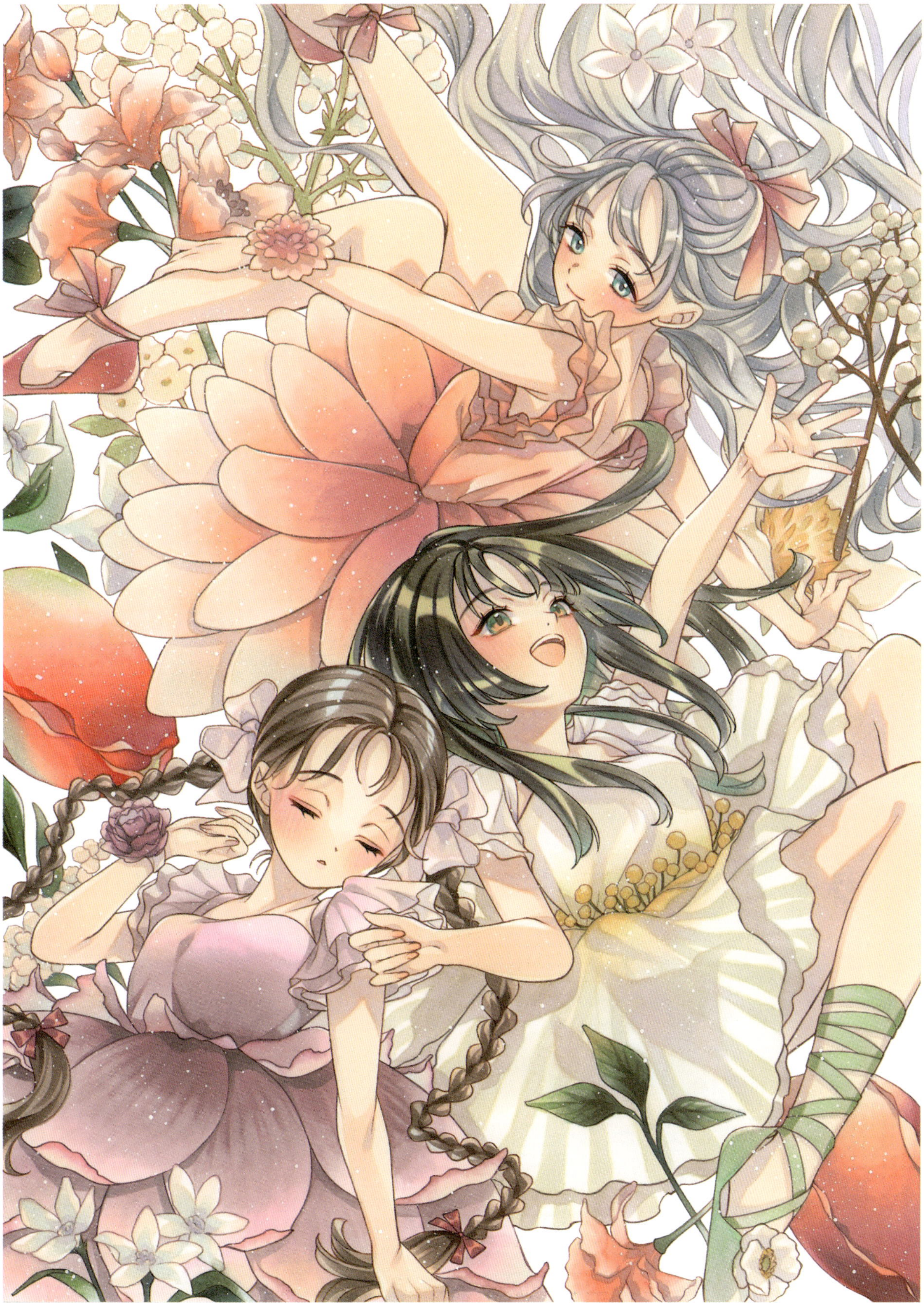

東京都・りーりん【コピック】

今号も投稿ありがとうございます～！　今回のフリー扉の絵は、りーりんさん。「花束をイメージして描いたイラストです。それぞれの女の子がお花になっています」とのコメント。ドレスが花びらやおしべになっていたりして、美しいキャラクターデザインです！

3人それぞれの表情も可愛い～。74ページのりふさんは、なまけぐまという動物とハニードーナツを描いた作品。ふわっとした髪と獣耳がとても愛らしいです。眼差しがいいですね！　mg3/めぐみさんは、「花で伝える　言葉のお話」とのコメント。お花がたくさんある部屋には、細かく見ていくと様々なアイテムがあって、世界観に引き込まれます！　深谷れぃさんは、「天使だから純潔ってだれがきめたの」というドキッとするコメントです。天使の虚ろな目つきやだらしない座り方、散らかった食卓が、そのテーマを伝えてくれます。

そして、75ページのことりはなさんは、久々の投稿ありがとうございます！　7年前にはメイキングもしていただきました！　春のモチーフに囲まれたお部屋で過ごす女の子が愛らしい。お花やスイーツの彩りもとっても素敵です！　あおやぎさんは、バレリーナを描いています！　鮮やかな青ですね！　線よりも塗りの面で形を見せたモチーフの表現も圧巻です。

陽向さんは、「眠りにつけば誰でも行ける夢の国は、誰かが見た物語の景色で、終わりのない夢幻郷だと感じて描いた作品です」とのコメント。構図も印象的！　こんぺ伊藤さんはさそりの擬人化！　女の子の可愛さとダークなファッションがキュート。妖艶で魅力的！

76ページのpotatoさんは、シマエナガと一緒に暮らす魔女の作品！　氷で彫刻を作ることが趣味だそうです。濃密ながらも流れを感じる画面が凄い！　ひよりこさんは、干支の龍を描いていて、髪や衣装と花、金で仕上げた装飾模様まで美しい！　ぷぅさんはキラキラなお姫様をイメージしたそうです。華やかな衣装とふわっと光る蝶も幻想的！

パールカラーさんの作品は広がる髪とドレスが鮮烈！　背景のケーキも可愛い。今号も投稿ありがとうございました。次回もぜひ皆さんの作品をお待ちしております！

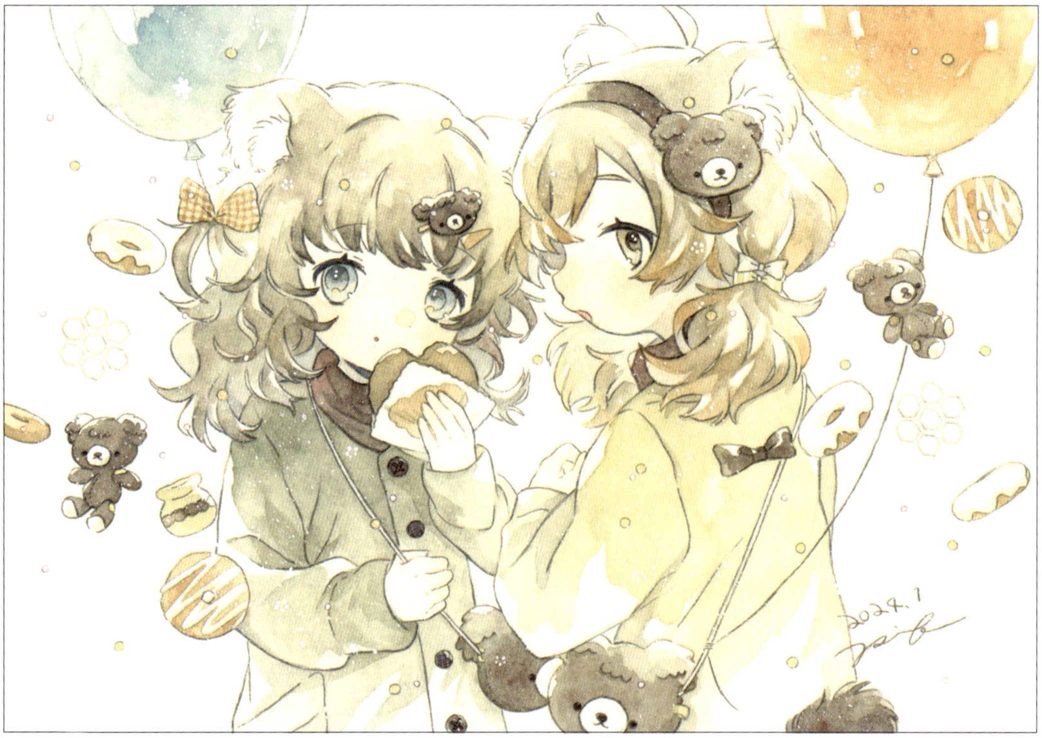

滋賀県・りふ【アルビレオ水彩紙・透明水彩・アクリルガッシュ・顔彩・シャープペンシル】

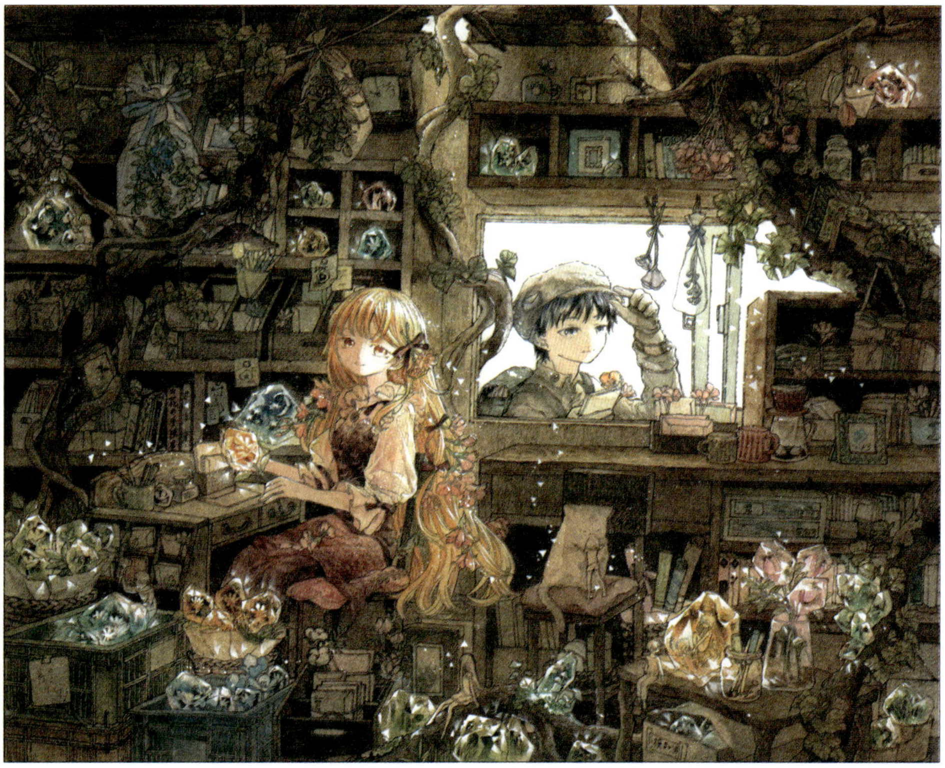

栃木県・mg3/めぐみ【Be art paper・ミリペン・透明水彩・不透明水彩・珈琲】

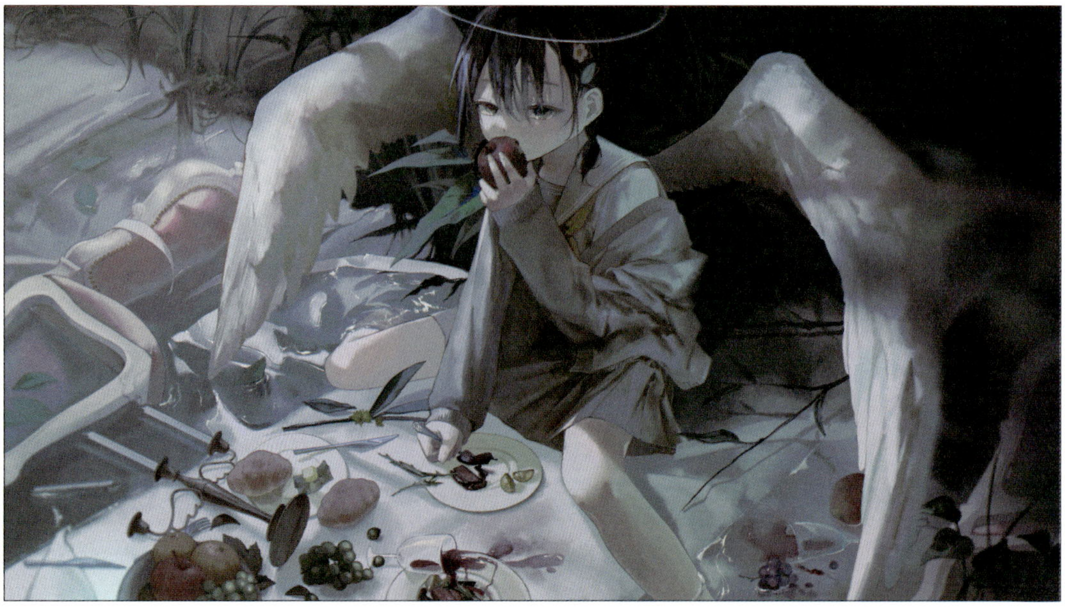

新潟県・深谷れぅ【CLIP STUDIO PAINT】

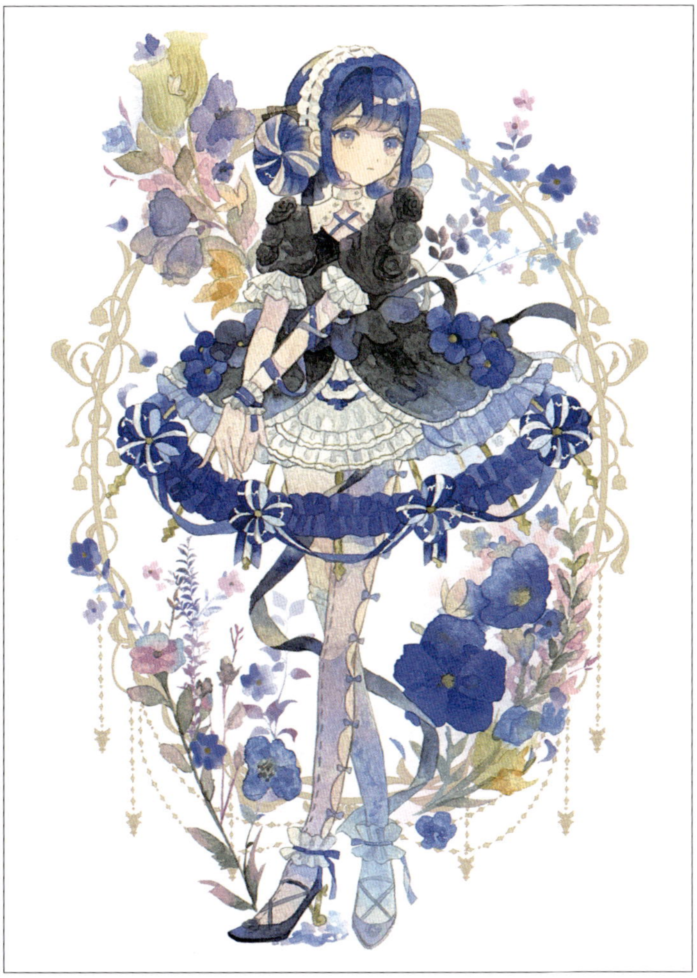

山梨県・あおやぎ【透明水彩・CLIP STUDIO PAINT】

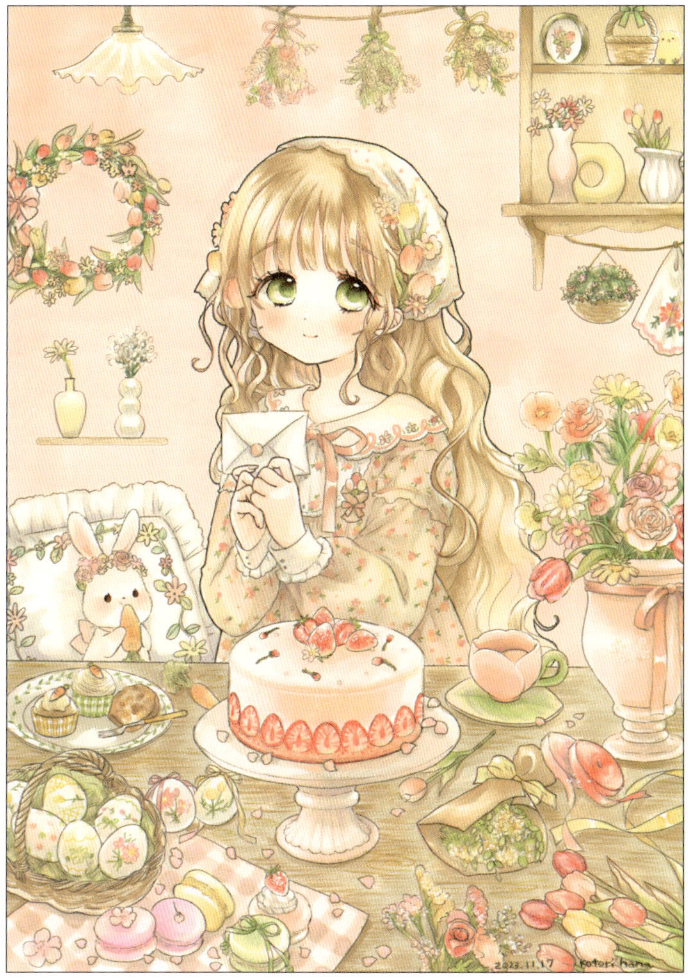

山梨県・ことりはな【コピック・コピックマルチライナー・水彩色鉛筆・極細ポスカ】

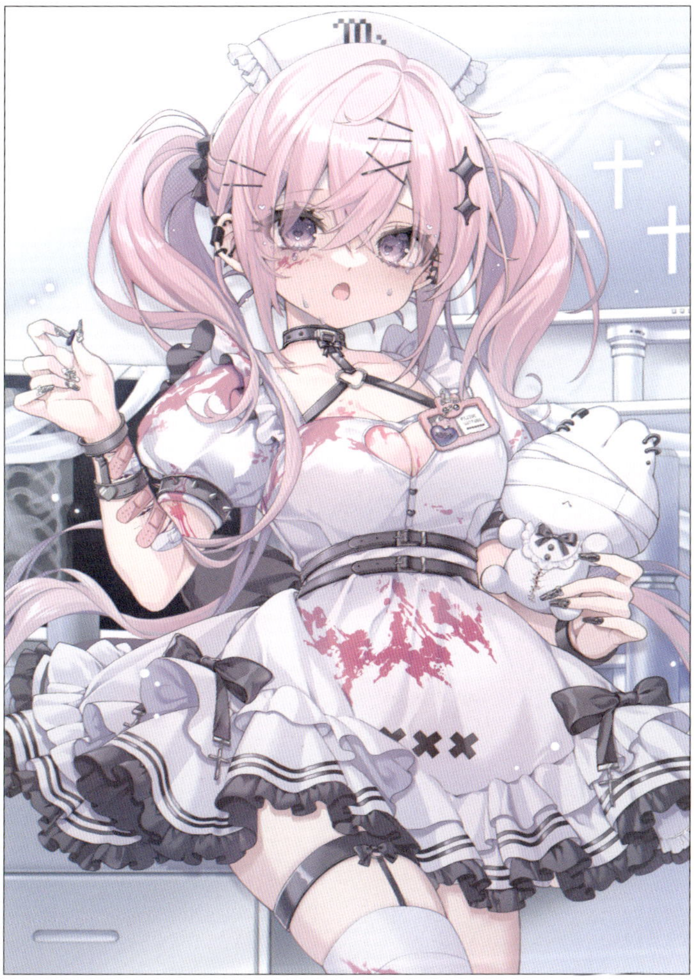

埼玉県・こんぺ伊藤・23歳【Photoshop】

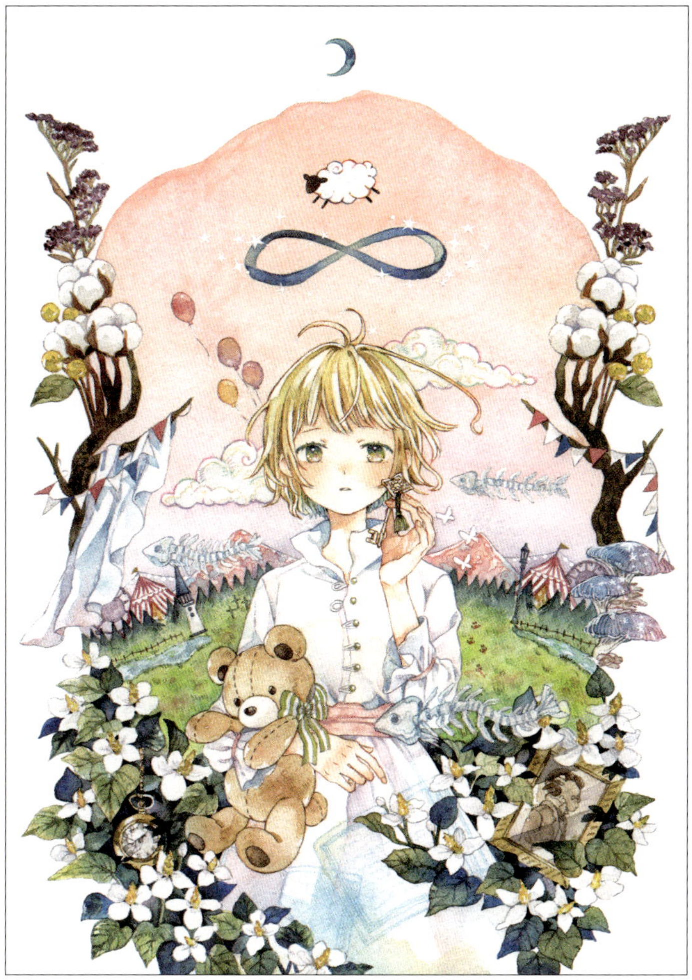

京都府・陽向【透明水彩】

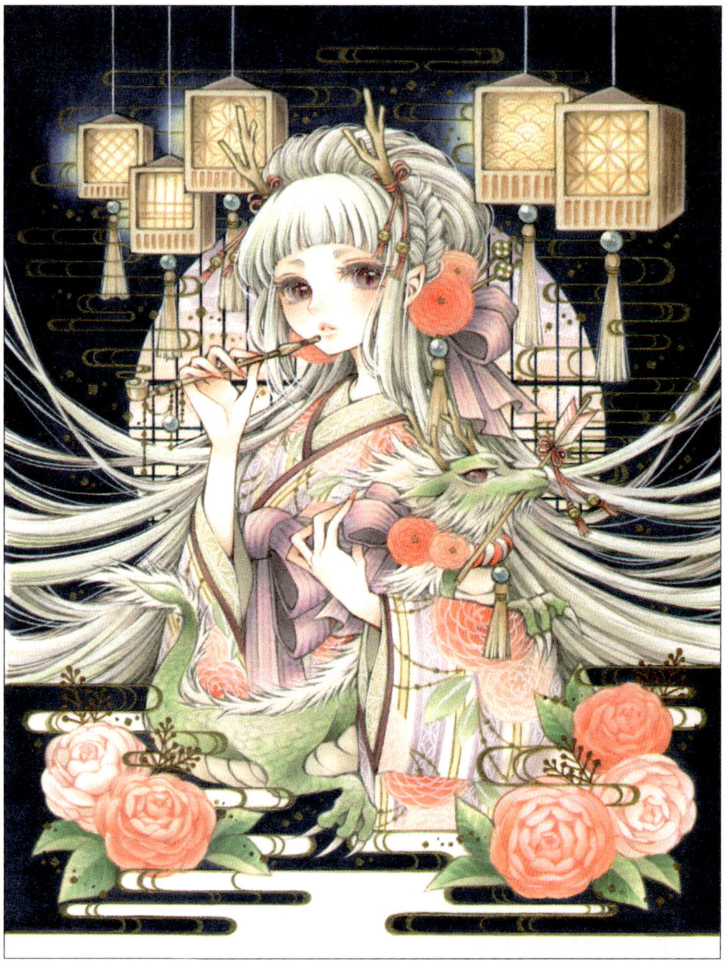

香川県・ひよりこ【コピック・色鉛筆】

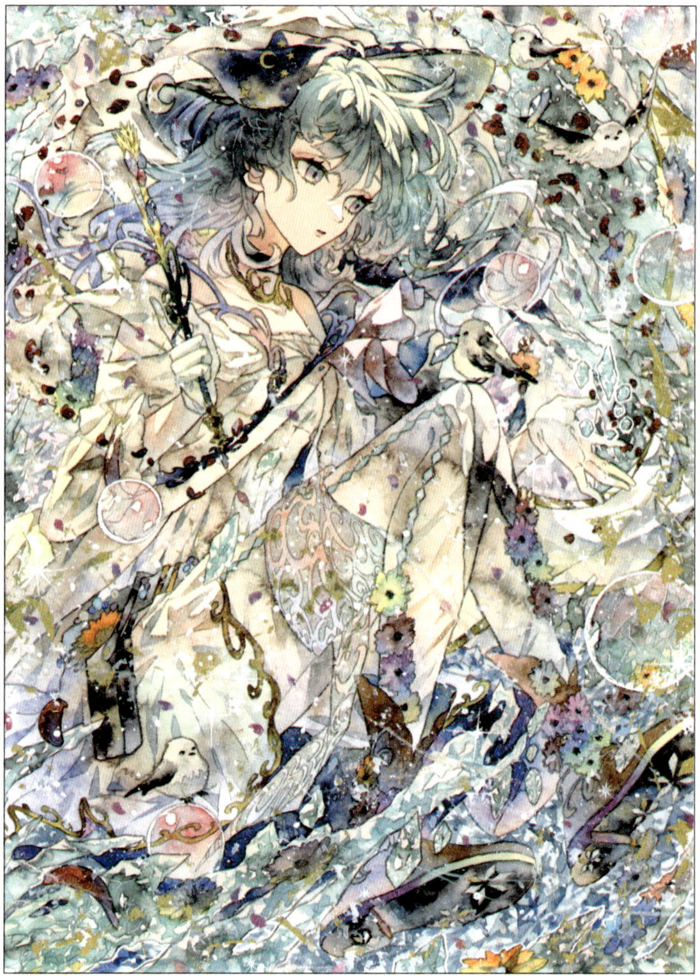

大阪府・potato【透明水彩・コピックマルチライナー】

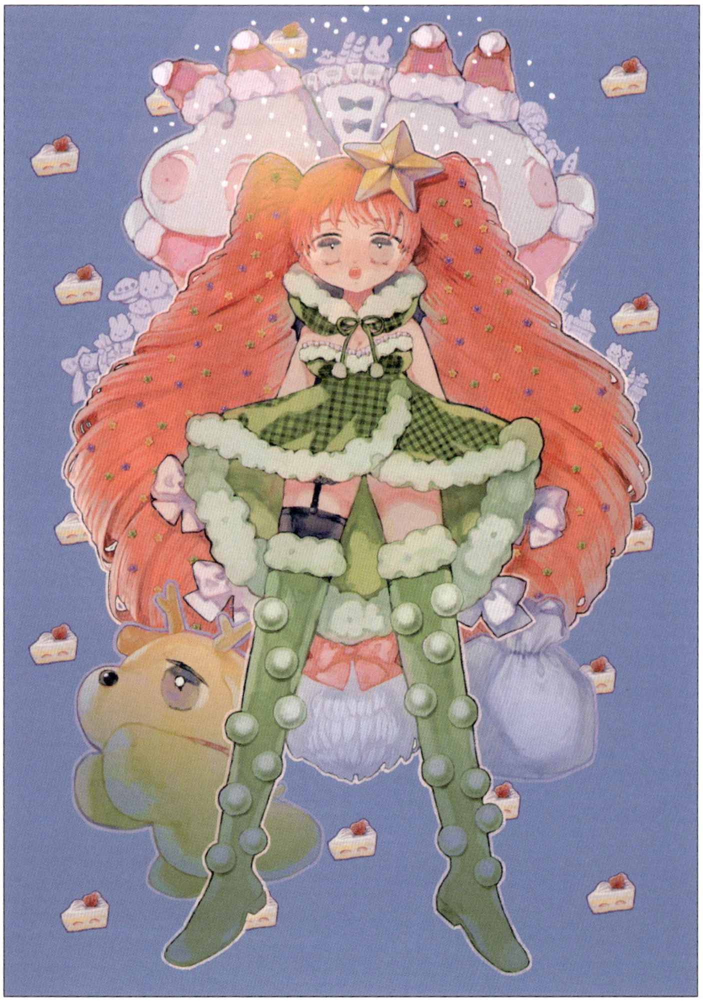

神奈川県・パールカラー【Procreate】

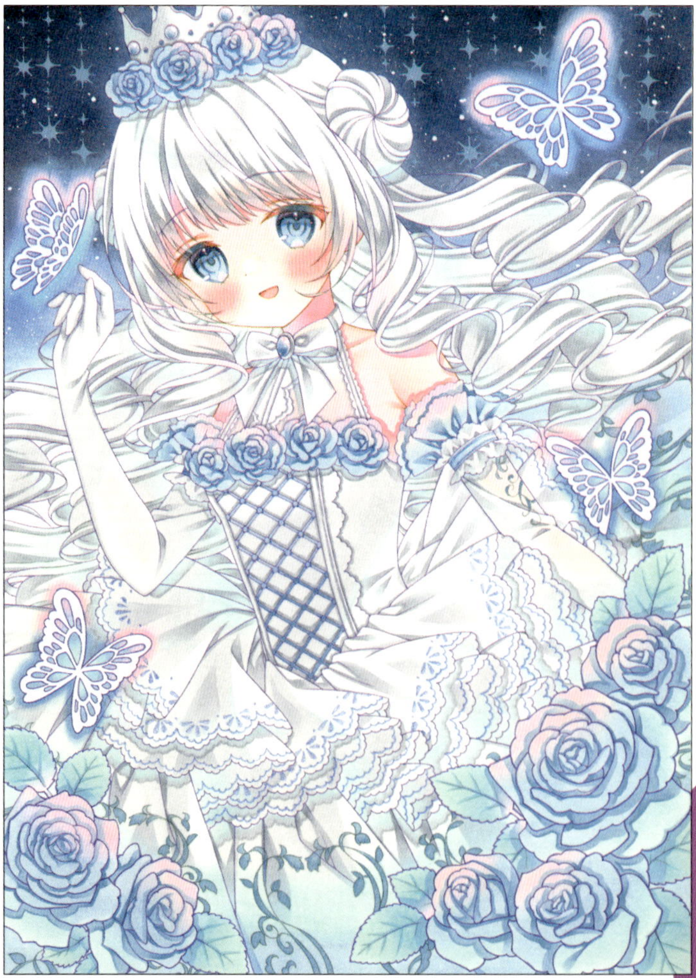

三重県・ぷぅ【コピック】

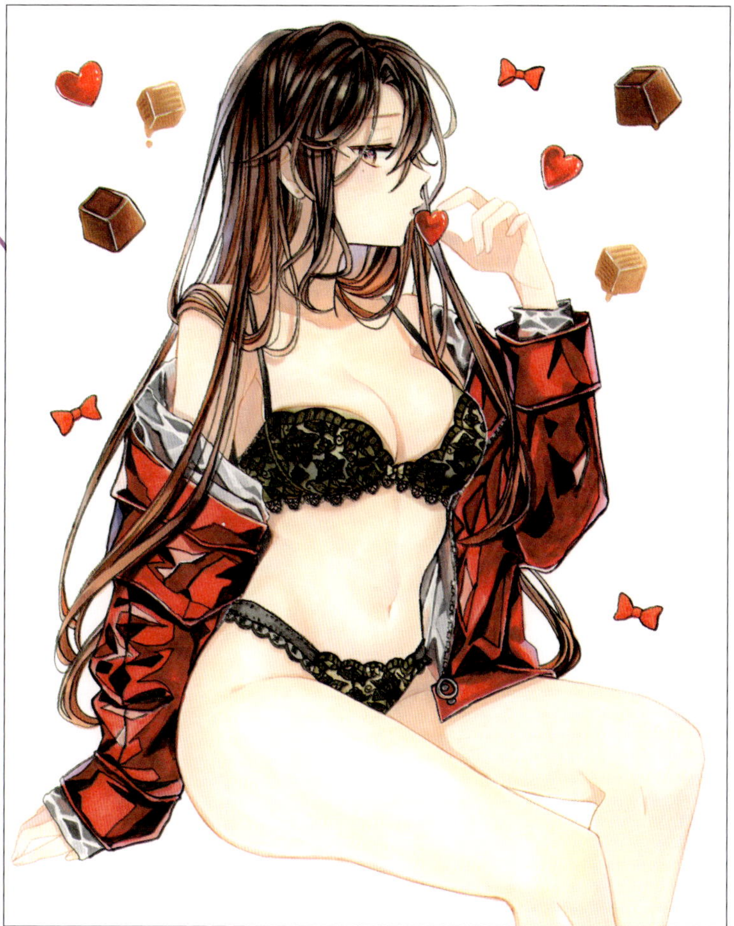

愛知県・こけし【コピック】

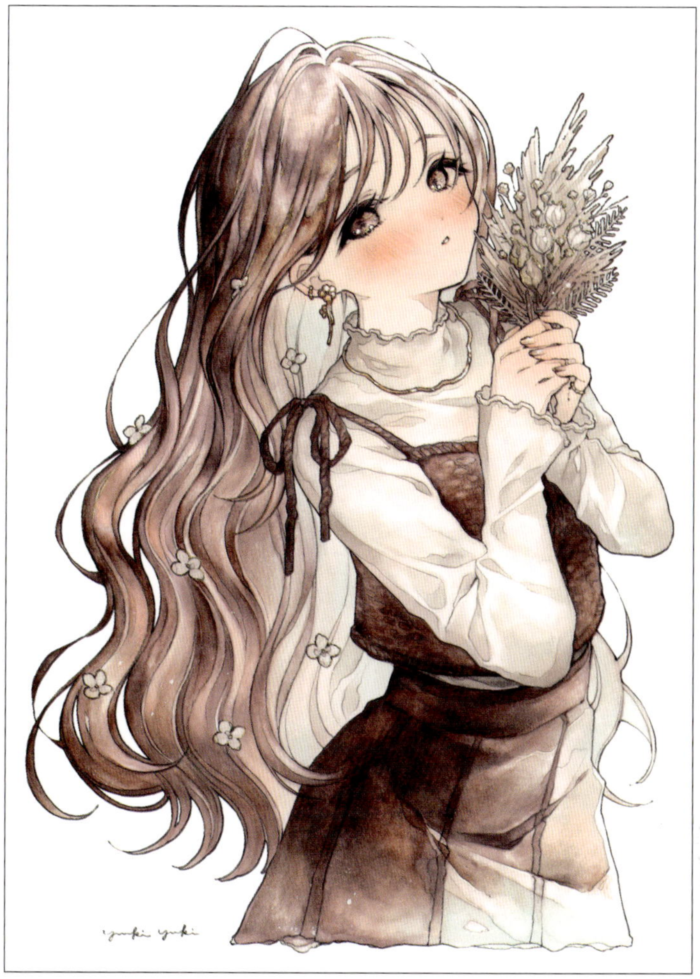

京都府・優樹ユキ【コピック・透明水彩】

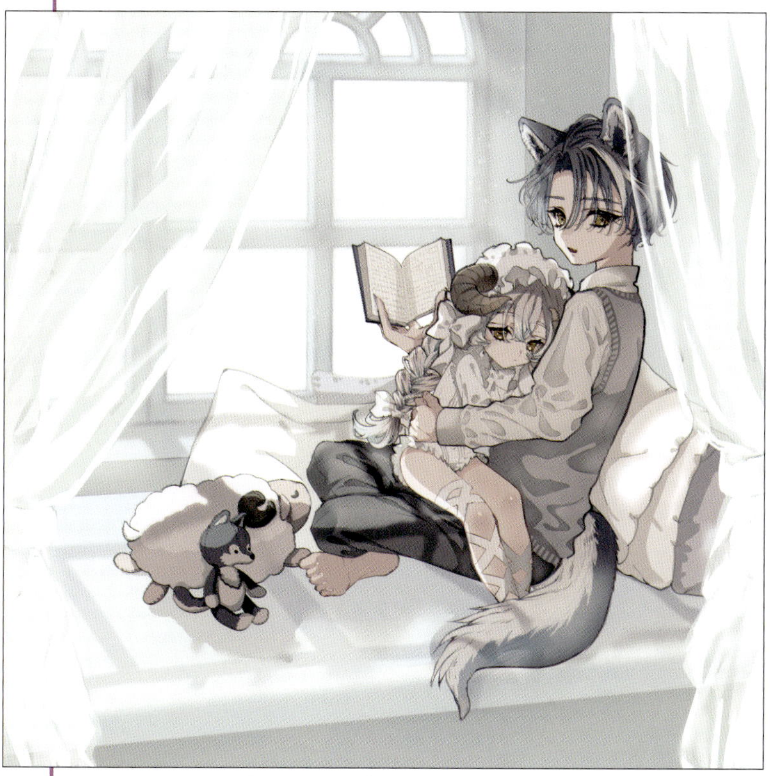

長野県・ましき【CLIP STUDIO PAINT】

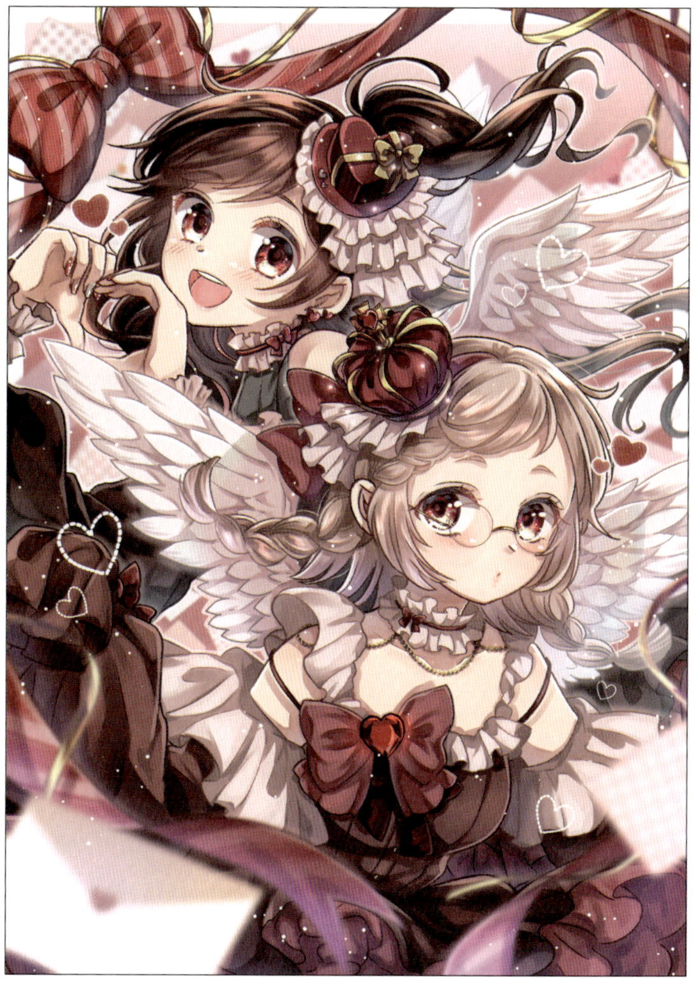

石川県・なかだ絵眞【CLIP STUDIO PAINT】

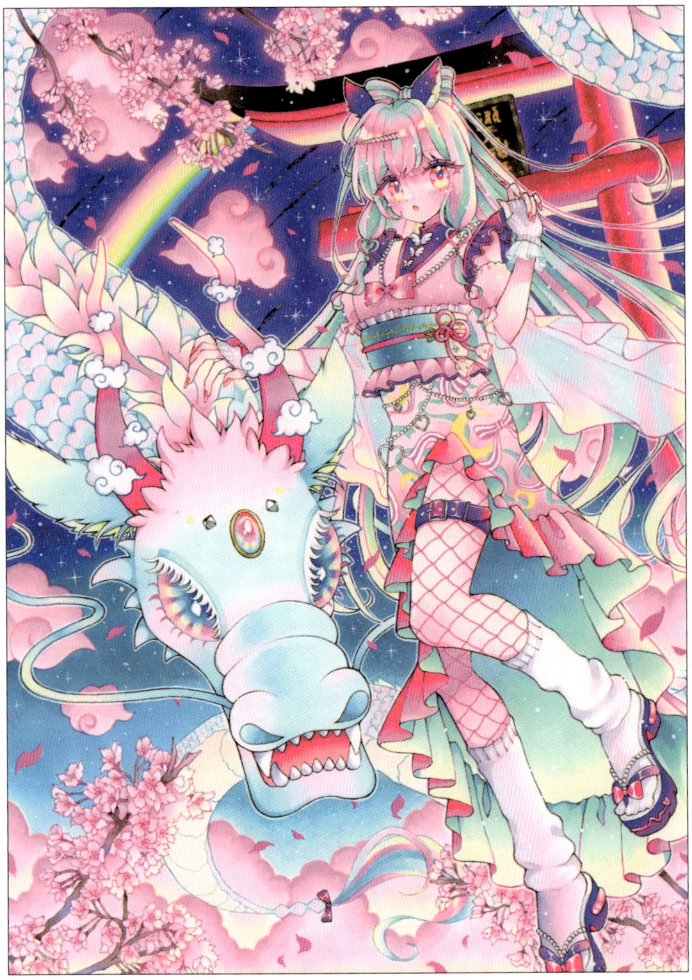

岡山県・瀬戸見ゆら【コピック・アクリル絵具】

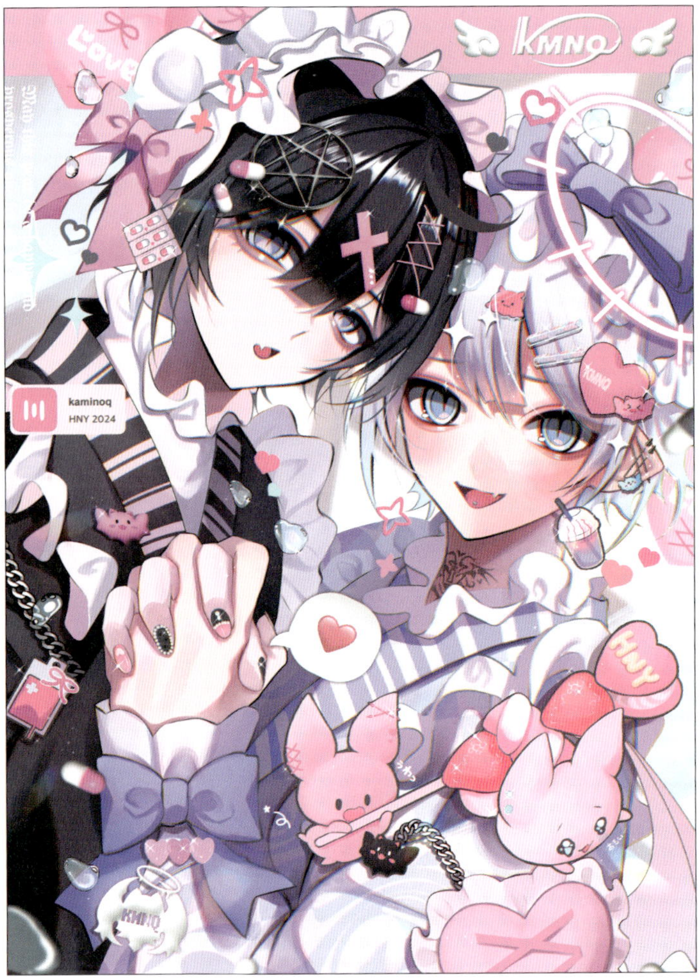

京都府・上ノ旬【アイビスペイント】

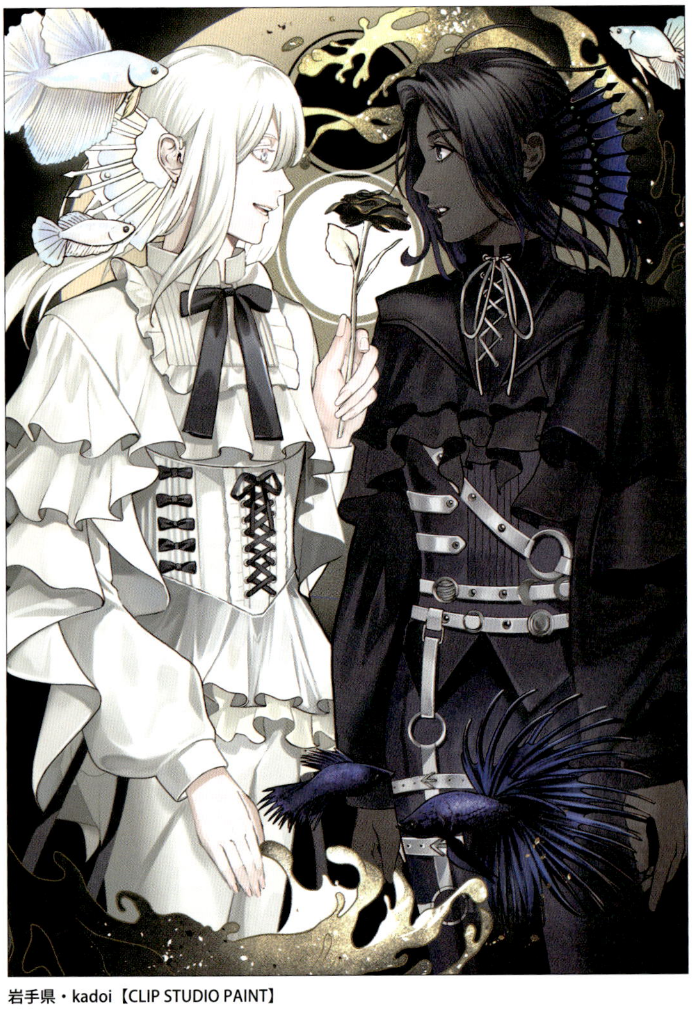

岩手県・kadoi【CLIP STUDIO PAINT】

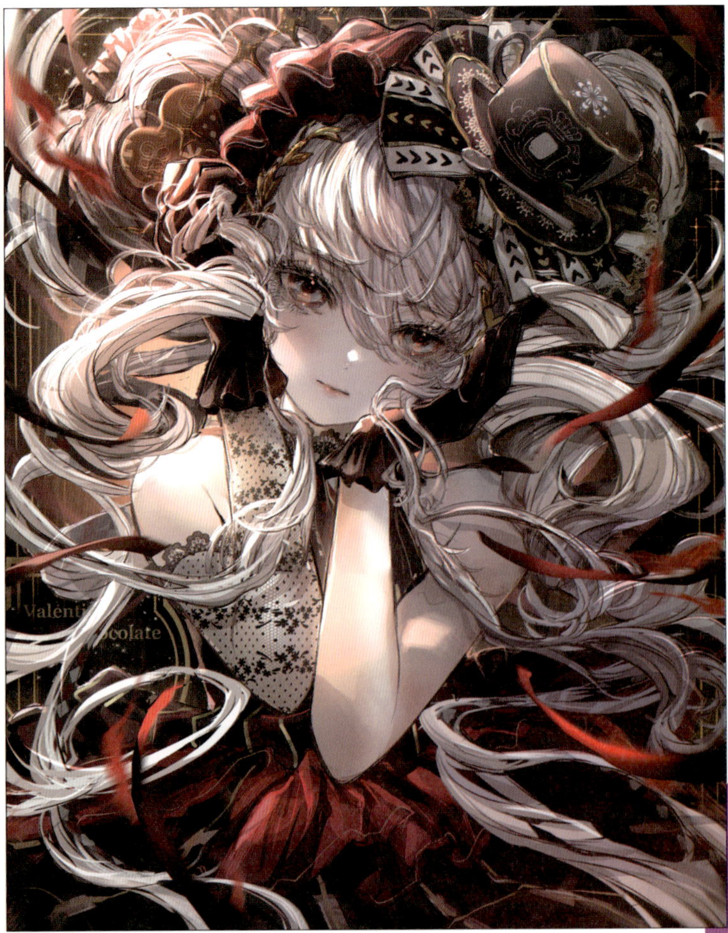

兵庫県・こもりひっき【CLIP STUDIO PAINT・Photoshop】

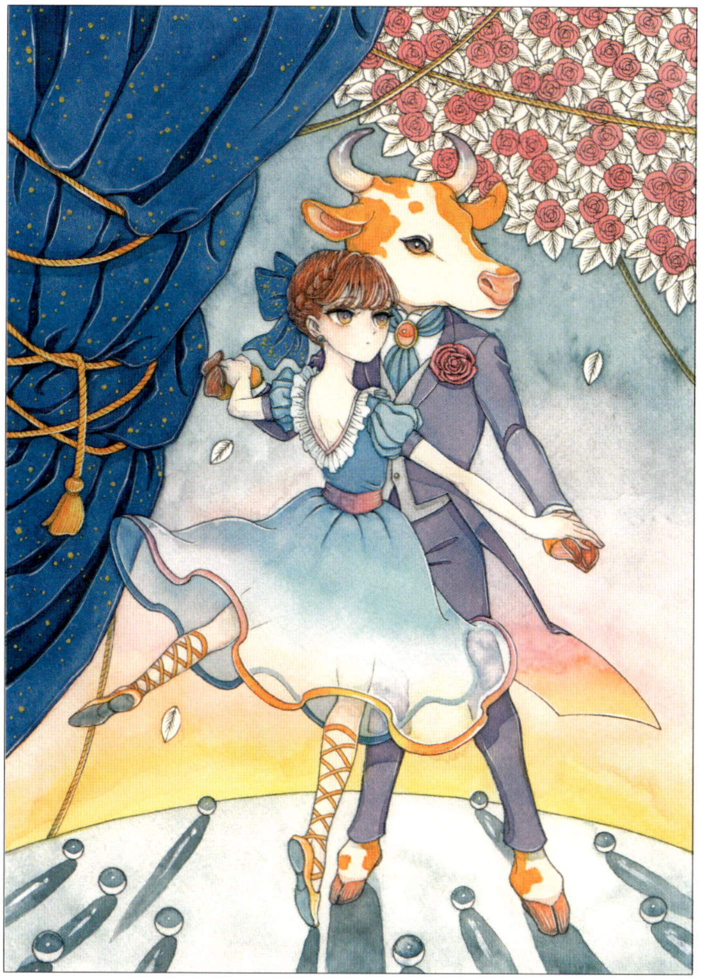

石川県・庭一【ワトソン紙・透明水彩・インク】

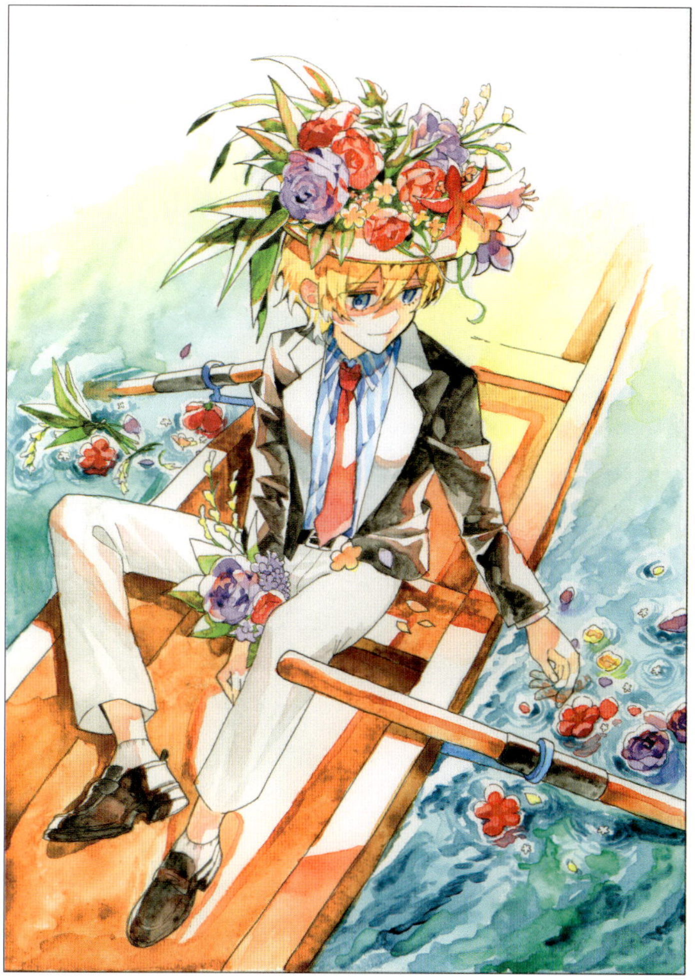

東京都・原【透明水彩】

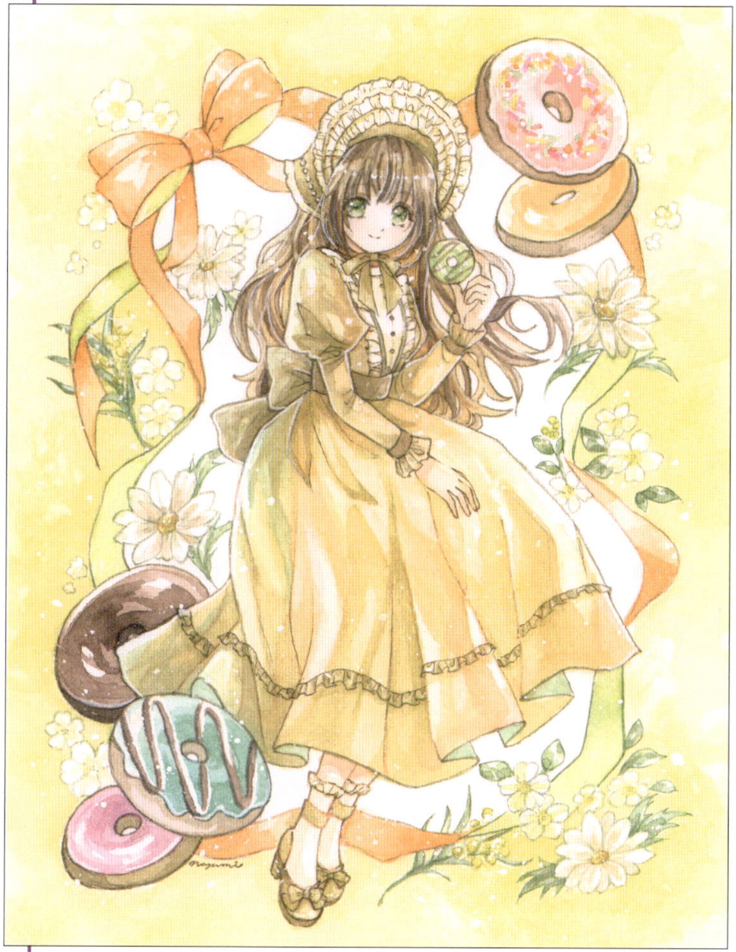

大阪府・なずみ紫帆【透明水彩・顔彩・色鉛筆】

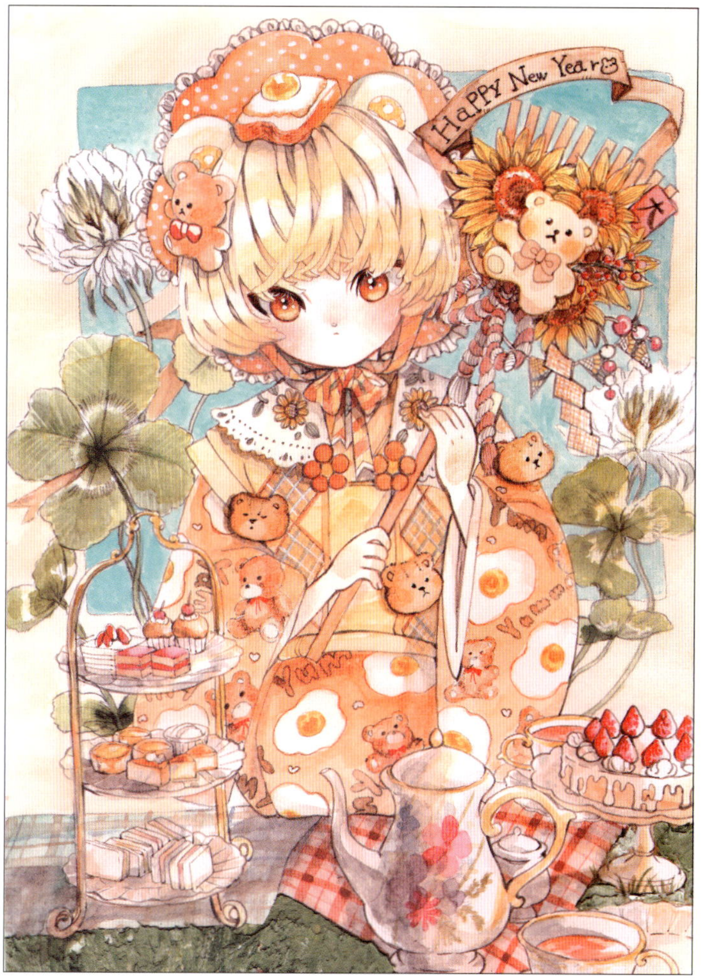

東京都・虎鹿【顔彩・透明水彩・アクリルガッシュ・モデリングペースト】

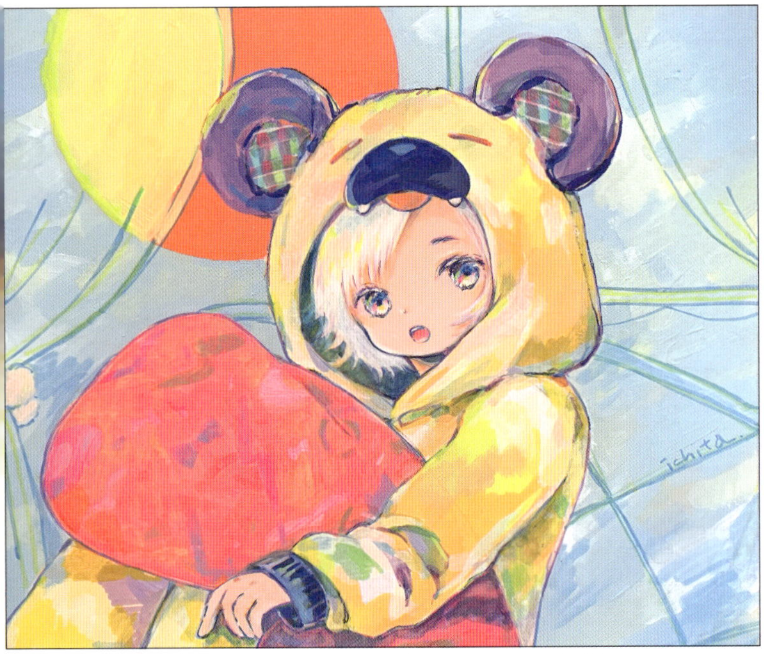

東京都・壱太助丸・39 歳【色紙・アクリル絵具・アクリルマーカー・ペン・色鉛筆】

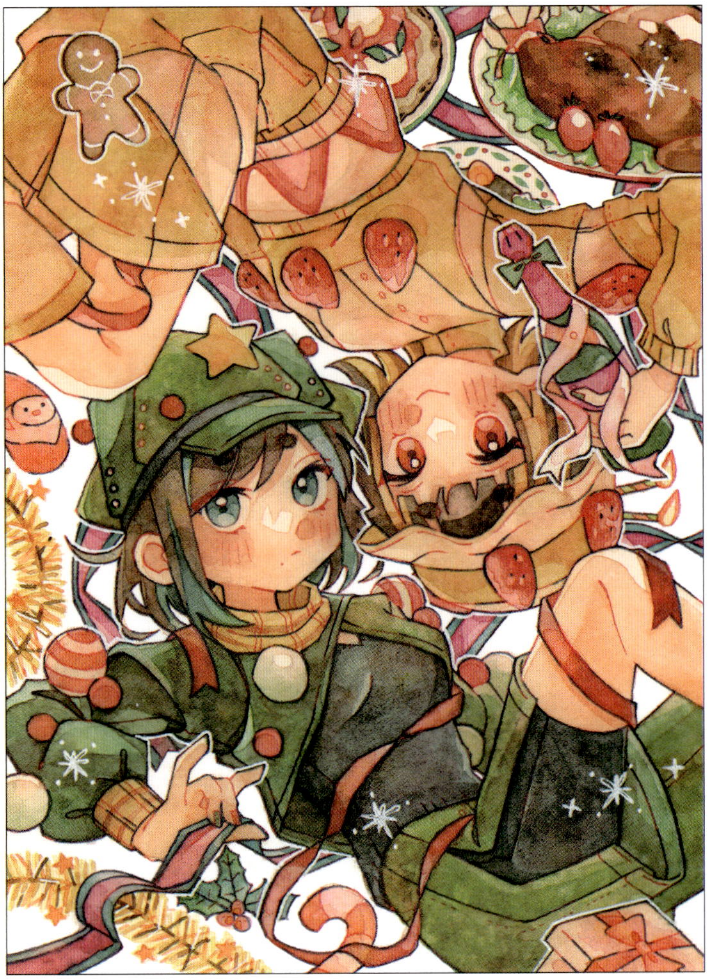

北海道・日常かんぱにー【赤青鉛筆・透明水彩】

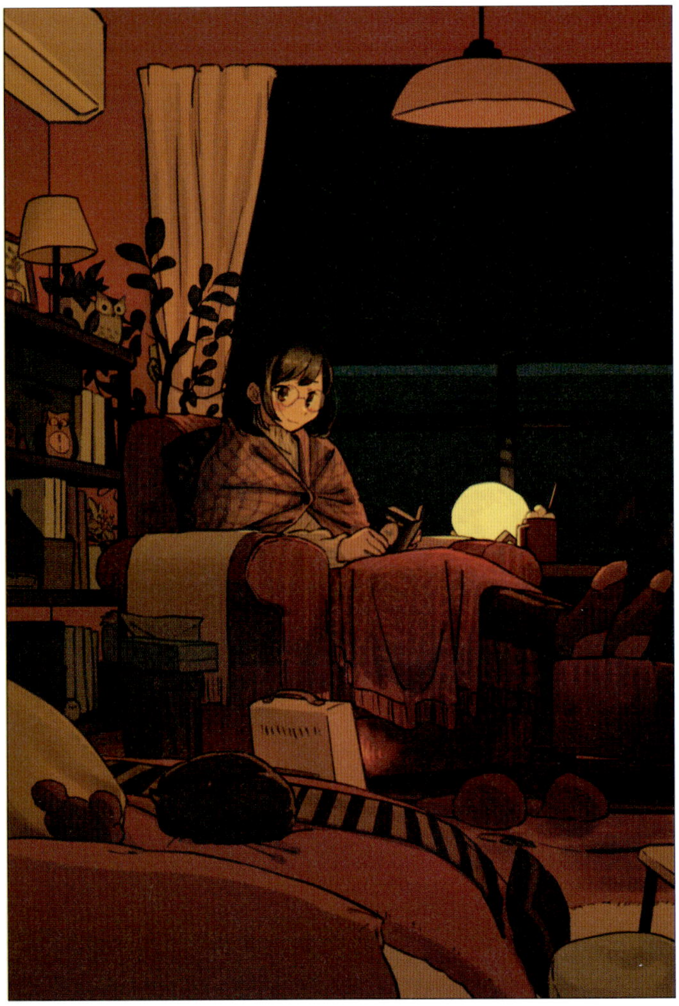

秋田県・松峰【CLIP STUDIO PAINT EX】

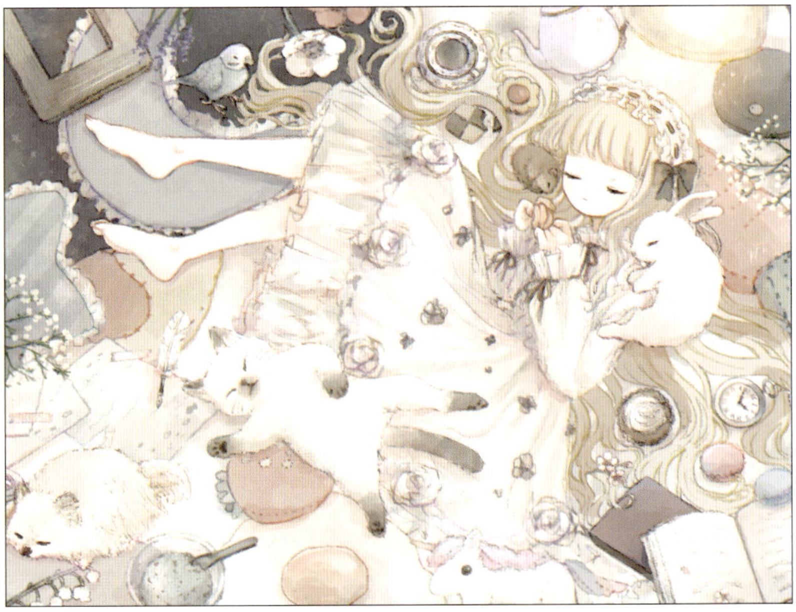

石川県・sepi【CLIP STUDIO PAINT】

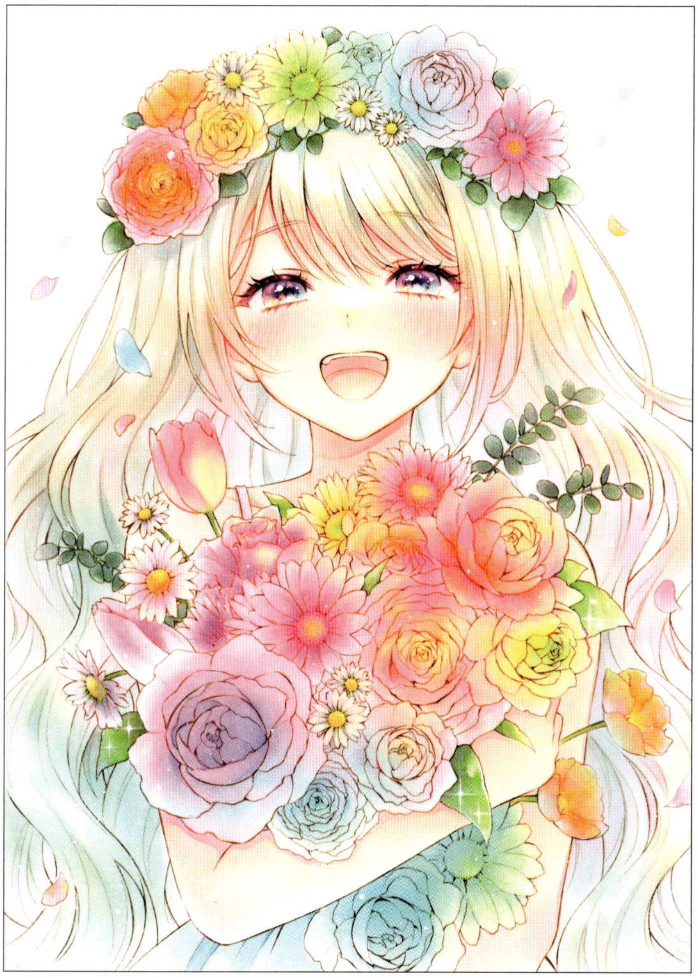

北海道・星猫しずか【コピック】

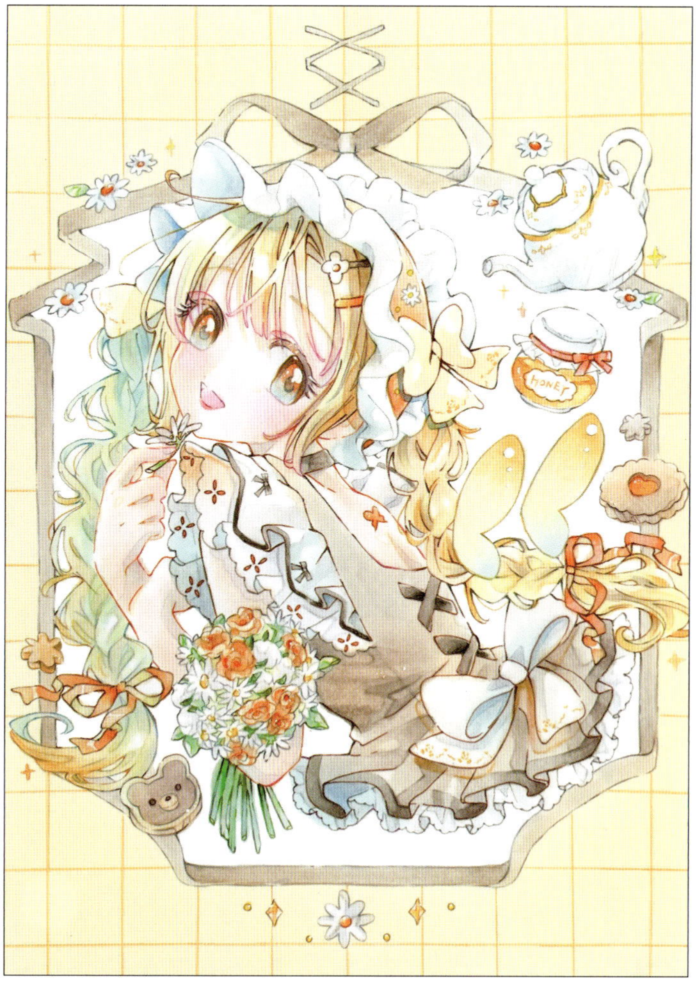

石川県・えな【コピック・色鉛筆】

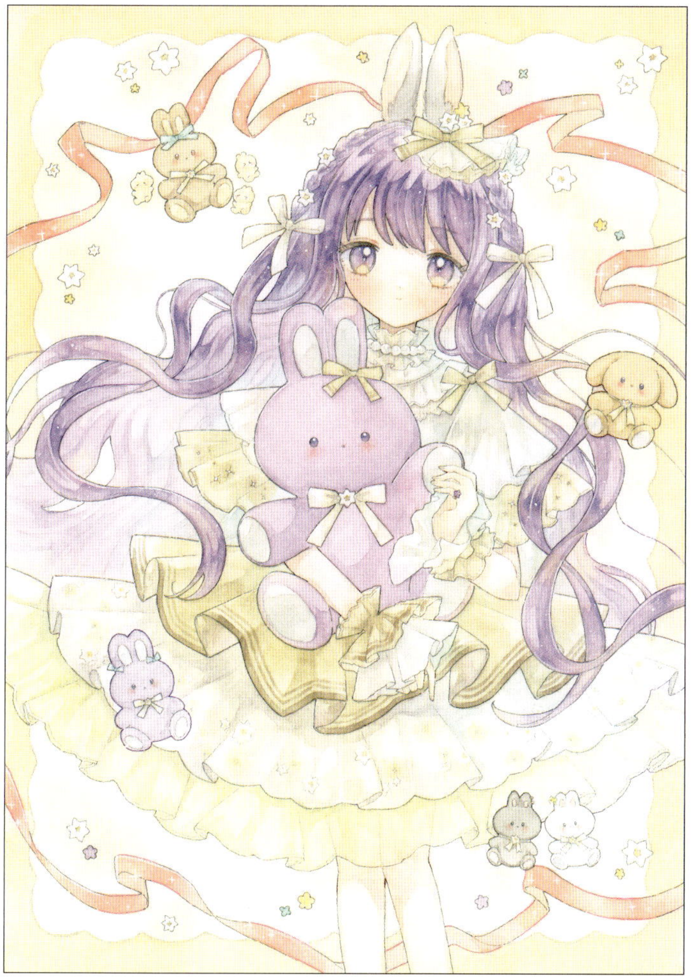

静岡県・梨茶【透明水彩・ウォーターフォード水彩紙】

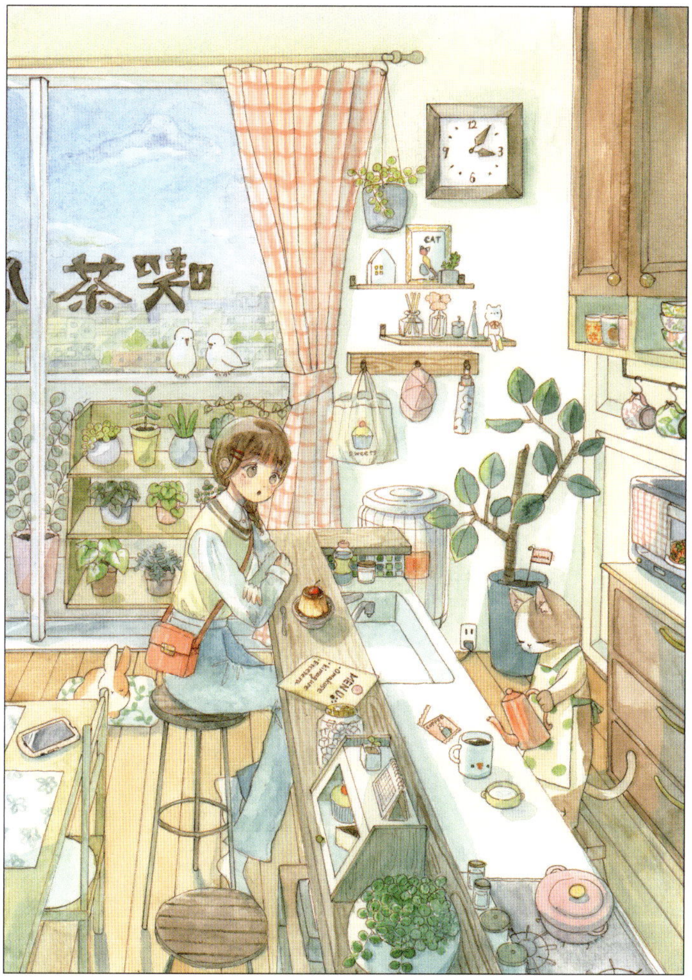

千葉県・nanohana【透明水彩・コピックマルチライナー・ホワイトワトソン】

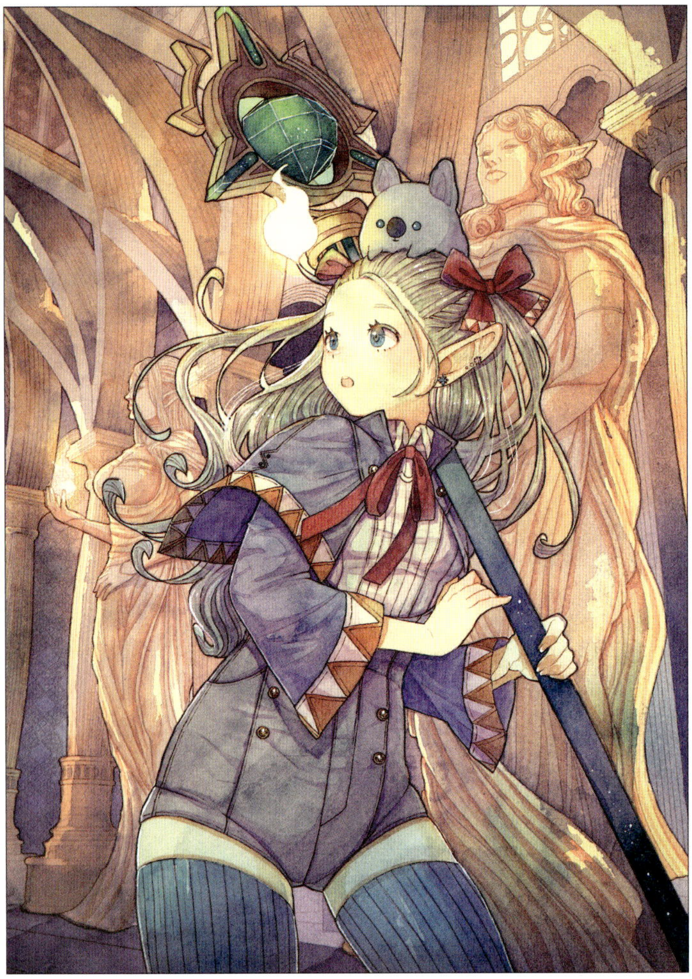

東京都・汐津あお【透明水彩・ミリペン・ウォーターフォード紙】

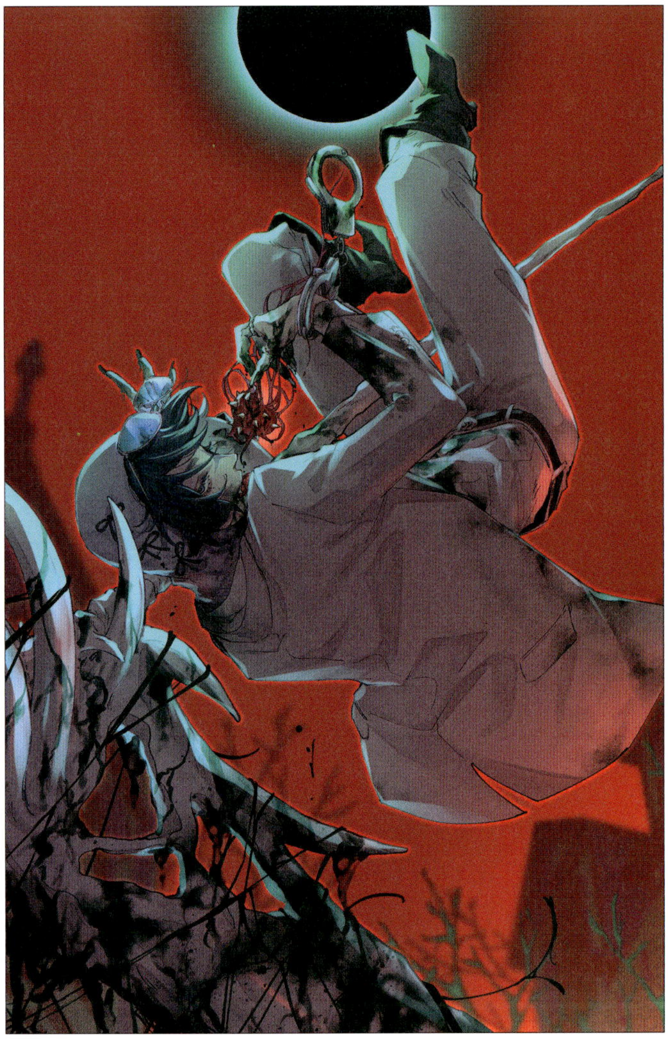

熊本県・OIO【CLIP STUDIO PAINT】

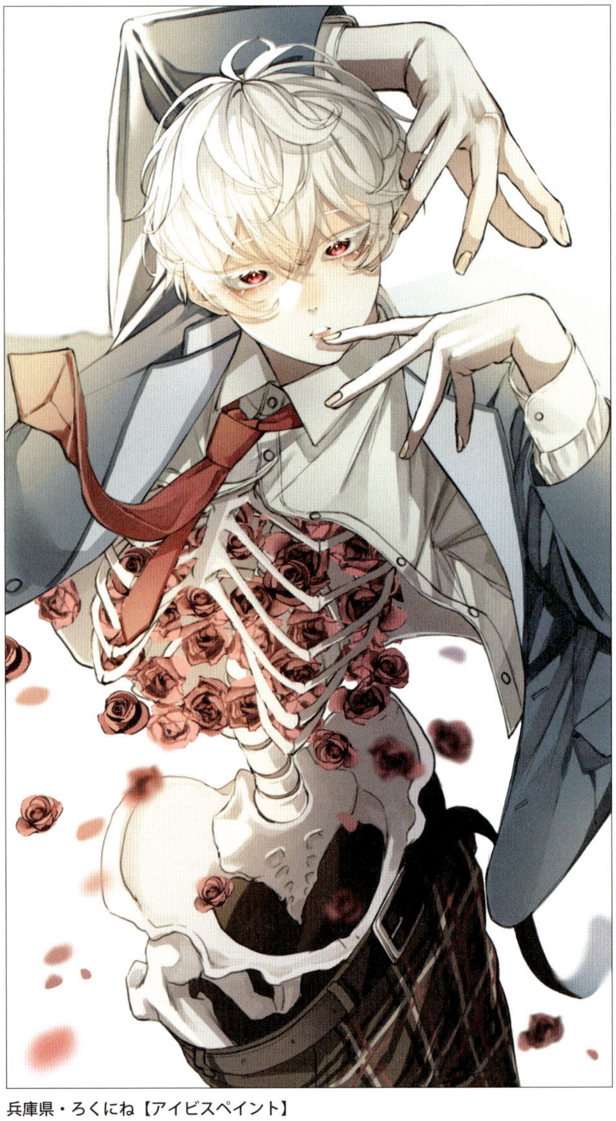

兵庫県・ろくにね【アイビスペイント】

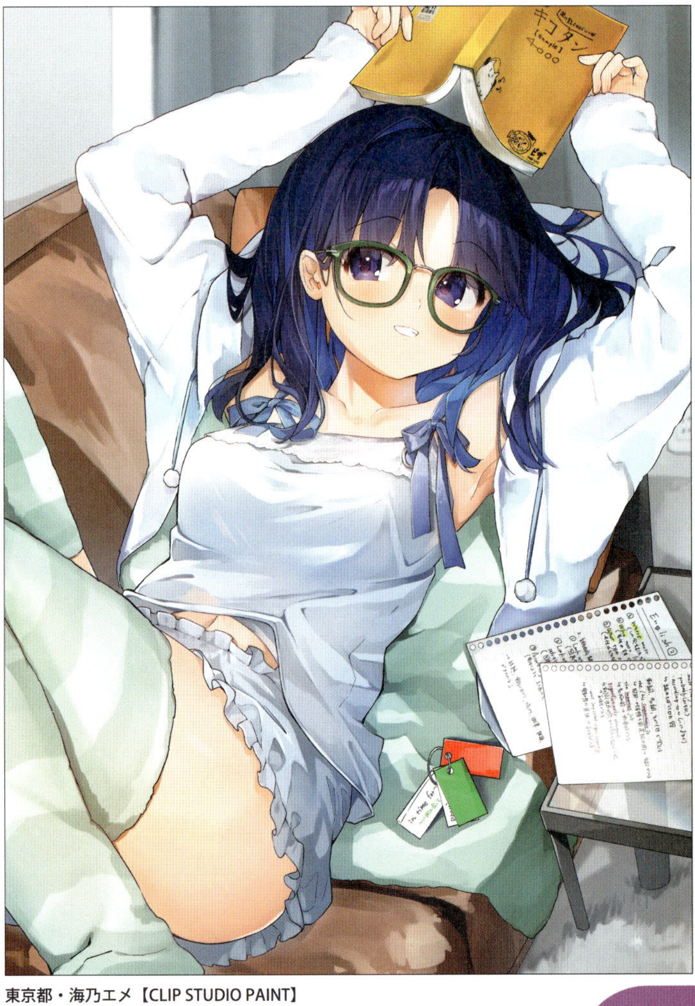

東京都・海乃エメ【CLIP STUDIO PAINT】

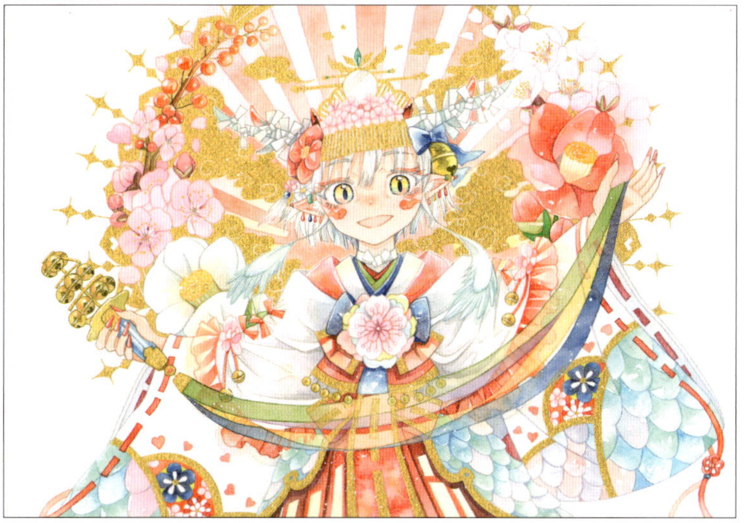

栃木県・那月屋しおん【透明水彩・色鉛筆・コピックマルチライナー・FINETEC】

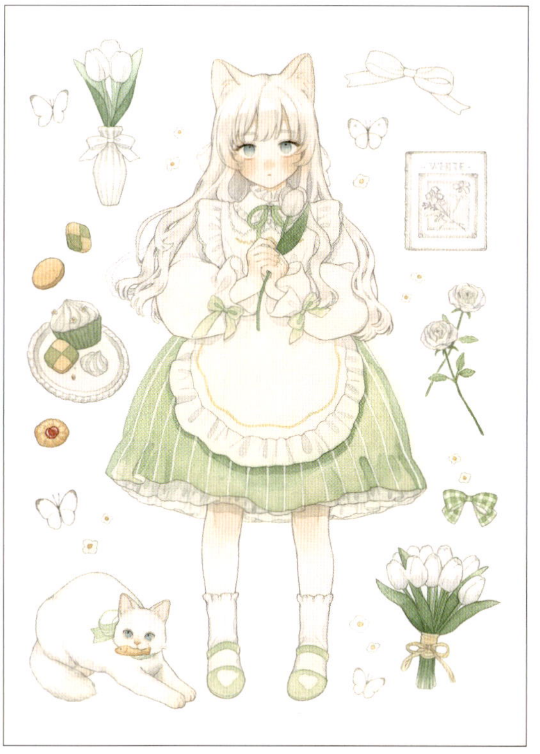

大阪府・ねこい【透明水彩】

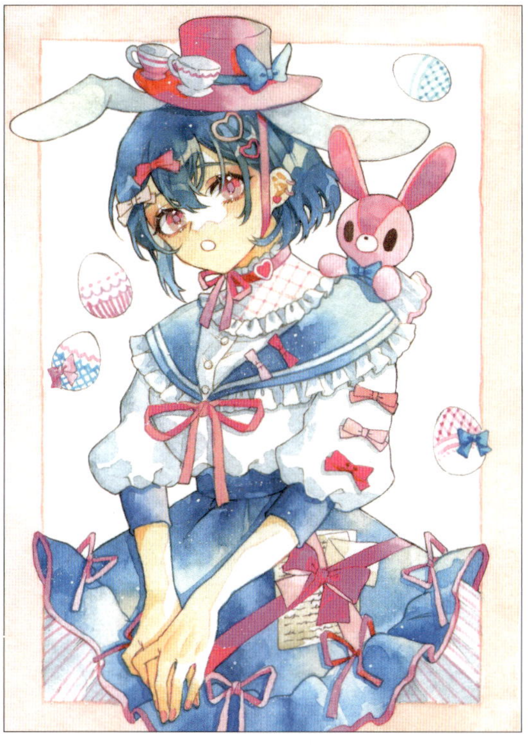

茨城県・ことこ【透明水彩】

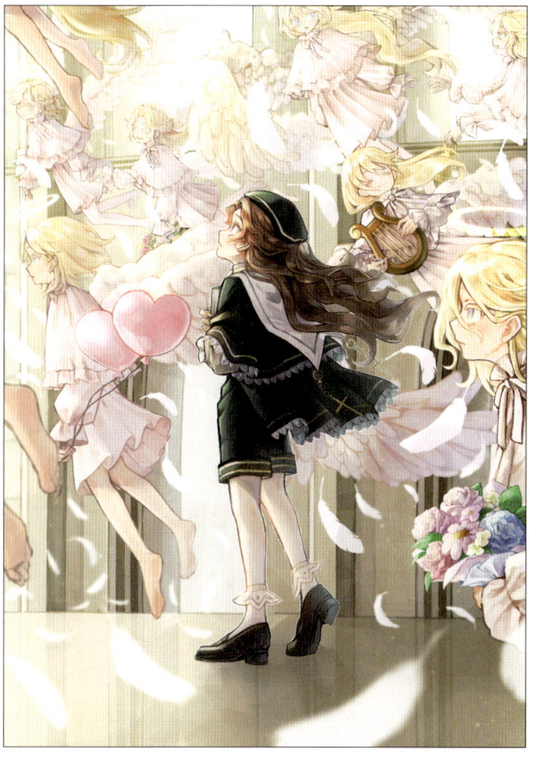

三重県・ひなこ【CLIP STUDIO PAINT】

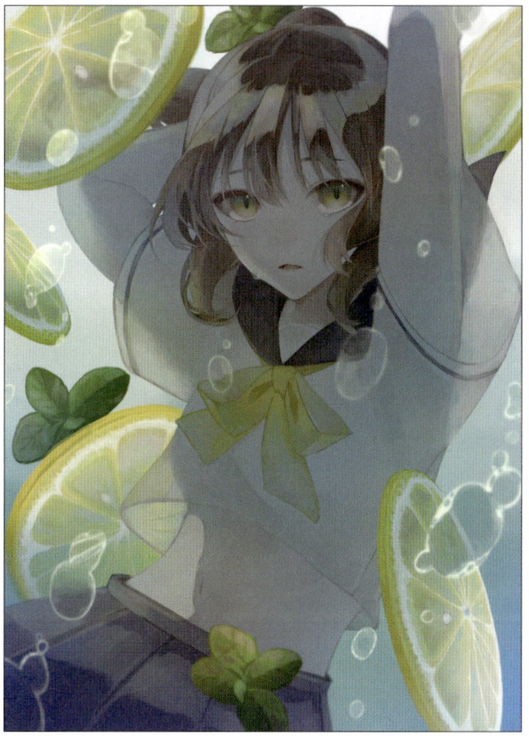

京都府・爽乃・17歳【アイビスペイント】

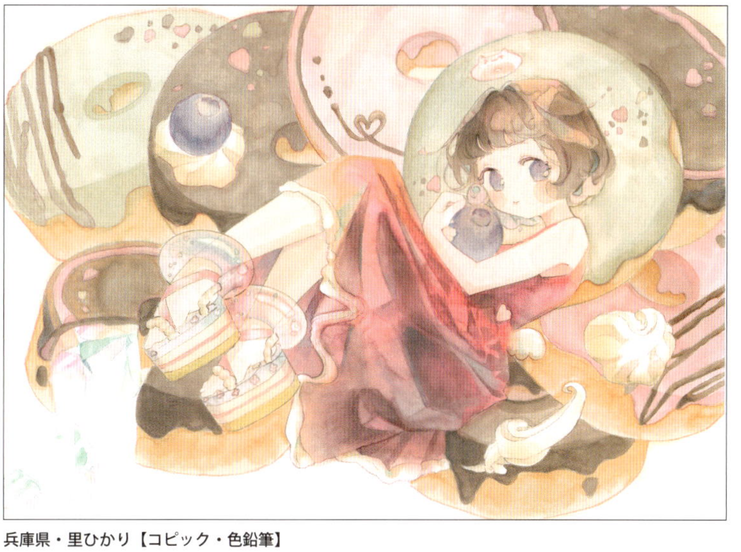

兵庫県・里ひかり【コピック・色鉛筆】

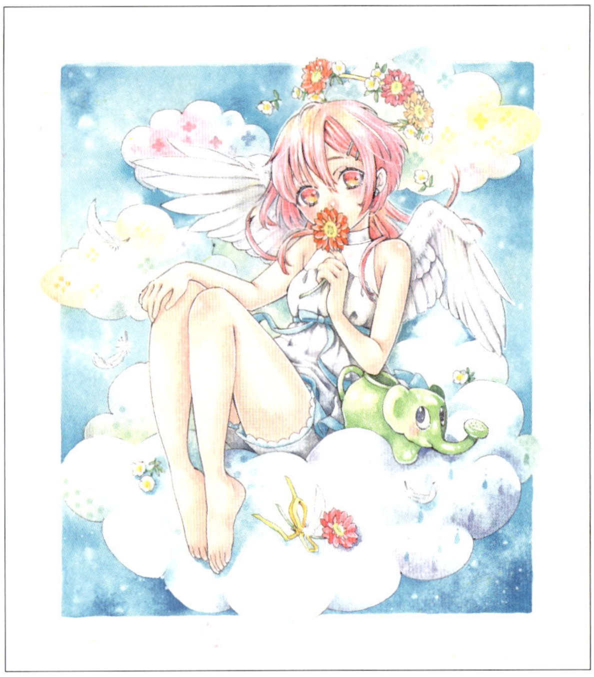

千葉県・こお【ワトソン紙・サクラマット水彩・タチカワピュアホワイト】

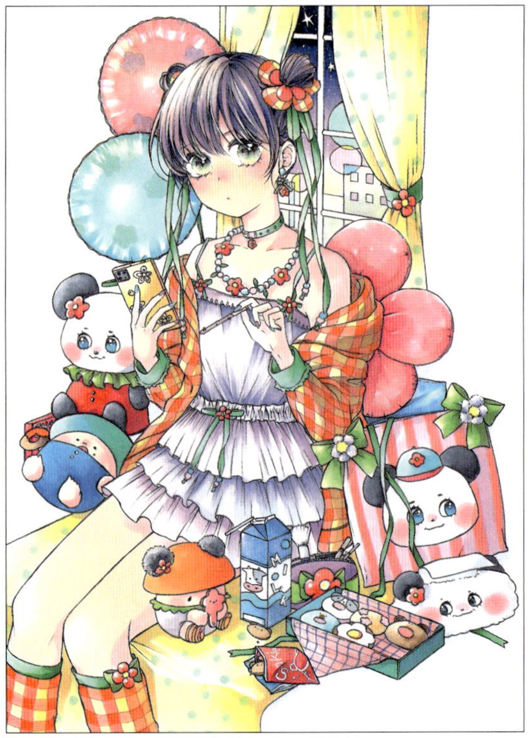

大阪府・紅梅アヤ【コピック・コピックマルチライナー・Procreate・ホワイト】

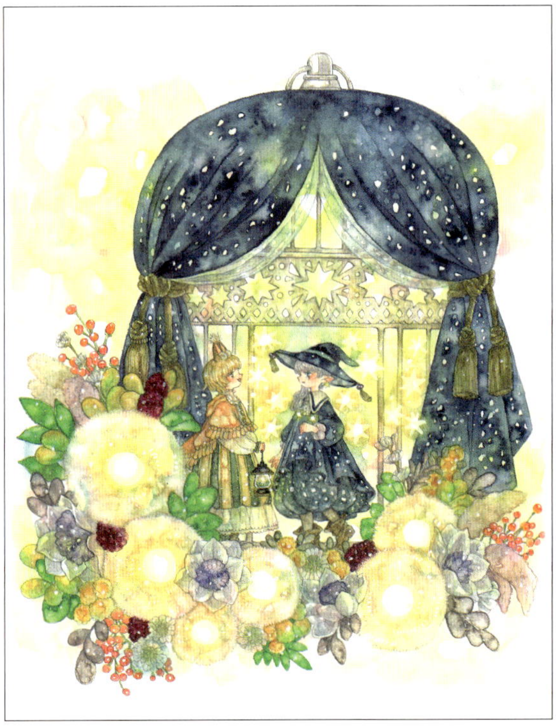

栃木県・黒猫のら【透明水彩・水彩色鉛筆・コットマン水彩紙】

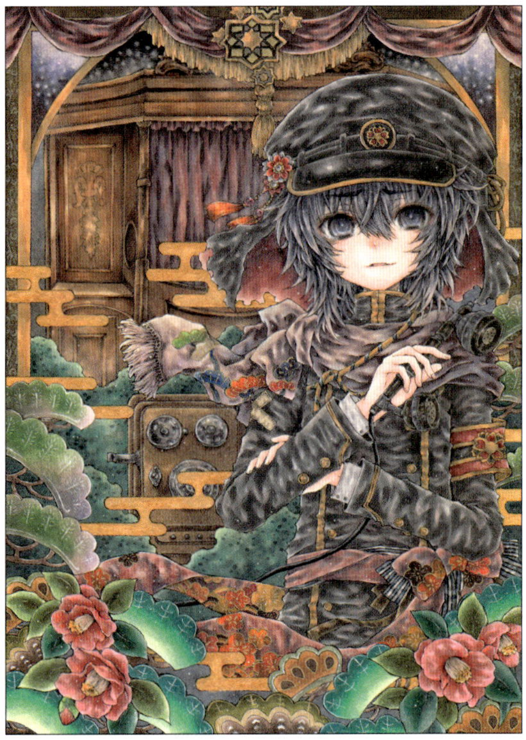

大阪府・ハルサメマナ【ピグマ・コピック・顔彩・ホワイトトーン・ケントボード】

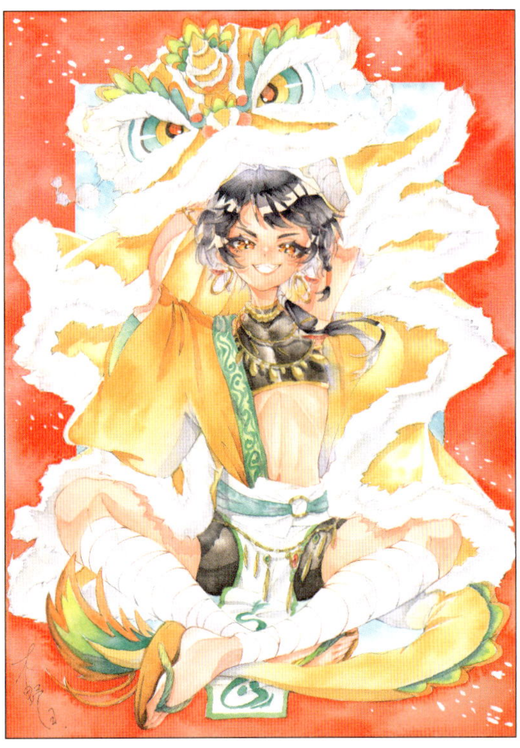

埼玉県・木野白【透明水彩・ランプライト水彩紙・コピックマルチライナー】

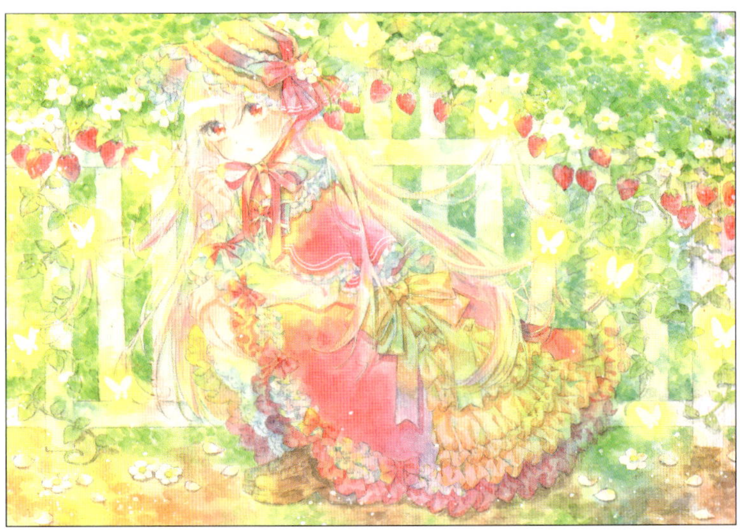

京都府・彩月さき【ホルベイン透明水彩・色鉛筆・アルシュ水彩紙】

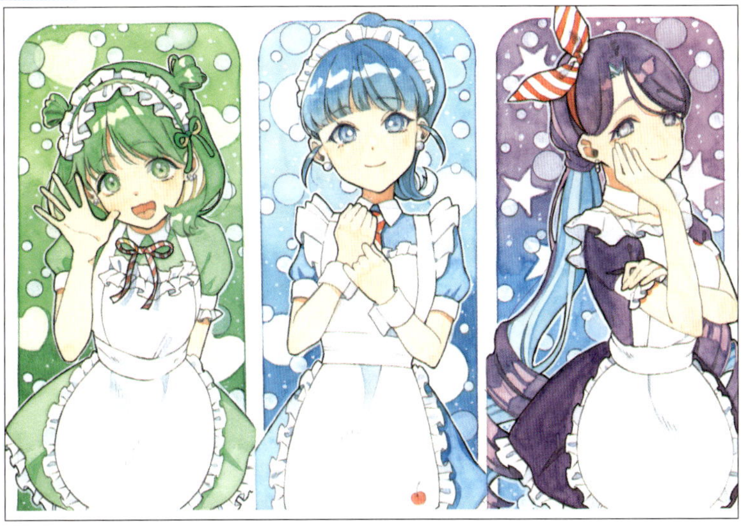

岩手県・七海塔子【コピックマルチライナー・ホルベイン透明水彩】

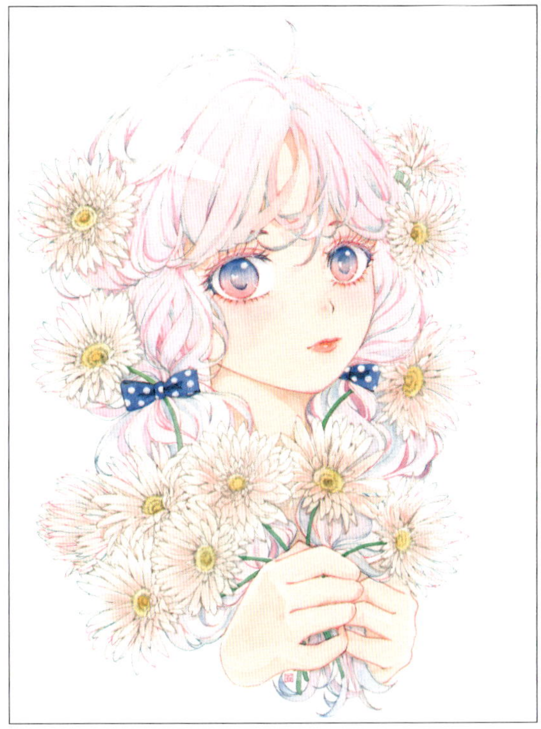

宮城県・福【透明水彩・色鉛筆・コピックマルチライナー】

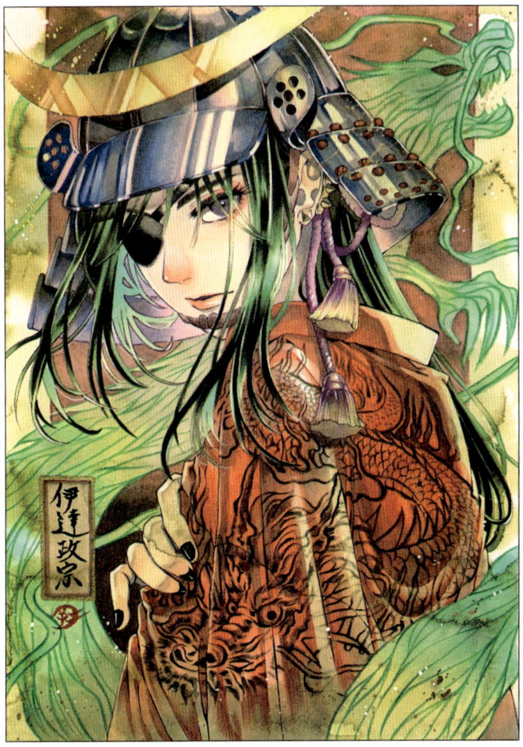

新潟県・朔【コピック・絵墨・色鉛筆・アクリル絵具・ZIGクリーンカラーリアルブラッシュ・金ペン・ホワイトペン】

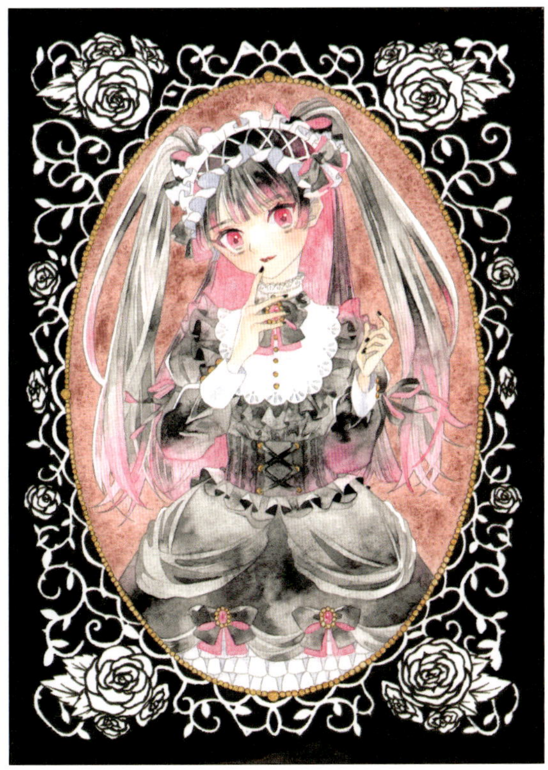

埼玉県・わさび【透明水彩・アクリル絵具】

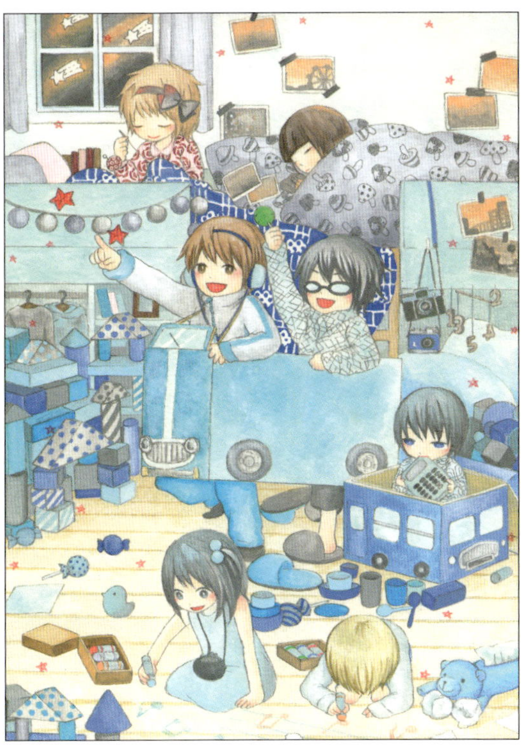

高知県・柴イヌ【アクリルガッシュ・色鉛筆】

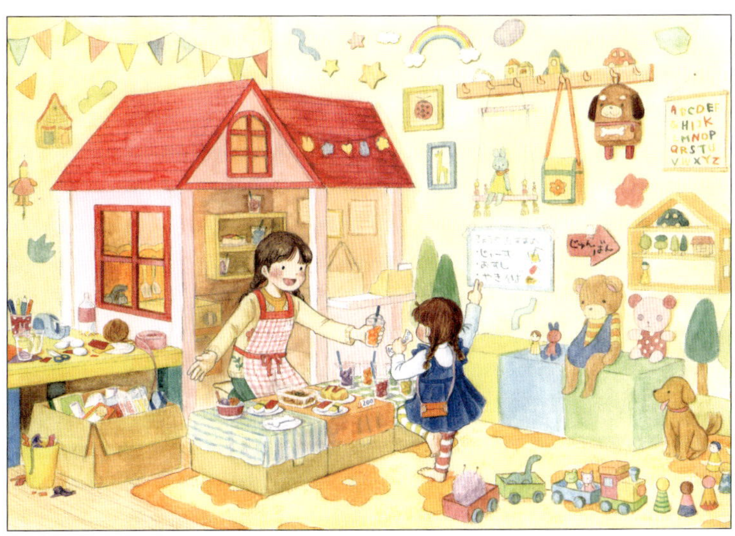

東京都・いしはらますみ【水彩絵具・色鉛筆】

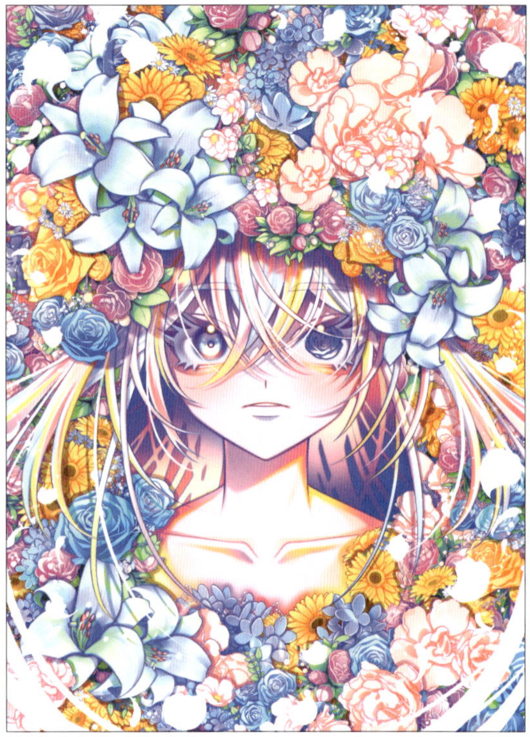

滋賀県・真田しろ【iPad・CLIP STUDIO PAINT】

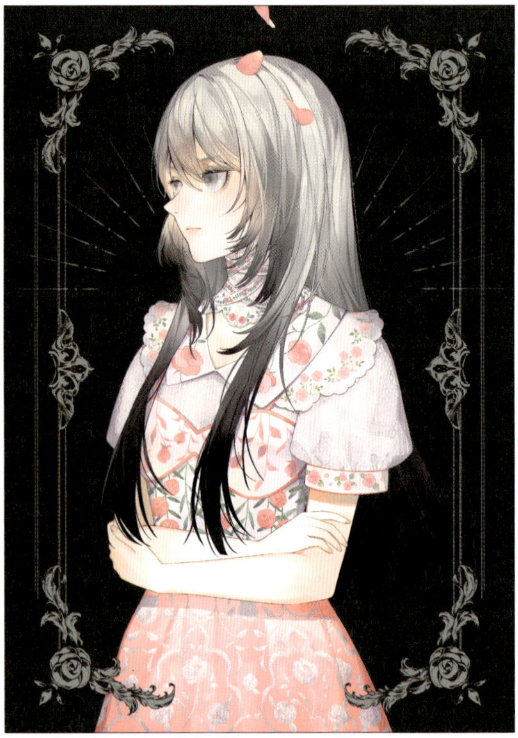

福岡県・香【Procreate】

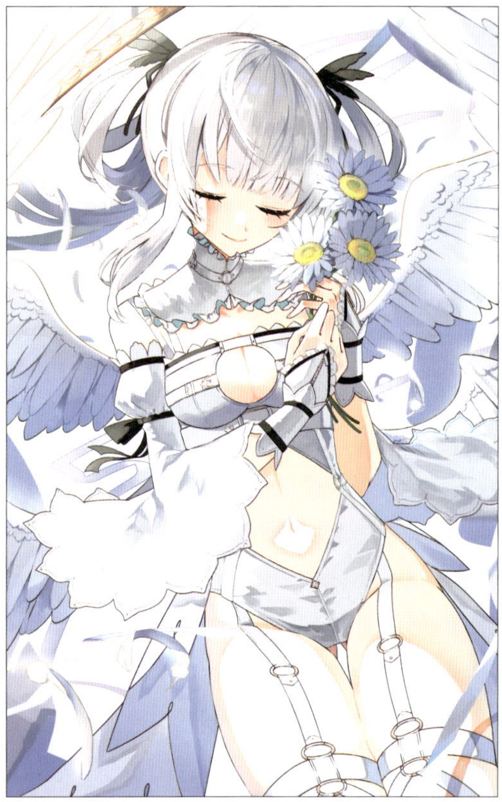

福島県・桃寸（もす）【SAI・CLIP STUDIO PAINT】

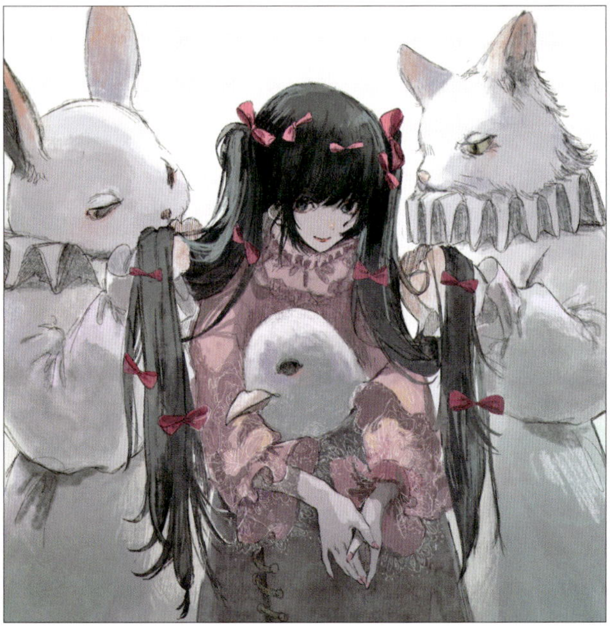

東京都・あかれもん・17歳【Procreate】

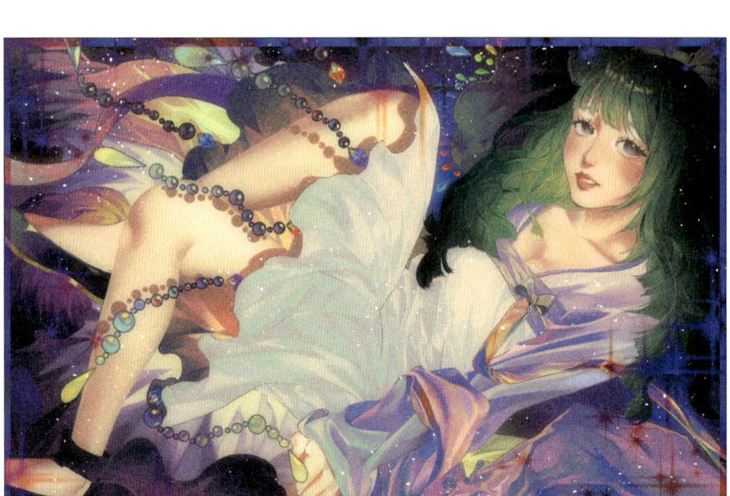

大阪府・ゆめ・15歳【CLIP STUDIO PAINT】

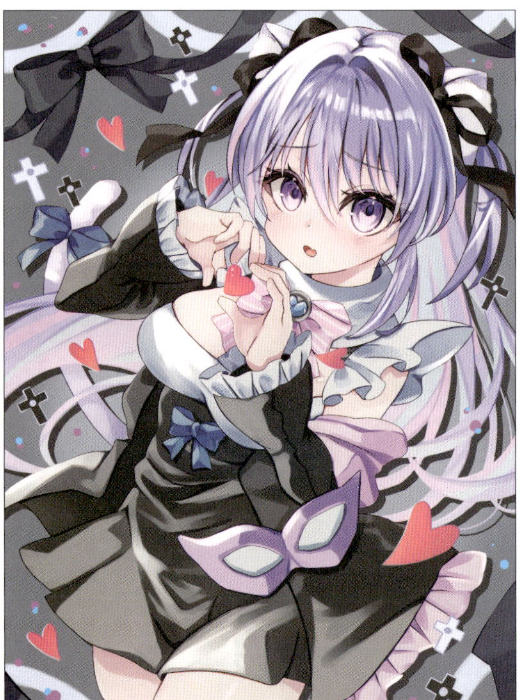

福井県・獅子理たび【CLIP STUDIO PAINT PRO】

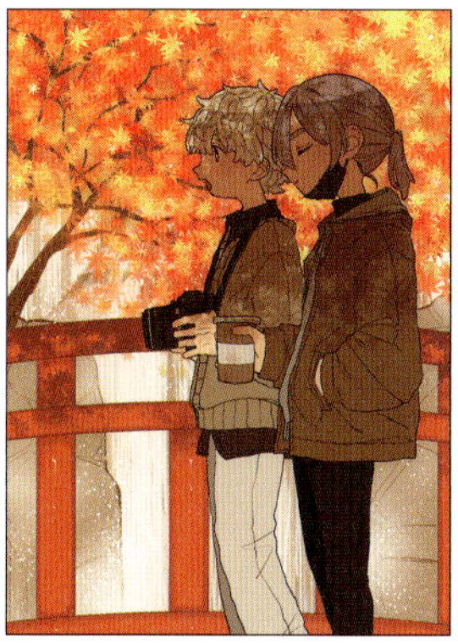
福島県・goo.

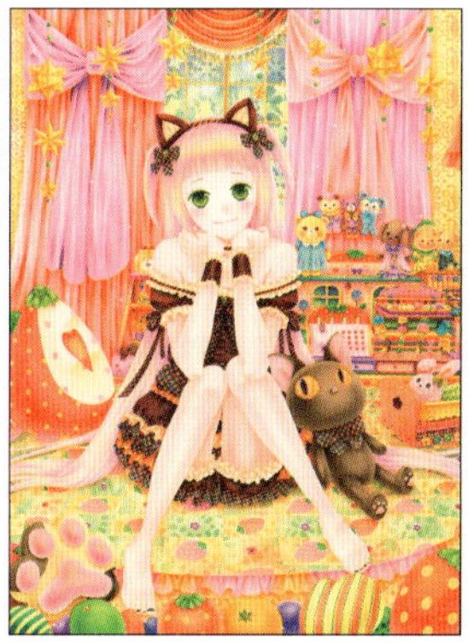
静岡県・柚麻あんな

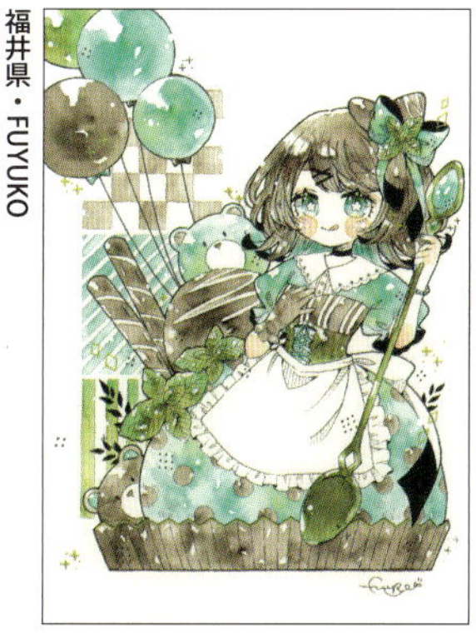
福井県・FUYUKO

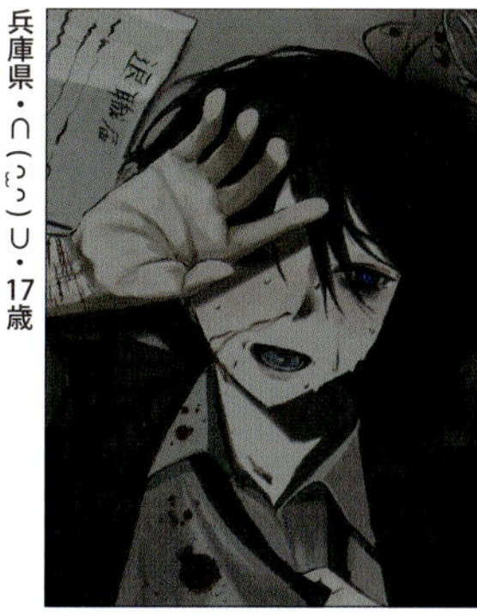
兵庫県・⊂(^ω^)⊃・17歳

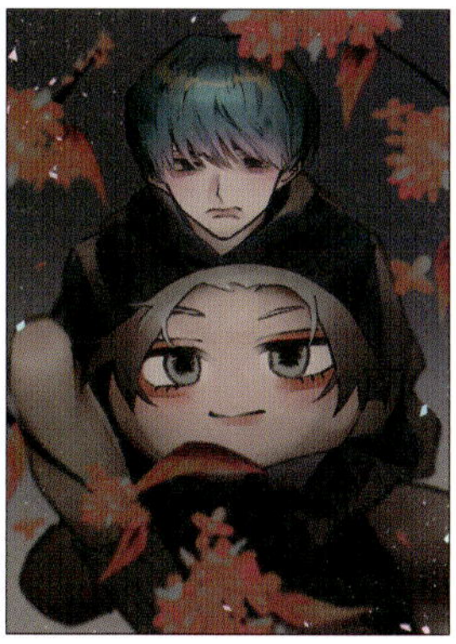
福島県・KISA

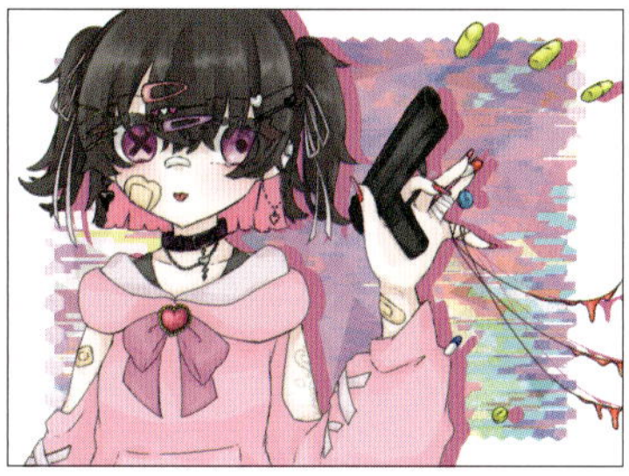
兵庫県・彗暒（しゃけくらげ。改め）

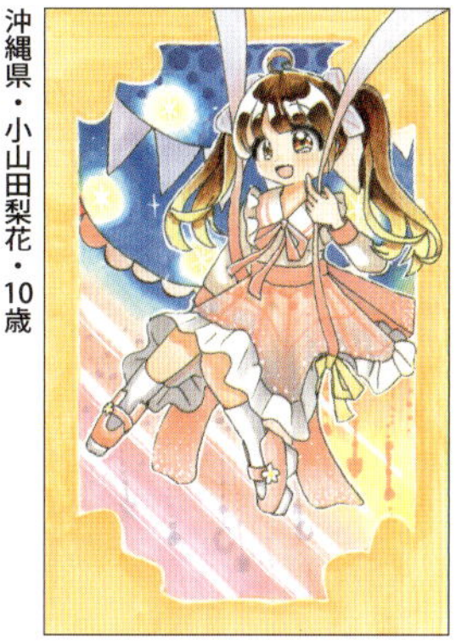
沖縄県・小山田梨花・10歳

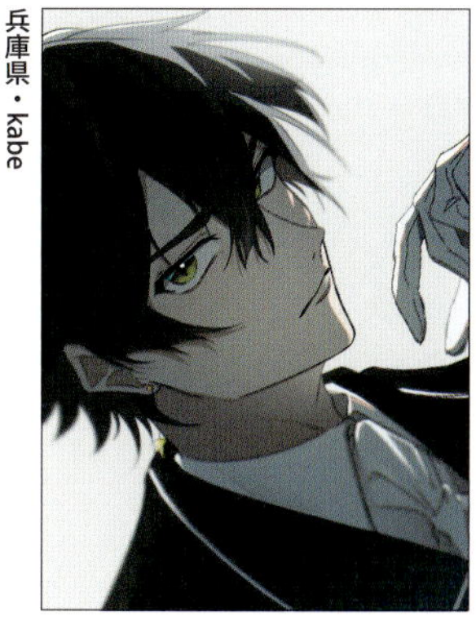
兵庫県・kabe

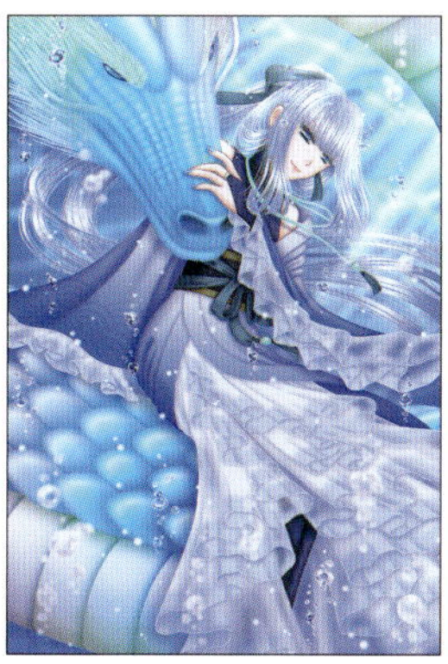
高知県・Neje

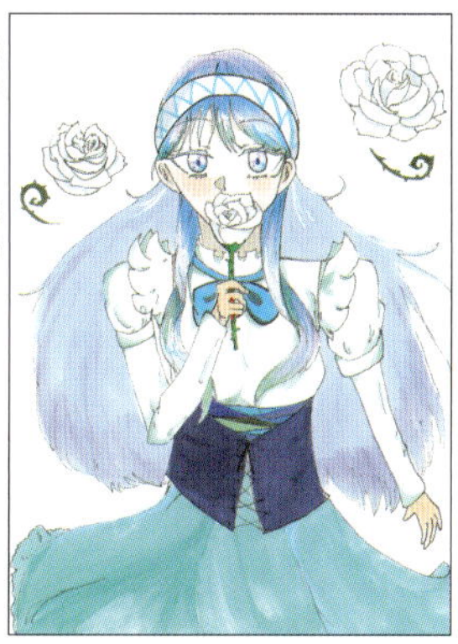
宮城県・ヤア・15歳

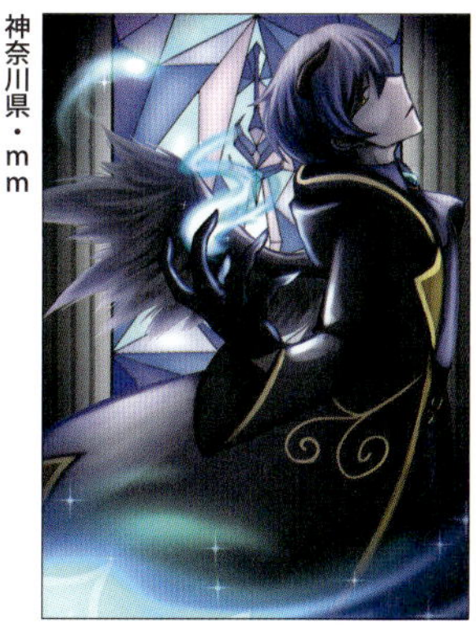
神奈川県・mm

大阪府・静本はる

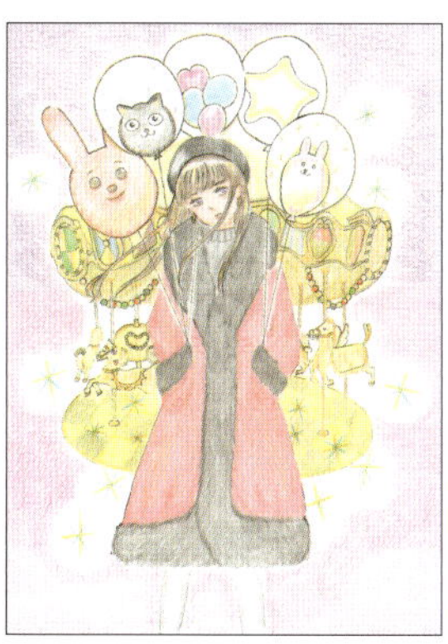
宮城県・マサキえり

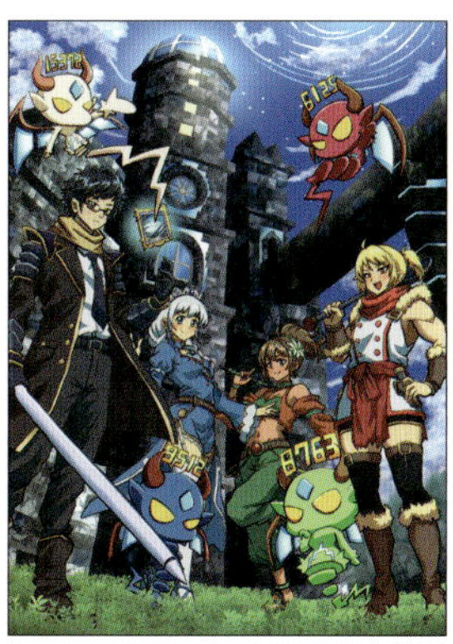
福岡県・Shiya

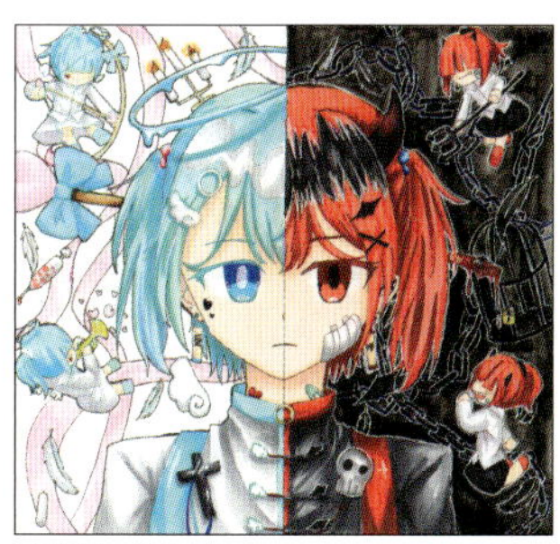
兵庫県・包み草

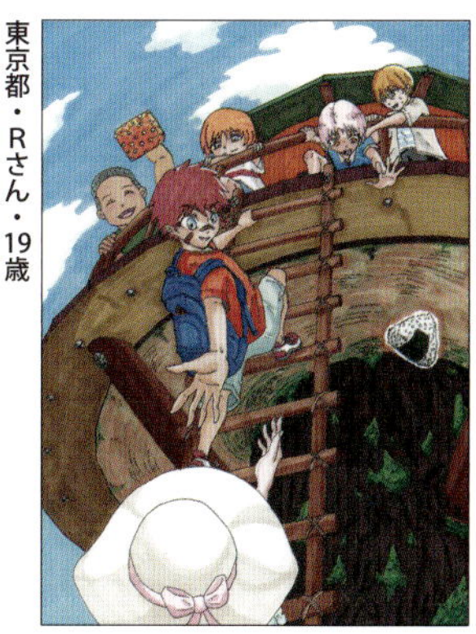
東京都・Rさん・19歳

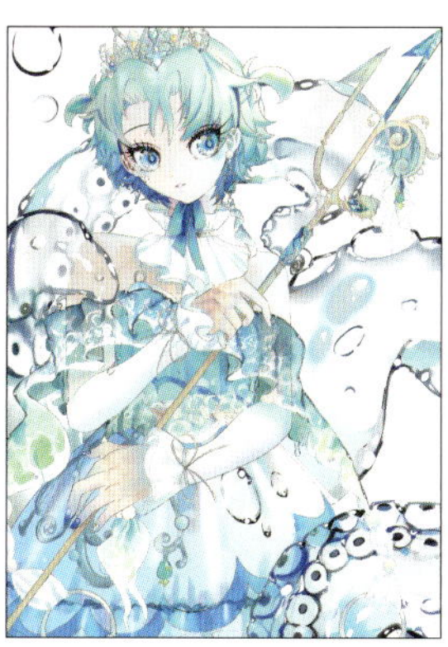
新潟県・木乃伊みいら

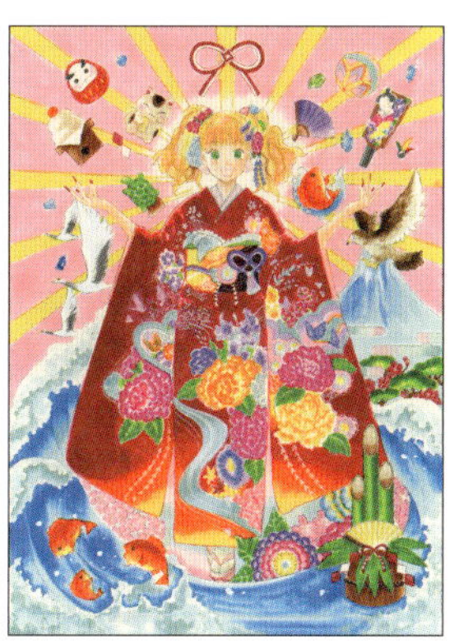
東京都・yuko tamura

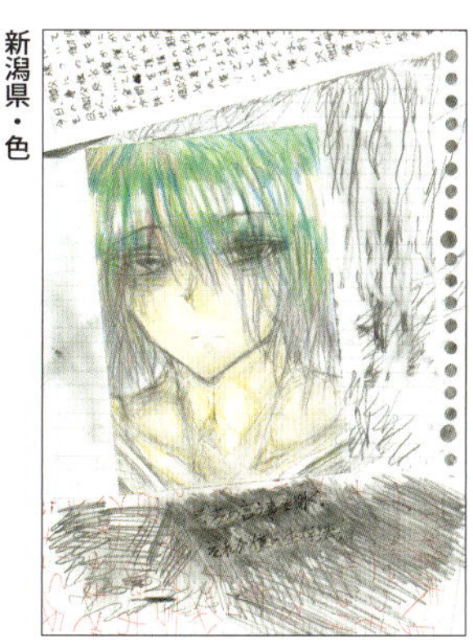
新潟県・色

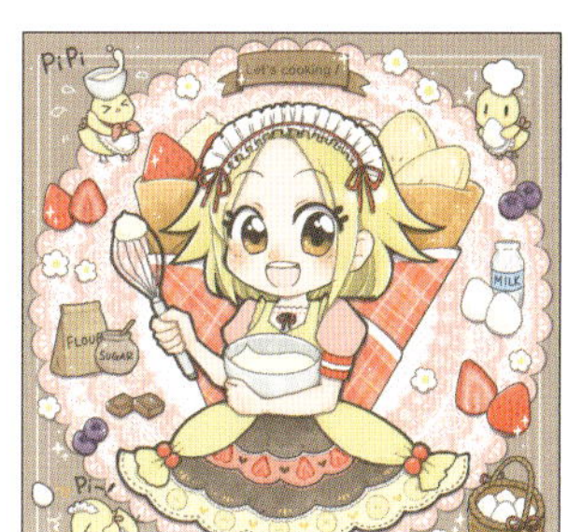
和歌山県・ゆんゆん

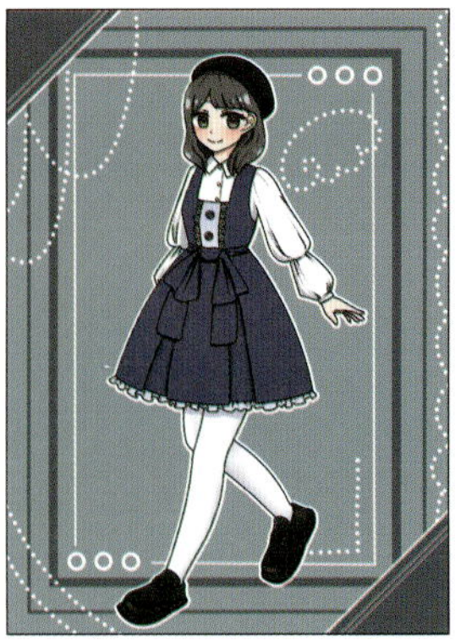
栃木県・あすく

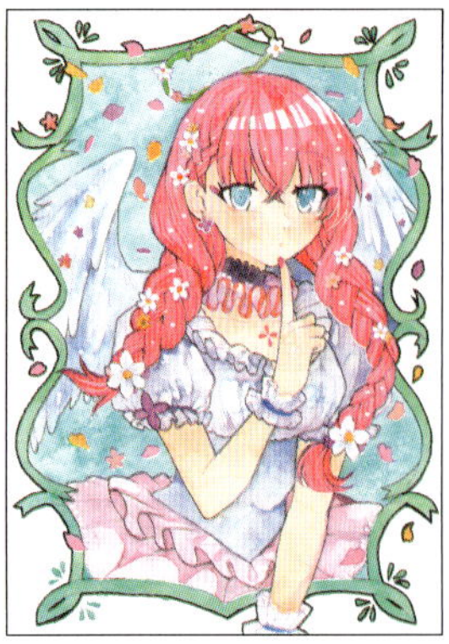
群馬県・RB

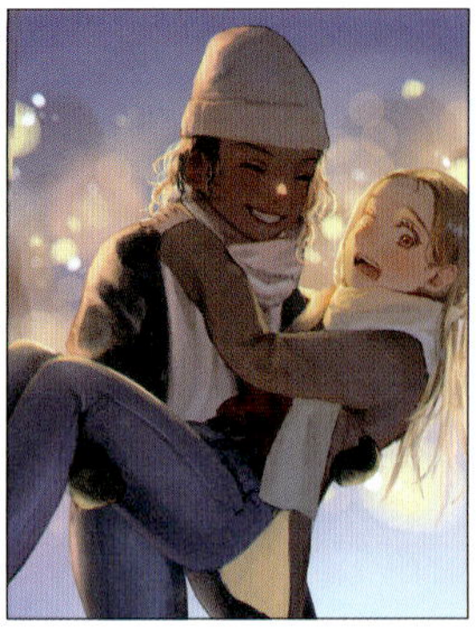
千葉県・あいいろひいろ・17歳

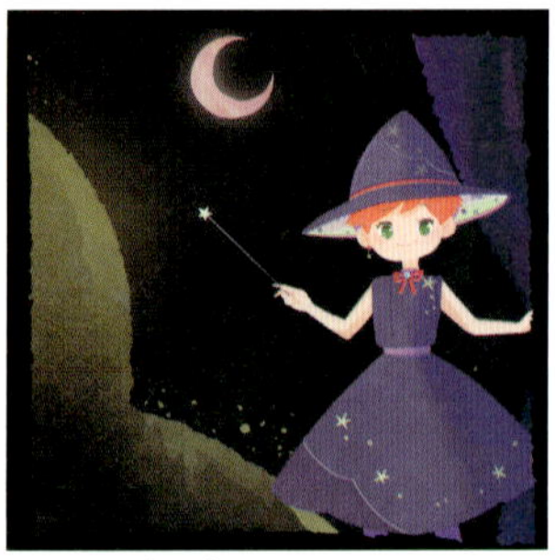
大阪府・ぴこぽん

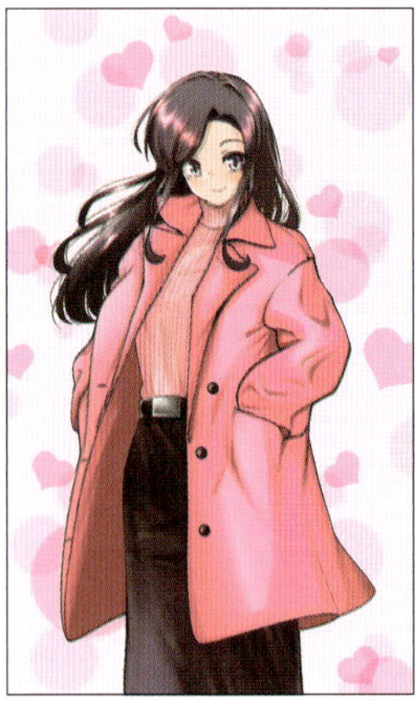
新潟県・いわの・25歳

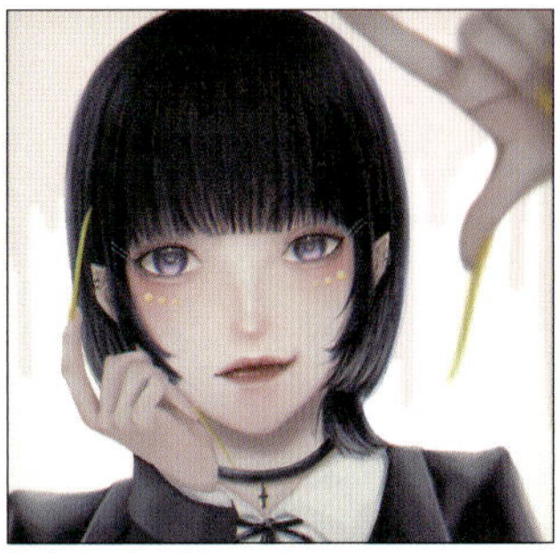
熊本県・未明欄・16歳

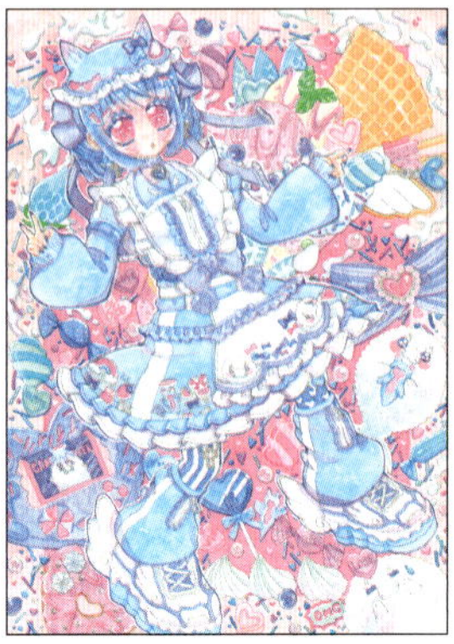
福島県・髏々咲すかる

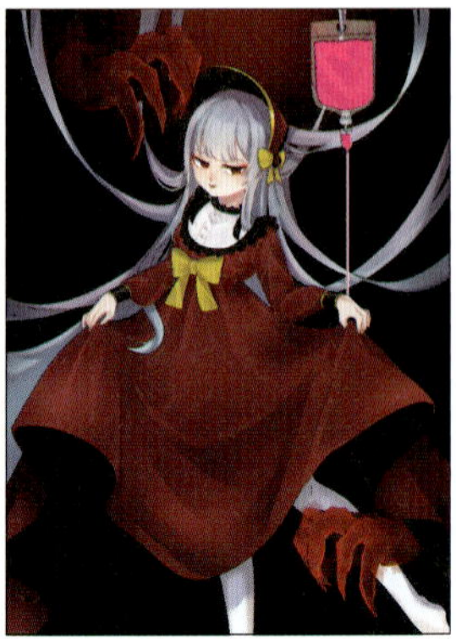
神奈川県・あよ

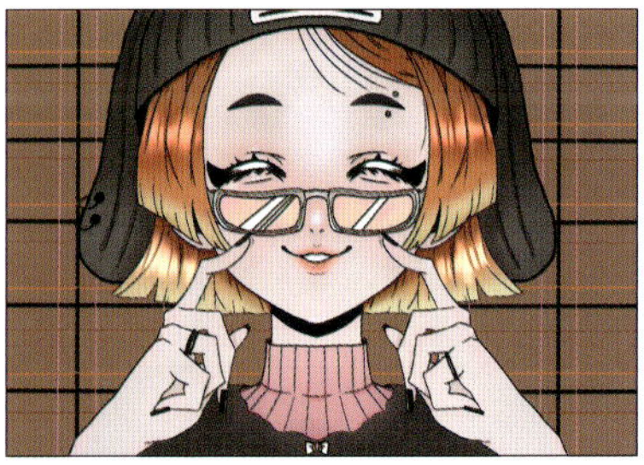
福島県・宝本

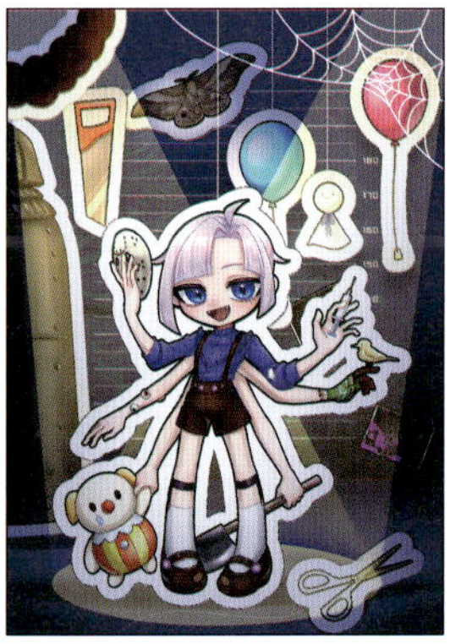
岐阜県・オフロ

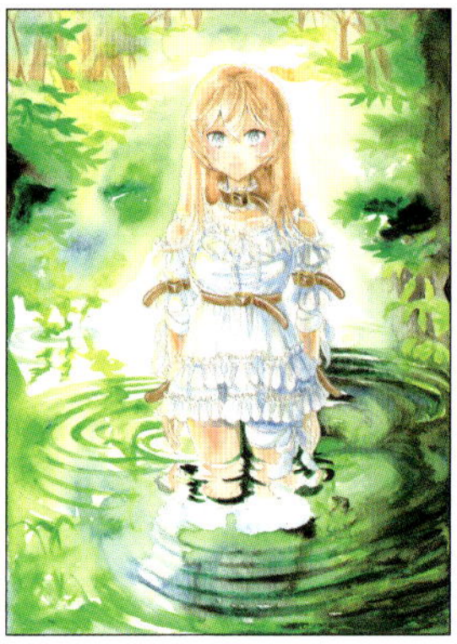
埼玉県・空澄美彩

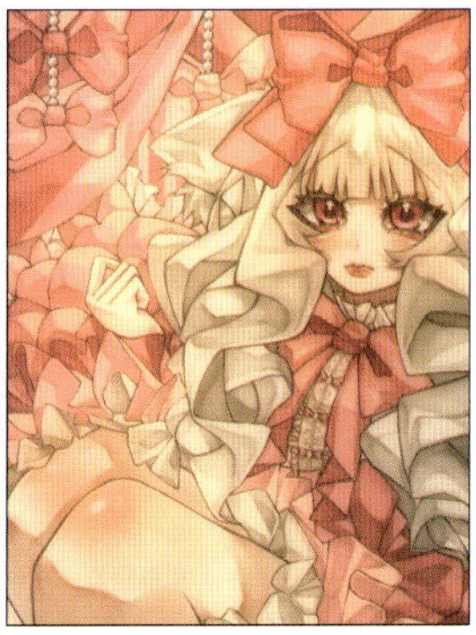
神奈川県・うさまる。・17歳

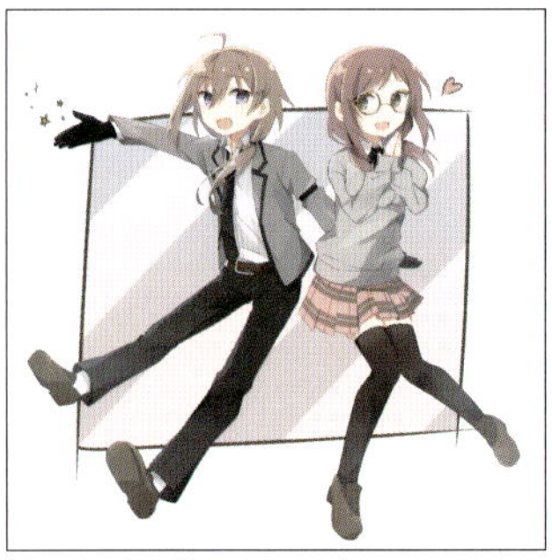
埼玉県・なーちゃん・14歳

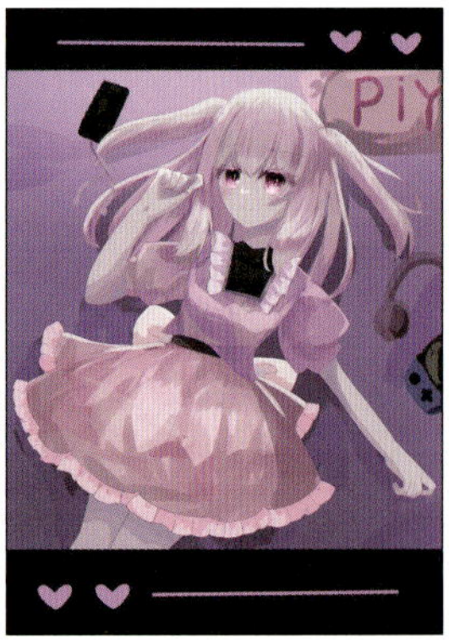
山梨県・くまさん・11歳

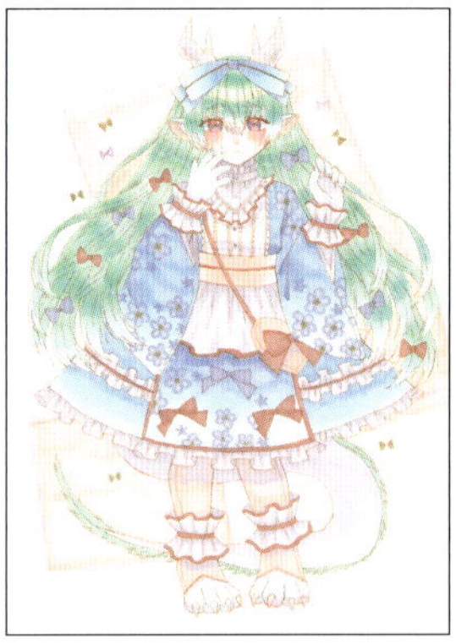
長野県・めいりん・18歳

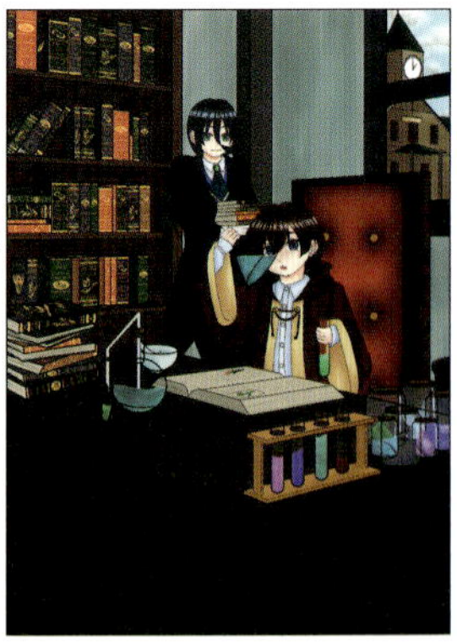
福岡県・かいか・18歳

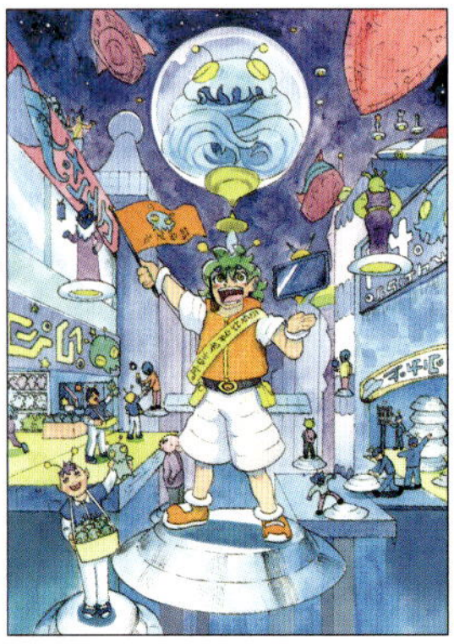
東京都・さのやん・19歳

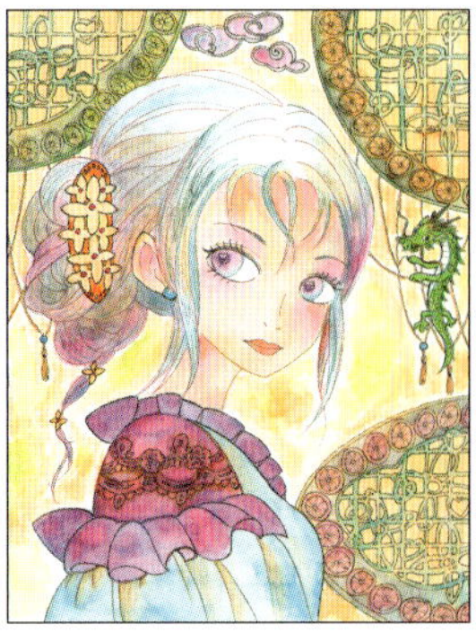
千葉県・武田和子・72歳

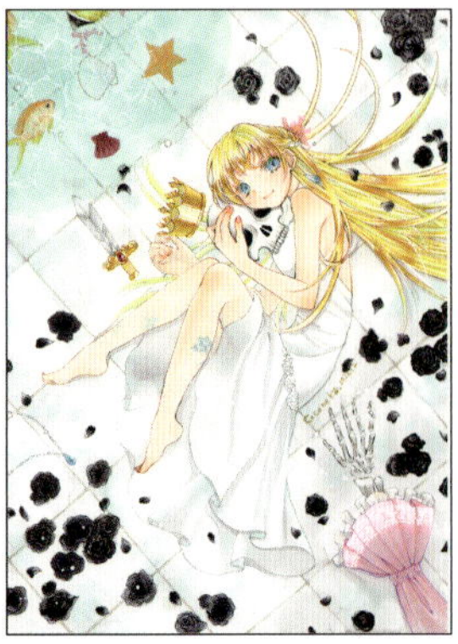
神奈川県・ここねこ

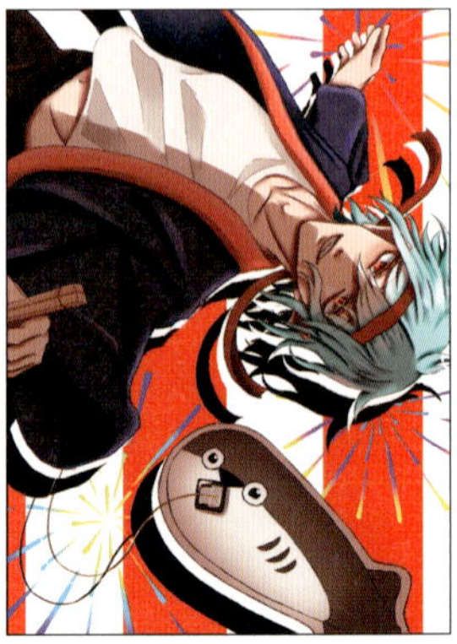
福島県・けい

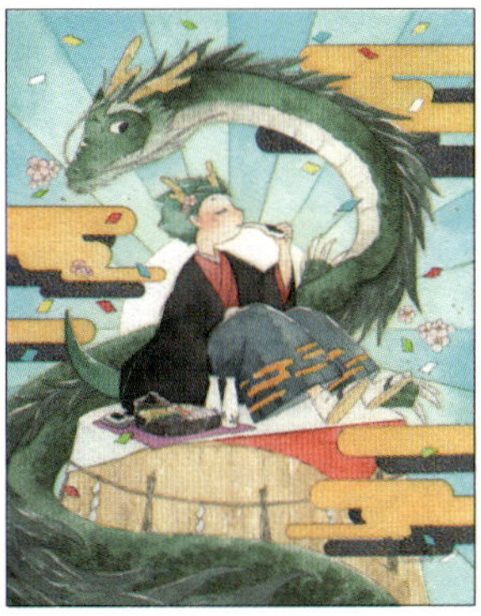
東京都・セキ

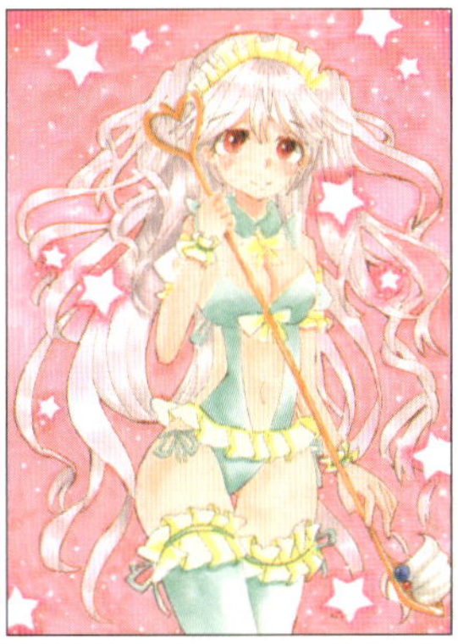
長野県・谷川りおん

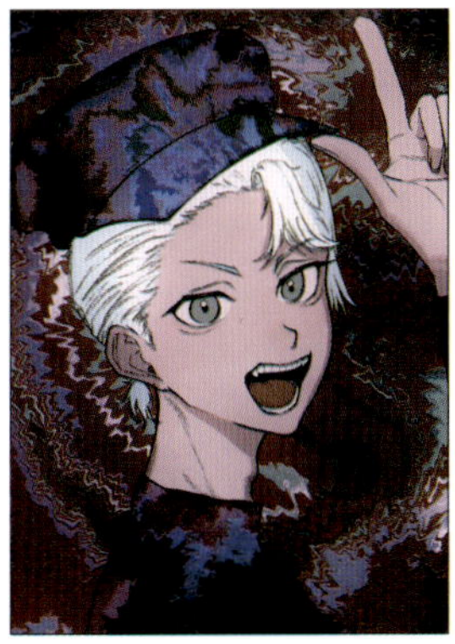
福島県・すずろ

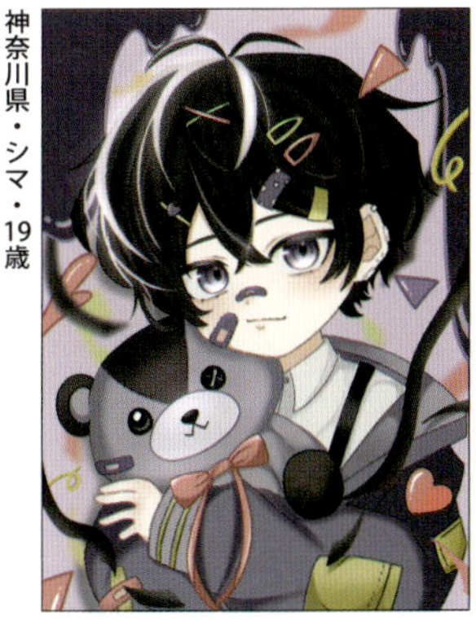
神奈川県・シマ・19歳

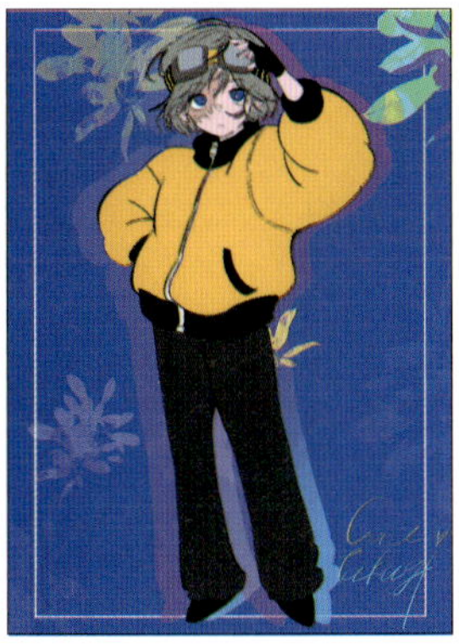
福島県・たかぎ・19歳

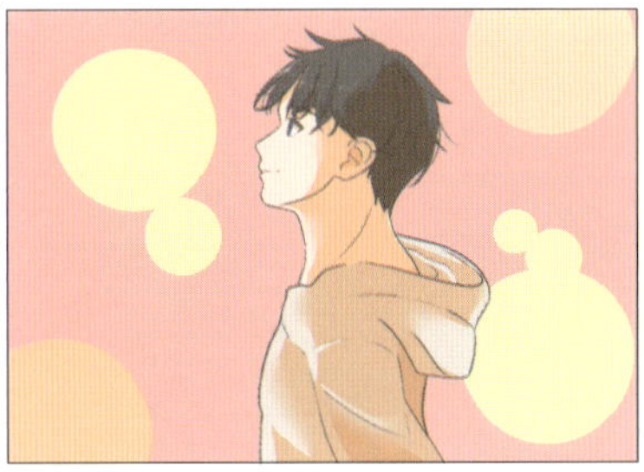
福島県・猫あめ・19歳

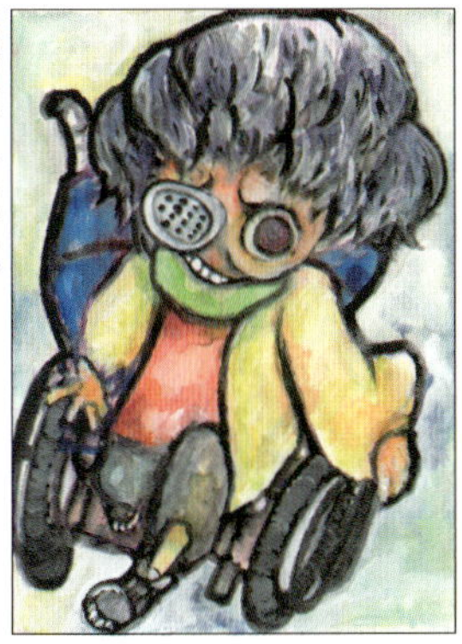
和歌山県・ひろいうみ

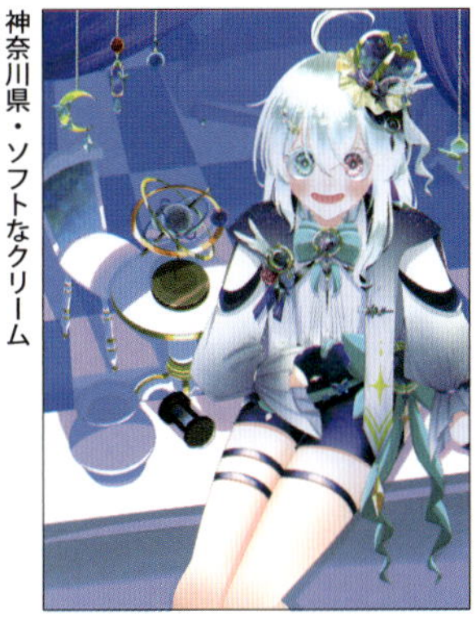
神奈川県・ソフトなクリーム

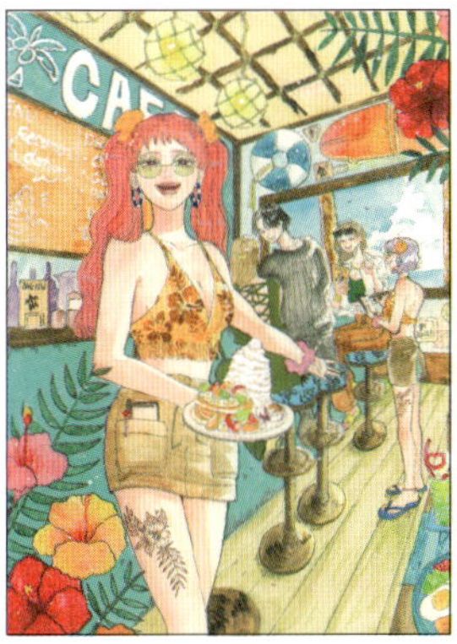
東京都・菅原優凪

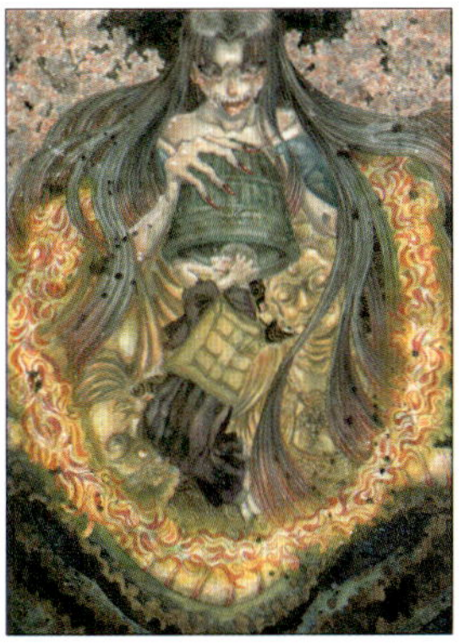
大阪府・夢生・26歳

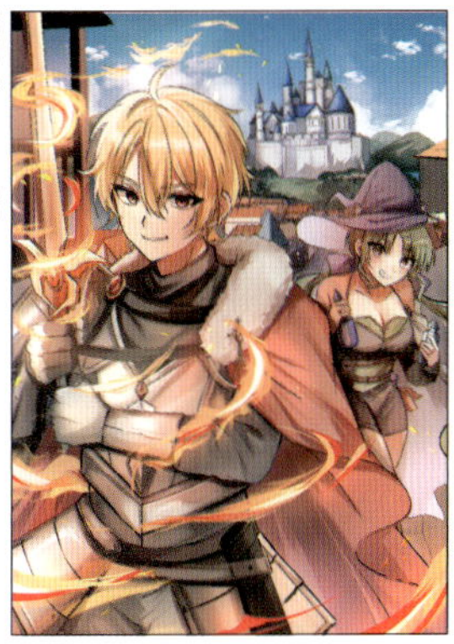
福岡県・とらふゆ

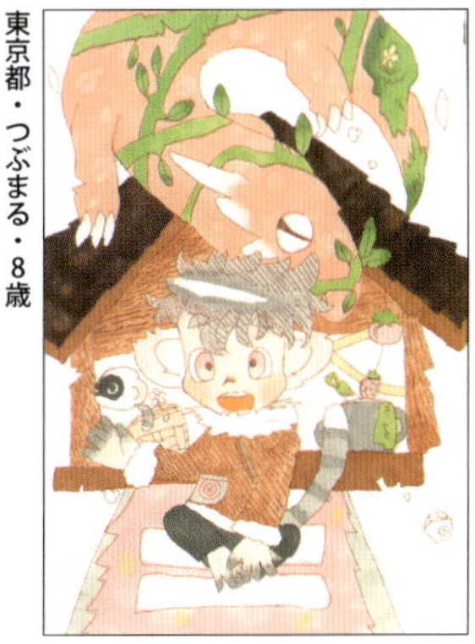
東京都・つぶまる・8歳

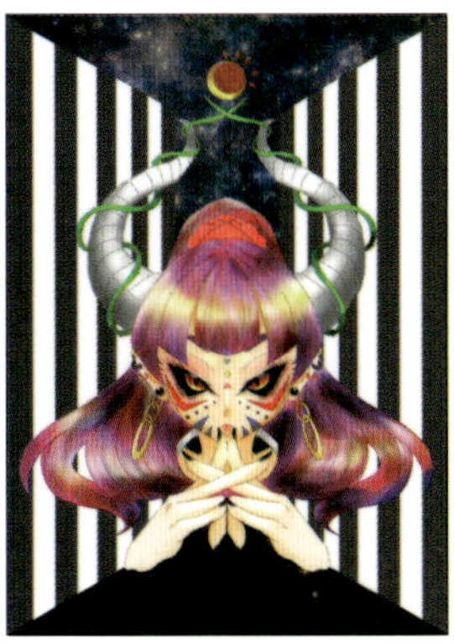
神奈川県・ねこまんまないん

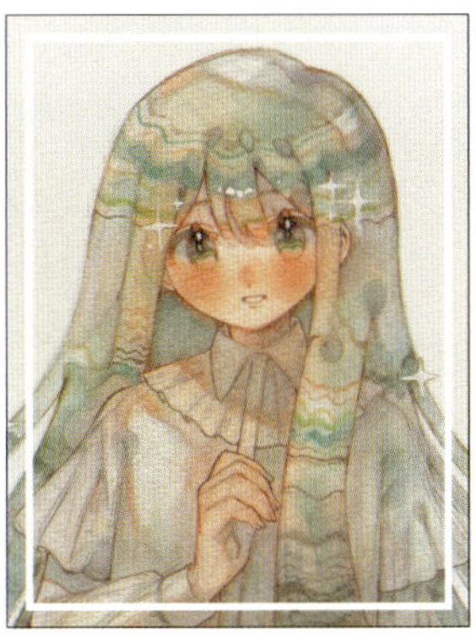
広島県・にわ

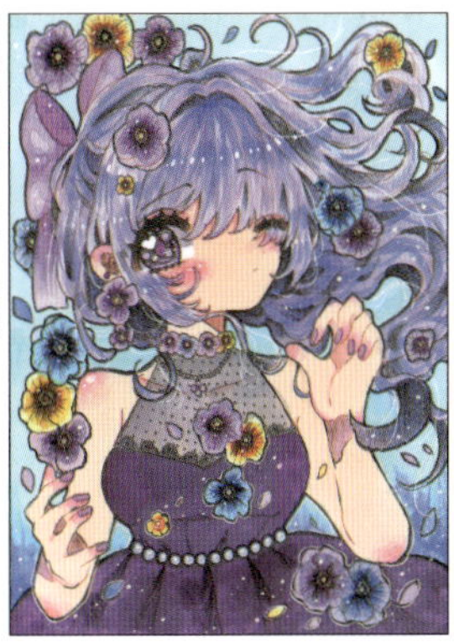
青森県・ももうさぎ・26歳

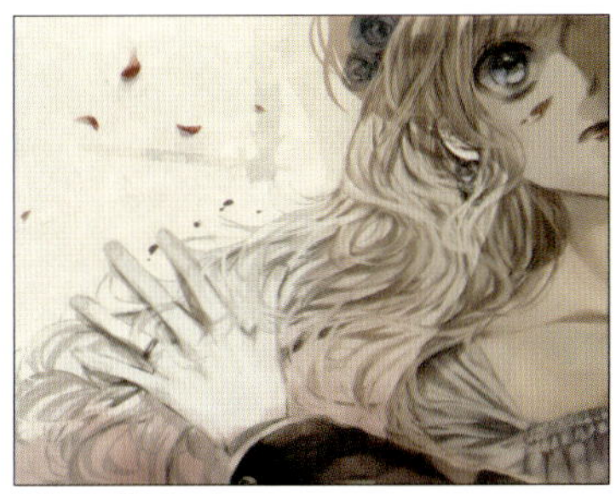
栃木県・藤丘乃衣

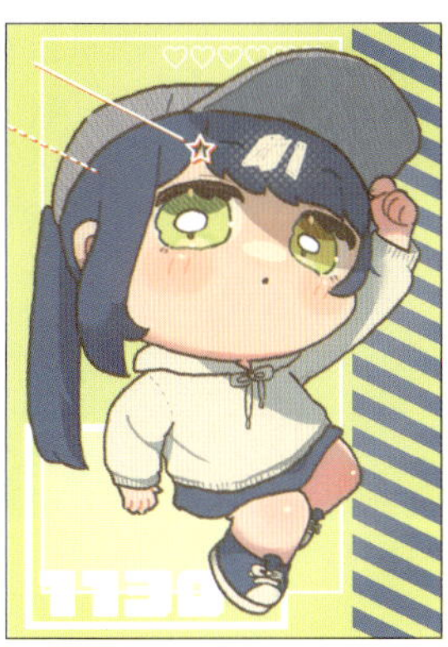
福島県・ふぷあ

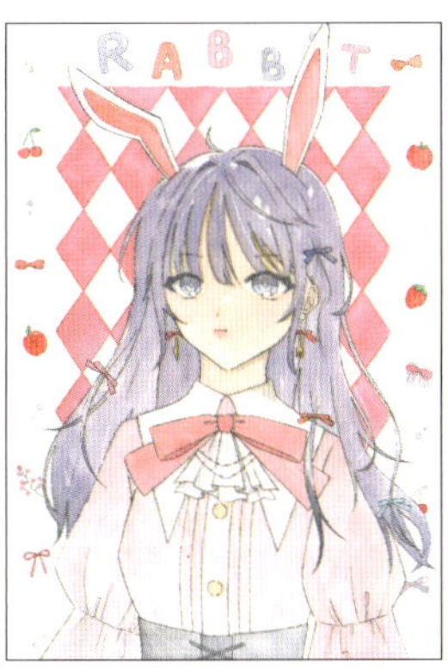
岡山県・Kohaku・16歳

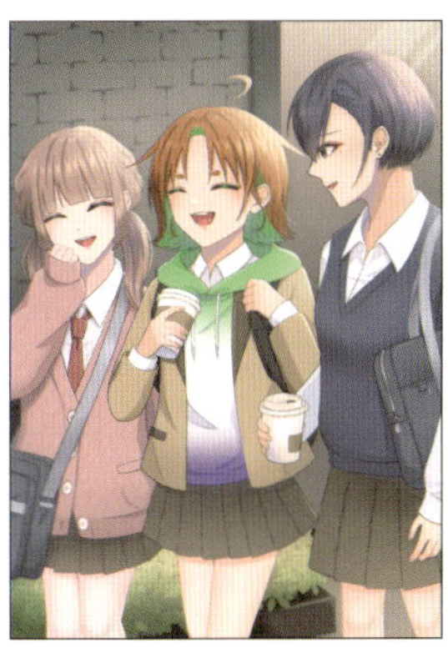
福島県・ひなたぬき・16歳

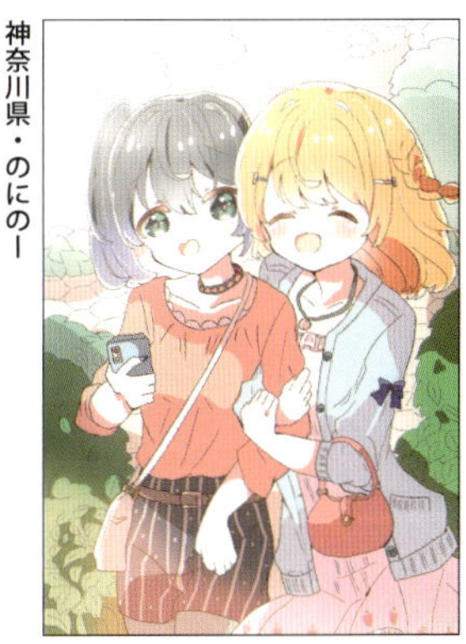
神奈川県・のにの―

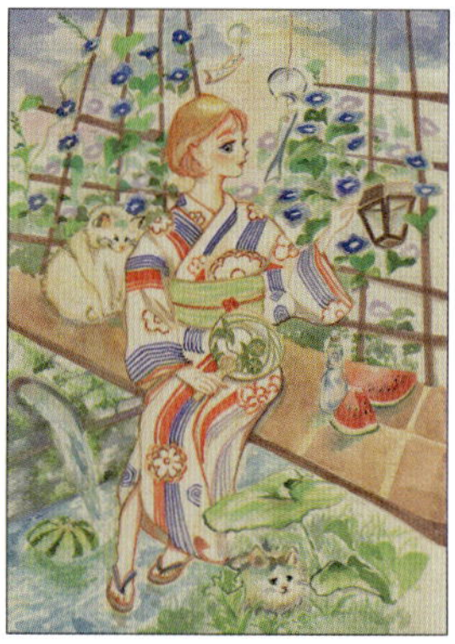
福島県・フルーツ

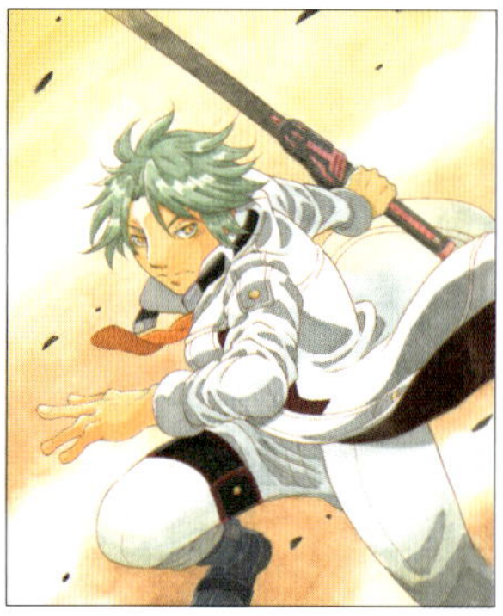
秋田県・鈴河馬

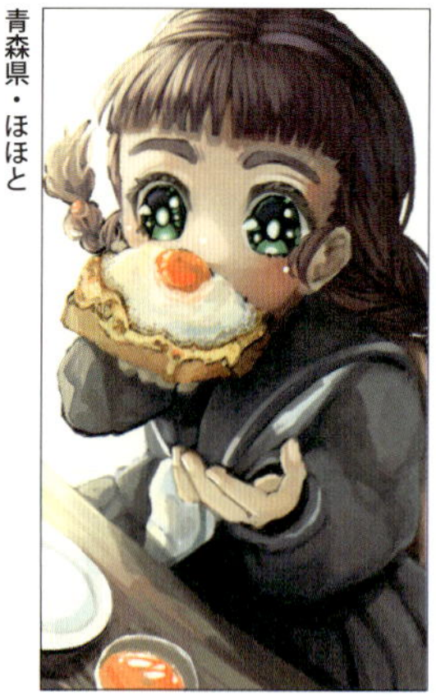
青森県・ほほと

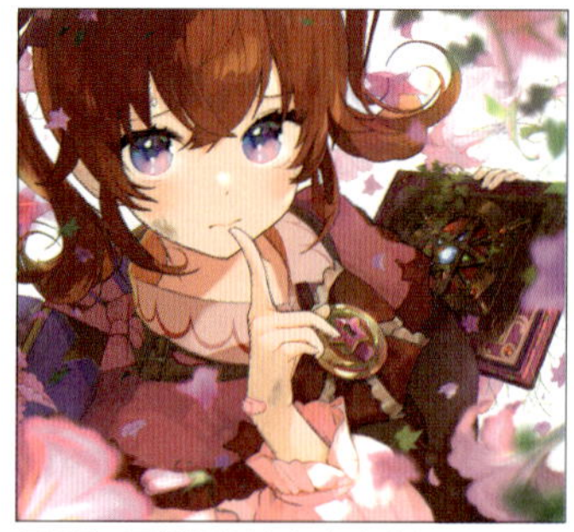
福岡県・可部茅音(なか身 改め)

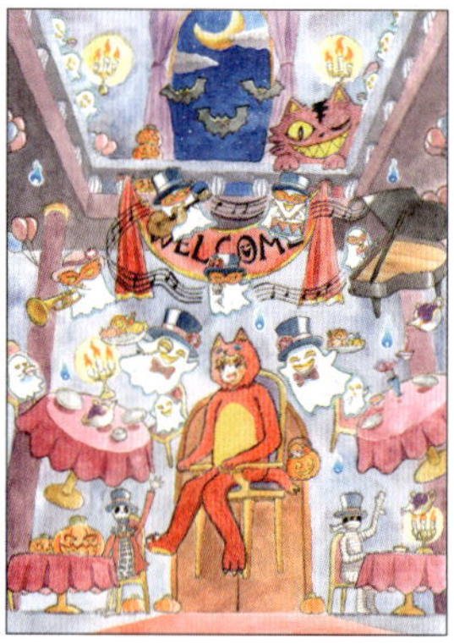
東京都・マルティンリベラミゲルアンヘル

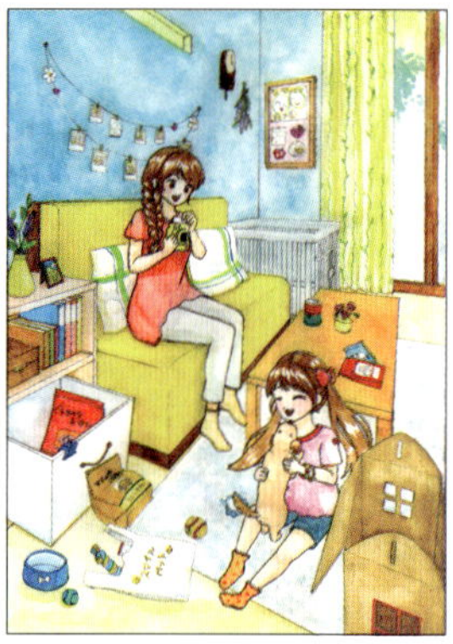
東京都・まるさ

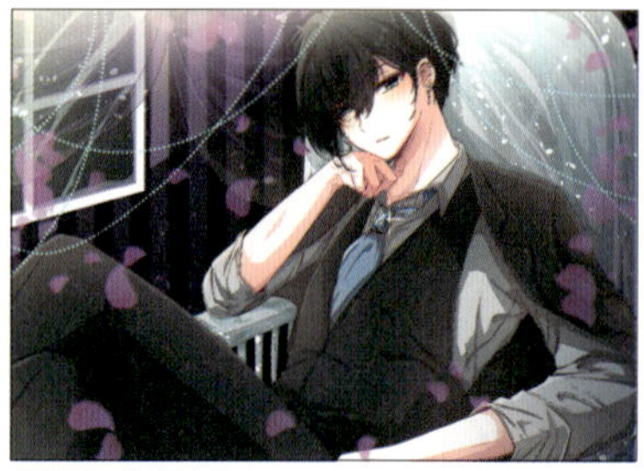
北海道・絢空そら

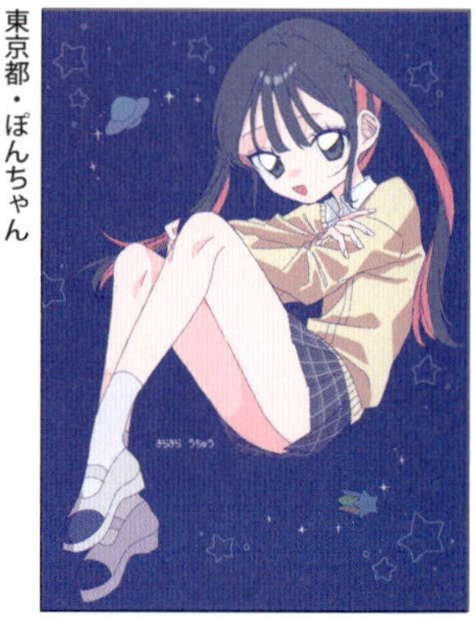
東京都・ぽんちゃん

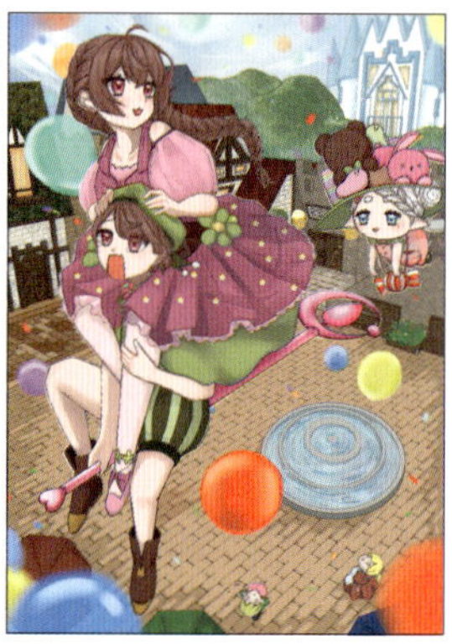
福岡県・やえちゃん

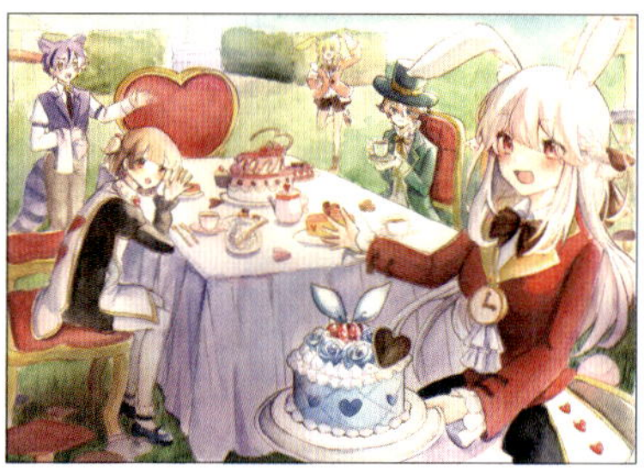
東京都・ラスク

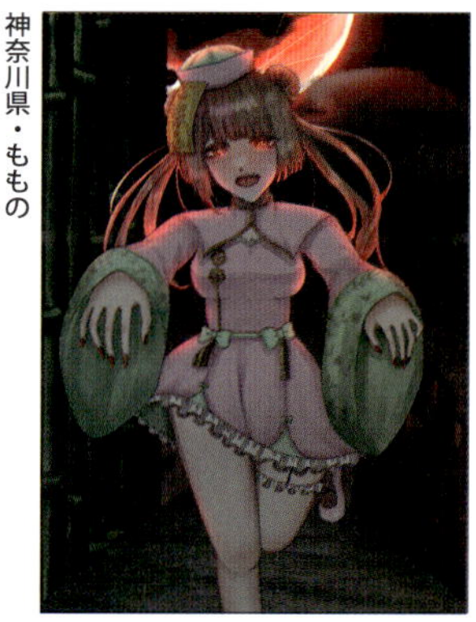
神奈川県・ももの

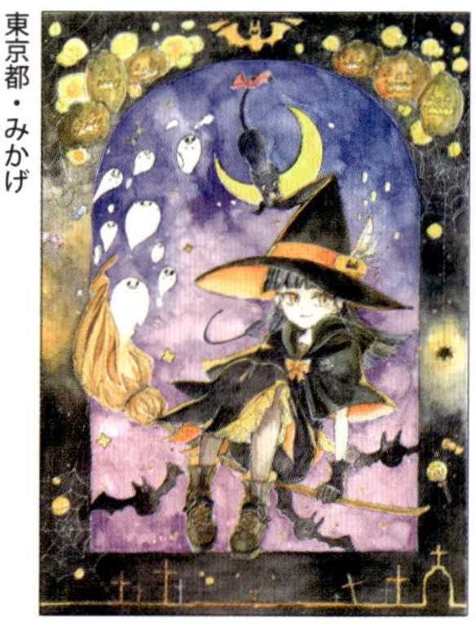
東京都・みかげ

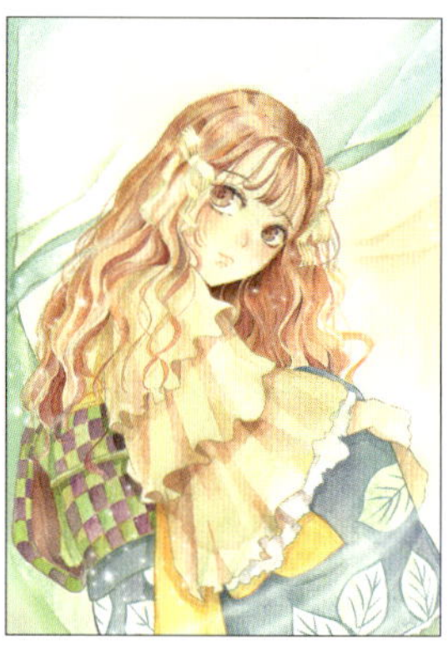
北海道・れーあ/黒沼 Reia

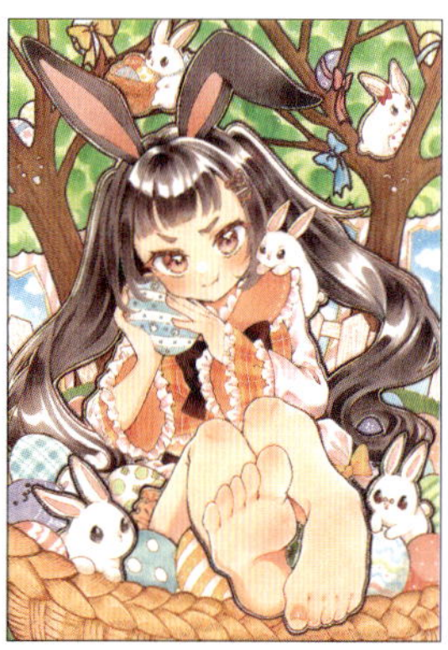
東京都・るーあ・19歳

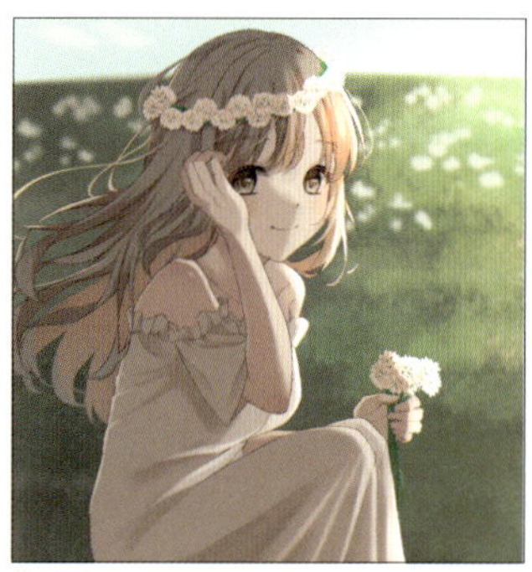
静岡県・kam

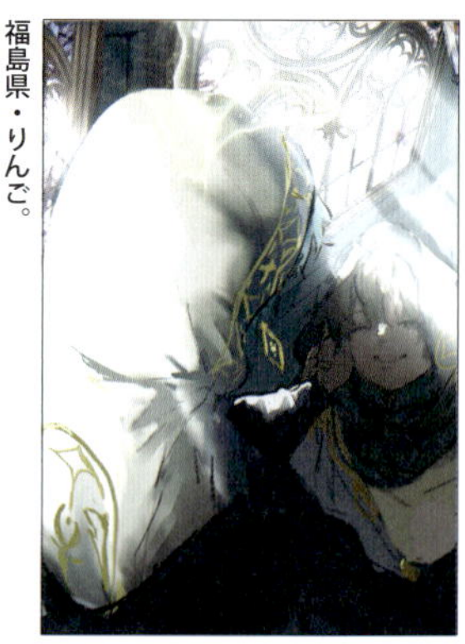
福島県・りんご。

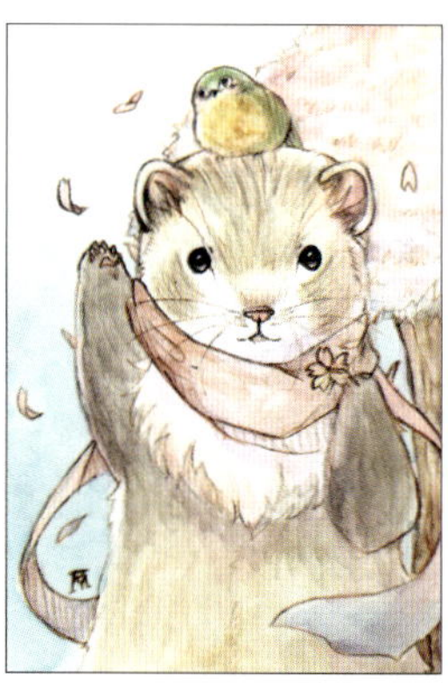
神奈川県・伊達

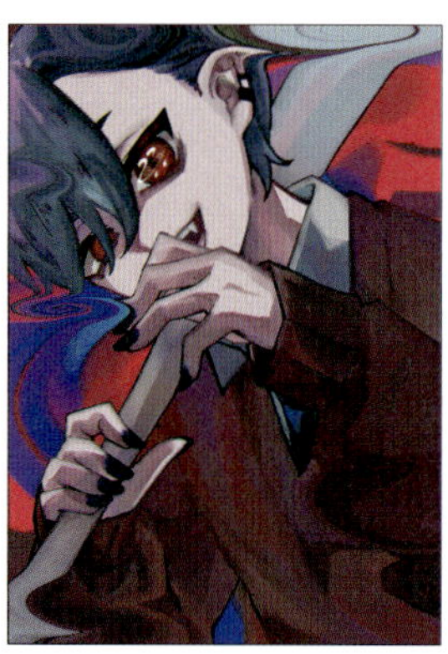
福島県・庵冥

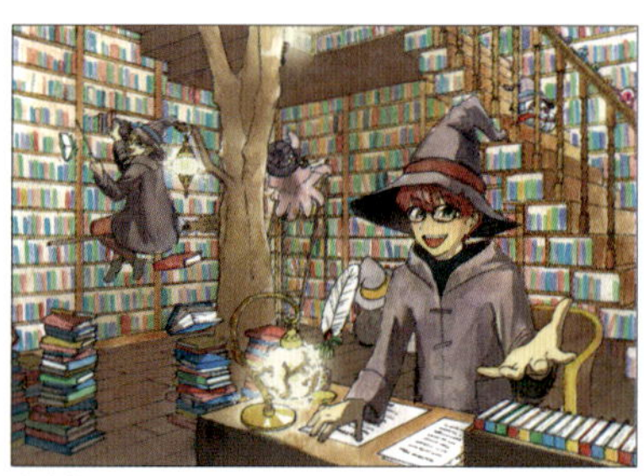
東京都・モナカっち

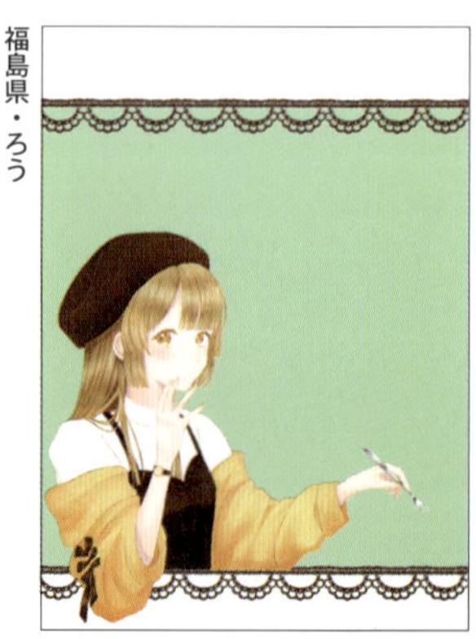
福島県・ろう

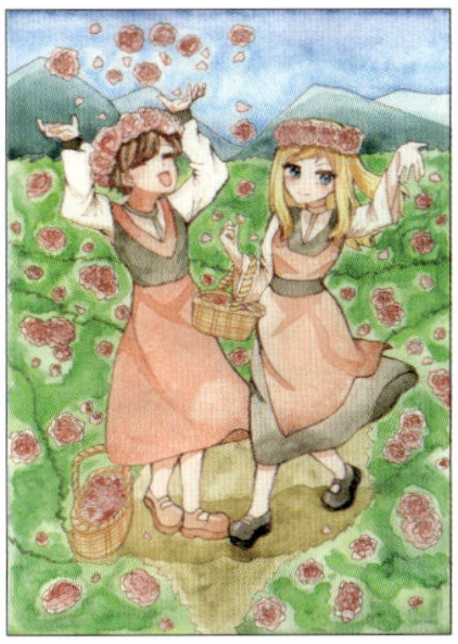
東京都・五十嵐舞

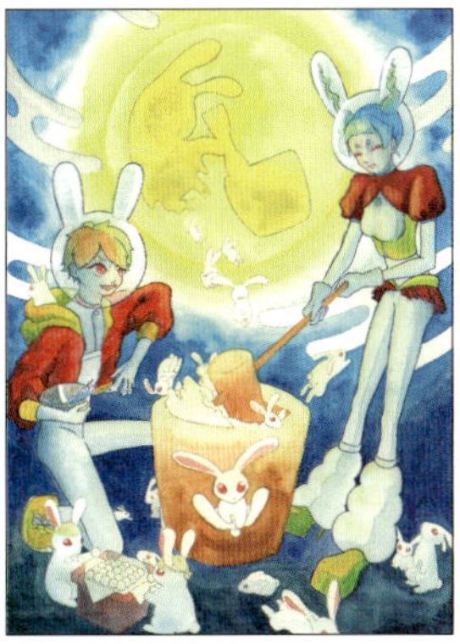
東京都・海すけ

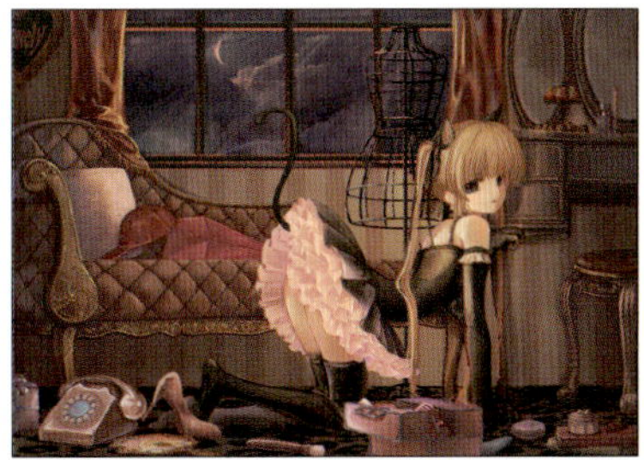
静岡県・ぽていとん

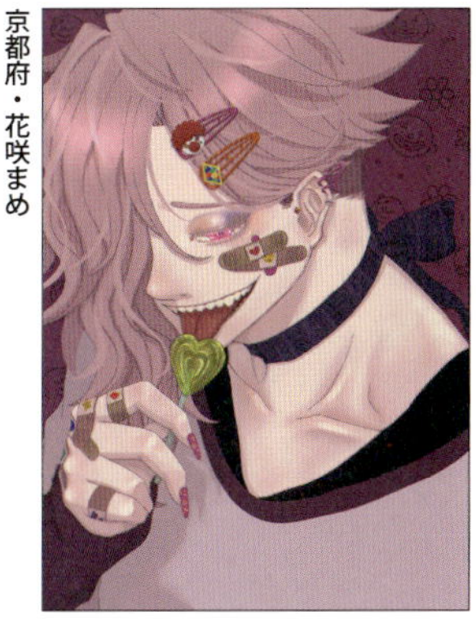
京都府・花咲まめ

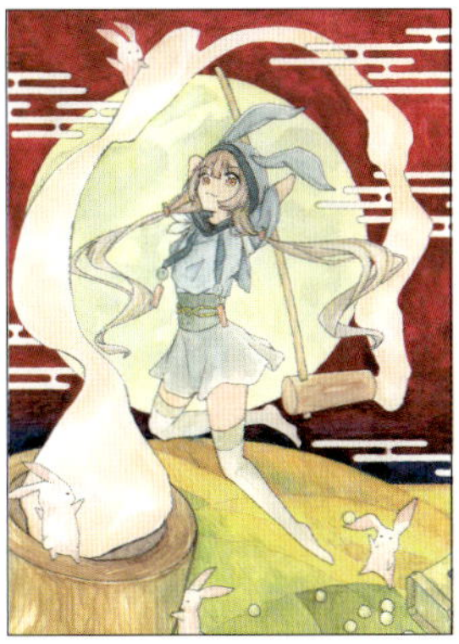
東京都・佐野心奏

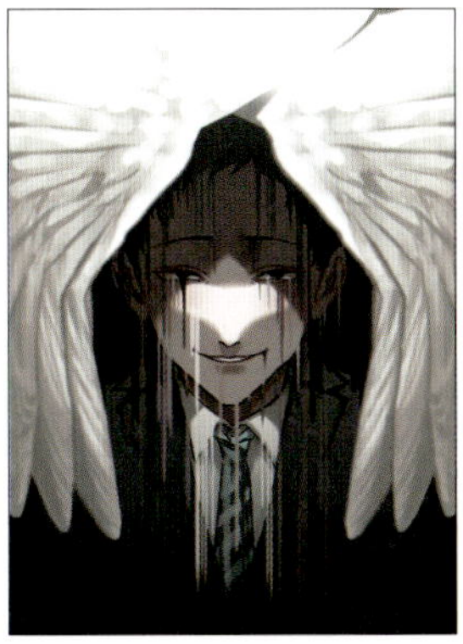
佐賀県・紅葉

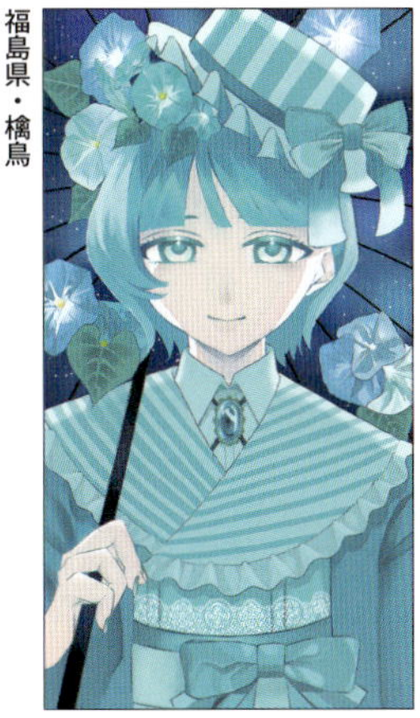
福島県・檎鳥

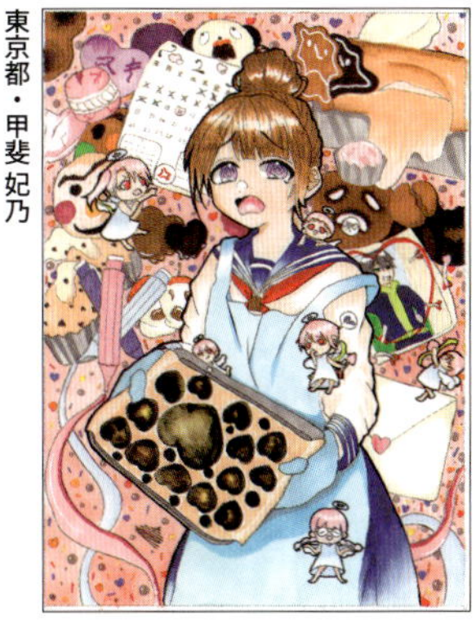
東京都・甲斐妃乃

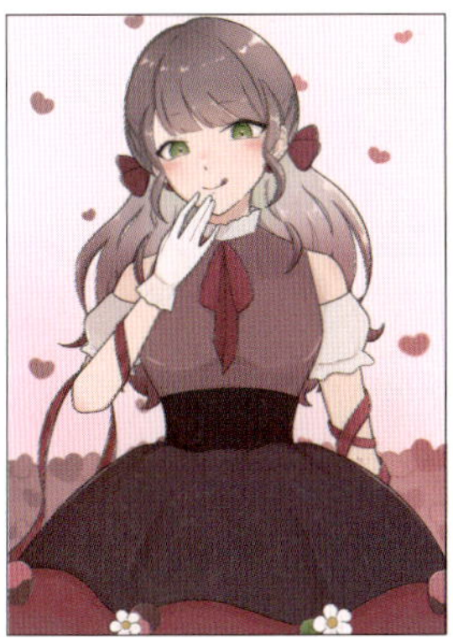
新潟県・紫月うる

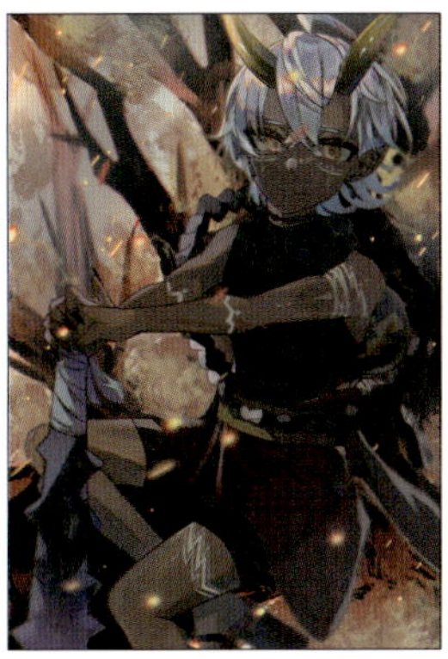
福岡県・四ツ目海月

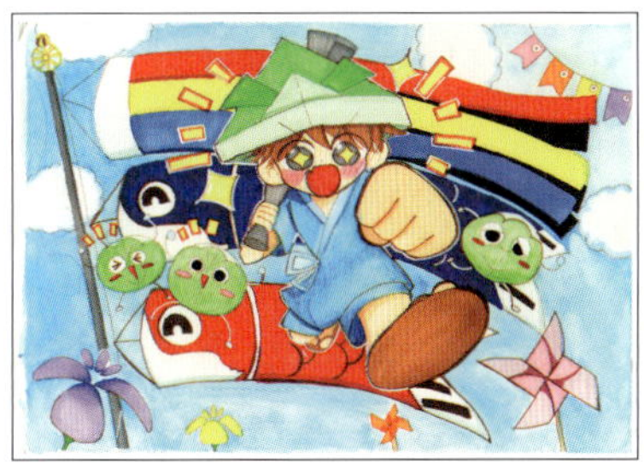
東京都・すりーぴー

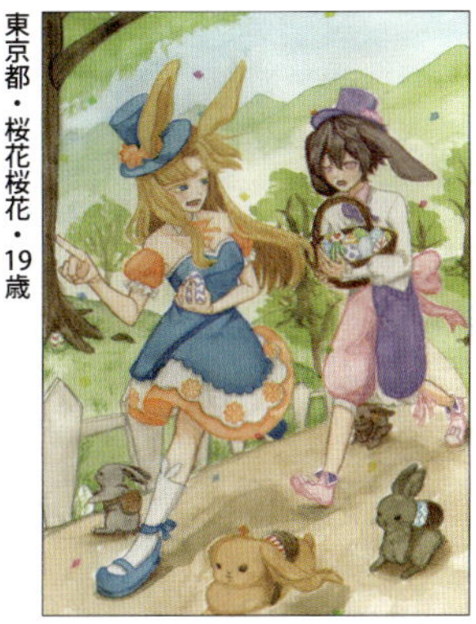
東京都・桜花桜花・19歳

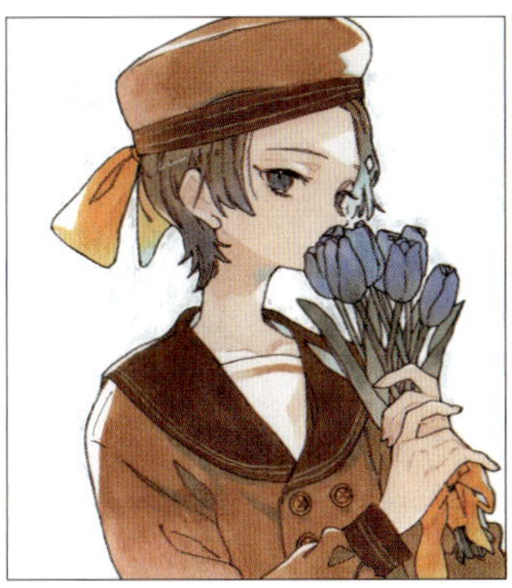
青森県・斉木琴

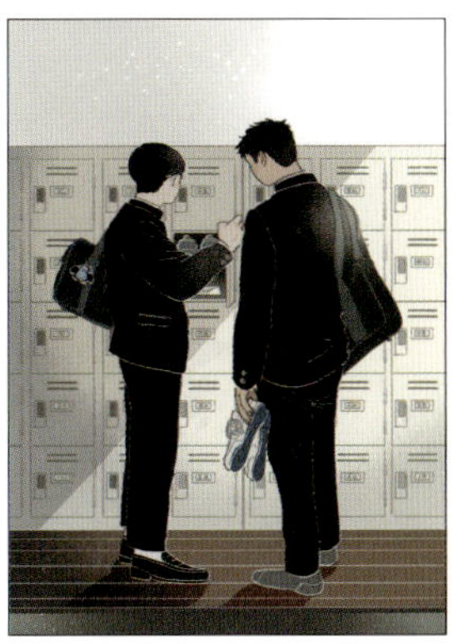
大阪府・洗・27歳

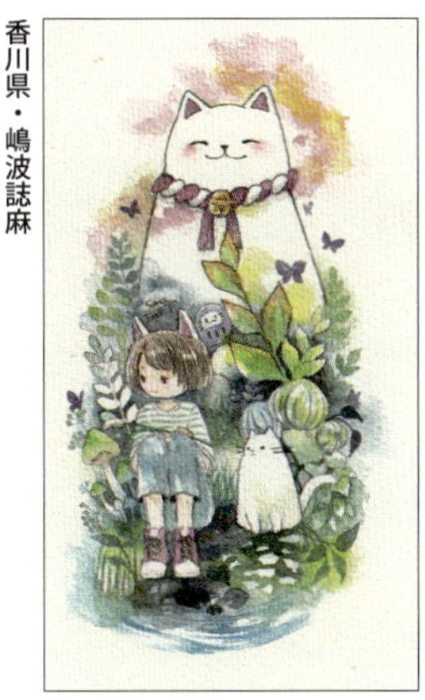
香川県・嶋波誌麻

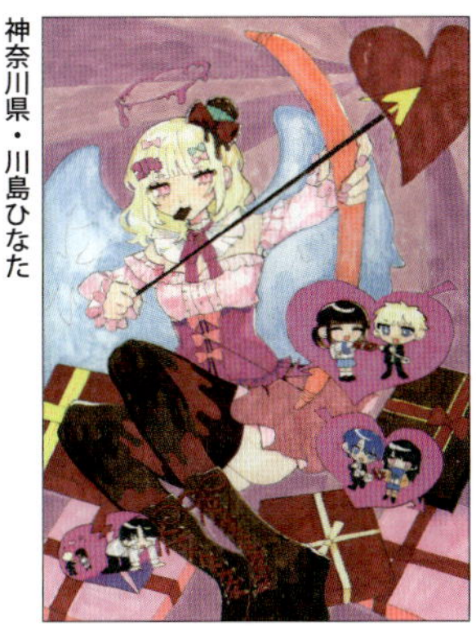
神奈川県・川島ひなた

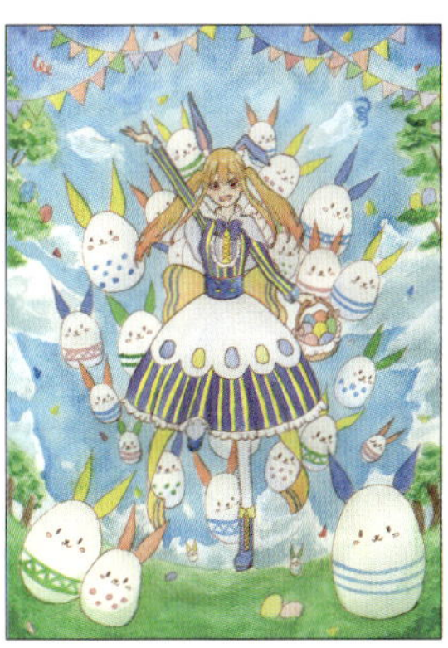
東京都・浅見星浬

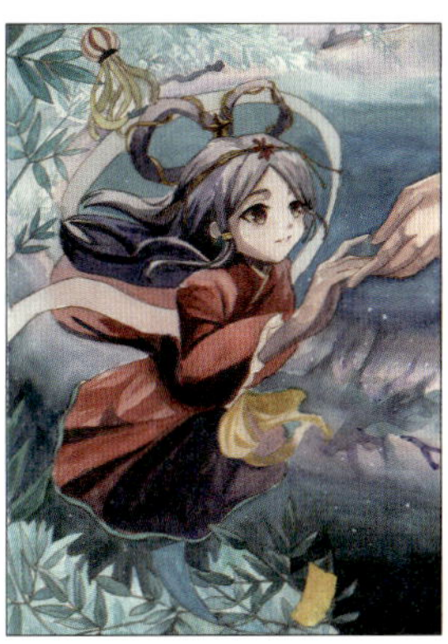
東京都・田中柊・19歳

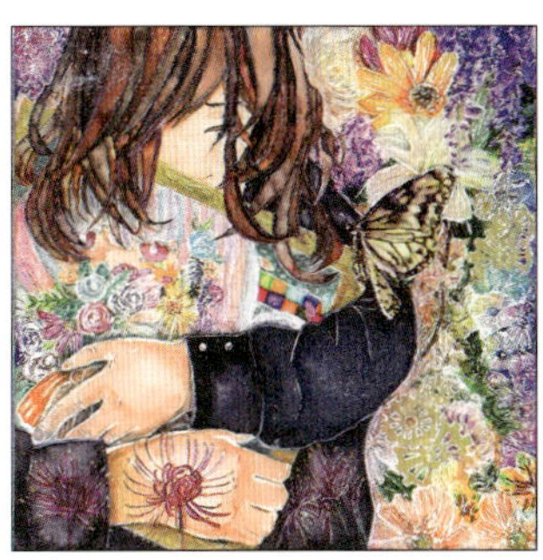
兵庫県・コウアイ

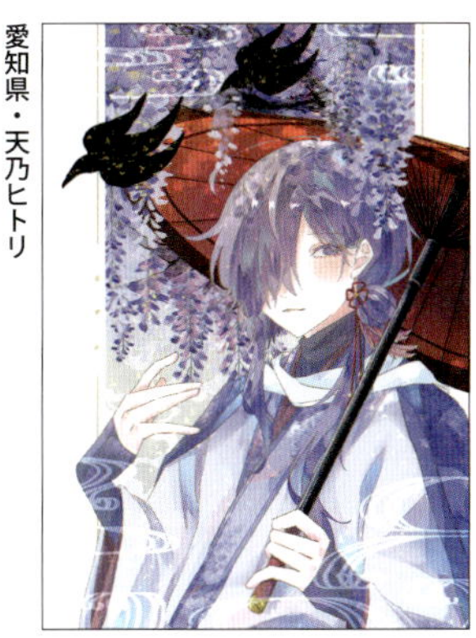
愛知県・天乃ヒトリ

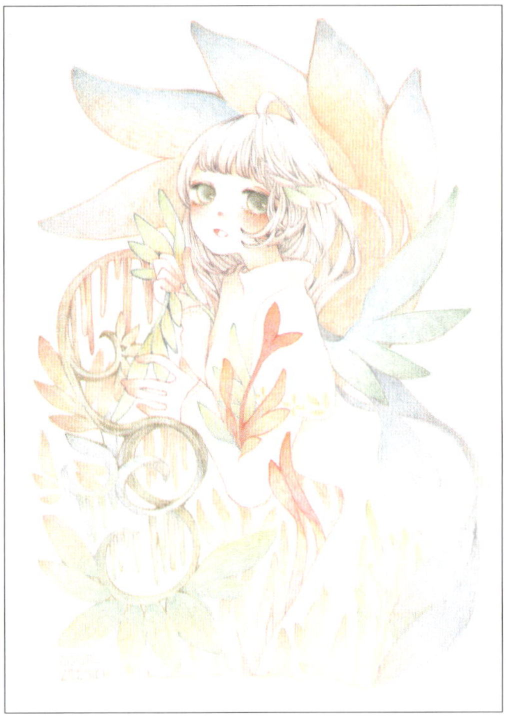
大阪府・のもり【色鉛筆・Be art paper】

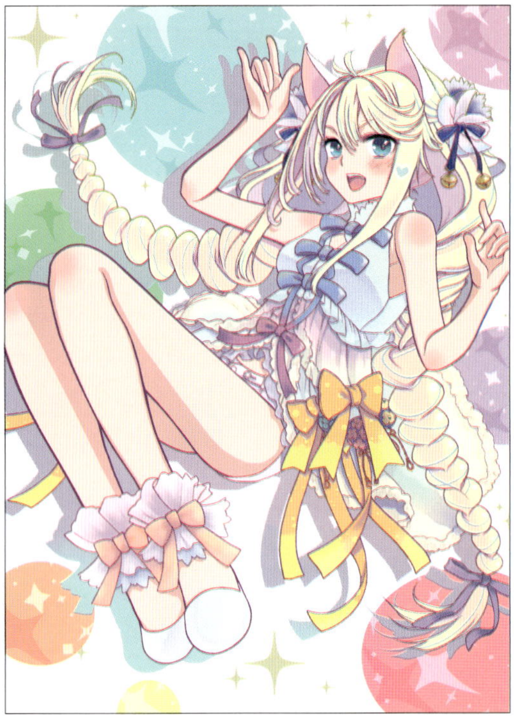
鹿児島県・ハゲヅラ・42歳【CLIP STUDIO PAINT PRO】

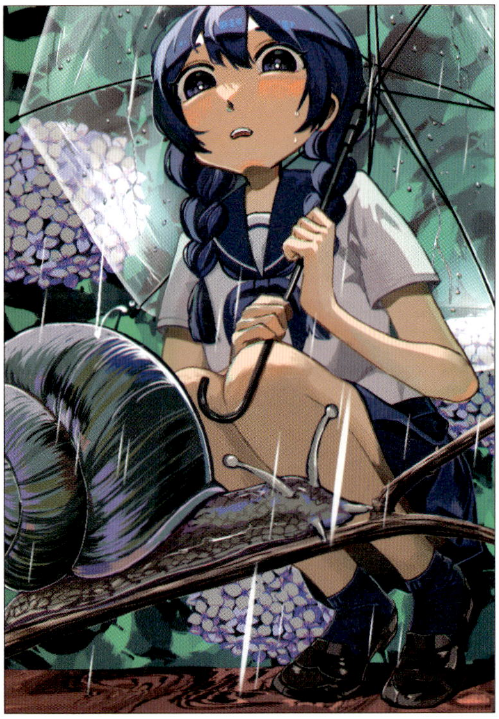
京都府・あはちゃ・18歳【アイビスペイント】

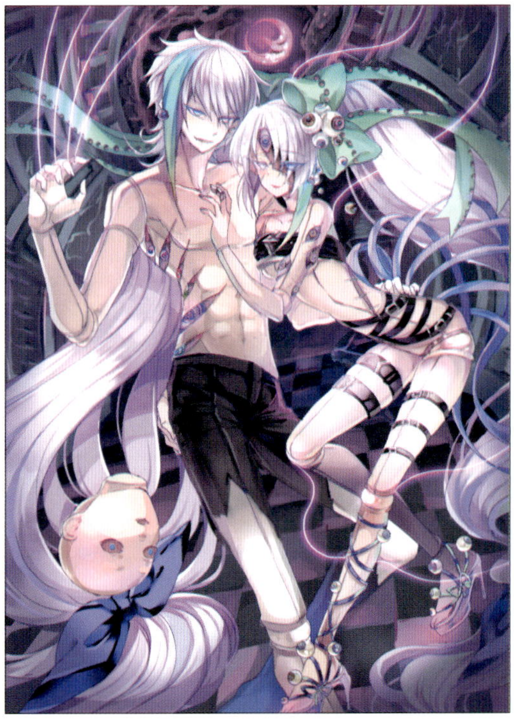
愛知県・我壊ワルド

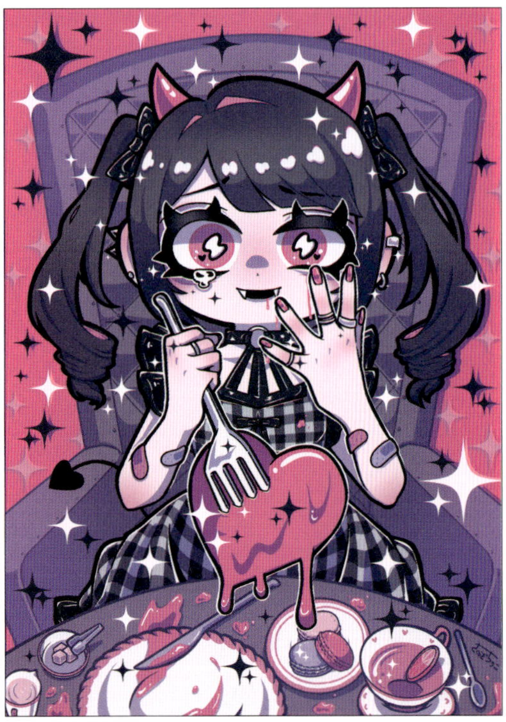
神奈川県・さくらぎちりこ【CLIP STUDIO PAINT】

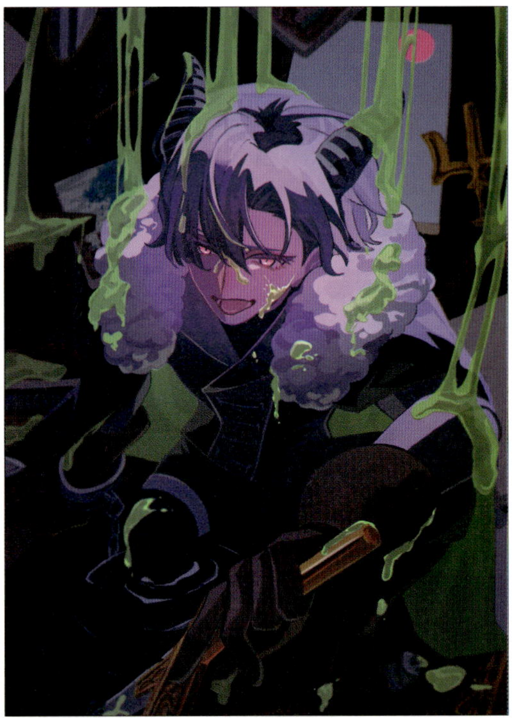
神奈川県・みがわり【Wacom Cintiq16・Photoshop】

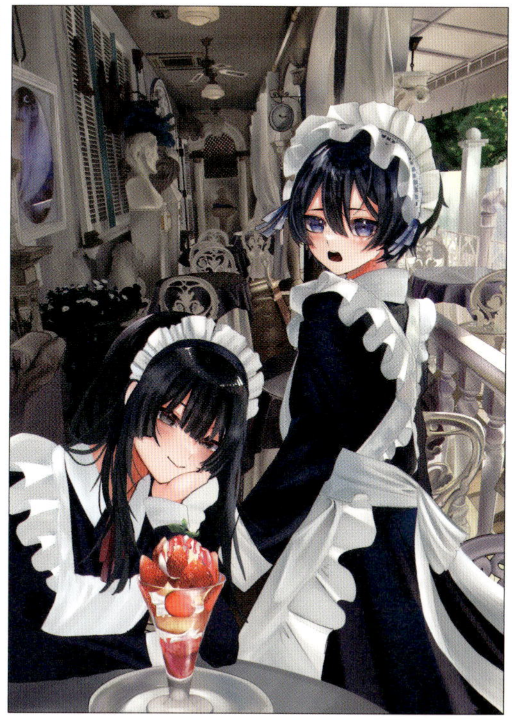

京都府・ふしろ・17歳【CLIP STUDIO PAINT】

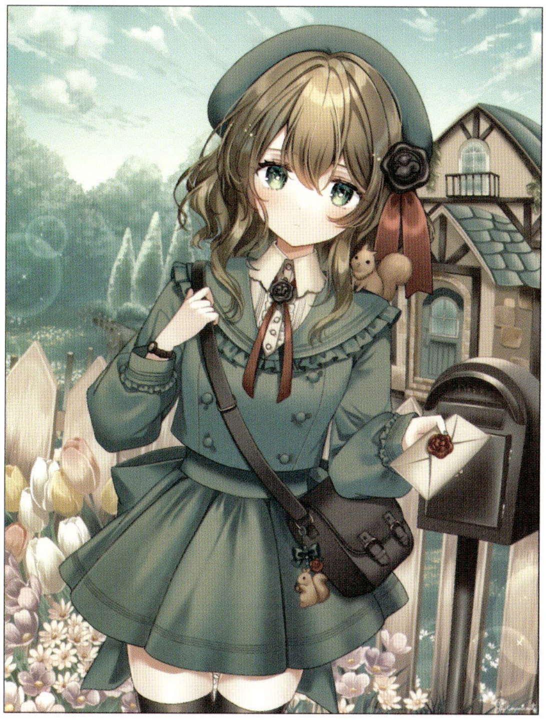

東京都・こんぺいとう＊＊【アイビスペイント】

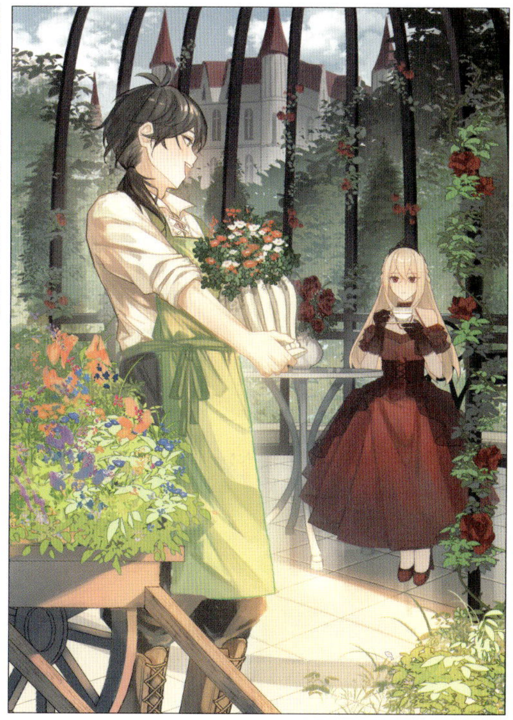

福岡県・SZK_・19歳【CLIP STUDIO PAINT】

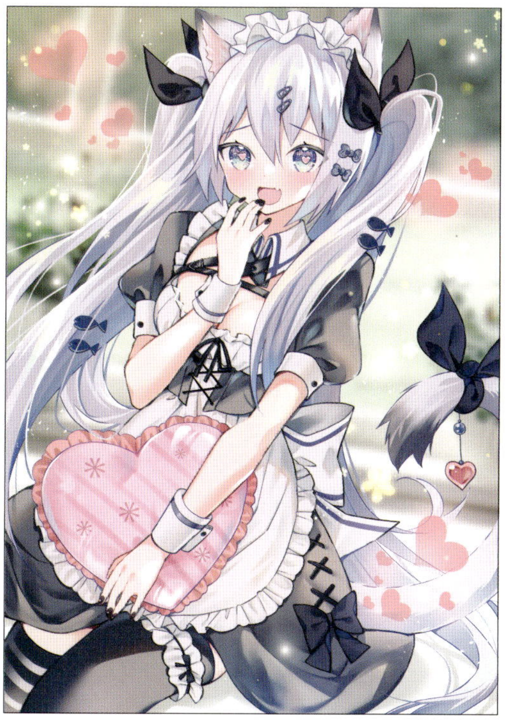

広島県・とうか【CLIP STUDIO PAINT】

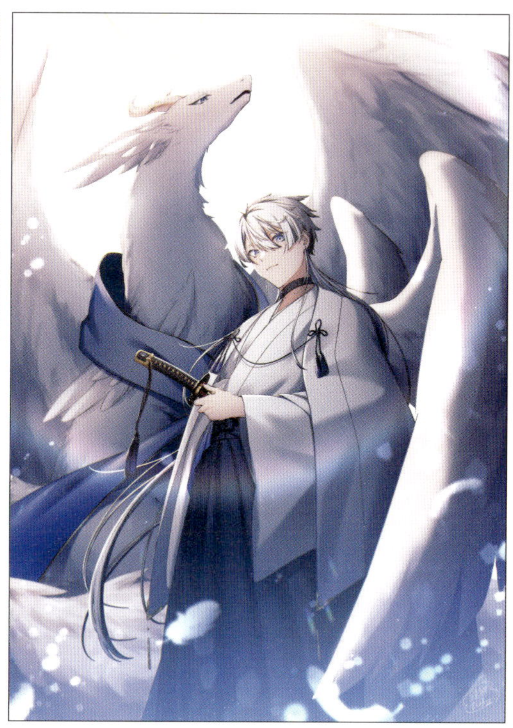

新潟県・鏡餅れぃは【CLIP STUDIO PAINT EX】

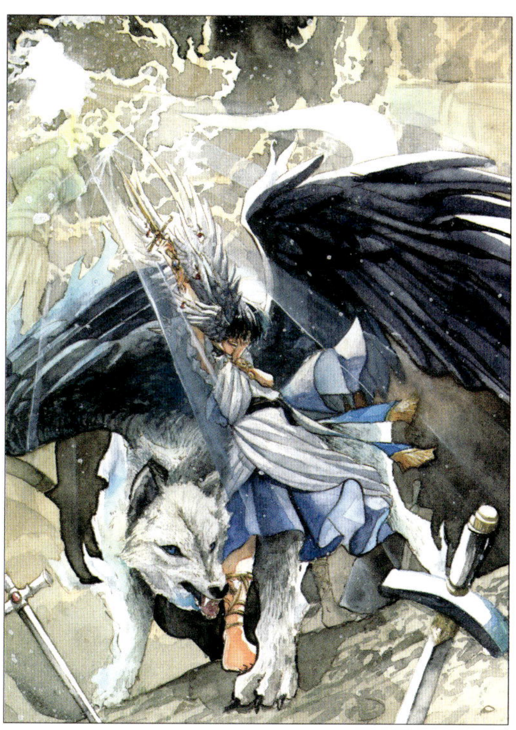

大阪府・みまち【透明水彩・ファインテック・シリウス紙】

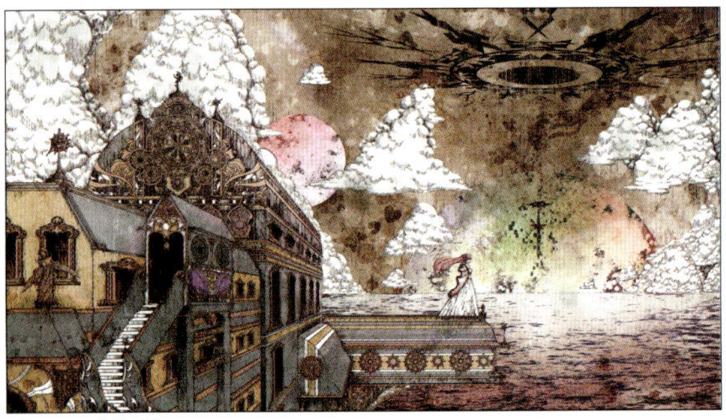

群馬県・来栖彰

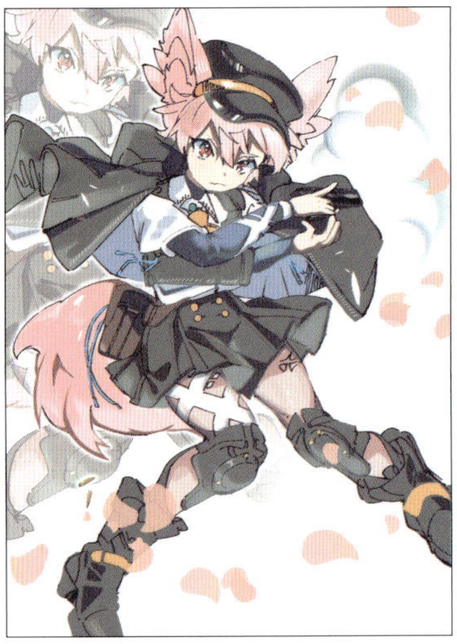

福島県・G−3

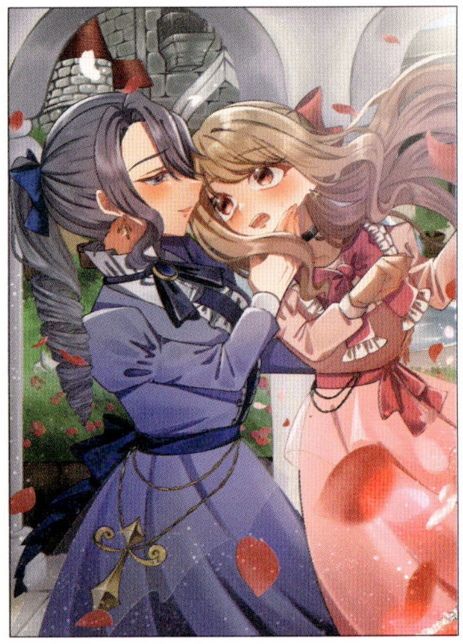

福岡県・まろ。

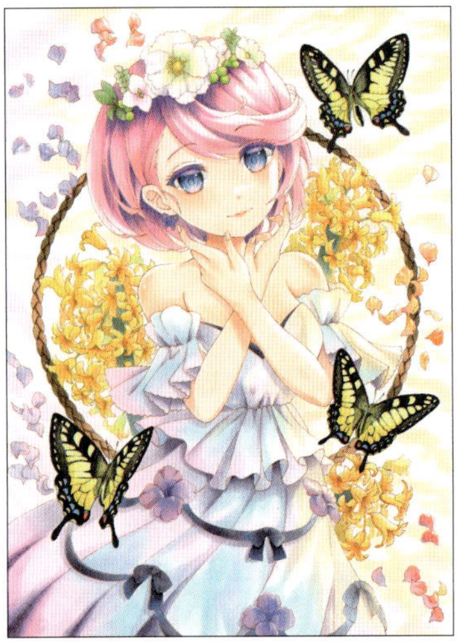

岡山県・HARU・20歳

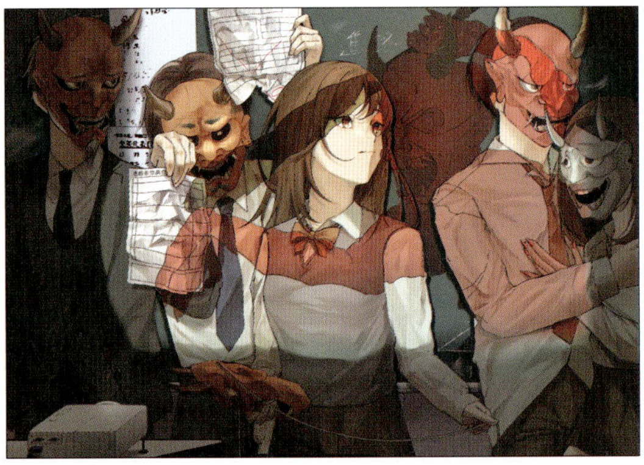

兵庫県・福

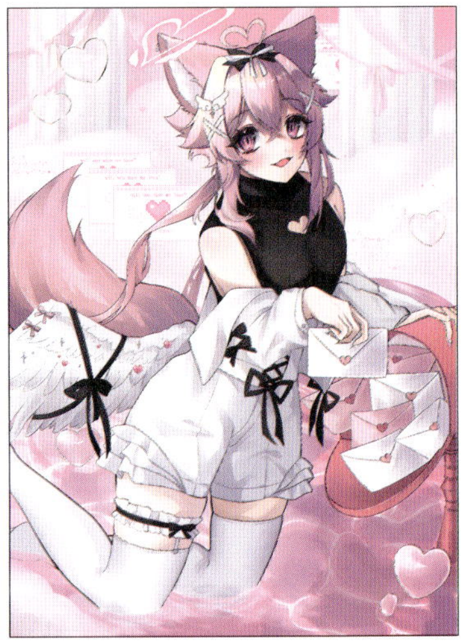

埼玉県・もんもんい

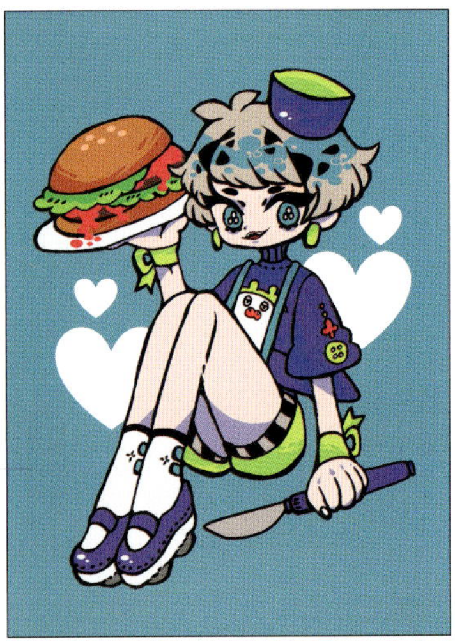

栃木県・ワトロ

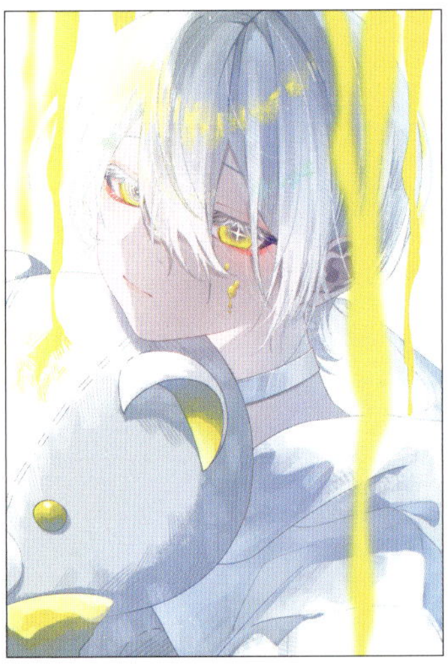

静岡県・IZUMO

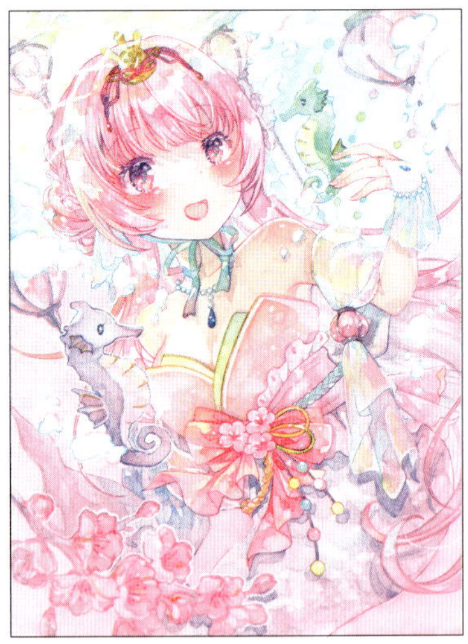

東京都・沫雪なの

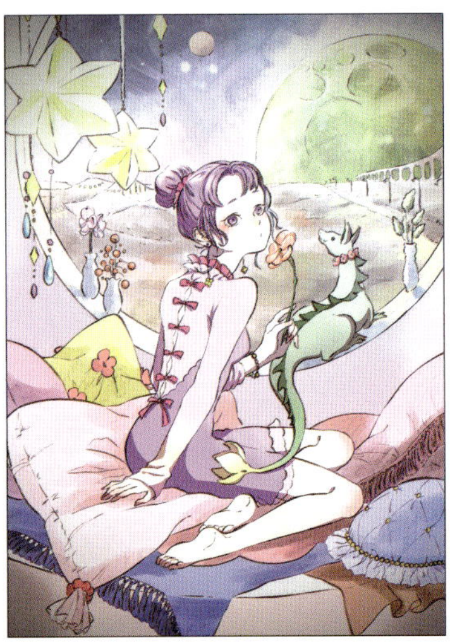

長野県・夜衣子

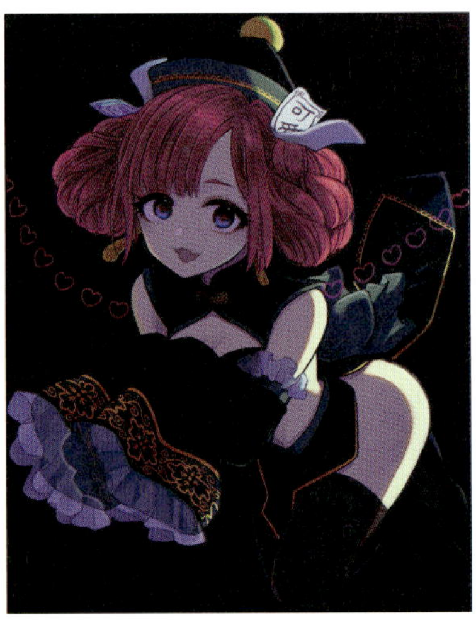

福岡県・Kia

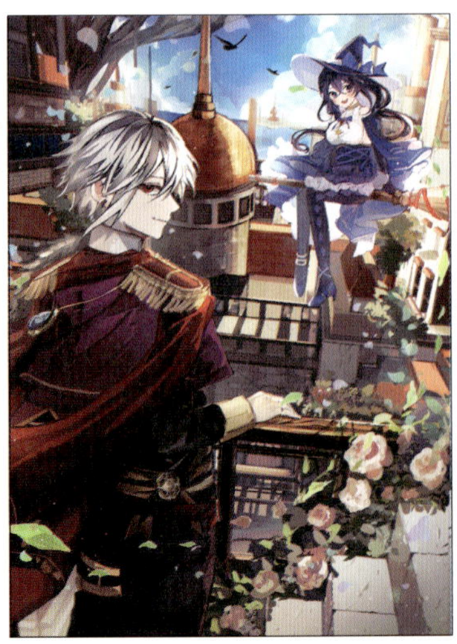

福岡県・卯崎らみ

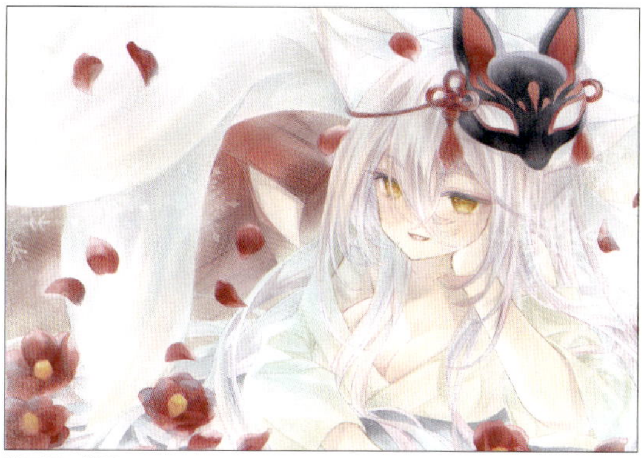
静岡県・塔野アカリ

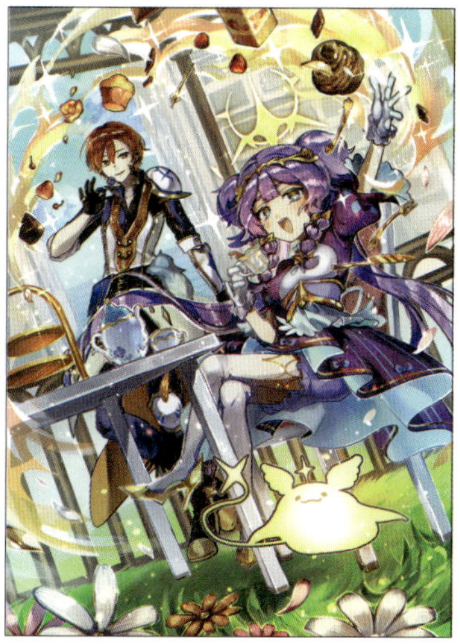
福岡県・基山タ一・19歳

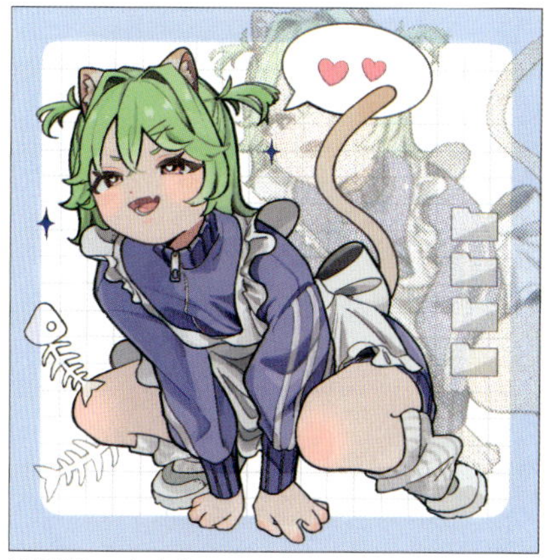
神奈川県・mimimi

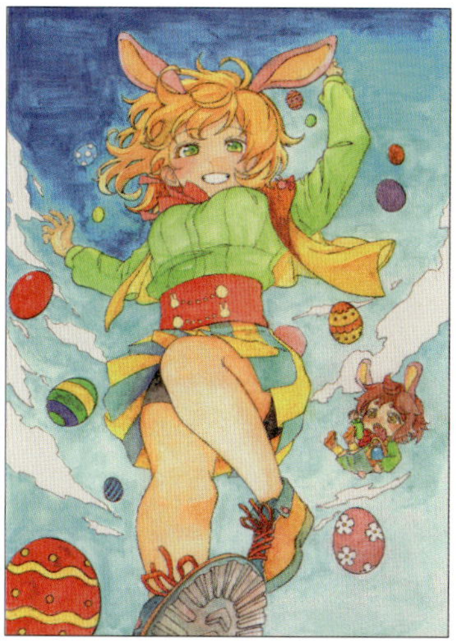
東京都・mna

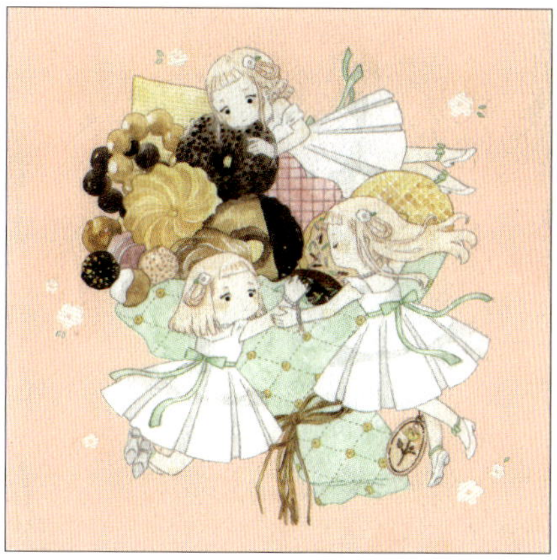
愛知県・henachoco

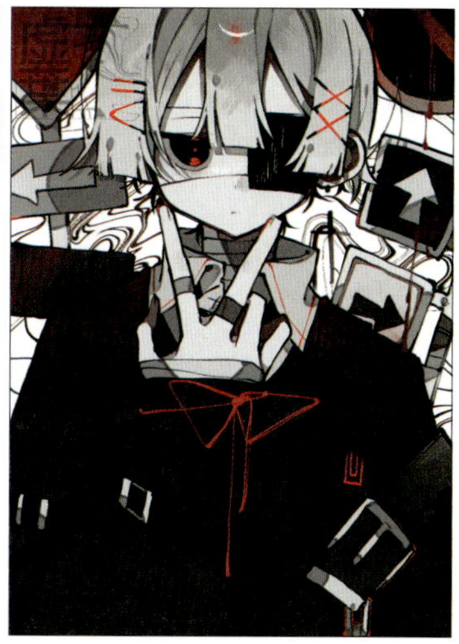
埼玉県・虚葉弌。

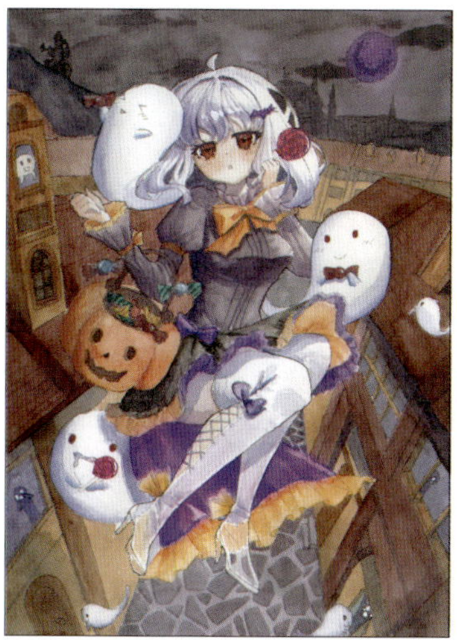
東京都・佐々木彩

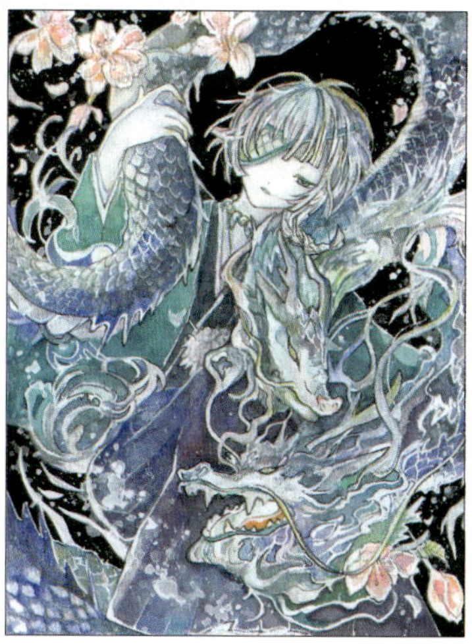
愛知県・senri

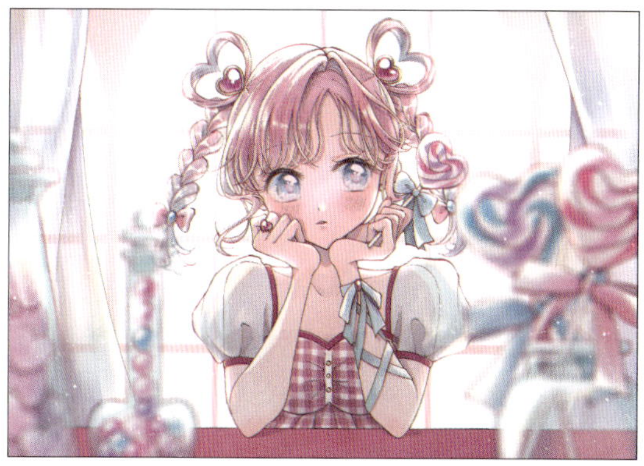
三重県・七実なな

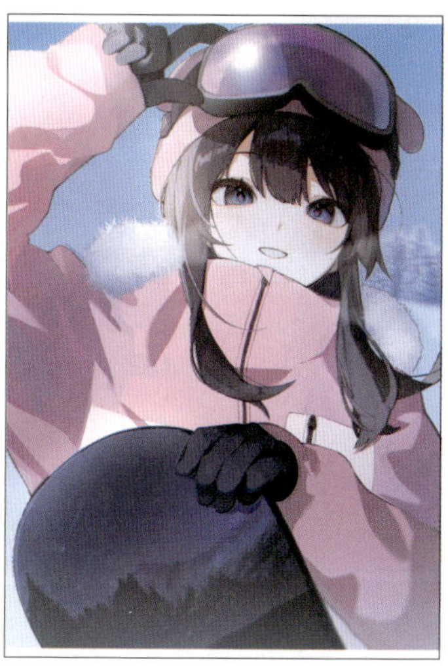
新潟県・翠・13歳

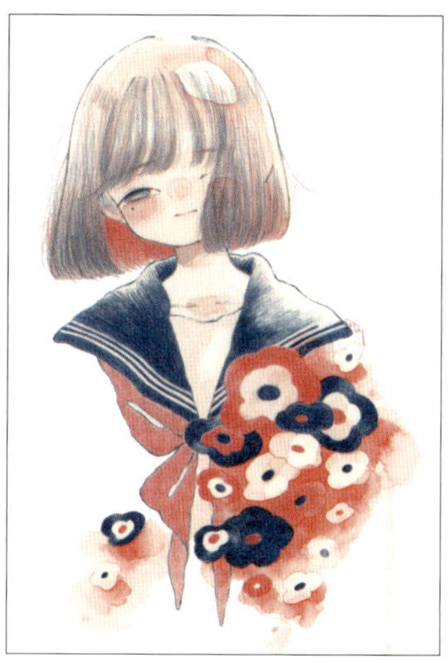
千葉県・watari

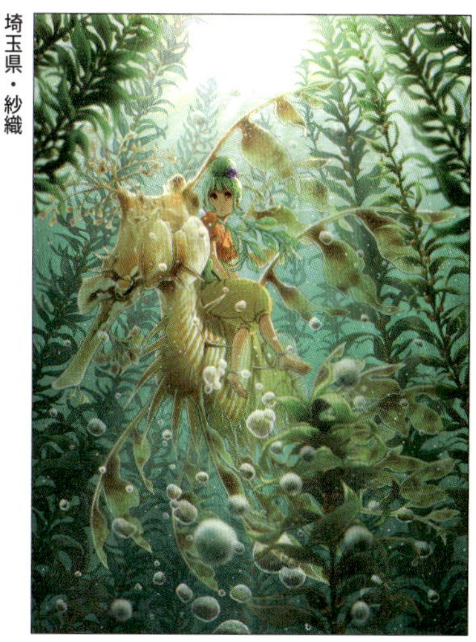
埼玉県・紗織

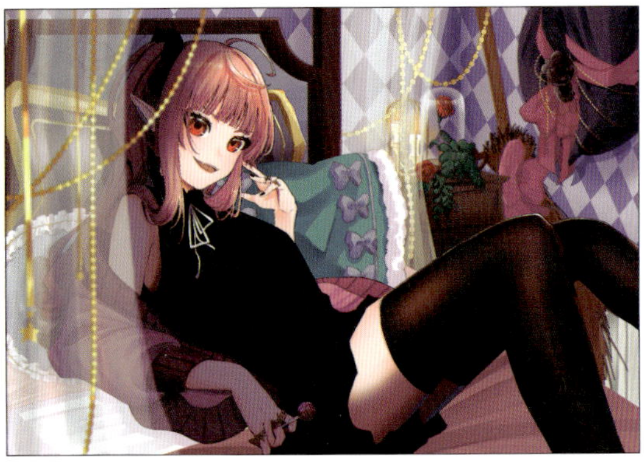

静岡県・華宮さき

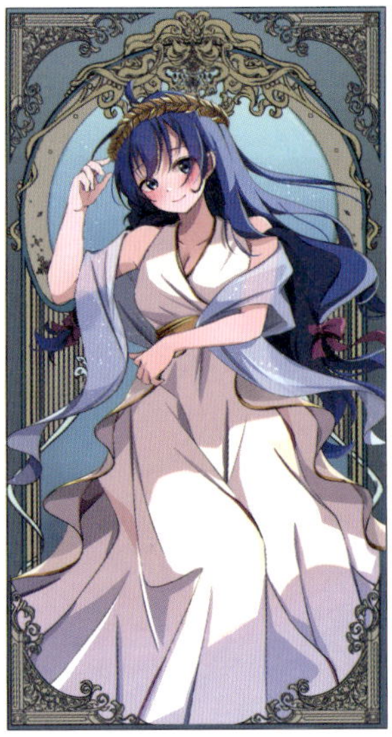

静岡県・カノω

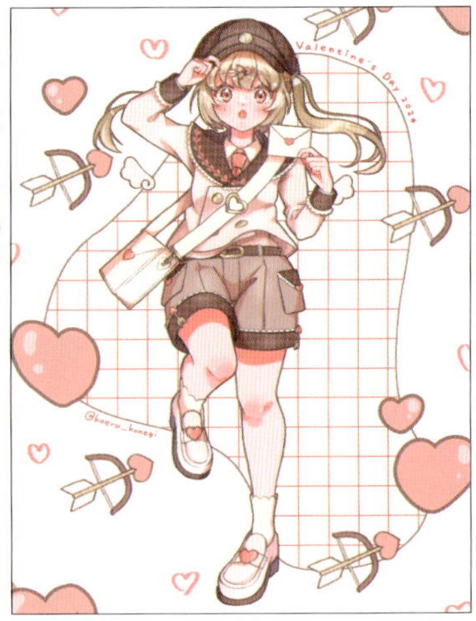

愛知県・水咲コエル・19歳

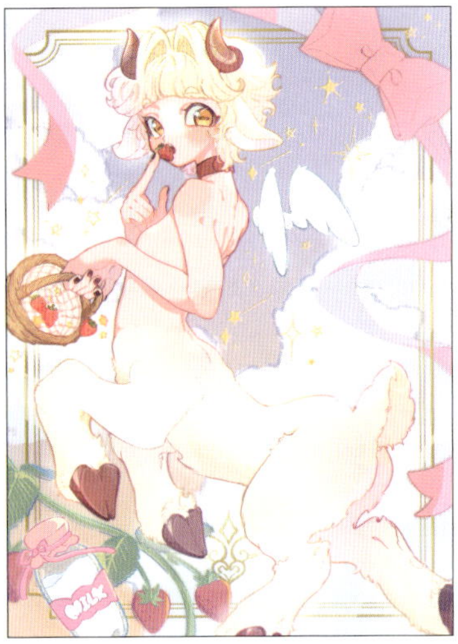

愛知県・蛸屋

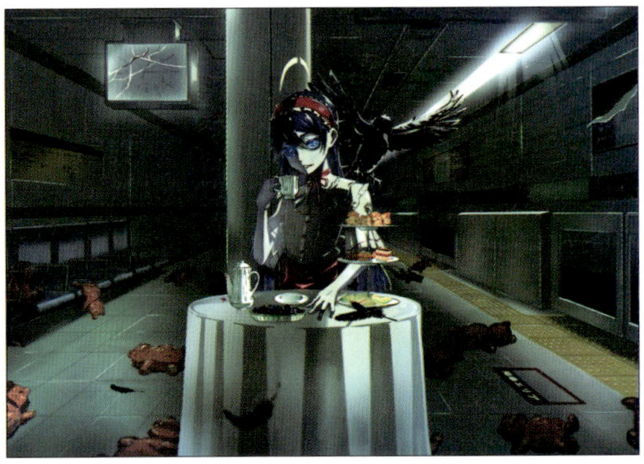

福岡県・旭七瀬

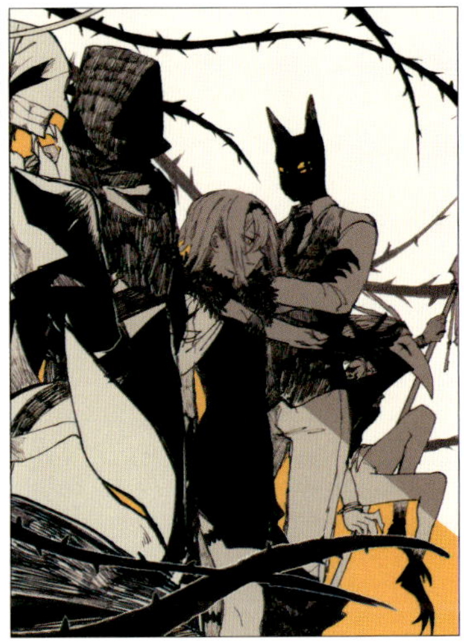

神奈川県・がらく

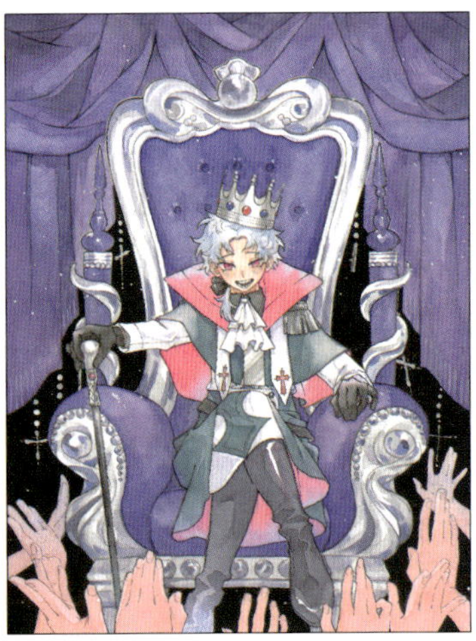

京都府・遙々壱

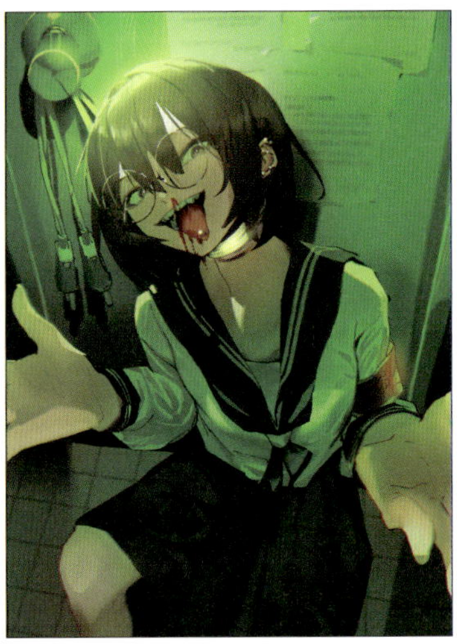

新潟県・がらぴい

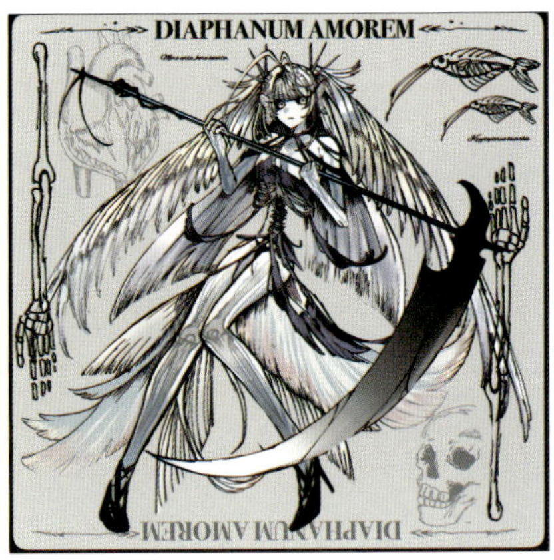

新潟県・きゅうり・18歳

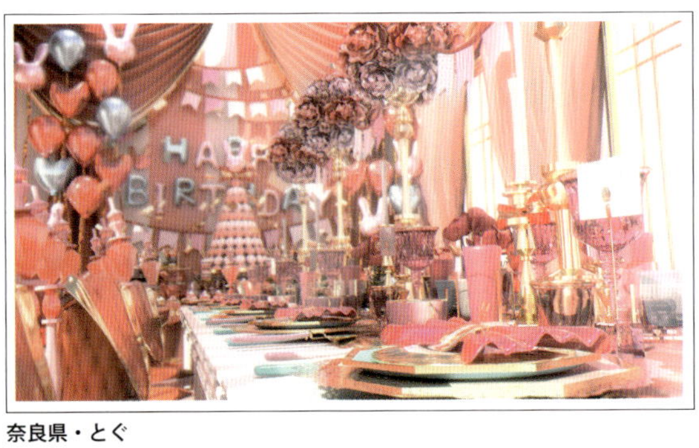

奈良県・とぐ

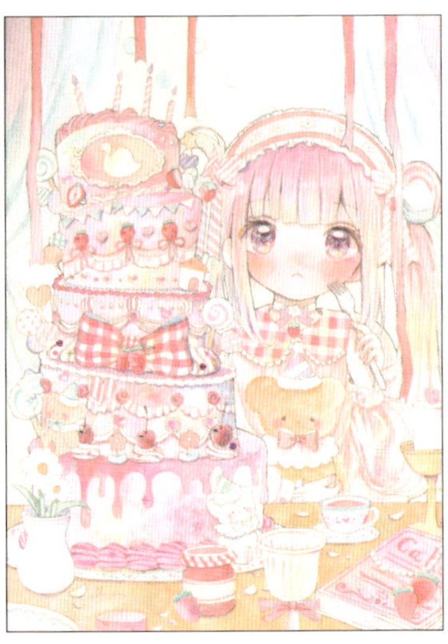

兵庫県・天羽しいら

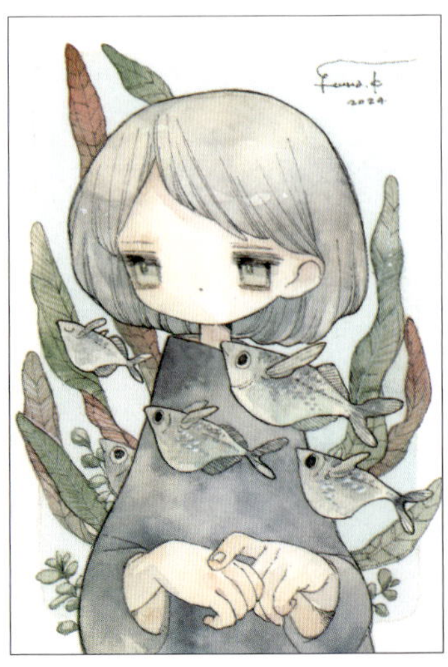

大阪府・鼎ニーナ

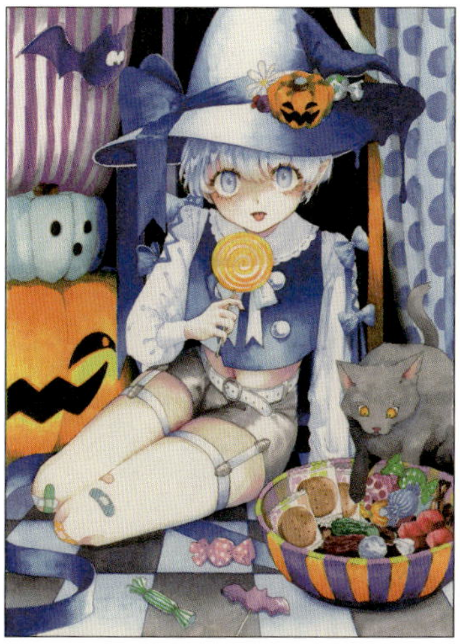
東京都・高田ゆほ・18歳

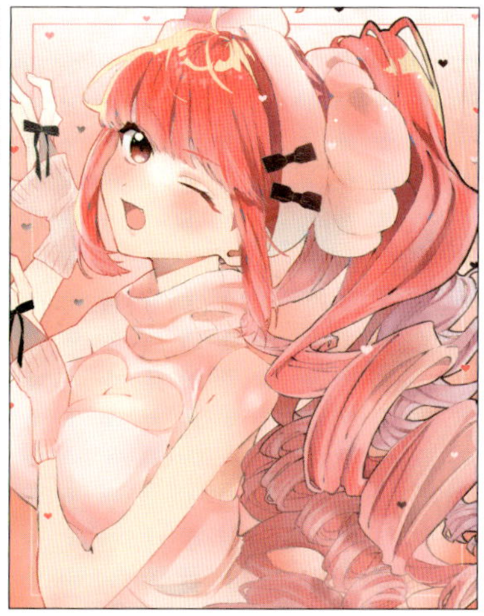
宮城県・またたび

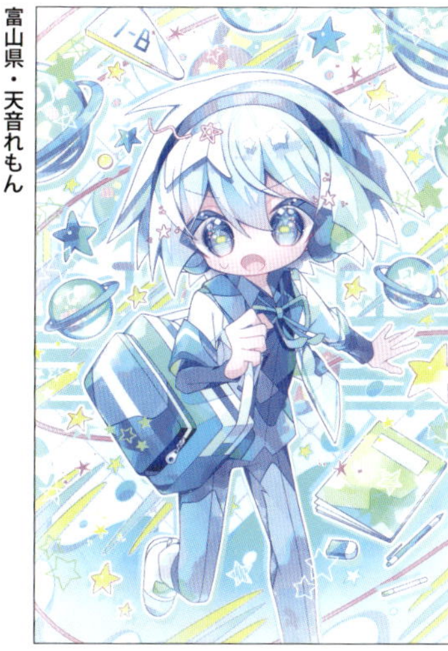
富山県・天音れもん

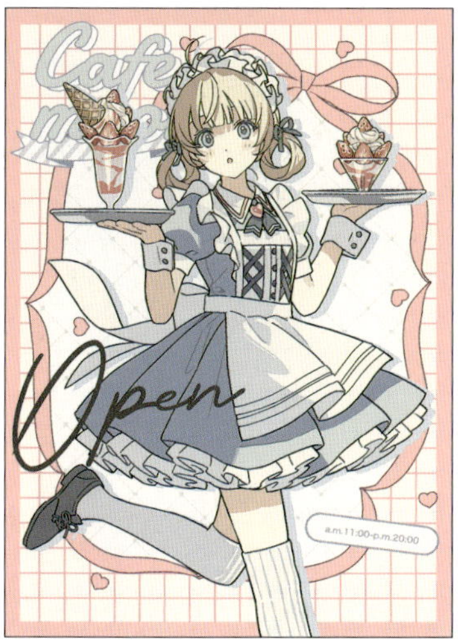

大阪府・杜本

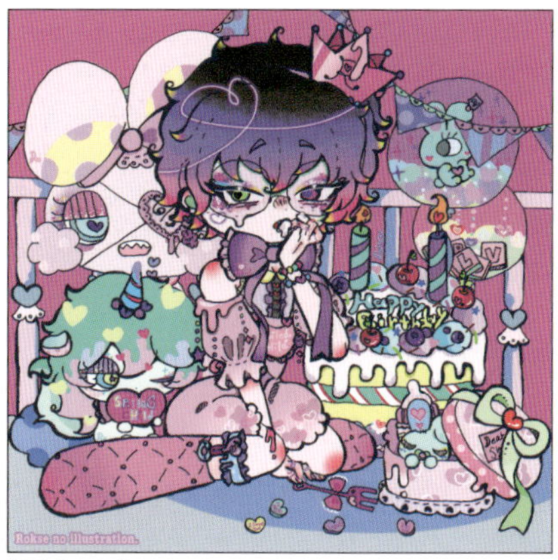

群馬県・Rokse

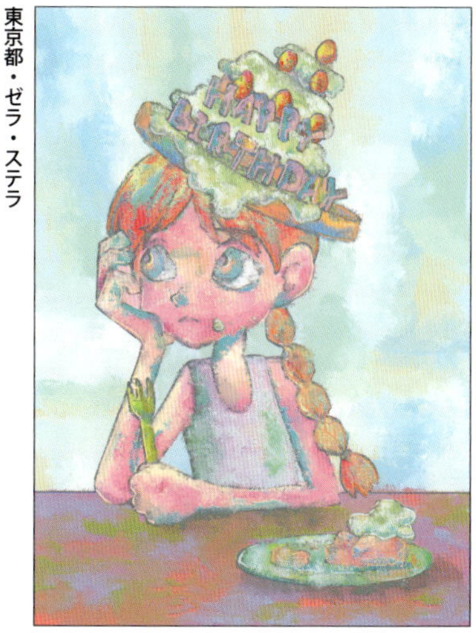
東京都・ゼラ・ステラ

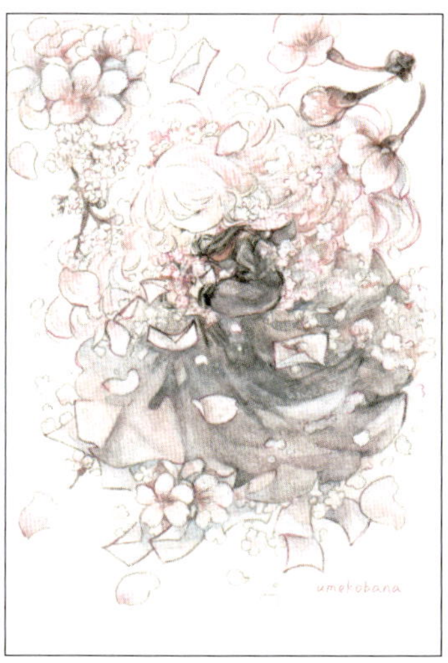

千葉県・梅小花

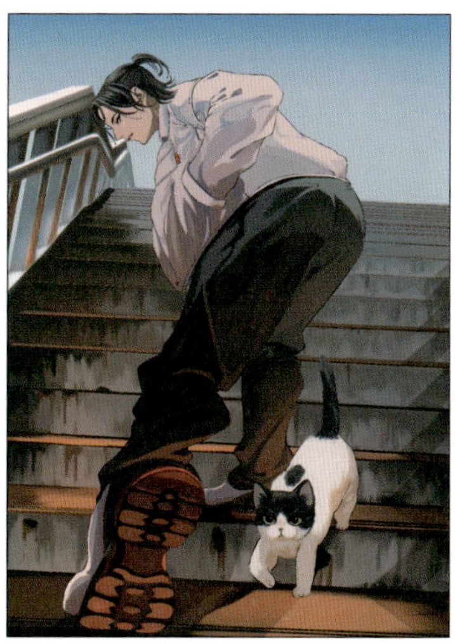
広島県・へき

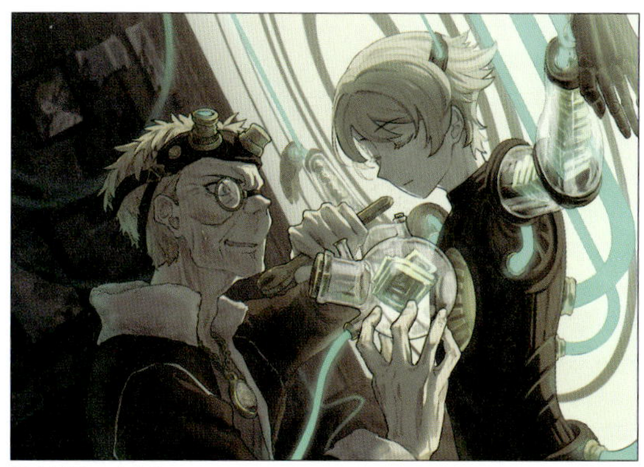
神奈川県・イラキ

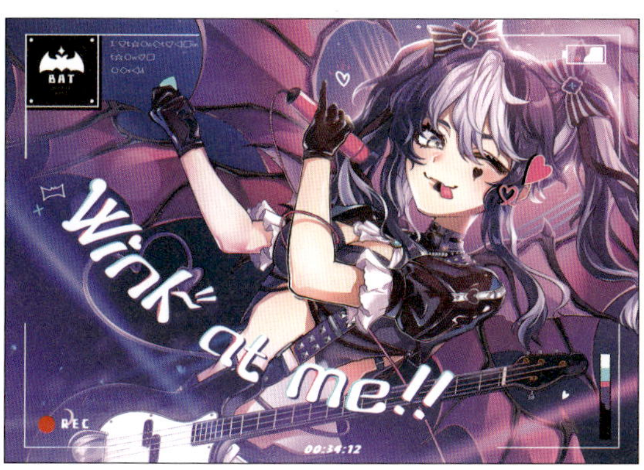

愛知県・hanamaru

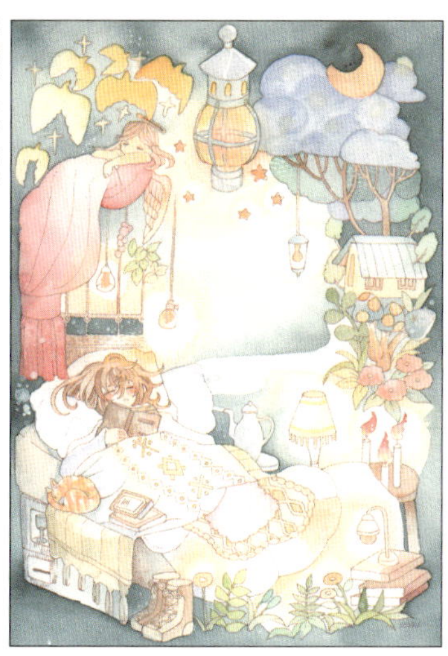
千葉県・さざはら

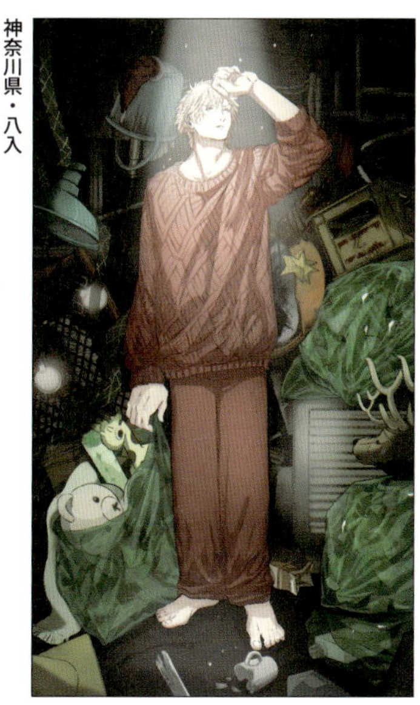
神奈川県・八入

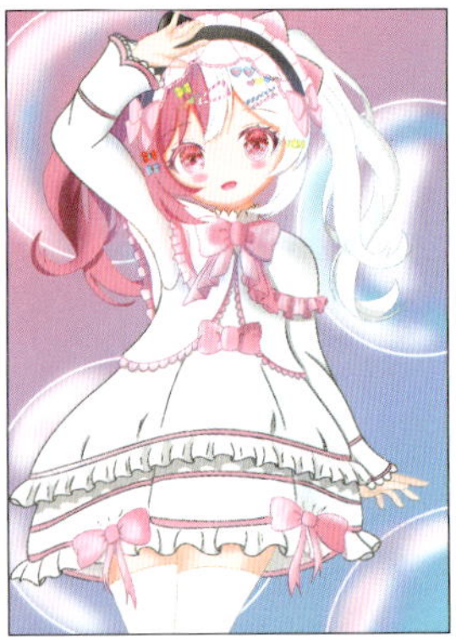

福島県・白空（ハクア）

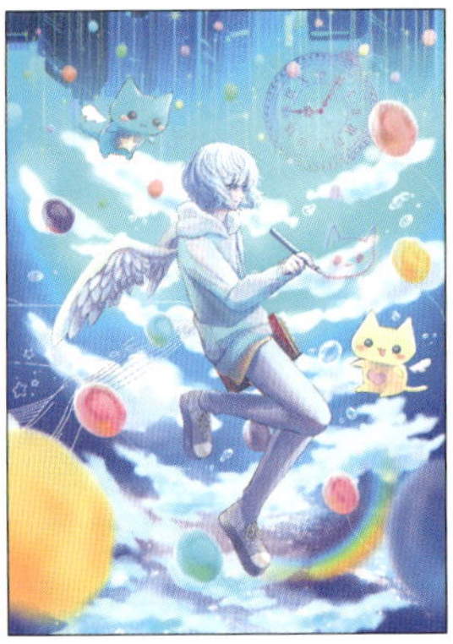

福島県・猫餃子・19歳

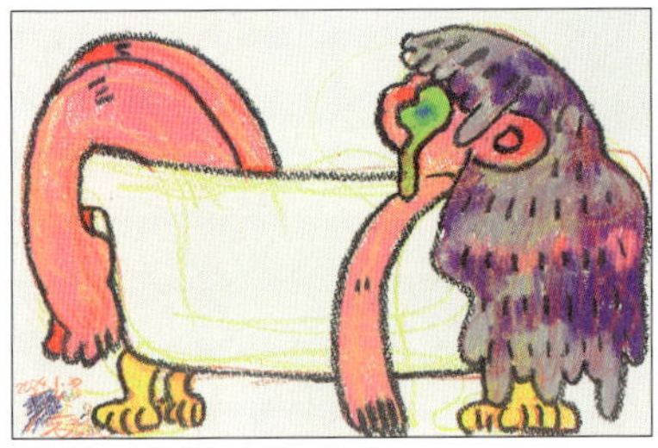

愛知県・あけだにちほ・30歳

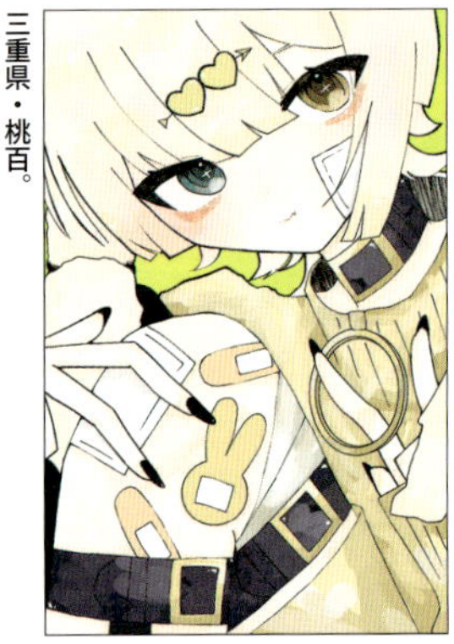

三重県・桃百。

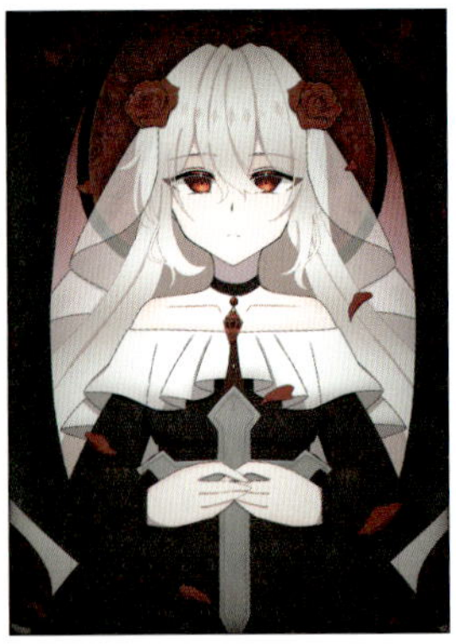

神奈川県・夜夢・19歳

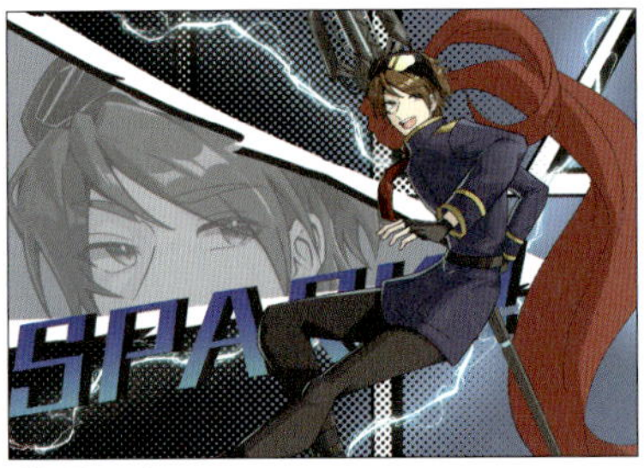

愛知県・tokinari

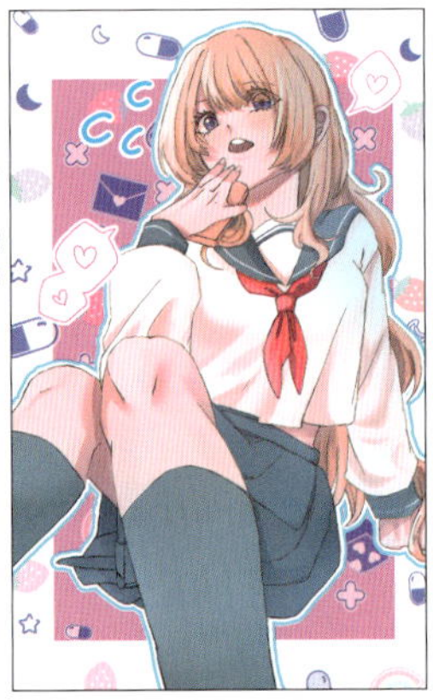

神奈川県・夜月・18歳

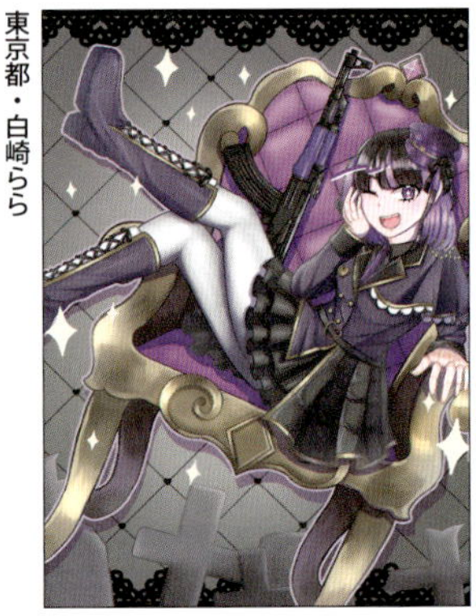

東京都・白崎らら

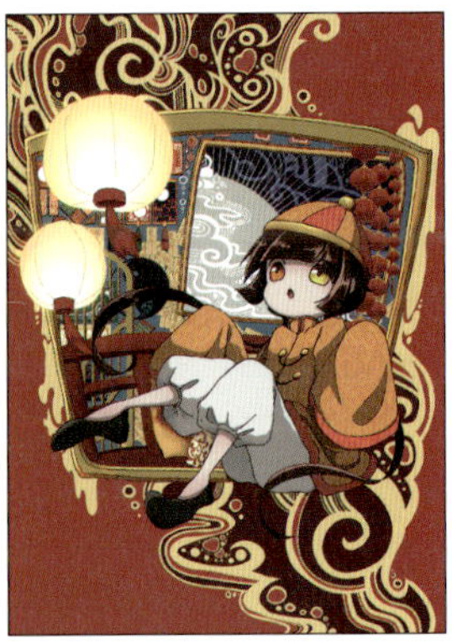

福島県・妖心純白

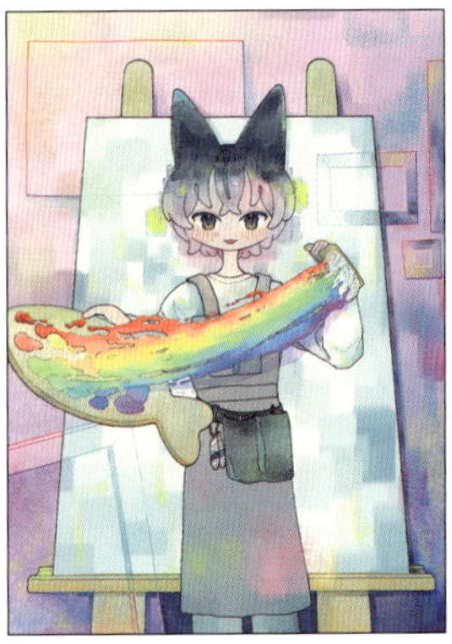

大阪府・融月りる

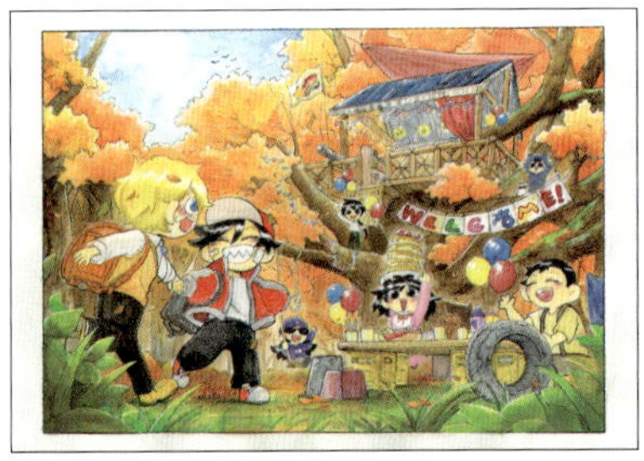

茨城県・74W

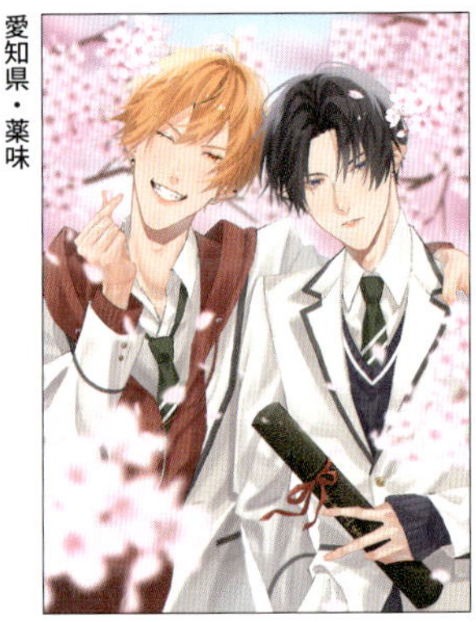

愛知県・薬味

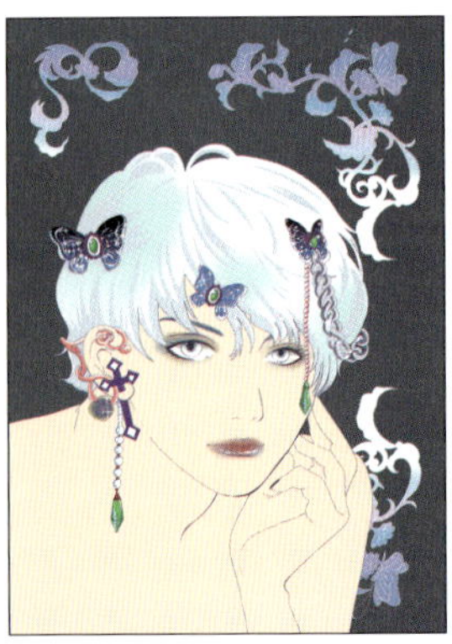

栃木県・凜麗・49歳

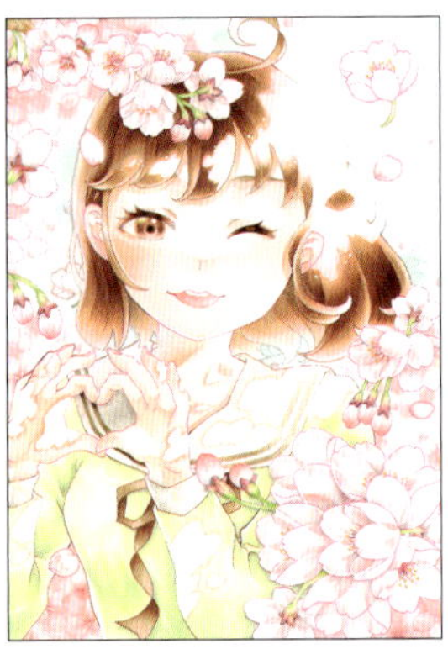

千葉県・林檎椿

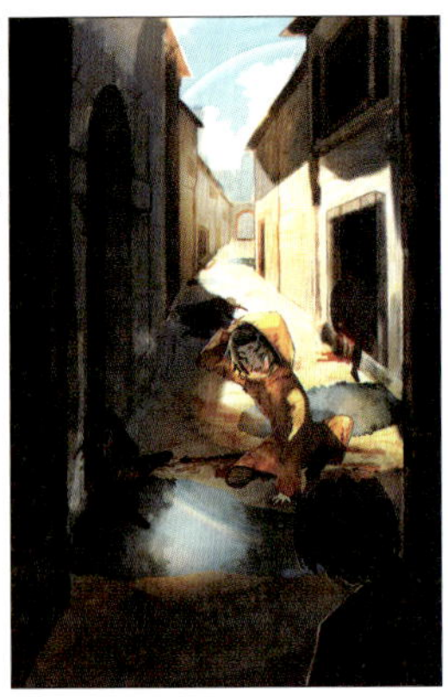

新潟県・竜みそ

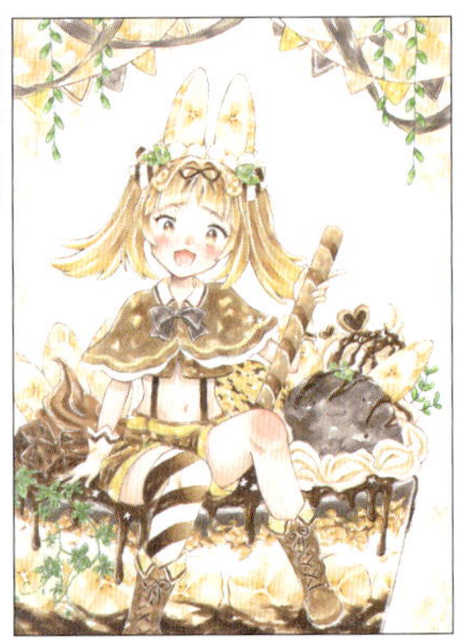

神奈川県・梨玖

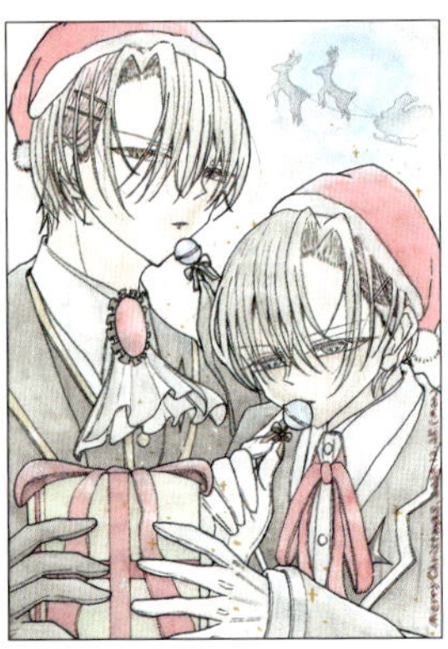

埼玉県・黎羽月零

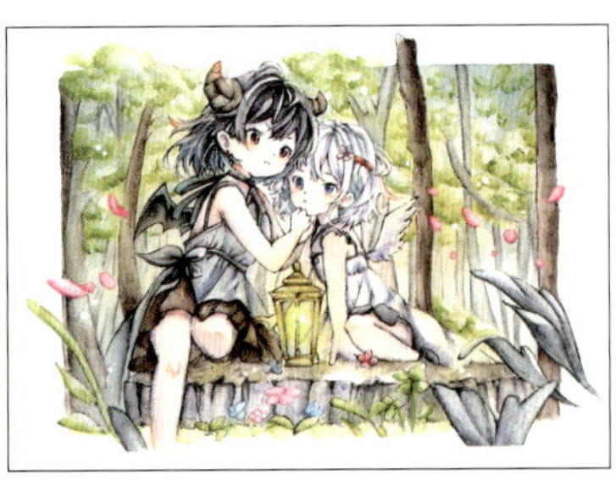

愛知県・☆きらぼし☆

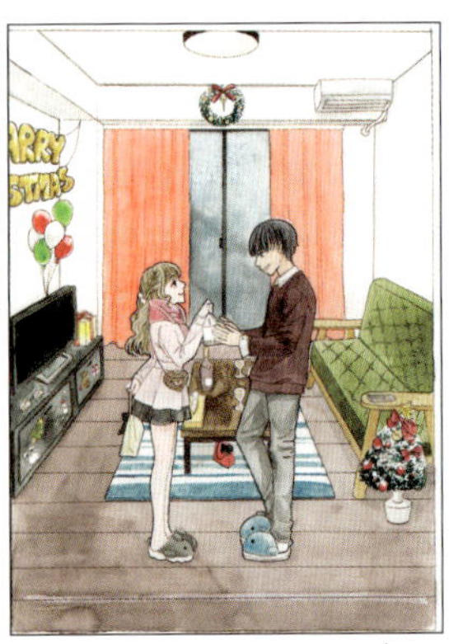

東京都・齋藤光伽・20歳

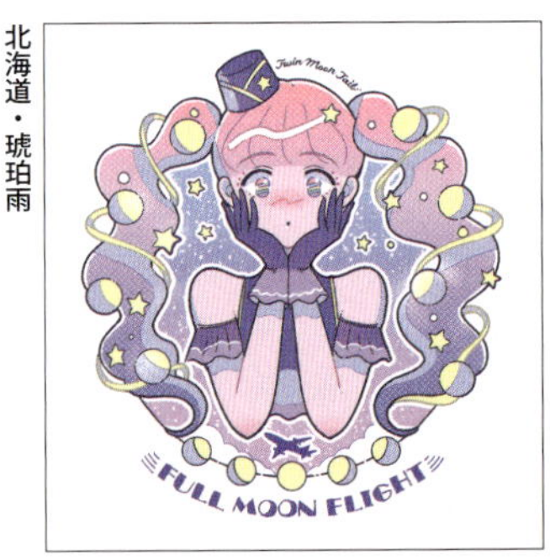

北海道・琥珀雨

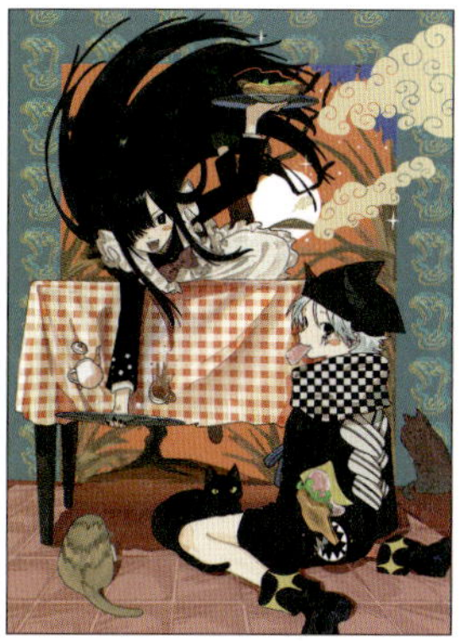
千葉県・awoito

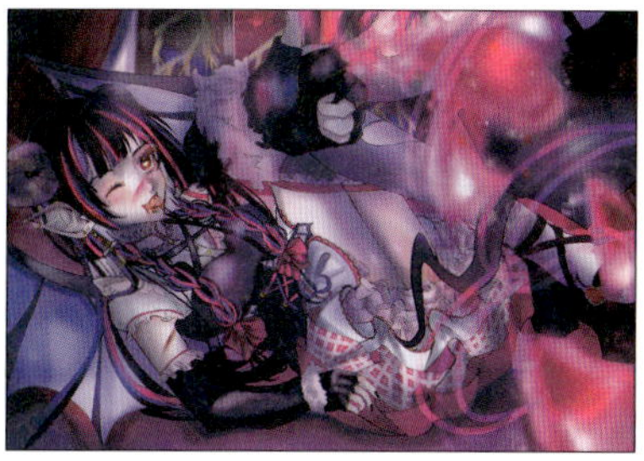
神奈川県・綿あめ。

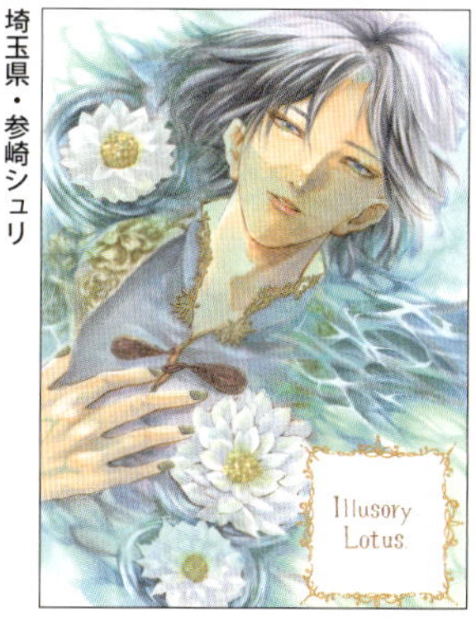

埼玉県・参崎シュリ

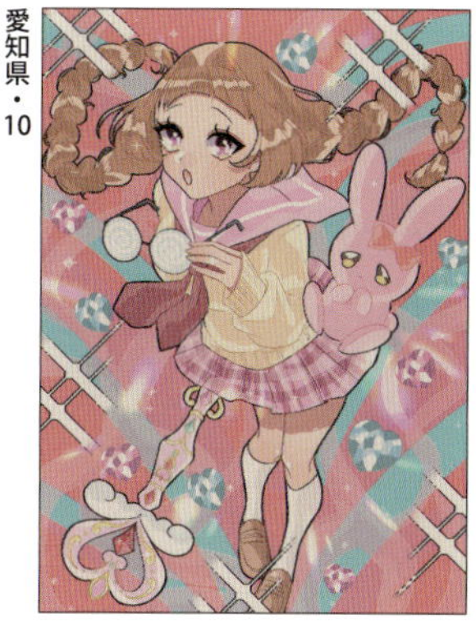
愛知県・10

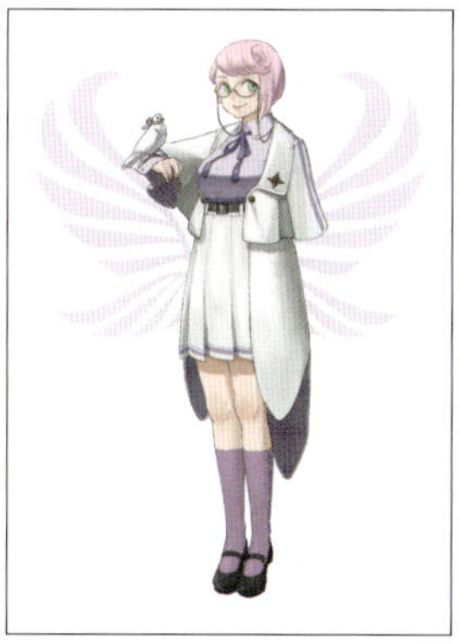
兵庫県・inui

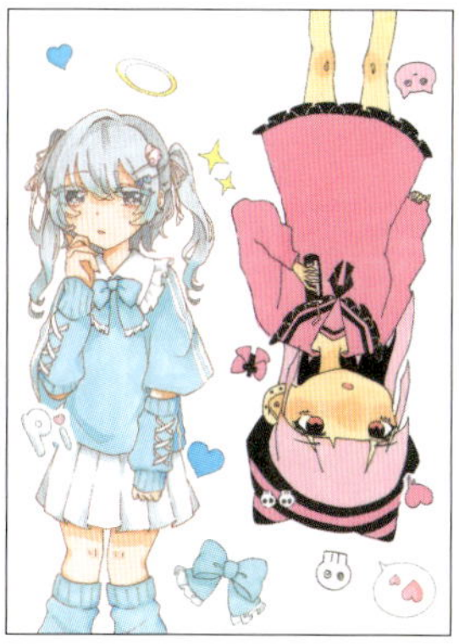
おたんこなす&しゃけくらげ。(合作)

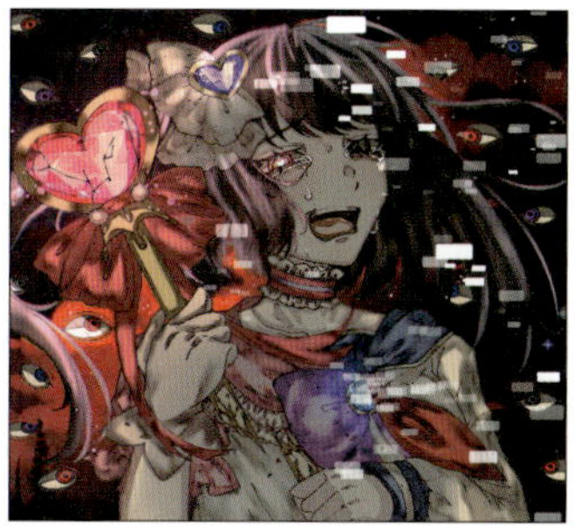
神奈川県・無月・19歳

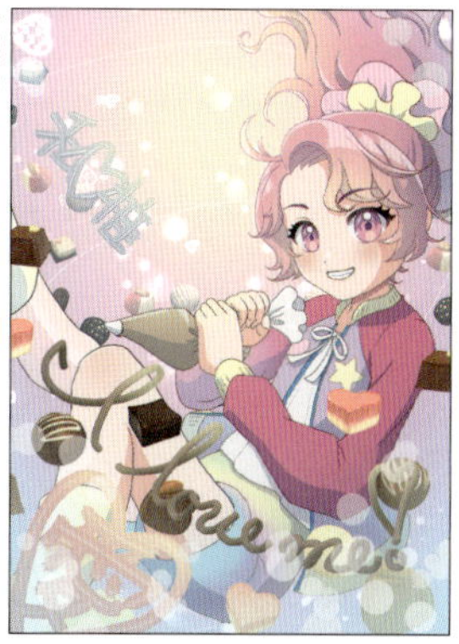
千葉県・HarimaKanbe

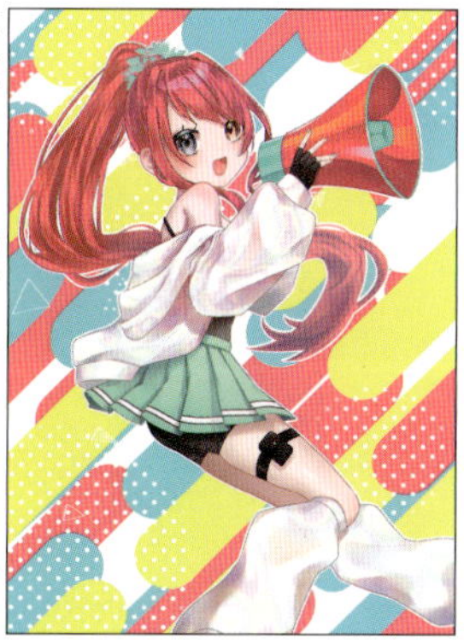
岐阜県・maura・20歳

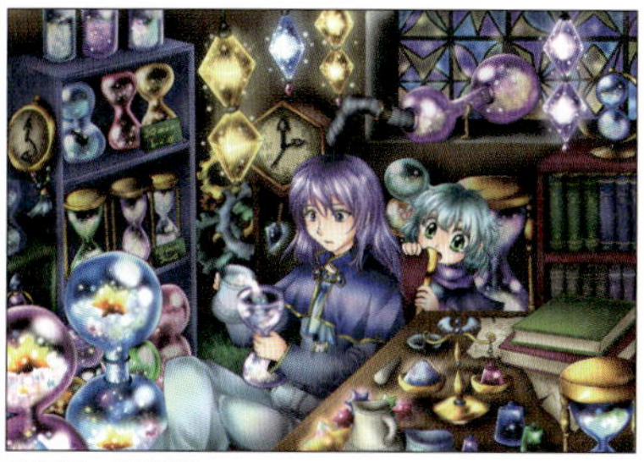
愛媛県・槻海藍

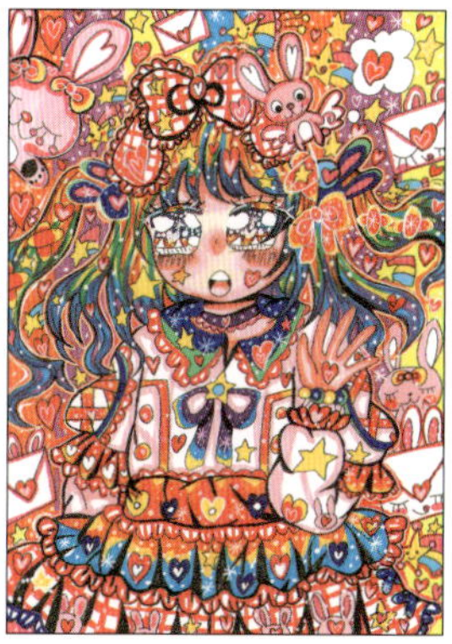
東京都・ひろくまひろみ

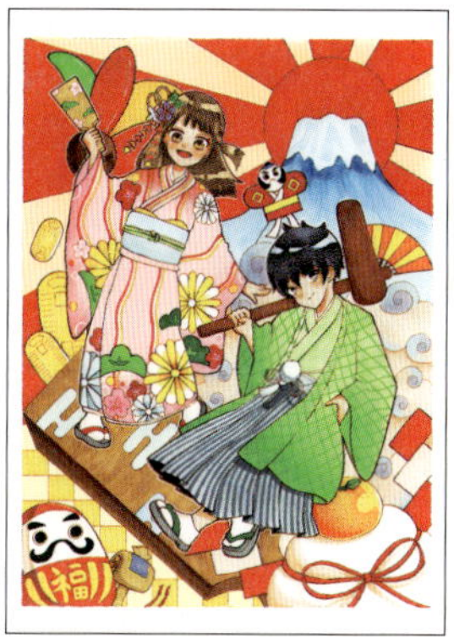
東京都・kabusa・19歳

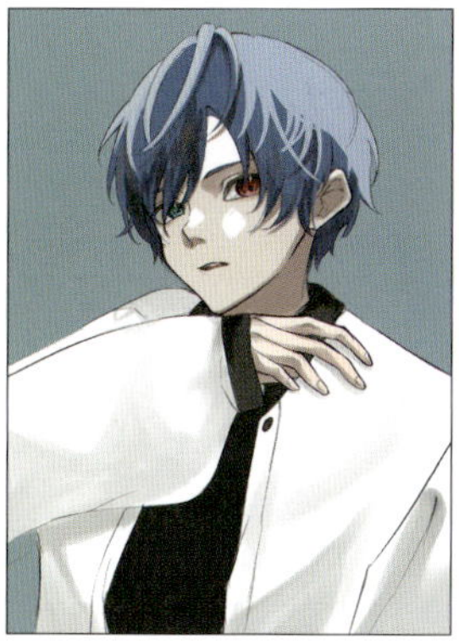
福島県・Pこ

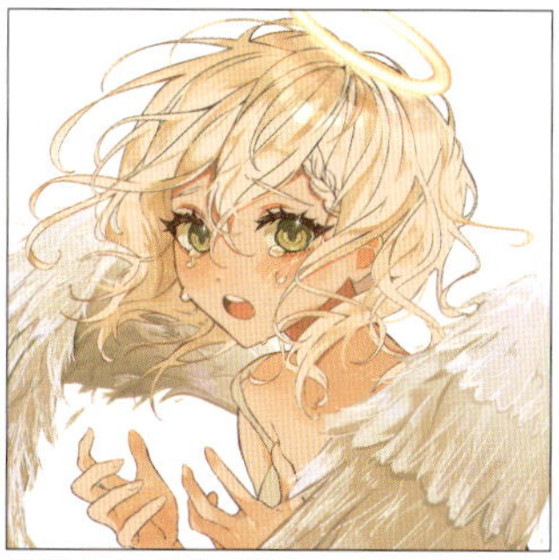
福島県・綺咲ゴンザレス

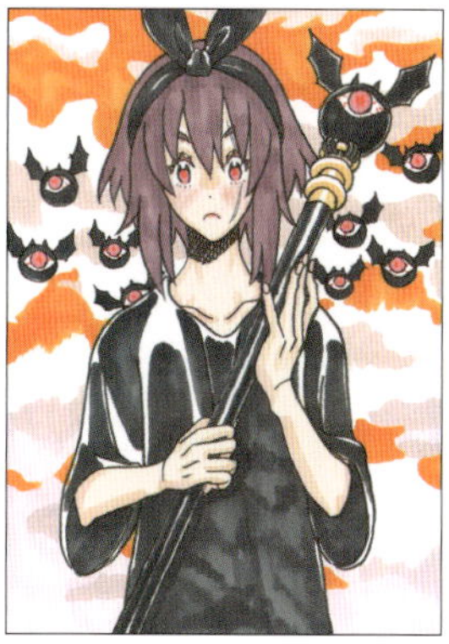
大阪府・棚田

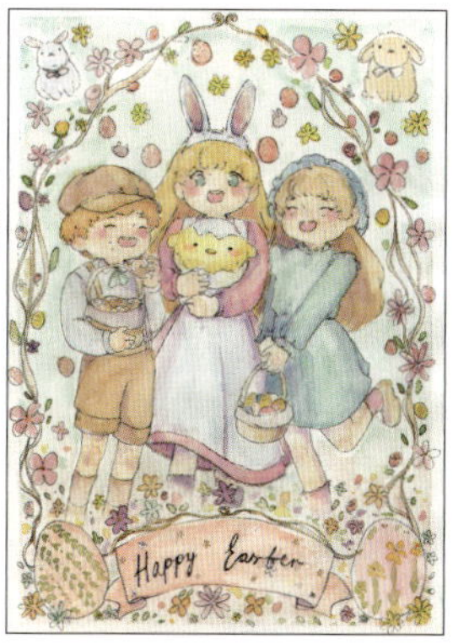

東京都・nook・24歳

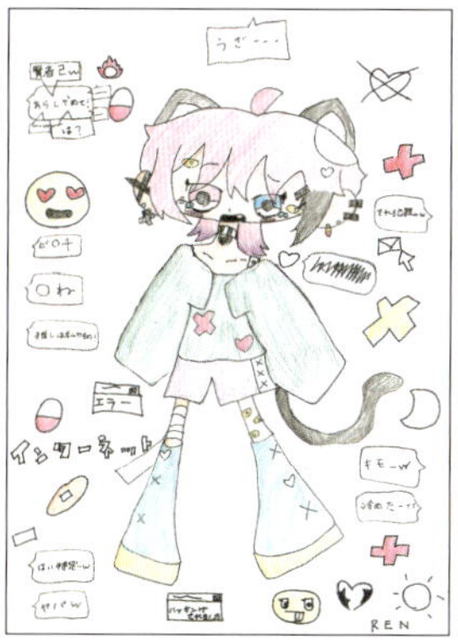
大阪府・和桜恋・11歳

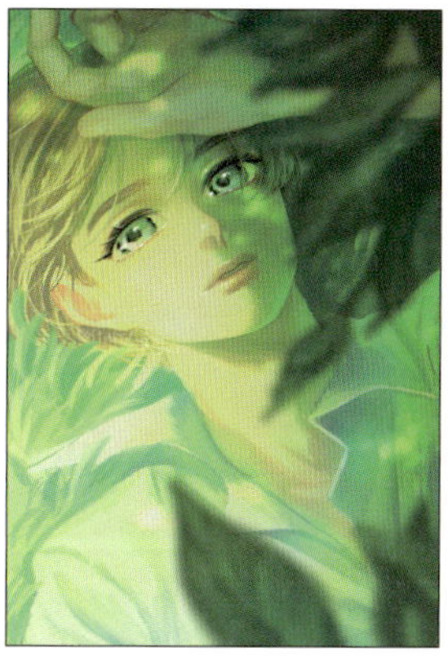
香川県・ugly

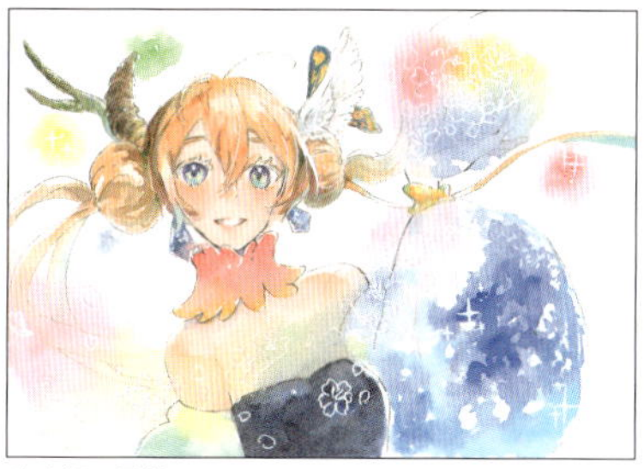
東京都・黒椿

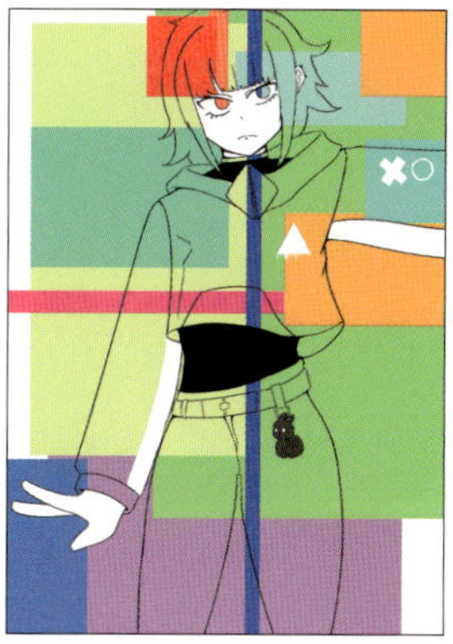
福島県・shy8bit

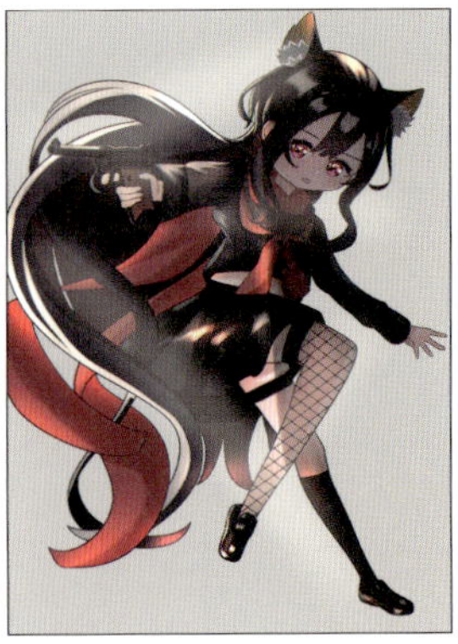

東京都・アーロン・20歳

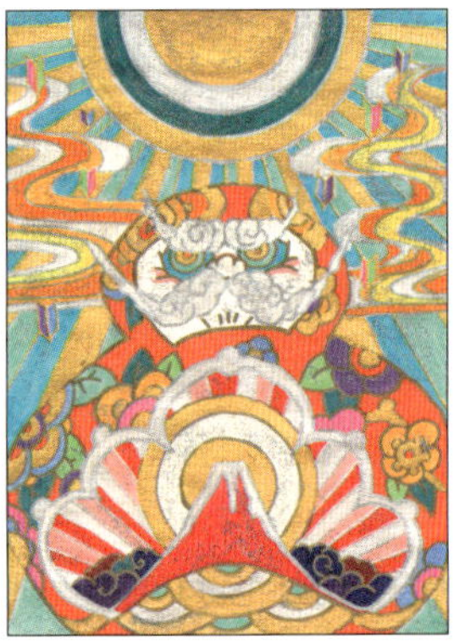

茨城県・天使のサンダル

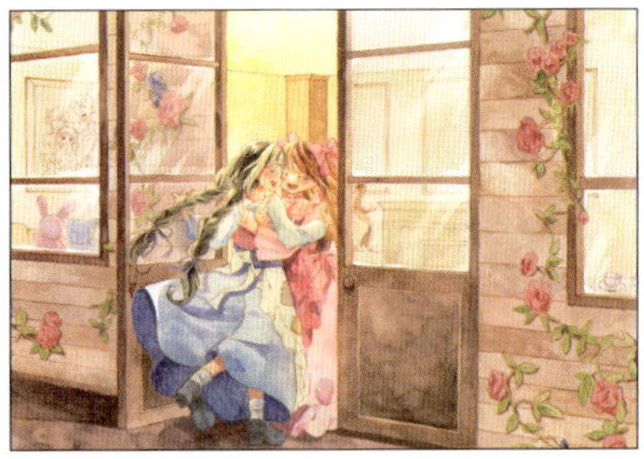

東京都・七海なつ

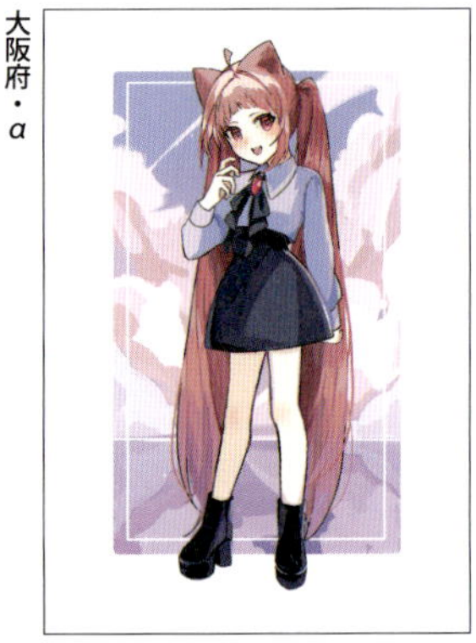

大阪府・α

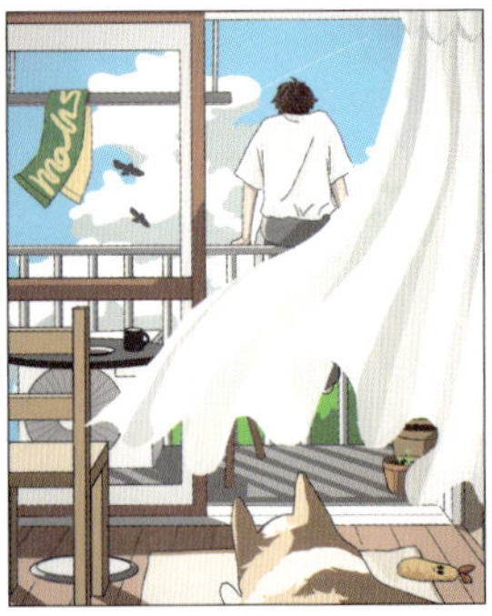

北海道・あみろ・16歳

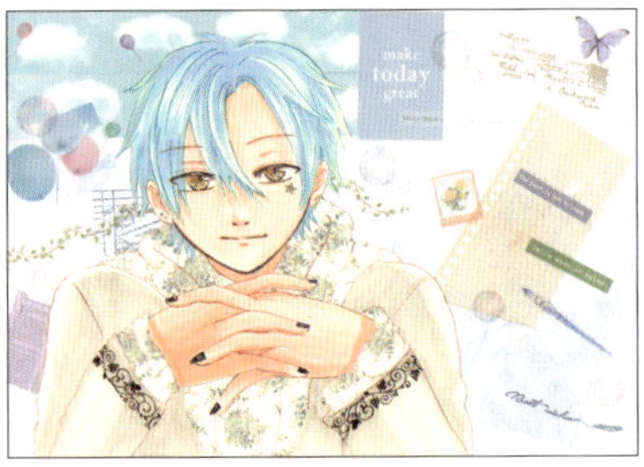

兵庫県・獅子冬

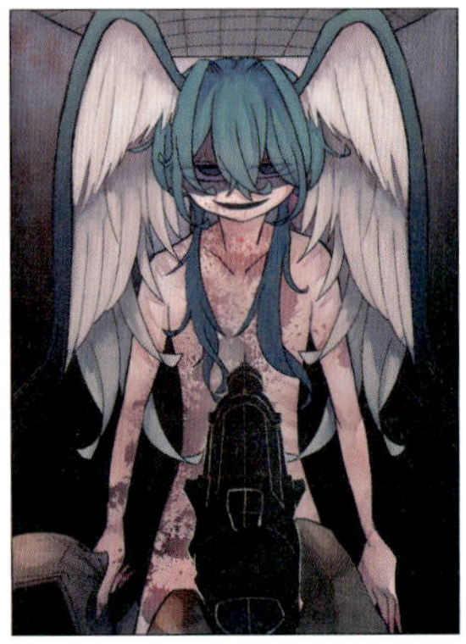

神奈川県・あいす

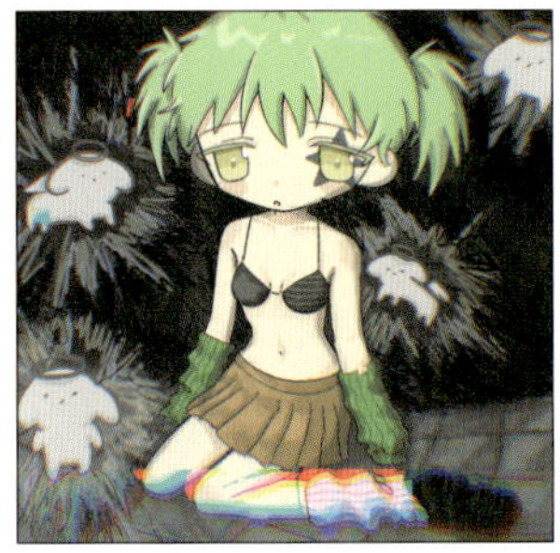

福島県・匿名A

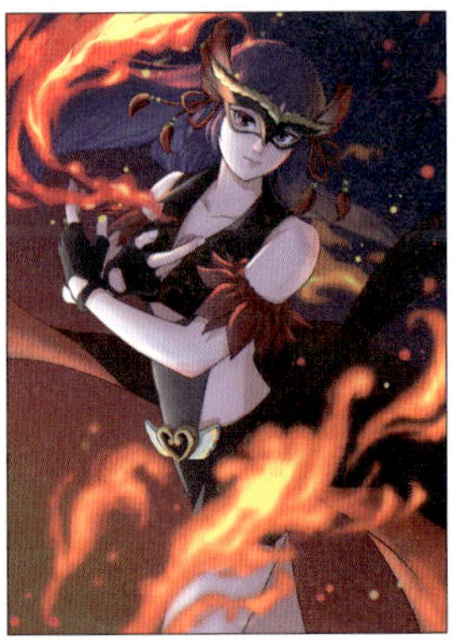

大阪府・えびしろ

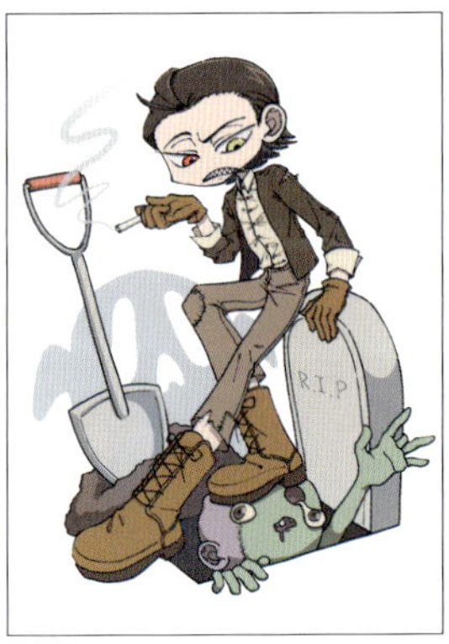

神奈川県・あゆぽんず

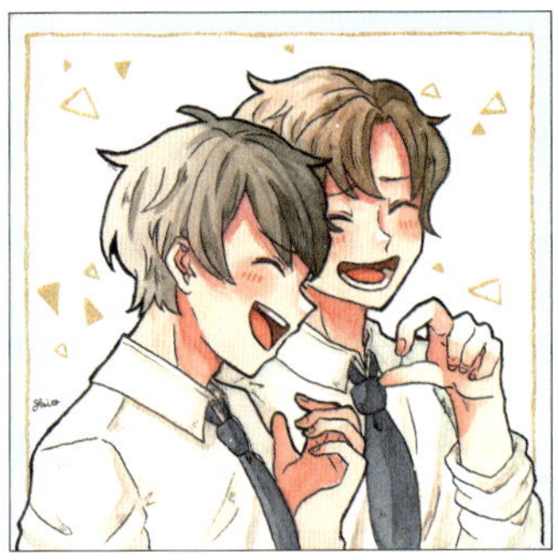

埼玉県・祭燈

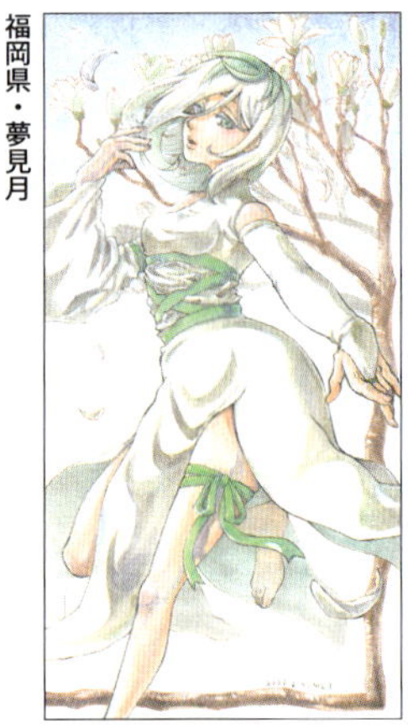

福岡県・夢見月

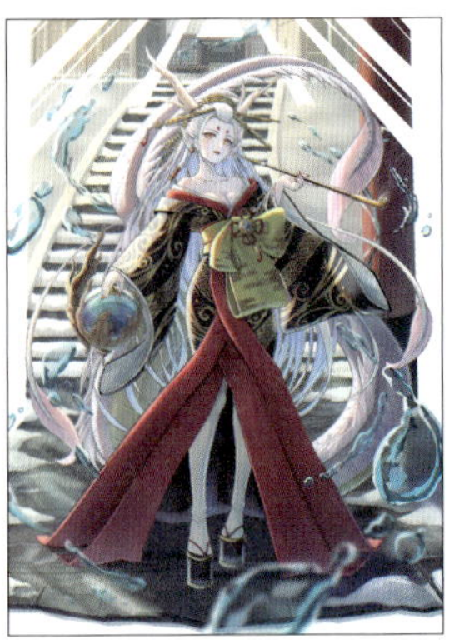

滋賀県・おせろ

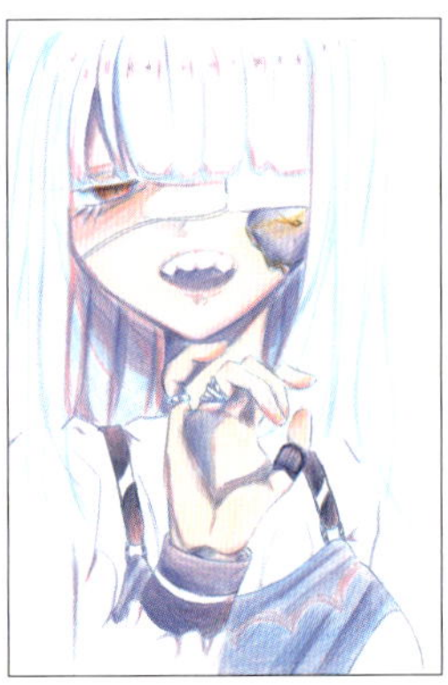

新潟県・ふぶき

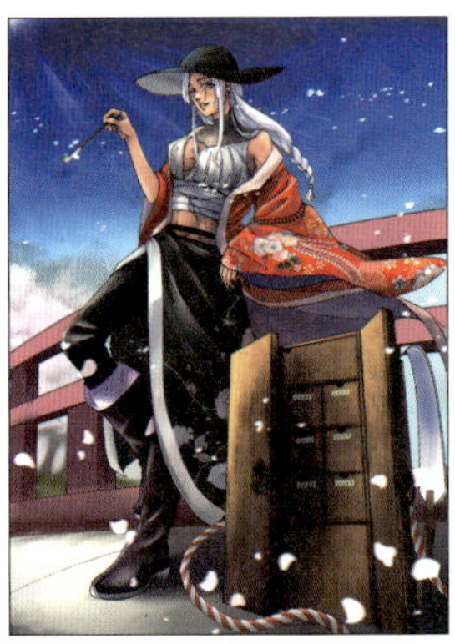

神奈川県・オキルメ

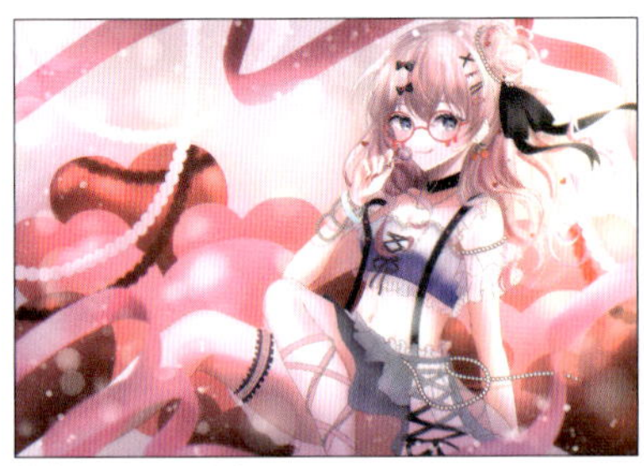

神奈川県・もなもち

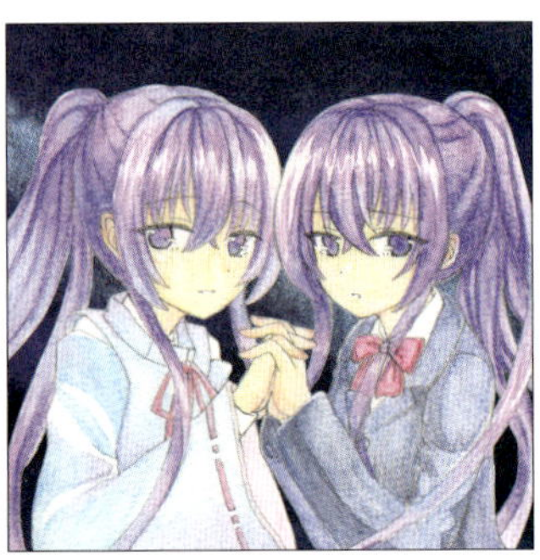

新潟県・ビーシェル

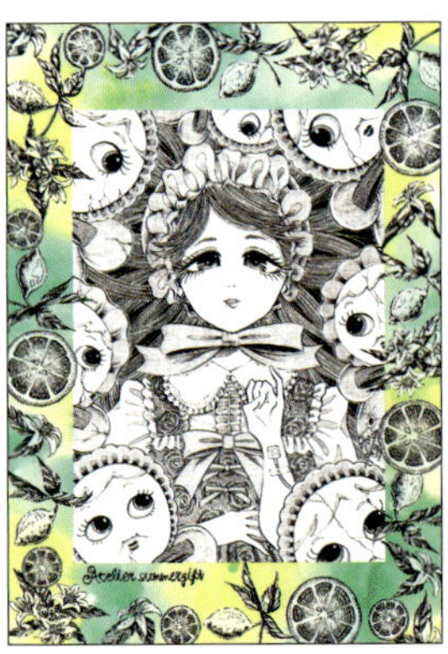

東京都・カミヲシュウジ

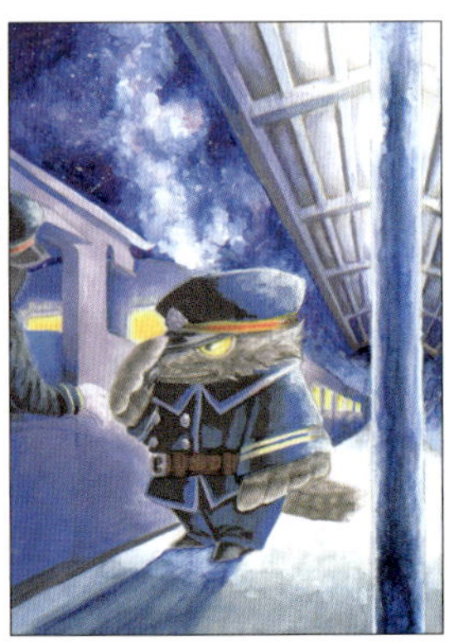

京都府・うじサンダー

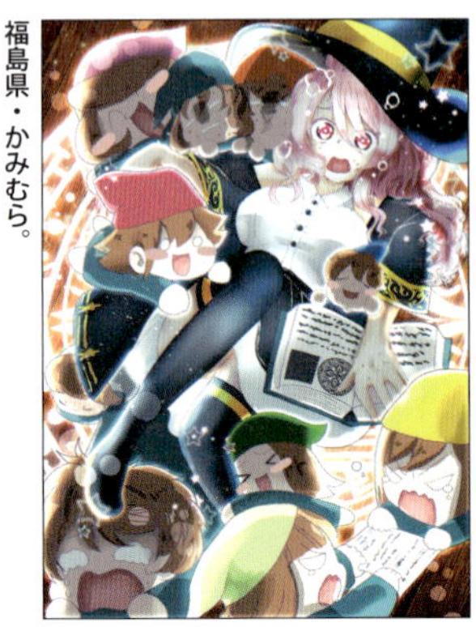

福島県・かみむら。

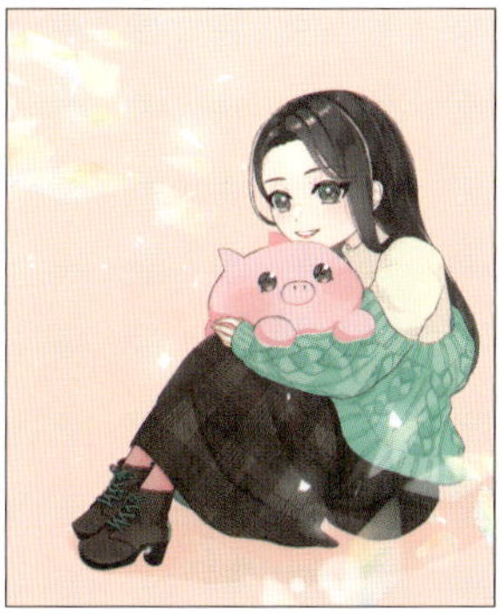
三重県・こみみ

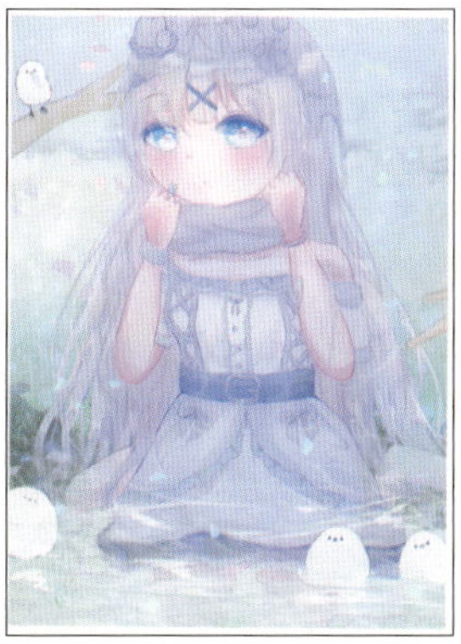
大阪府・シマエナガ・12歳

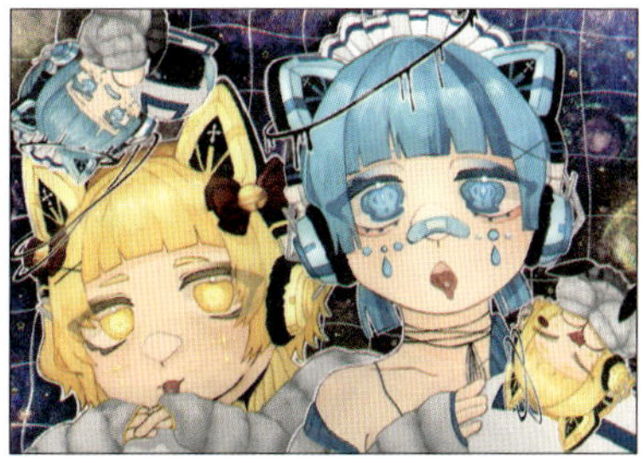
福島県・みそだんご

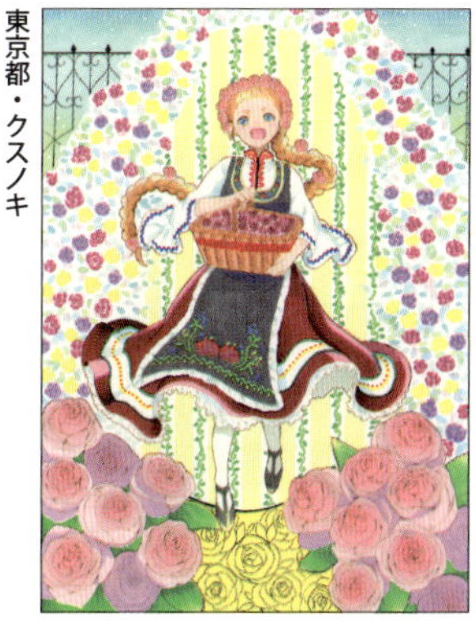
東京都・クスノキ

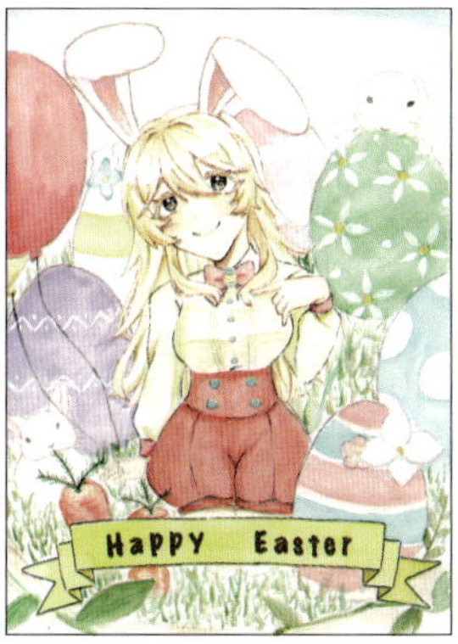

東京都・せせらぎ

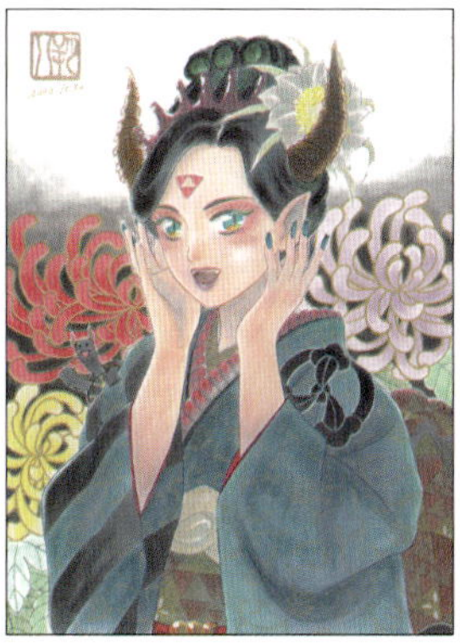
東京都・すずきやいち

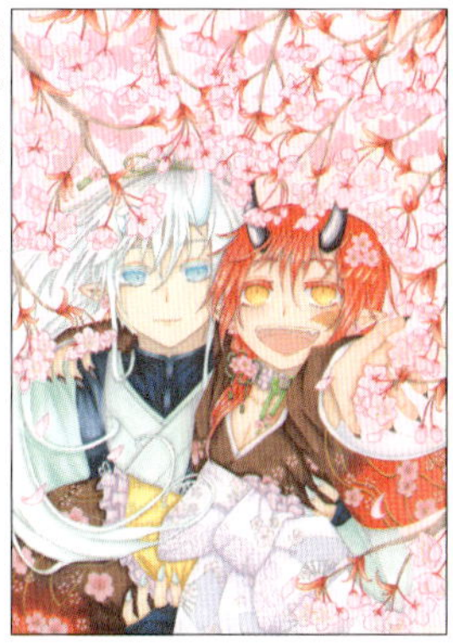
島根県・永井あゆみ

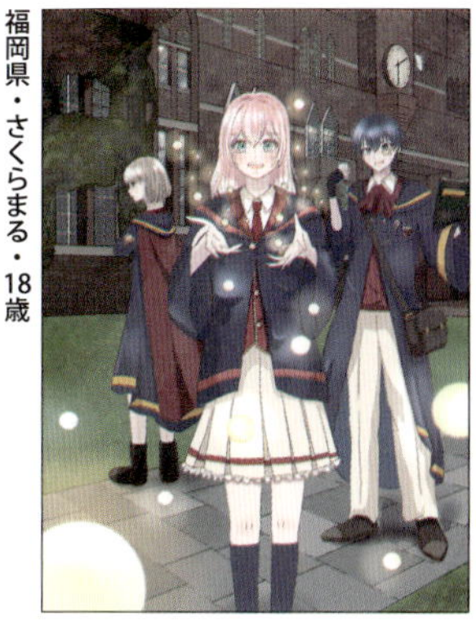
福岡県・さくらまる・18歳

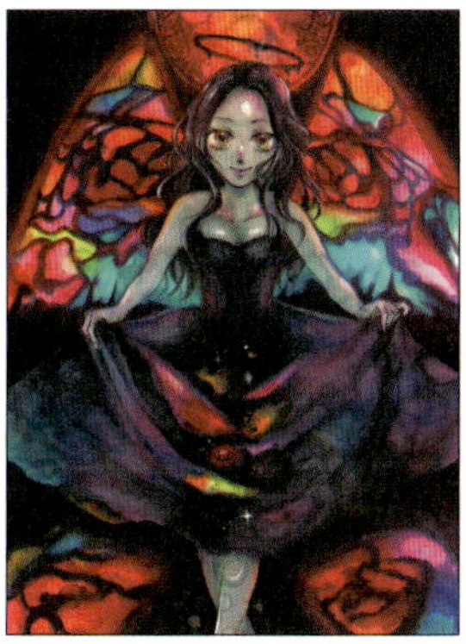
千葉県・タカミン

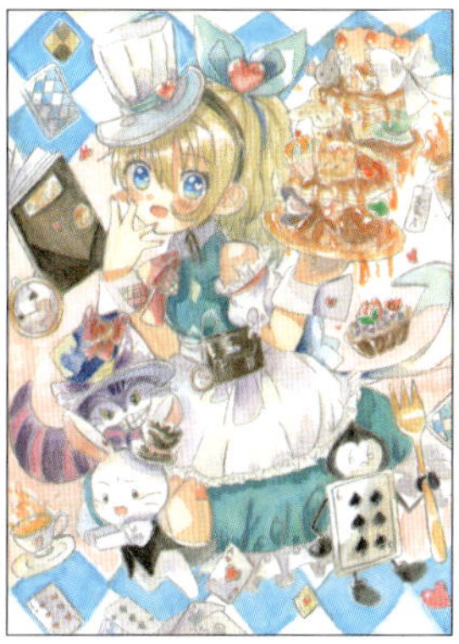
静岡県・うさぎしろっぷ

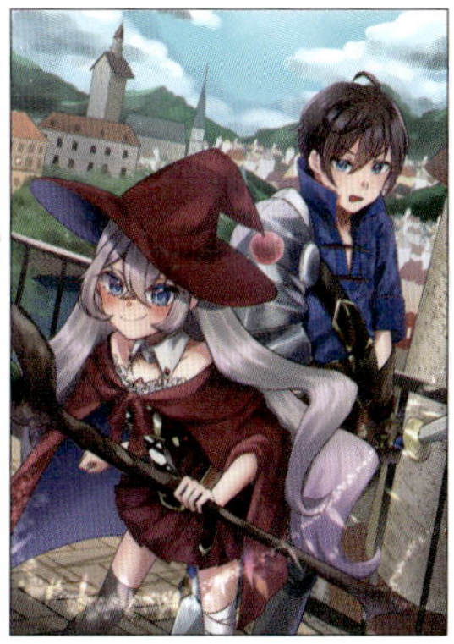
福岡県・たるこ・19歳

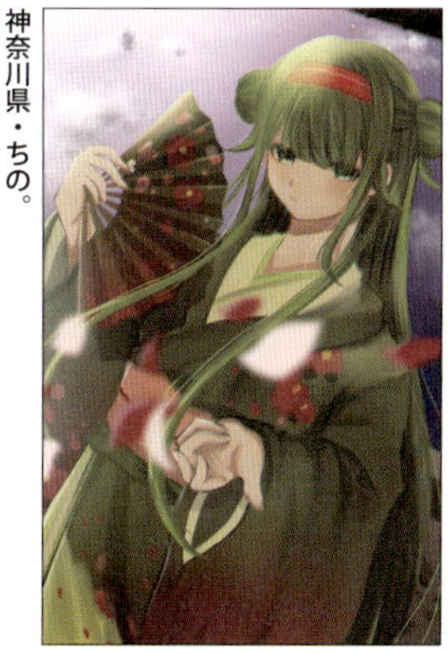
神奈川県・ちの。

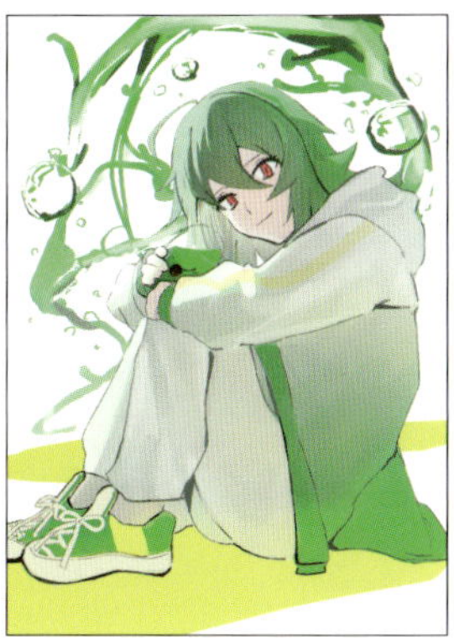
神奈川県・まごた

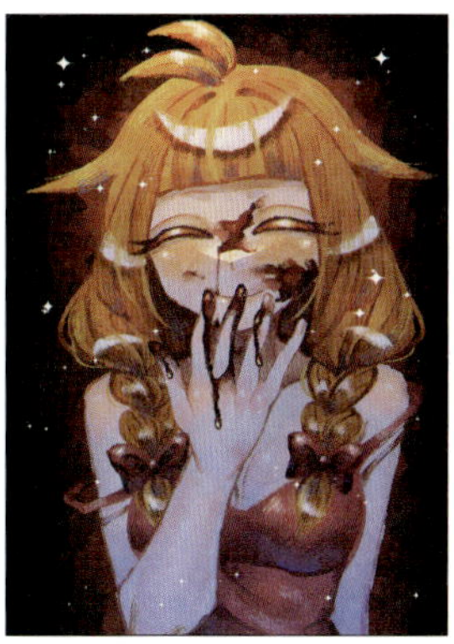
愛知県・センチメンタル星乃（カッシカルキコ）・23歳

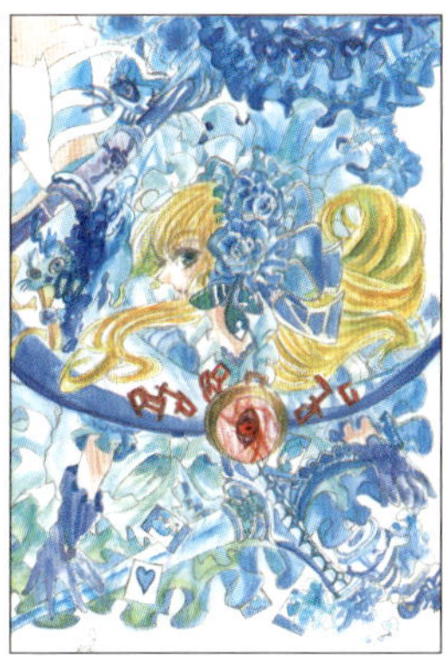
東京都・高野鈴蘭・23歳

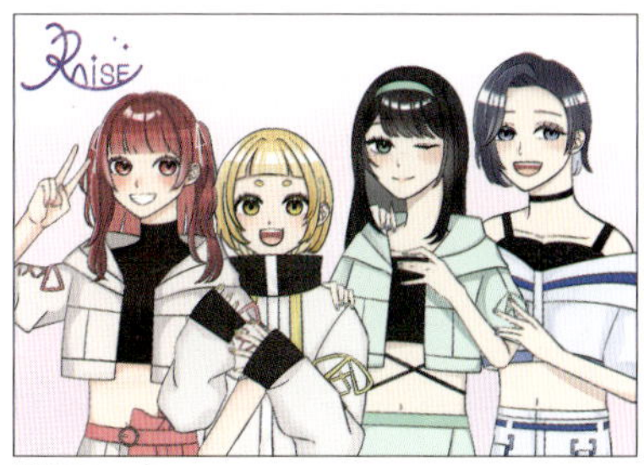
新潟県・ぽるこ。

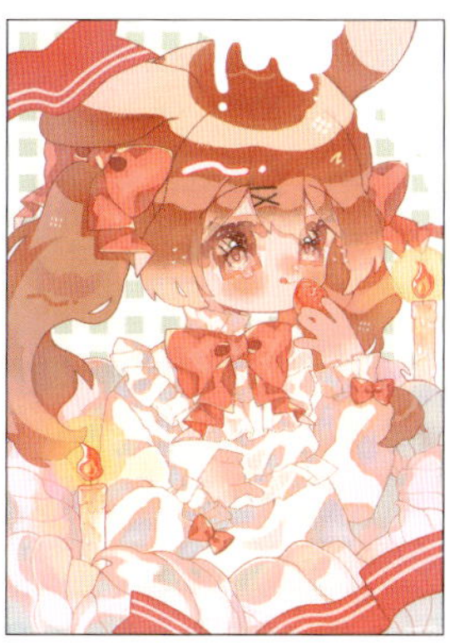
京都府・ひなたろう

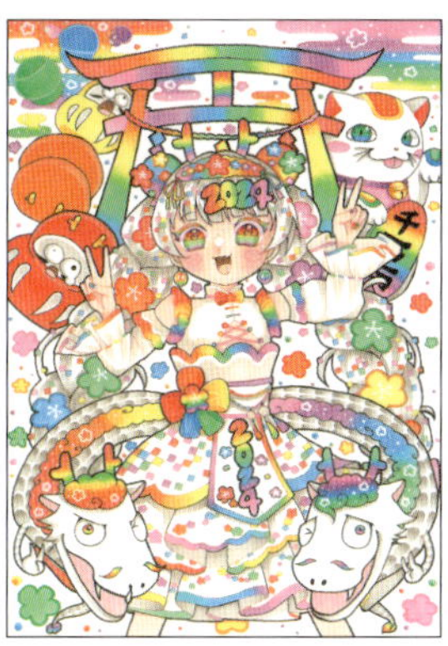
北海道・夢現まーや

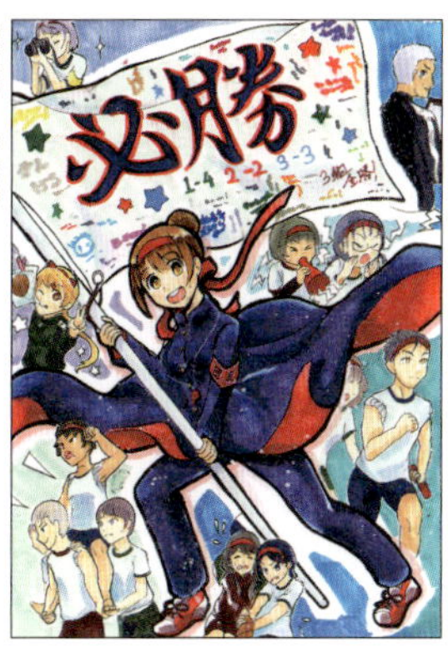

東京都・のなめ

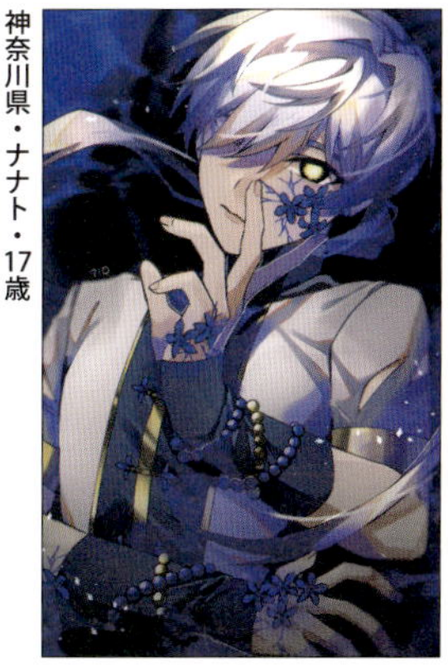
神奈川県・ナナト・17歳

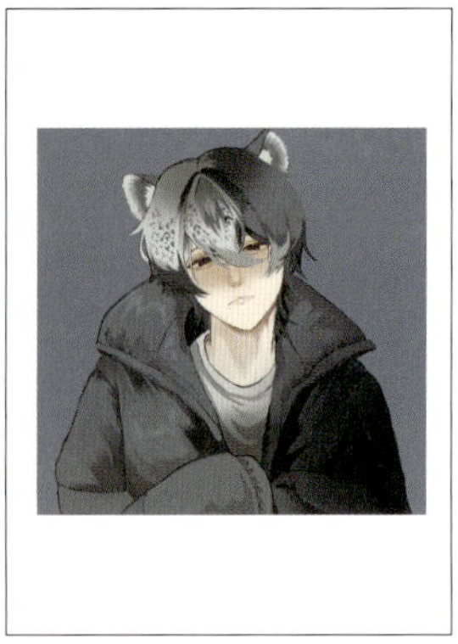
福島県・みっさん・16歳

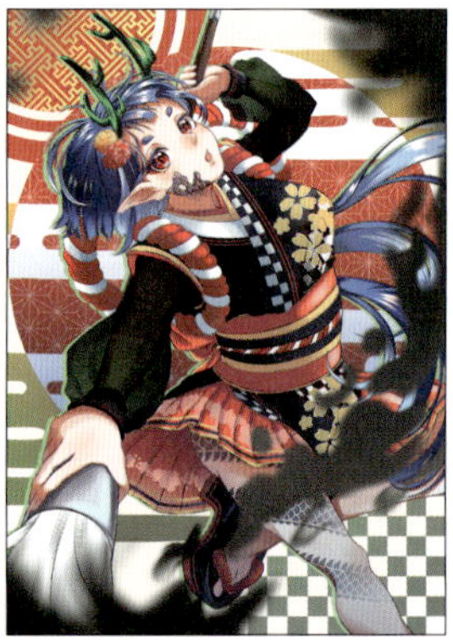
愛知県・ふどー

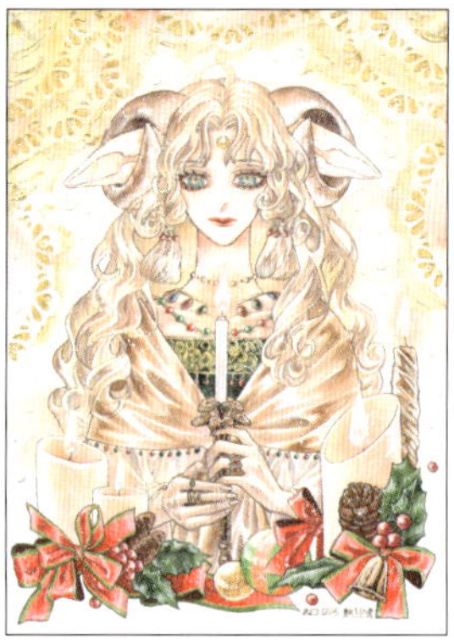
長野県・Okiso

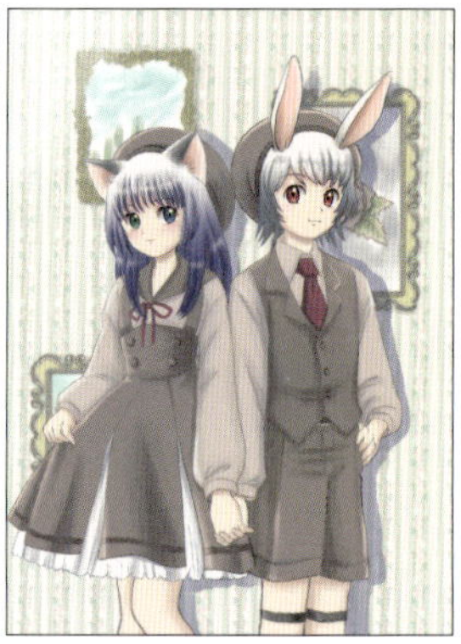
神奈川県・ぷちぷち

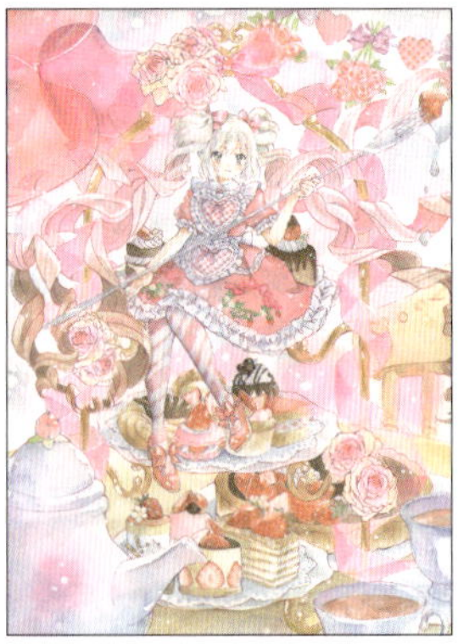
新潟県・もねぎ

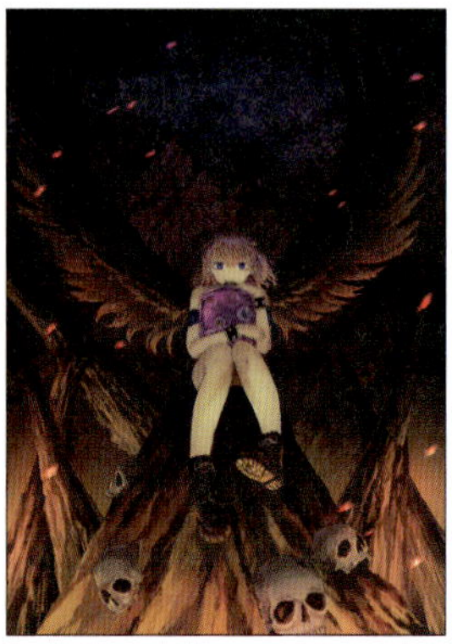
東京都・もとまきやひ・24歳

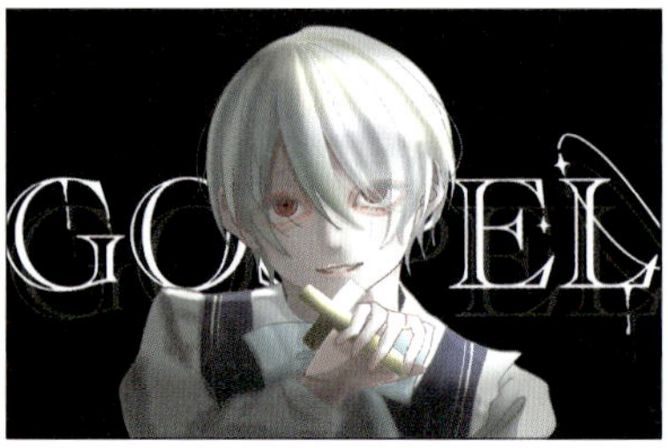
愛知県・すい

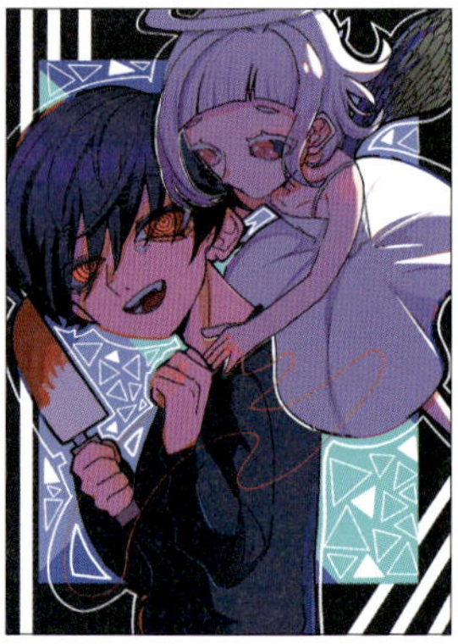
神奈川県・ミル

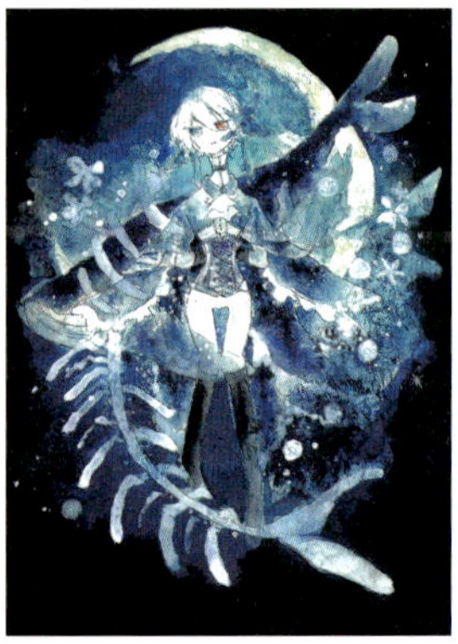
山梨県・ヨルトキト

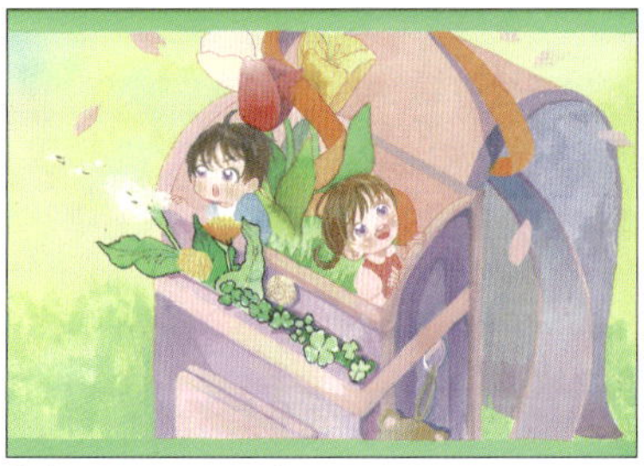
宮崎県・しゅに・23歳

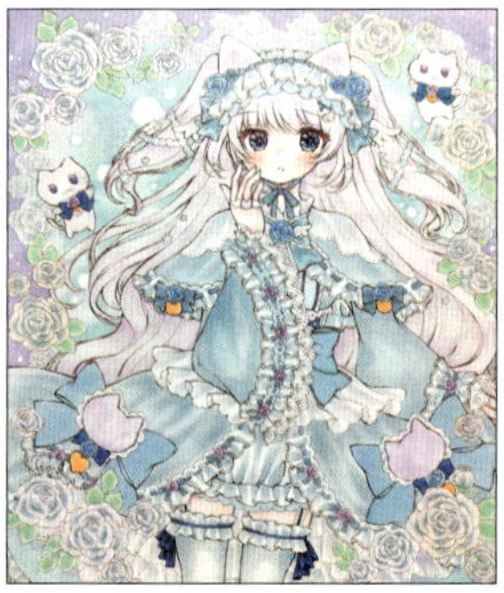
長崎県・ゆにこ

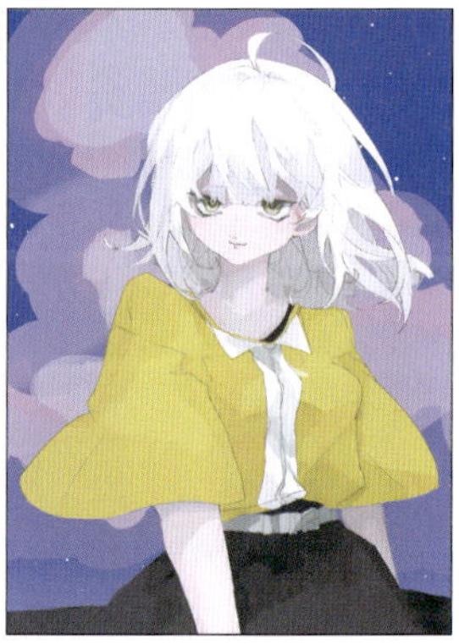
神奈川県・やえりんご

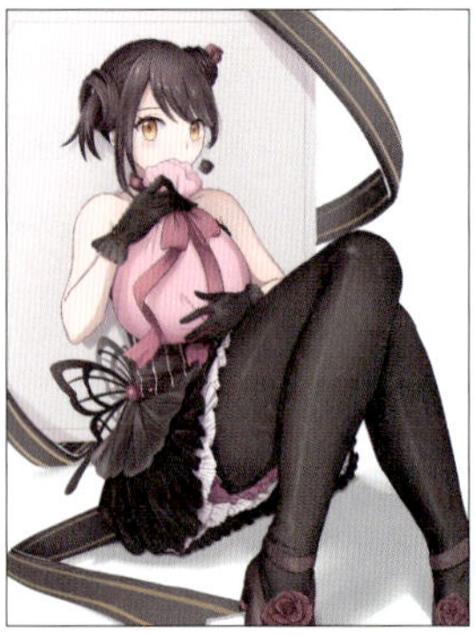
岡山県・ろーれらい

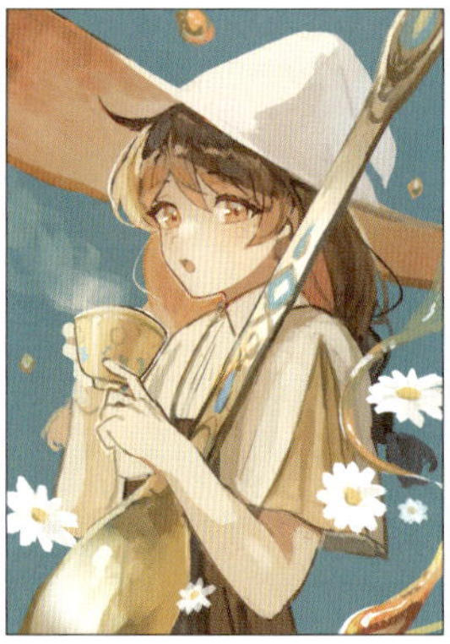
福岡県・るる璃

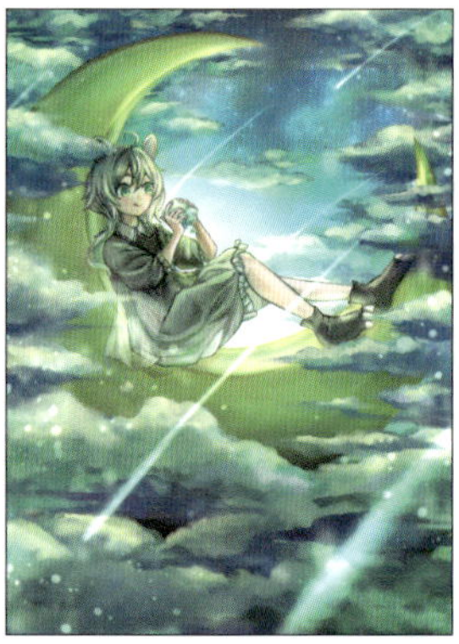
福岡県・りぐれ

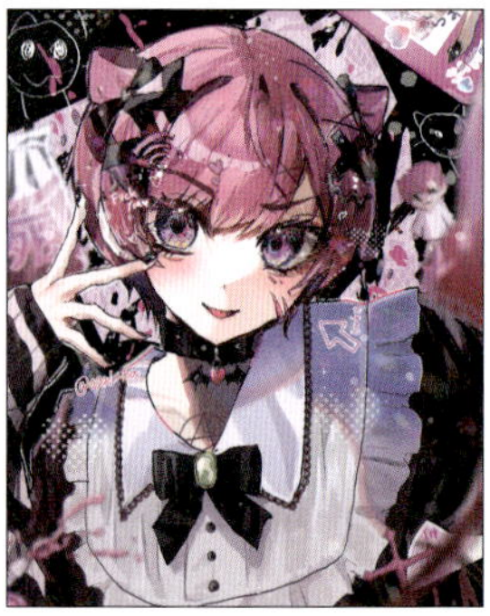
沖縄県・らんくいー

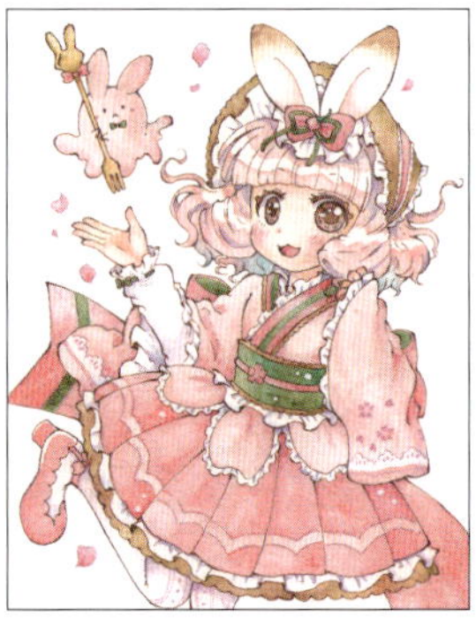
栃木県・羽鳥しーの

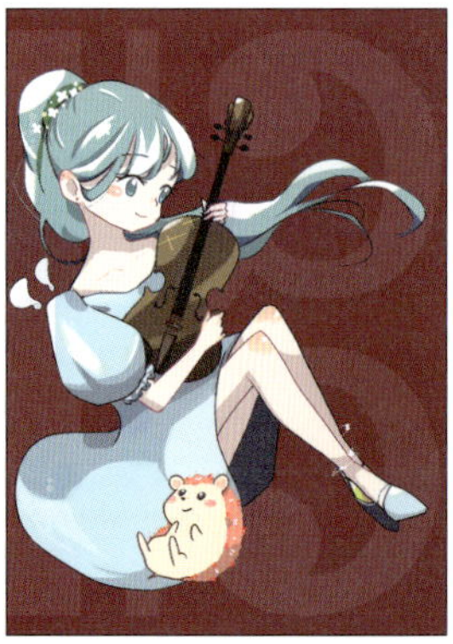
埼玉県・一ツ星ついん

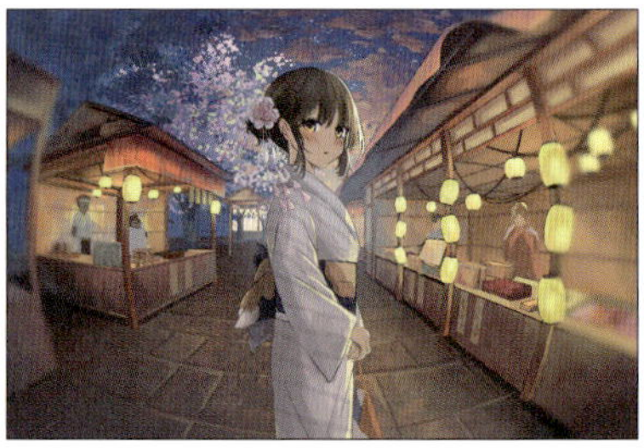
愛知県・さばかん

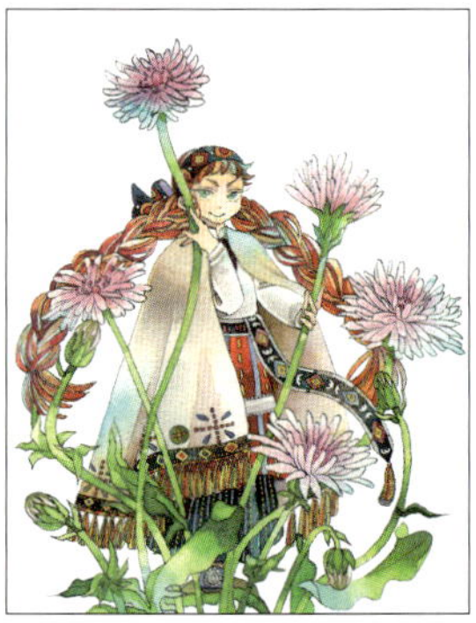
東京都・異邦

福島県・花宮華

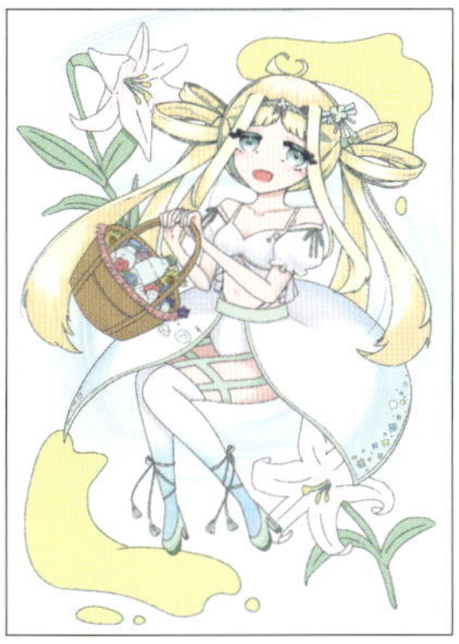

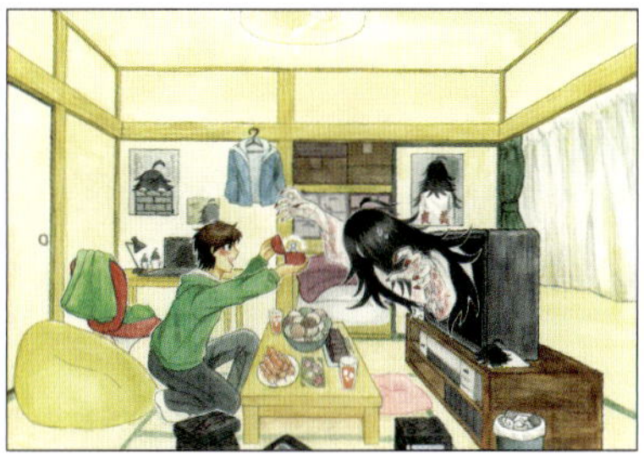

東京都・こばると・20歳

新潟県・鉛寺ほのか

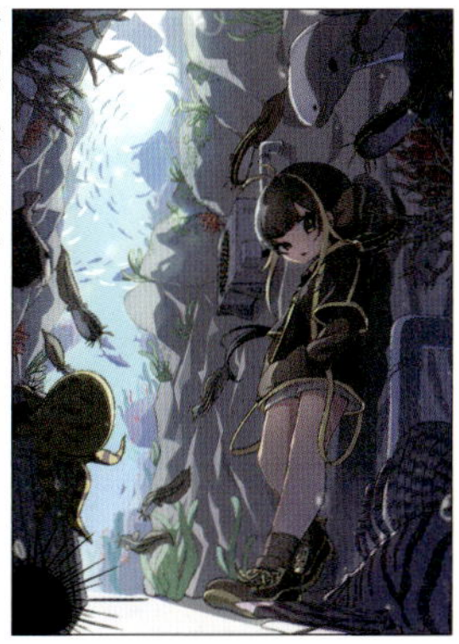

青森県・影ちょす

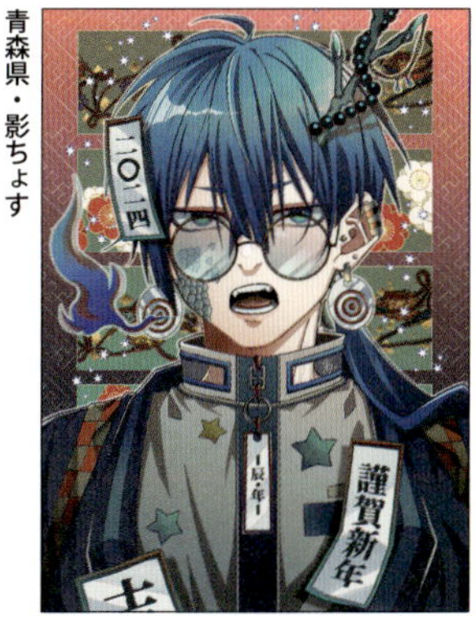

大阪府・間宮さく

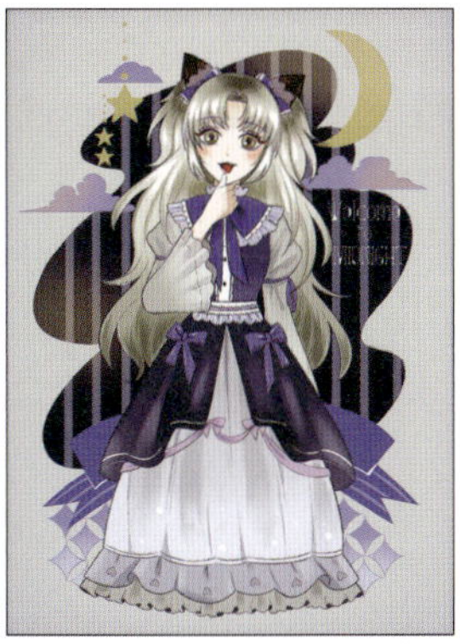

愛知県・赫坂

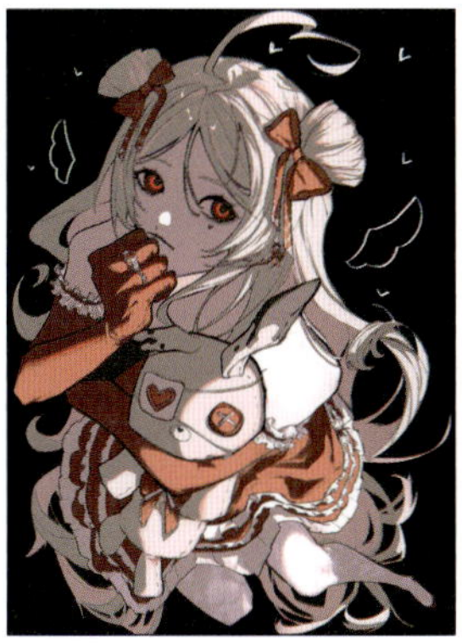

神奈川県・外側ゆーこ

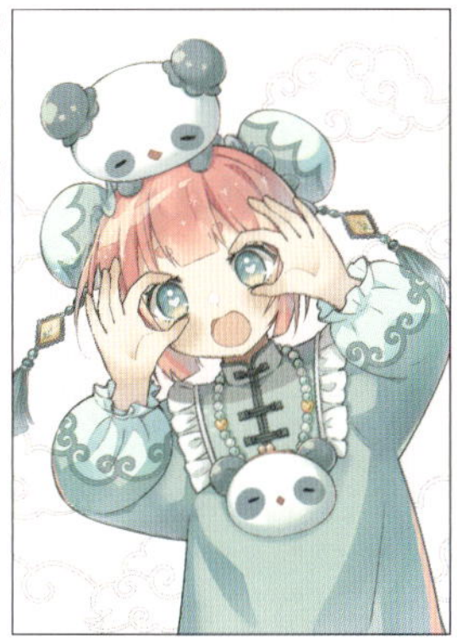

福岡県・海の幸・18歳

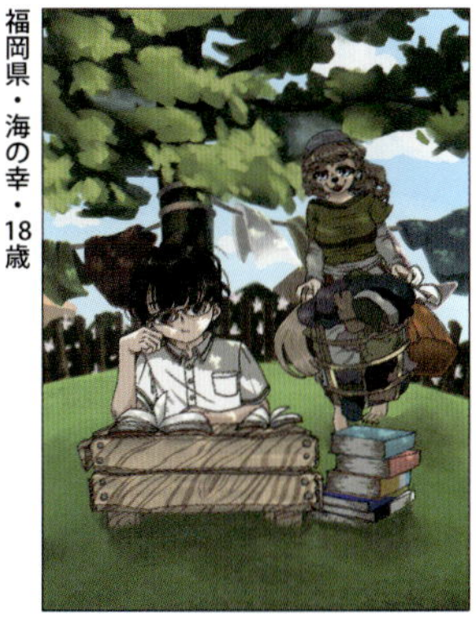

山口県・黒Hiziki・16歳

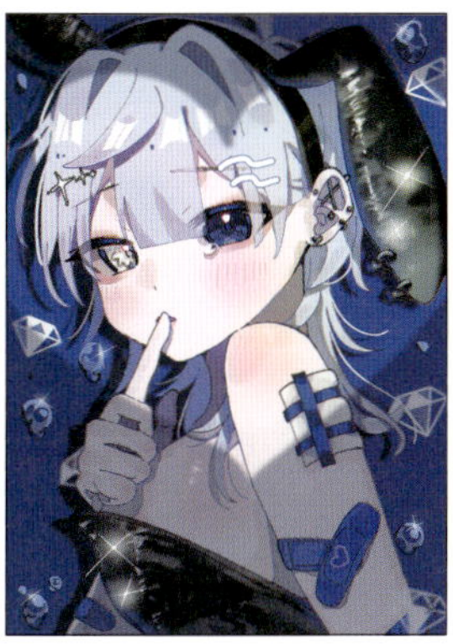

大阪府・月架

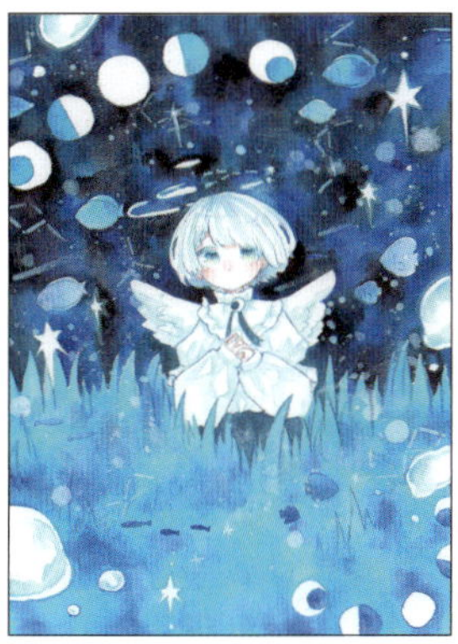

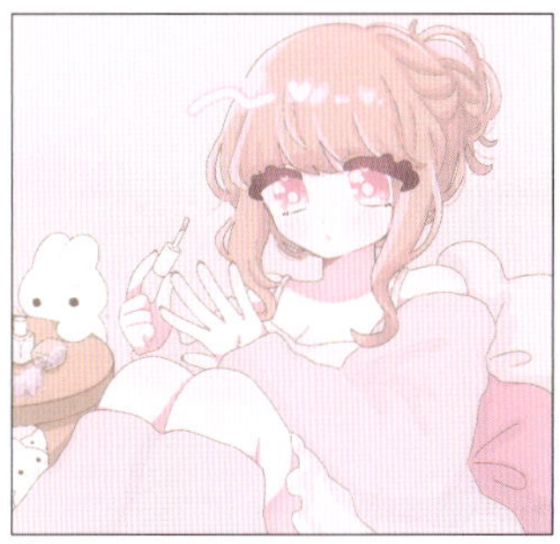

神奈川県・あもも

広島県・結雪しゅ

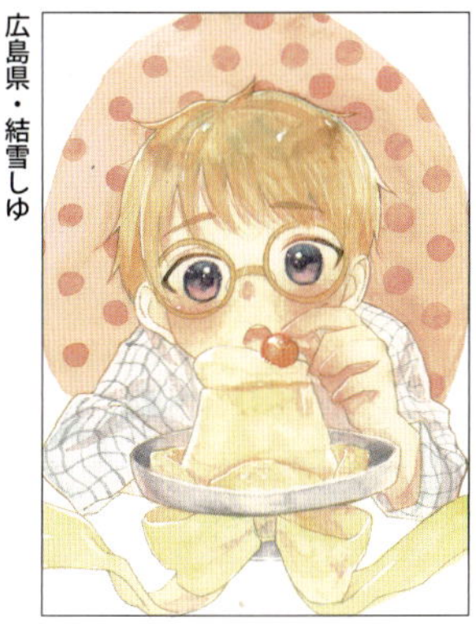

福島県・彩宝絵夢

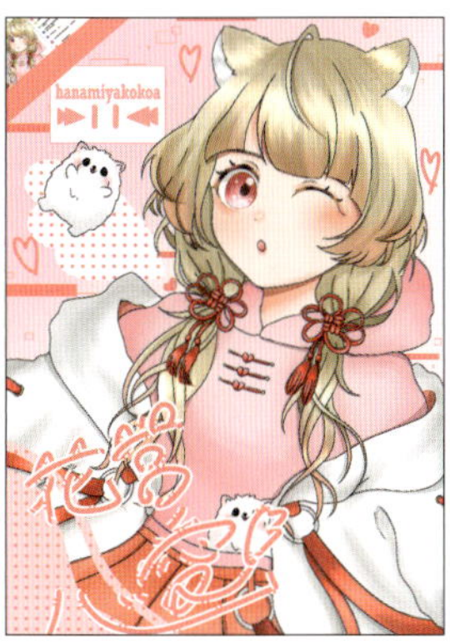

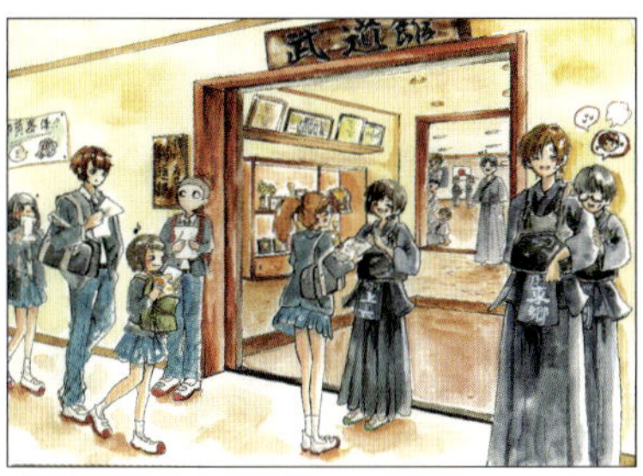

東京都・okoto・19歳

北海道・佐口想

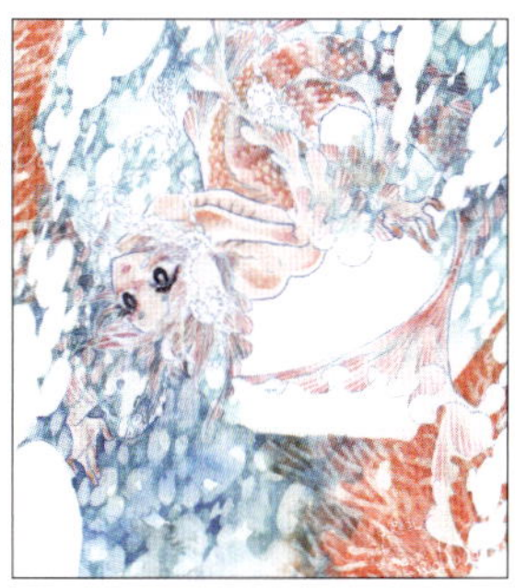

石川県・骨光環鳴

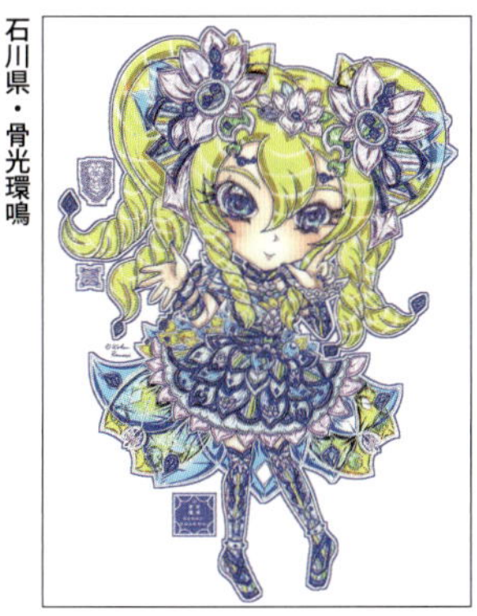

福岡県・青海葵

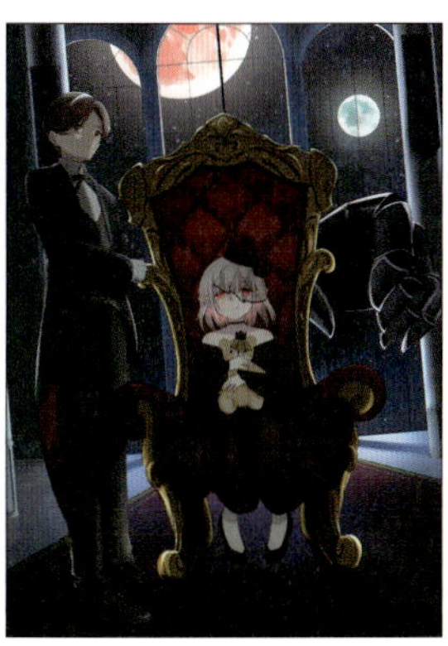

兵庫県・桜ノ木日

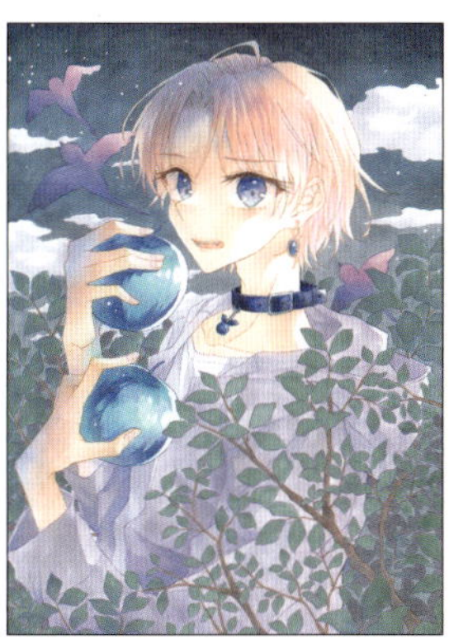

神奈川県・削木・32歳

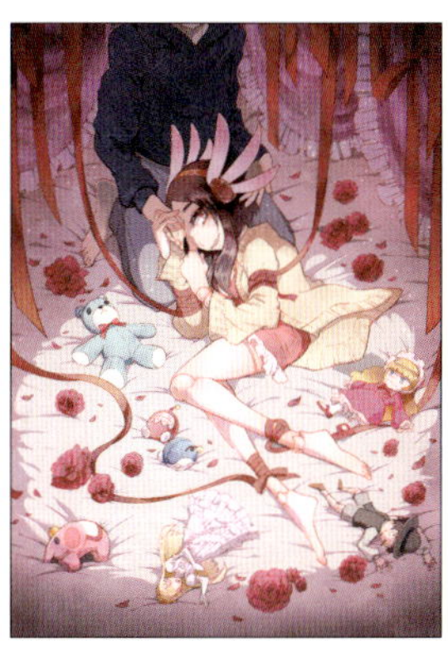

北海道・咲良なこ

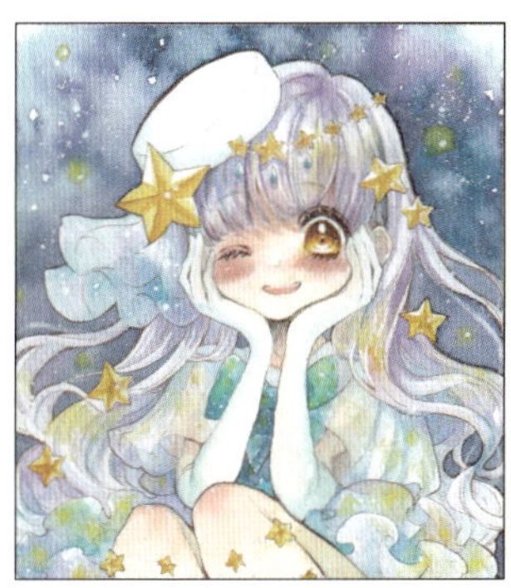

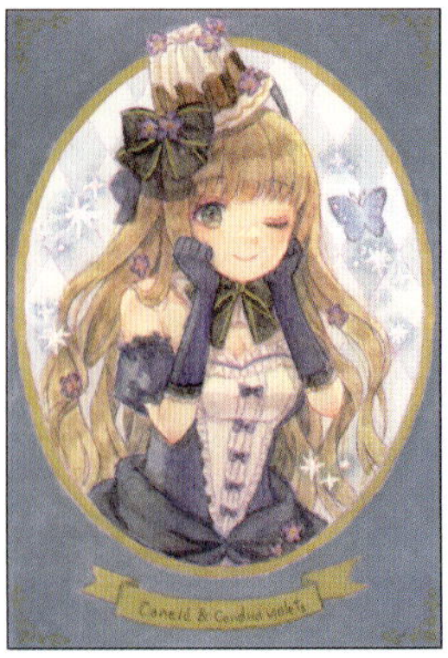
福岡県・存子

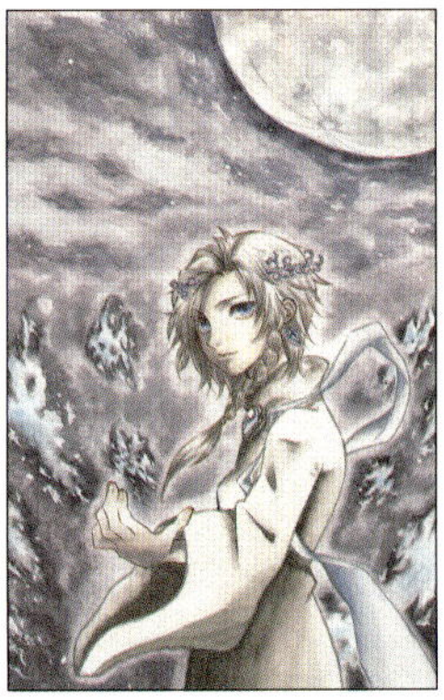
福島県・蒼名光

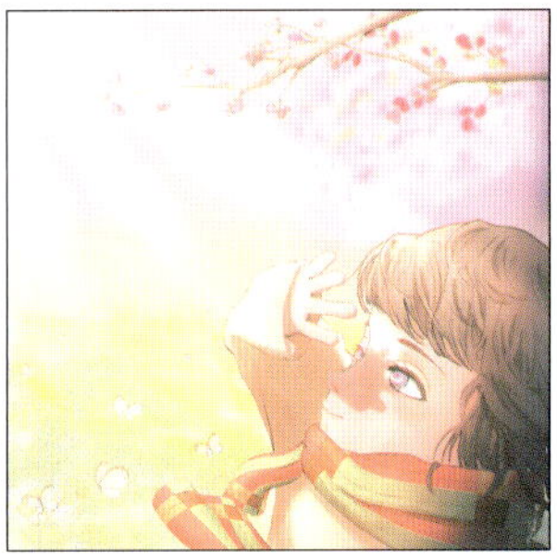
静岡県・uYu

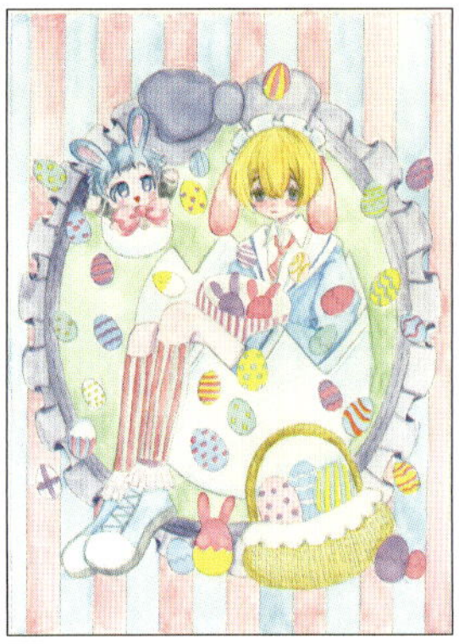
東京都・前田ひなた

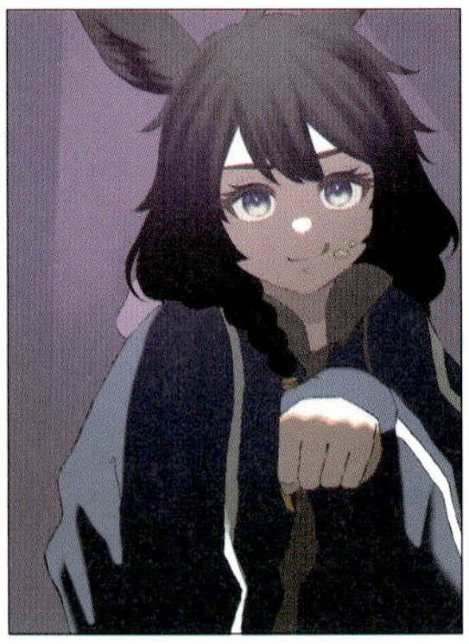
福島県・鏑木庵

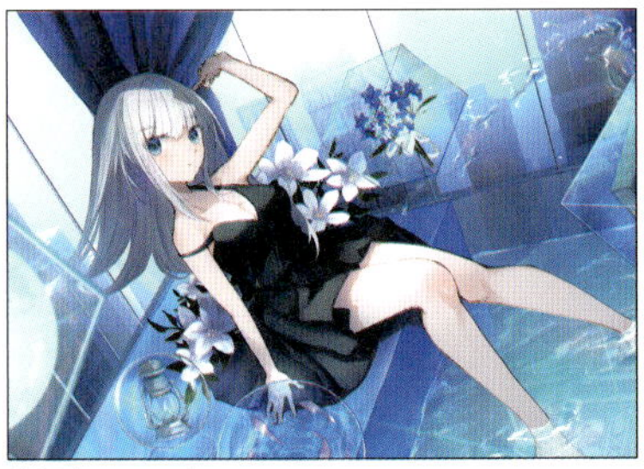
大阪府・New3kin

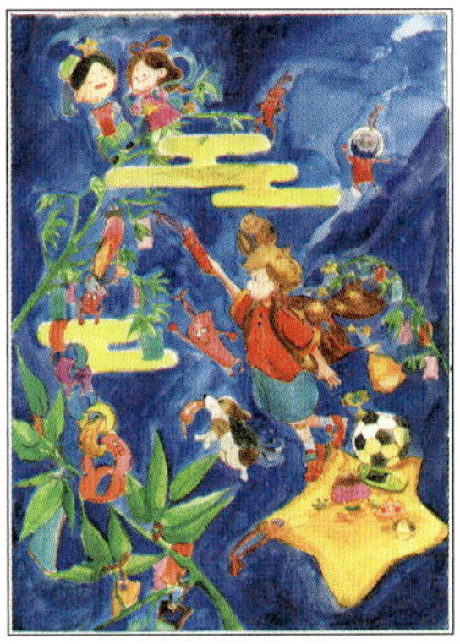
東京都・塚田愛花

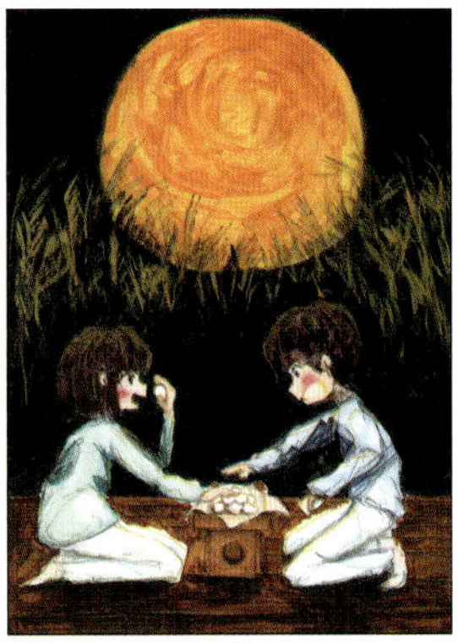
東京都・陳品叡

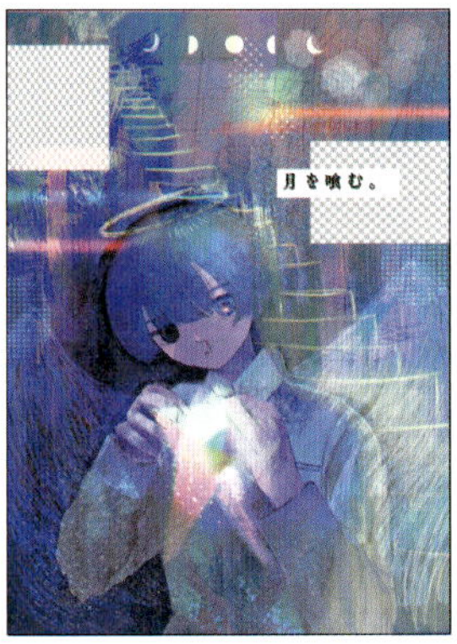

沖縄県・二歩

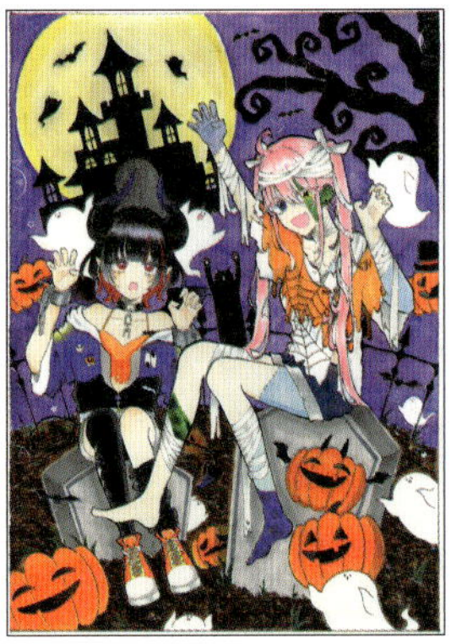
東京都・豆ぴよ

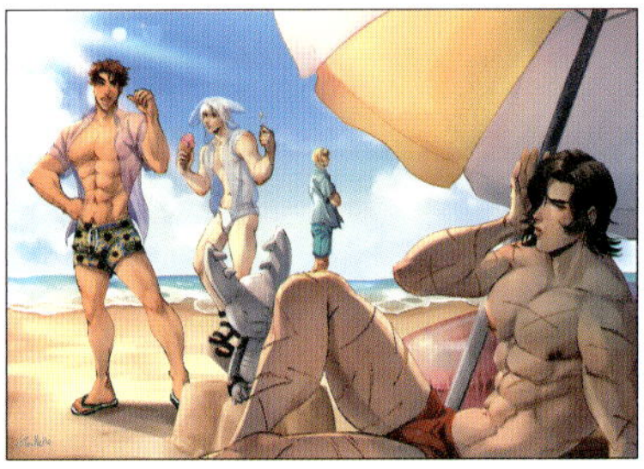
神奈川県・GuruNeko・24 歳

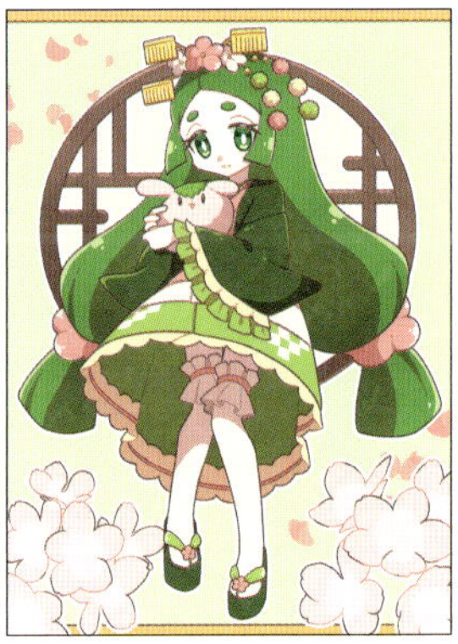
三重県・藤丘いかこ

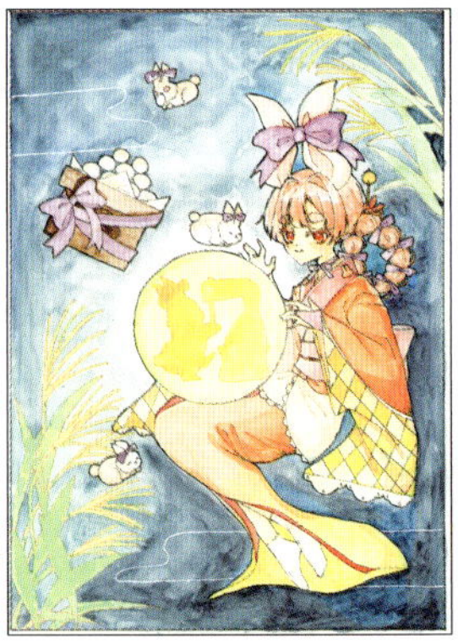
東京都・白兎

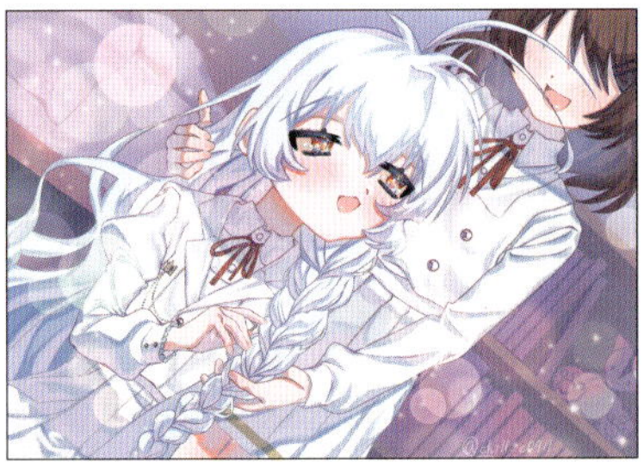
愛知県・ChiLL・20 歳

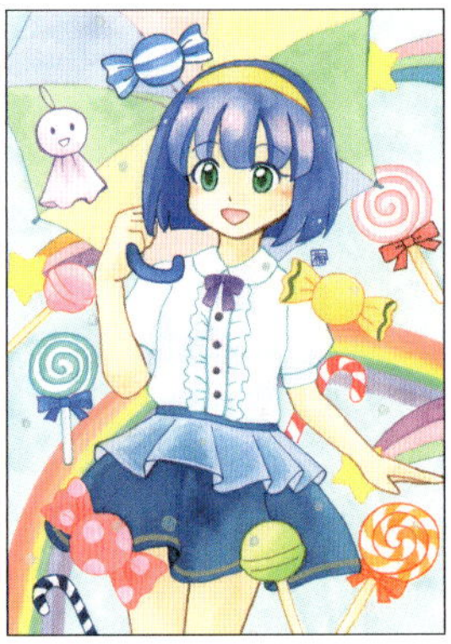
京都府・梅山えみ

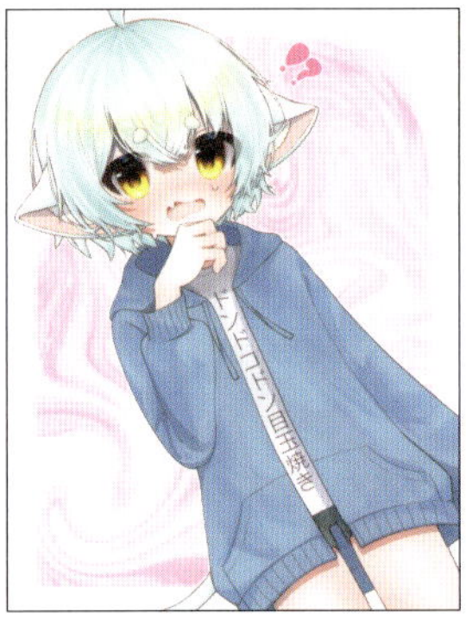
茨城県・猫島

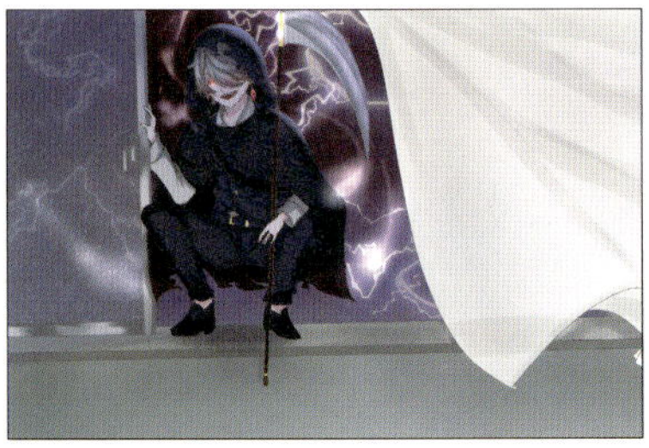
神奈川県・みき・19 歳

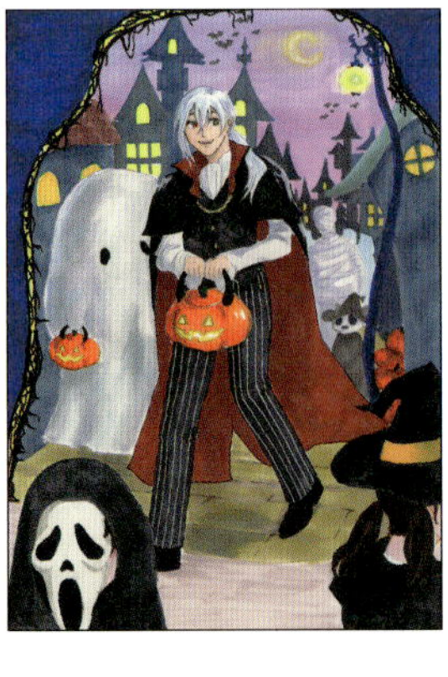
東京都・夢

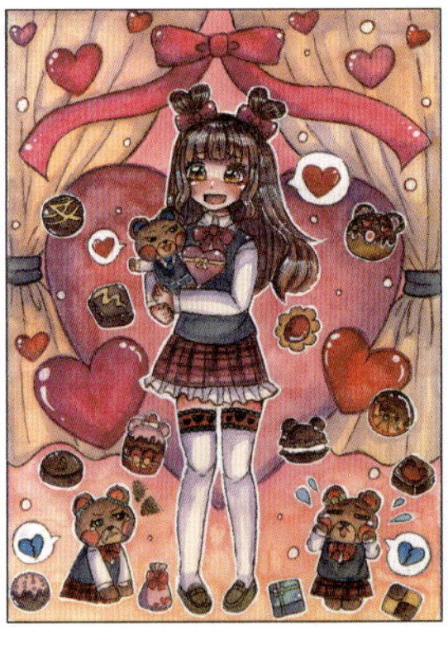
東京都・飛美さよ・19 歳

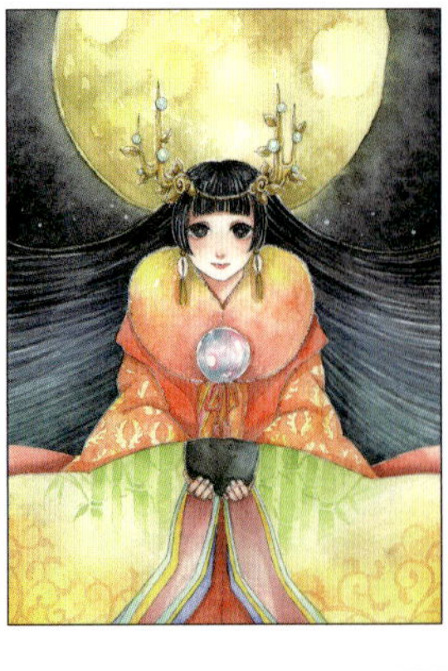
群馬県・八咫雅

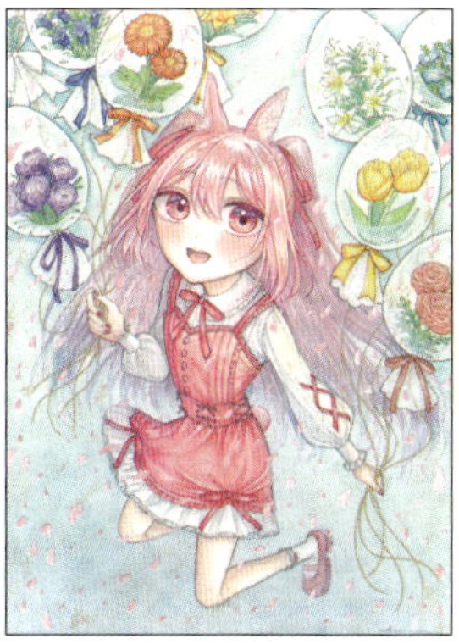
沖縄県・junna

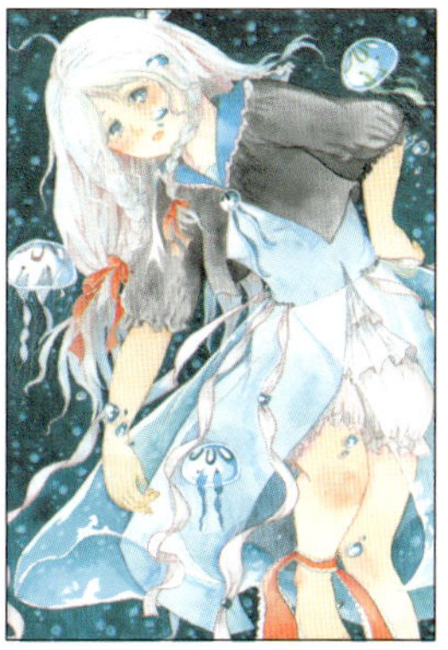
滋賀県・ウメヒカリ

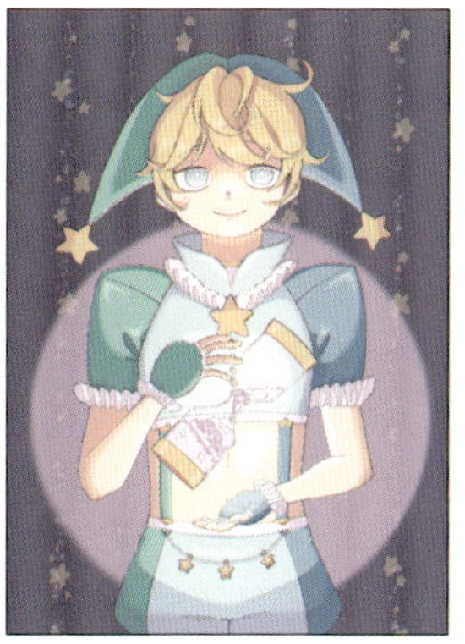
福島県・Ayaml

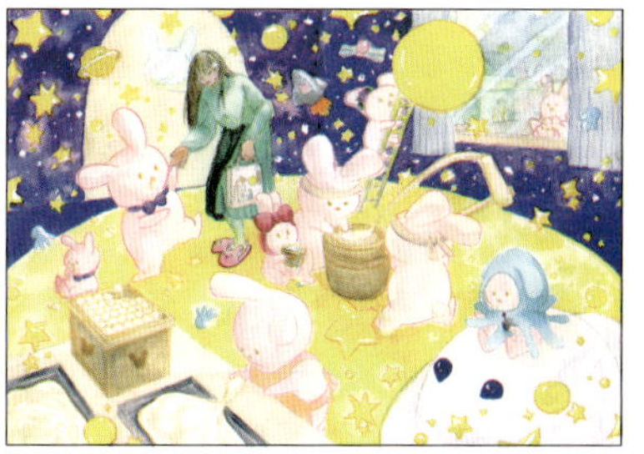
東京都・中尾咲良

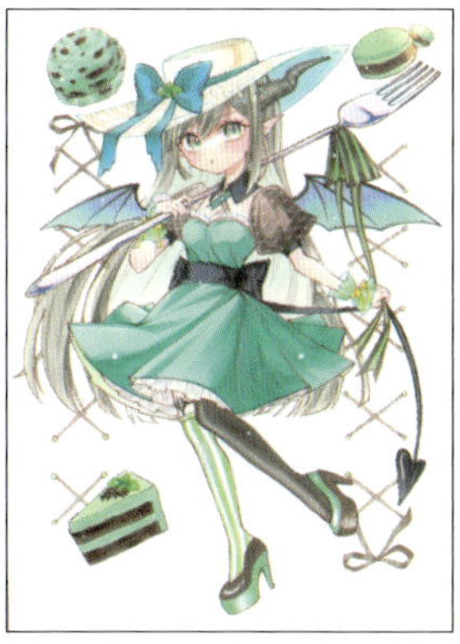
香川県・kuru.e

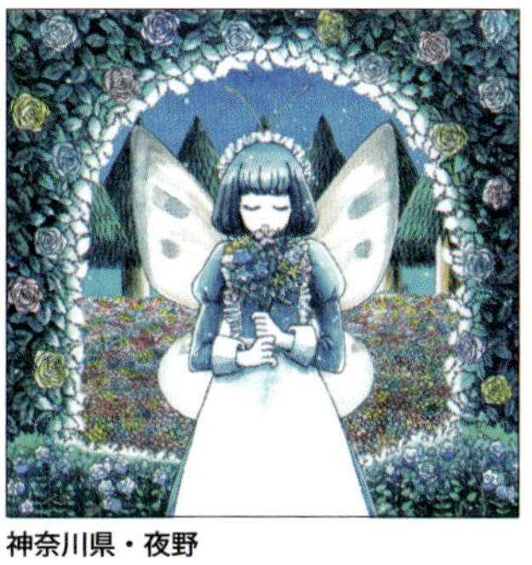
神奈川県・夜野

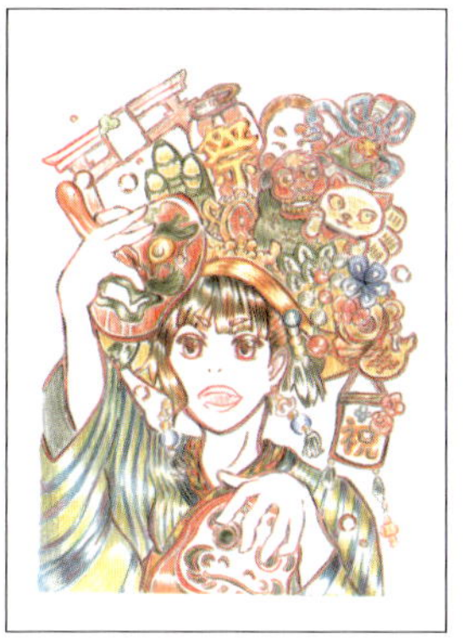
長崎県・テンネンドウ

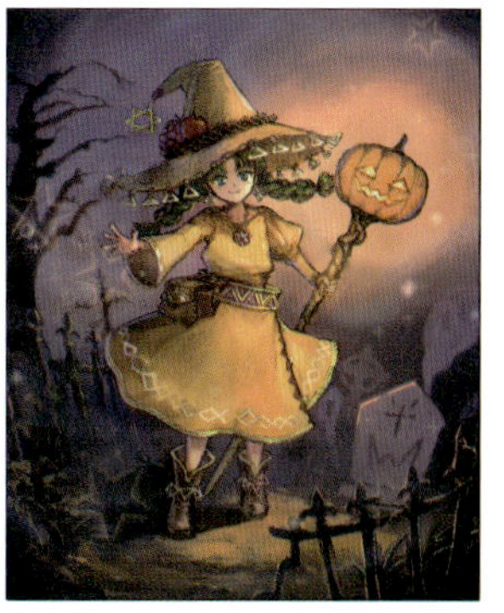
愛知県・k a o

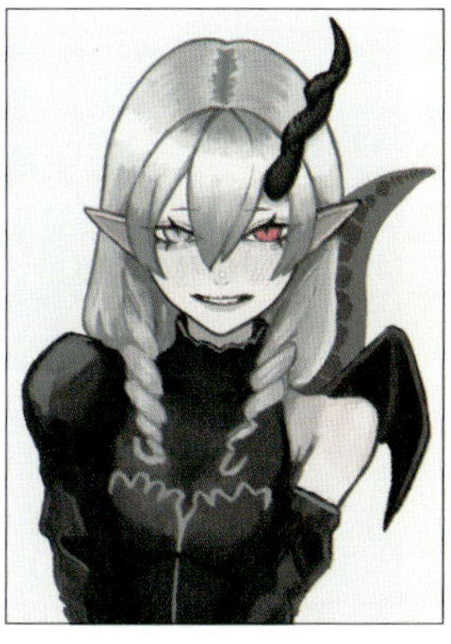
福島県・natsu

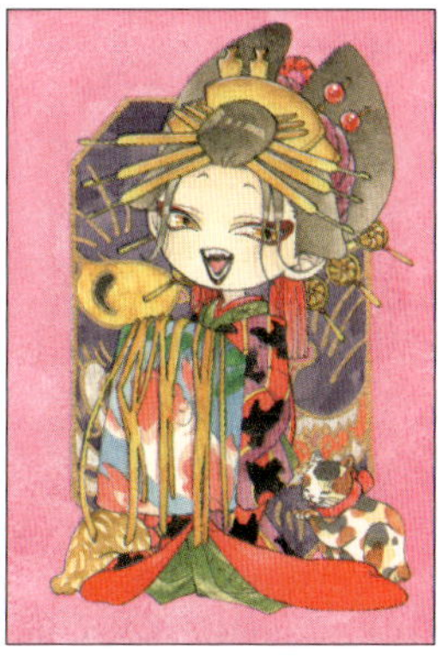
静岡県・黒羽

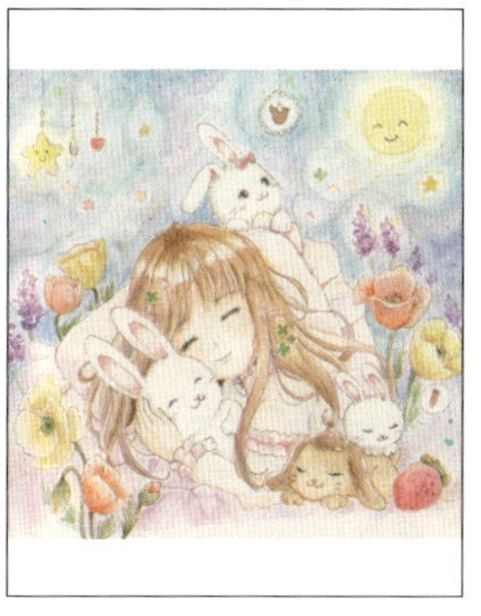
東京都・mory

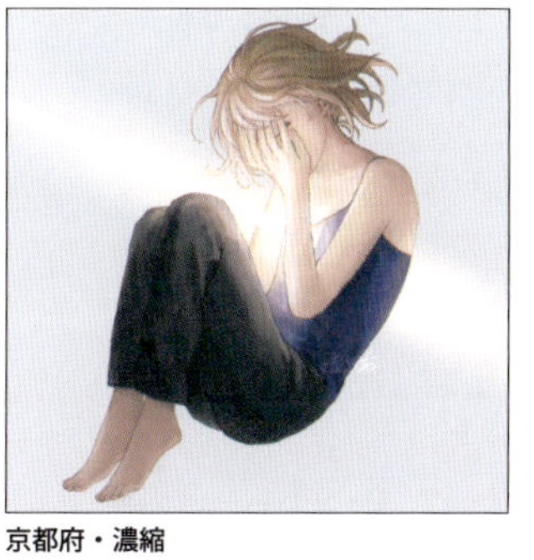
京都府・濃縮

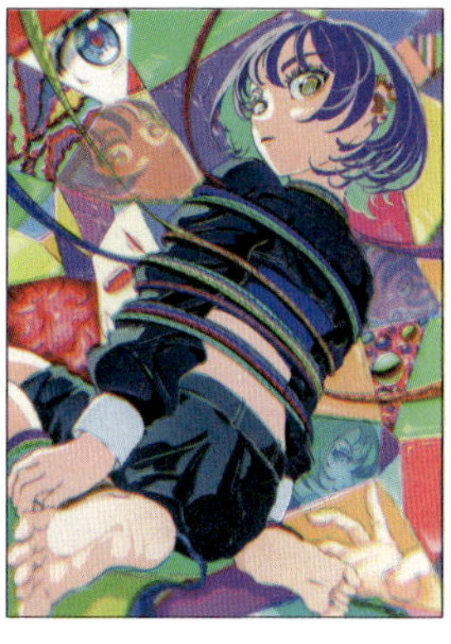
静岡県・UMiUSHi

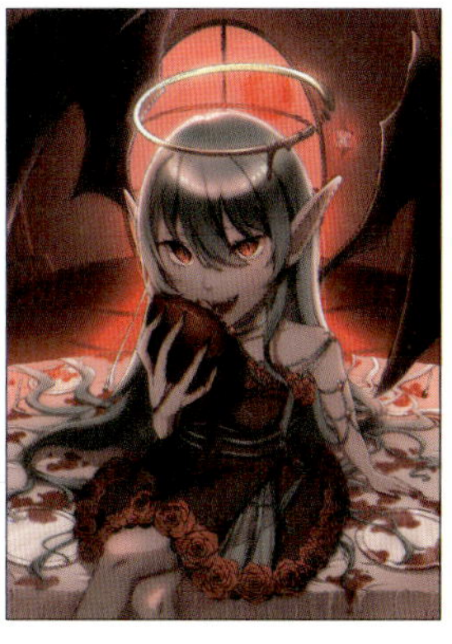
神奈川県・R軍曹・19歳

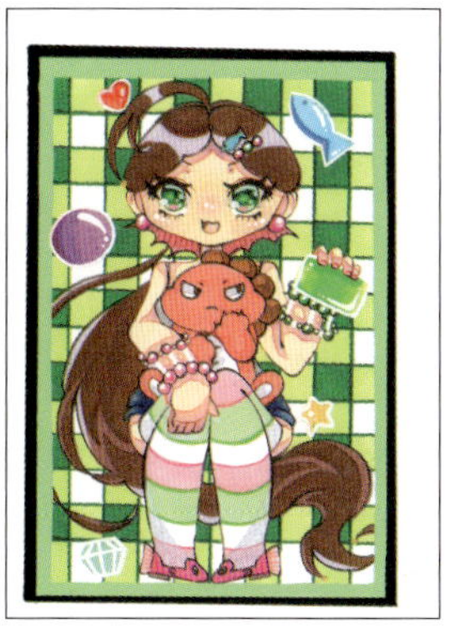
北海道・鯉亀

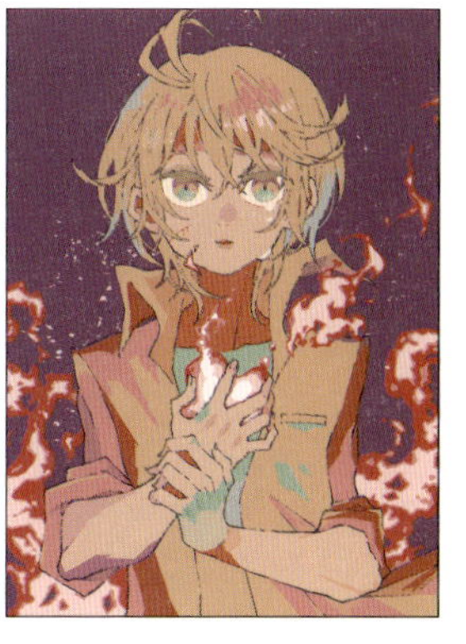
千葉県・Note

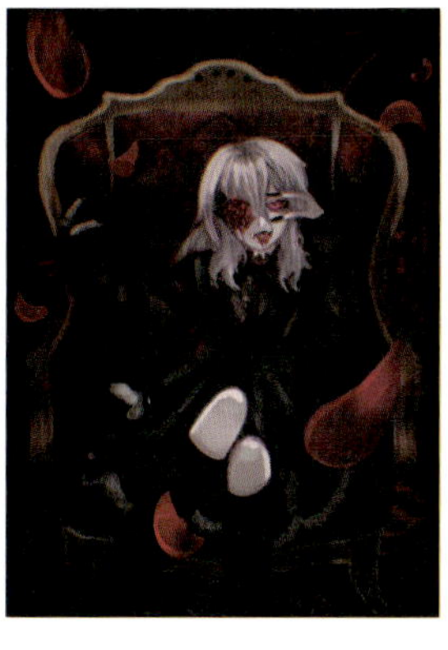
神奈川県・あか

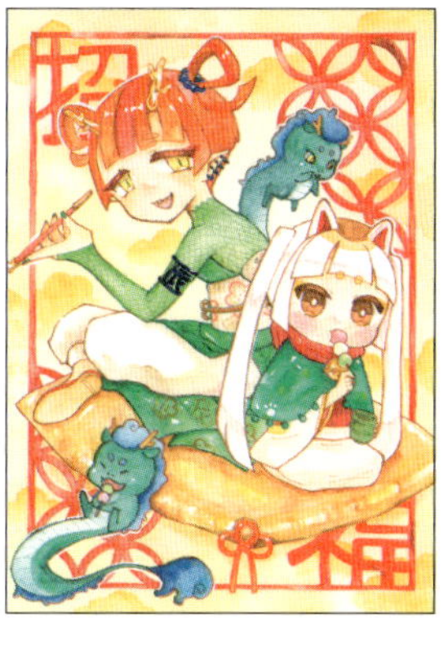
宮城県・まめもひ

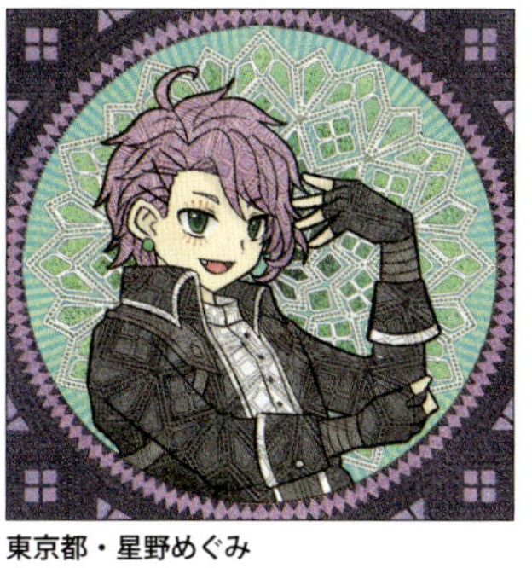
東京都・星野めぐみ

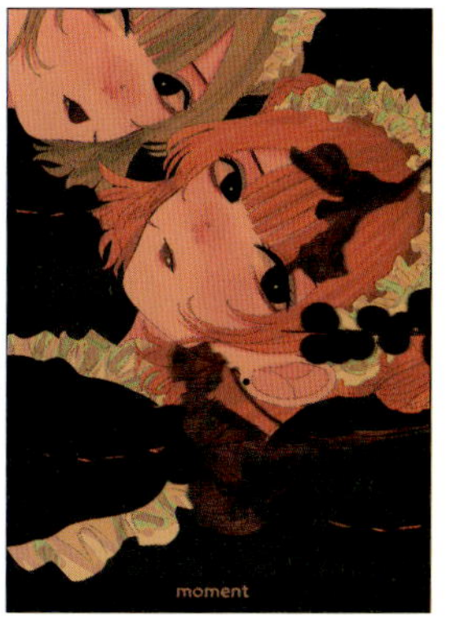

東京都・Yuzuha Takamura・25歳

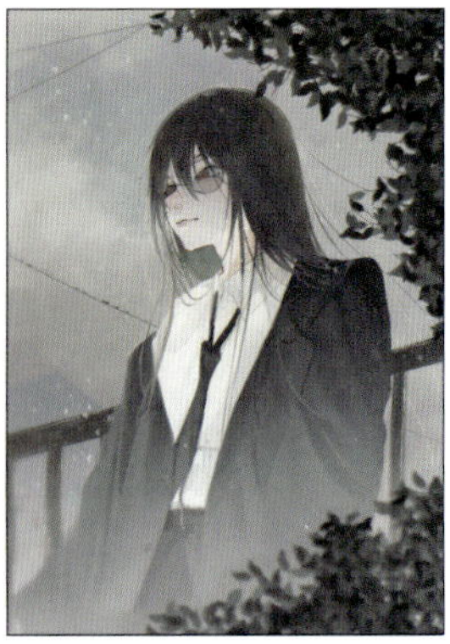
愛知県・あじたす

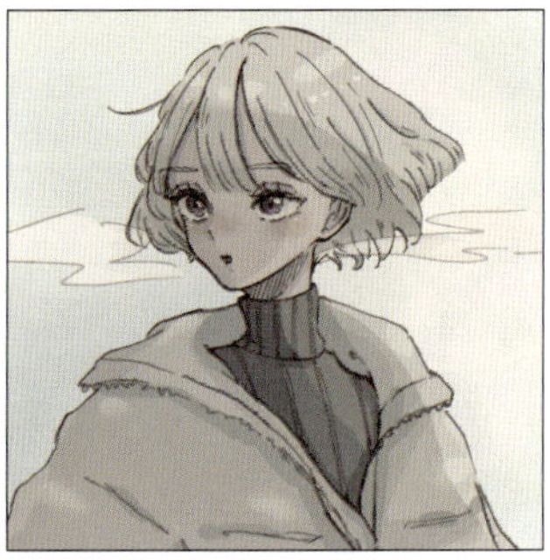
東京都・ゆだ

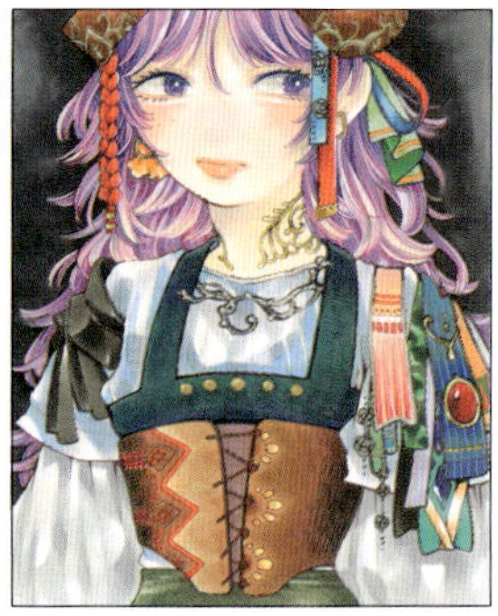
福岡県・無月

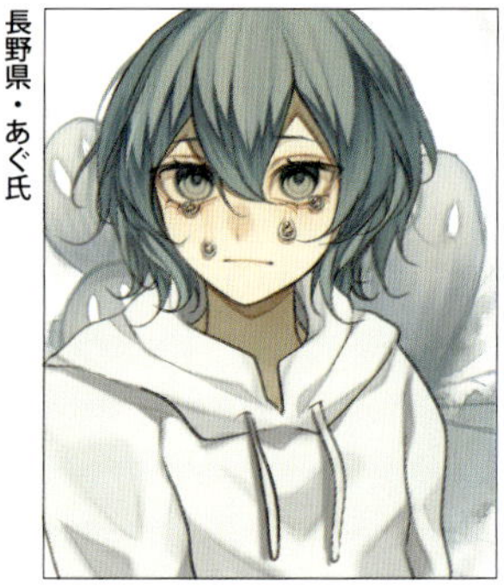
長野県・あぐ氏

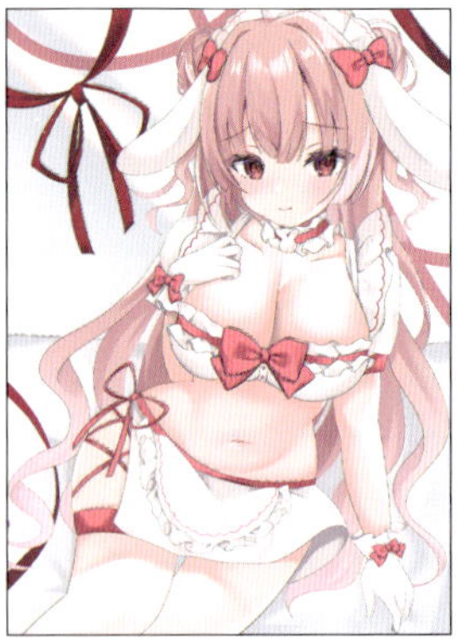
神奈川県・あろま

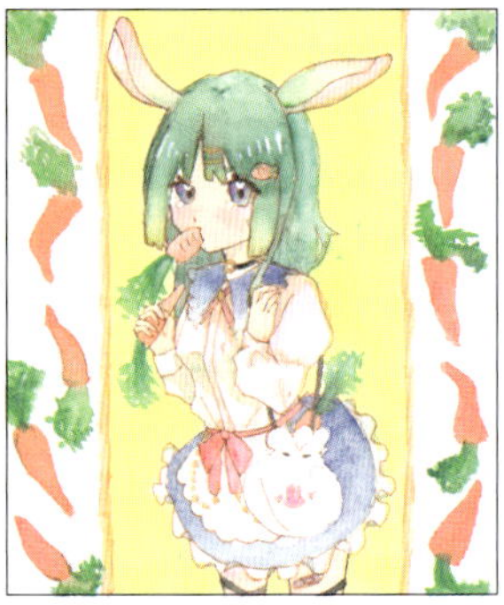
茨城県・結川みね・14歳

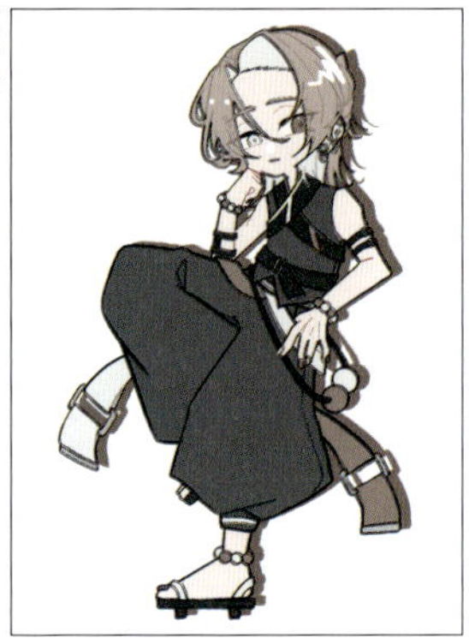
福島県・アモ

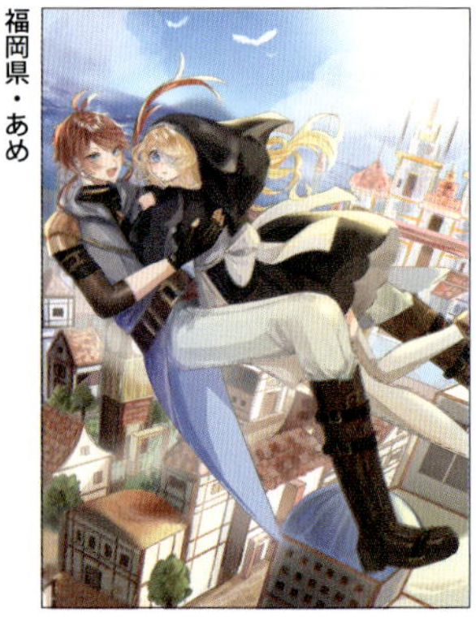
福岡県・あめ

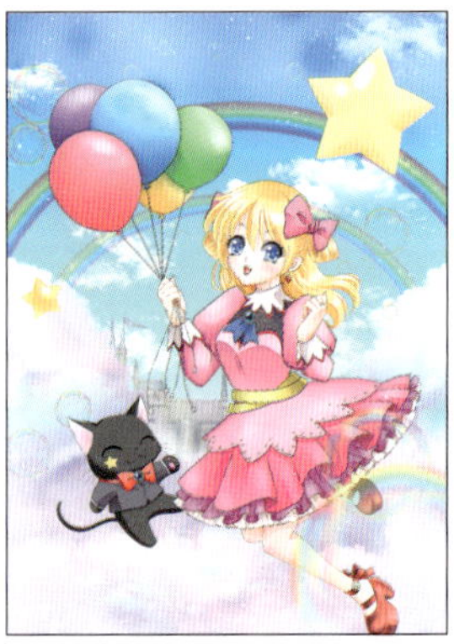
鳥取県・いすず悠

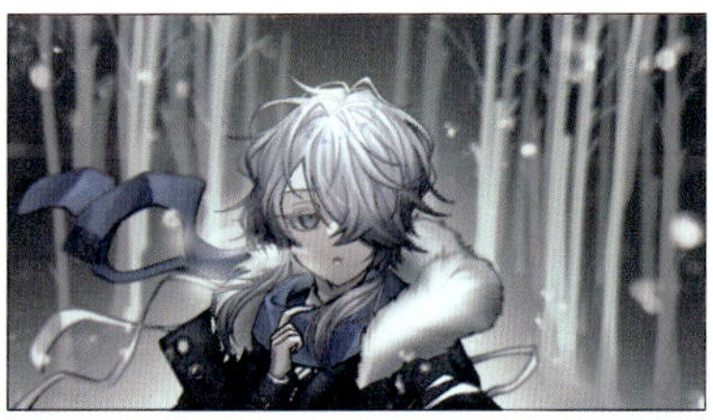
京都府・崇

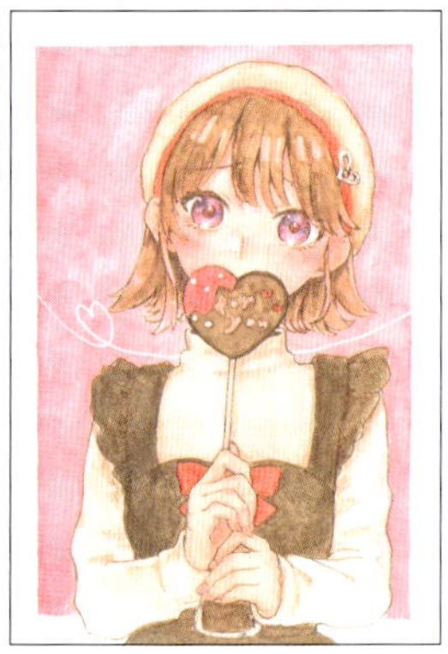
東京都・都夜

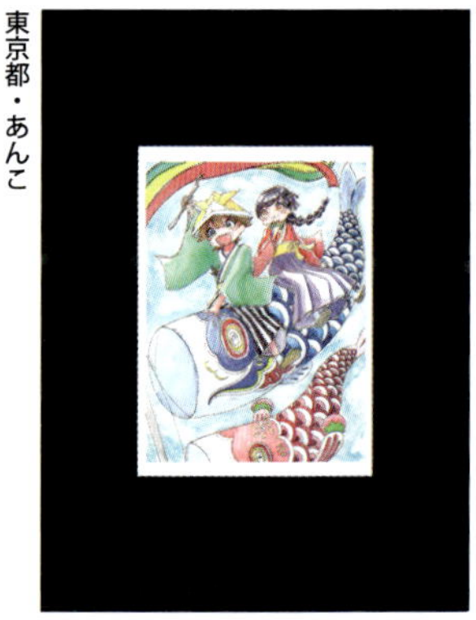
東京都・あんこ

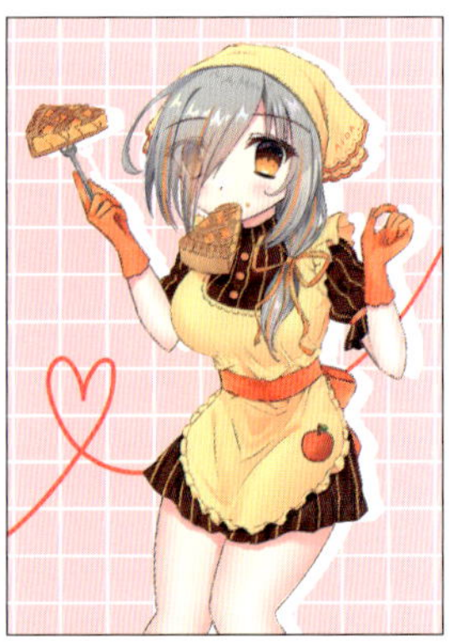
群馬県・オレンジ相田

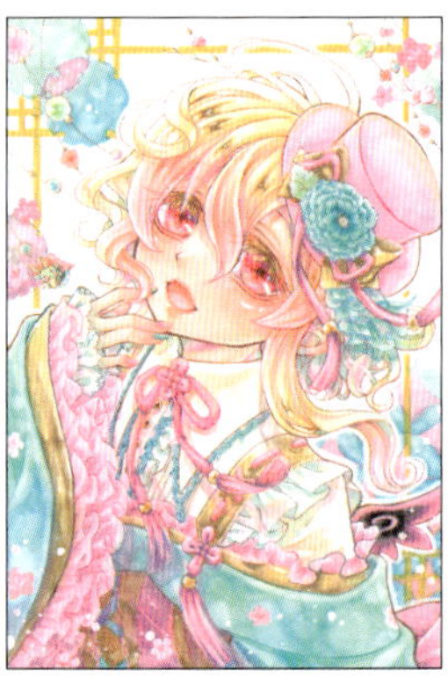
千葉県・ひなのうさぎ

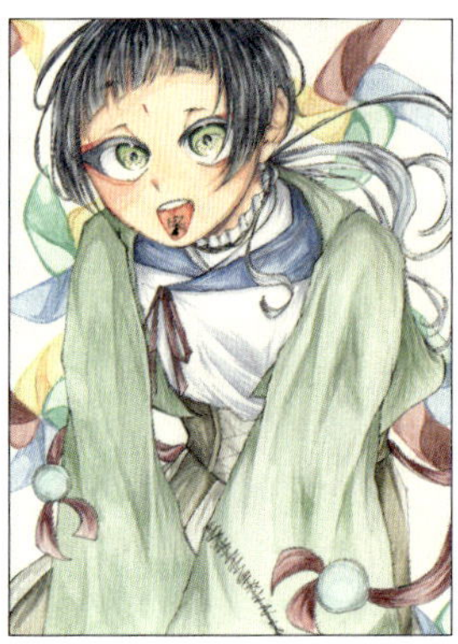
京都府・おやせ

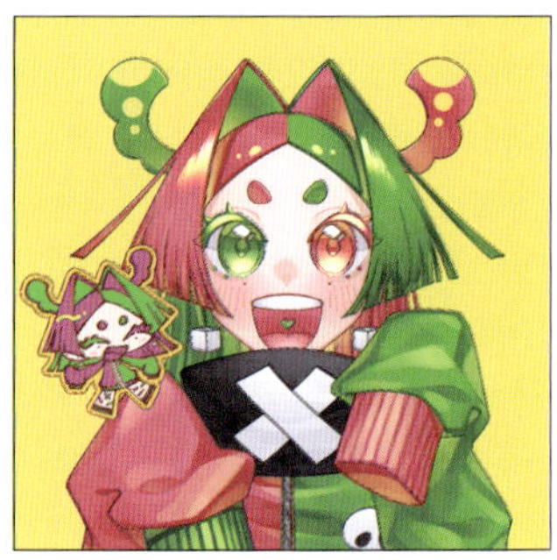
岐阜県・めとめ

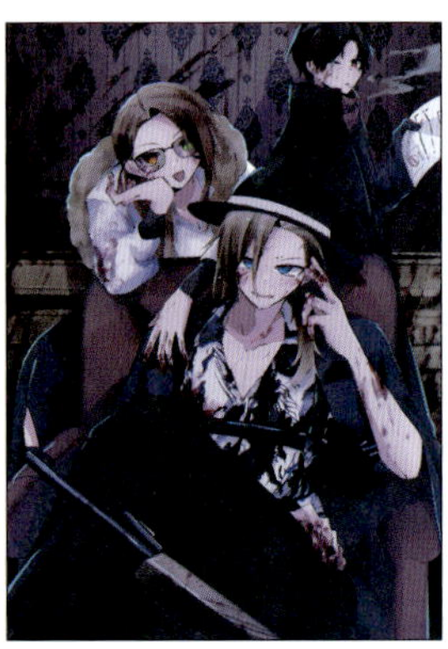
神奈川県・かねなし・18歳

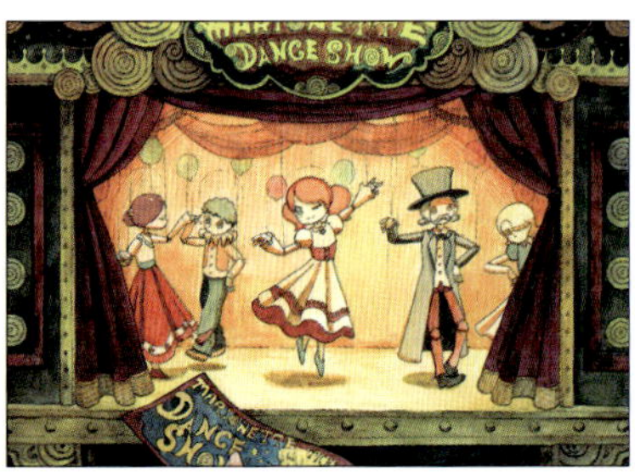
東京都・宮倉将吾

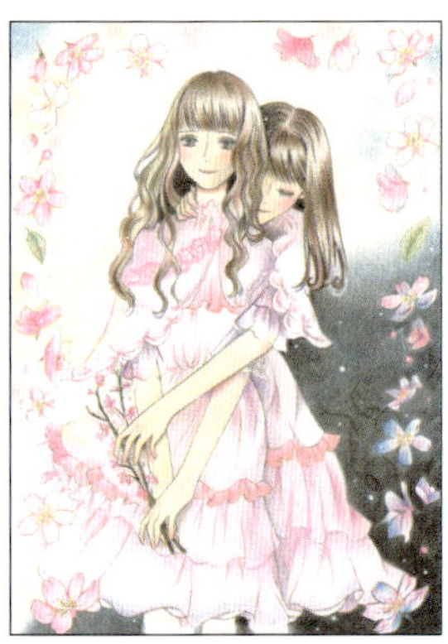
沖縄県・いちごあめ

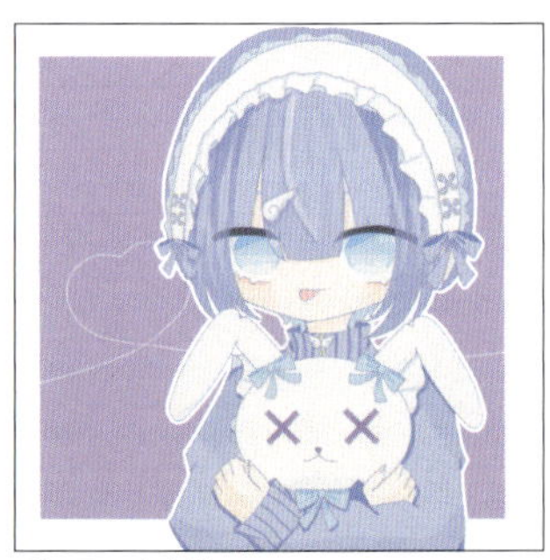
愛知県・瑠璃萩

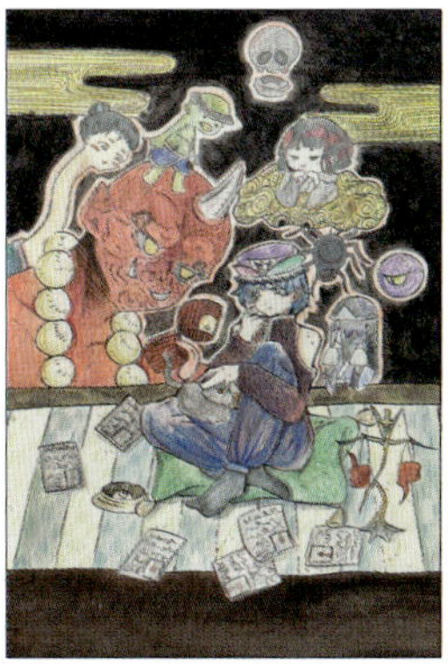
滋賀県・サン

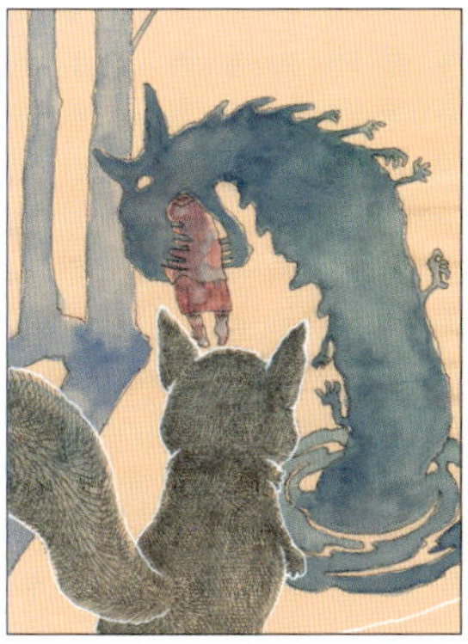
福島県・Azzurro.

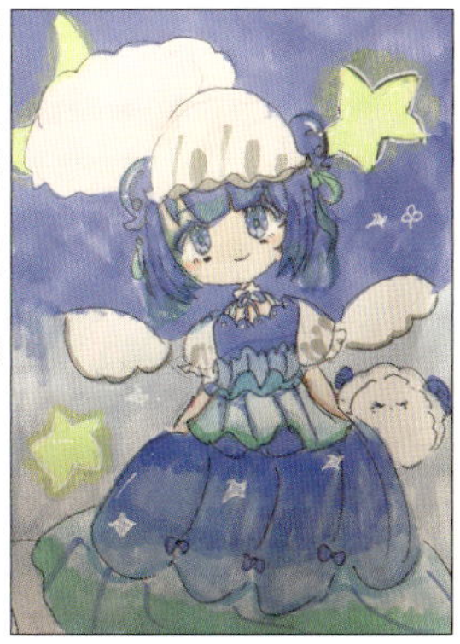
香川県・きな子くるみ・8歳

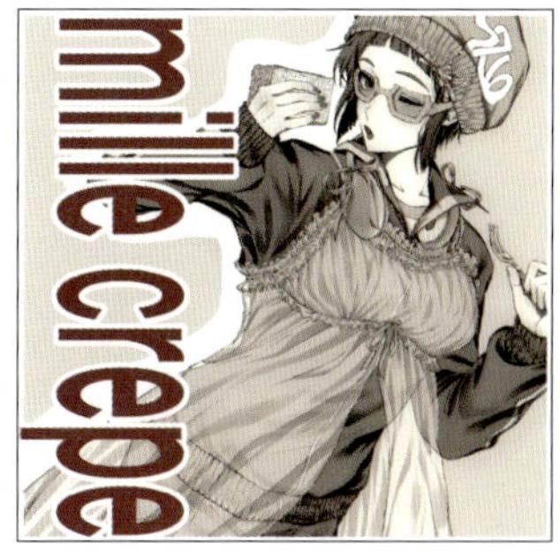

福島県・戸瀬

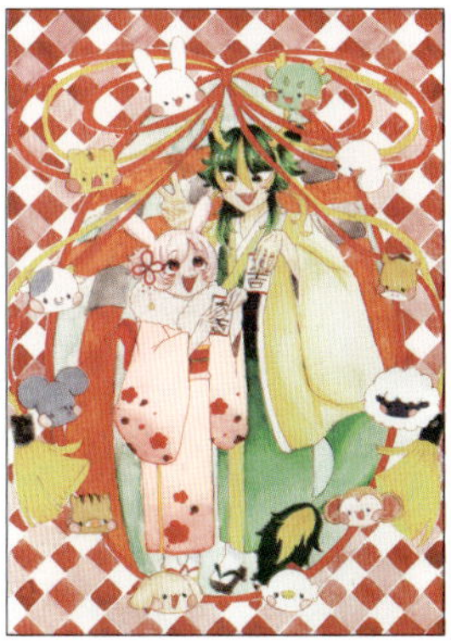
東京都・しろくまる3世。・19歳

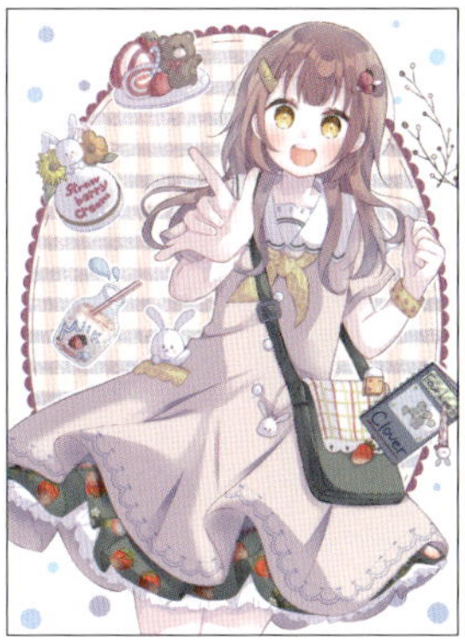
新潟県・シユン。

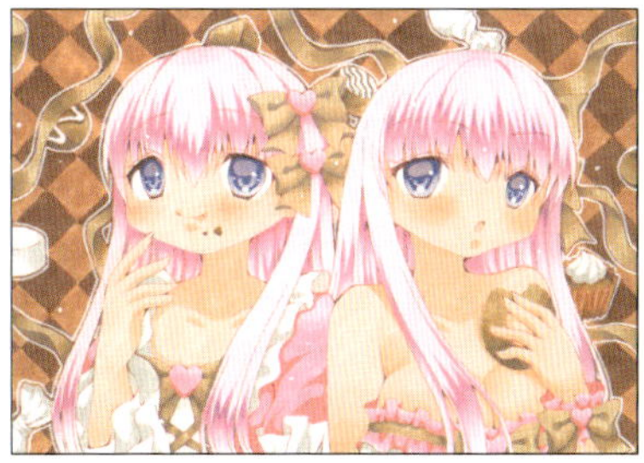
滋賀県・泉あひる

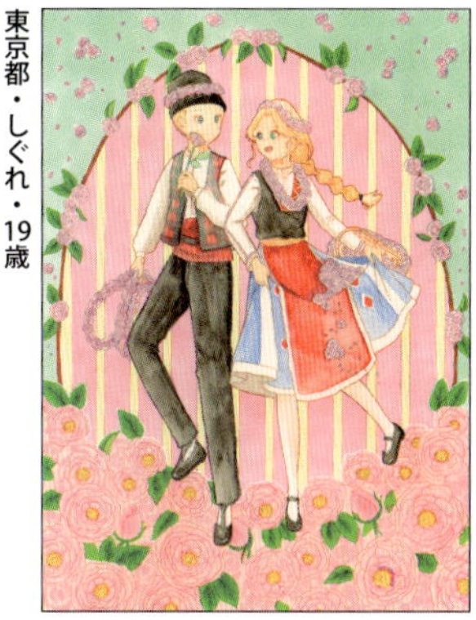
東京都・しぐれ・19歳

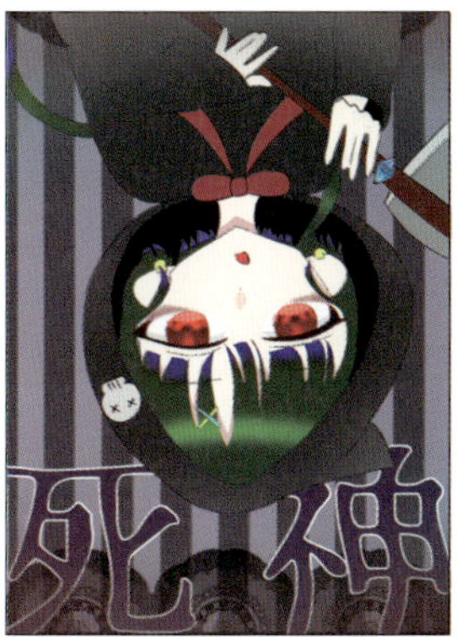

広島県・とんかつ・12歳

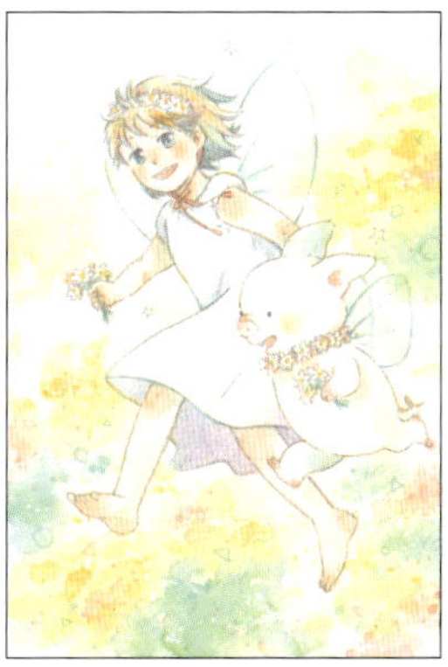
福岡県・ヒサ・42歳

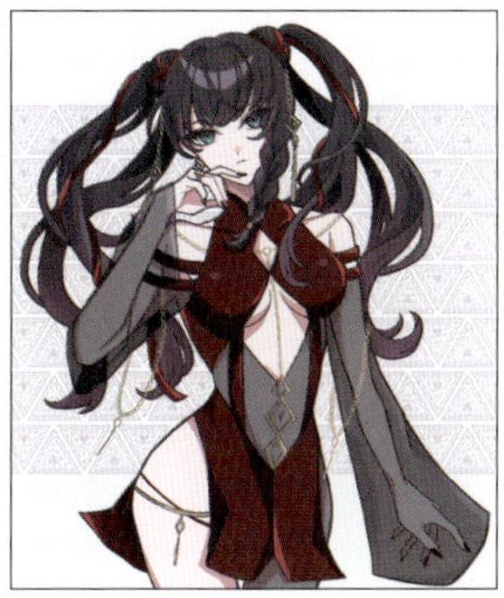
奈良県・ツジアイ

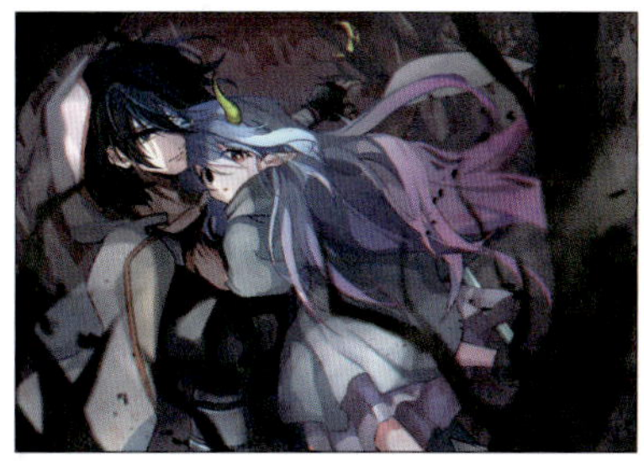
神奈川県・わったー

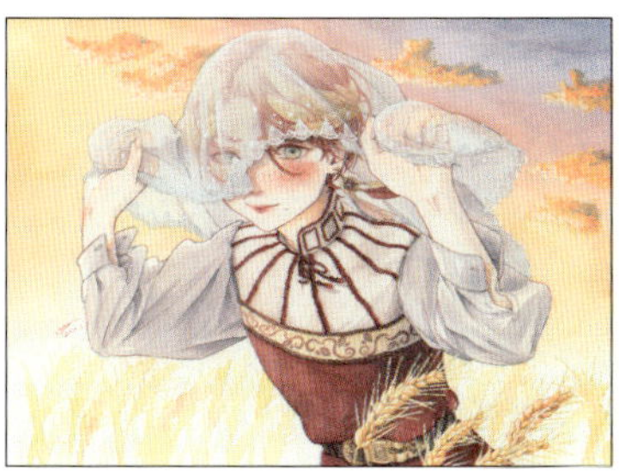
埼玉県・レニ

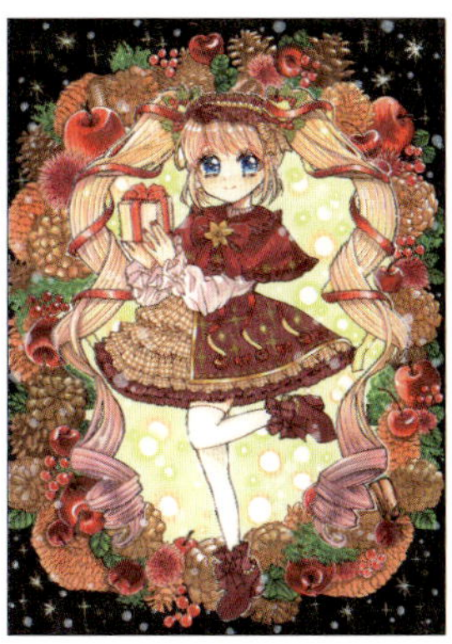
千葉県・ななせちぃな

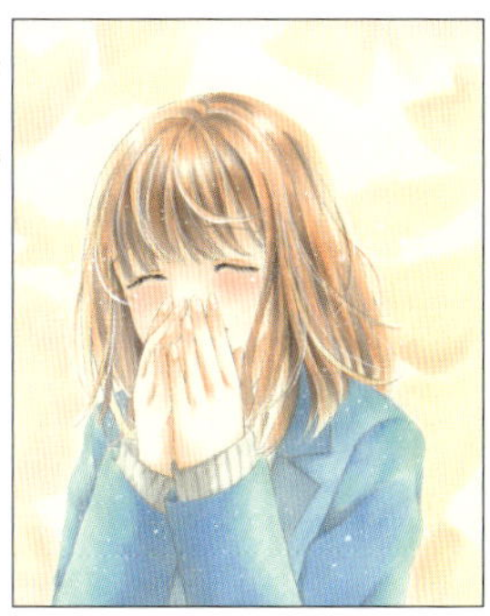
愛媛県・桃乃ぐみ

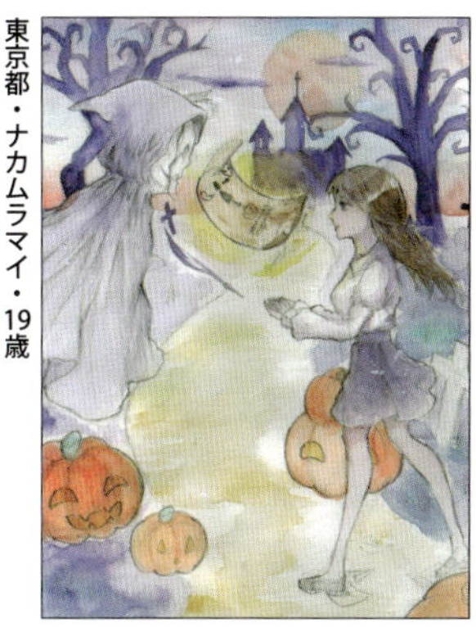
東京都・ナカムラマイ・19歳

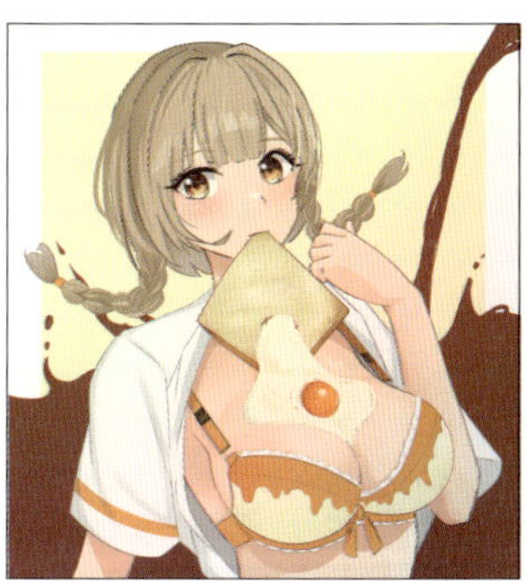
福島県・ノア・ブランドー

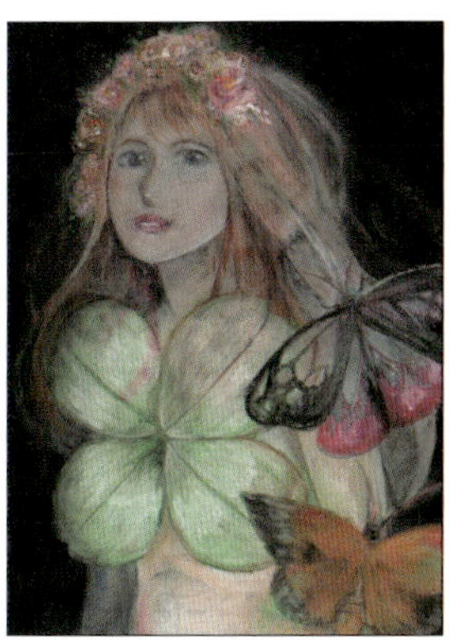
北海道・さまわあい・34歳

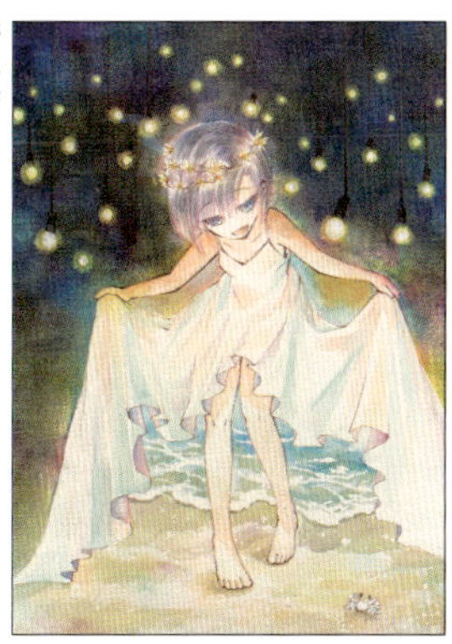
埼玉県・ねじねじ

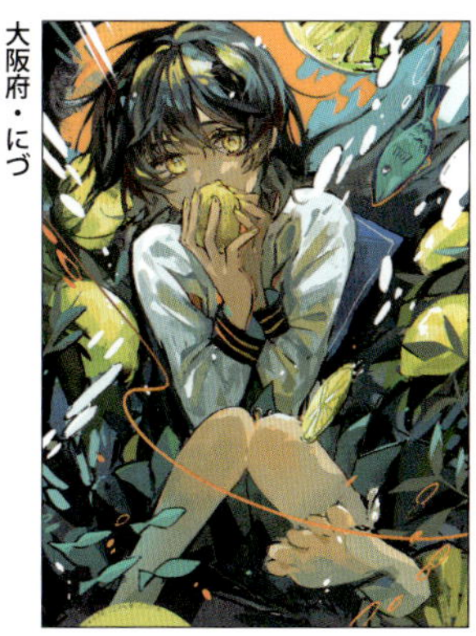
大阪府・にづ

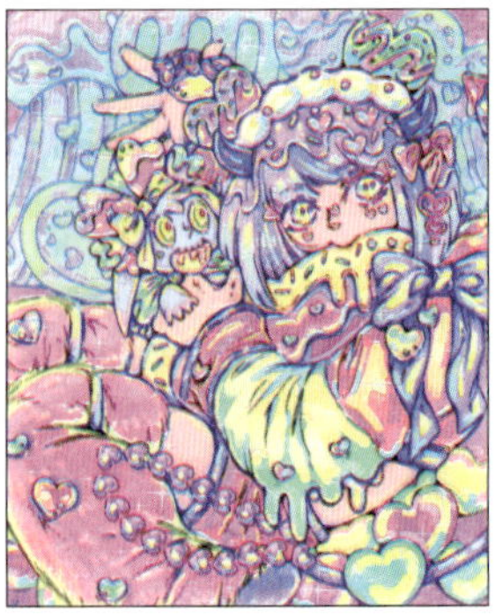
秋田県・ヒビュウ

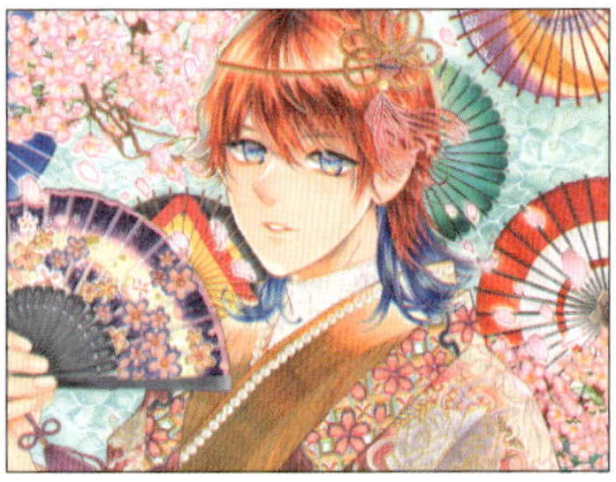
広島県・遥川かすみ

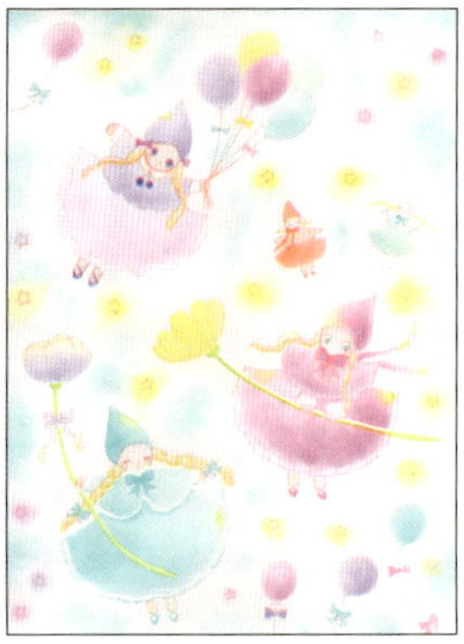
北海道・ひなもりみゆ

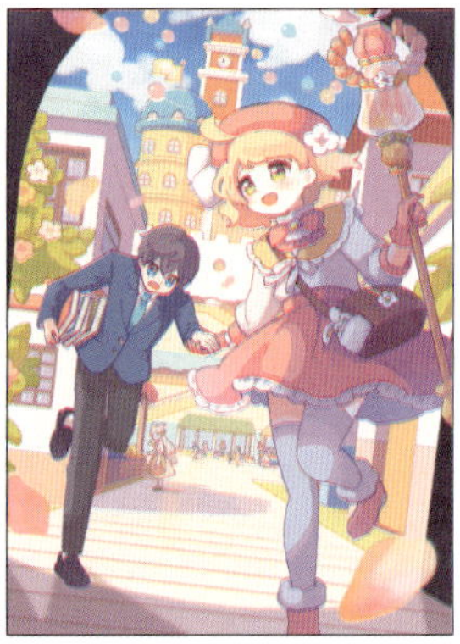
福岡県・のじ

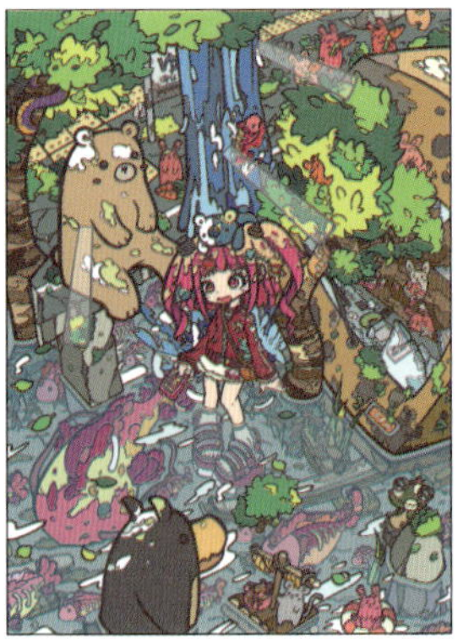
京都府・ゆずも

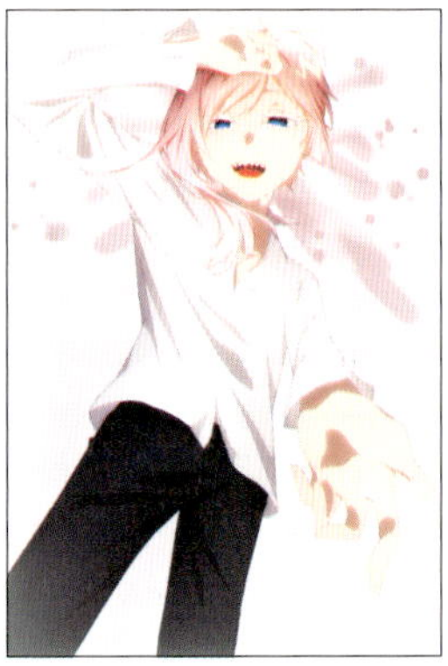
岡山県・ぷるたべ

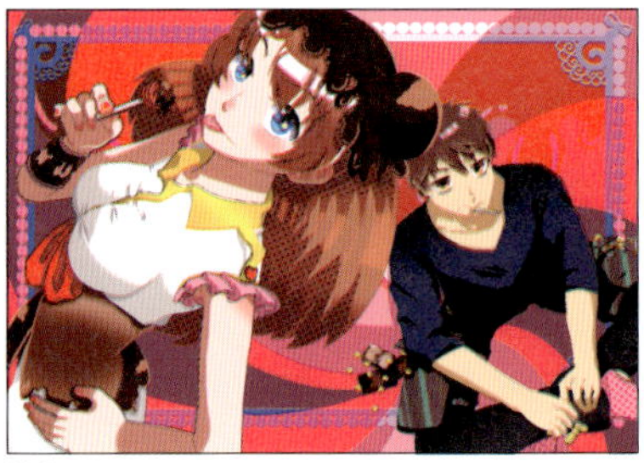
神奈川県・ヨッシー

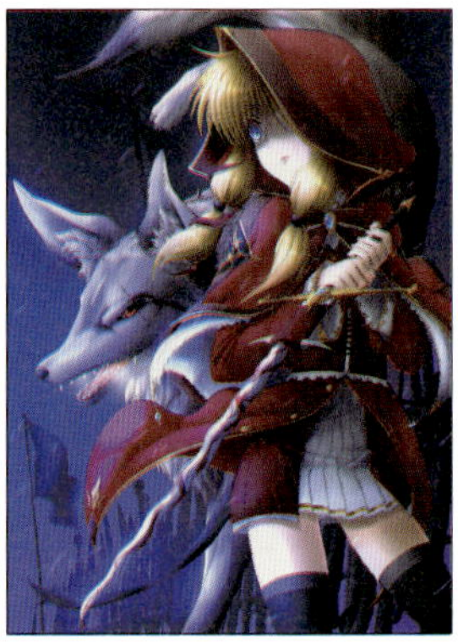
神奈川県・フリーダムはるさめ・19歳

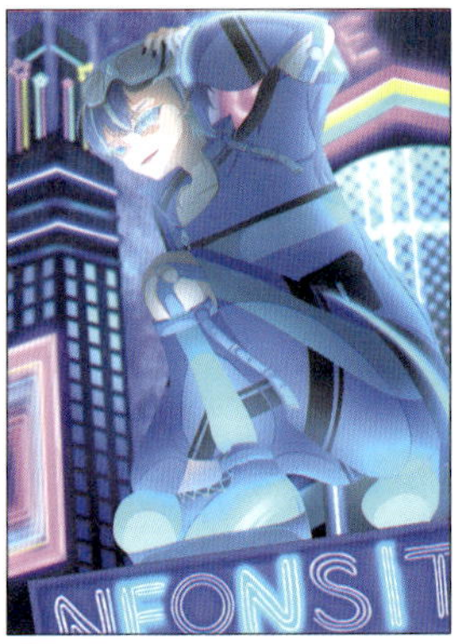
神奈川県・るか

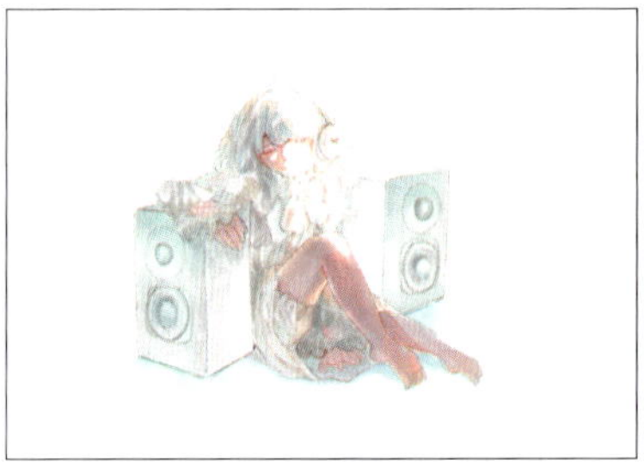
滋賀県・ほっこりさん・15歳

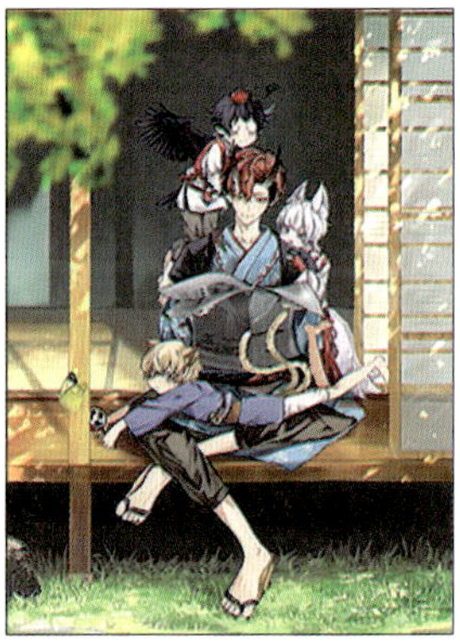
京都府・りつ

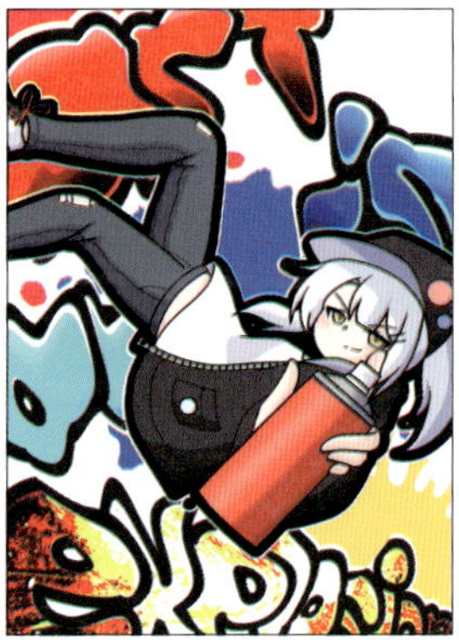
神奈川県・らりるれろ・19歳

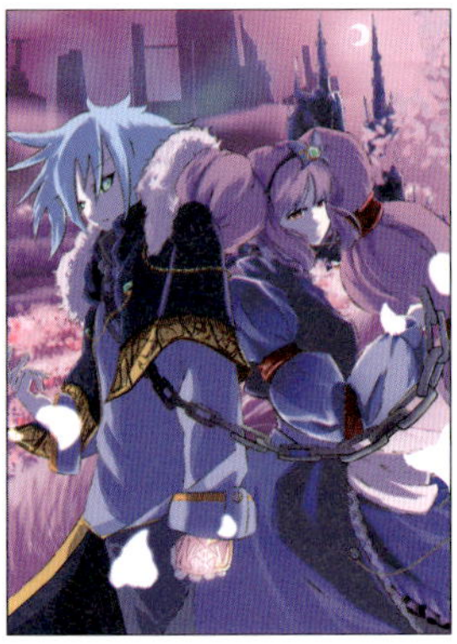
福岡県・壱藤・24歳

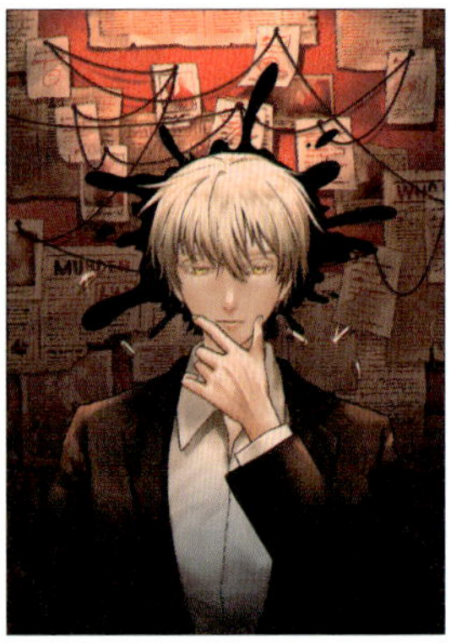
東京都・一鐔亥玄

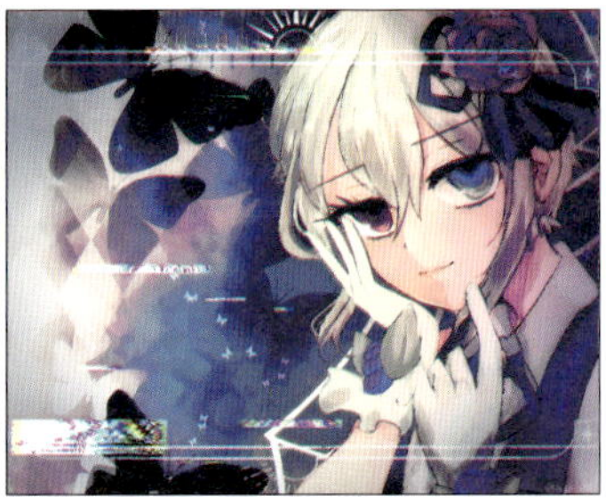
富山県・はづめ

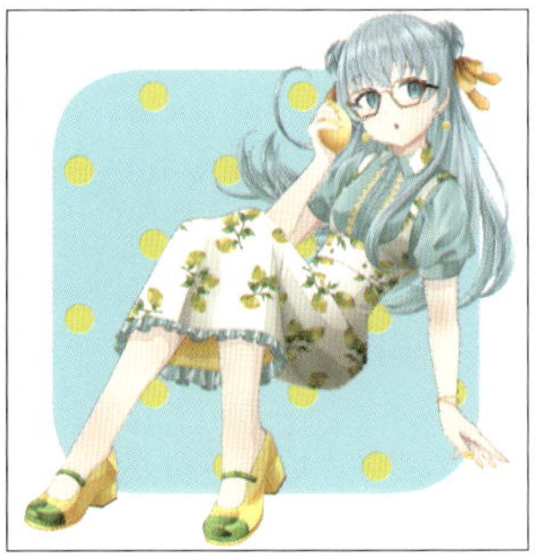
神奈川県・るひな

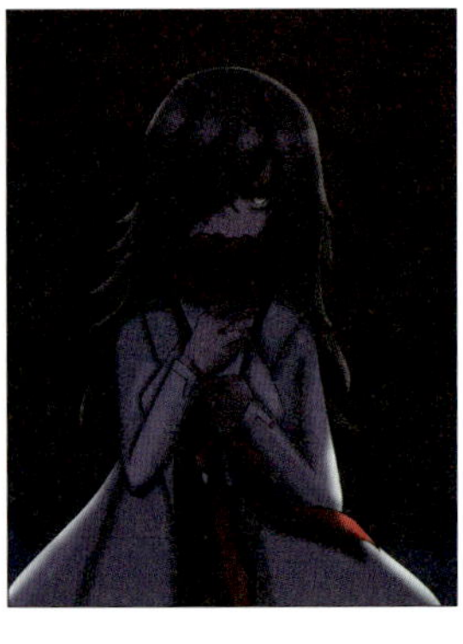
福島県・音無

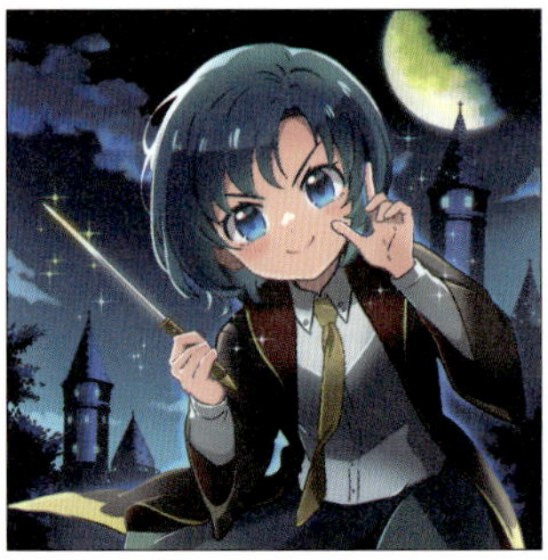
大阪府・ノリス

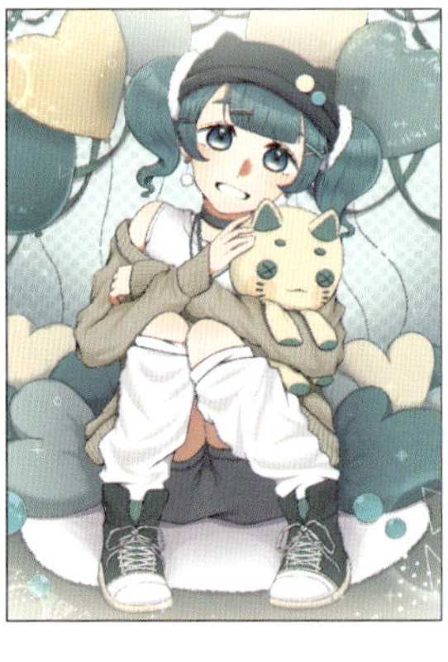
栃木県・塩浪タカ

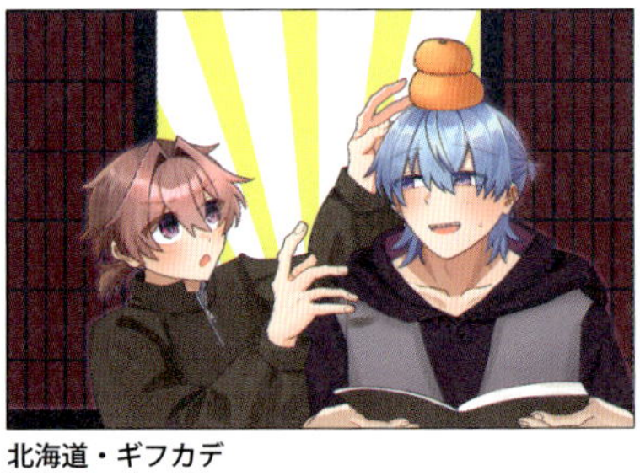
北海道・ギフカデ

東京都・花遊シアン
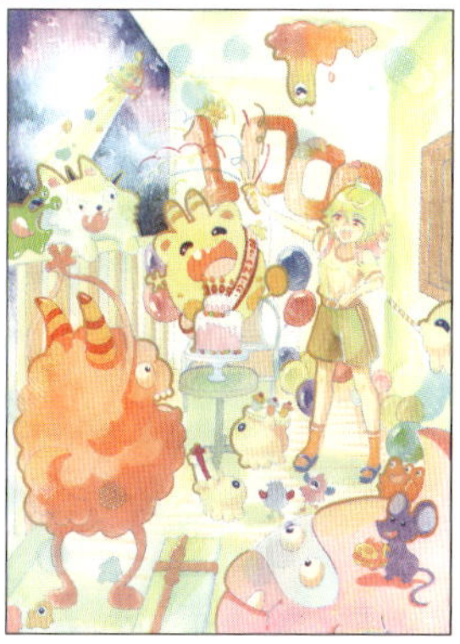

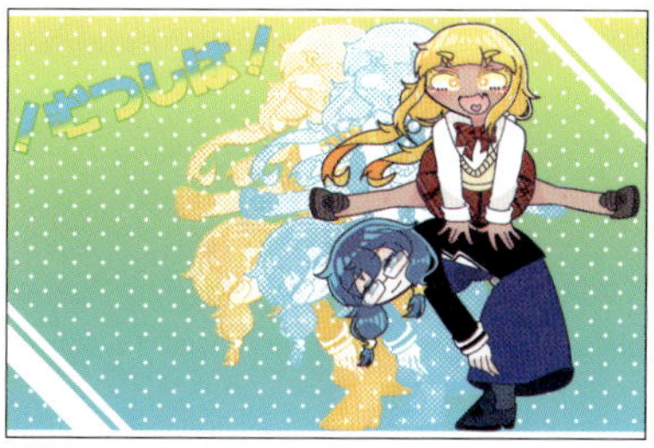
栃木県・かせからく・19歳

東京都・河合清美
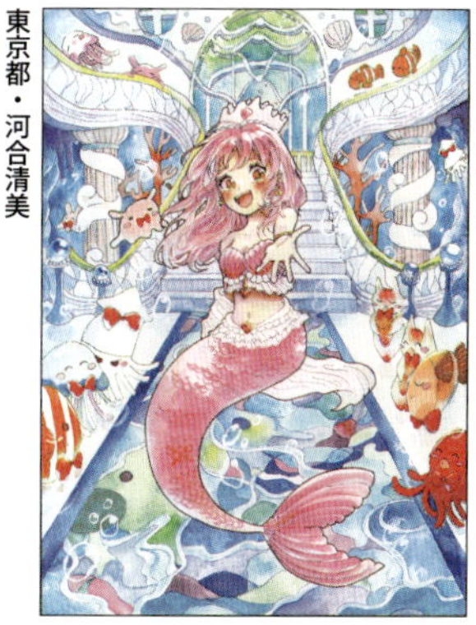

東京都・加藤もりあ
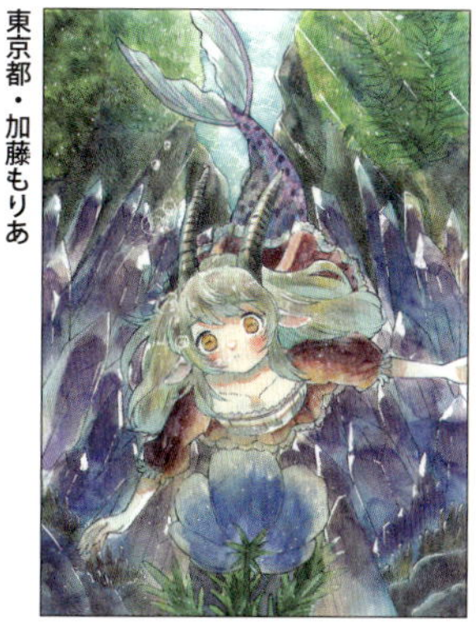

埼玉県・九里ちづき
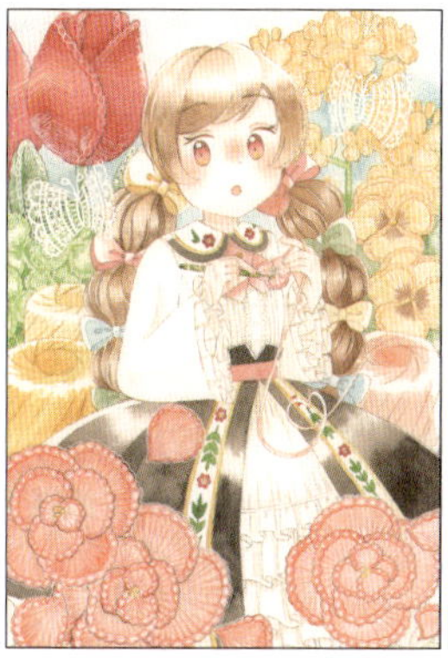

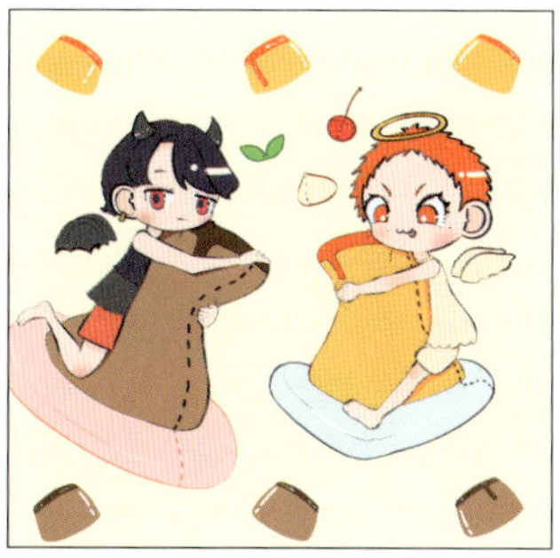
福島県・ぱすた

埼玉県・希望
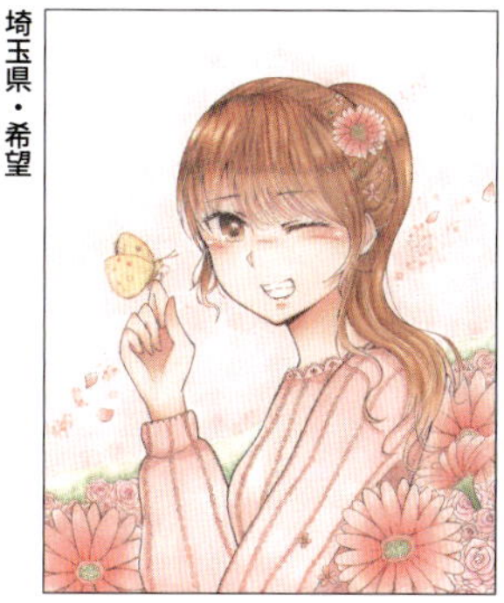

福島県・過眠ドク
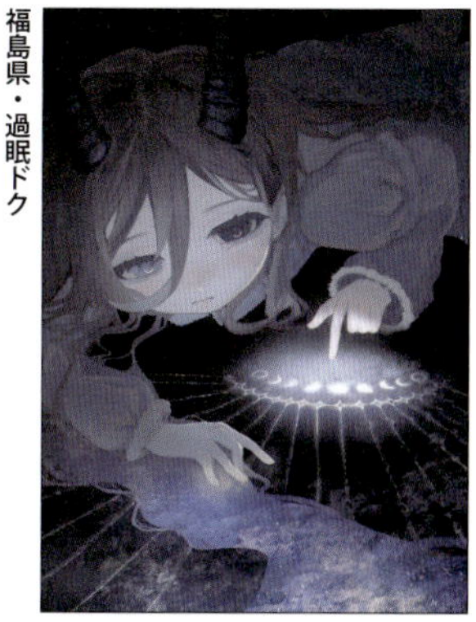

神奈川県・狐火
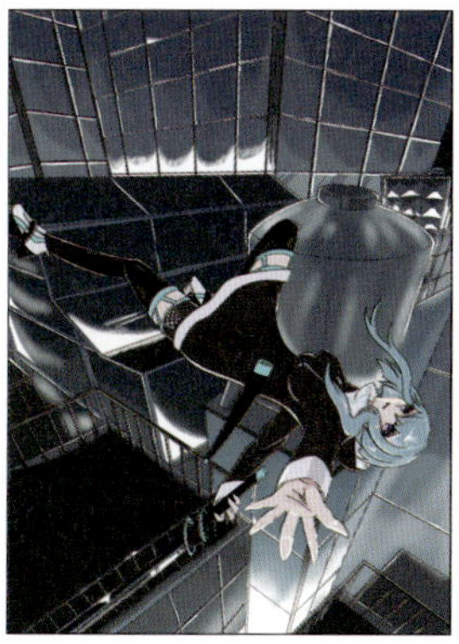

東京都・犬井丼・19歳
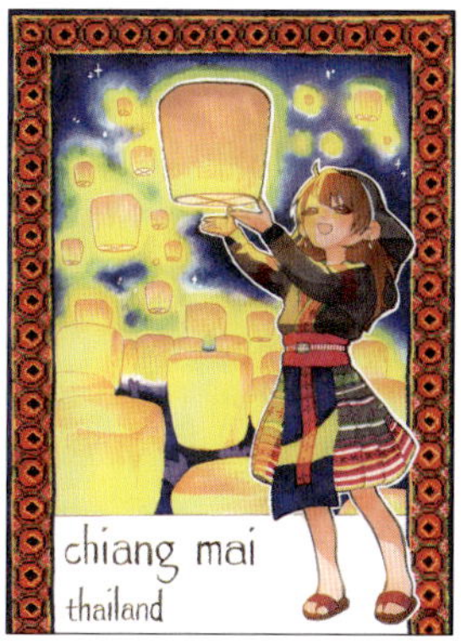

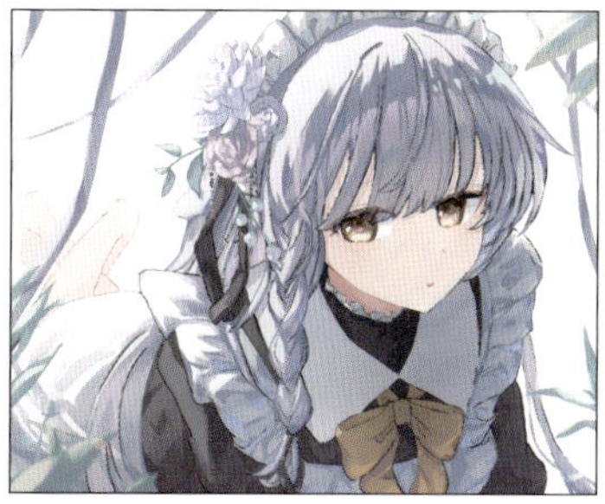
福島県・えんぴつ

大阪府・空地
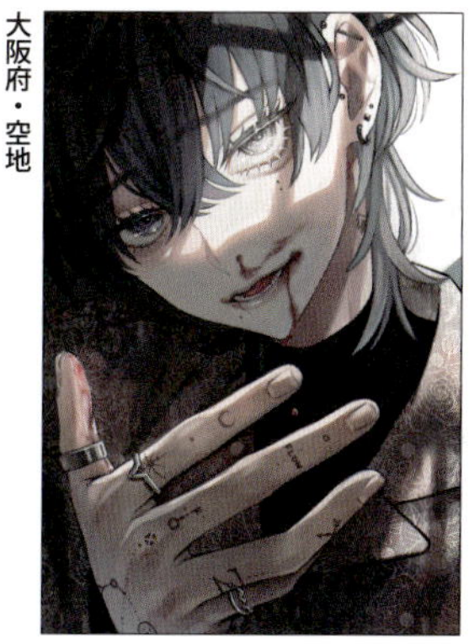

東京都・鹿沢みのり
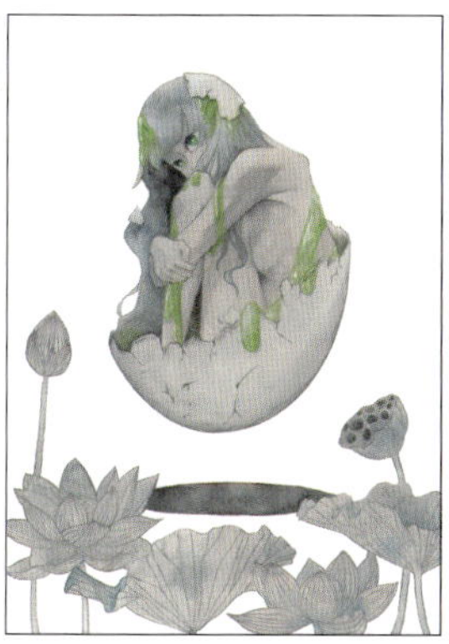

神奈川県・沙姫
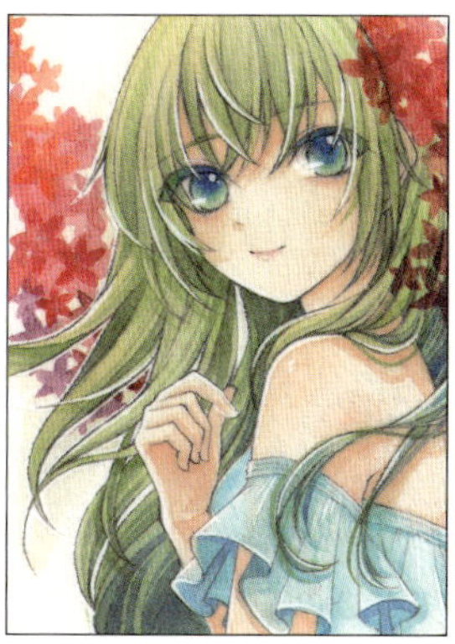

東京都・佐藤小春
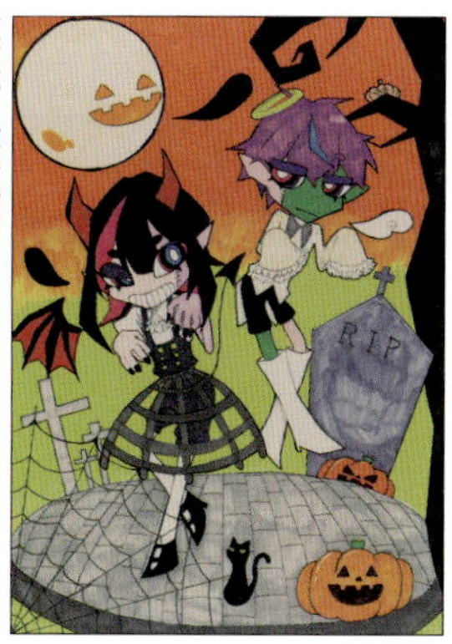

東京都・五月女響規
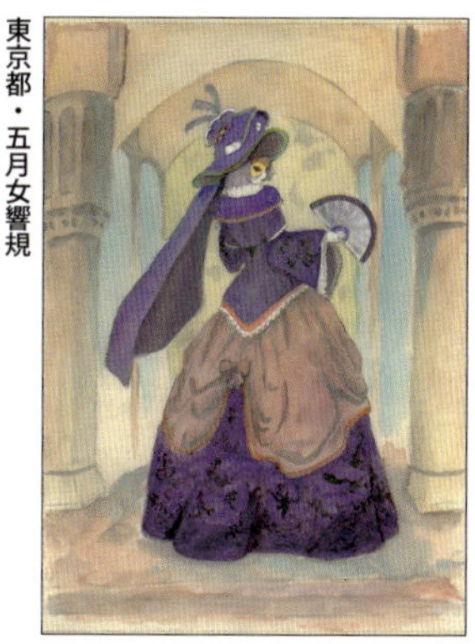

埼玉県・春鳥
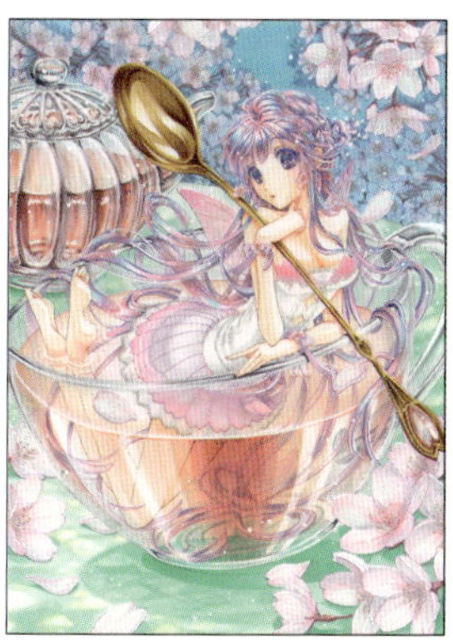

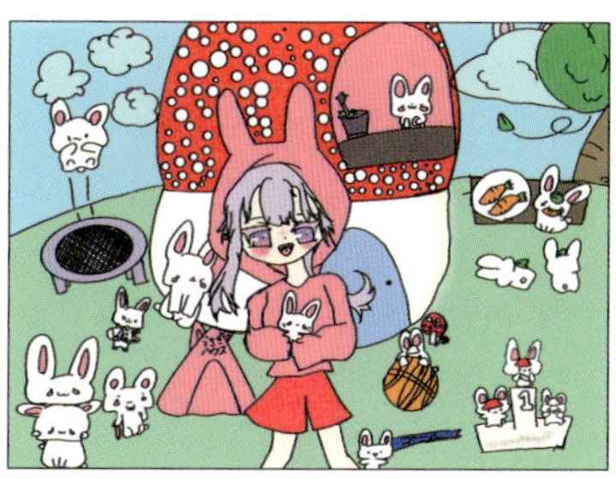
福島県・MIAKA・8歳

愛媛県・秋乃みん
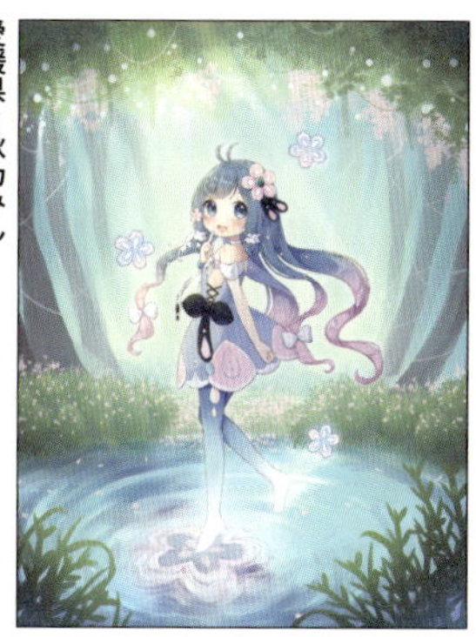

富山県・七彩もち
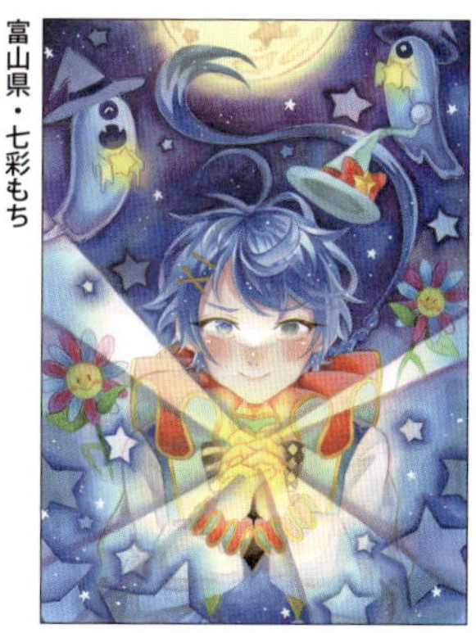

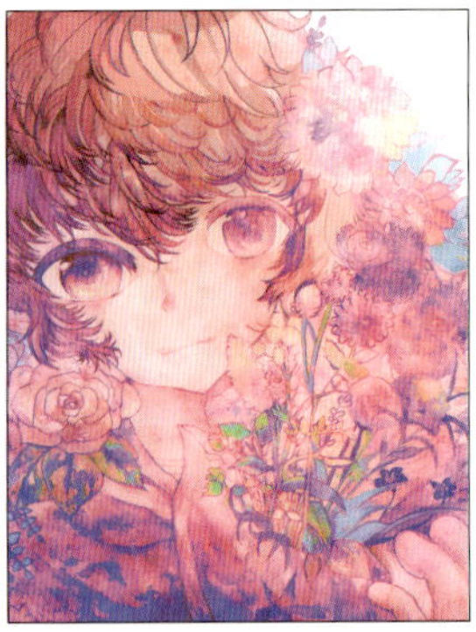

岡山県・水野カスミン

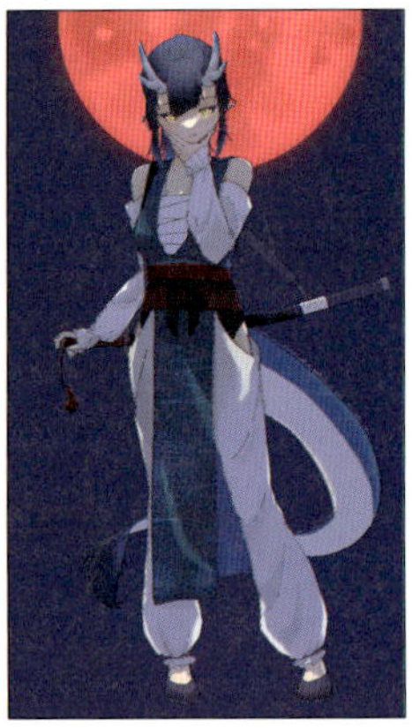

愛知県・小鳥遊千秋＊

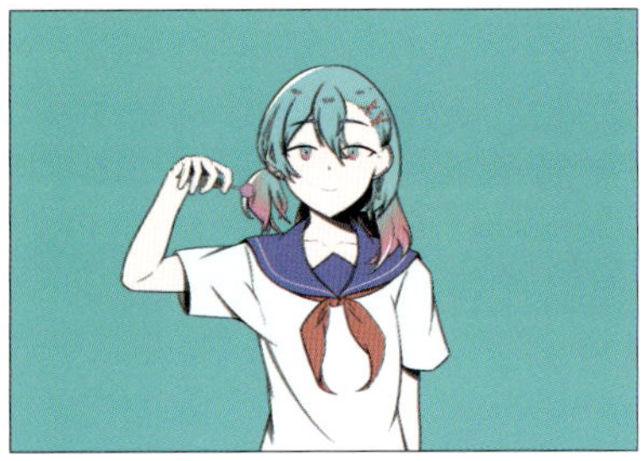

福島県・Karan・17歳

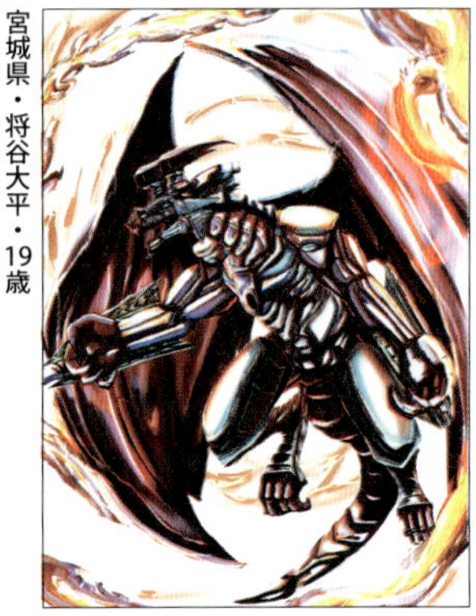

宮城県・将谷大平・19歳

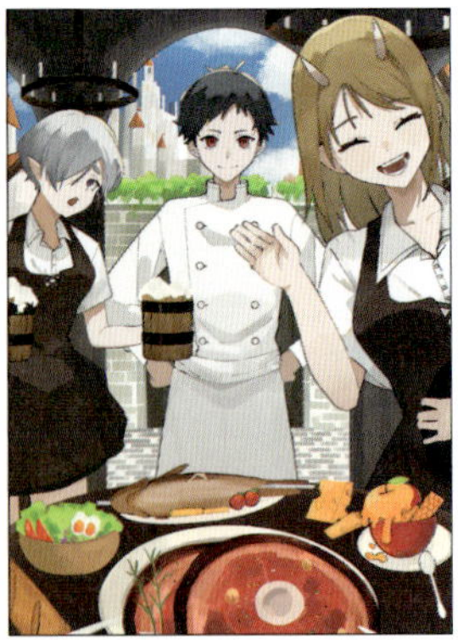

福岡県・茶

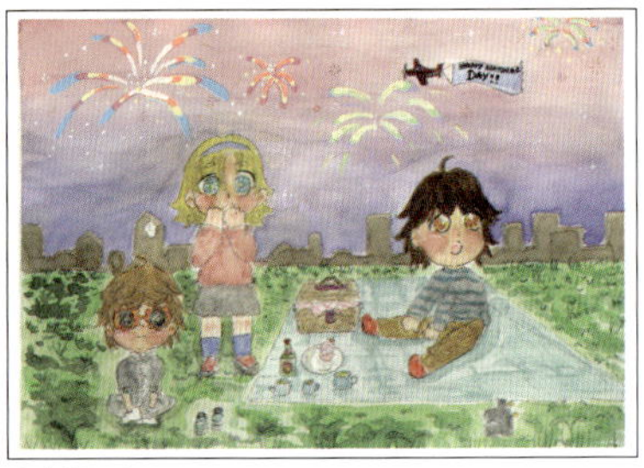

東京都・Cocotte

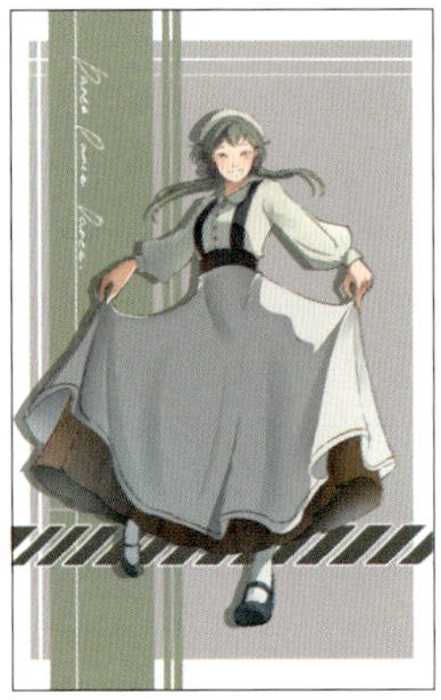

福島県・床

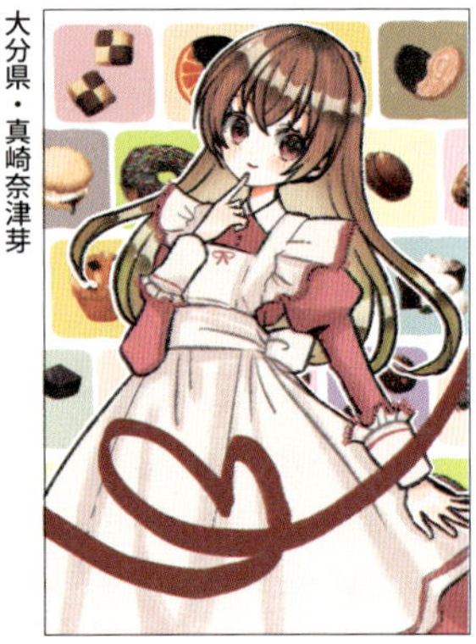

大分県・真崎奈津芽

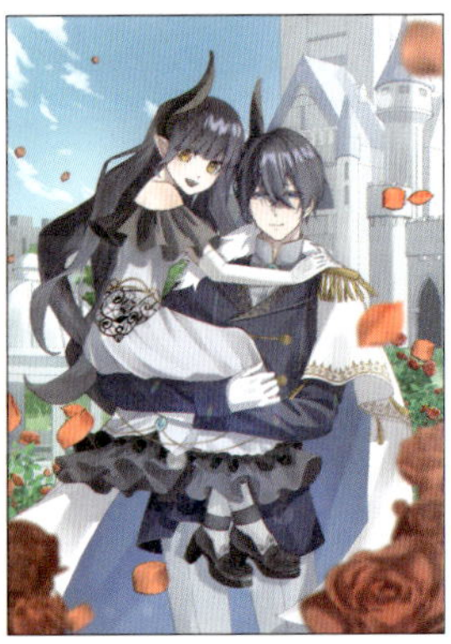

熊本県・猫屋あさ

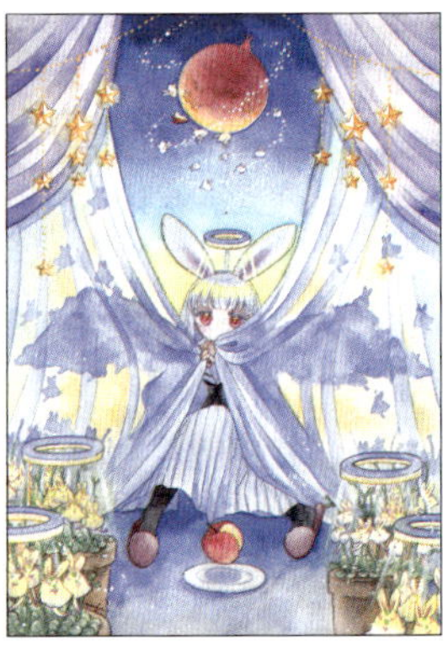

北海道・深翠うり

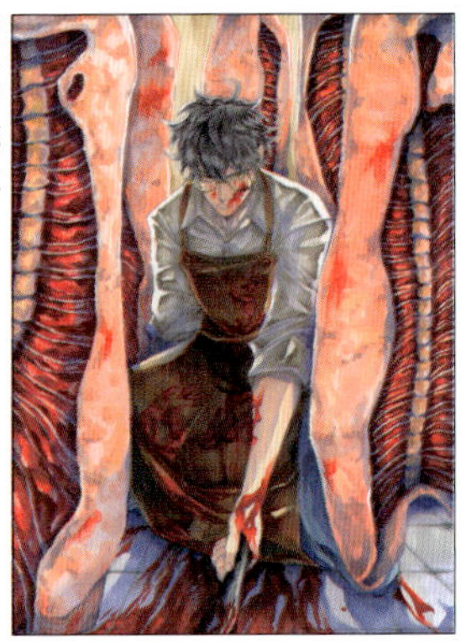

埼玉県・統原一

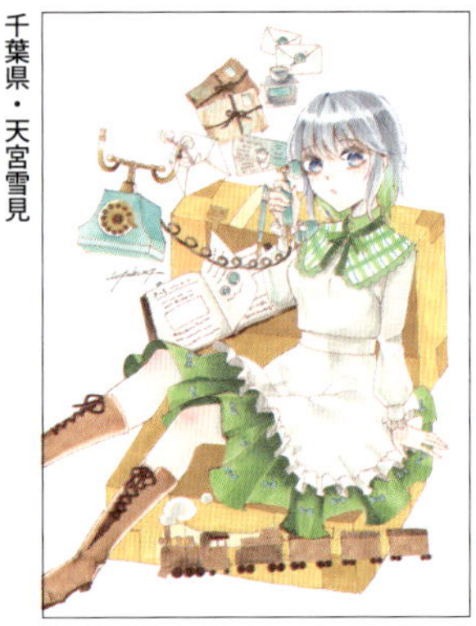

千葉県・天宮雪見

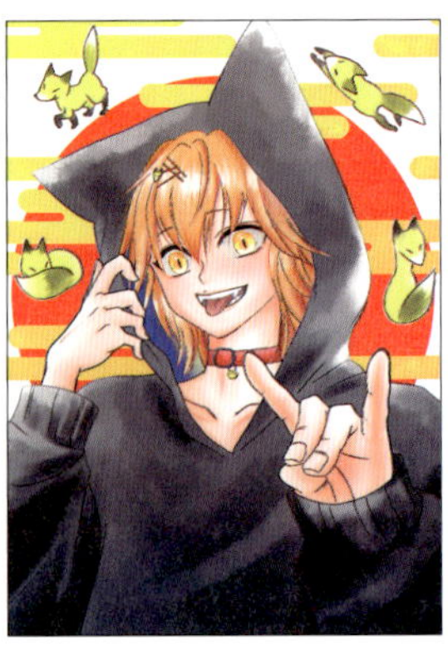

福島県・無月まき

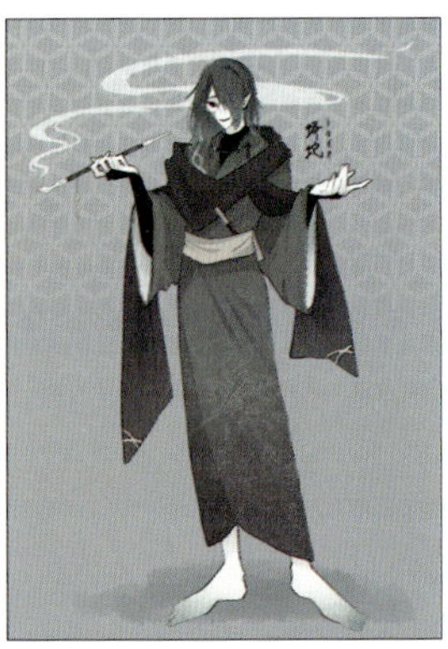

福島県・八羽

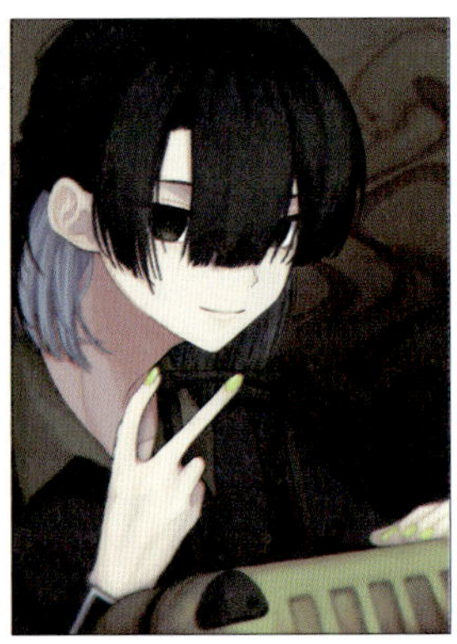

茨城県・白米たきナ

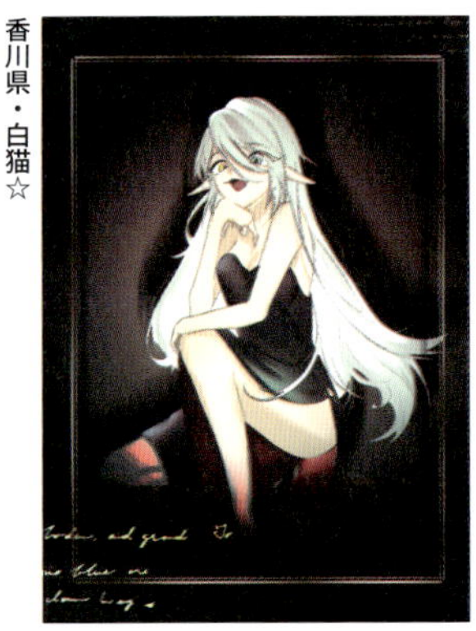

香川県・白猫☆

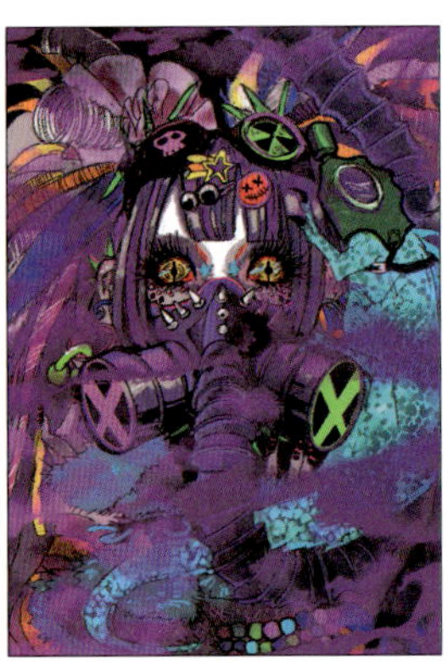

新潟県・露堂遥晞

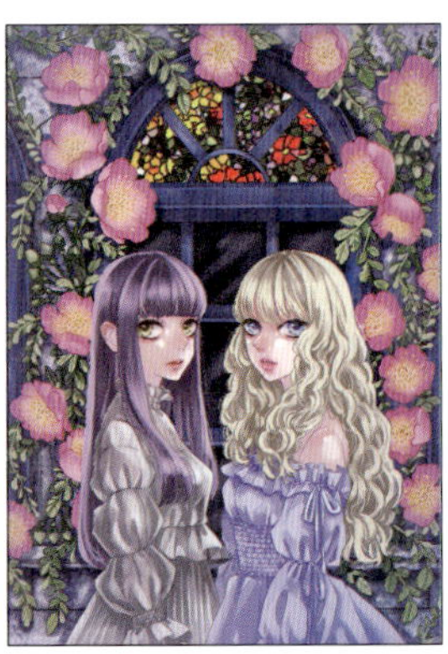

宮城県・鈴

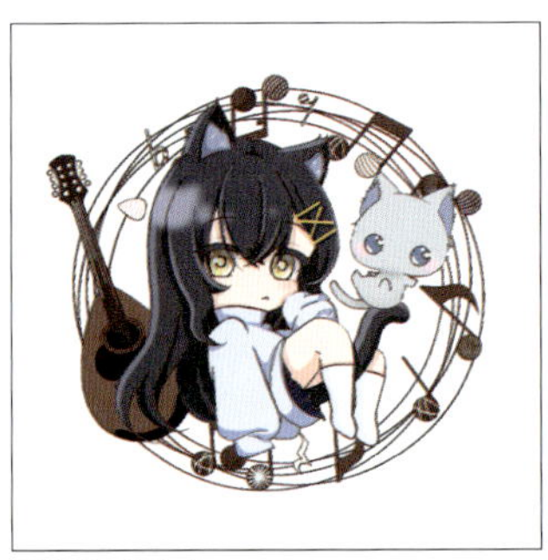

岡山県・かんきつ

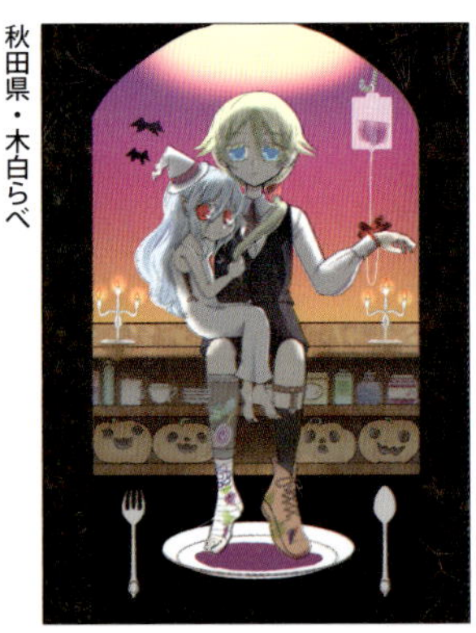

秋田県・木白らべ

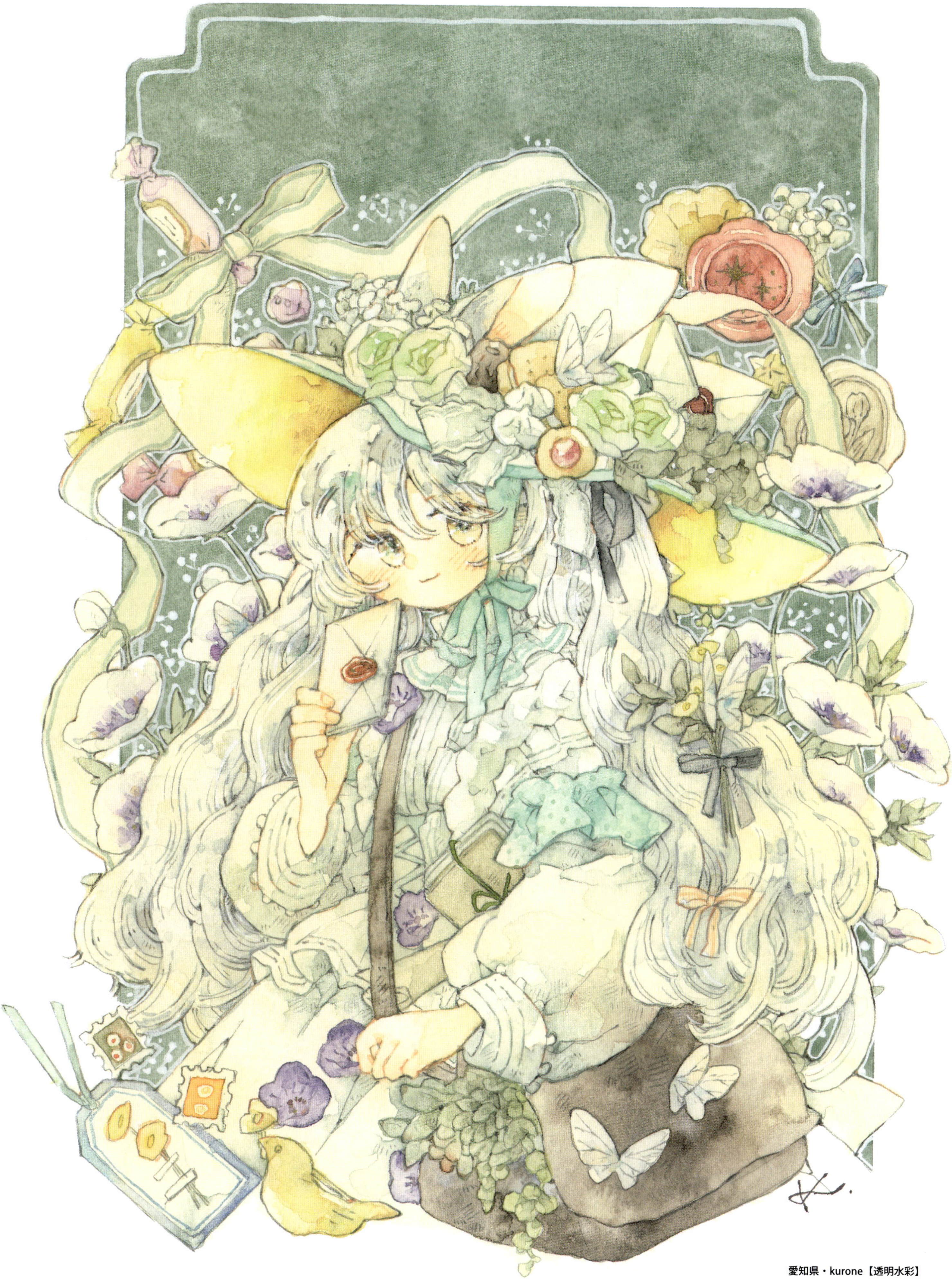

愛知県・kurone【透明水彩】

COLOR ILLUST COLLECTION **SKY S THEME「お気に入りの衣装」**

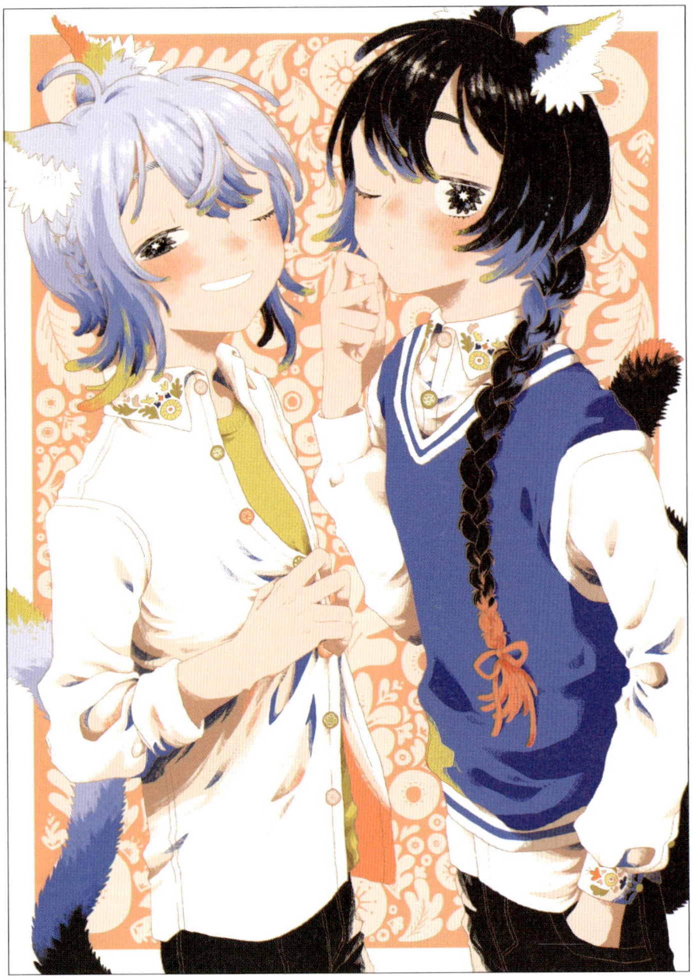

福岡県・七瀬なごり【Procreate】

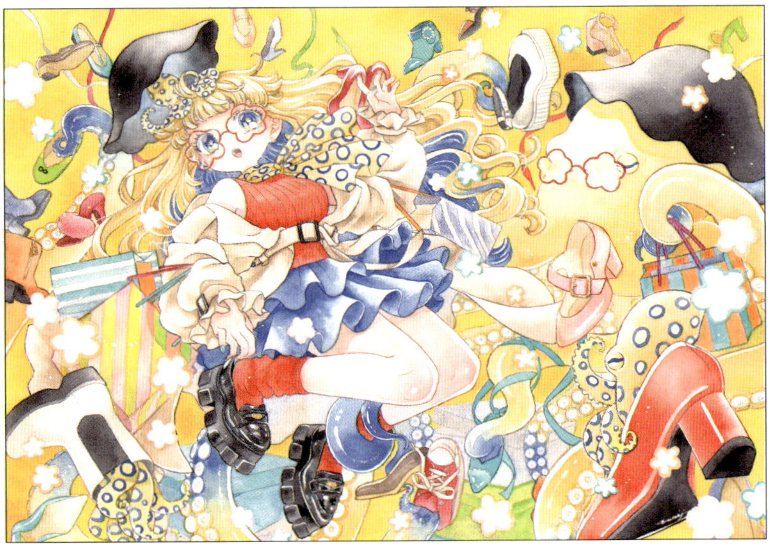

北海道・深翠うり【透明水彩】

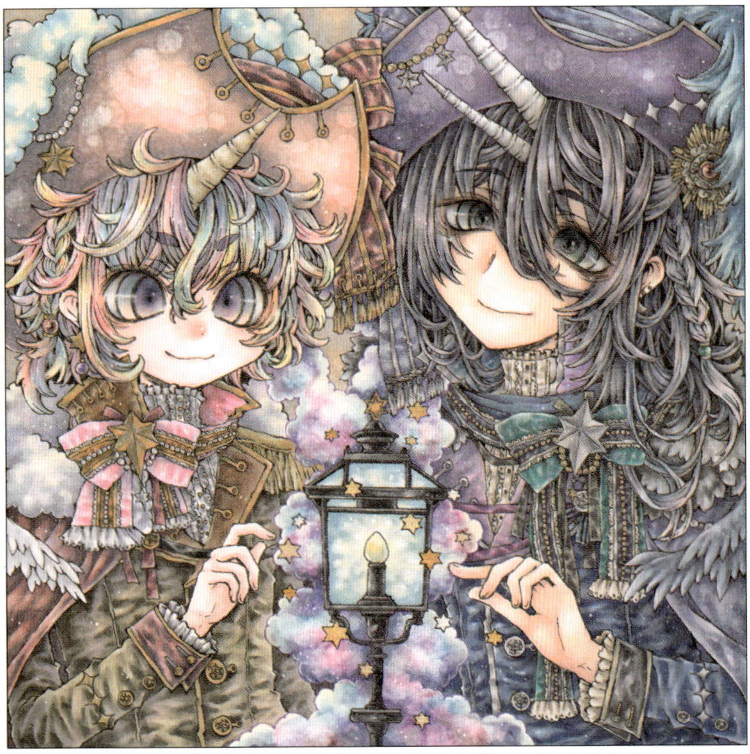

大阪府・ハルサメマナナ【コピックマルチライナー・コピック・ピニャータ・ホワイト】

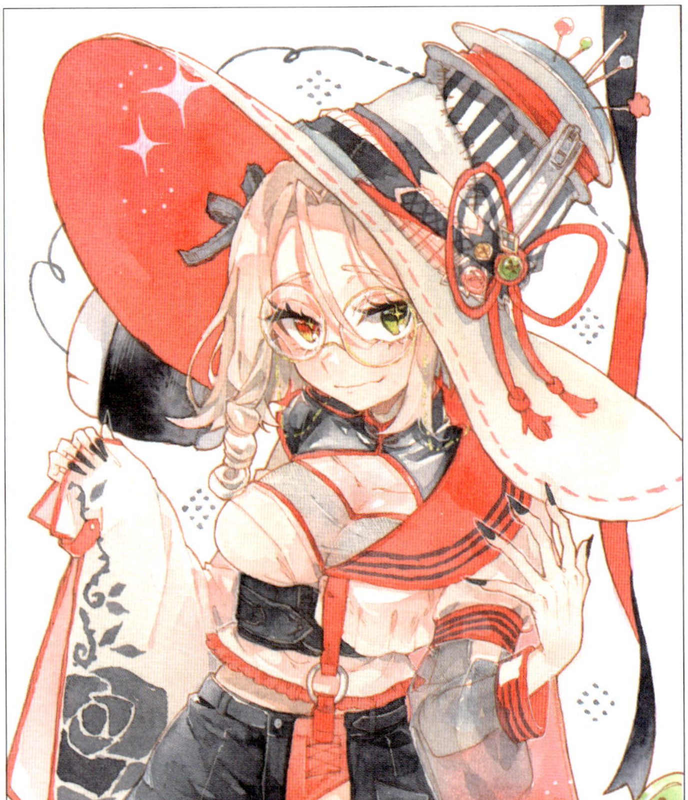

北海道・伸紅【ホルベイン透明水彩・ウォーターフォード水彩紙】

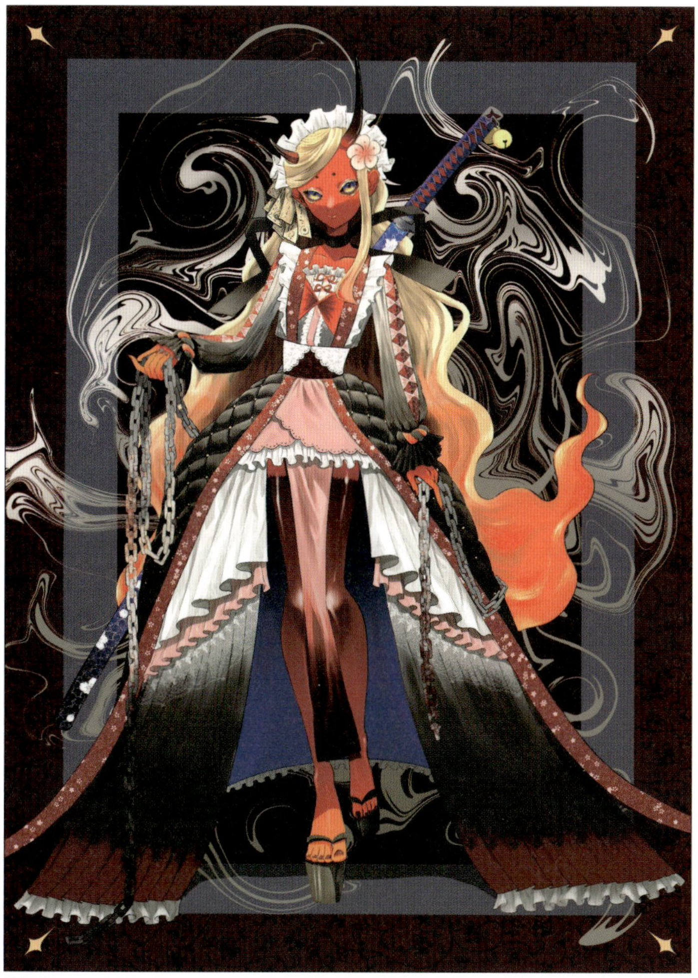

滋賀県・ひょう【CLIP STUDIO PAINT】

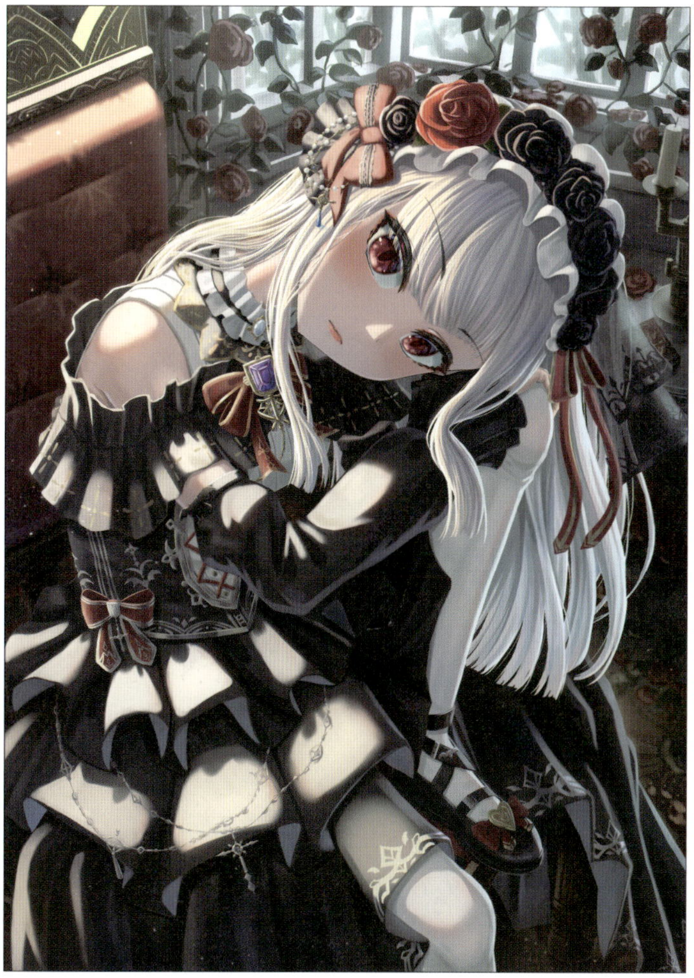

滋賀県・おせろ【CLIP STUDIO PAINT】

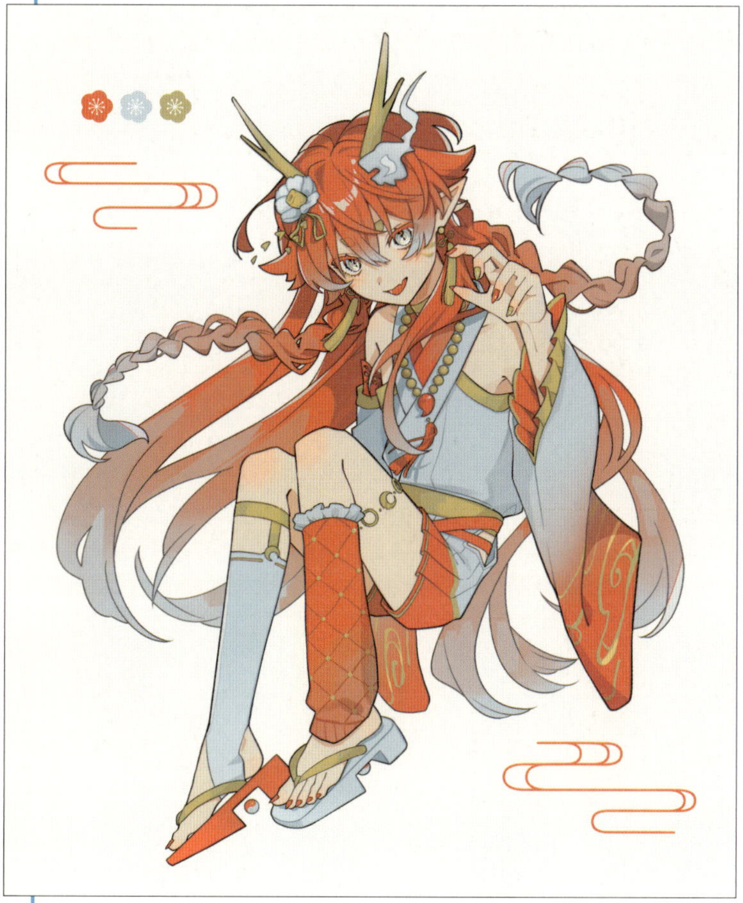

岐阜県・お天気屋【CLIP STUDIO PAINT】

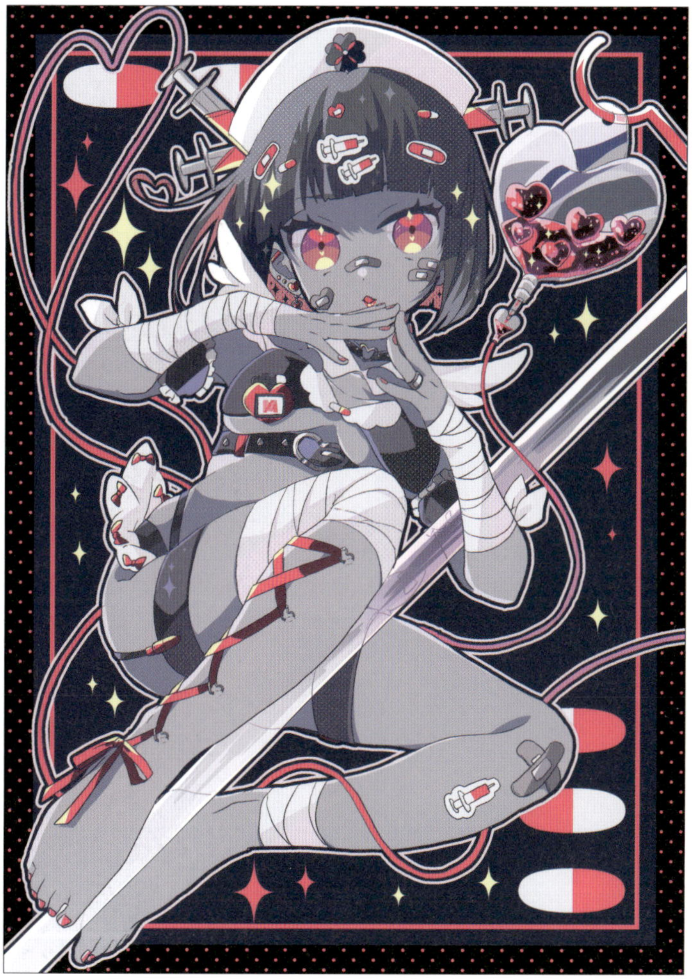

福島県・いきてる【CLIP STUDIO PAINT】

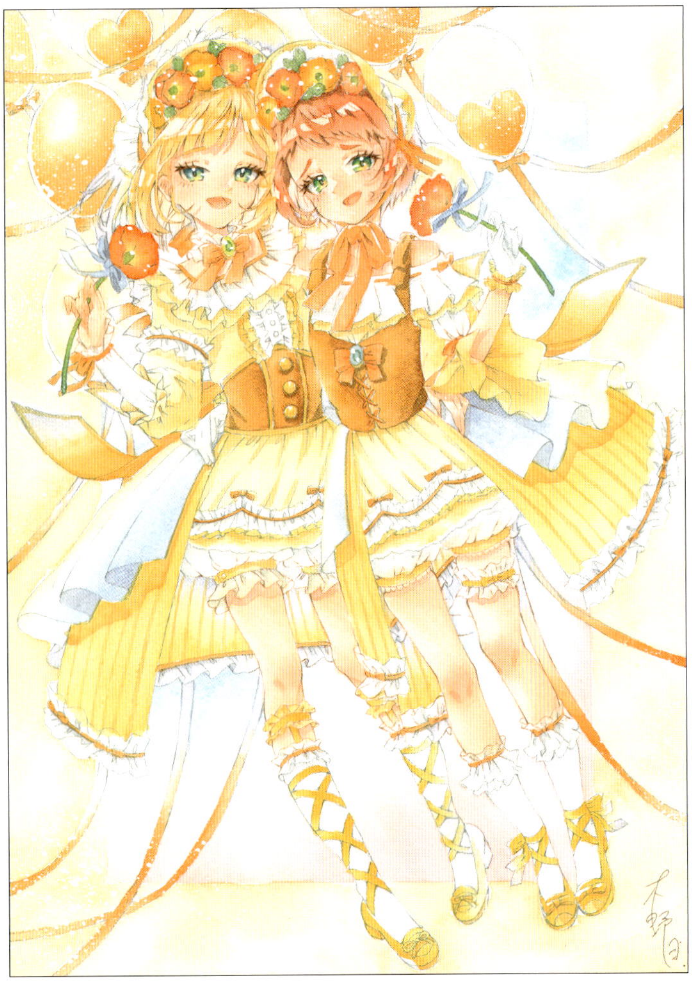

埼玉県・木野白【透明水彩・ランプライト水彩紙・コピックマルチライナー】

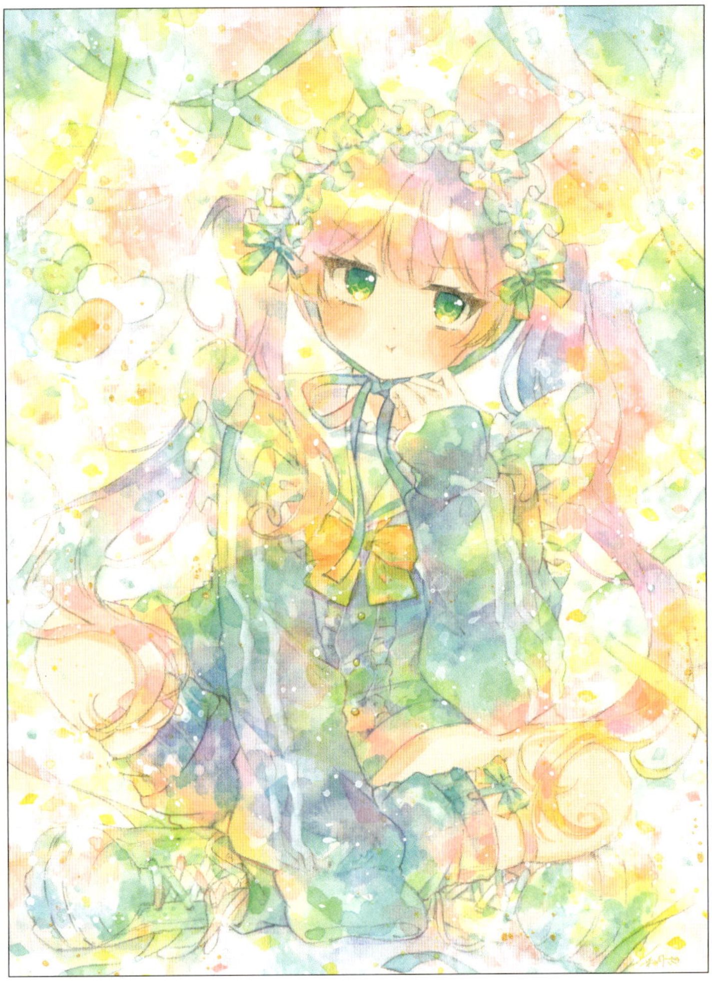

京都府・彩月さき・19歳

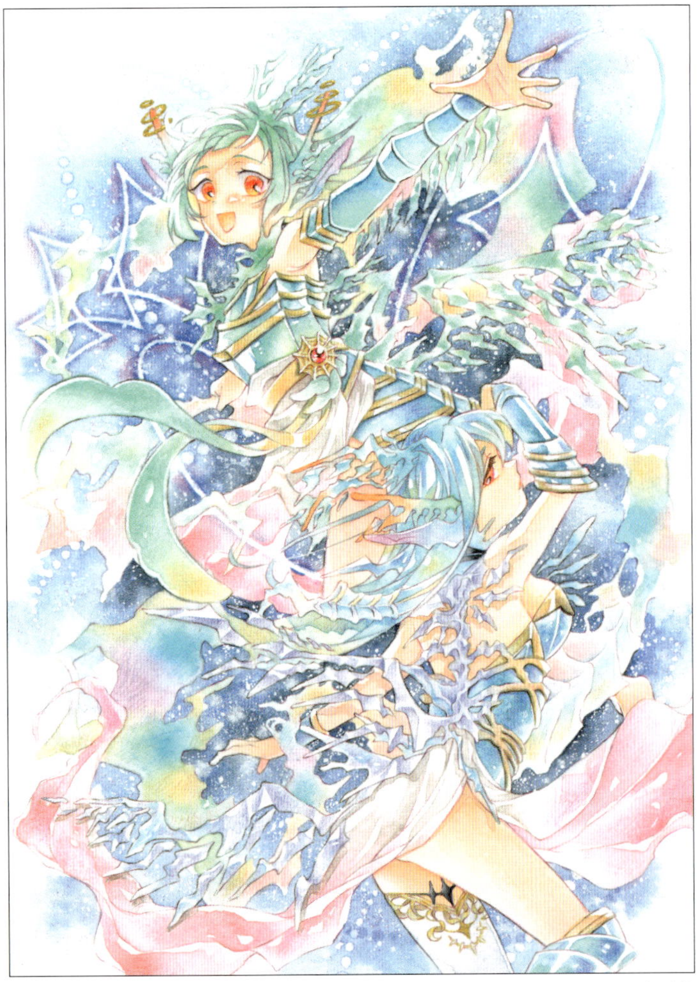

沖縄県・すきっぱねずみ【色鉛筆・アクリルガッシュ・透明水彩・エフ水彩・ウォーターフォード水彩紙】

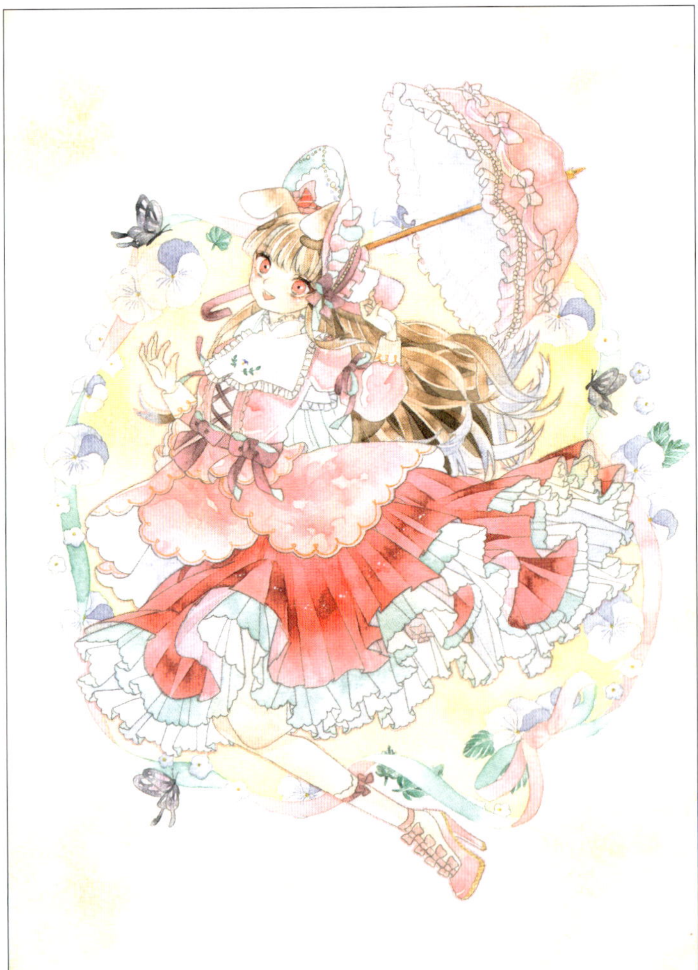

埼玉県・わさび【透明水彩】

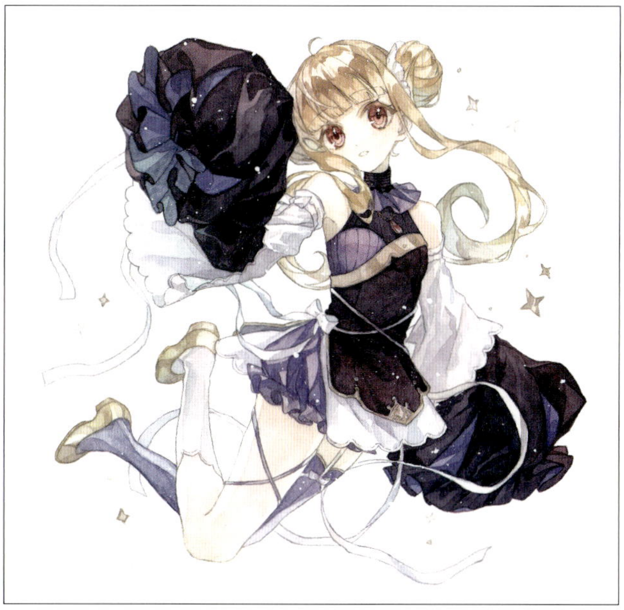
静岡県・鴉堂【透明水彩・アクリルガッシュ】

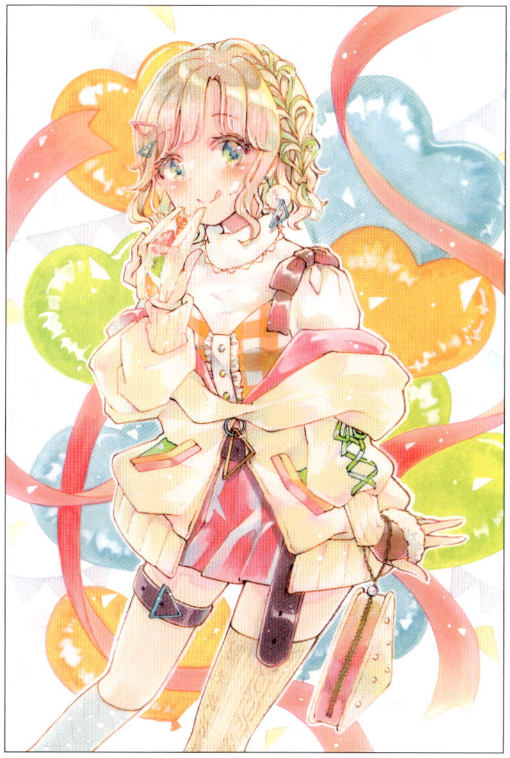
東京都・沫雪なの【コピック・コピックマルチライナー】

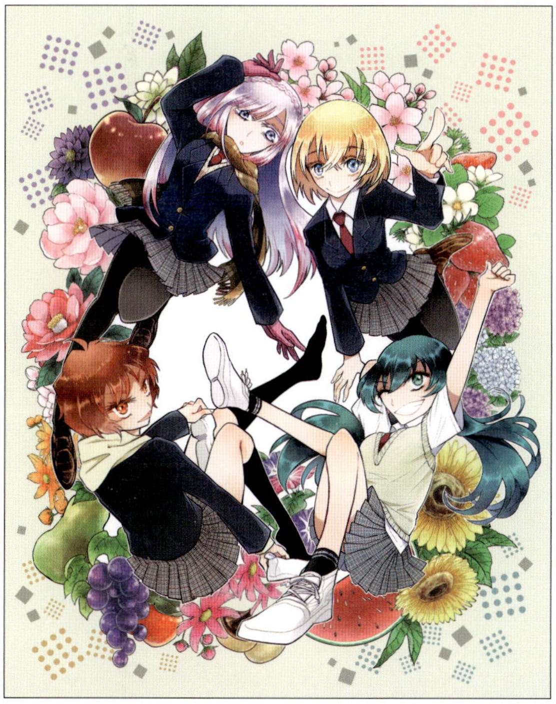
神奈川県・削木・32歳【CLIP STUDIO PAINT】

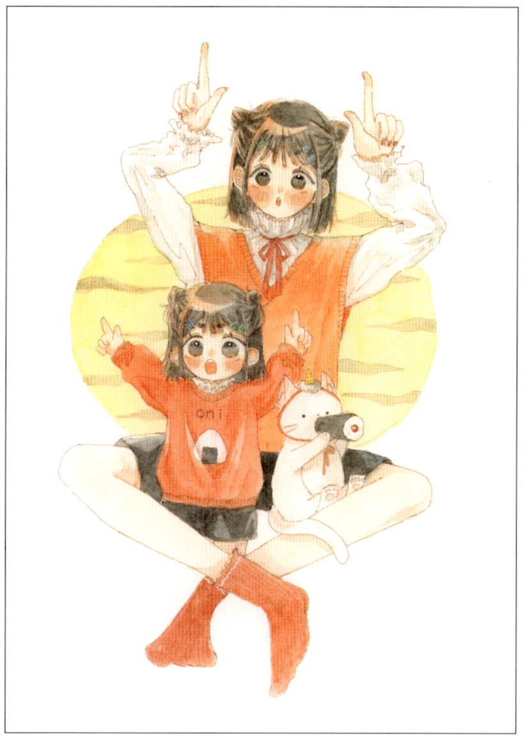
千葉県・nanohana【透明水彩・コピックマルチライナー・ホワイトワトソン】

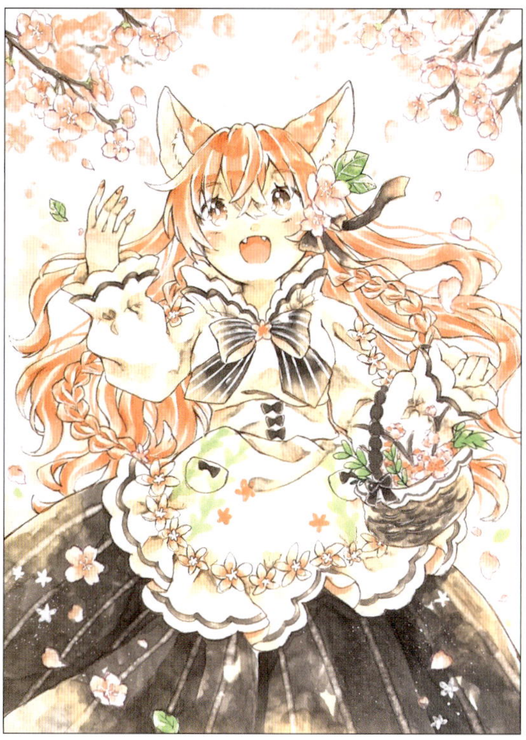
神奈川県・梨玖【マルマンスケッチブック・コピックマルチライナー・コピック・ホワイト】

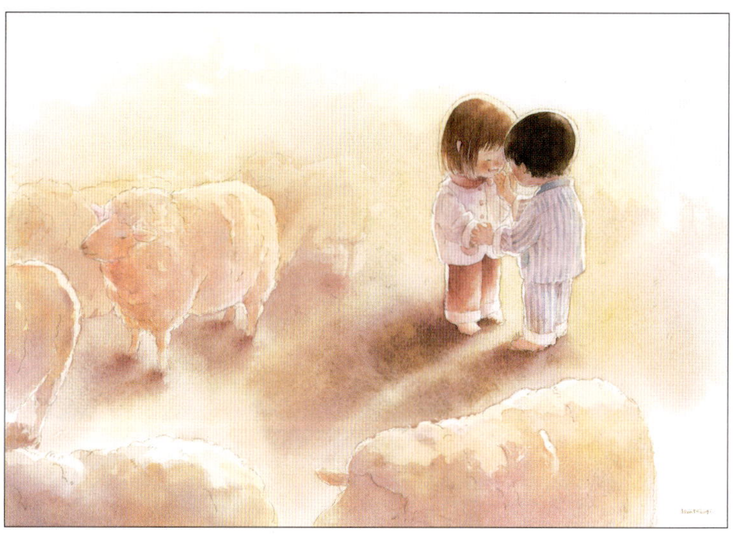
長野県・日向むぎ【色鉛筆・透明水彩】

静岡県・IZUMO

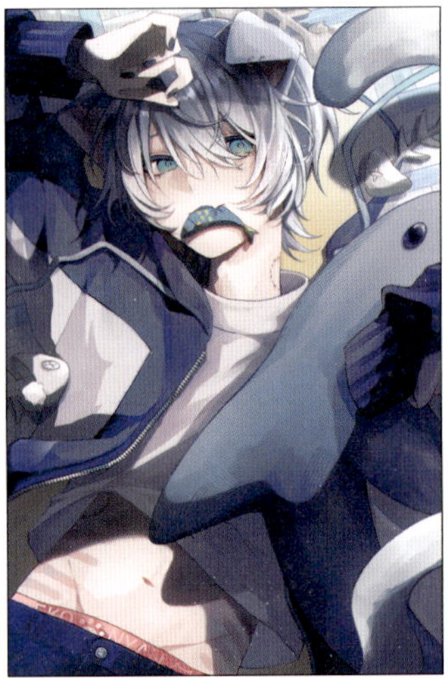

神奈川県・るりるり・38歳

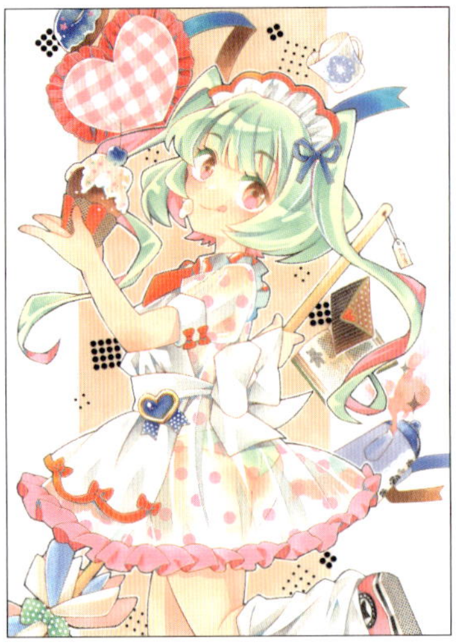

福岡県・無月

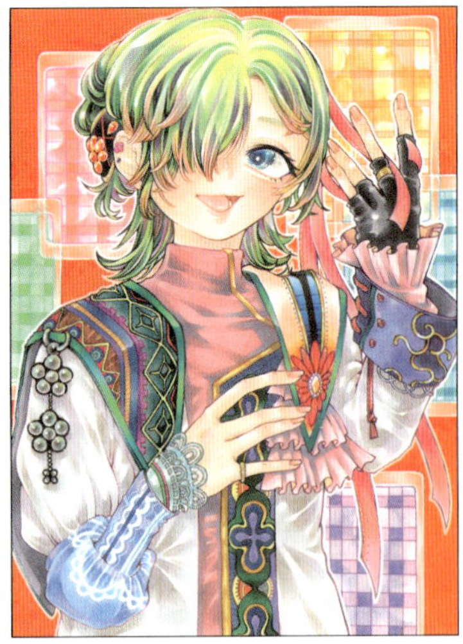

島根県・永井あゆみ

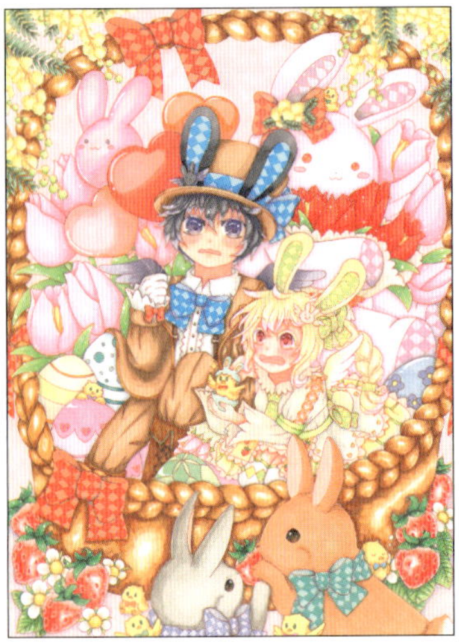

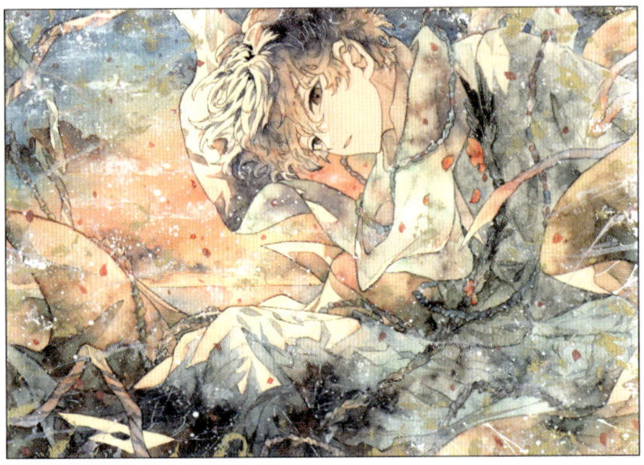

大阪府・potato

神奈川県・ぷちぷち

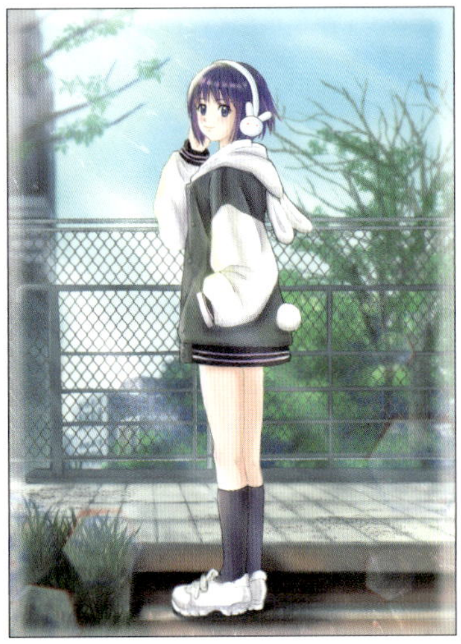

青森県・斉木琴

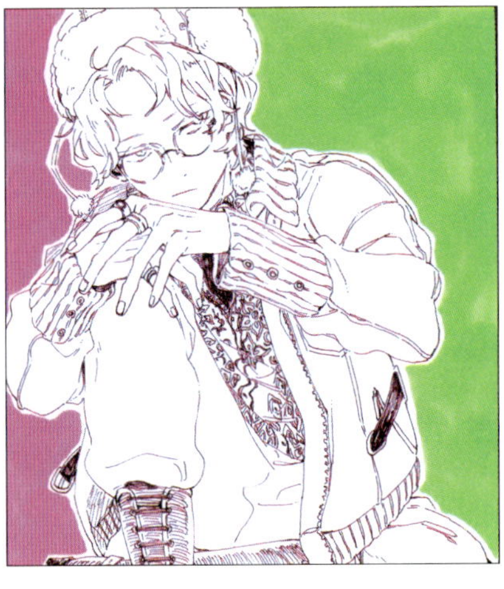

神奈川県・つくもきょー子

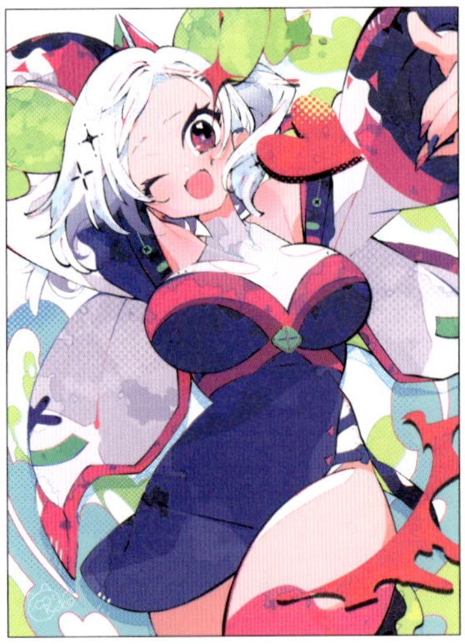

新潟県・化2。

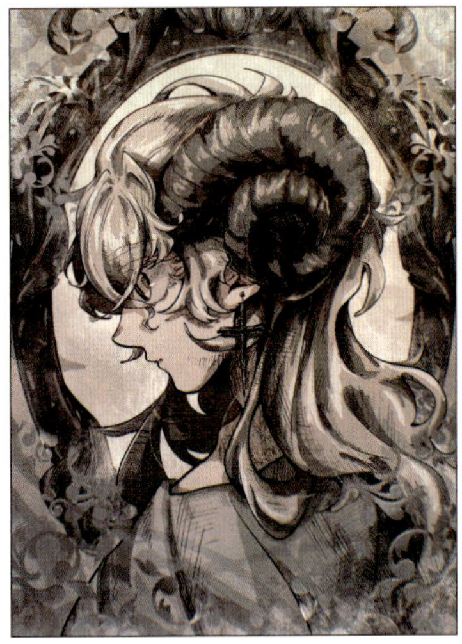

石川県・なかだ絵眞

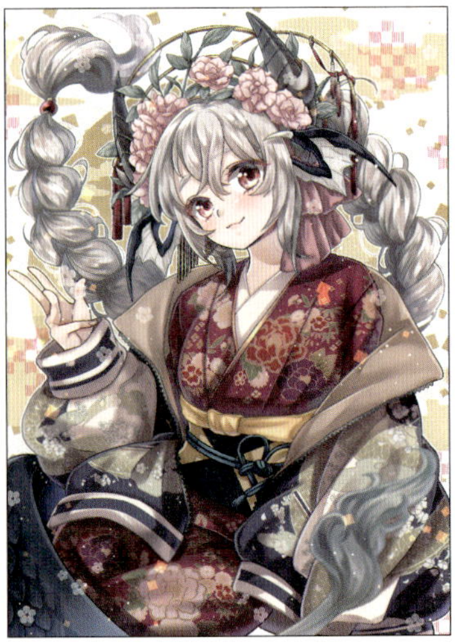

福岡県・四ツ目海月

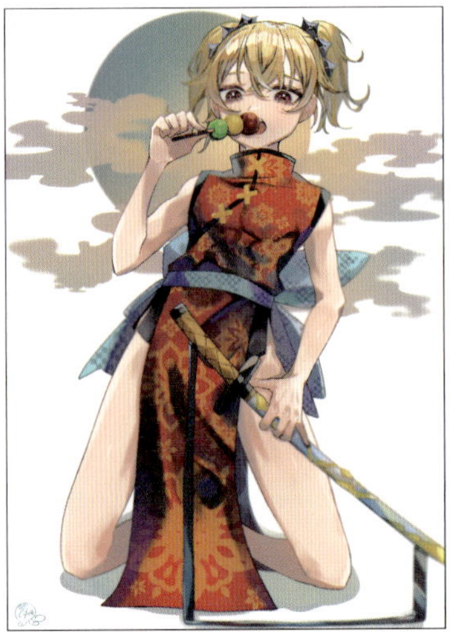

山口県・りぼん茶・19歳

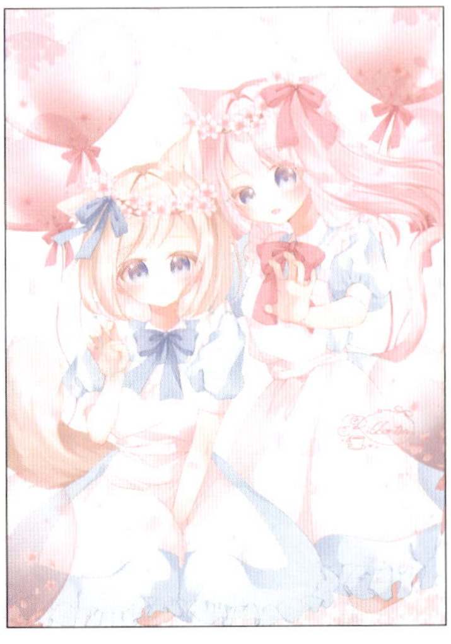

北海道・GENN・20歳

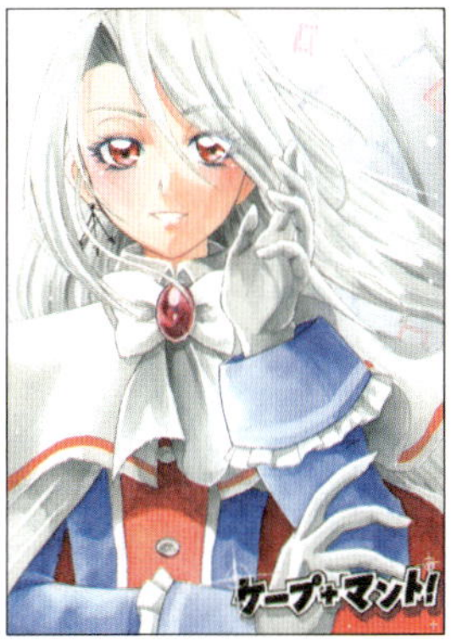

静岡県・Aide

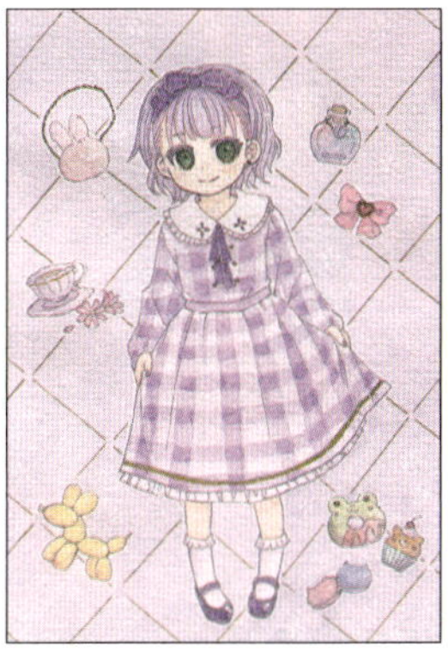

東京都・夕星なんと

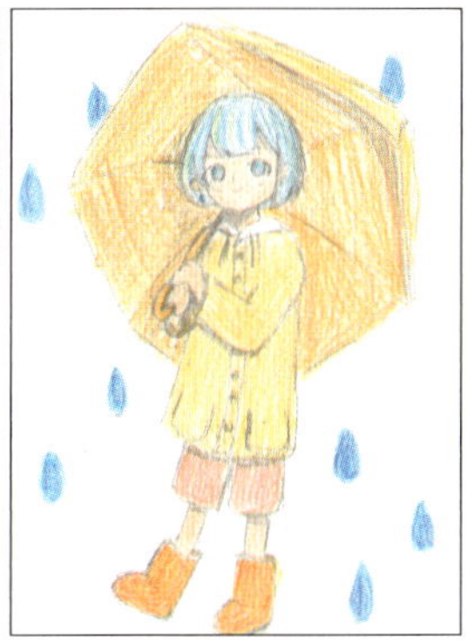

愛知県・☆きらぼし☆

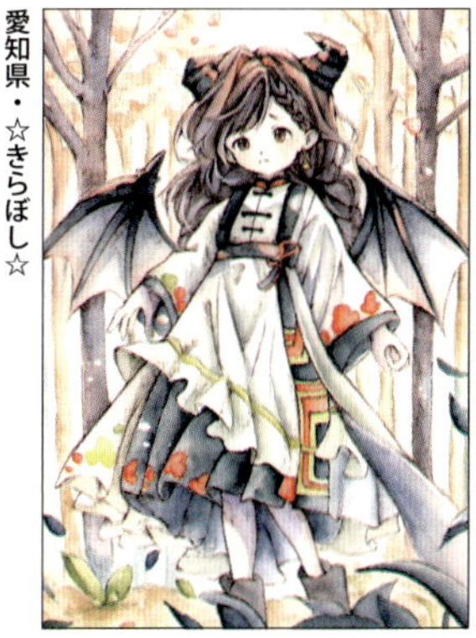

千葉県・Miya

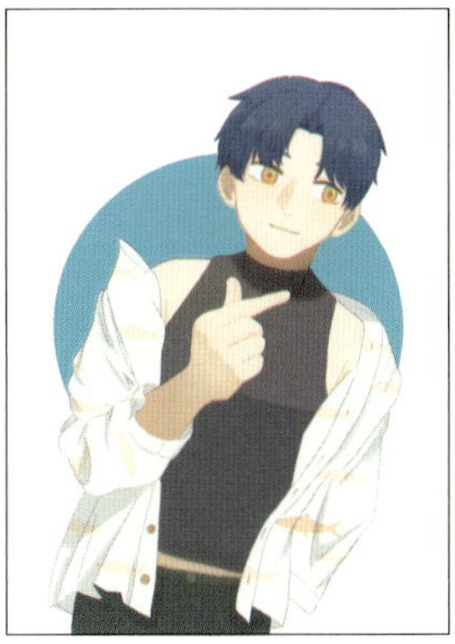

福岡県・梅田

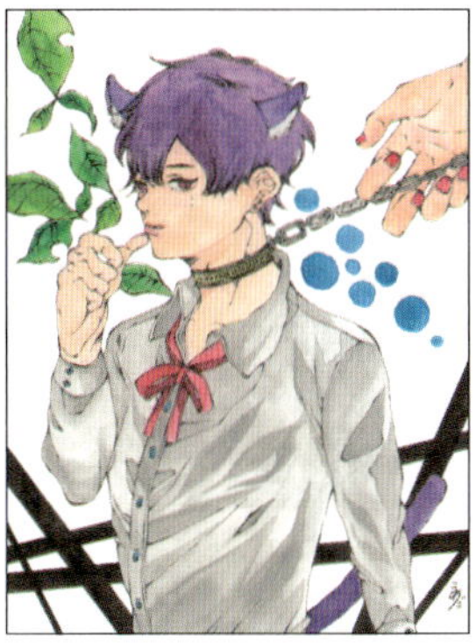

愛知県・Cammy

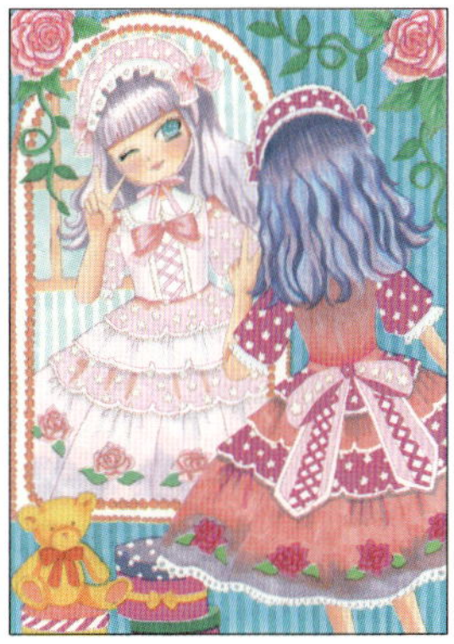

福岡県・鈴音・14歳

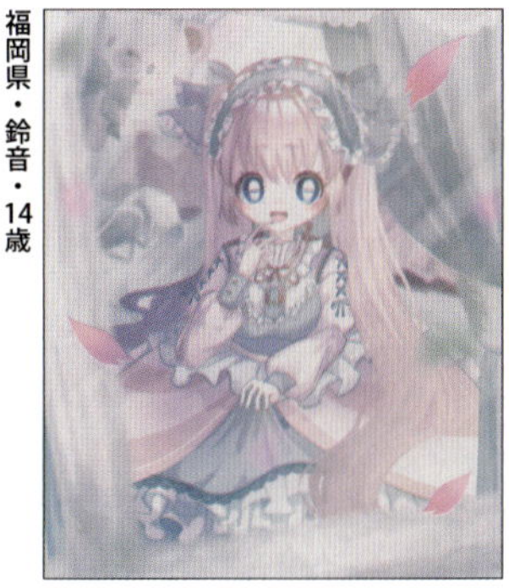

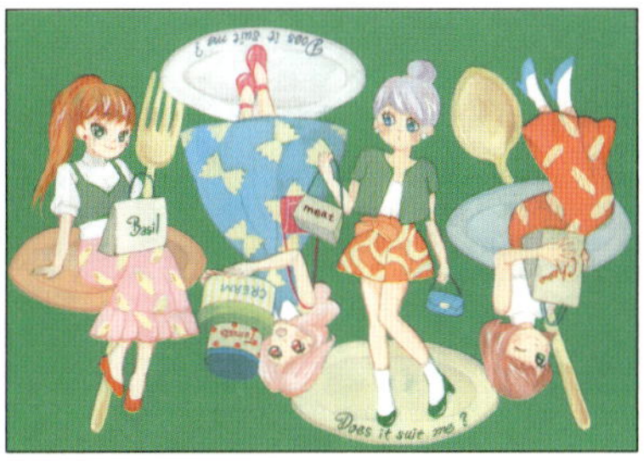

埼玉県・新倉なつな・38歳

群馬県・Rokse

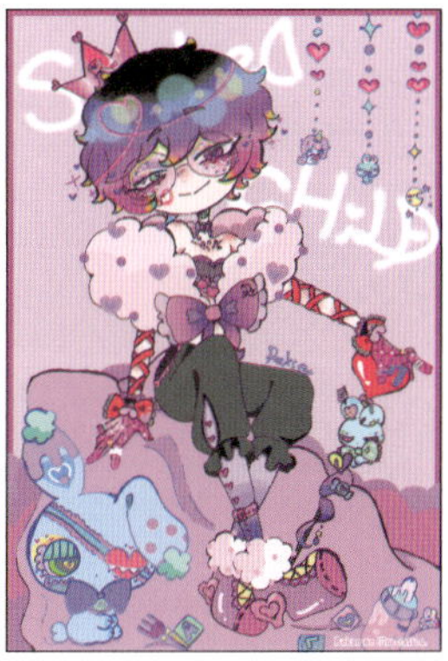

三重県・リンシード

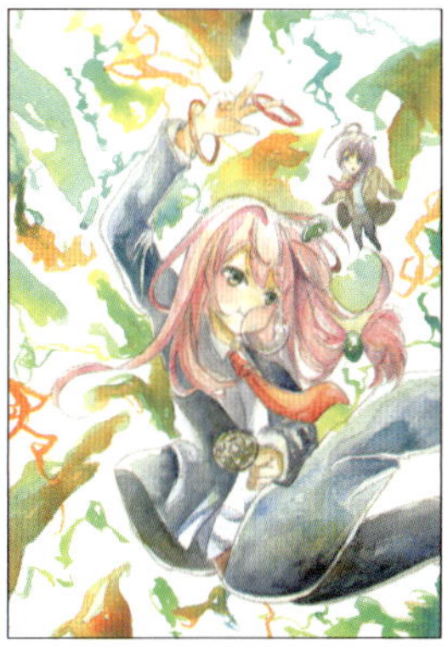

新潟県・NEVE

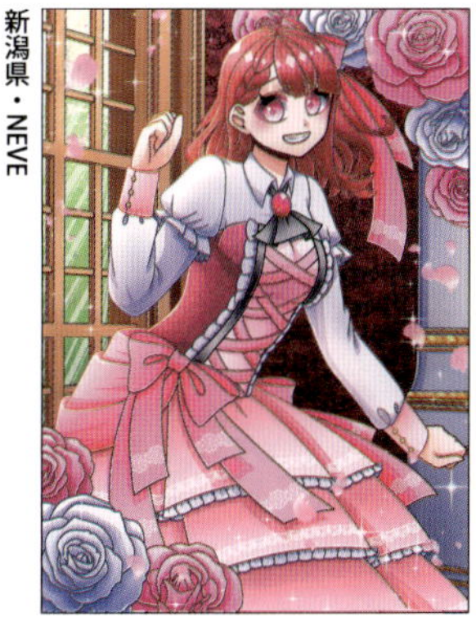

新潟県・きゅうり・18歳

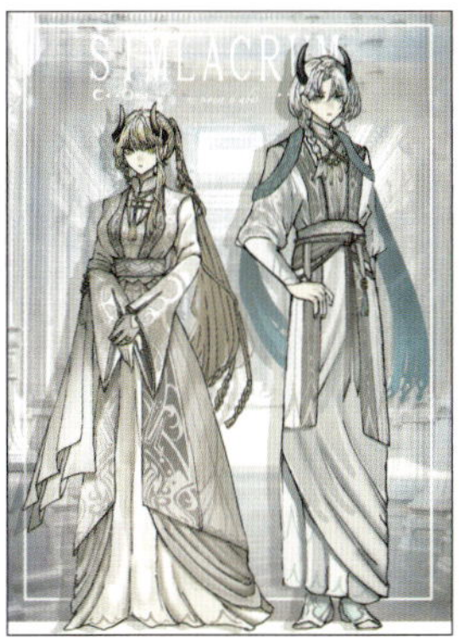

秋田県・とづき

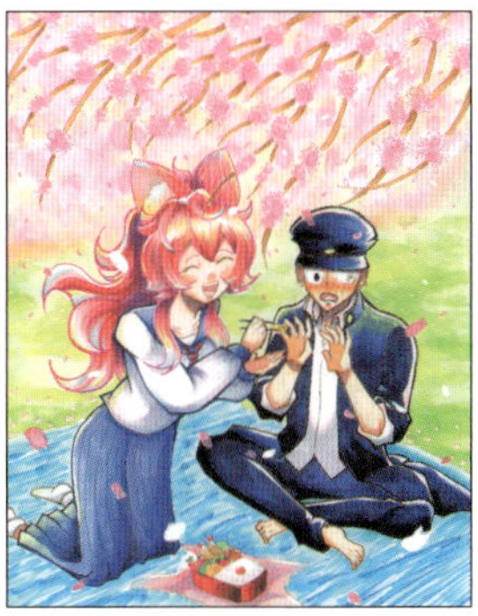

京都府・あはちゃ・18歳

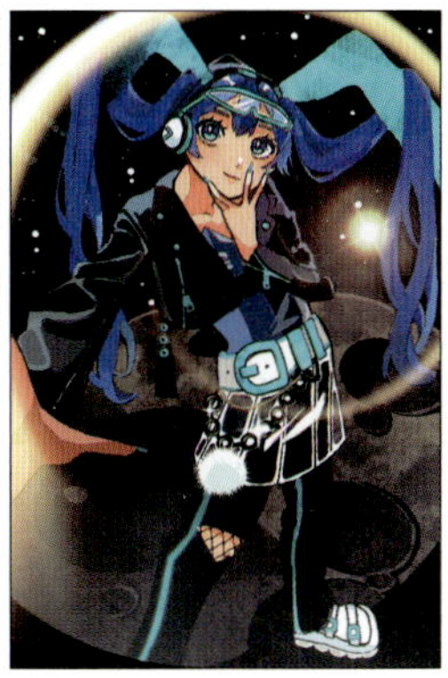

山口県・あおね

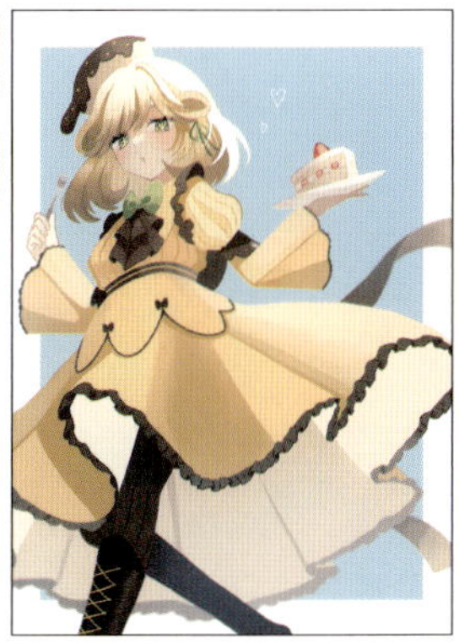

大阪府・まゆすけ・31歳

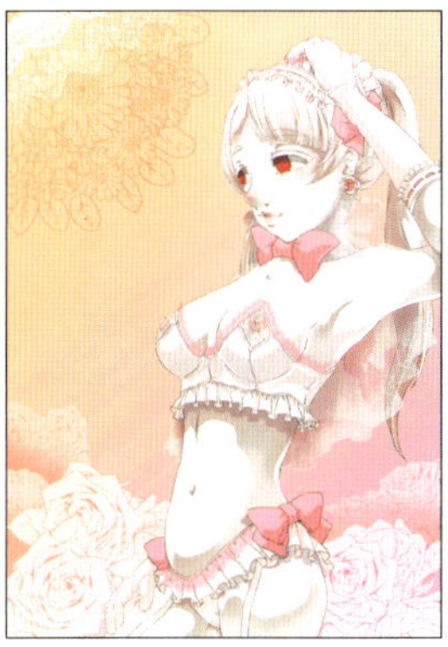

滋賀県・すずらん・14歳

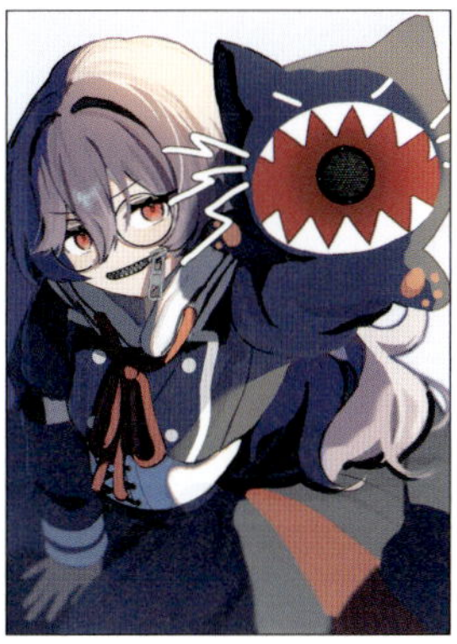

群馬県・RB

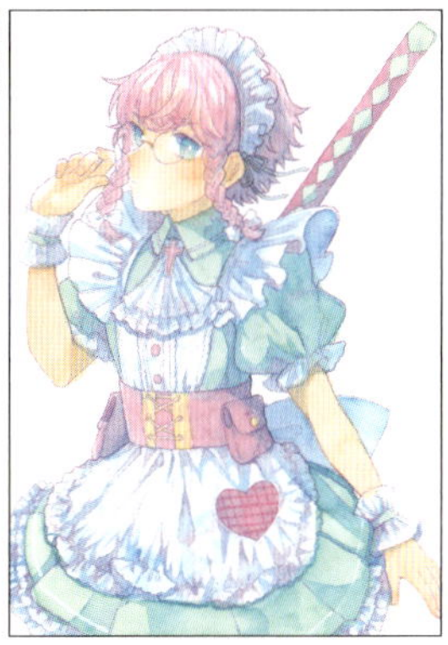

東京都・キヨショウ

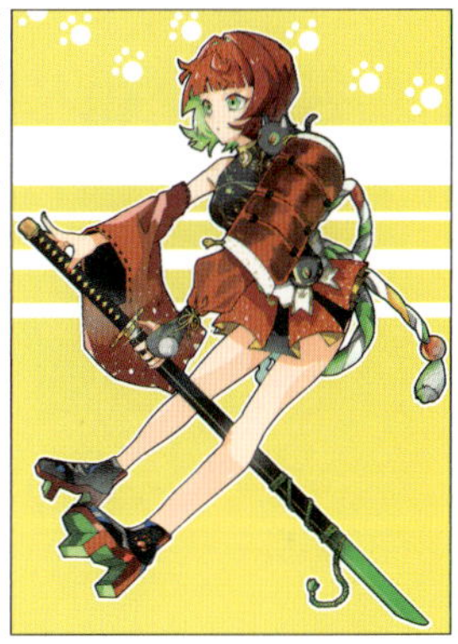

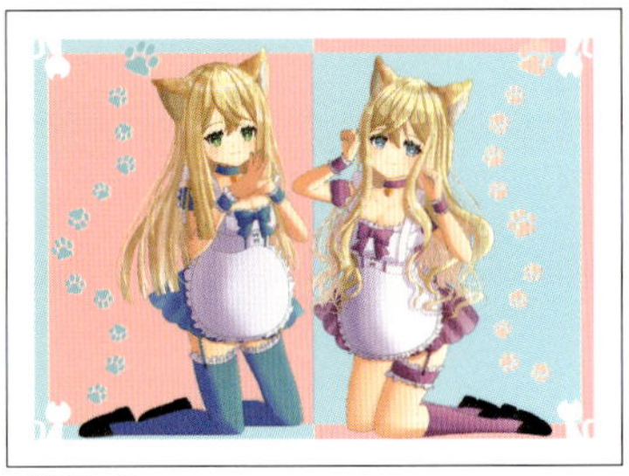
千葉県・Nya~

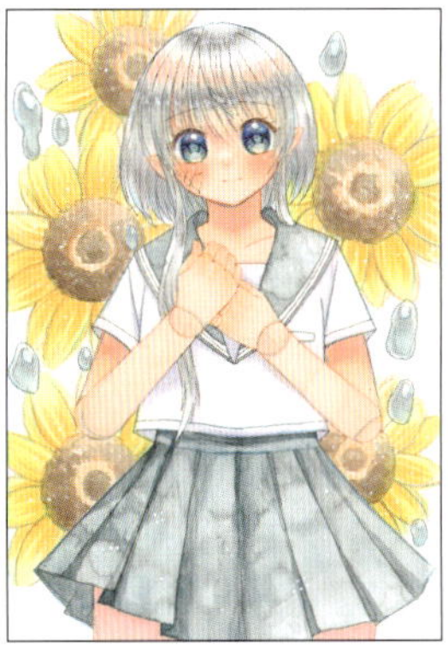
長野県・めいりん・18歳

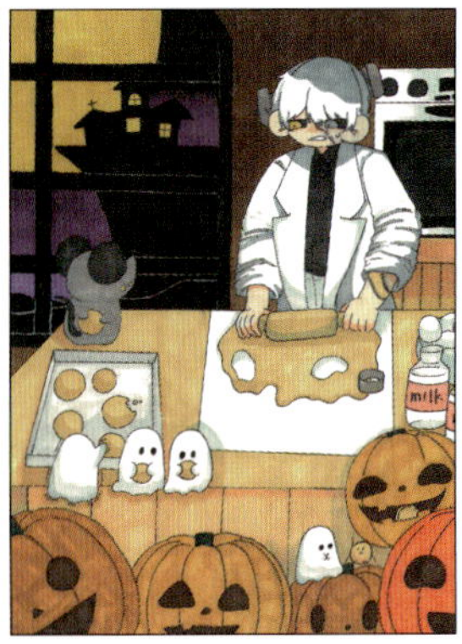
東京都・てんこもり

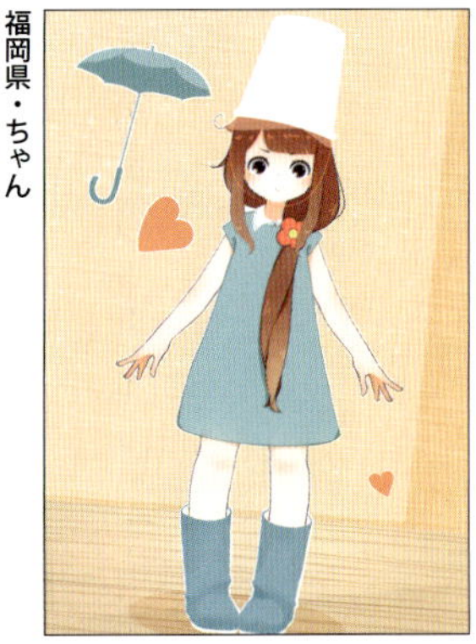
福岡県・ちゃん

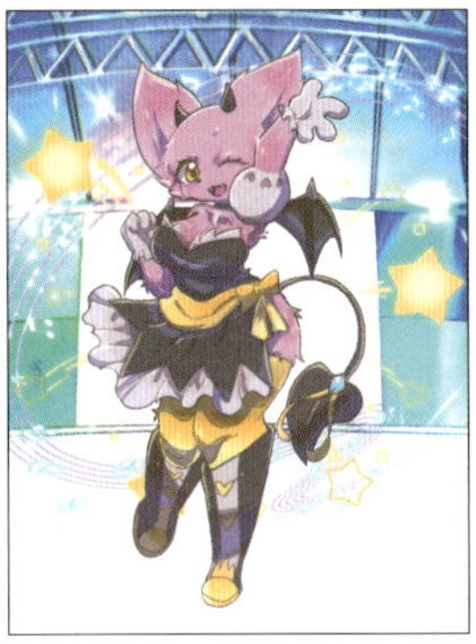
福岡県・けもおばけ

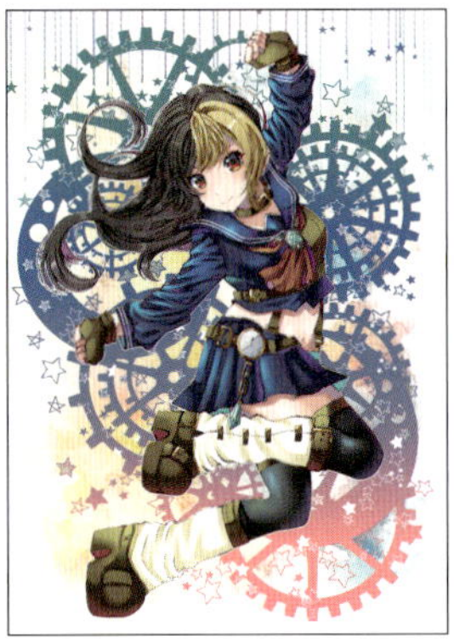
埼玉県・ひらい祐夢

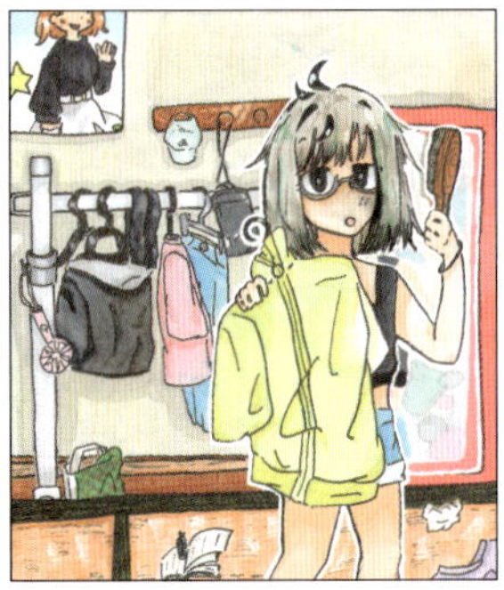
静岡県・楠木祐斗（百目鬼改め）

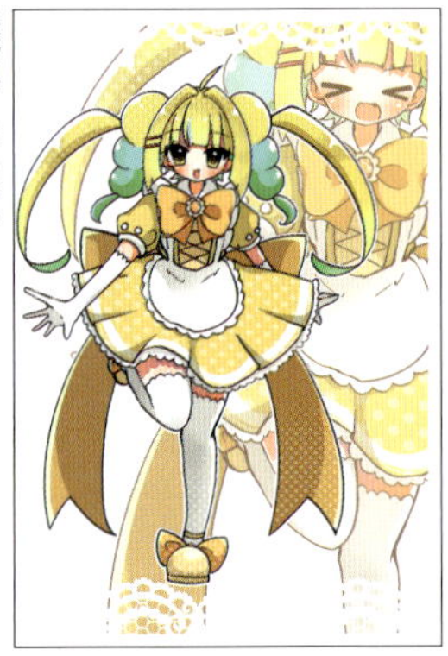
長野県・はうあゆ

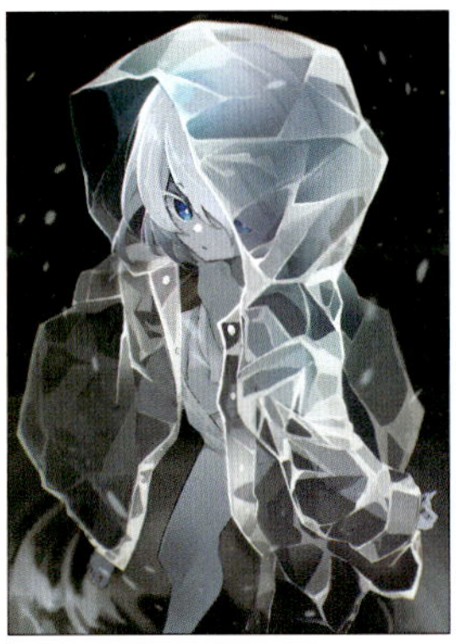
滋賀県・よいち

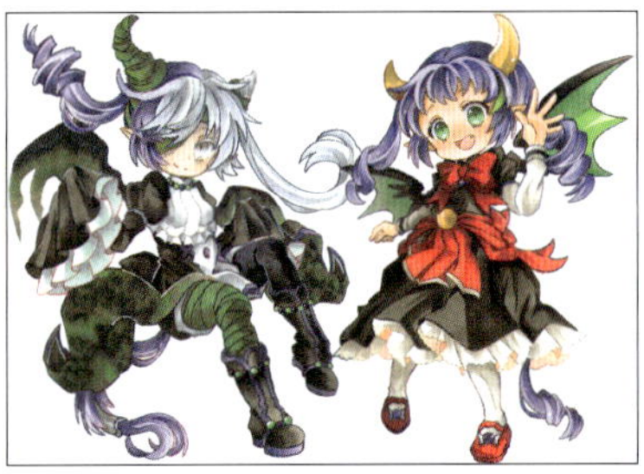
大阪府・ラブバード

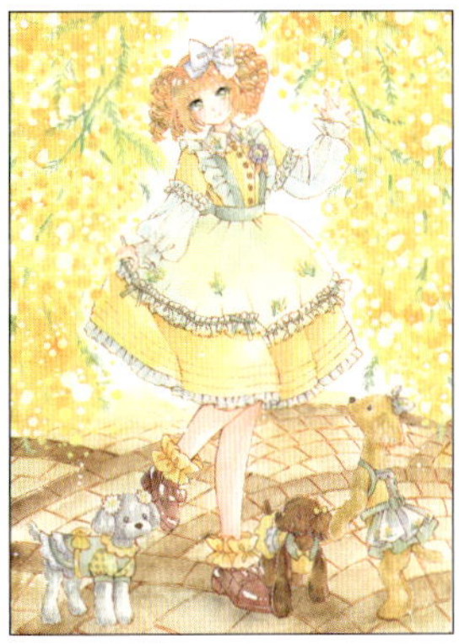
新潟県・もねぎ

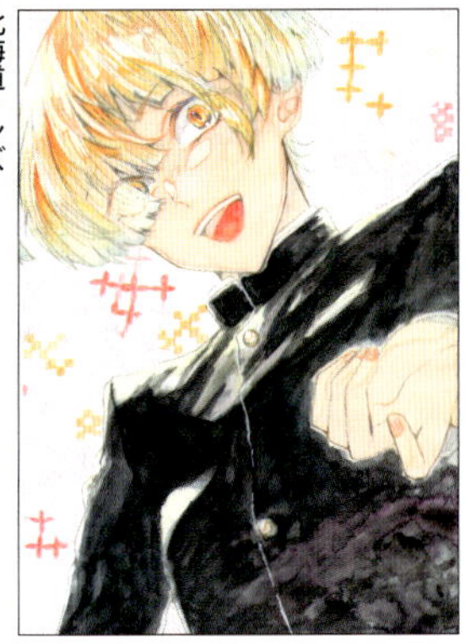
北海道・シズ

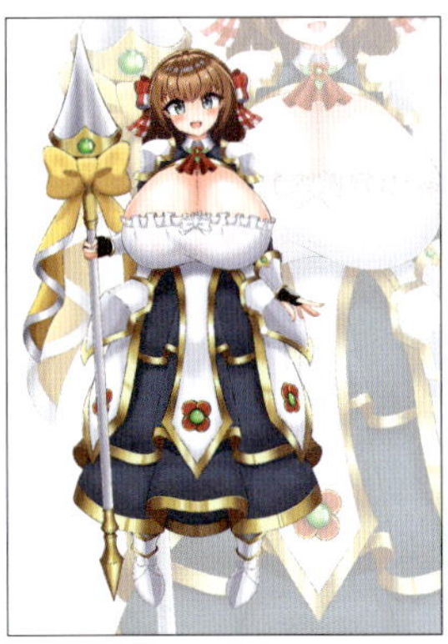
新潟県・夏原アル・20歳

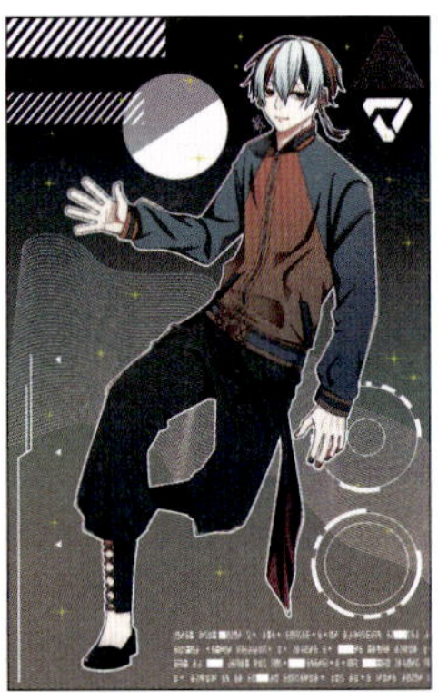
青森県・影ちょす

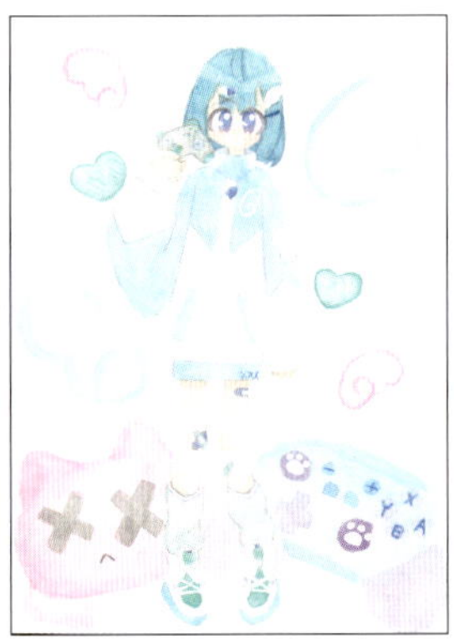
宮崎県・ねむりぶか・12歳

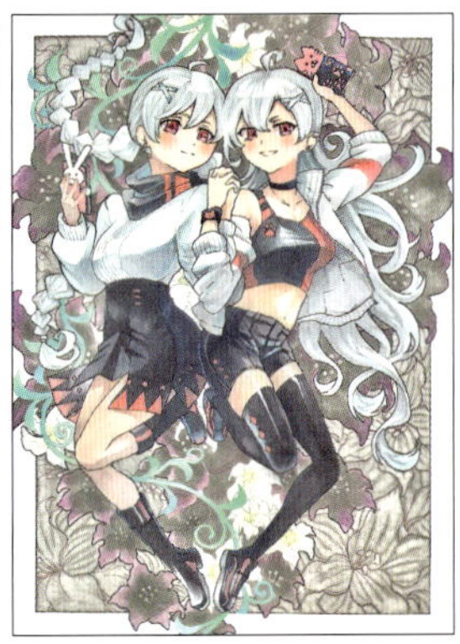
三重県・宇ノ沢茂

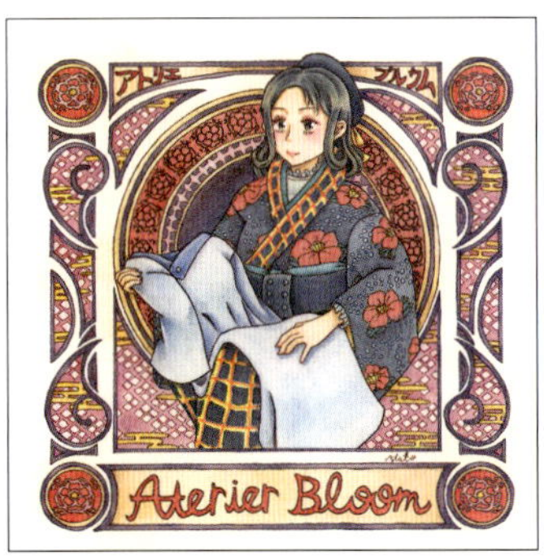

兵庫県・あつと

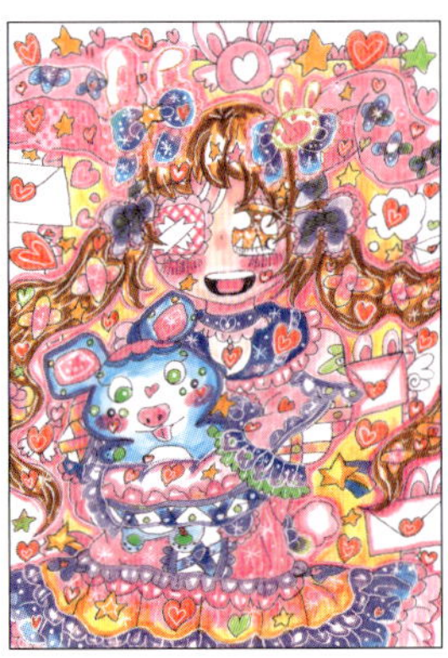
東京都・ひろくまひろみ

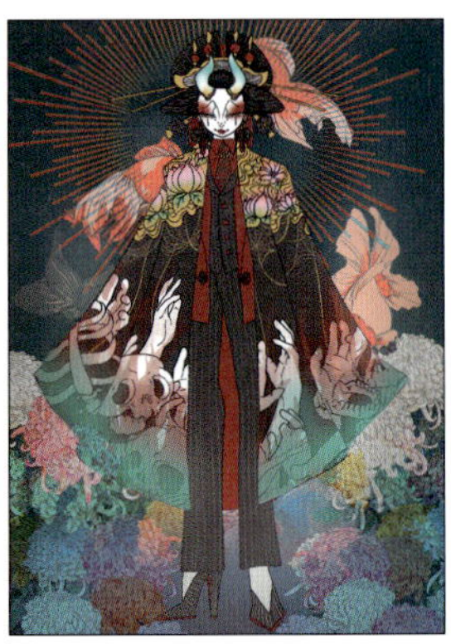
熊本県・蛙子

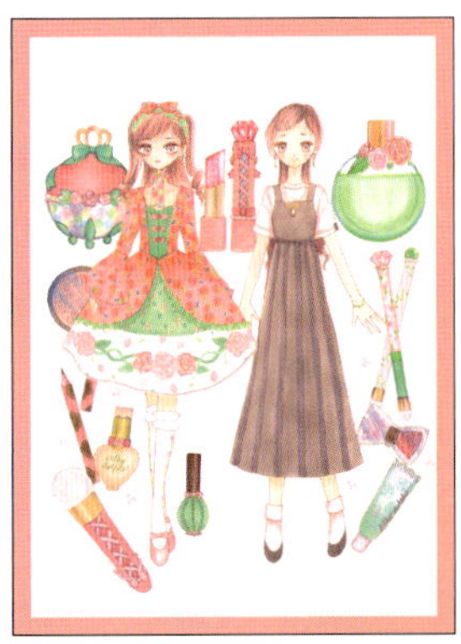
岩手県・花灯こはく

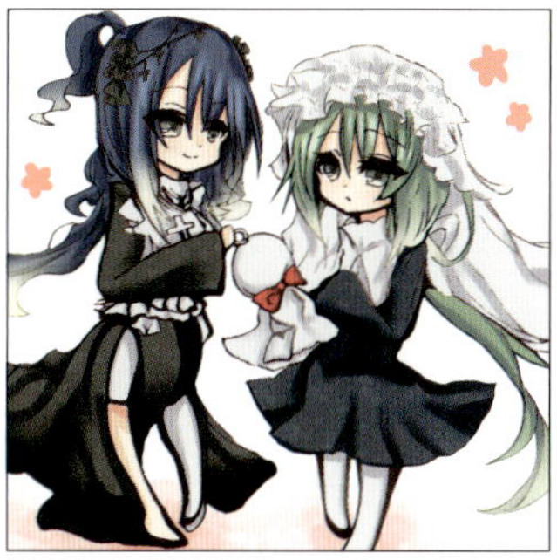
愛知県・四季万里

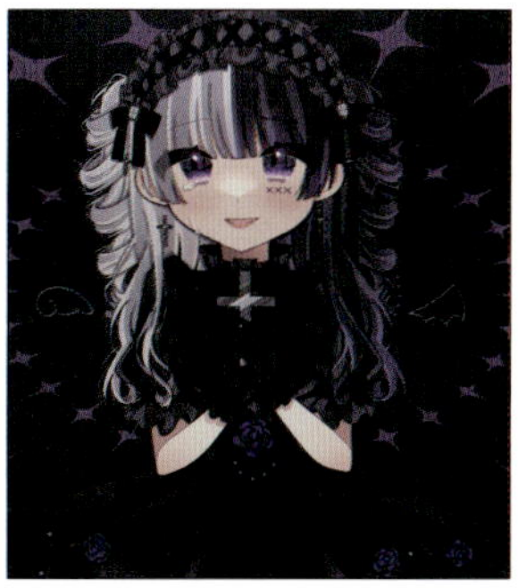
福岡県・紫月・15歳

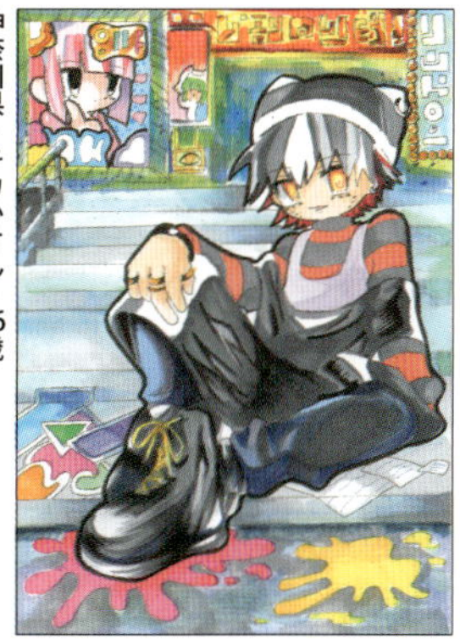
神奈川県・キカいおん・16歳

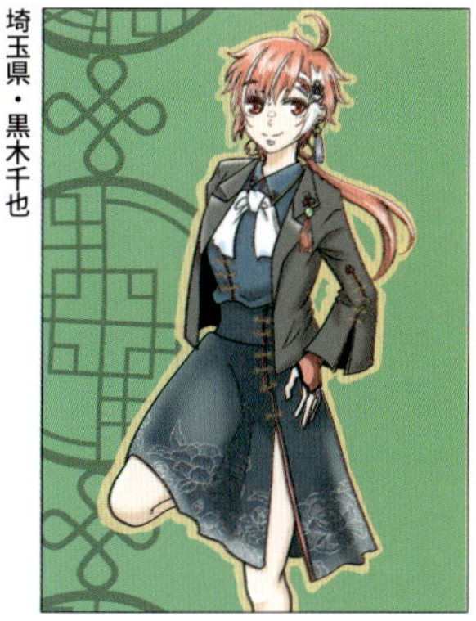
埼玉県・黒木千也

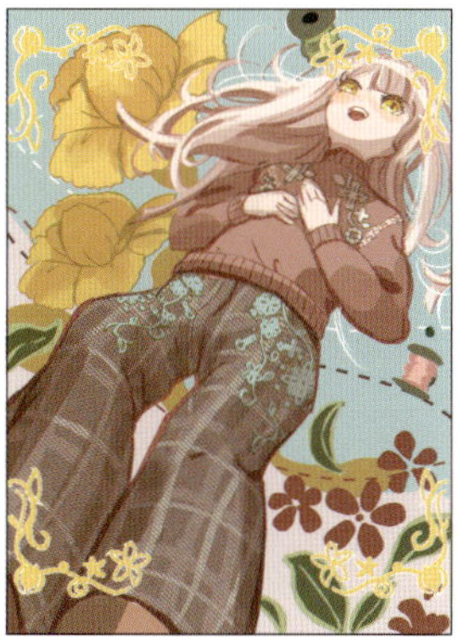
群馬県・男爵いもらー

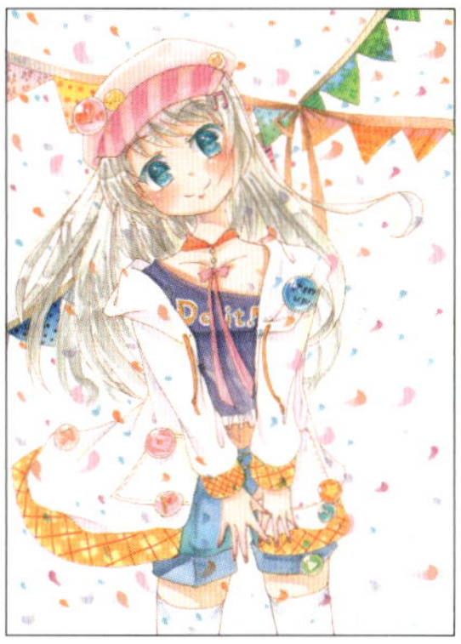
広島県・榛原祐香

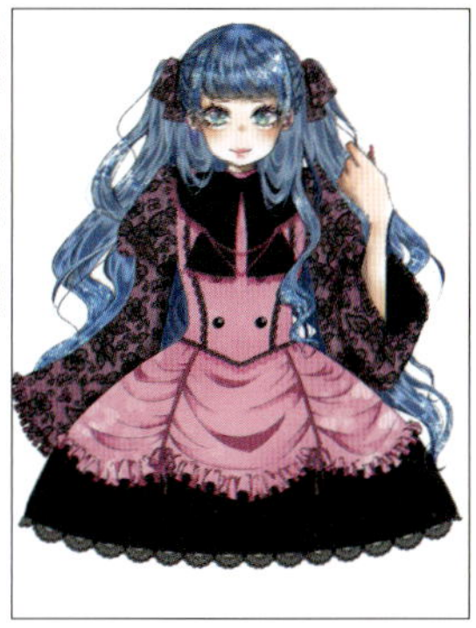
愛媛県・小恋雫都・23歳

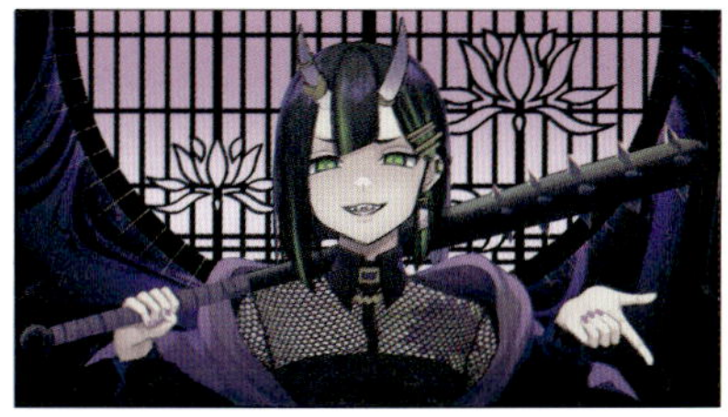
茨城県・白米たきナ

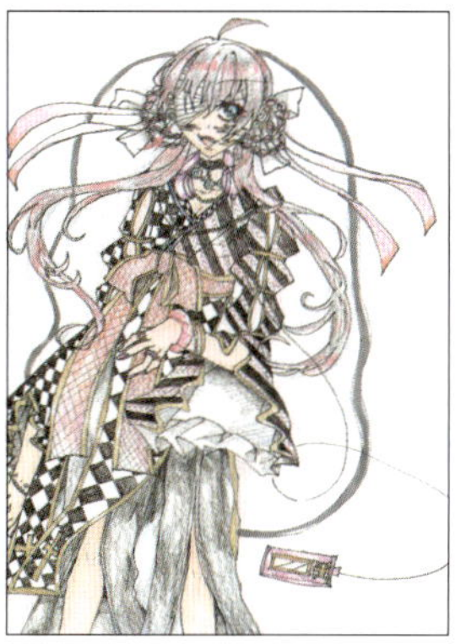
神奈川県・朧火刹羅・16歳

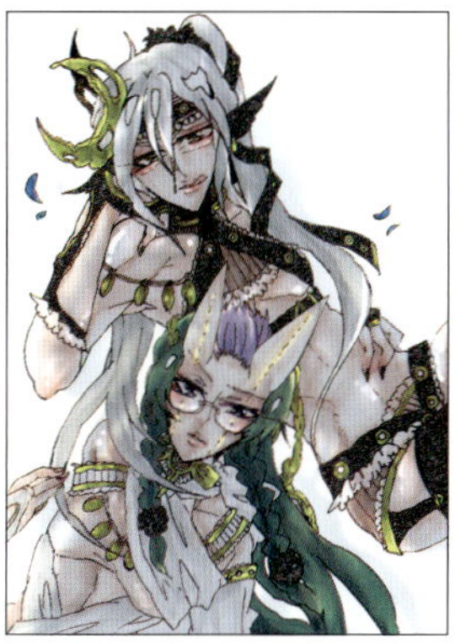
宮城県・流良戒

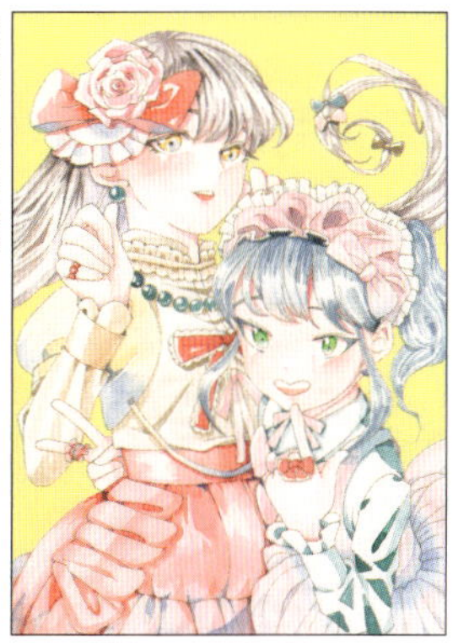
大阪府・香水あわわ

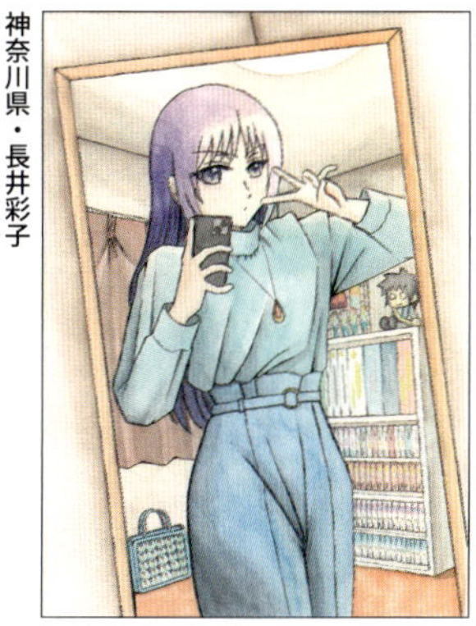
神奈川県・長井彩子

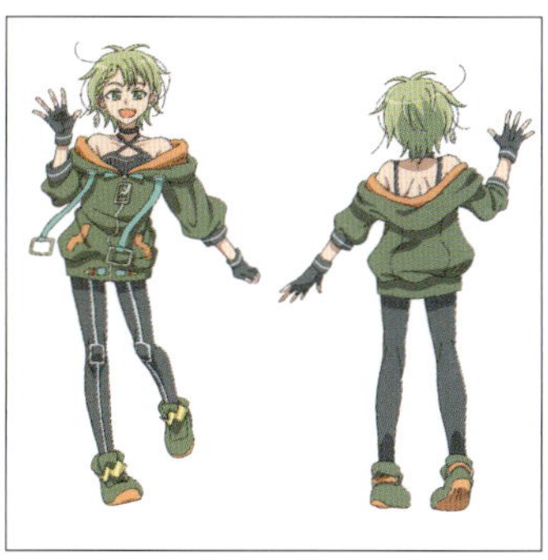
埼玉県・セコイ也

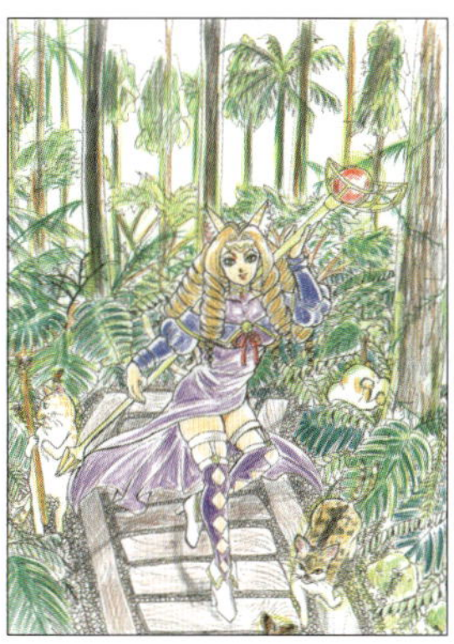
岩手県・あひるフロスト

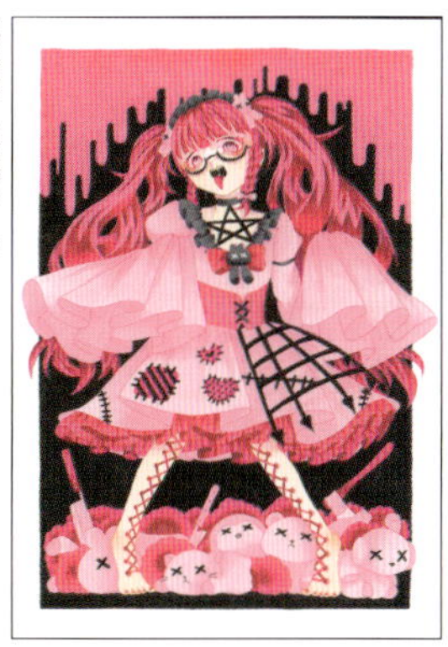
北海道・夢現まーや

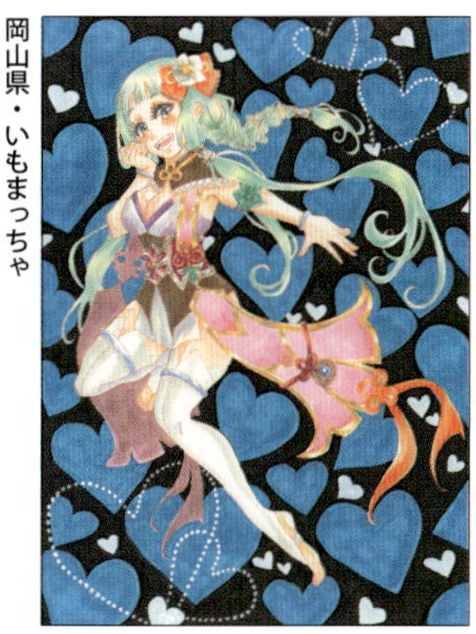
岡山県・いもまっちゃ

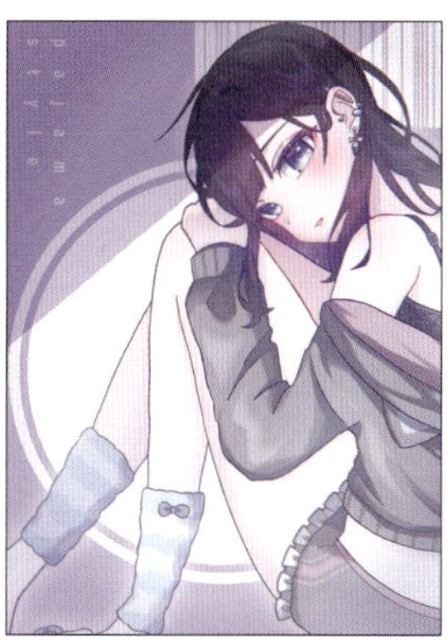
岡山県・なな

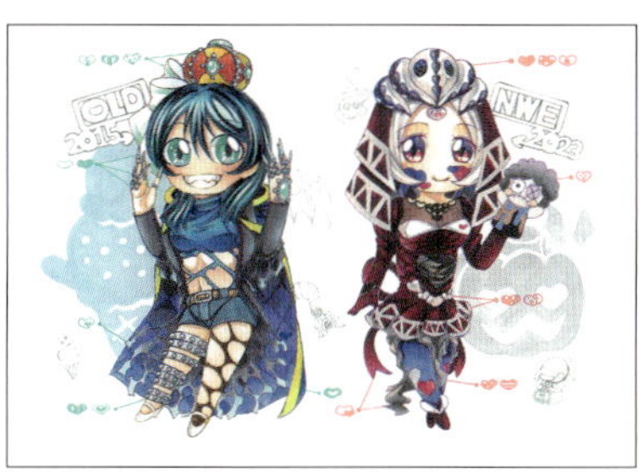
福島県・RENGE ∞・30 歳

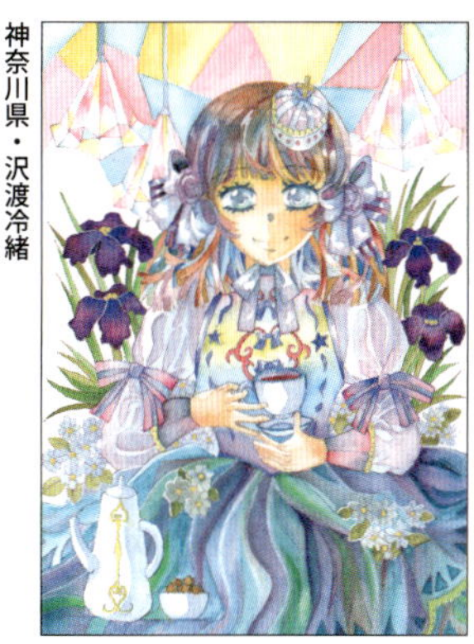
神奈川県・沢渡冷緒

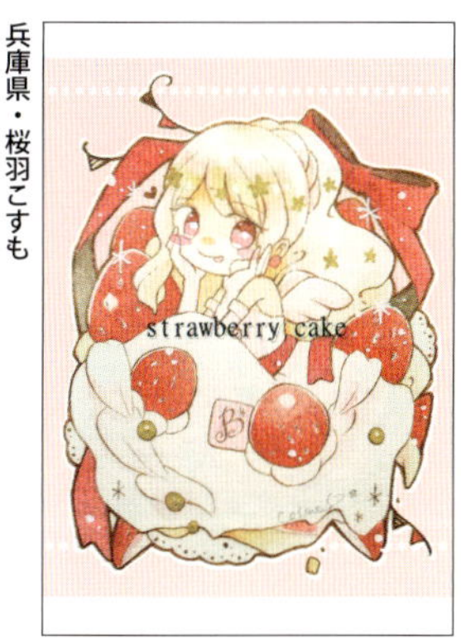

兵庫県・桜羽こすも

第13回SS主催 お絵描き合宿を開催予定！　参加者を募集します～！

今年も7月下旬に、お絵かき合宿を開催予定！

2005年春に第1回を開催した《お絵描き合宿》は、「ＳＳ」のお姉さん雑誌「季刊エス」で人気の企画でした。「SS」では2010年から開催され、本年度で13回目となります！　この合宿は栃木県日光市にある豊かな自然に囲まれたログハウスに宿泊して、参加者たちで絵を描いたりお話をする集まり。絵を描くのが好きな人たちや「ＳＳ」に投稿している人たちが、みんなでお泊りして、ゆっくり親睦を深め、将来のことや自分の作風について話し合って交流しよう！　という主旨で開かれています。中高生の学生さんや社会人の方、絵を描き始めたばかりの人、「ＳＳ」の表紙を描いた絵描きさんまで、幅広い方に参加いただきました。誰かと一緒に絵を描きたい人、絵についてお話してみたい人、交流してみたい人は、ぜひ参加してくださいませ～！

過去の合宿の様子

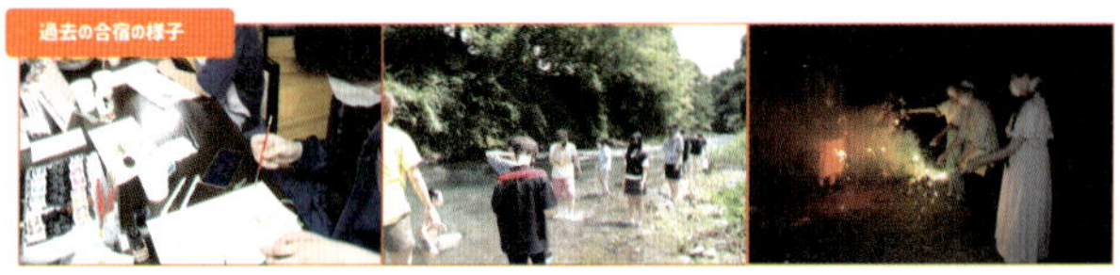

「ＳＳ」編集部企画《お絵描き合宿》開催！

第１３回ＳＳ《お絵描き合宿》開催日時と開催地

第13回 ＳＳお絵描き合宿日程

絵が好きな方なら大歓迎！
初心者も大勢いますし、皆さんと楽しい「お絵描きライフ」を過ごせたらと思います。興味のある方は、是非応募してみてください。
予想以上に楽しいことうけあいです！

□開催日：2024年 7月26日（金）～7月28日（日）の2泊3日

※参加人数が定員に満たない場合は、中止になることがございますのでご了承ください。

● 参加地

栃木県日光市にある、緑に囲まれたログハウス
「WOODSMANS VILLAGE」
（最寄り駅は東武線「下今市」駅）
https://infinity-arts.wixsite.com/woodsman

● 参加費用

23,500円（宿泊費、食費込み）

※交通費は参加者の住まいによって異なりますが、会場まですべて自己負担となります。目安として、東京の浅草から、最寄り駅の東武線「下今市」まで片道3280円（指定席の場合）です。「下今市」からタクシーに30分ほど（タクシー代は割り勘）乗って到着です。

● 現地行程

1日目：イラスト制作、絵に関しての交流会話・メイキング講座
2日目：イラスト制作、河や森への散歩やスケッチ、花火やバーベキュー
3日目：イラスト制作、作品についての交流会話　などを予定

※編集部から自由に使える透明水彩やコピックなどの画材も持っていきます。

【今年は新企画を予定！】

☆自分のキャラ、うちのこを皆さんで描き合うミニイベントも予定。
少人数で島になって、うちのこを紹介しながら描き合いましょう～！
☆色々なアナログ画材を試せる、画材バイキングをおこないます！
普段つかったことがない画材を自由に試して、イラストを描いてみよう～！

● 応募方法

① まずは合宿の要項を確認

…ネット環境のある方
下記アドレス（QRコード）からご覧ください。
https://www.s-ss-s.com/events/81

…ネットが見られない方
本誌巻末付属のアンケートハガキ（切手不要）または、普通のハガキで資料請求してください。ハガキには、自分の「住所、氏名、ペンネーム、年齢、性別」を書いて投函ください。

■ハガキで資料請求する方は、以下の宛先にお送りください。
150-0041　東京都渋谷区神南1丁目13-3　アーク神南ビル2F
「季刊エス、Ssスモールエス」編集部「ＳＳ《お絵描き合宿》資料請求」係

● 資料請求締切

2024年5月20日（月）※当日消印有効

② 資料を見て参加を決めた方は、申し込みください

…ネット環境のある方
①のページにある、参加フォームを使用して申し込みください。
…ネットが見られない方
資料と一緒に郵送する返信専用ハガキから申し込みください。

● 申し込み締切

2024年6月3日（月）※当日消印／送信分有効

※参加者多数の場合は抽選になります。予めご了承ください。
※部屋の都合上、女性のみの募集となっています。

合宿参加資料
参加フォーム

参加施設のサイト
「WOODSMANS VILLAGE」

参加回数や投稿経験に関係なく、みなさまのご参加を広くお待ちしております！

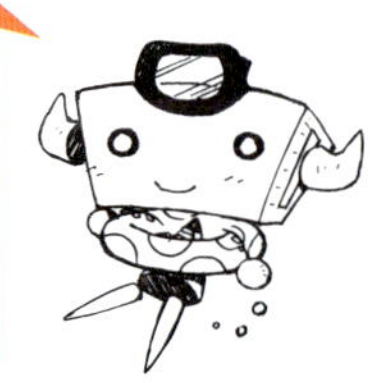

エスレア

「エスレア」コーナーでは、投稿者さんの中で個性的な作品を描かれる人、創作意欲が旺盛な人、テンションの高い人、他の人があまり描かないモチーフに挑戦される人など、いろんな人を紹介していきたいと思っているれあ！　この「エスレア」は、投稿ではなく、編集部から依頼して登場いただくコーナーれあ。「エスレア」に出て欲しい人を、アンケートハガキのフリーコーナーに書いて欲しいれあ！　気になる投稿者さん、クローズアップして欲しい人を教えてれあ～！

◀大阪府・和桜恋・11歳

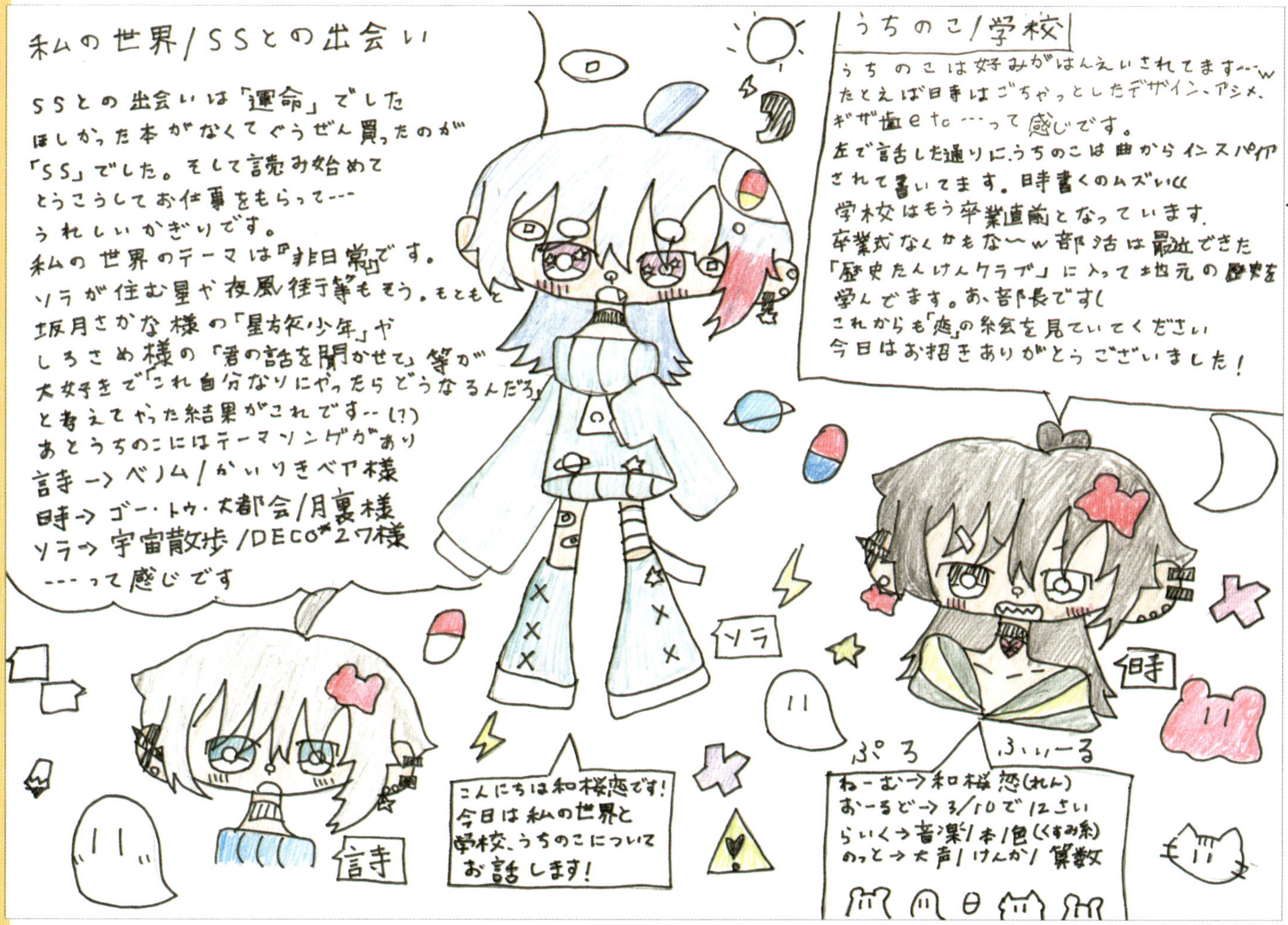

▼北海道・豚骨先生・15歳

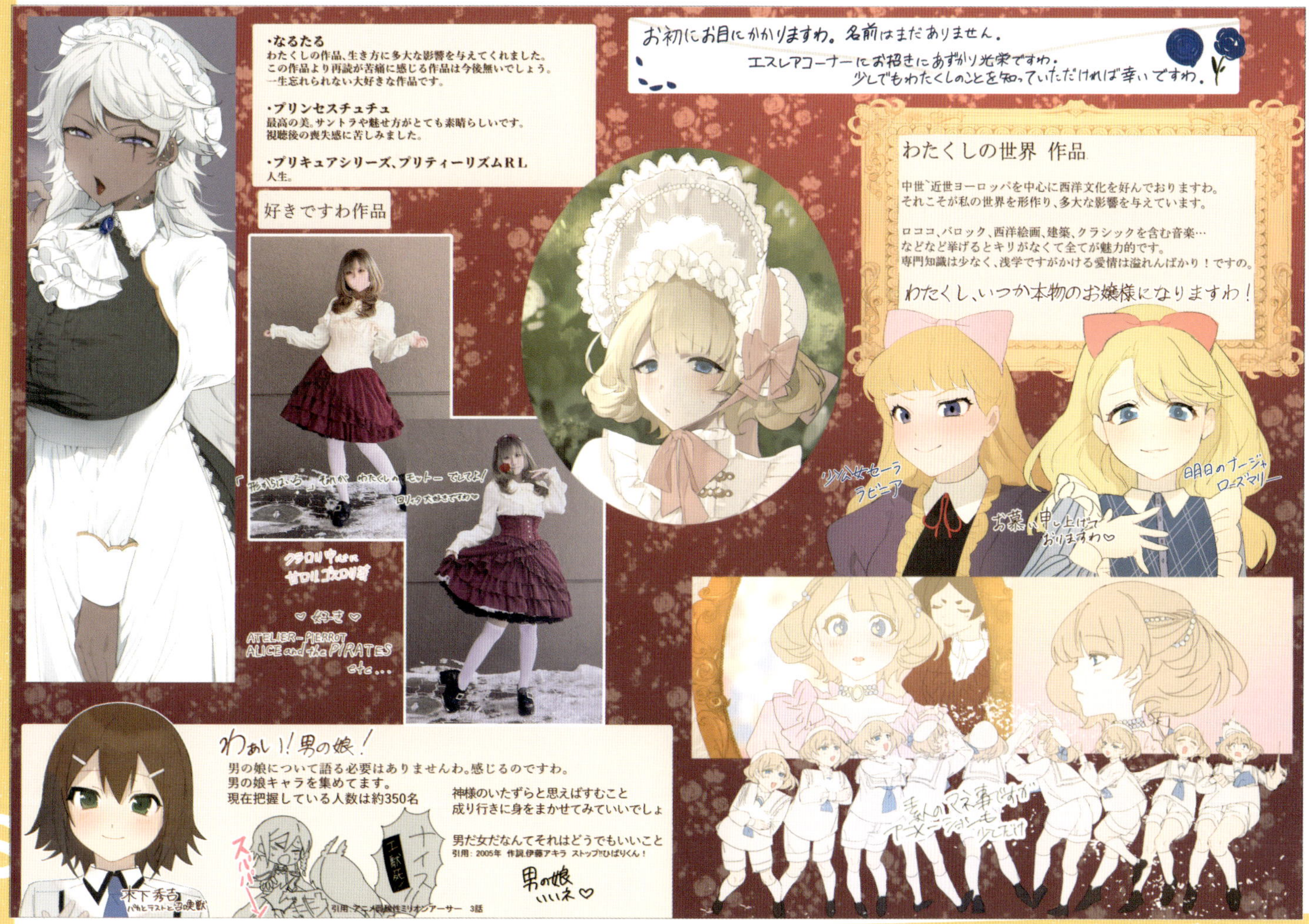

S Search

巻末のアンケートで聞いた、「ＳＳ」読者の使っている画材、好きなアニメや絵描きさんなどを紹介！

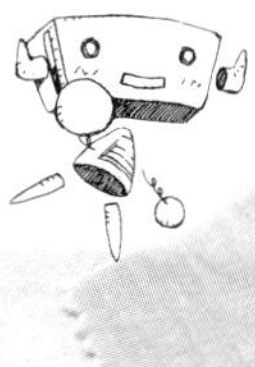

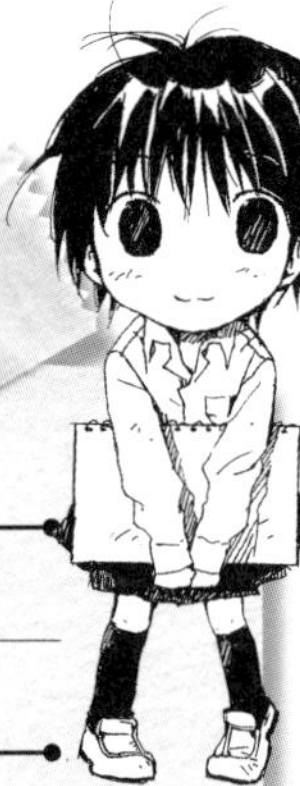

使ってみたい画材やソフト

デジタルであるCLIP STUDIO PAINTを使いたい人が一番多いですが、アイビスペイントが増えてきました！

1位 CLIP STUDIO PAINT
2位 水彩絵具
3位 アイビスペイント
4位 アクリル絵具
5位 コピック
6位 プロクリエイト
7位 顔彩（呉竹）
8位 水彩色鉛筆
9位 ハルモニア（分離色系の水彩）
10位 油絵

使ったことのある画材やソフト

今号もコピックが1位！
CLIP STUDIO PAINTやABTを使う人が増えたことがわかりました。

1位 コピック
2位 CLIP STUDIO PAINT
3位 水彩絵具
4位 アイビスペイント
5位 ABT
6位 色鉛筆
7位 アクリル絵具
8位 不透明水彩（ガッシュ）
9位 100円マーカー
10位 メディバンペイント

【ぬいぐるみ】
なやみを語りかけたり、だきしめたりして、いつもいやされてます!!　大好きです!!
福島県・Y田（よこた 改め）・12歳

【ラーメン】
いろいろ味があるのでいつもなやみます!!　ちなみに自分はしょうゆ派です。
広島県・とんかつ・12歳

【ジェンダーレス制服】
私の住むド田舎にも、女子のスラックス制服や、ジェンダーレス男子がいます。よき。
自分の高校時代も塗り潰してくれるので。
茨城県・原朱太郎

【チョコレート】
バレンタイン関係なくいつでも食べる。ビターなほうが好き!!
兵庫県・彗暒（しゃけくらげ。改め）

【プラネタリウム】
一人の世界で楽しめることが最高にいやされます。
三重県・リンシード

【大喜利】
テレビとネットではウケる回答の種類が違うのがおもしろいです。大喜利がうまい芸人さん、かっこいい!!
京都府・あはちゃ・18歳

【水兵さん】
あの、かわいさを残しつつも、ピシッとしてる感じがドストライクです!!
広島県・笹屋・13歳

【大森靖子さん】
女の子のきれいでかわいい所もきたない所も全部かわいいでつつみこんでくれる神様です!!
福岡県・きゅあ

【吉田誠治さん】
吉田誠治さんの『ものがたりの家』が面白くて、最近ずっとよんでいます。
東京都・夕星なんと

【アルティメットジャンボジェット】
アモアスの配信グループならココが一番!!
北海道・緑虎・21歳

次号も皆さんの画材や好きなものについてご紹介できたらと思います。
巻末のアンケートハガキの記入欄に、自分の好きなものを書いて送って下さい！
アンケートハガキは切手を貼らずに送れますので、お気軽にどうぞ～！

好きなボカロPや歌い手

1位 かいりきベア
2位 DECO*27
3位 Eve
4位 Ado
5位 ピノキオピー
6位 まふまふ
7位 じん
8位 煮ル果実
9位 腹話
10位 ハチ

好きな絵描きさん

1位 さくしゃ2
2位 夜汽車
3位 赤倉
4位 米山舞
5位 望月けい
6位 MikaPikazo
7位 南野葵
8位 しぐれうい
9位 芦屋マキ
10位 ヤマコ

好きな漫画、アニメ

1位 『葬送のフリーレン』
2位 『薬屋のひとりごと』
3位 『文豪ストレイドックス』
4位 『HUNTER×HUNTER』
5位 『プリキュアシリーズ』
6位 『魔法少女まどか☆マギカ』
7位 『殺戮の天使』
8位 『呪術廻戦』
9位 『魔入りました！入間くん』
10位 『地縛少年花子くん』

好きなゲーム

1位 プロジェクトセカイ
2位 どうぶつの森シリーズ
3位 ポケットモンスターシリーズ
4位 ブルーアーカイブ
5位 スプラトゥーンシリーズ
6位 Fate/Grand Order
7位 あんさんぶるスターズ!!
8位 刀剣乱舞ONLINE
9位 ゼルダの伝説シリーズ
10位 モンスターハンターシリーズ

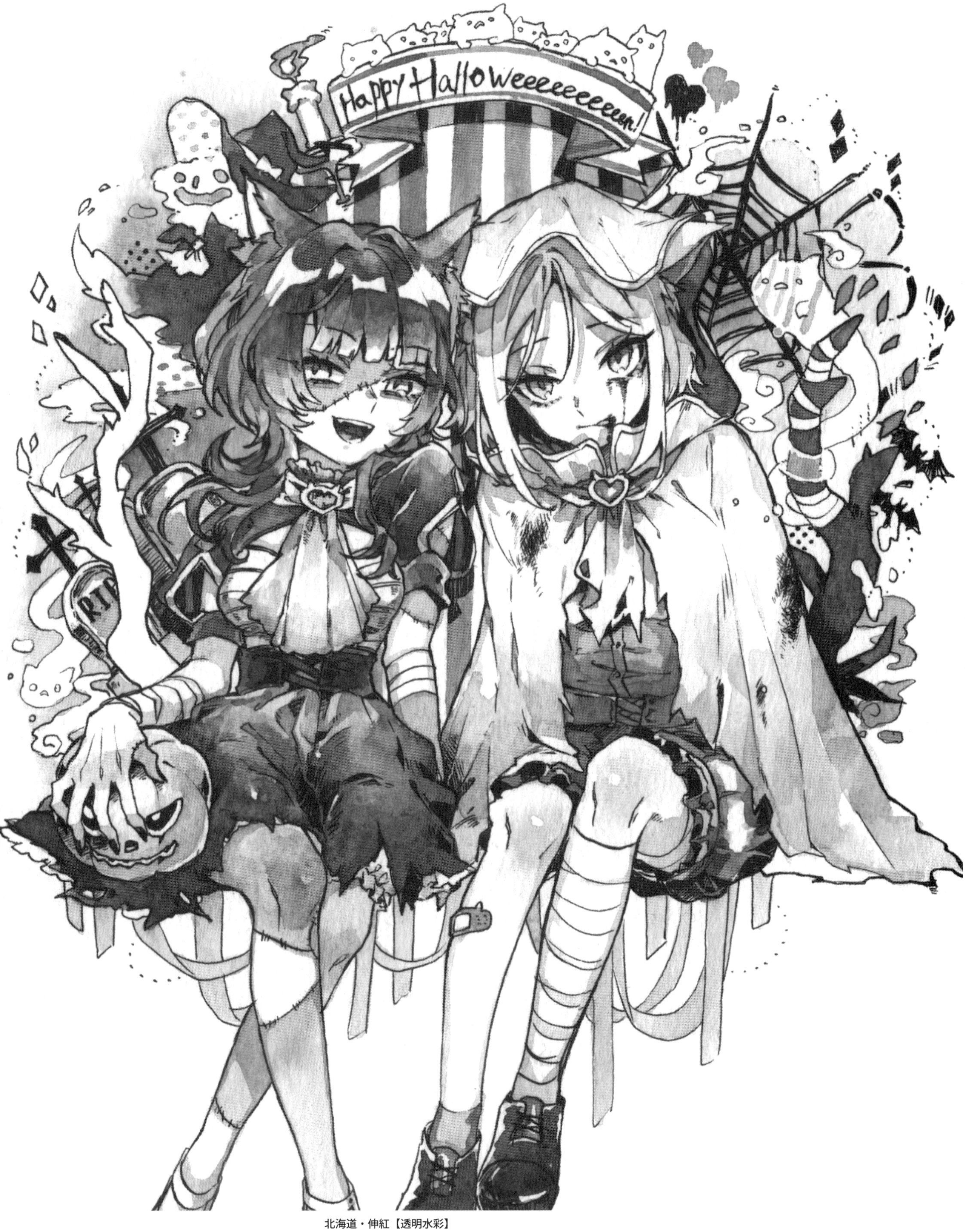

北海道・伸紅【透明水彩】

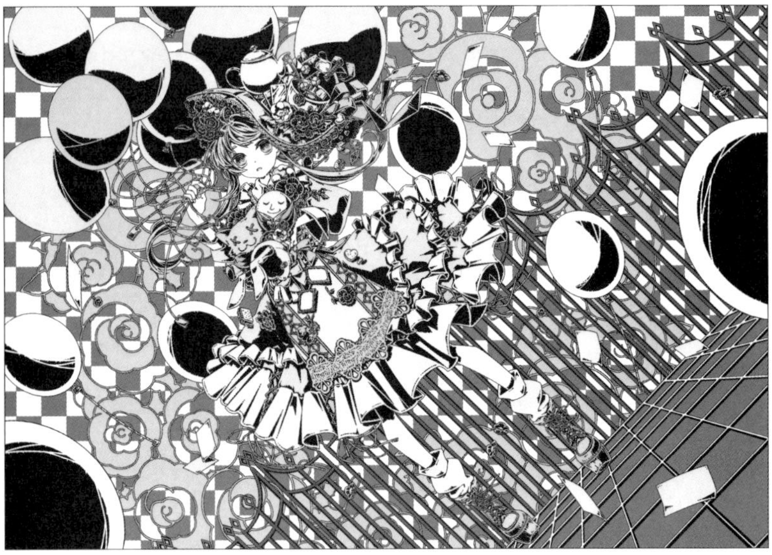

愛媛県・匣【CLIP STUDIO PAINT】

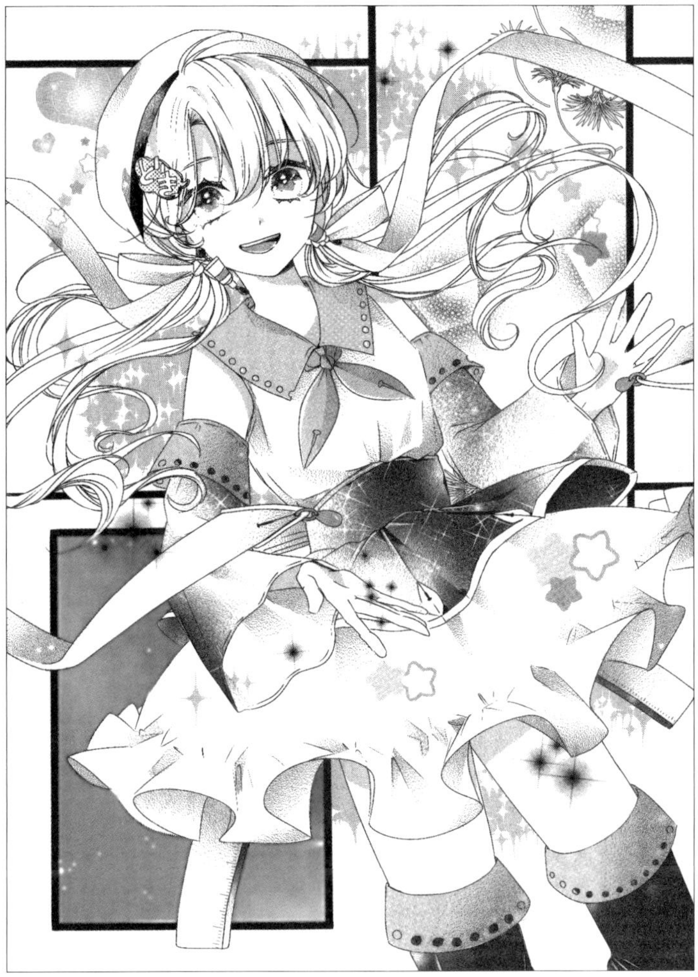

大阪府・紅梅アヤ【Procreate・コピックマルチライナー・ホワイト・スクリーントーン】

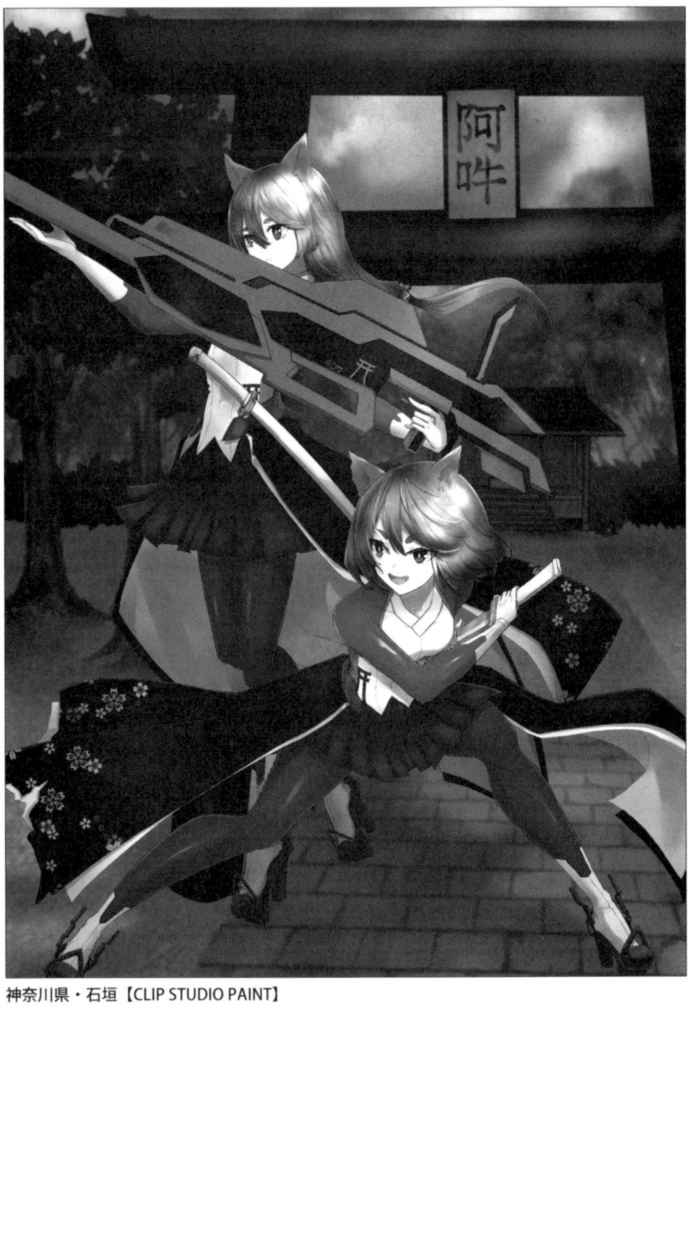

神奈川県・石垣【CLIP STUDIO PAINT】

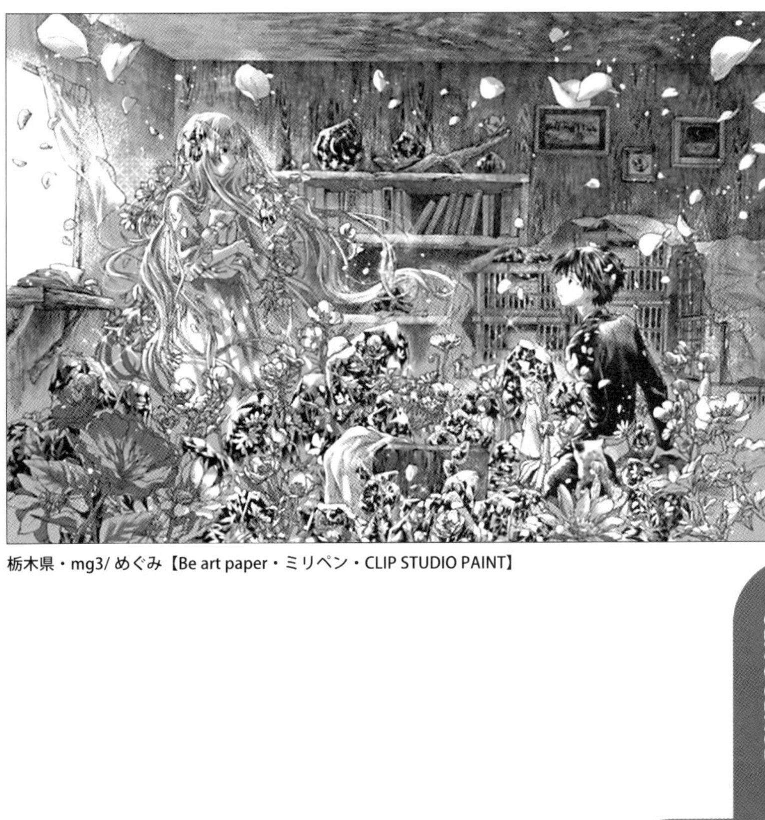

栃木県・mg3/ めぐみ【Be art paper・ミリペン・CLIP STUDIO PAINT】

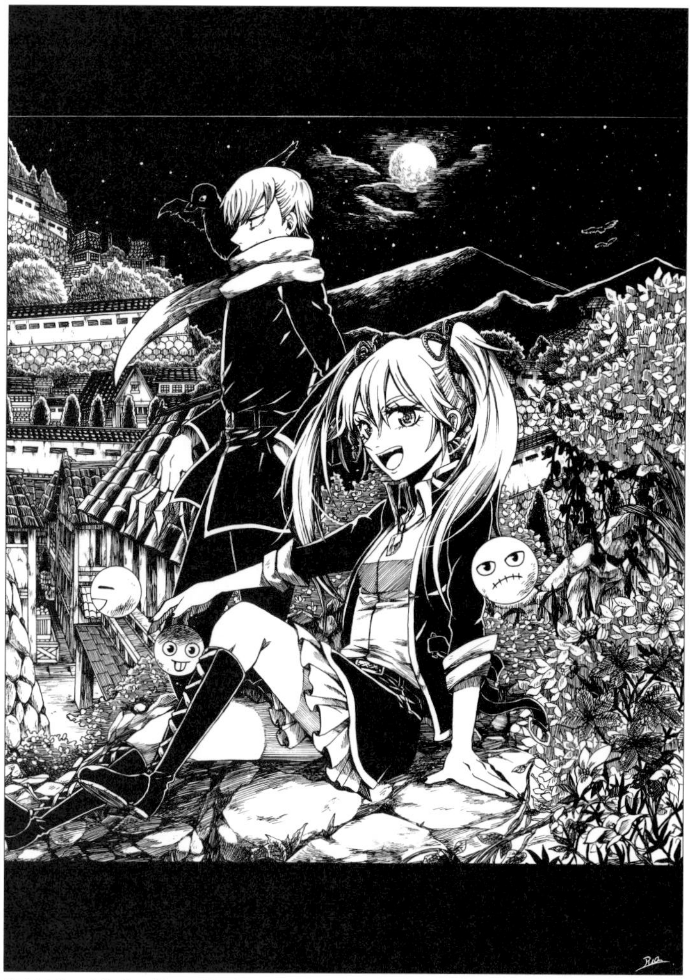

神奈川県・璃緒【I-C 漫画原稿用紙・G ペン・パイロットインキ・コピックマルチライナー・ゼブラマッキー・ゼブラマッキーケア・ミスノンホワイト】

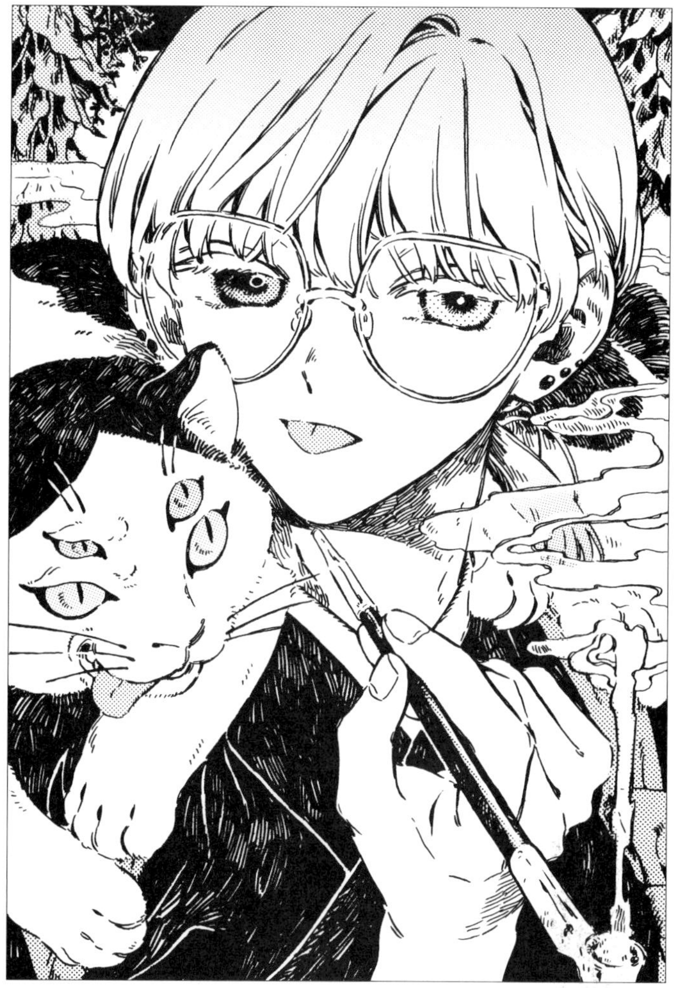

熊本県・ひらき【つけペン・HI-TEC-C・スクリーントーン】

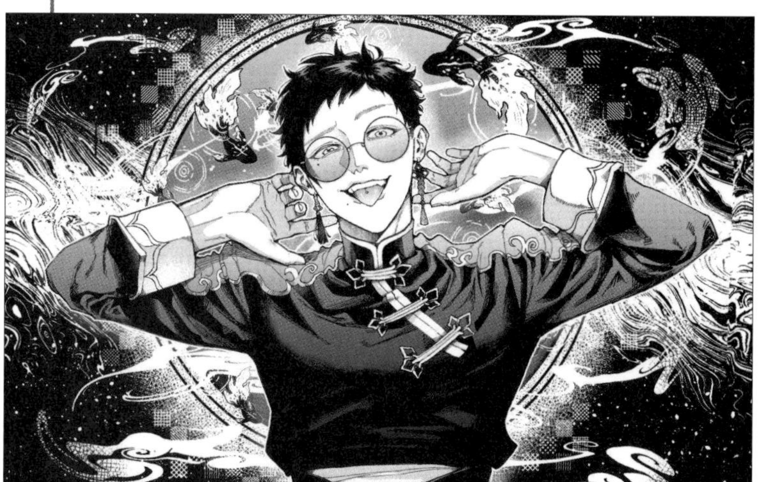

佐賀県・紅葉【CLIP STUDIO PAINT】

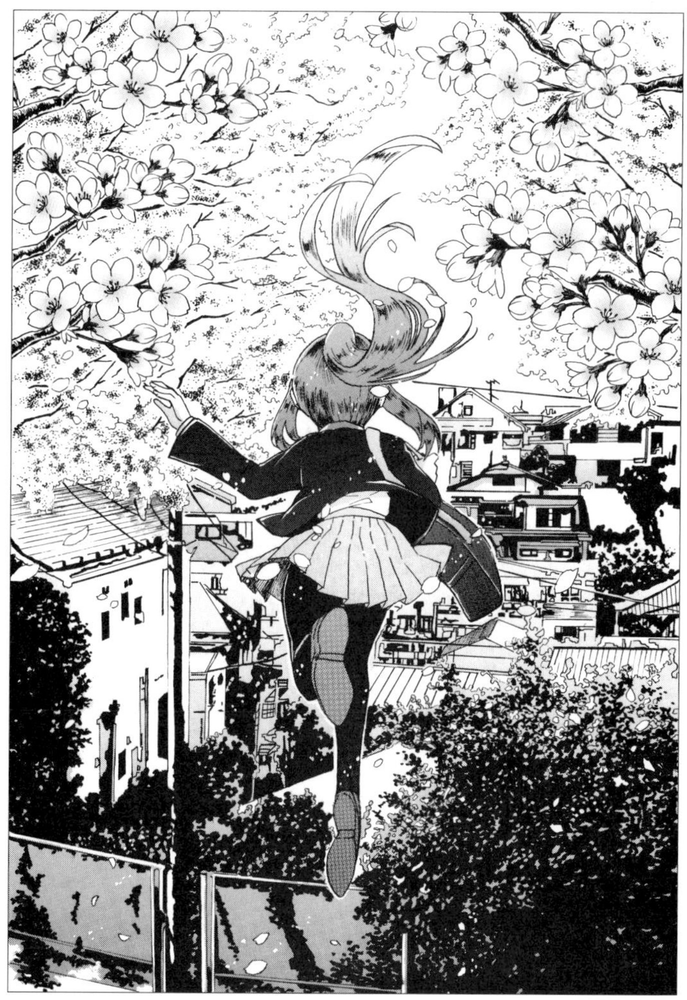

神奈川県・削木・32 歳【ケント紙・証券用インク・スクリーントーン・コピックマルチライナー・シグノ】

東京都・盾甘板

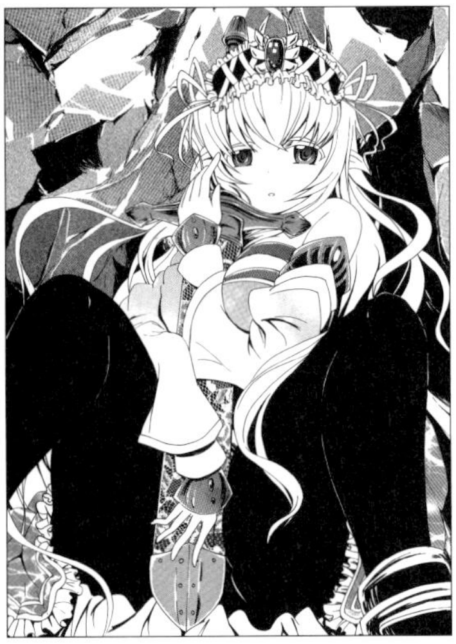

福岡県・ヒサ・42歳

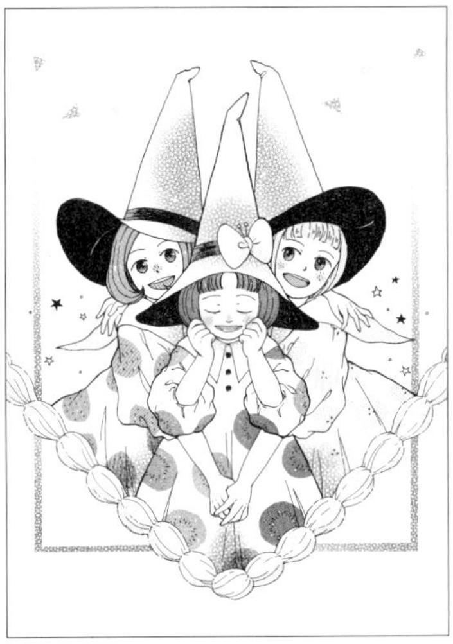

京都府・AYU・11歳

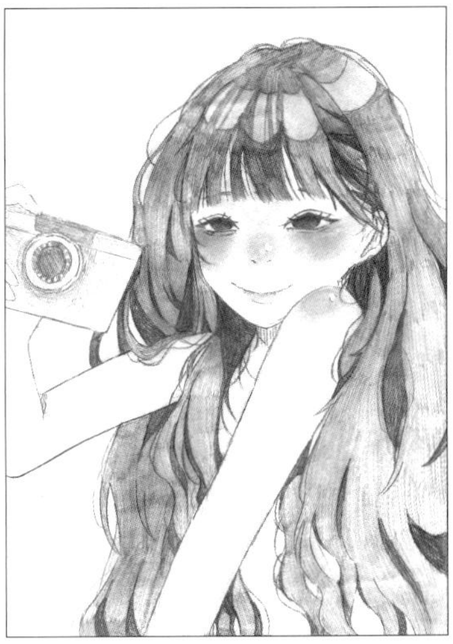

大阪府・ラブバード

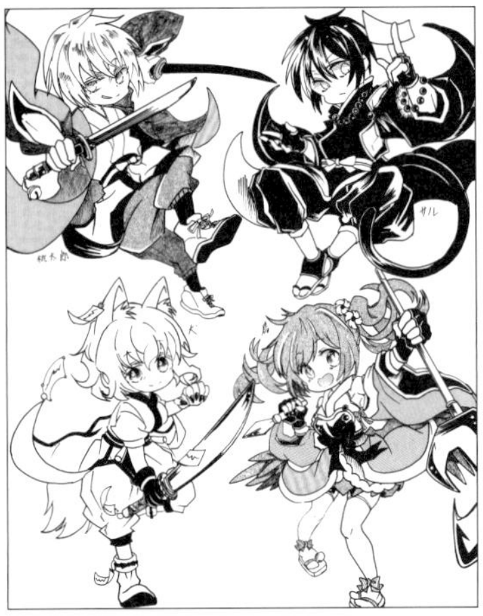

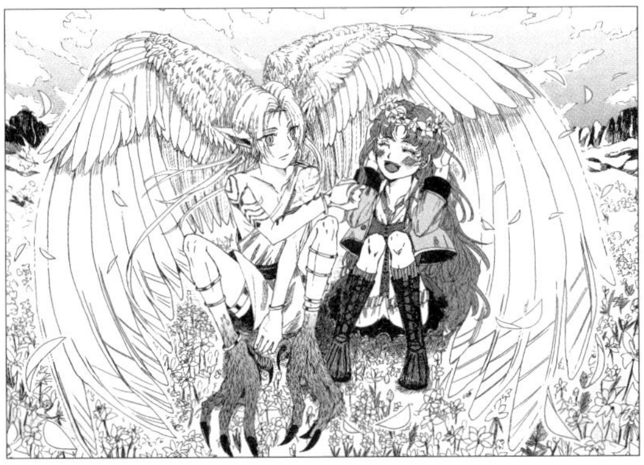

鳥取県・rosyemu

千葉県・前川泉

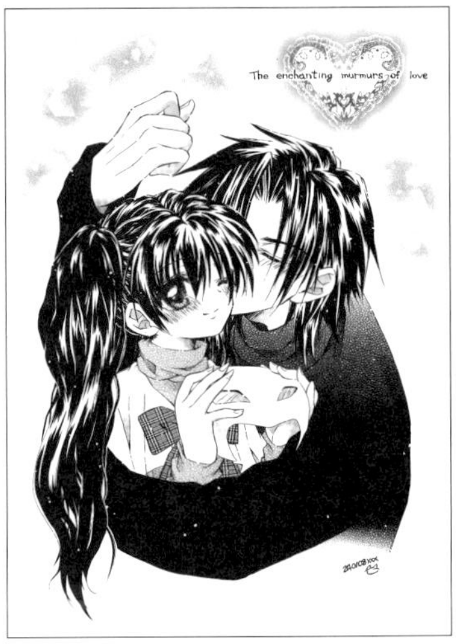

神奈川県・あいおい暦

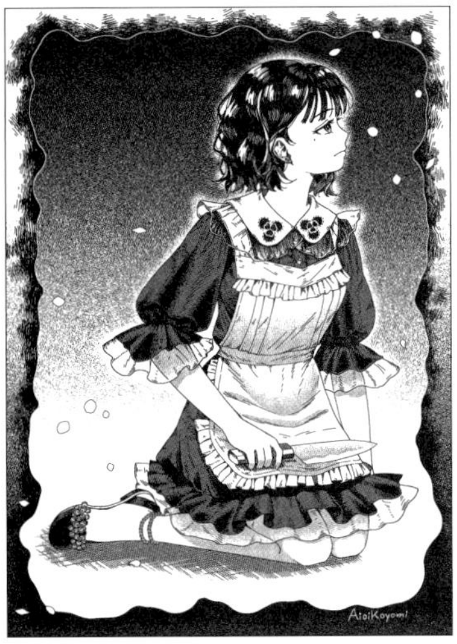

青森県・iki

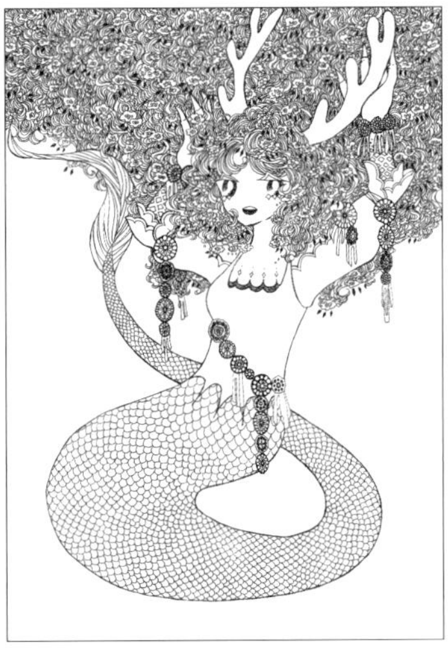

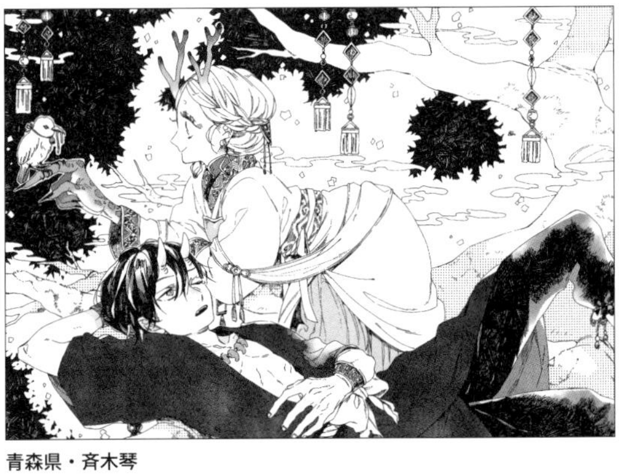

青森県・斉木琴

群馬県・来栖彰

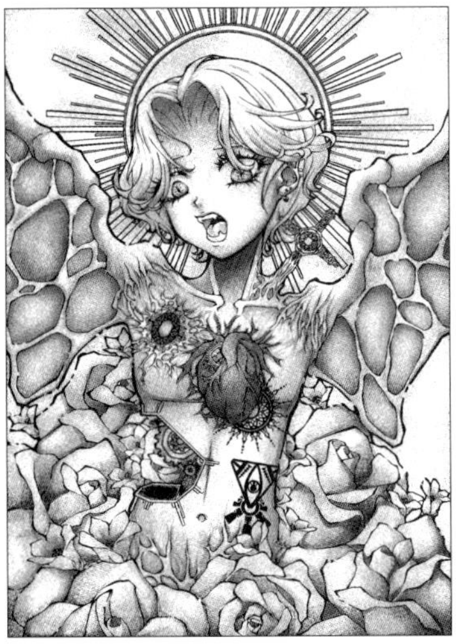

滋賀県・真田しろ

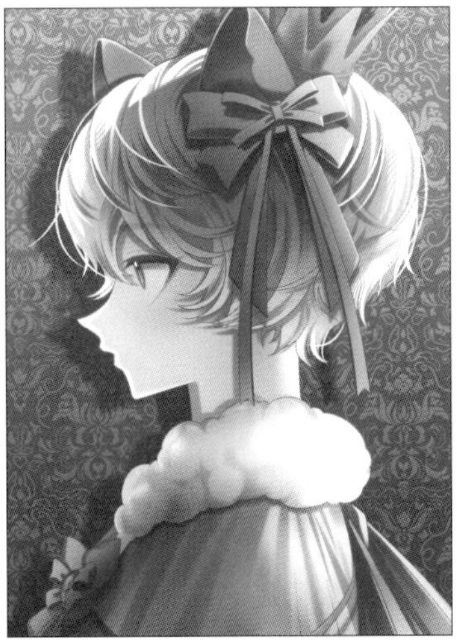

福岡県・小鳥遊蓼丸・19歳

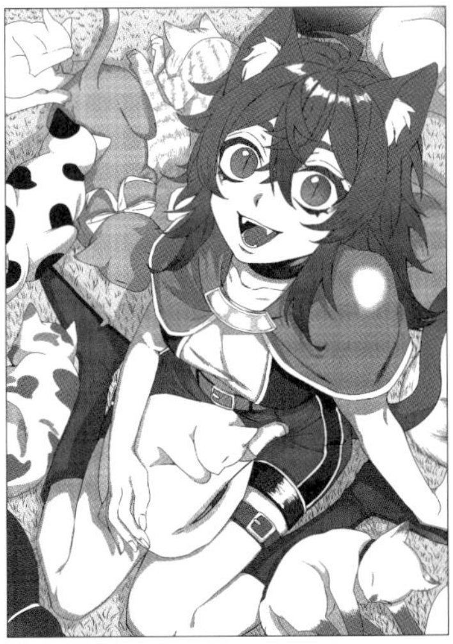

大阪府・融月りる

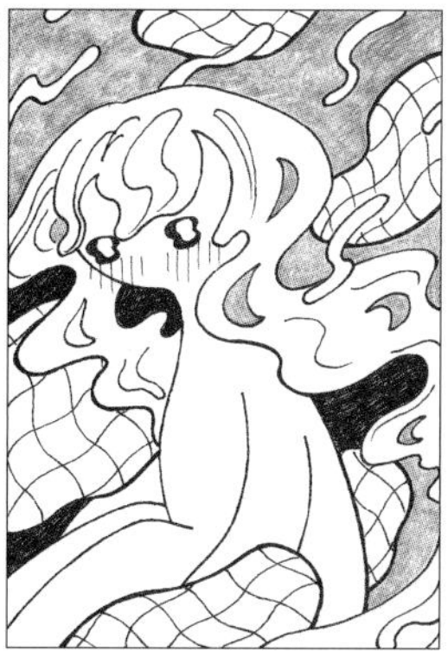

山形県・しずむりり

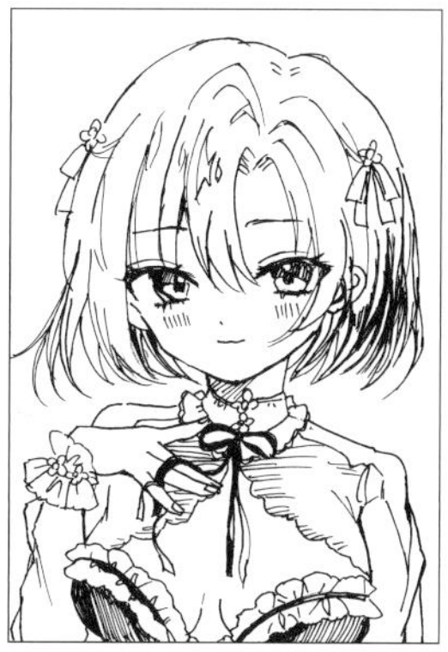

兵庫県・つむり

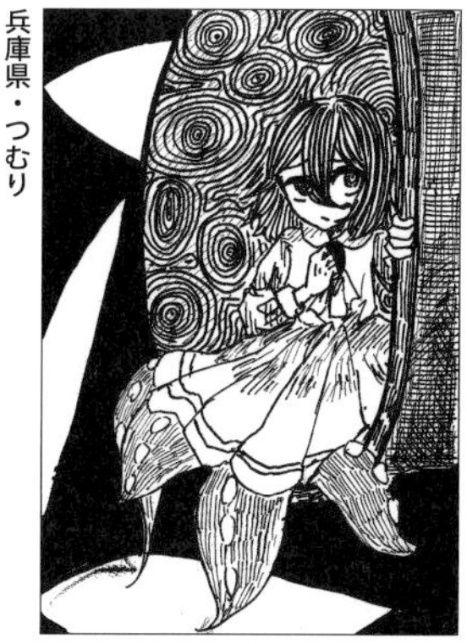

愛知県・つむジロ

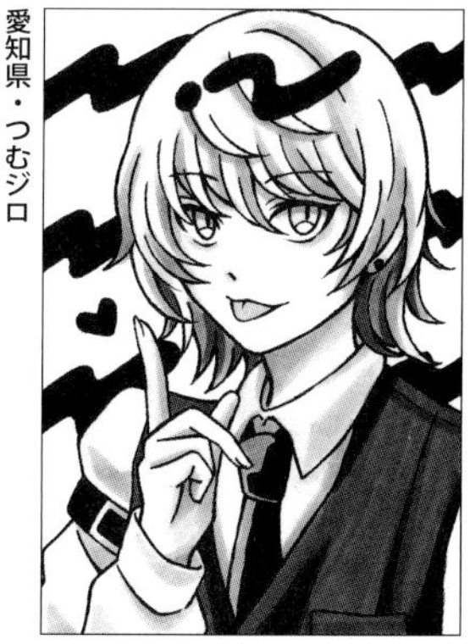

岐阜県・越智早苗

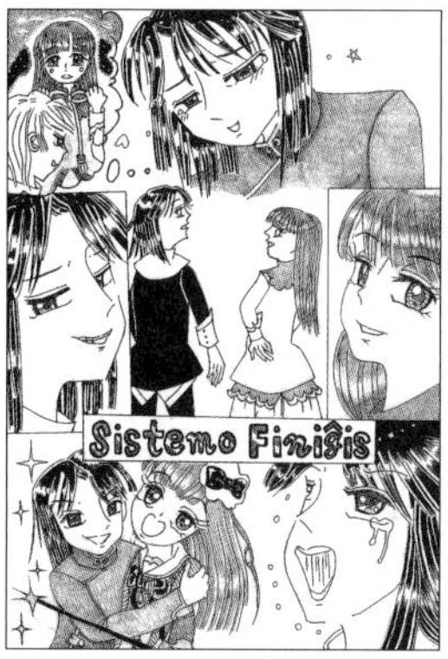

福島県・Azzurro.

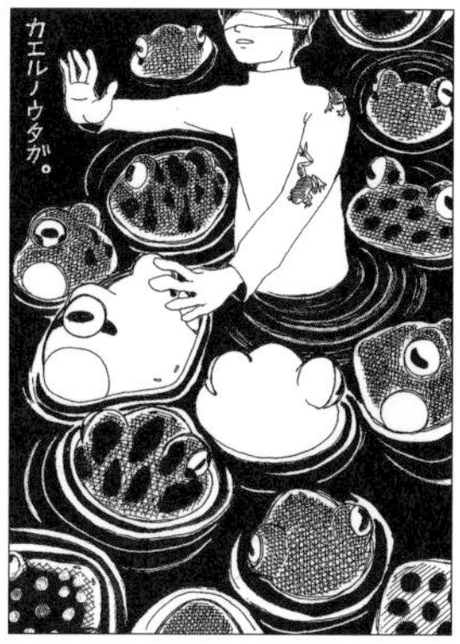

岡山県・のりあき・16歳

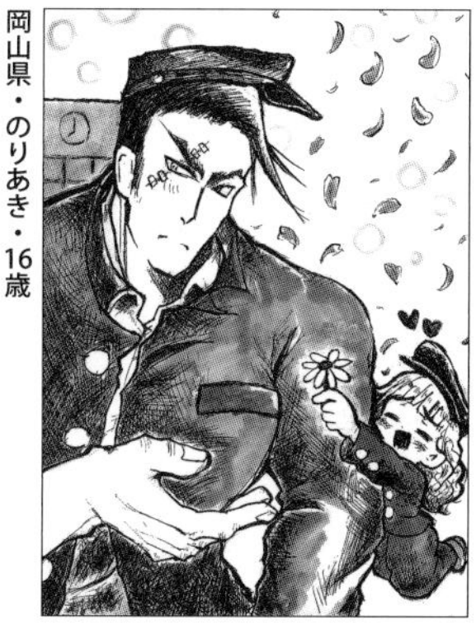

栃木県・MOONSTAR

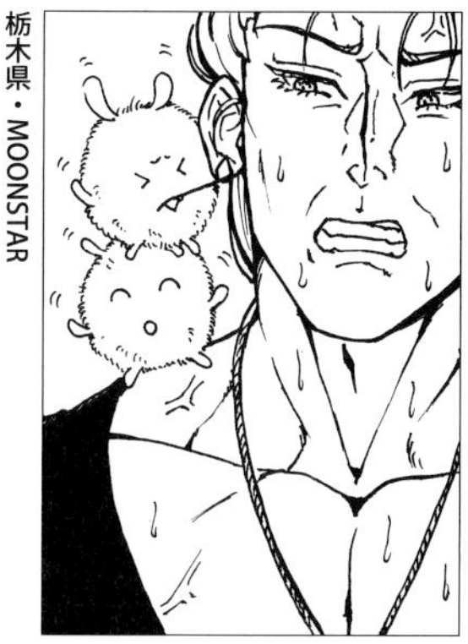

宮崎県・ねむりぷか・12歳

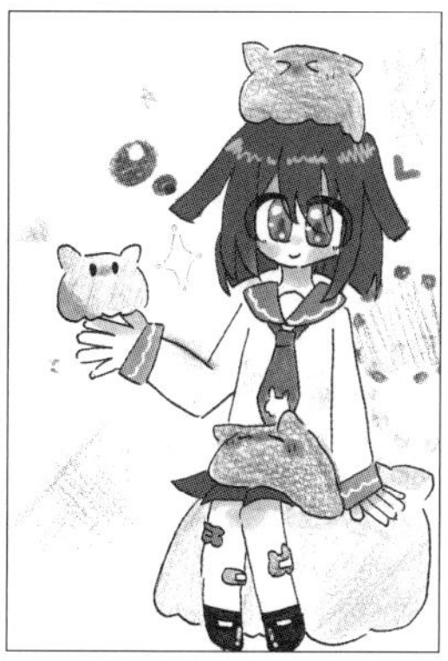

新潟県・色

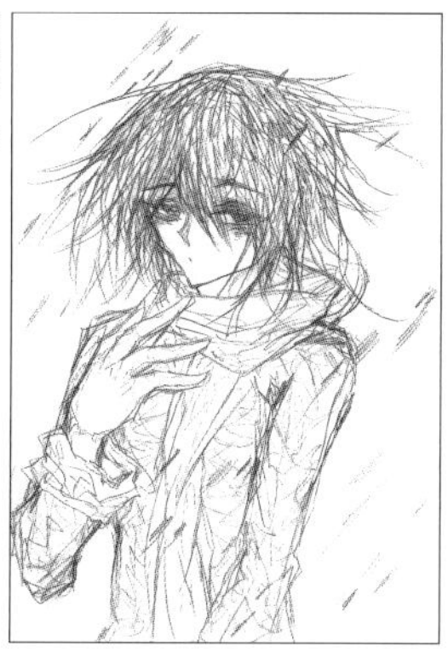

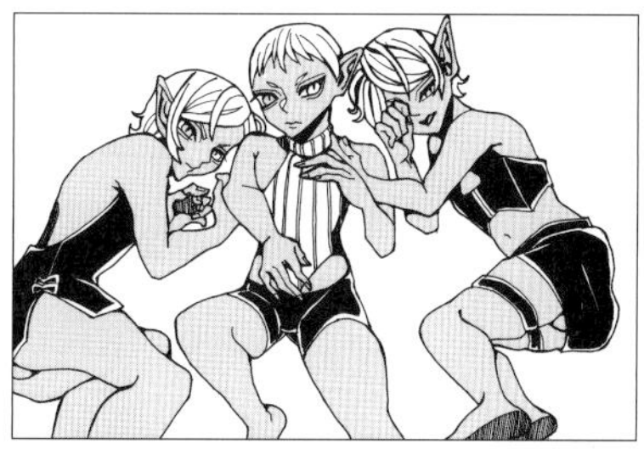

長崎県・橘らのま

東京都・空弓

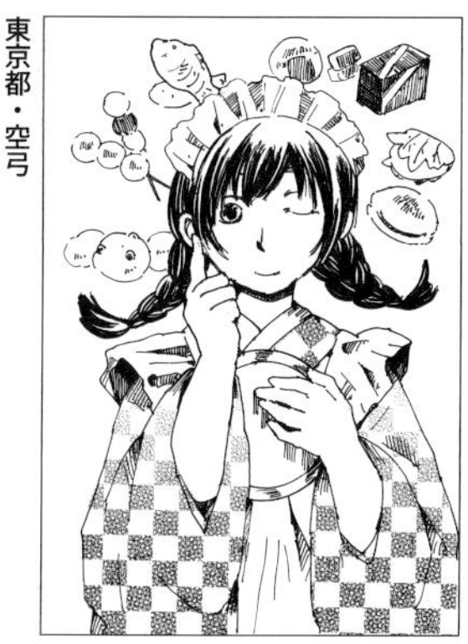

北海道・鰹亀

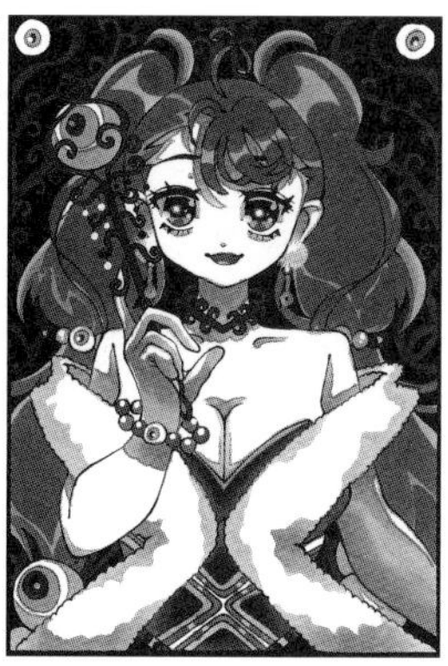

福岡県・梅田

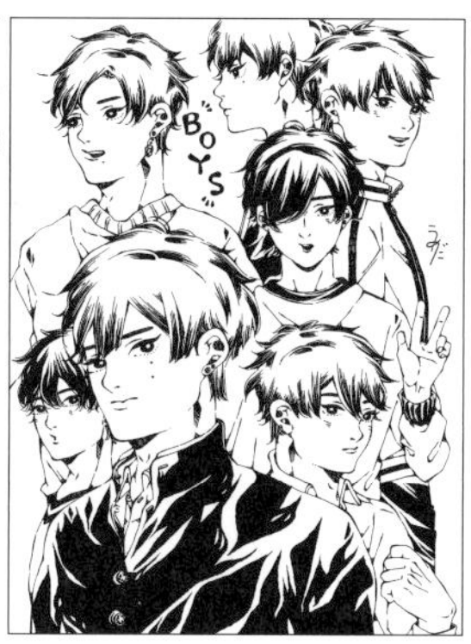

福岡県・まがり竹

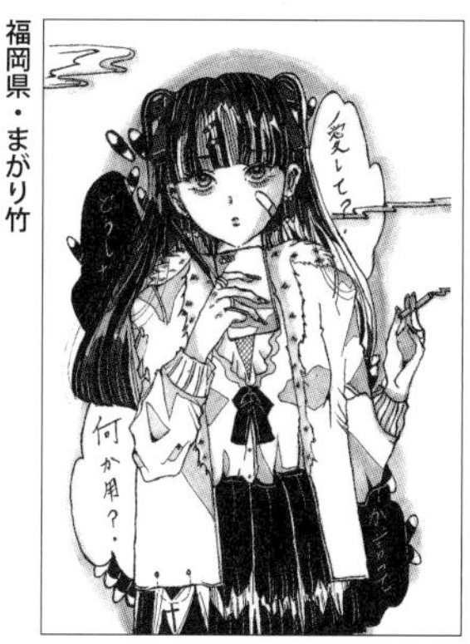

千葉県・橘世海

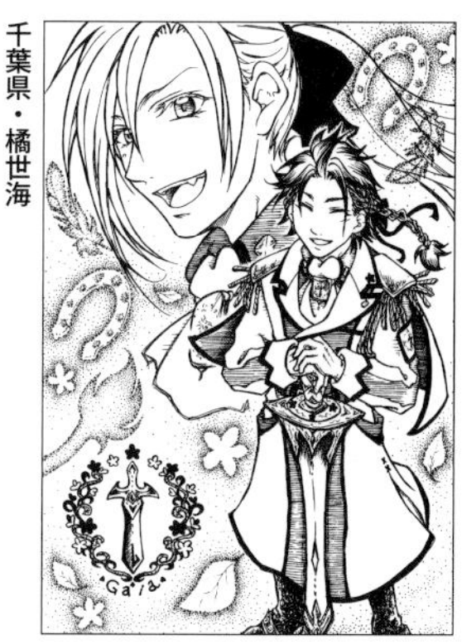

愛知県・瑠璃萩

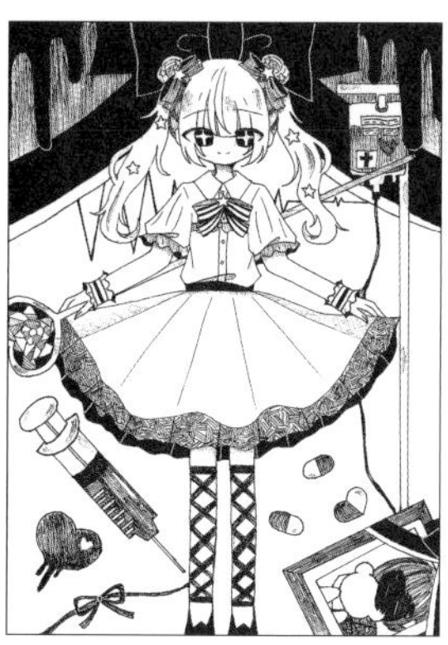

静岡県・白露憂

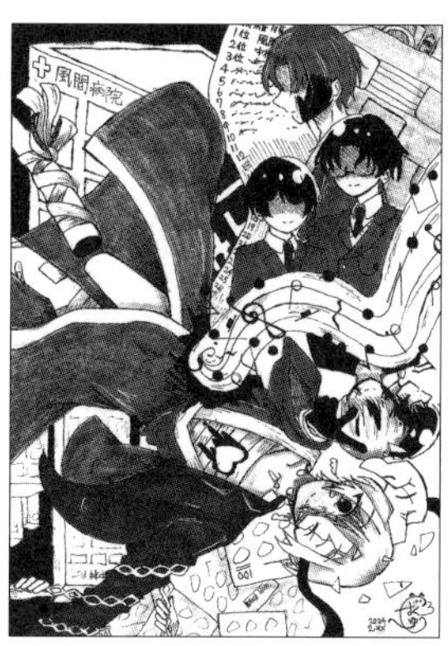

群馬県・RB

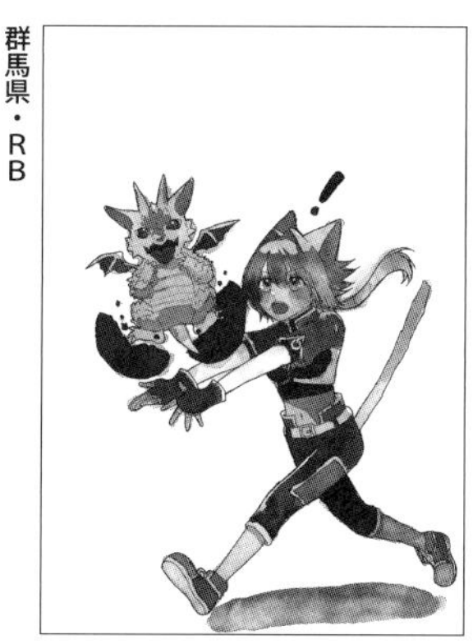

神奈川県・余波・13歳

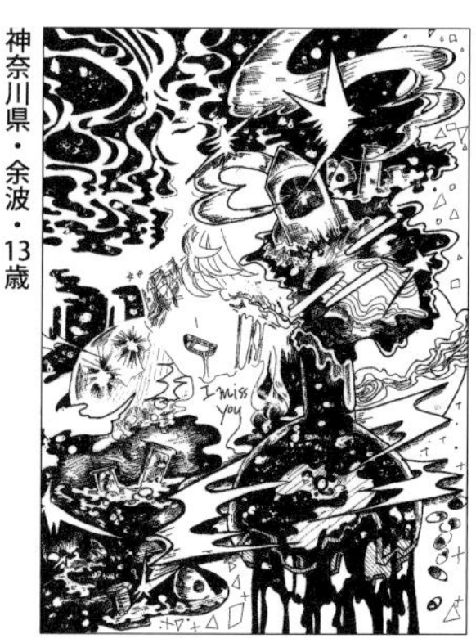

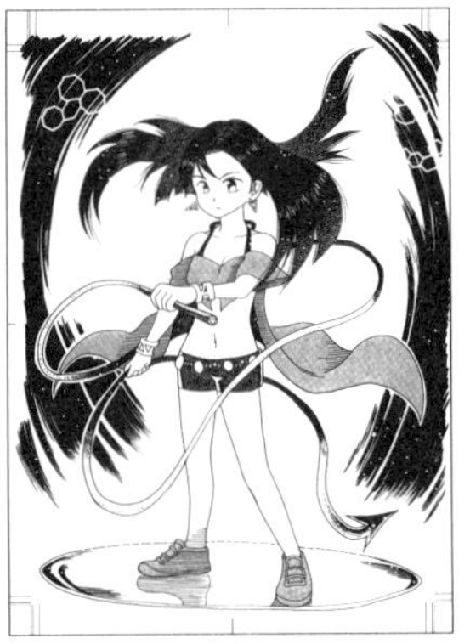
東京都・泉谷

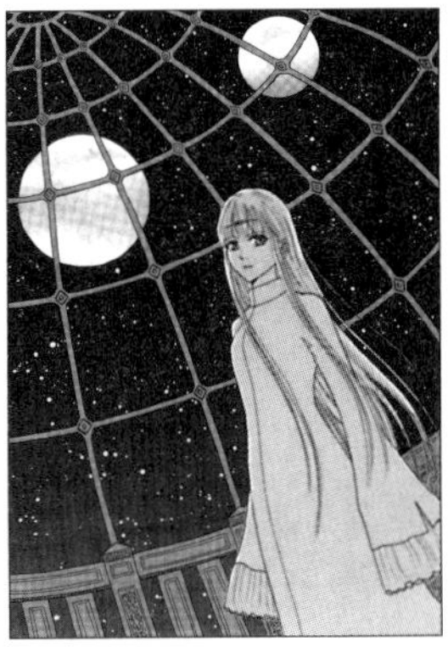
京都府・高田幸緒

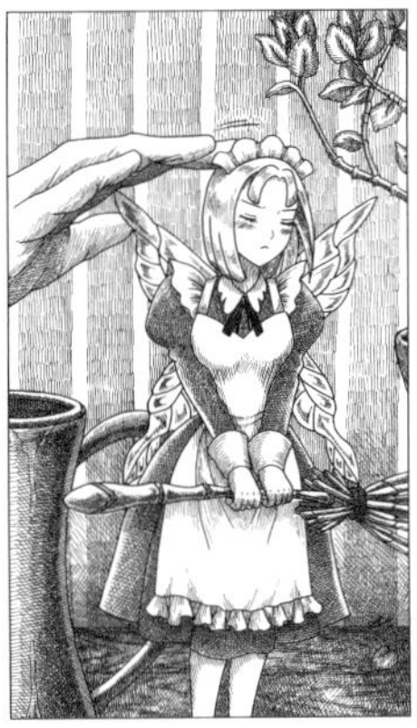
北海道・木村マ衣

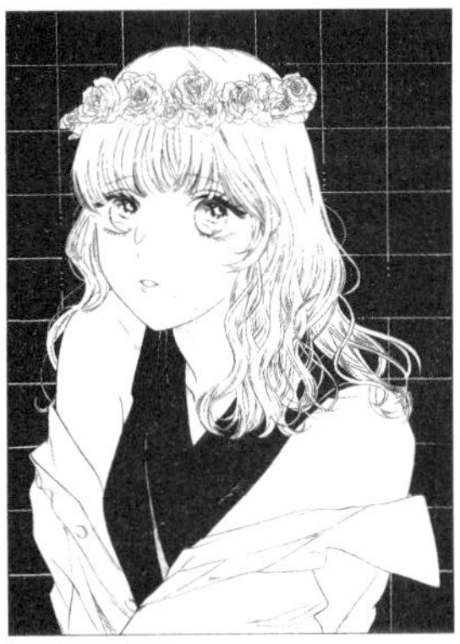
広島県・遥川かすみ

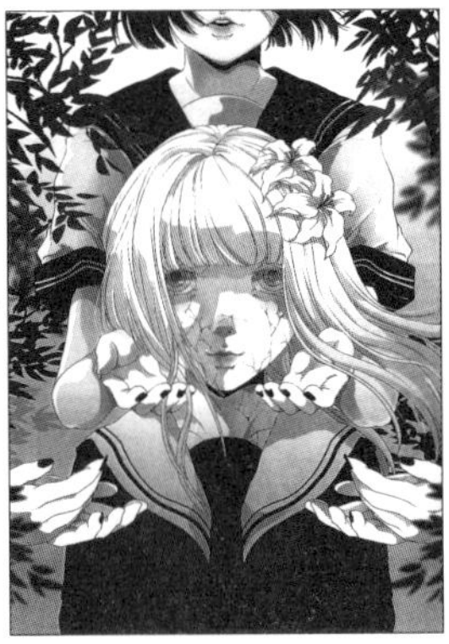
大阪府・まゆすけ・31歳

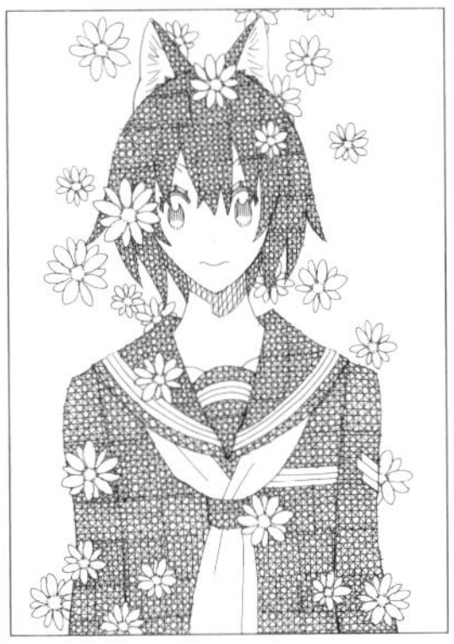
大阪府・棚田

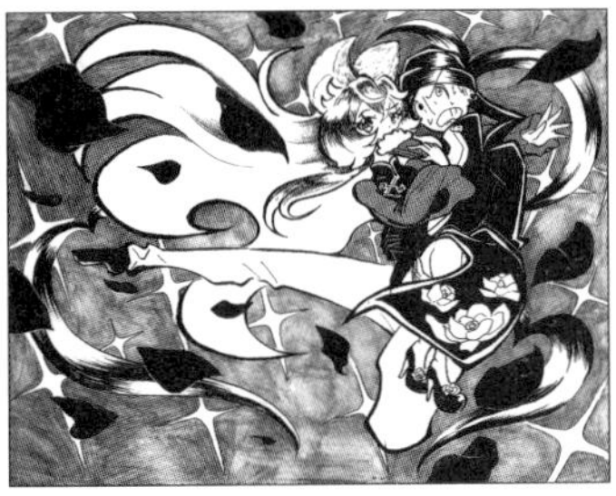
秋田県・とづき

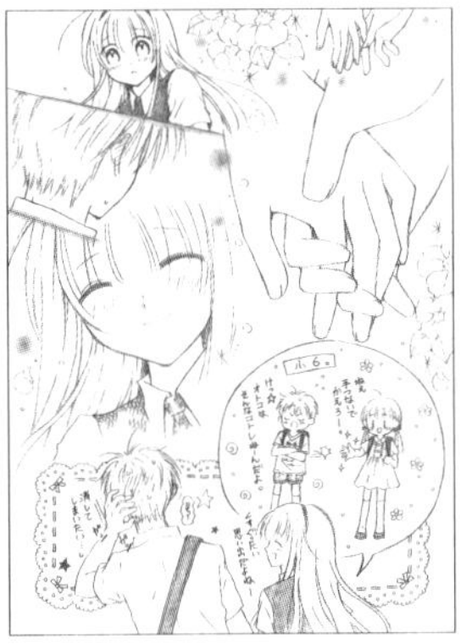
茨城県・あおいみう

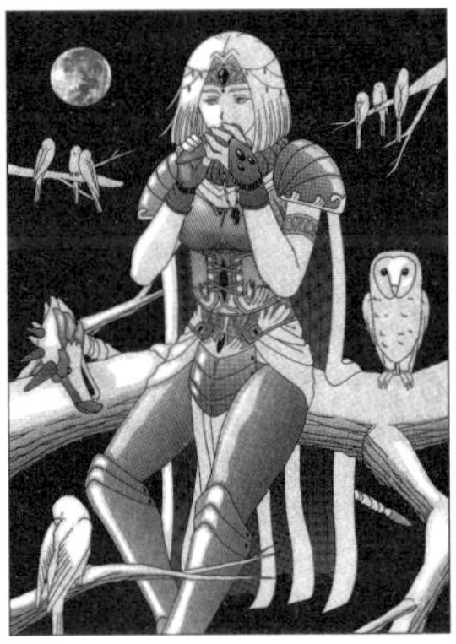
長野県・紅朱雀

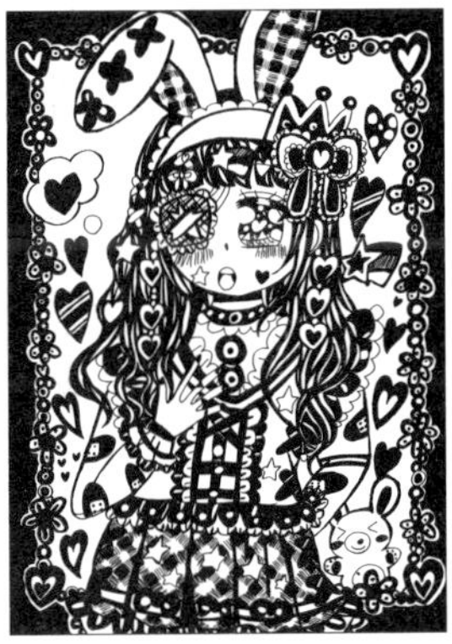
東京都・ひろくまひろみ

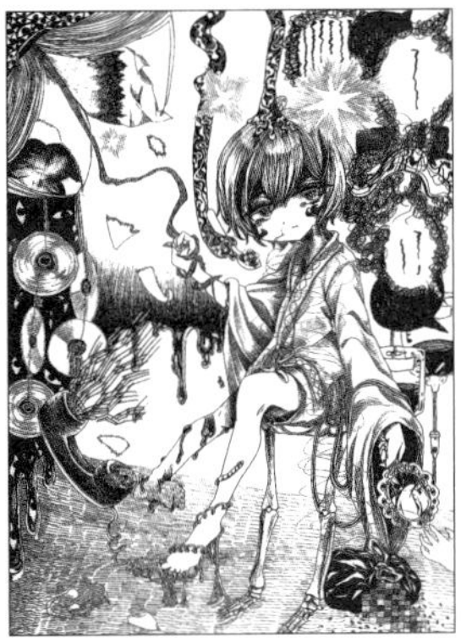
鹿児島県・ごまたに・14歳

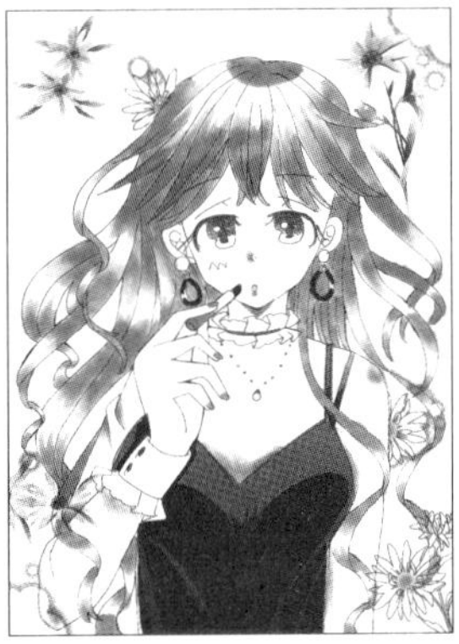
長野県・谷川りおん

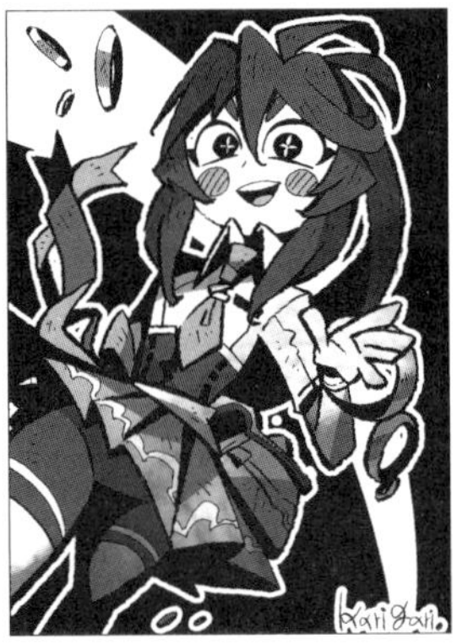
東京都・かりがり

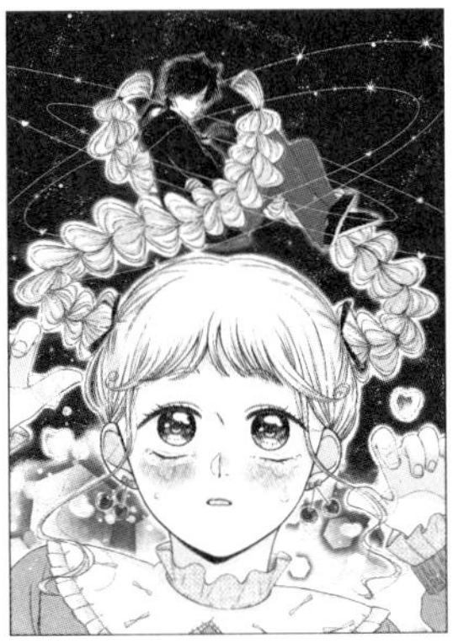
佐賀県・うさみ・18歳

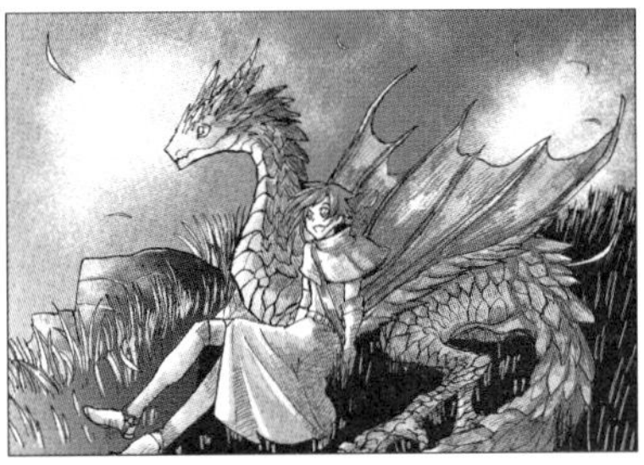
福岡県・鴉龍・19歳

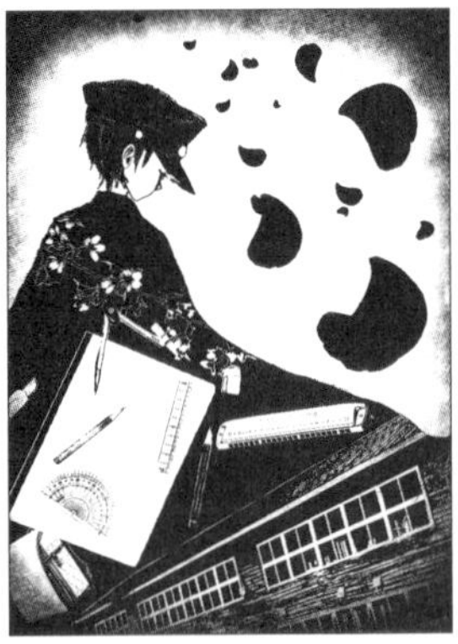
宮城県・Blue S

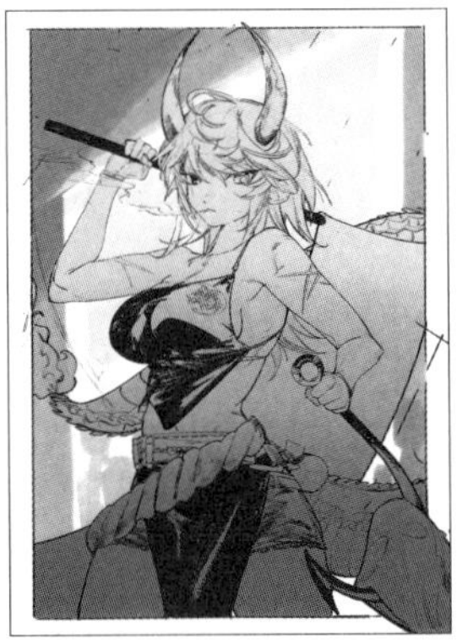
福島県・はたけ

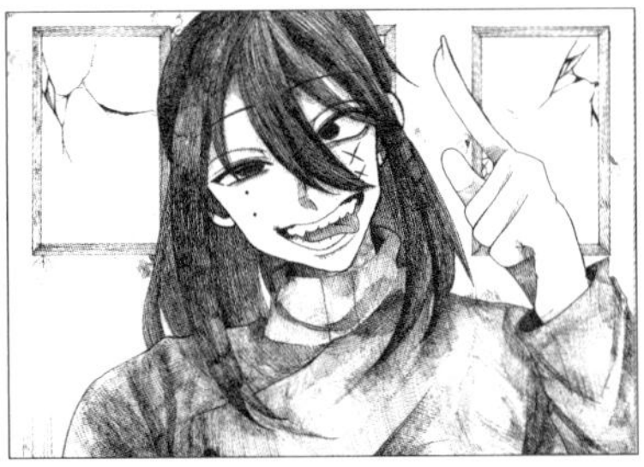
滋賀県・花月穂汰琉・17歳

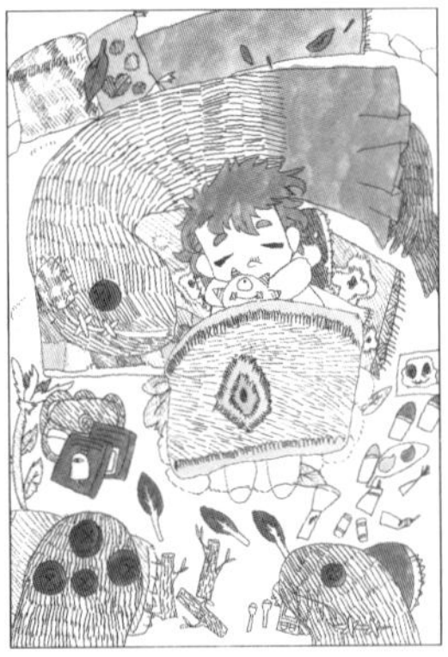
東京都・つぶまる・8歳

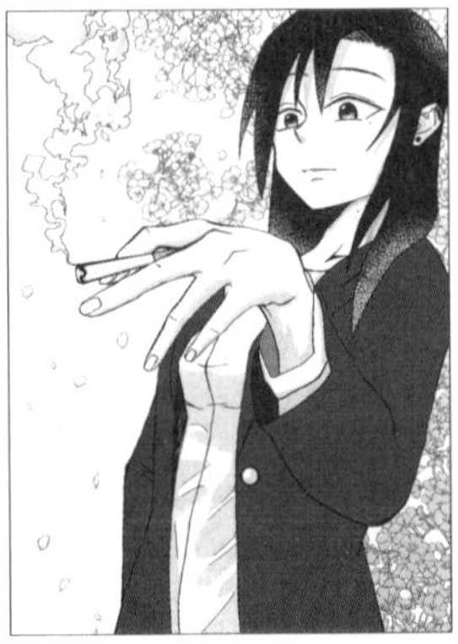
福岡県・けーけー

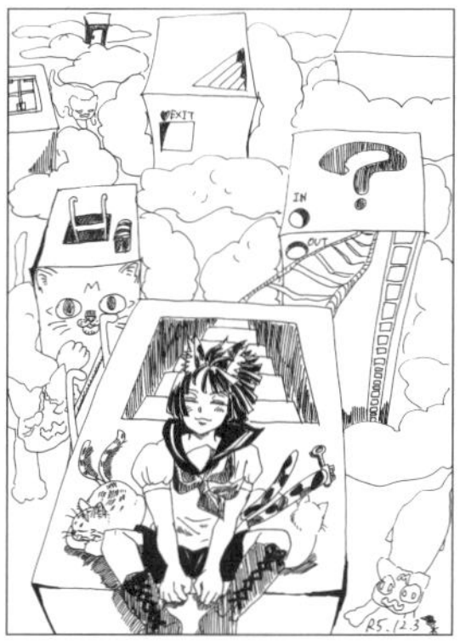
岩手県・あひるフロスト

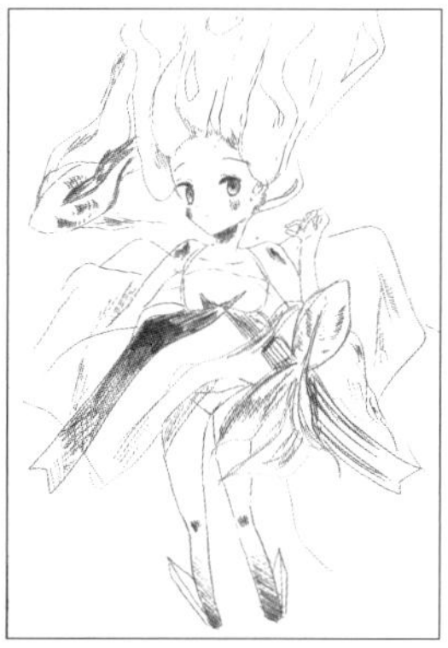
新潟県・ふぶき

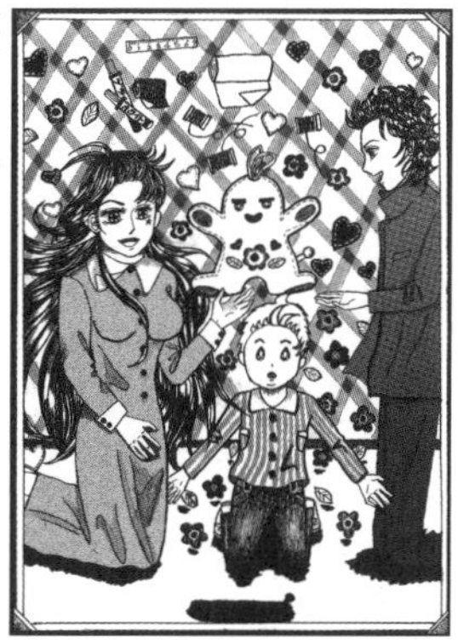
広島県・貴紀

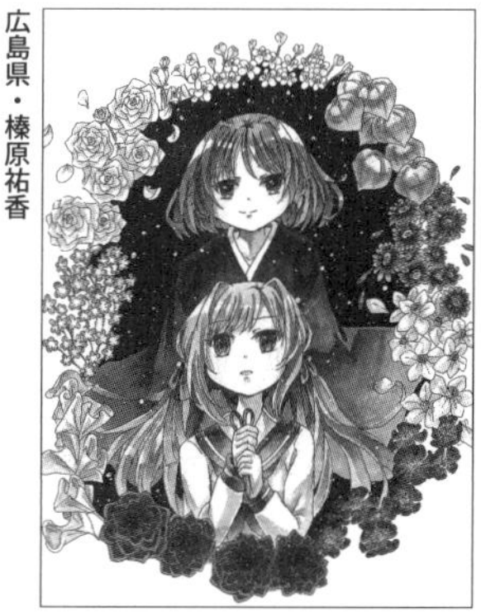
広島県・榛原祐香

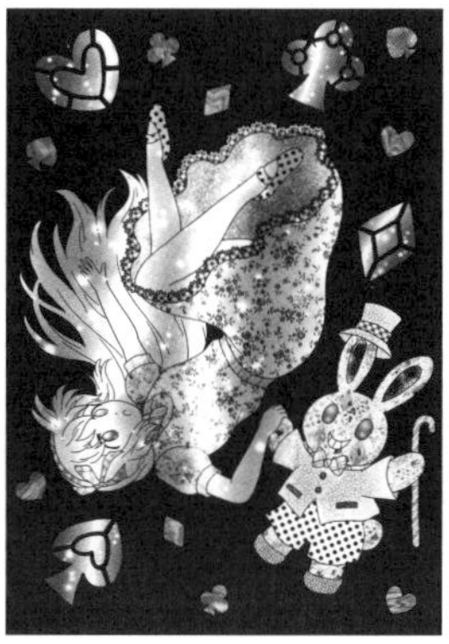
東京都・三田由子

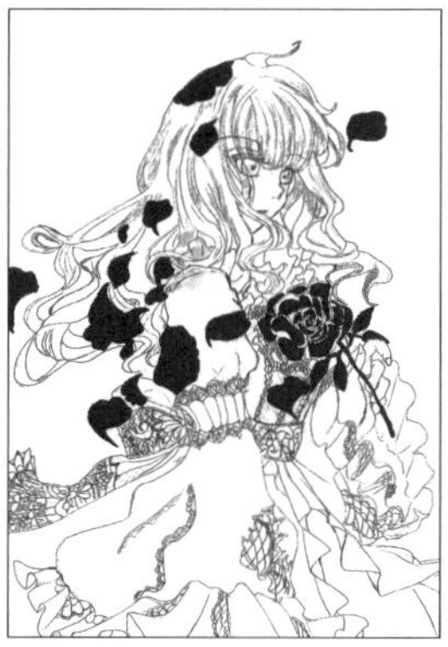
東京都・高野鈴蘭・23歳

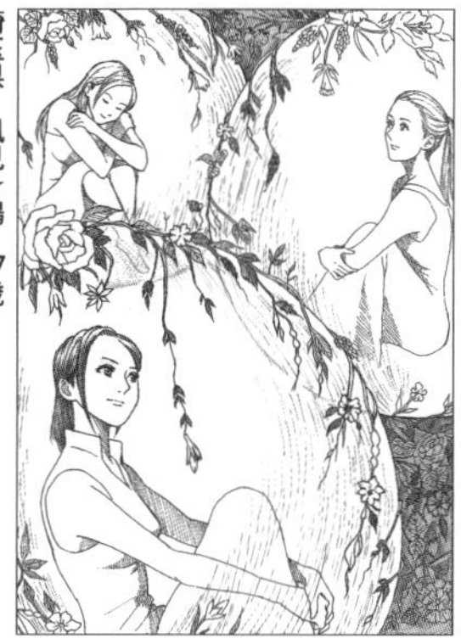
埼玉県・風見☆鶏・67歳

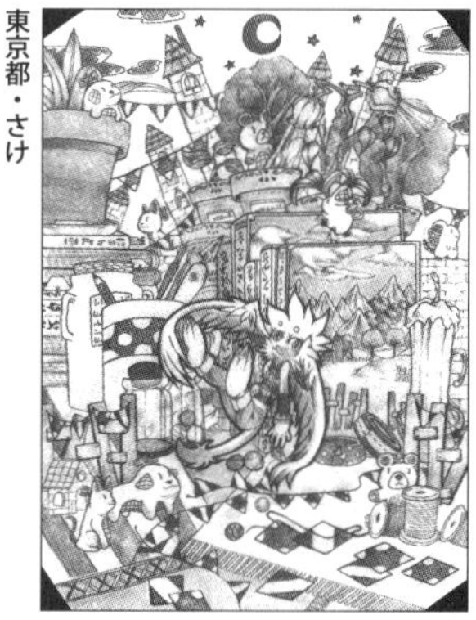
東京都・さけ

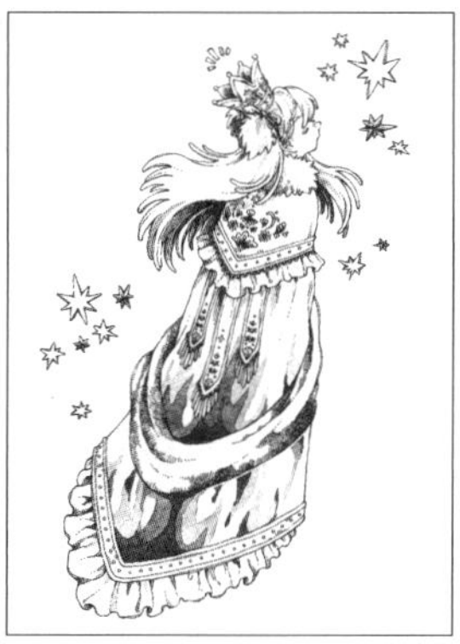
福岡県・七瀬なごり

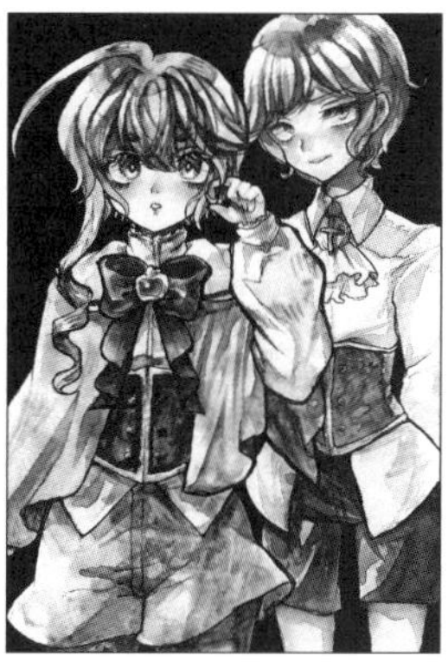
埼玉県・皆見成海

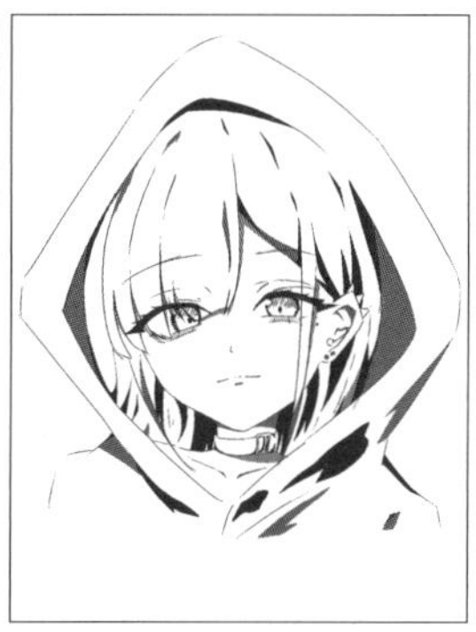
福島県・りきゅうる

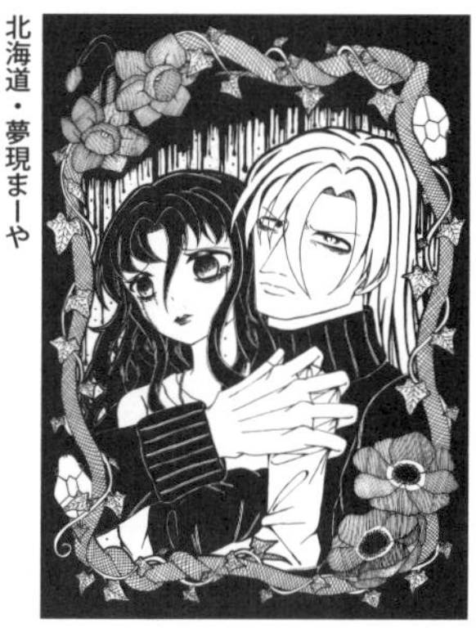
北海道・夢現まーや

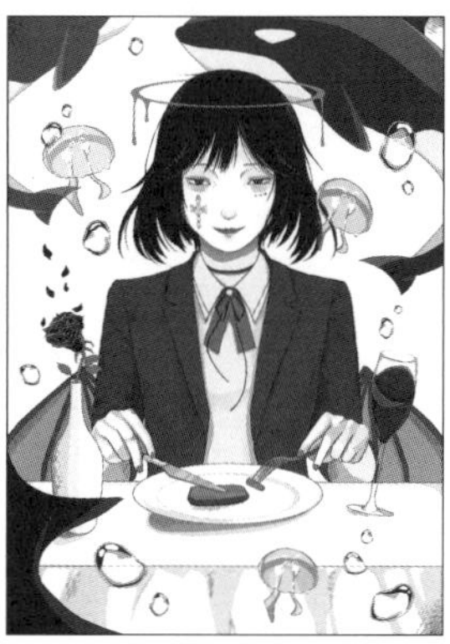
熊本県・未明欄・16歳

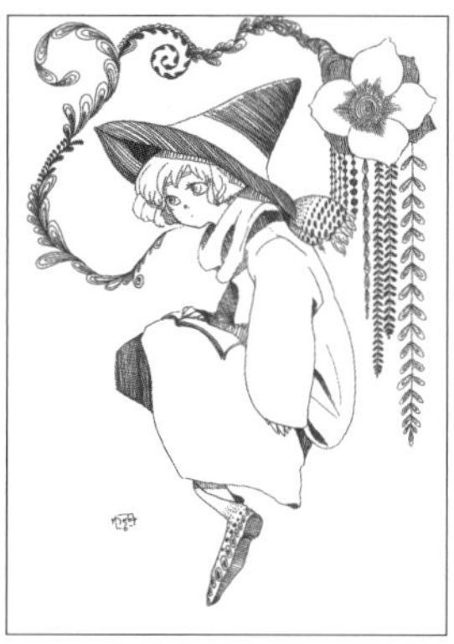
東京都・猫六・41歳

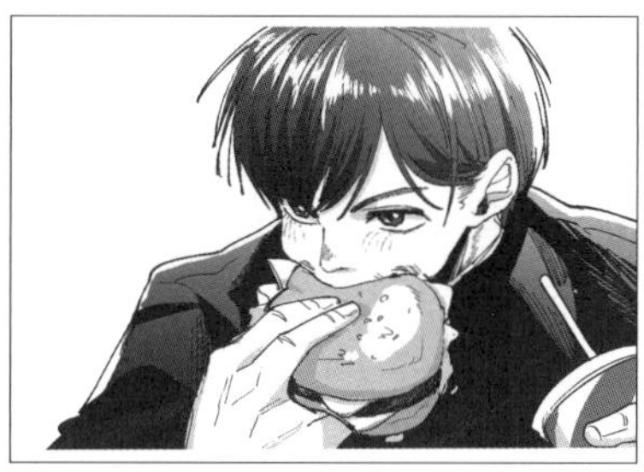
福島県・すすす・23歳

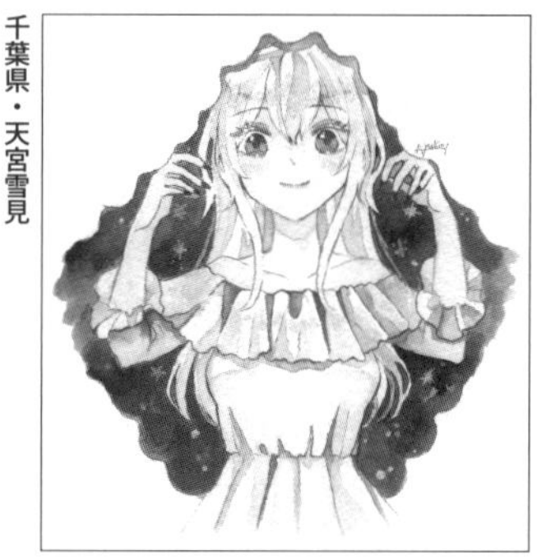
千葉県・天宮雪見

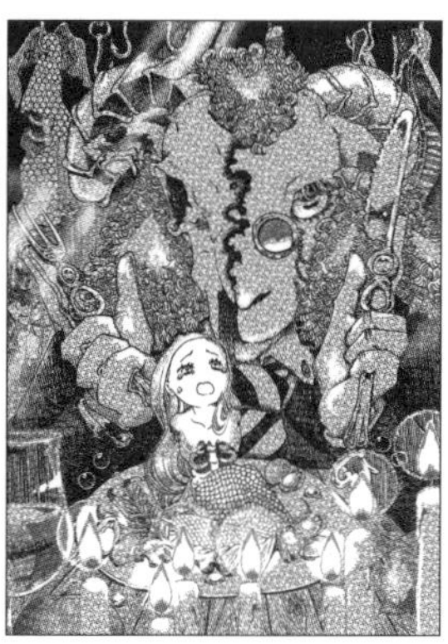
千葉県・林檎椿

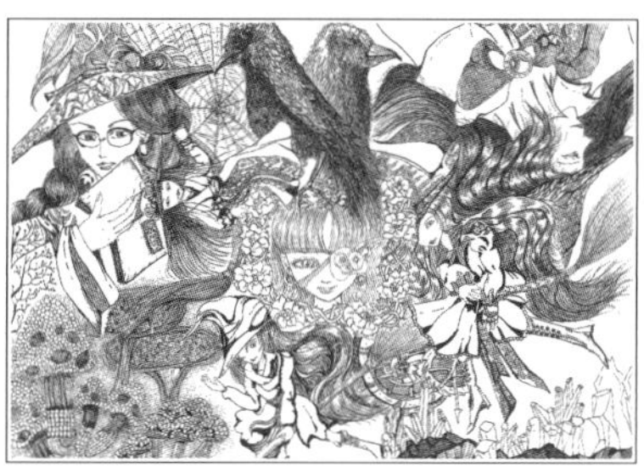
埼玉県・クレマチス

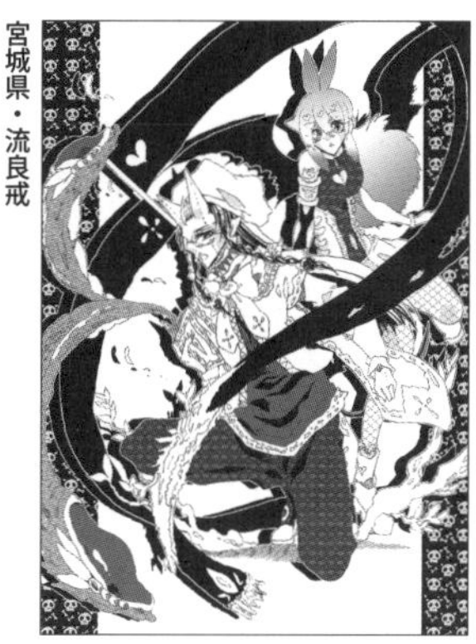
宮城県・流良戒

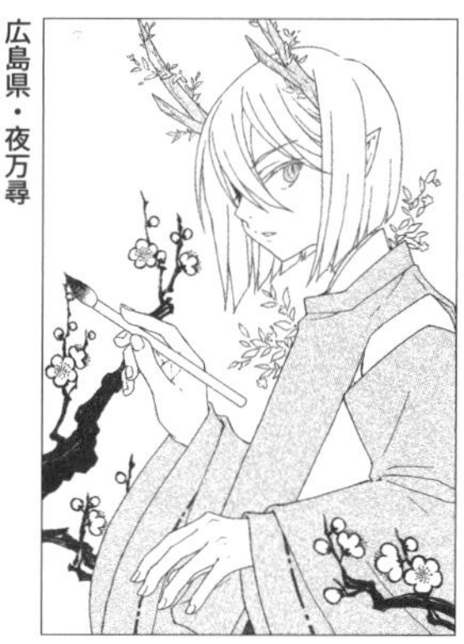
広島県・夜万尋

SEA S SELECT 「お気に入りの衣装」

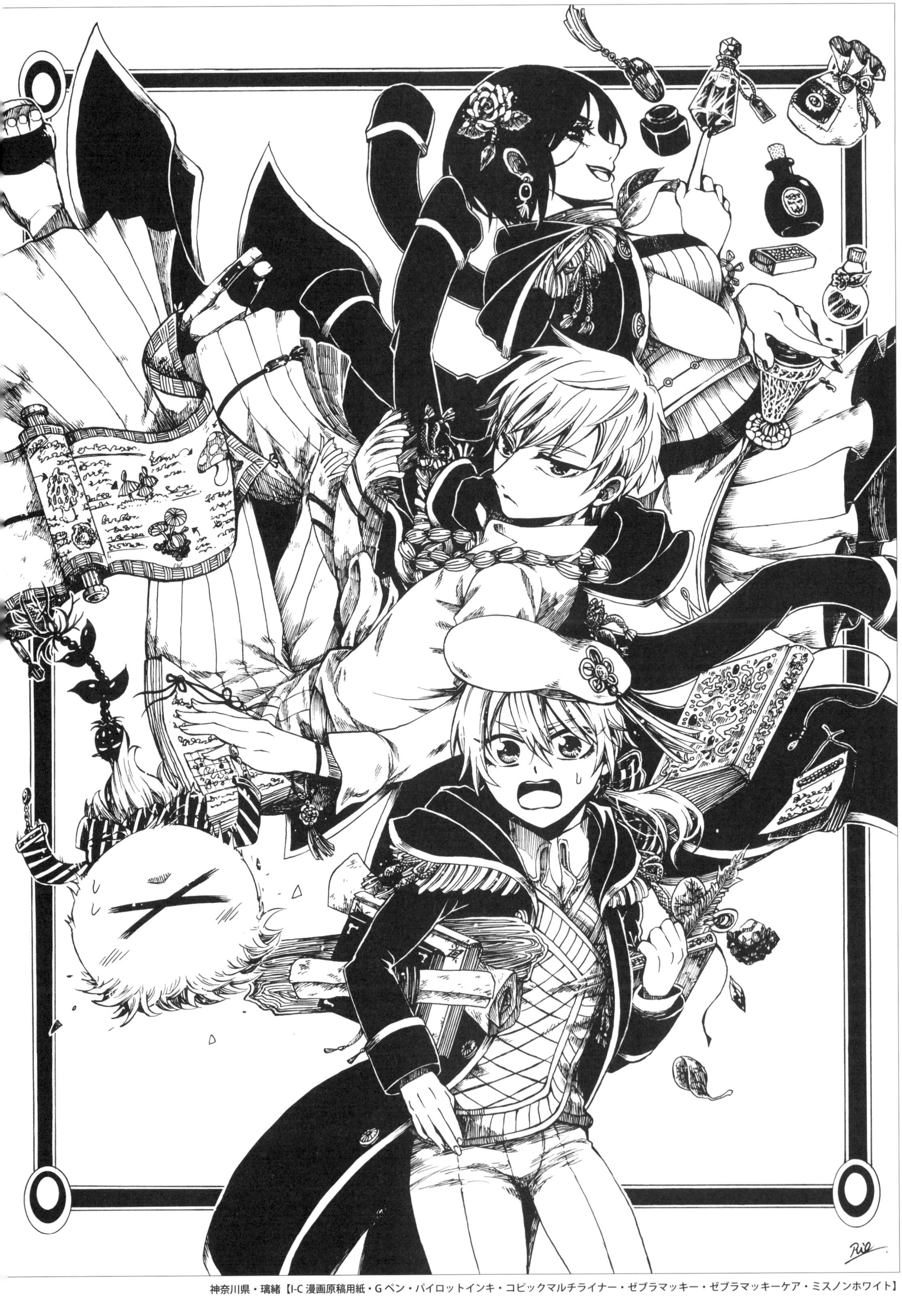

神奈川県・璃緒【I-C 漫画原稿用紙・G ペン・パイロットインキ・コピックマルチライナー・ゼブラマッキー・ゼブラマッキーケア・ミスノンホワイト】

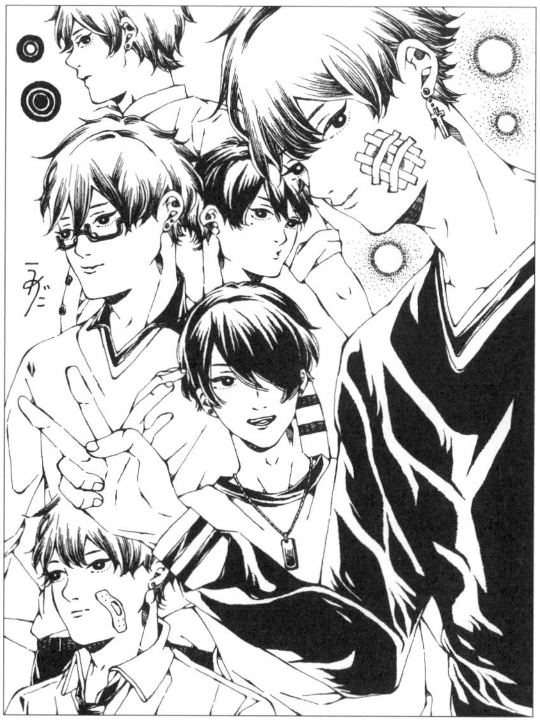

福岡県・梅田【マルマンスケッチブック・Hi-TEC-C/0.25・筆ペン・Hybrid】

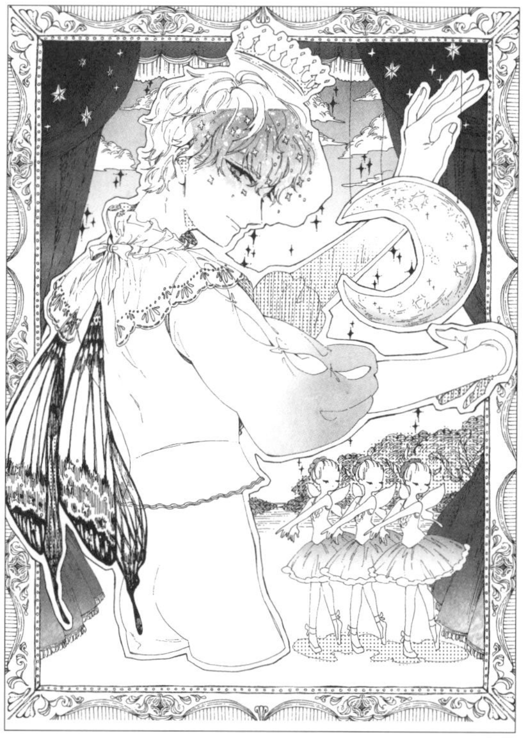

青森県・斉木琴【uni-ball signo/0.28 ブラック】

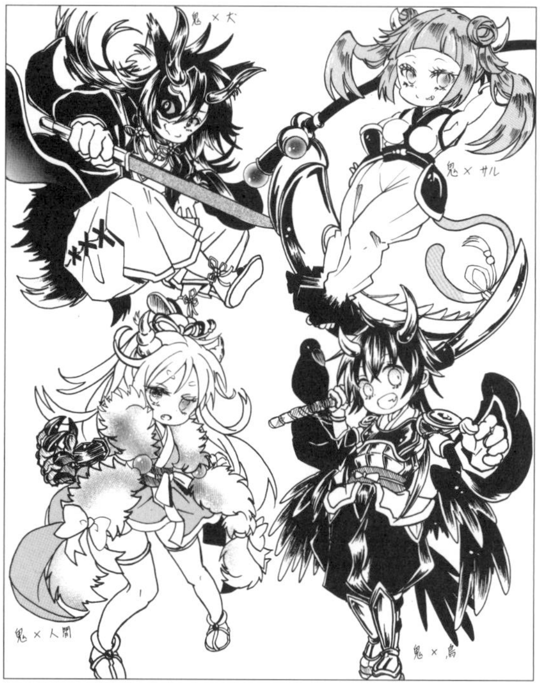

大阪府・ラブバード【マンガ原稿用紙・スクリーントーン・コピックマルチライナー・ホワイト】

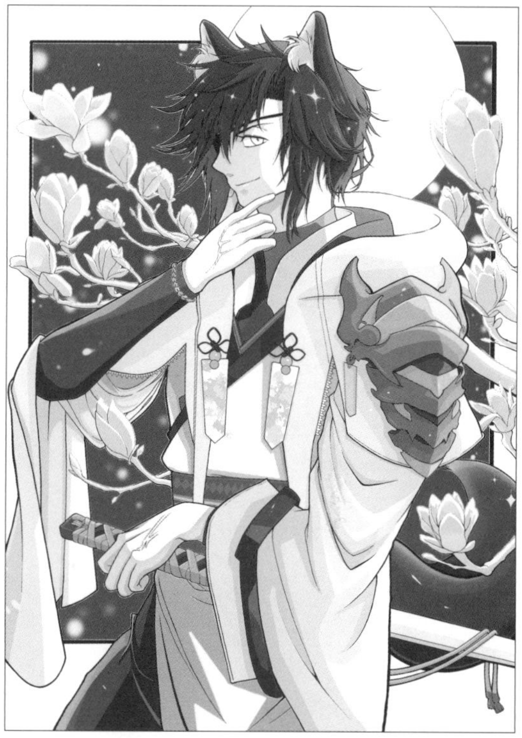

鹿児島県・ハゲヅラ・42歳【CLIP STUDIO PAINT PRO】

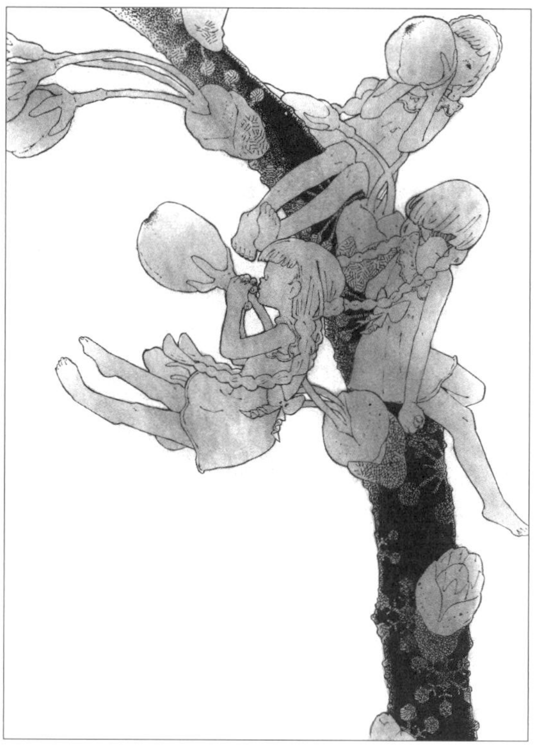

岐阜県・ずめ子【丸ペン・ミリペン・鉛筆・ミューズマンガ原稿用紙】

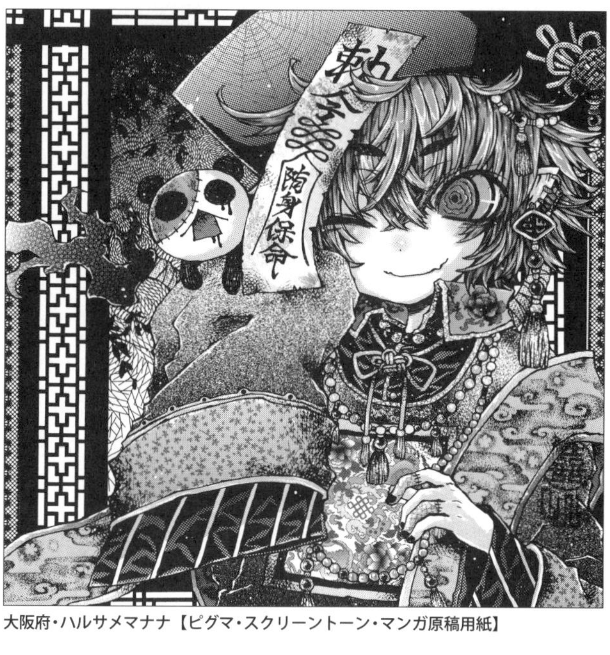

大阪府・ハルサメマナナ【ピグマ・スクリーントーン・マンガ原稿用紙】

長崎県・橘らのま

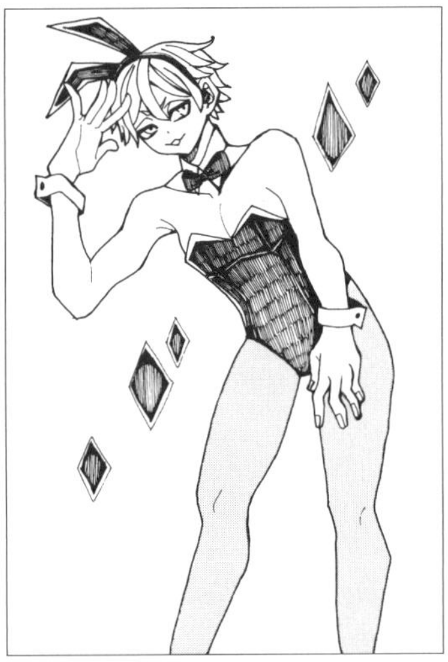

宮城県・Nio

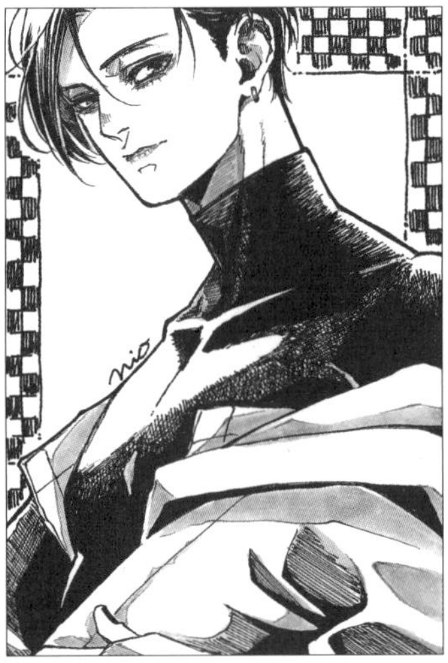

埼玉県・Yu-Sa

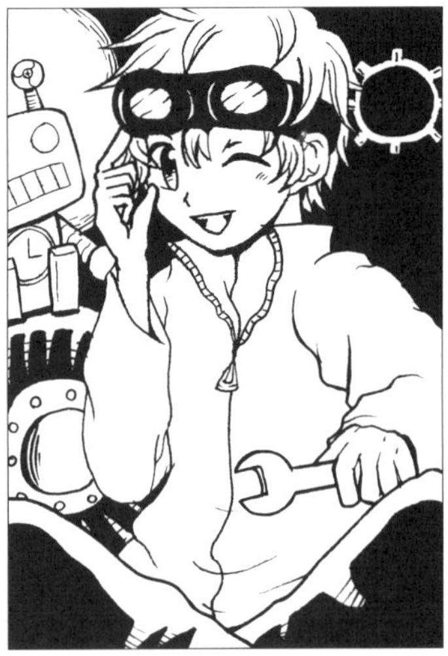

神奈川県・削木・32歳

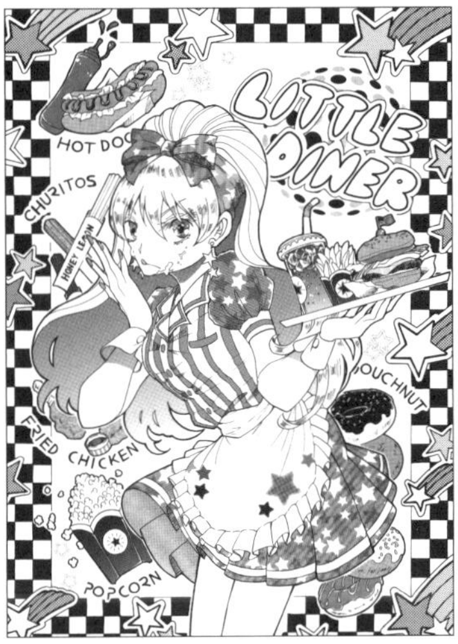

岡山県・のりあき・16歳

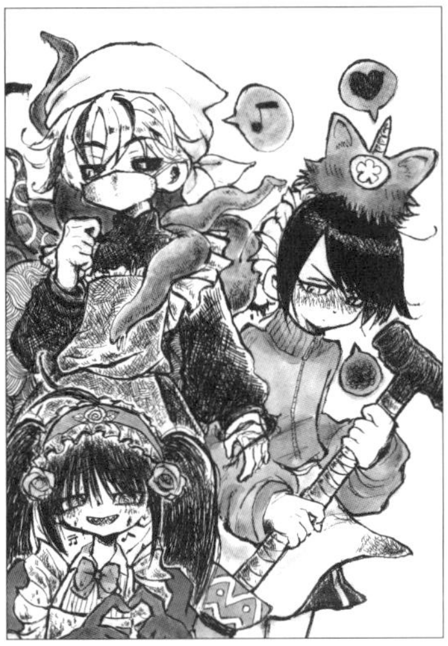

福岡県・まがり竹

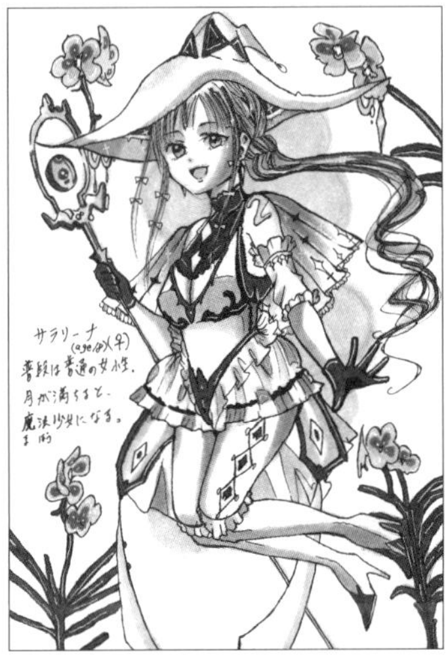

東京都・盾甘板

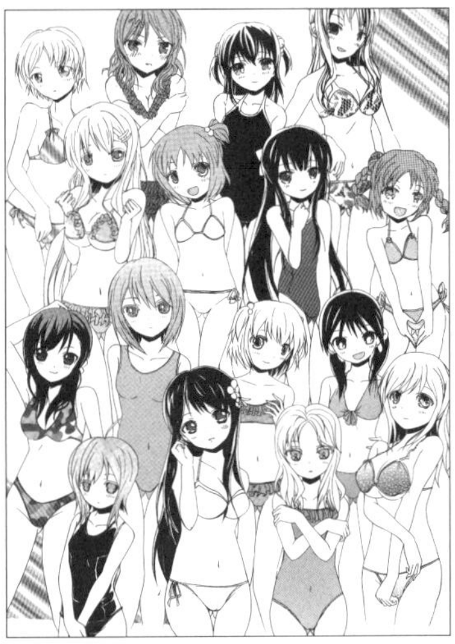

群馬県・RB

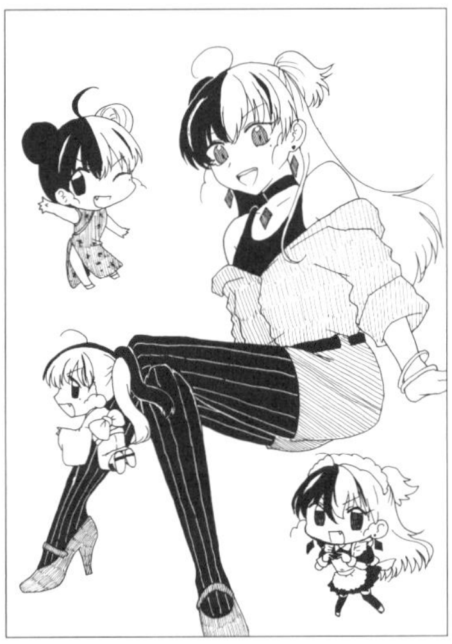

長野県・めいりん・18歳

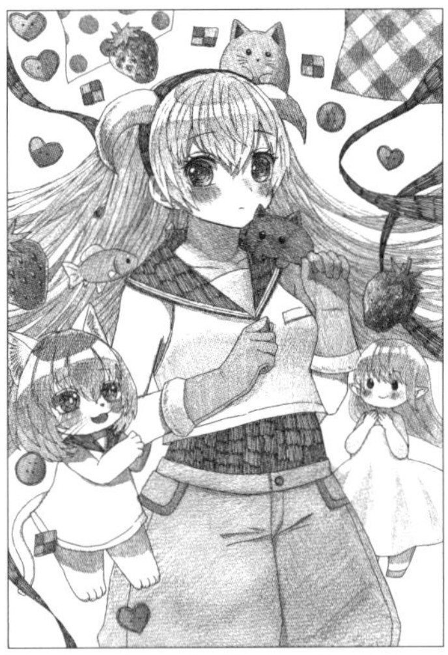

秋田県・木白らべ

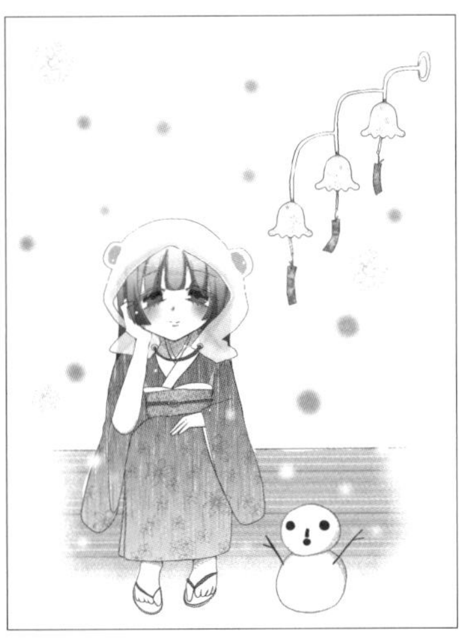

神奈川県・石垣

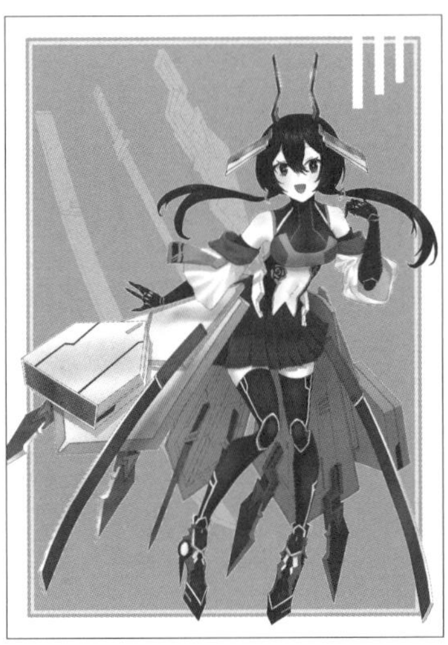

三重県・宇ノ沢茂

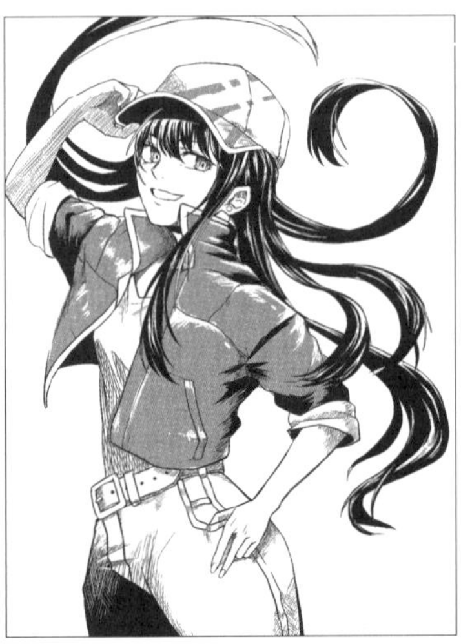

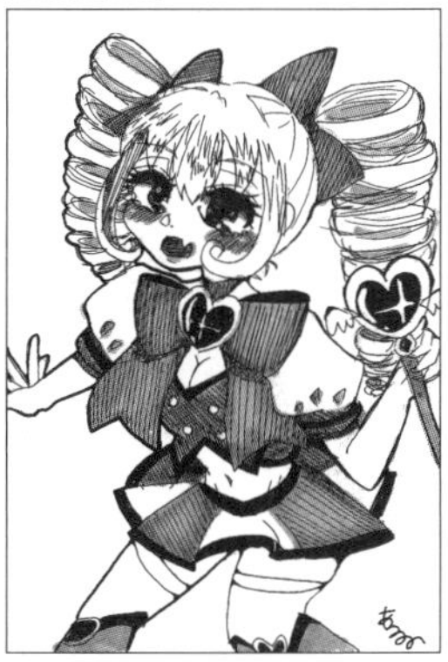
大分県・或華・27歳

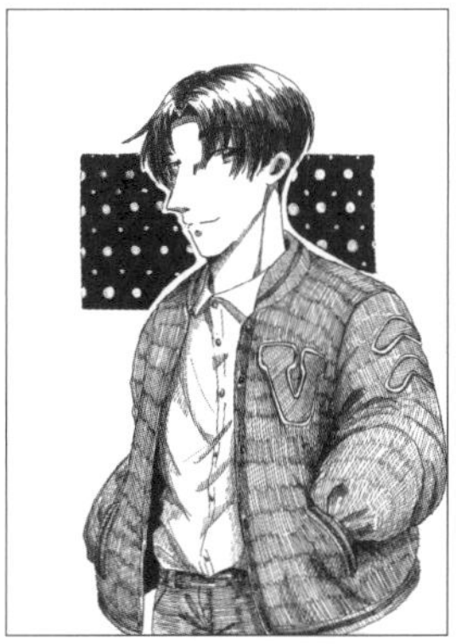
福島県・ゆあうお・18歳

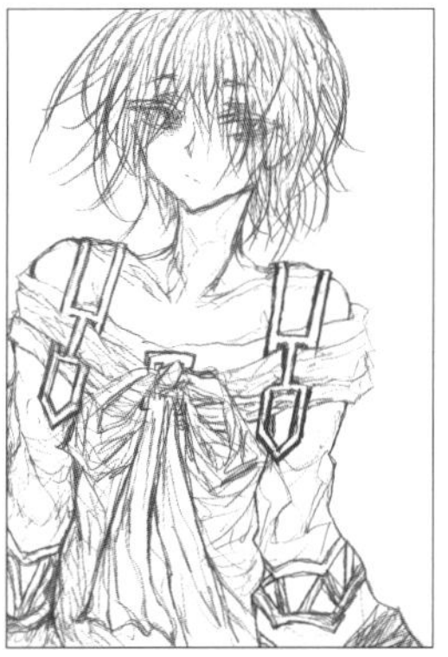
新潟県・色

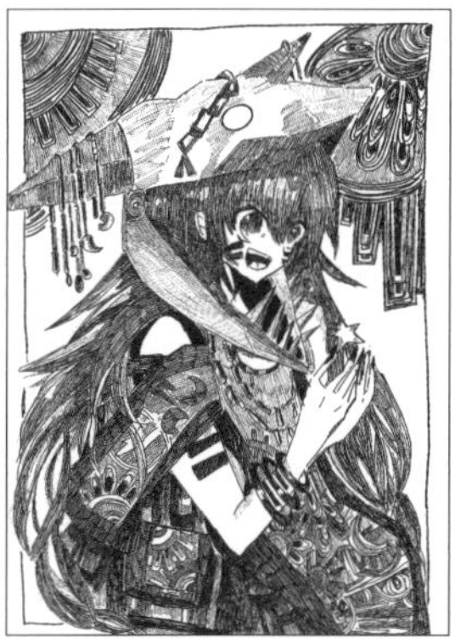
静岡県・春巻き

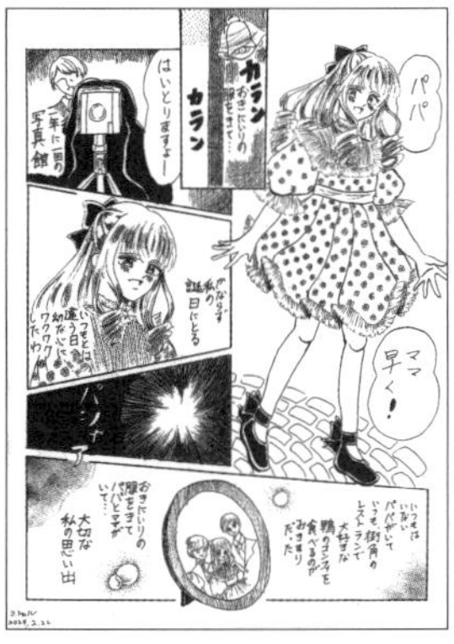
千葉県・伯ミシェル・18歳

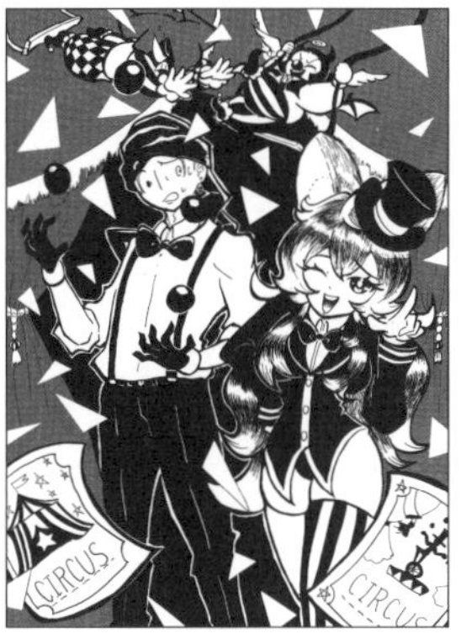

秋田県・とづき

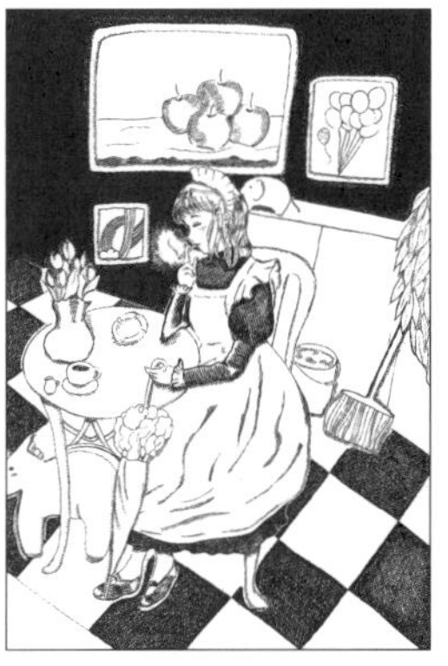
宮城県・マサキえり

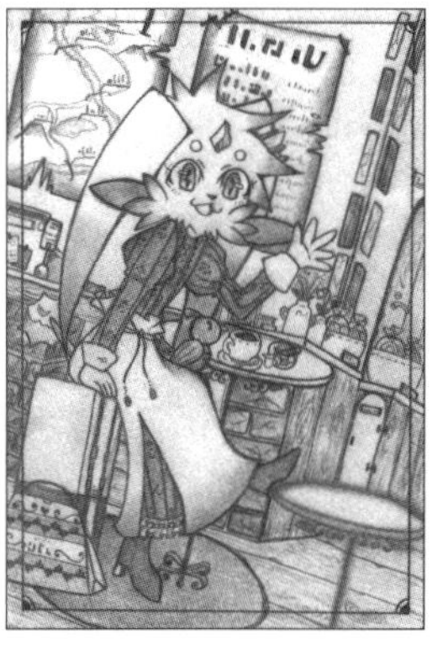
東京都・さけ

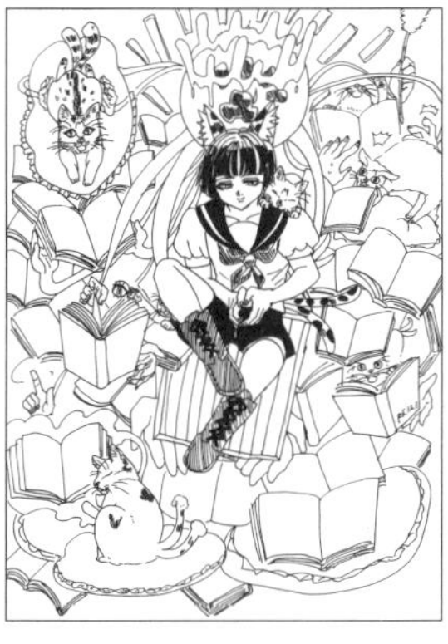
岩手県・あひるフロスト

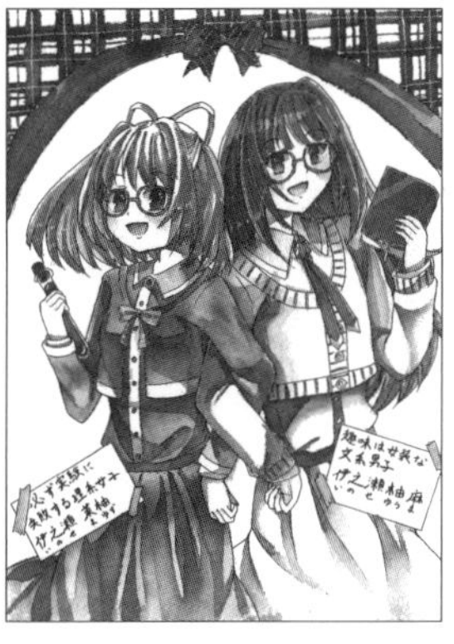
広島県・榛原祐香

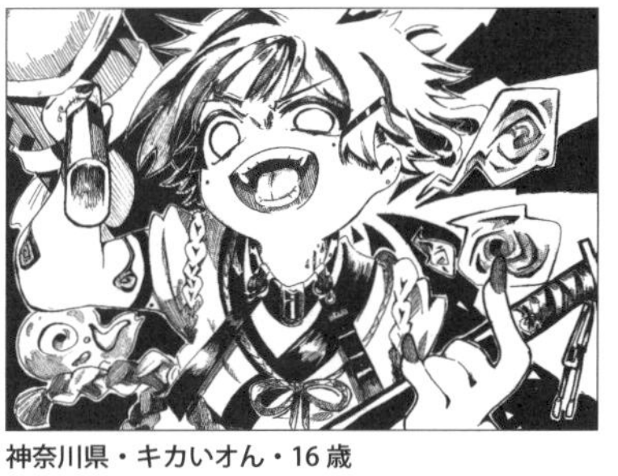
神奈川県・キカいオん・16歳

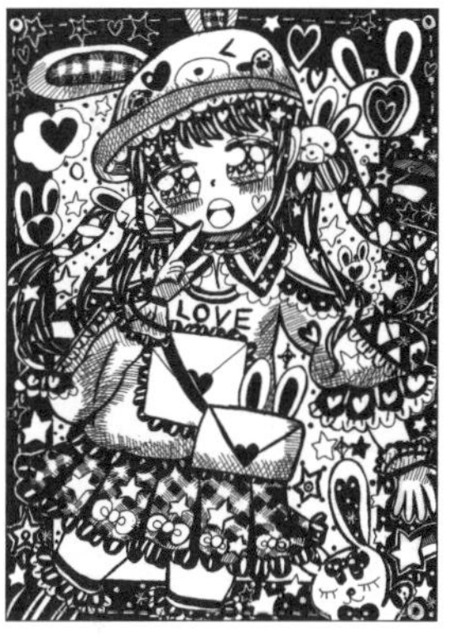

東京都・ひろくまひろみ

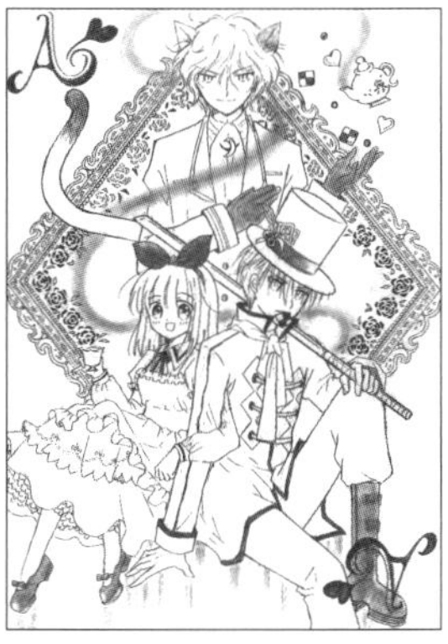
茨城県・あおいみう

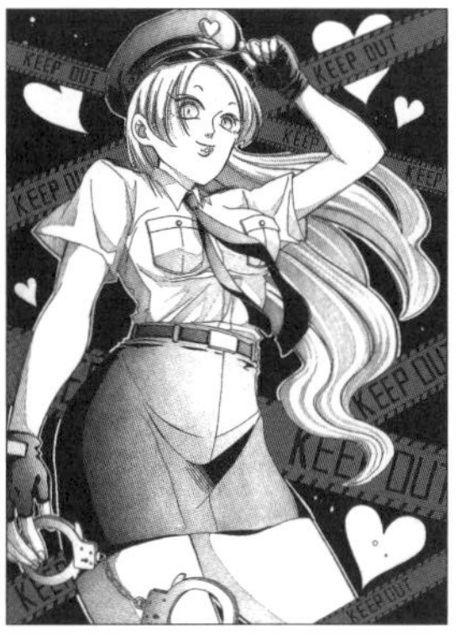

大阪府・大井淑世・36歳

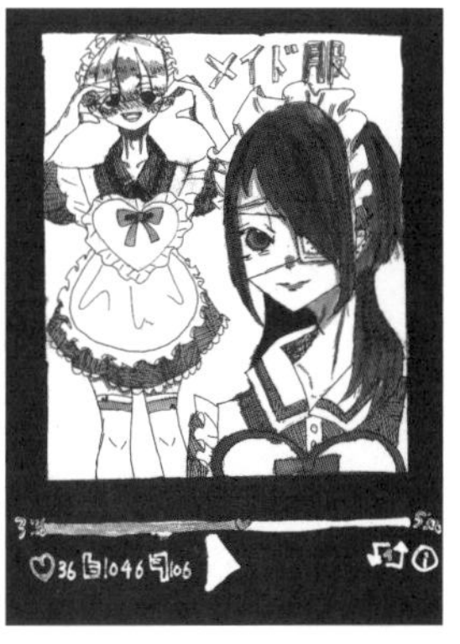
鹿児島県・サンドイッチのハム（天久改め）

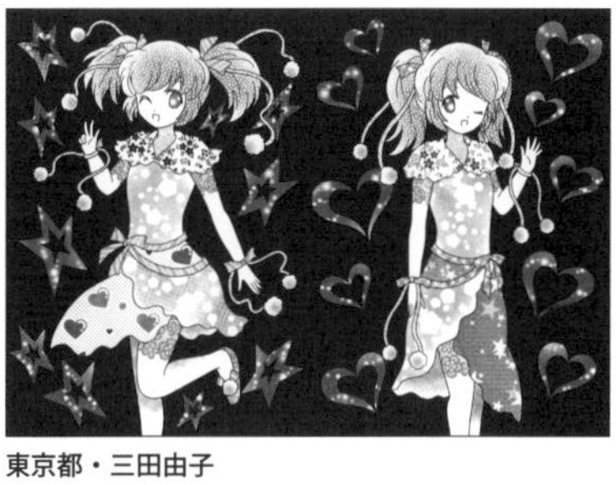
東京都・三田由子

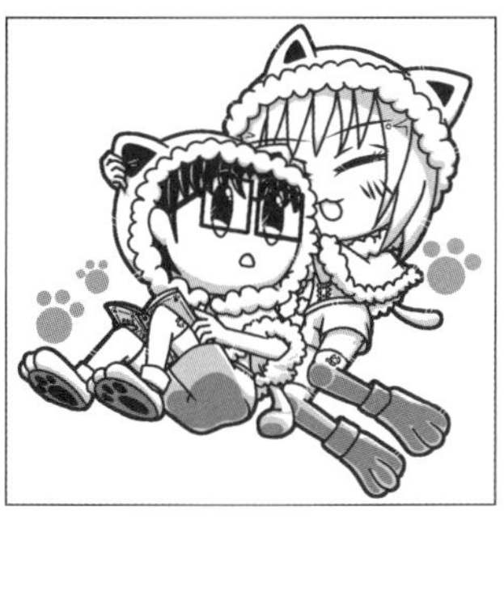
山口県・森瀬奈貴

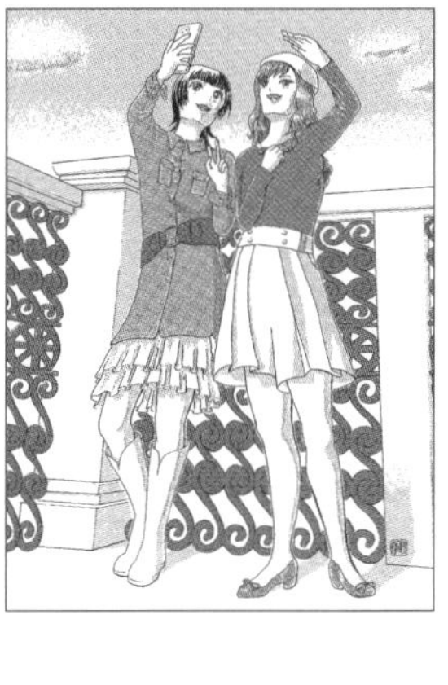
徳島県・宝渉子

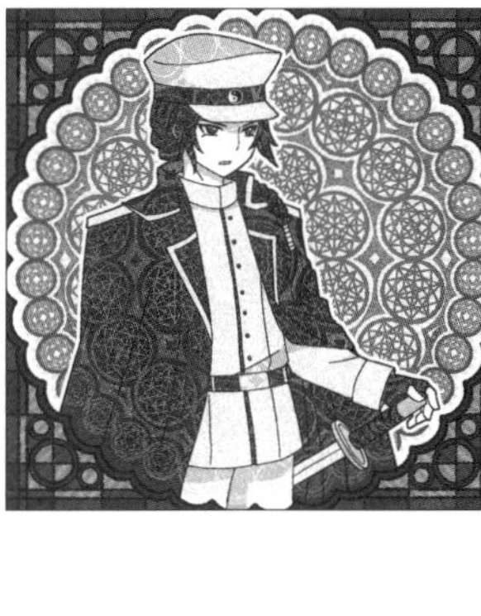
東京都・星野めぐみ

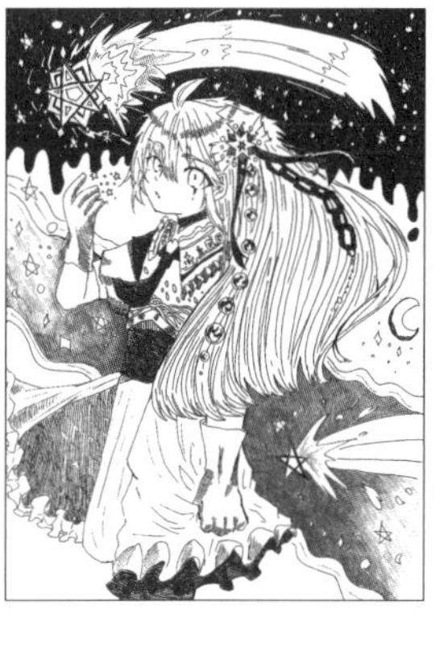
神奈川県・おくら・12歳

東京都・三田由子

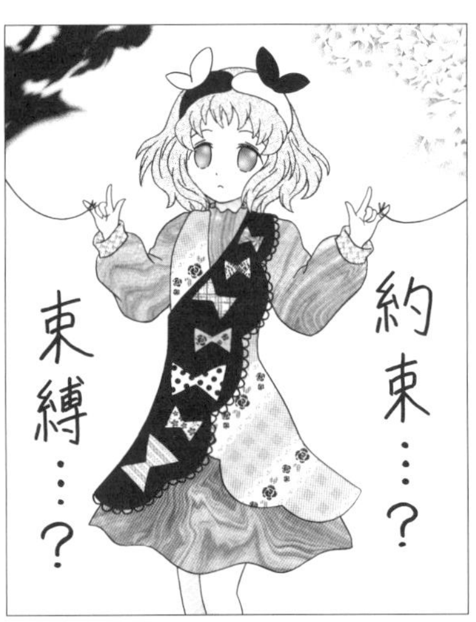

岩手県・あひるフロスト

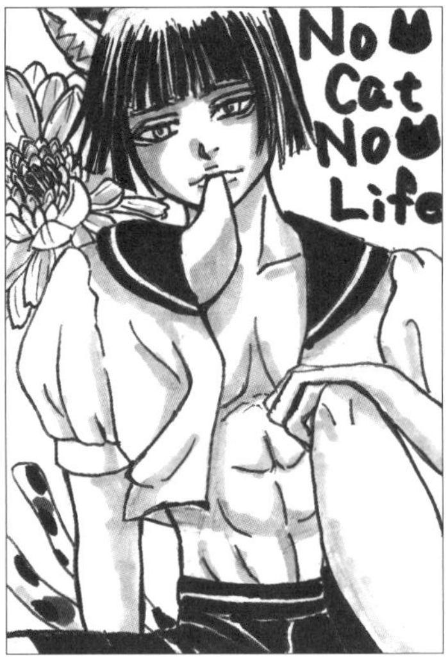

兵庫県・彗暒（しゃけくらげ。改め）

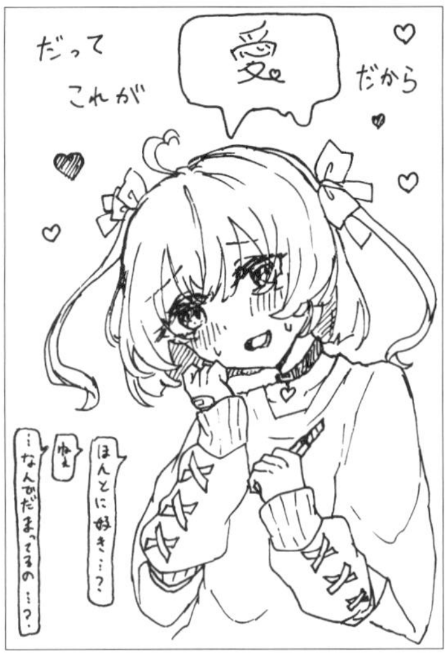

新潟県・色

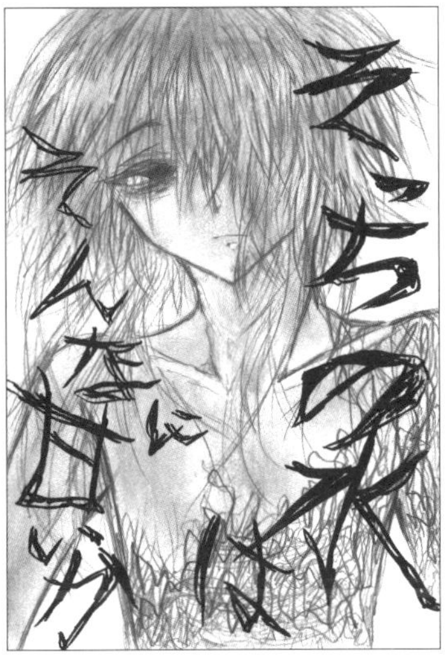

静岡県・白露憂

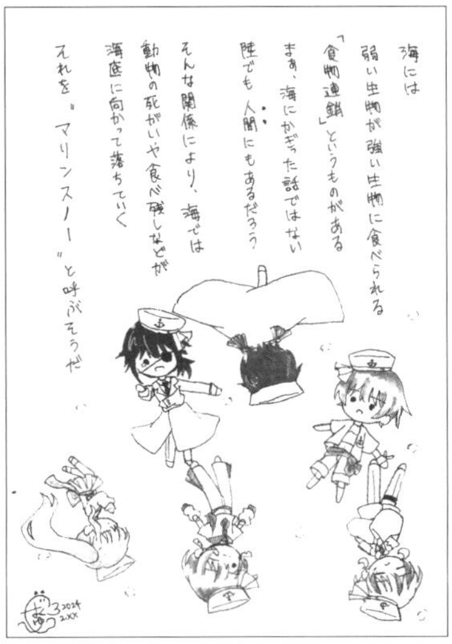

福岡県・梅田

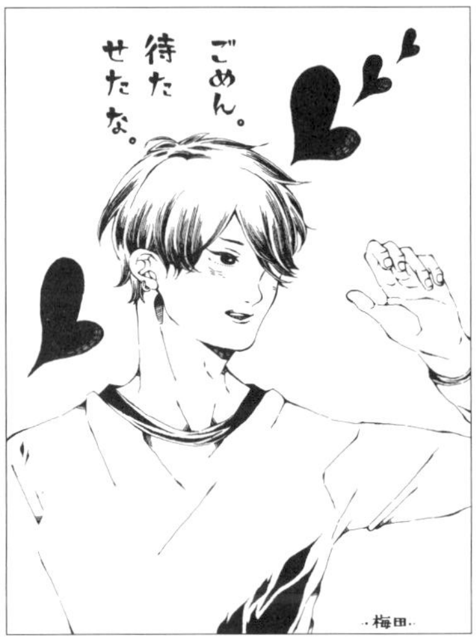

神奈川県・雪月冬凛・17歳

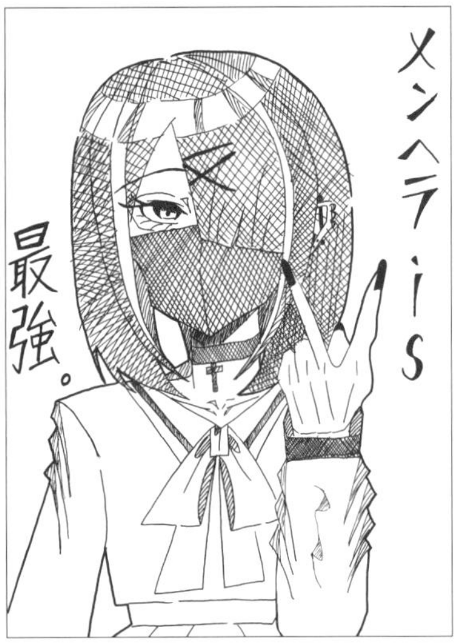

長野県・小林求・48歳

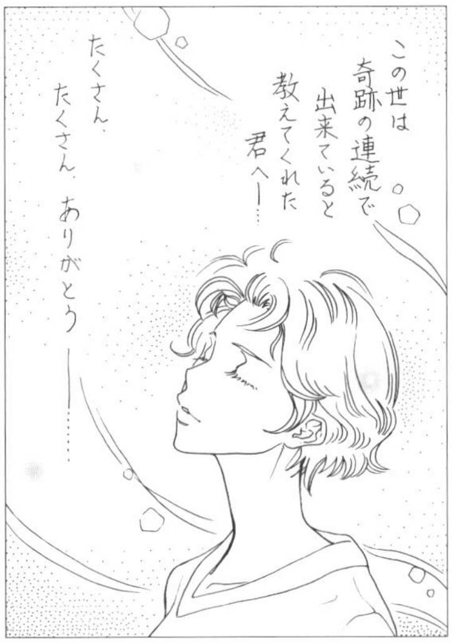

福島県・Azzurro.

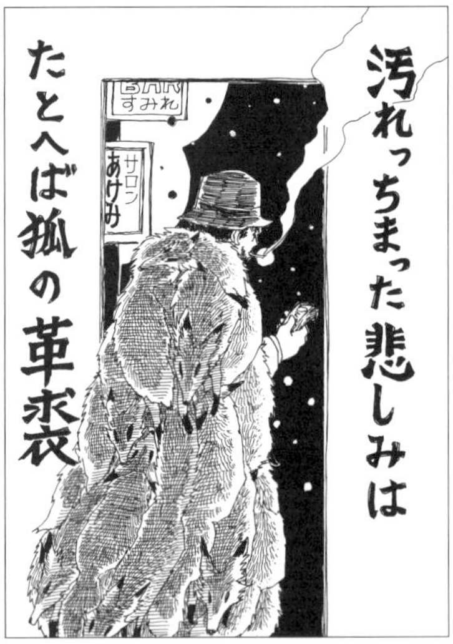

香川県・mizuka

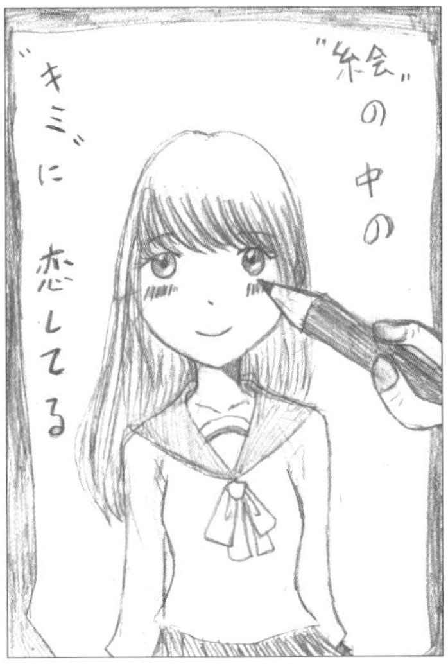

大阪府・香水あわわ

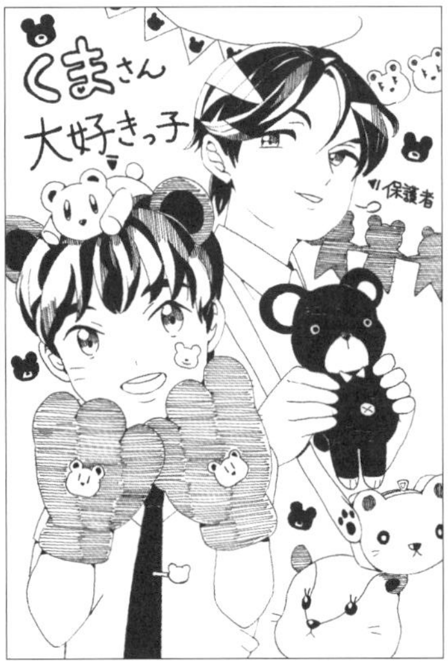

福島県・ゆあうお・18歳

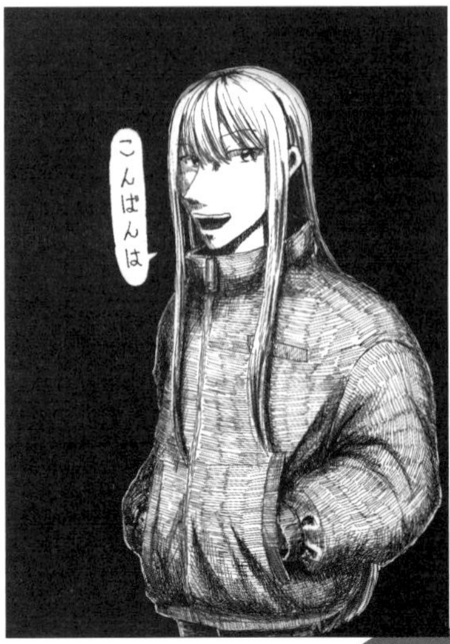

S STORY

絵と文字、セリフや詩、モノローグetc.で綴る絵物語のコーナー

埼玉県・風見☆鶏・67歳

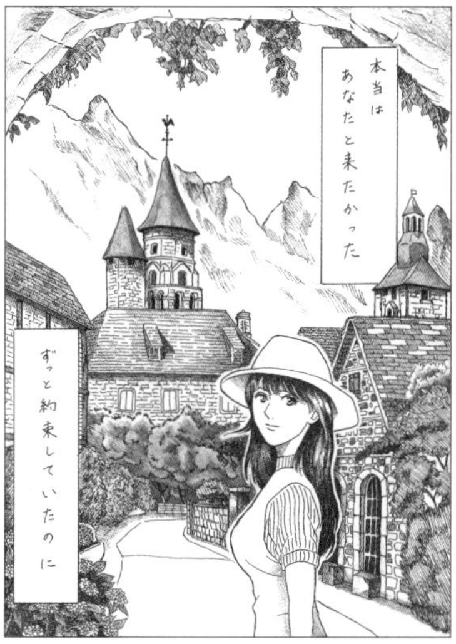

東京都・高野鈴蘭・23歳

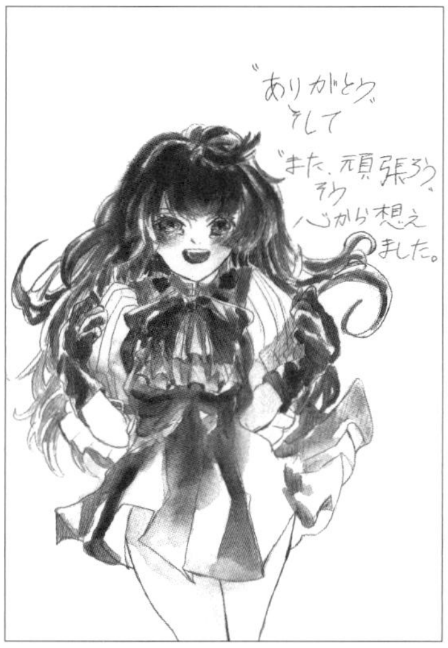

岡山県・のりあき・16歳

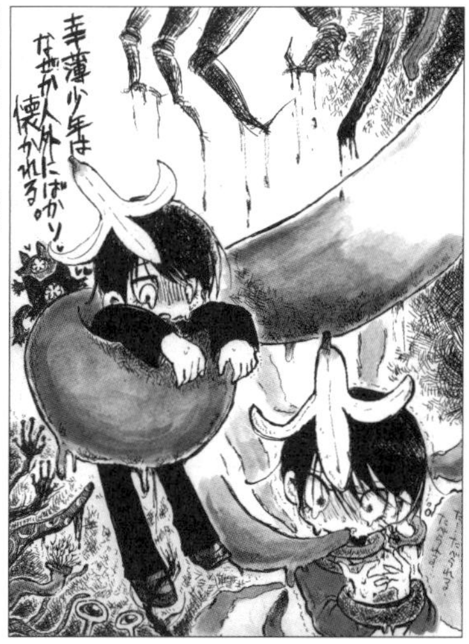

広島県・榛原祐香

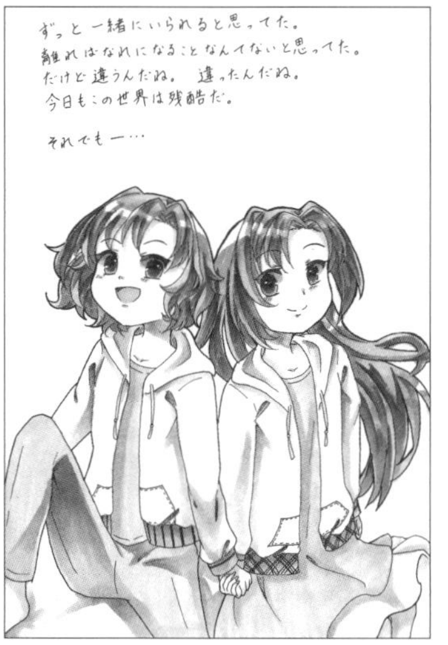

大阪府・和桜恋・11歳

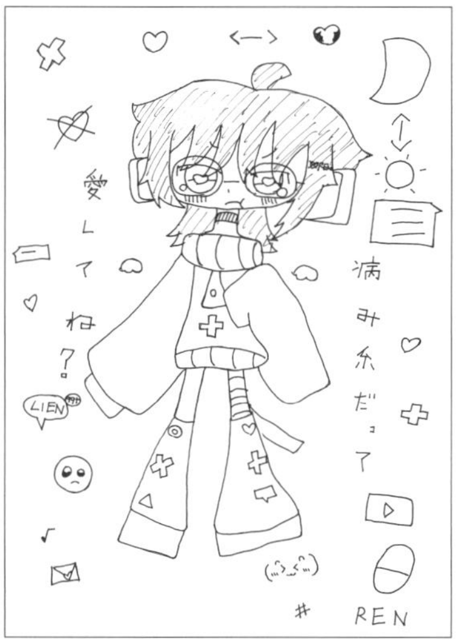

島根県・永井あゆみ

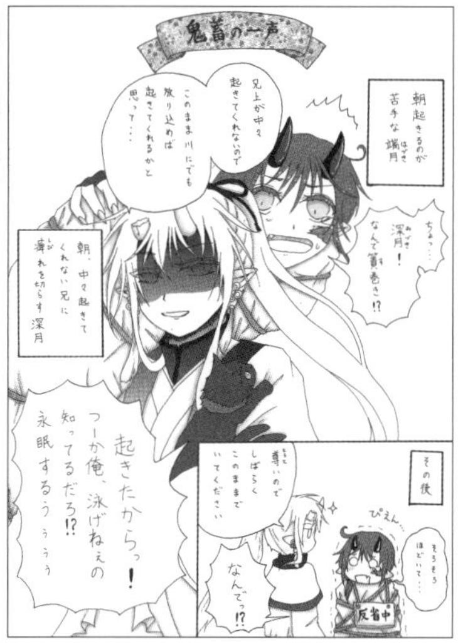

大阪府・ラブバード

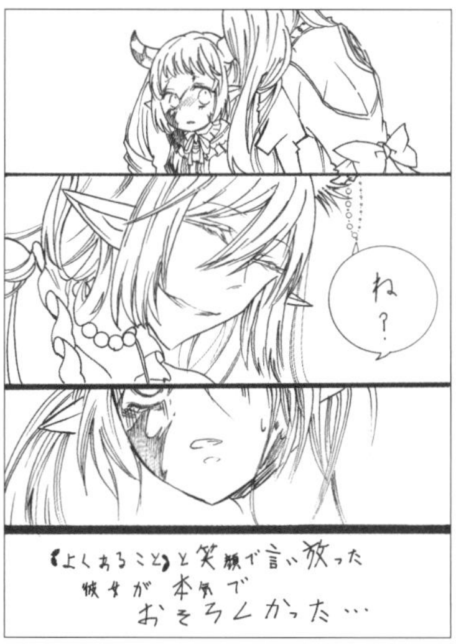

東京都・ひろくまひろみ

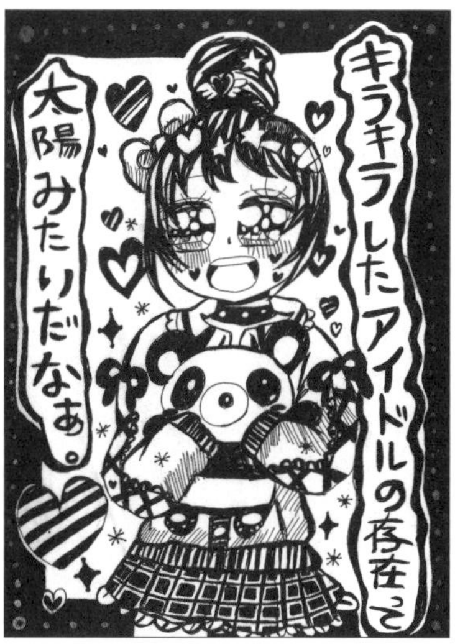

桜もち

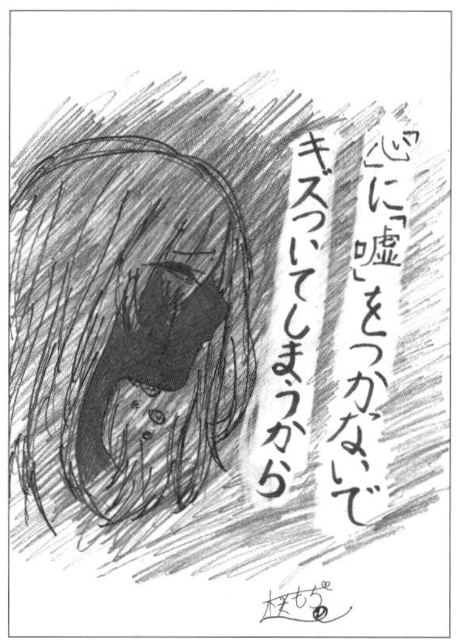

神奈川県・眠夜トーカ。

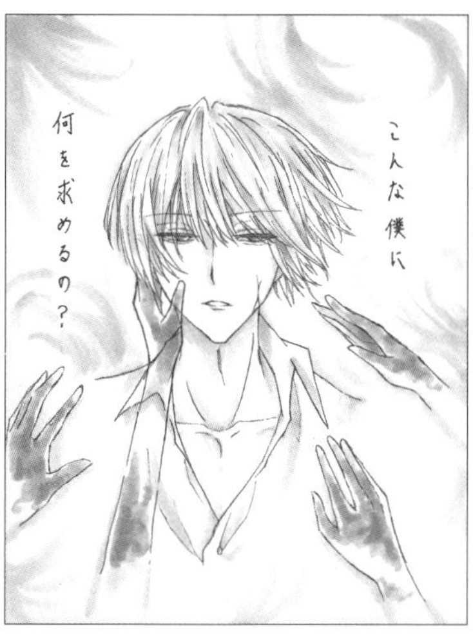

宮城県・ヤア・15歳

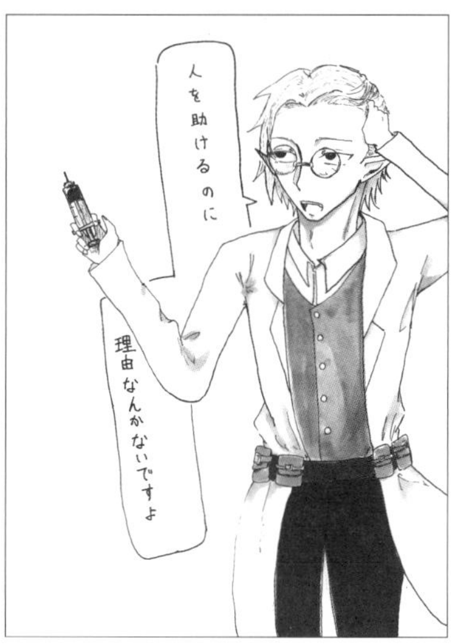

大分県・或華・27歳

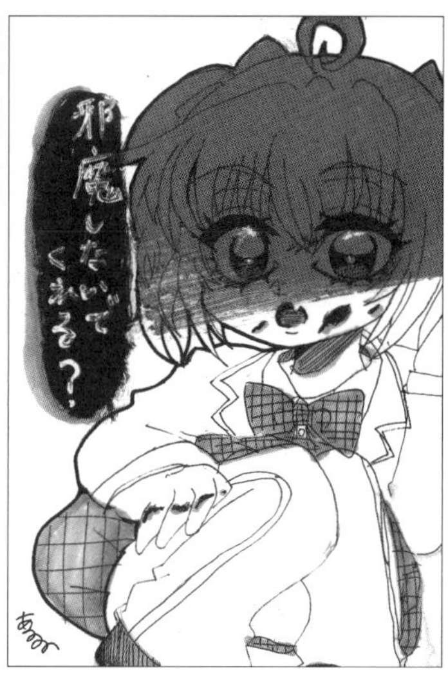

千葉県・武田和子・72歳

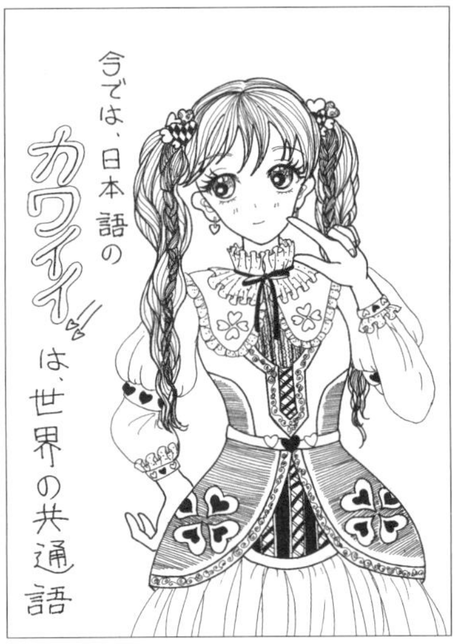

千葉県・伯ミシェル・18歳

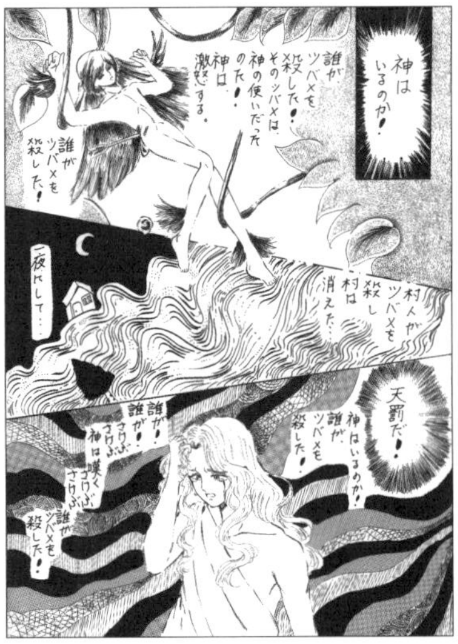

茨城県・あおいみう

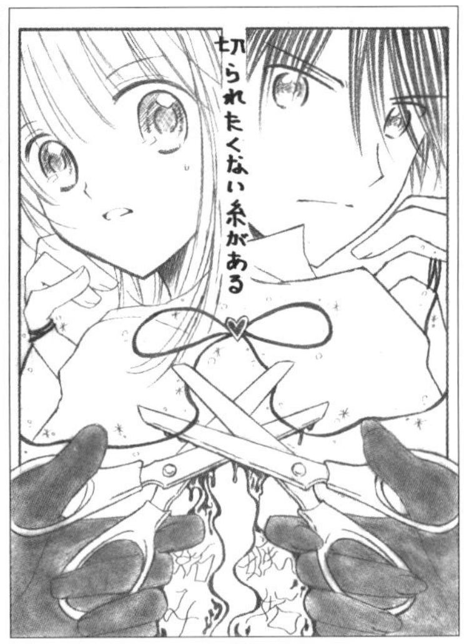

北海道・シズ

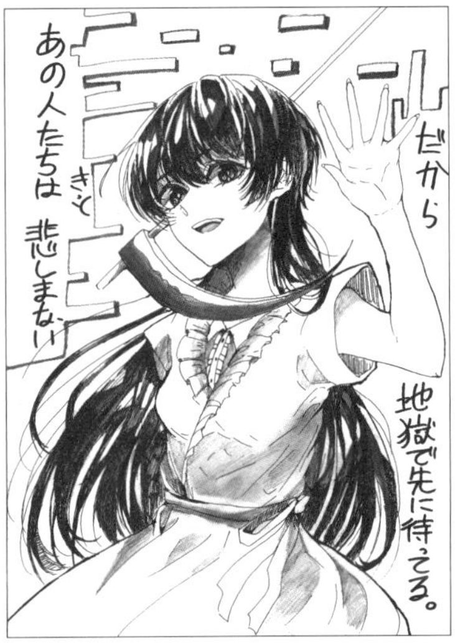

沖縄県・田中君

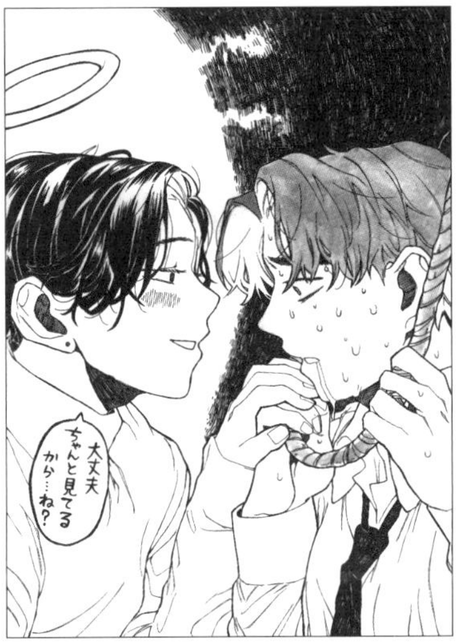

長野県・谷川りおん

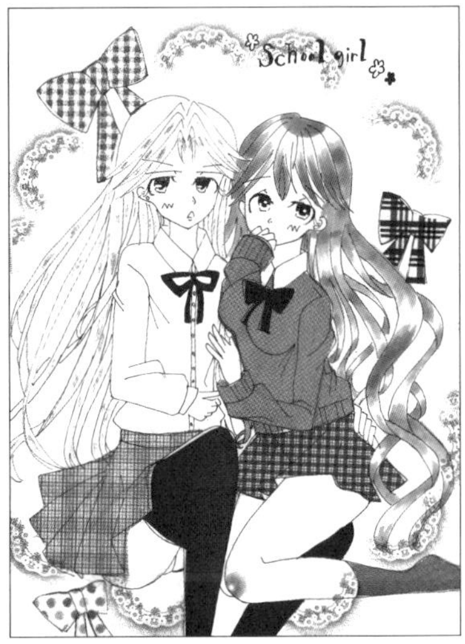

東京都・かりがり

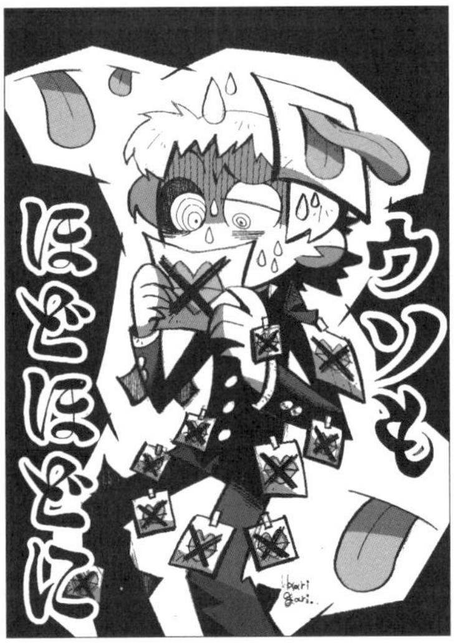

京都府・あはちゃ・18歳

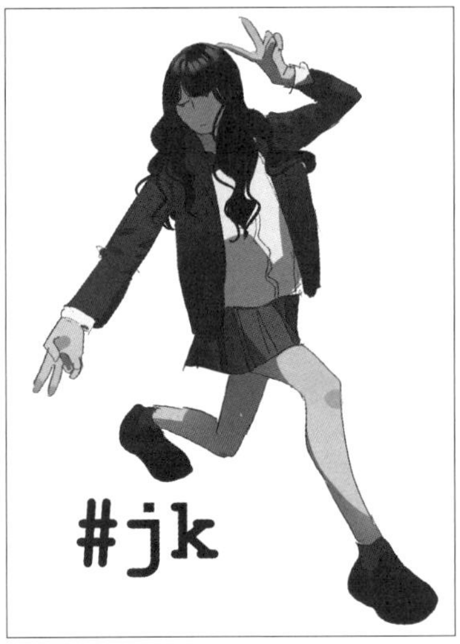

千葉県・あいいろひいろ・17歳

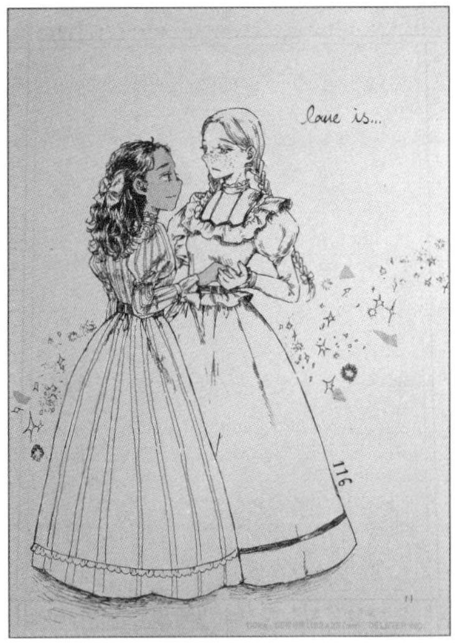

宮城県・流良戒

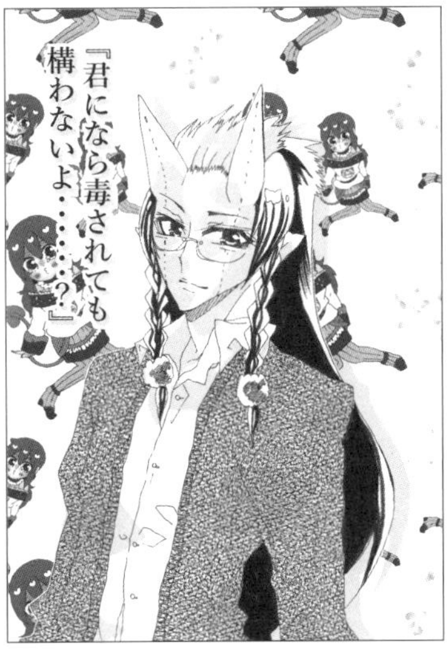

秋田県・木白らべ

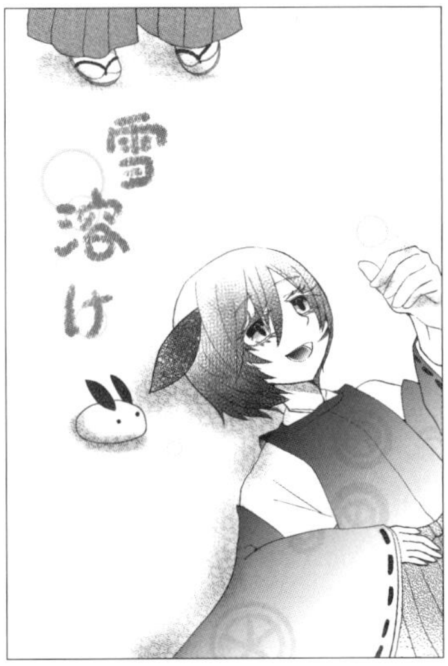

埼玉県・セコイ也

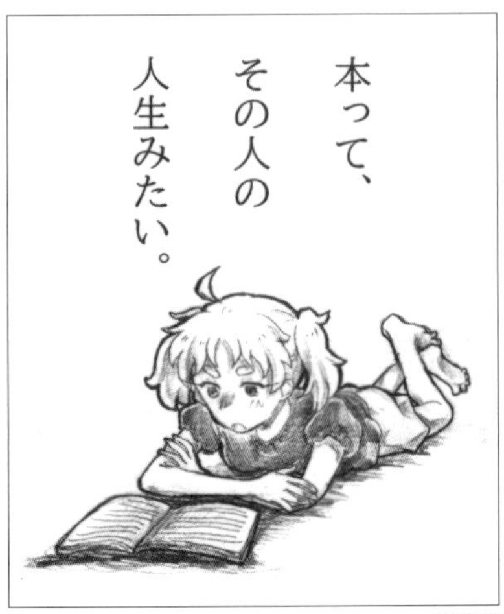

S STAGE

自由に描いた1ページ漫画劇場

沖縄県・田中君

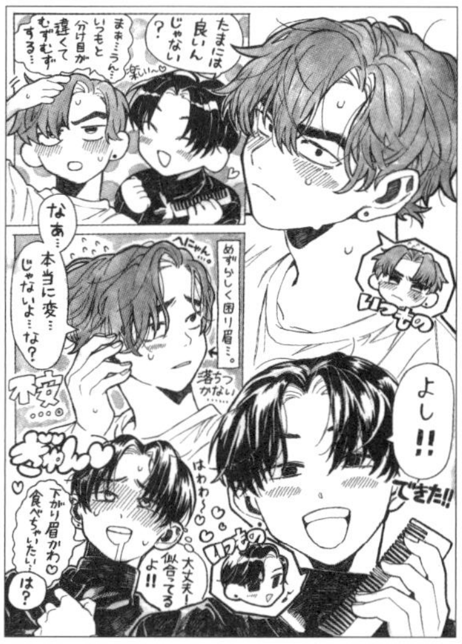

沖縄県・すきっぱねずみ

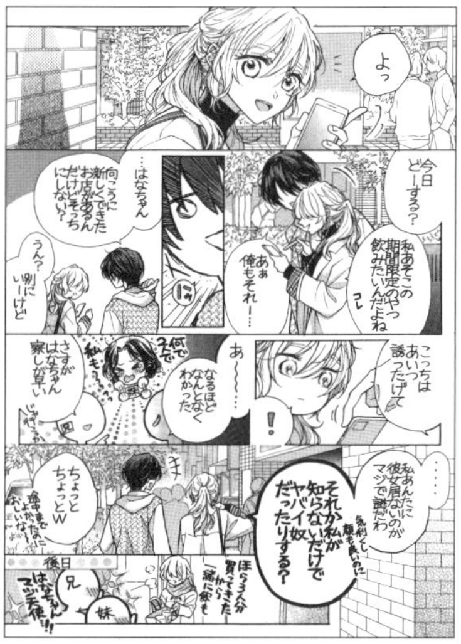

神奈川県・るりるり・38歳

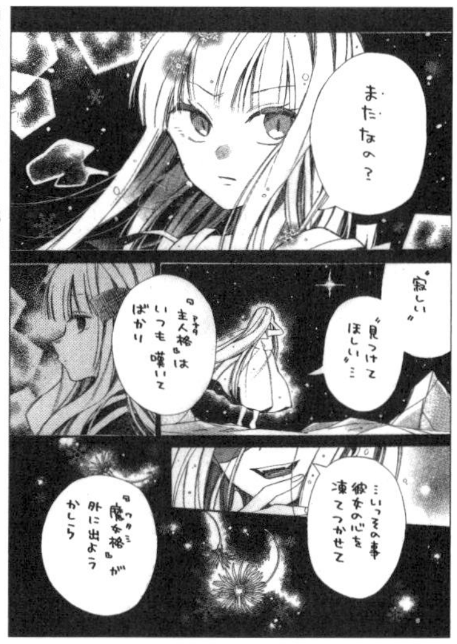

大阪府・ラブバード

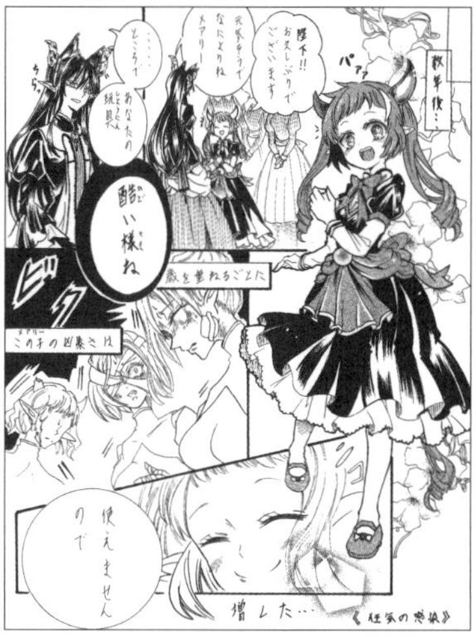

神奈川県・璃緒

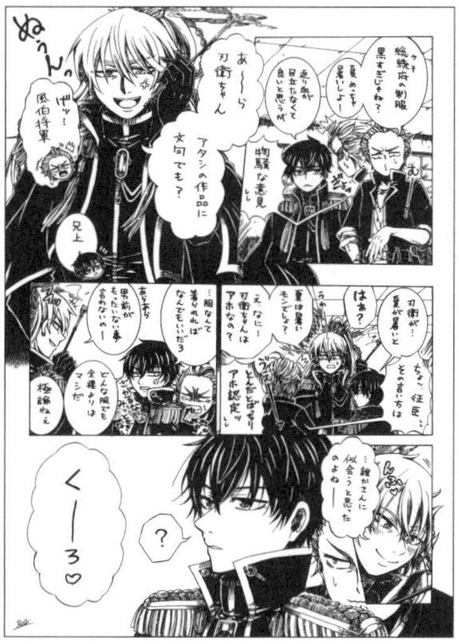

新潟県・チュチュ

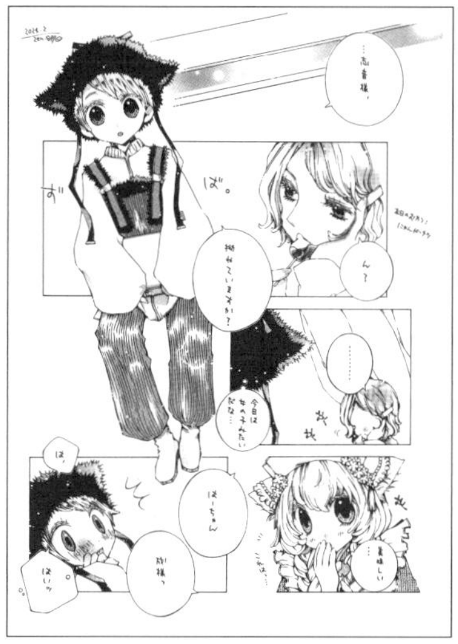

福岡県・梅田

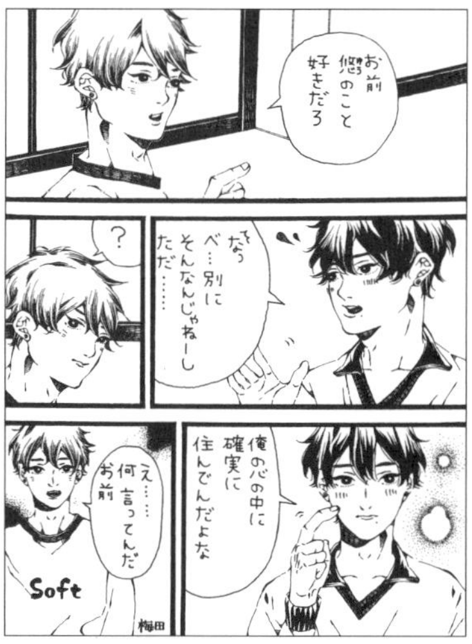

長崎県・橘らのま

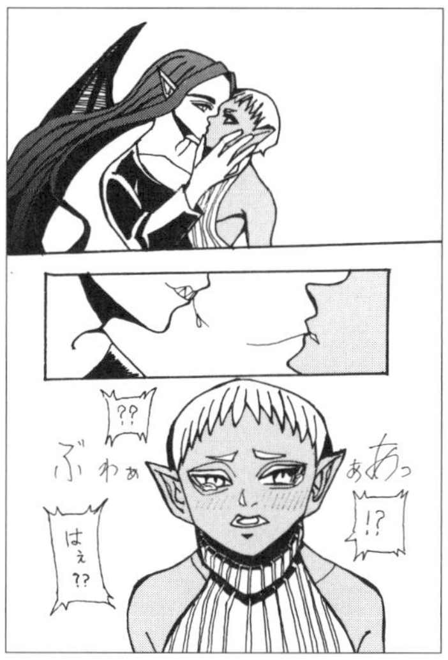

石川県・庭一

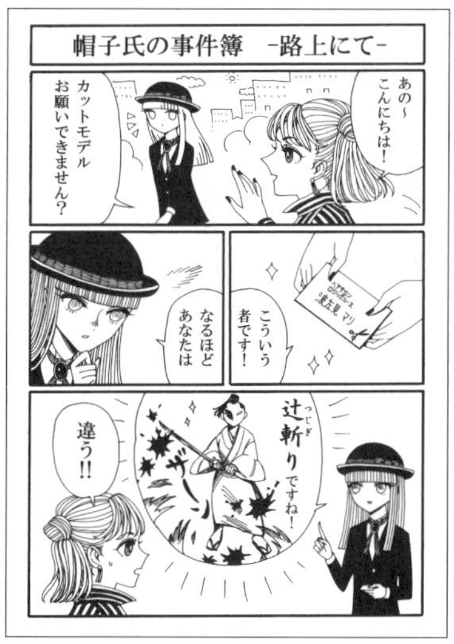

東京都・高野鈴蘭・23歳

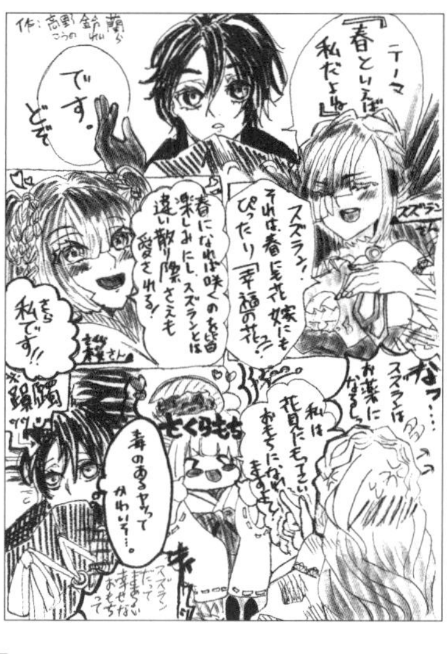

埼玉県・風見☆鶏・67歳

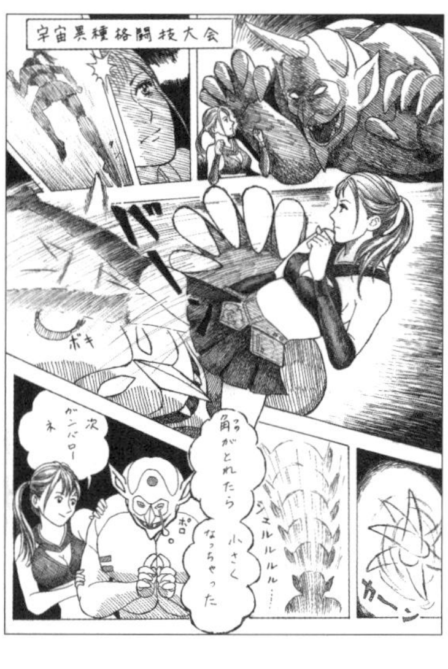

東京都・三田由子

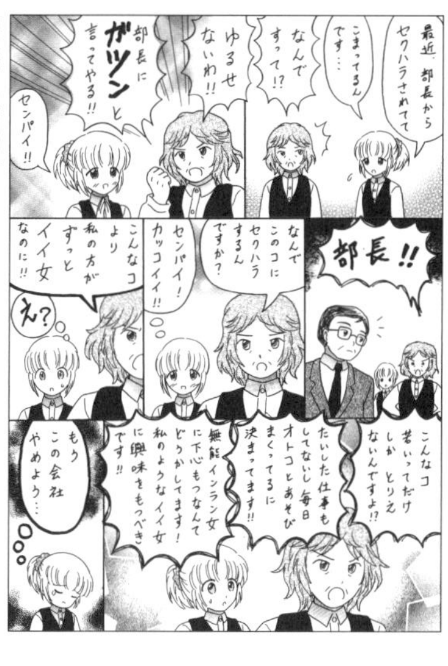

福岡県・まそら。・35歳

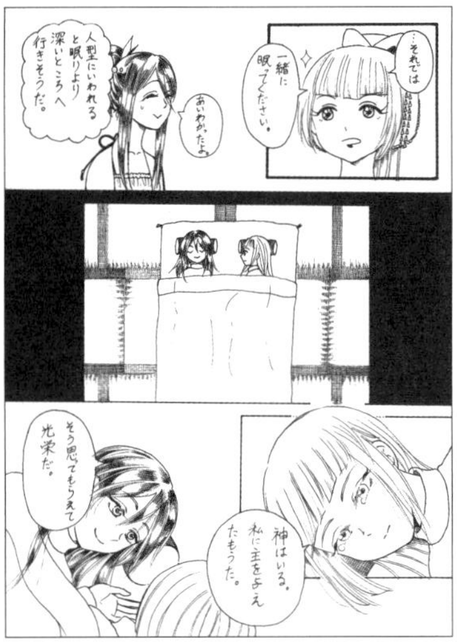

島根県・永井あゆみ

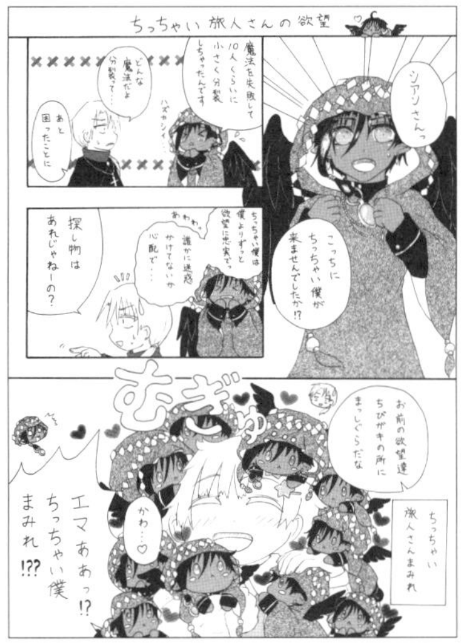

岩手県・あひるフロスト

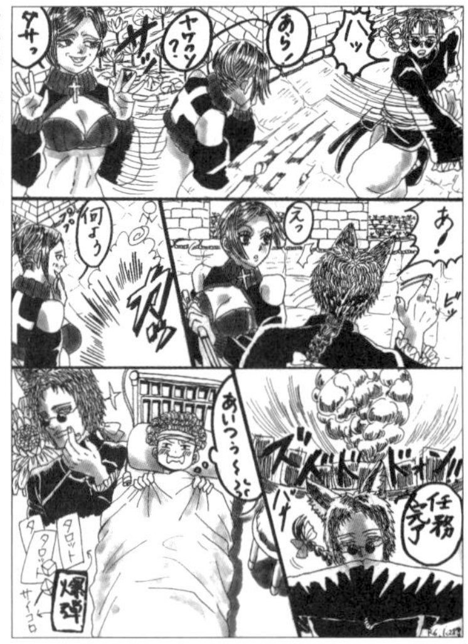

香川県・あさぎあい・35歳

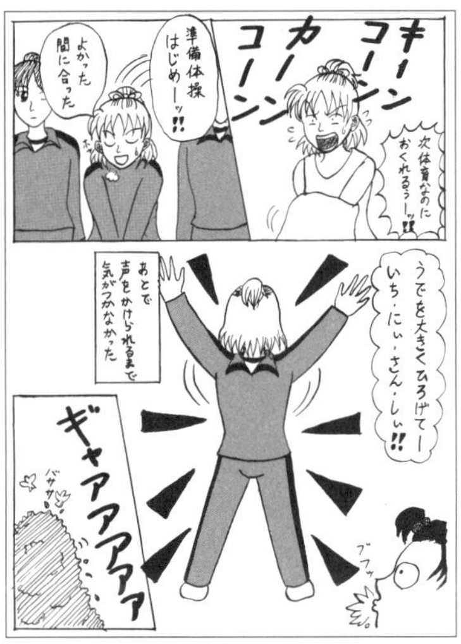

東京都・ひろくまひろみ

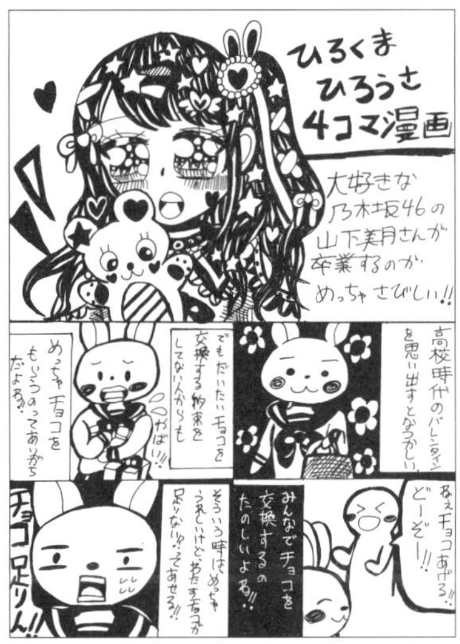

広島県・貴希

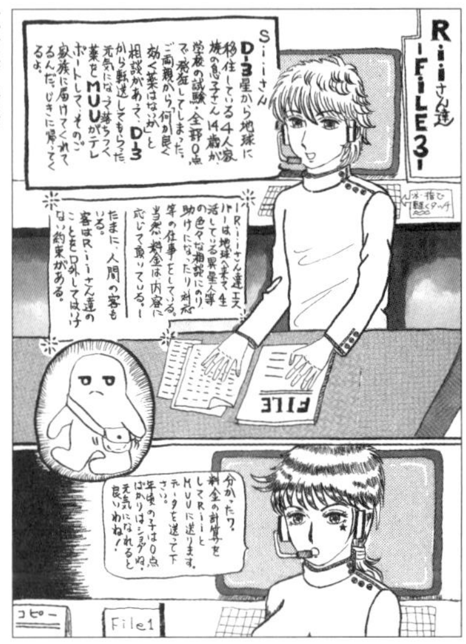

長野県・谷川りおん

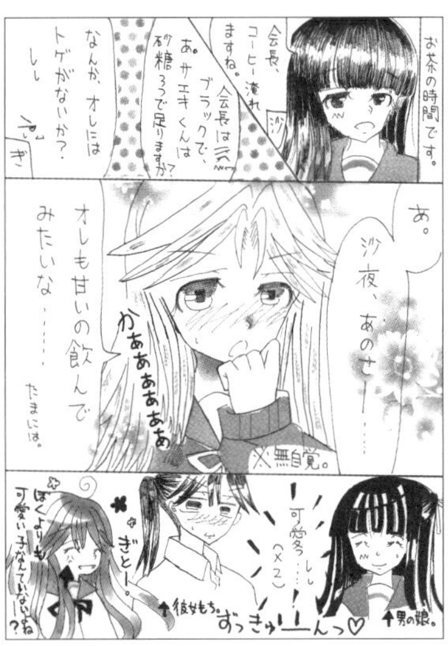

長野県・紅朱雀

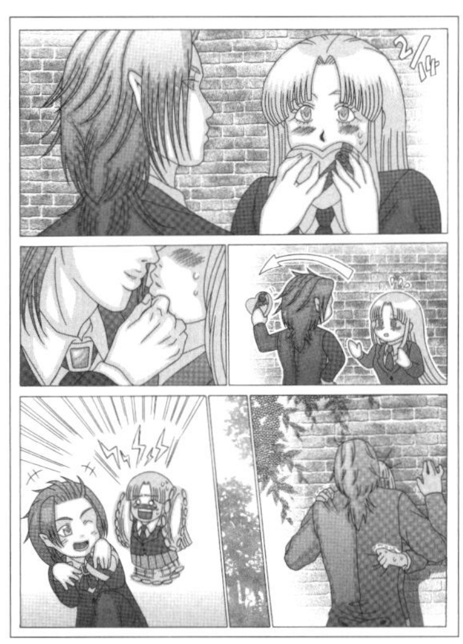

静岡県・冬華・16歳

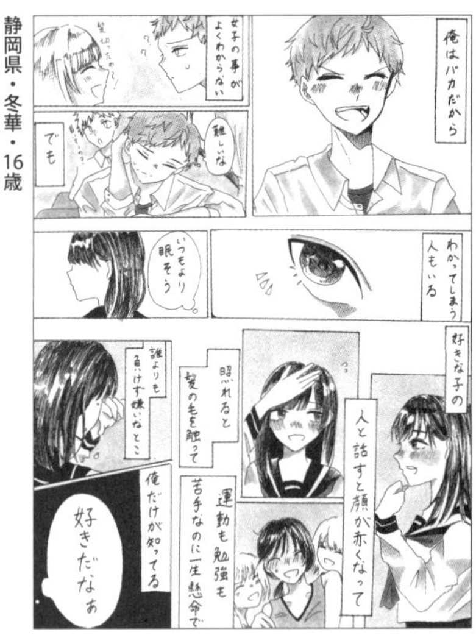

秋田県・とづき

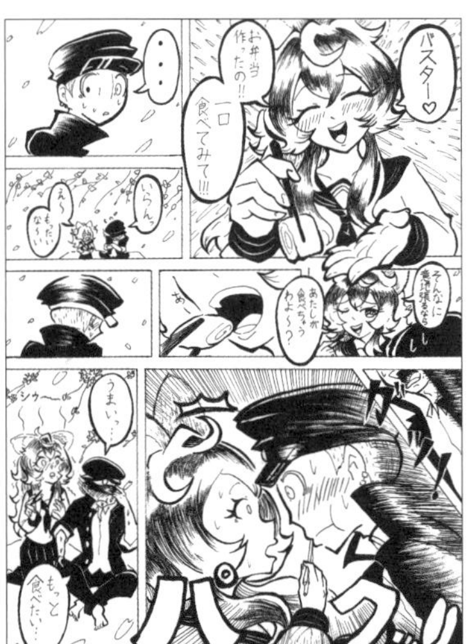

東京都・盾甘板

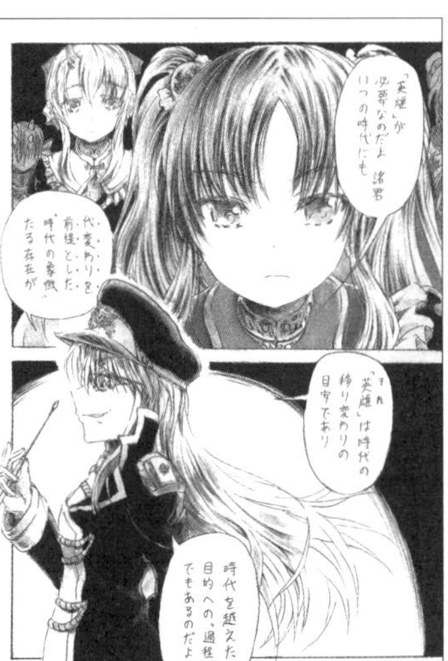

千葉県・武田和子・72歳

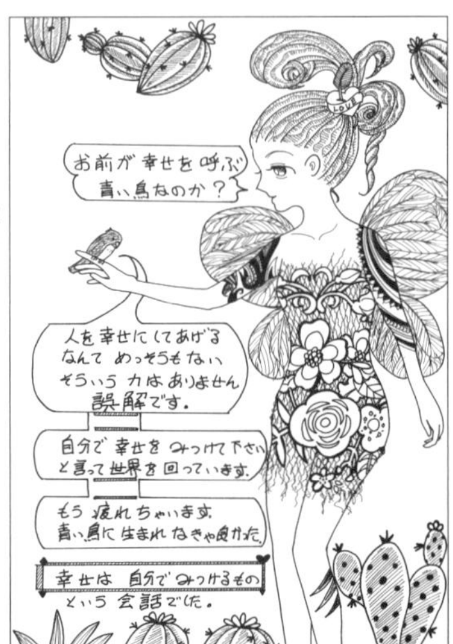

S STAGE

自由に描いた1ページ漫画劇場

東京都・泉谷

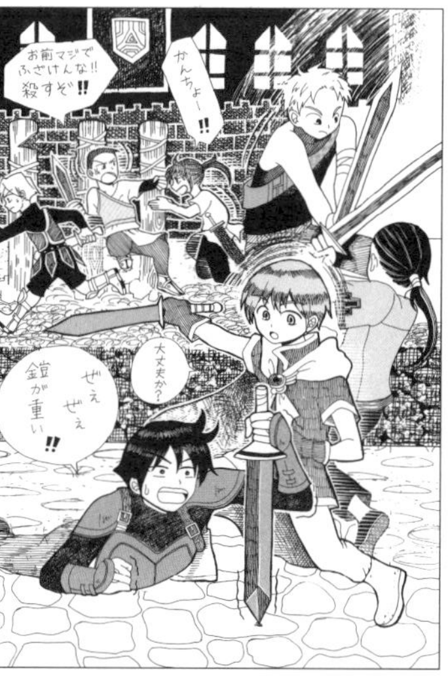

兵庫県・シャケ

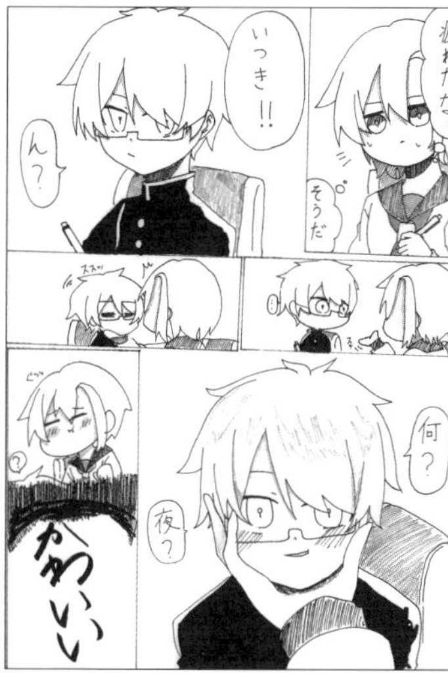

茨城県・あおいみう

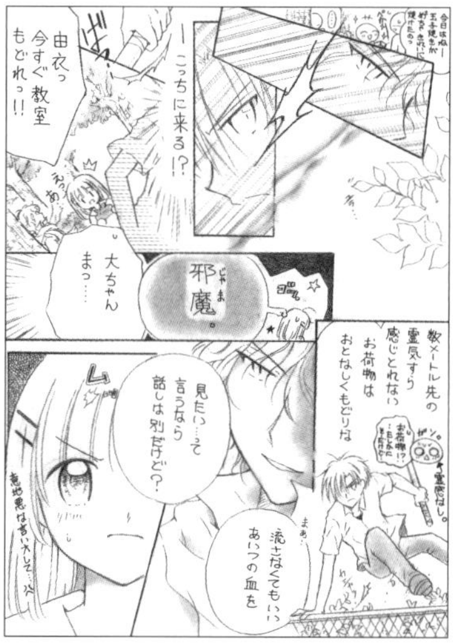

秋田県・木白らべ

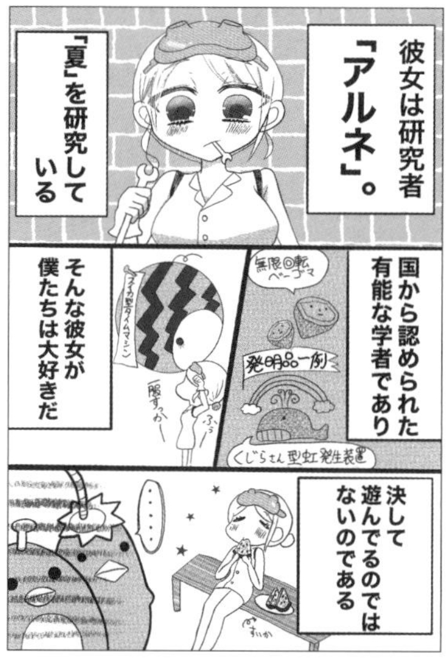

鳥取県・rosyemu

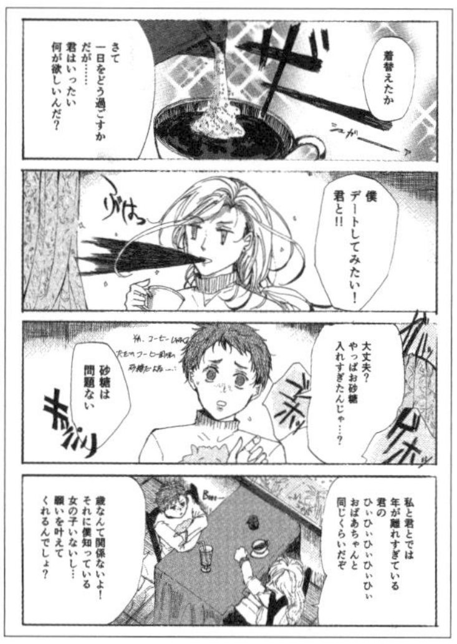

埼玉県・セコイ也

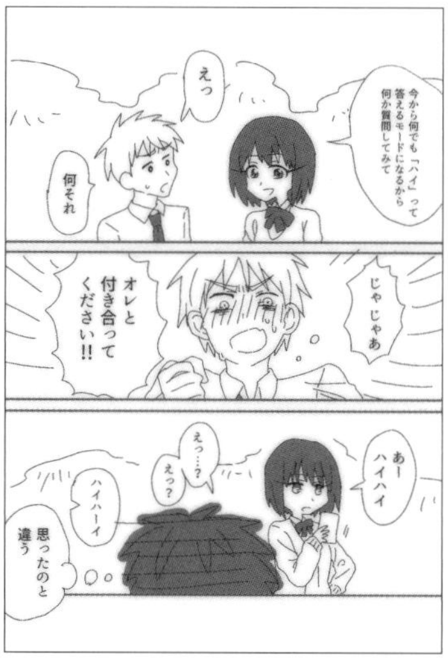

佐賀県・紅葉

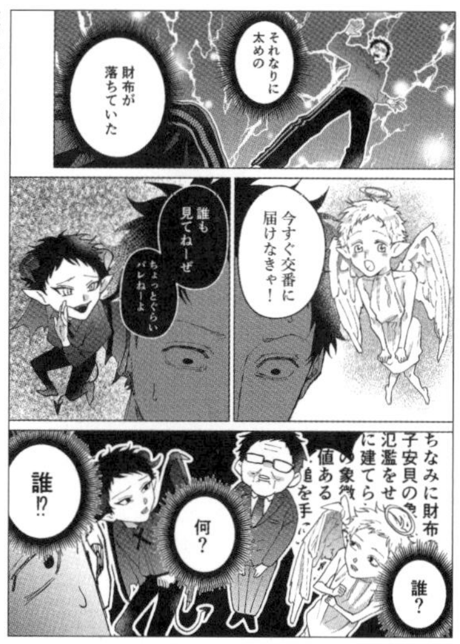

山口県・森瀬奈貴

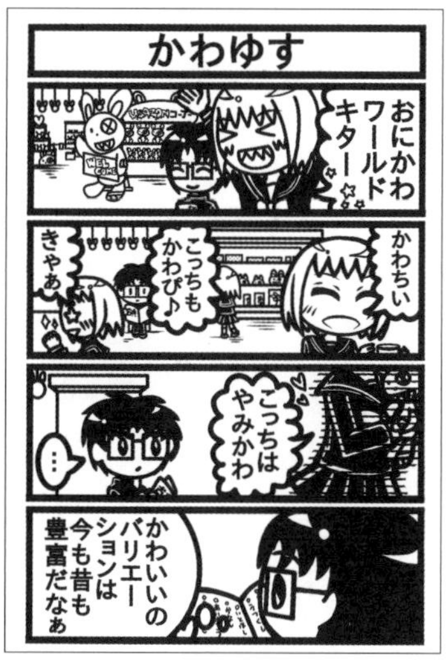

滋賀県・真田しろ

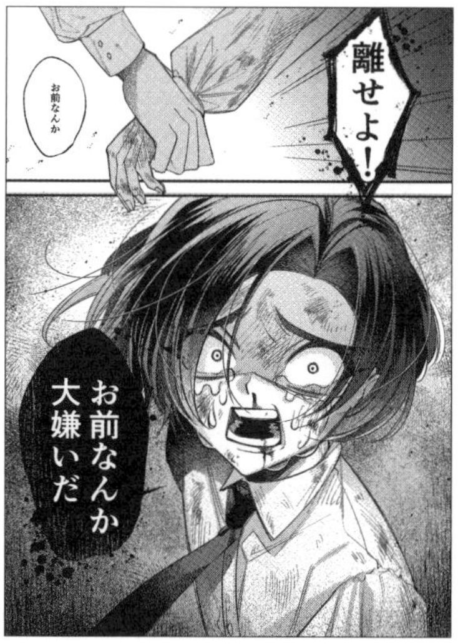

埼玉県・水岸ほたる

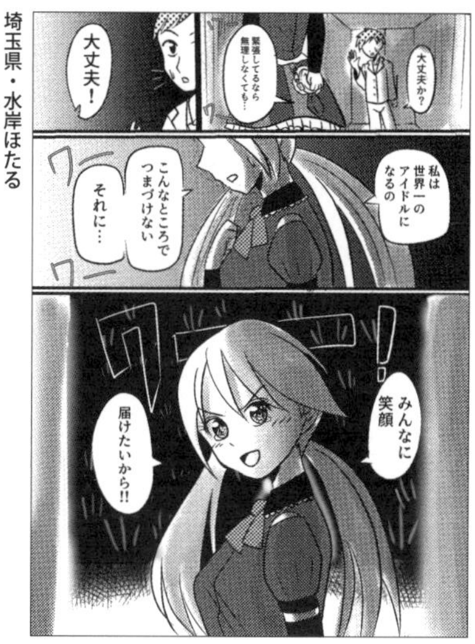

宮城県・樋口響優・18歳

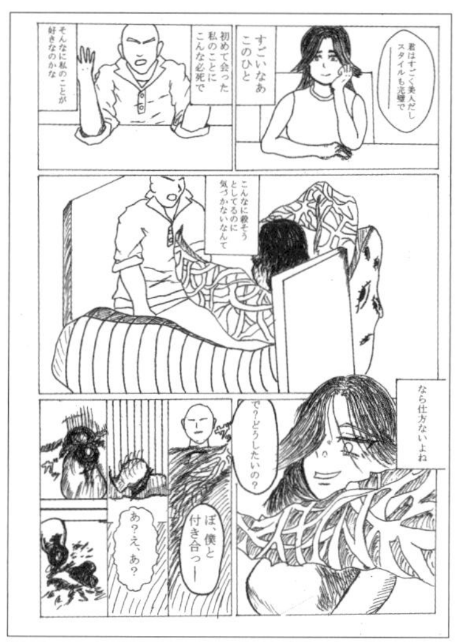

兵庫県・綿道草

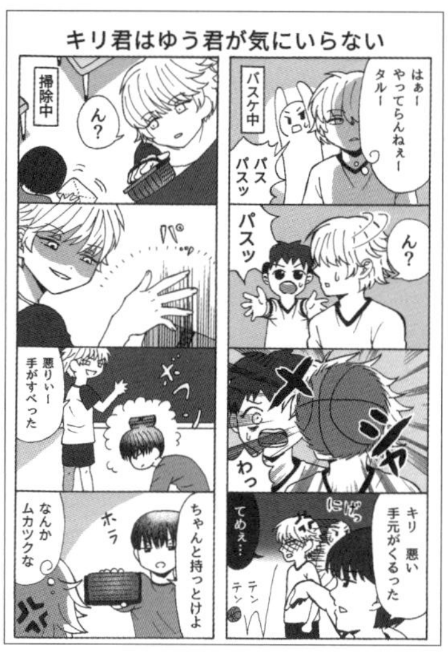

鹿児島県・サンドイッチのハム（天久改め）

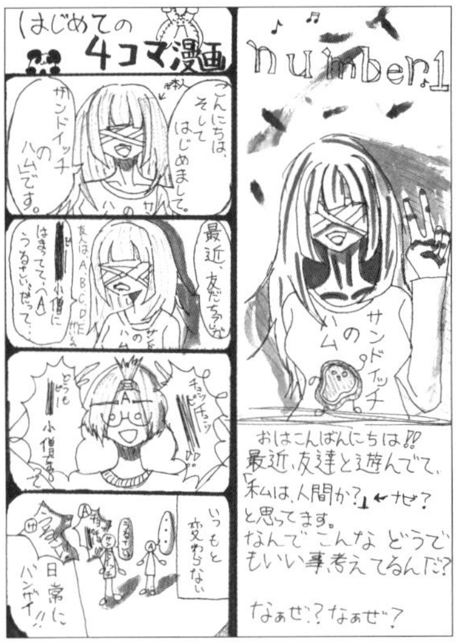

福岡県・リタ・14歳

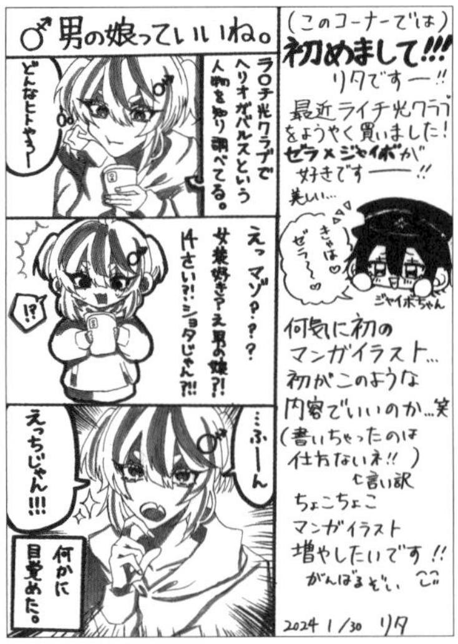

茨城県・結川みね・14歳

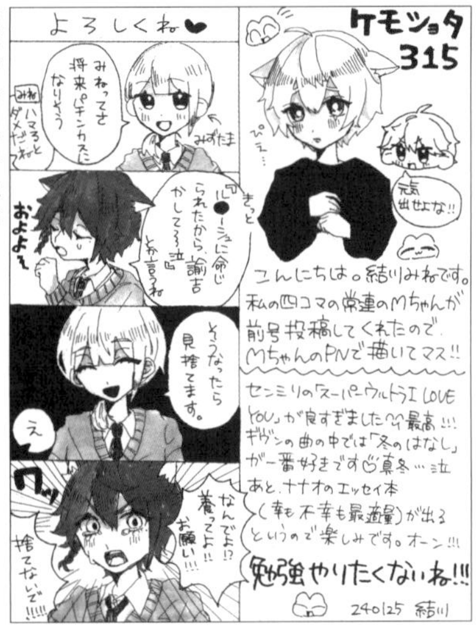

岩手県・あひるフロスト

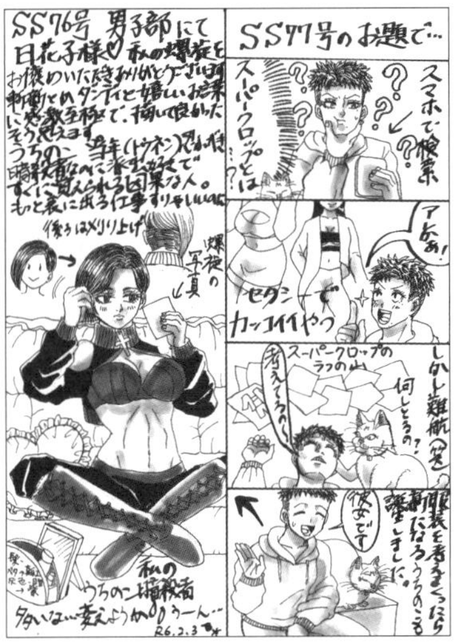

岡山県・のりあき・16歳

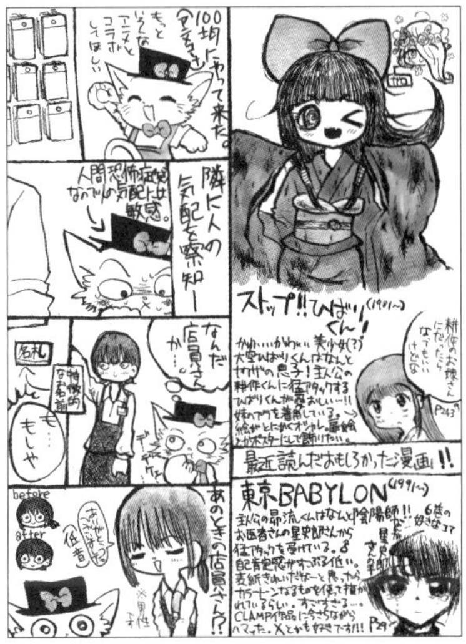

東京都・三田由子

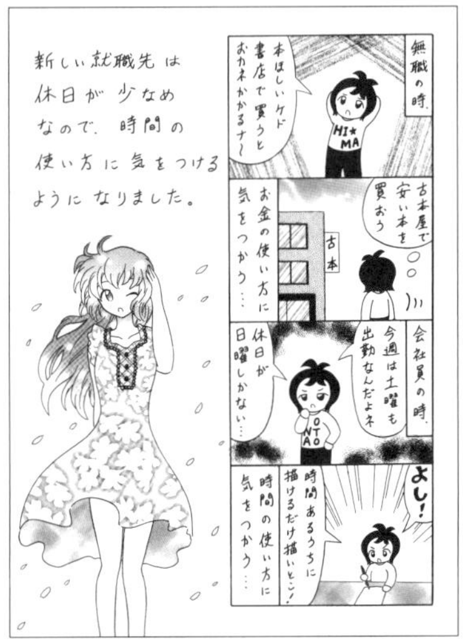

神奈川県・雪月冬凛・17歳

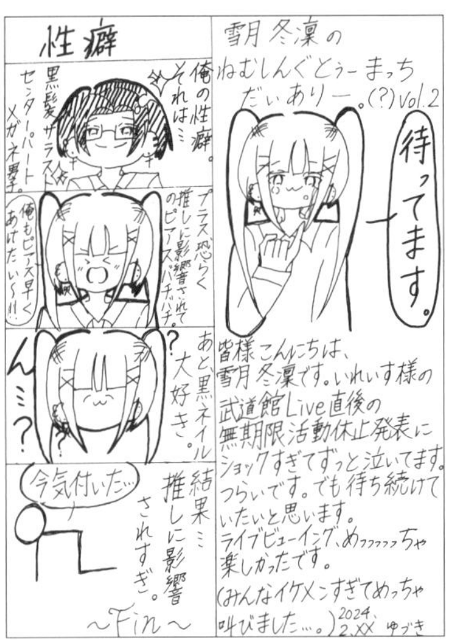

広島県・榛原祐香

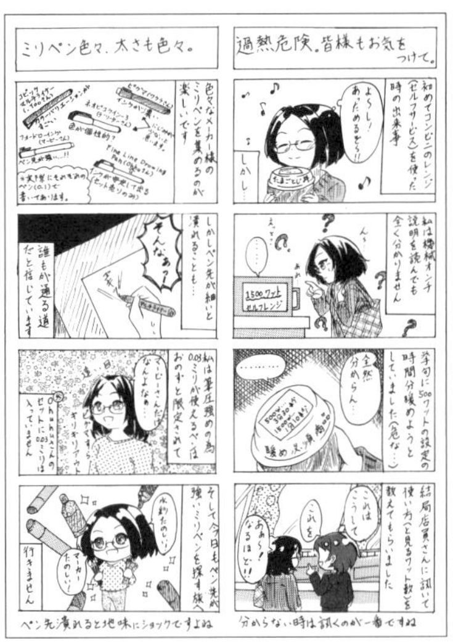

広島県・貴希

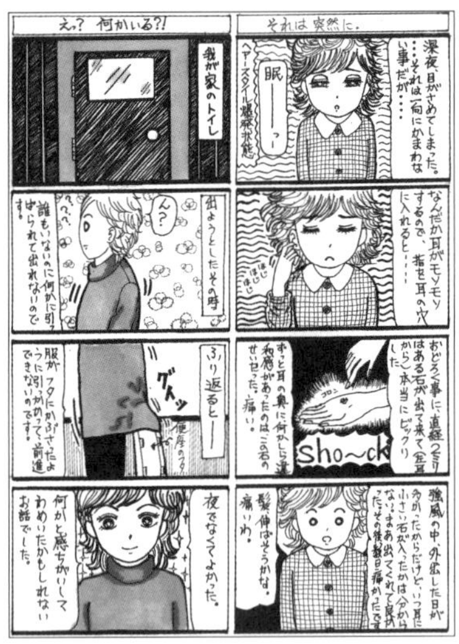

桜もち

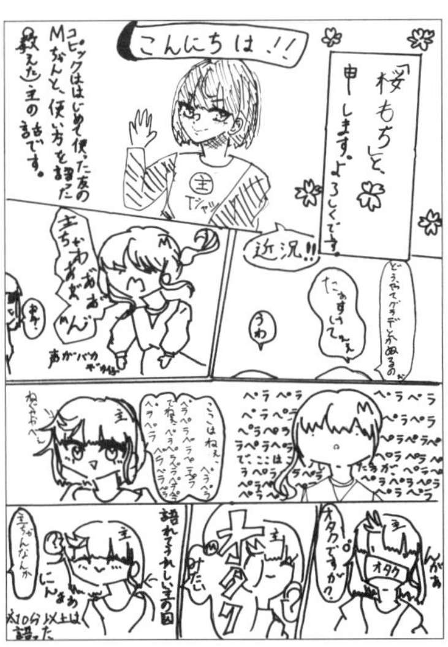

神奈川県・おくら・12歳

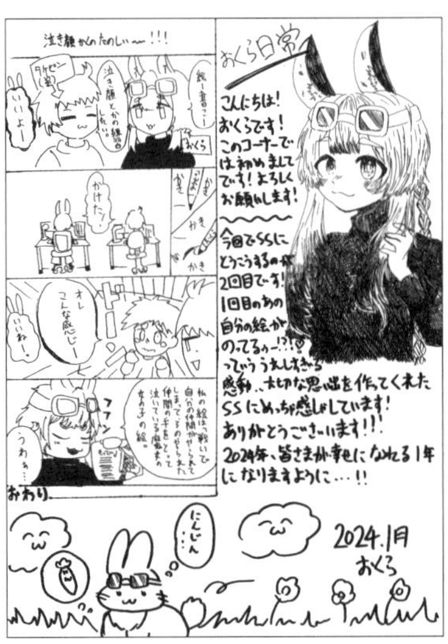

長野県・小林求・48歳

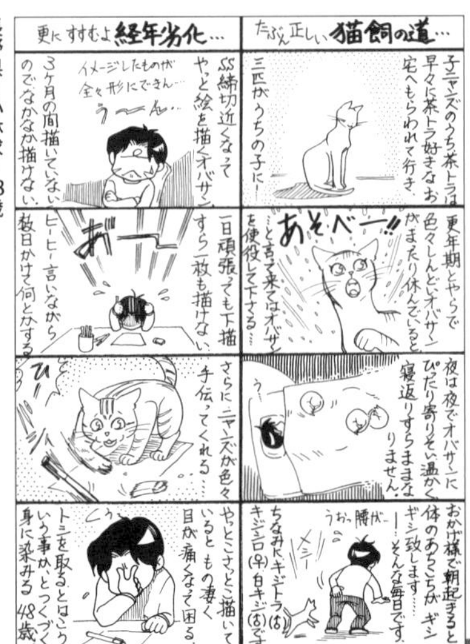

S SOMETHING

S SOMETHING

みんなの近況などを描いた四コマ漫画を紹介！

宮崎県・Ameiro・14歳

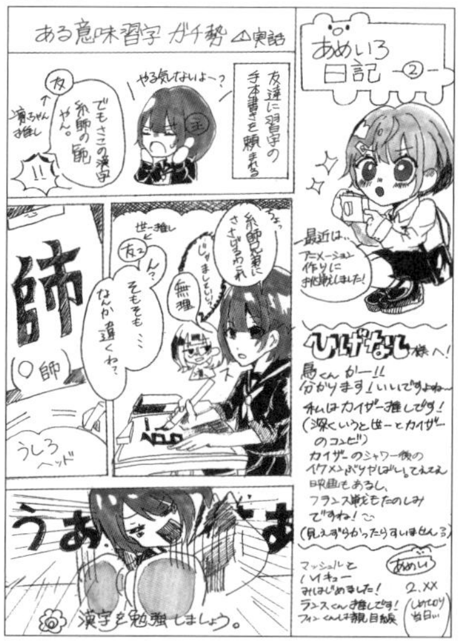

大阪府・ラブバード

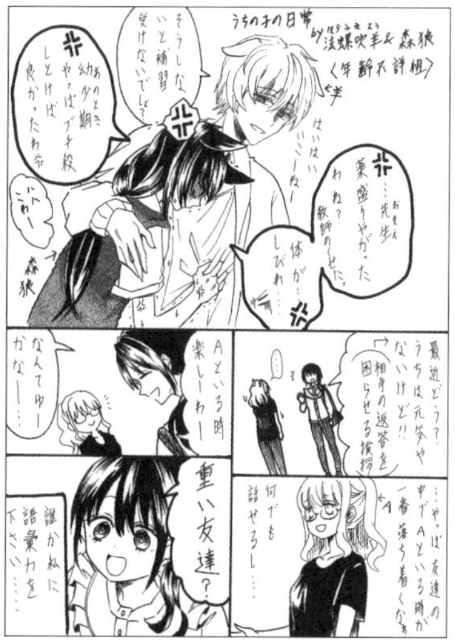

東京都・ひろくまひろみ

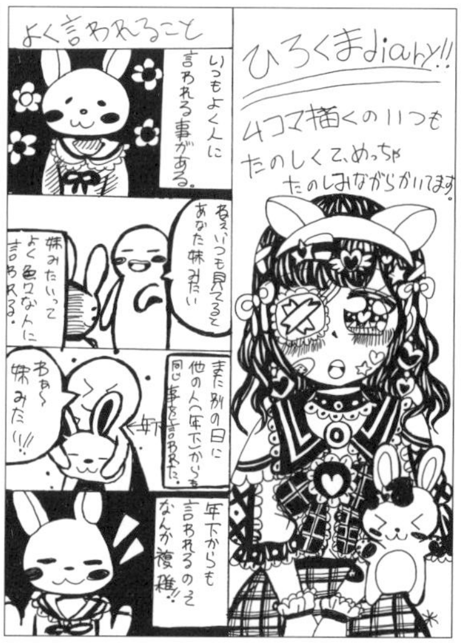

神奈川県・るりるり・38歳

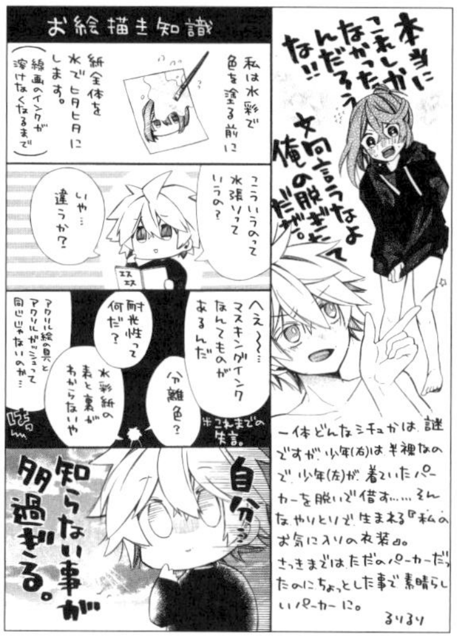

長野県・谷川りおん

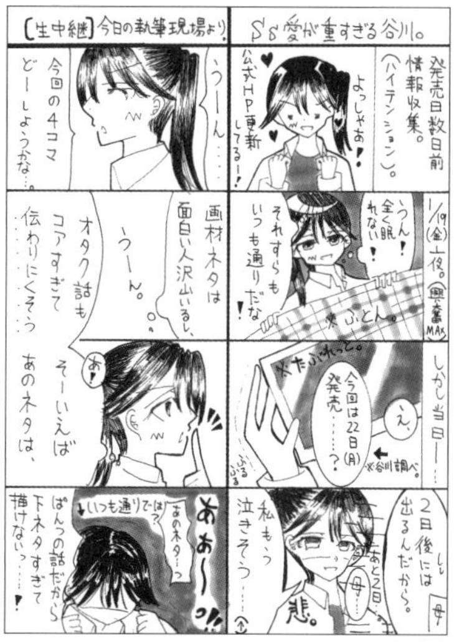

鹿児島県・ごまたに・14歳

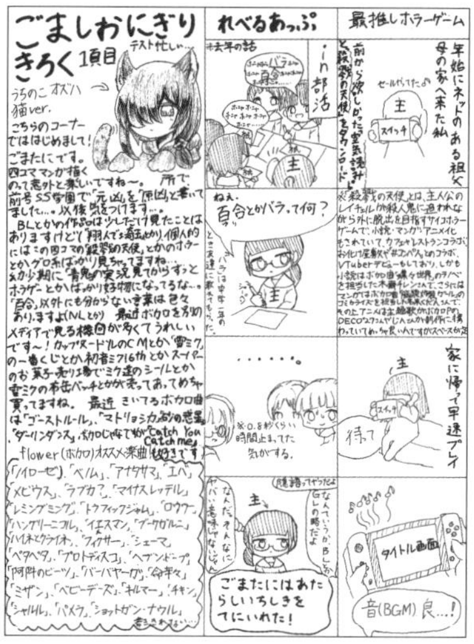

広島県・とんかつ・12歳

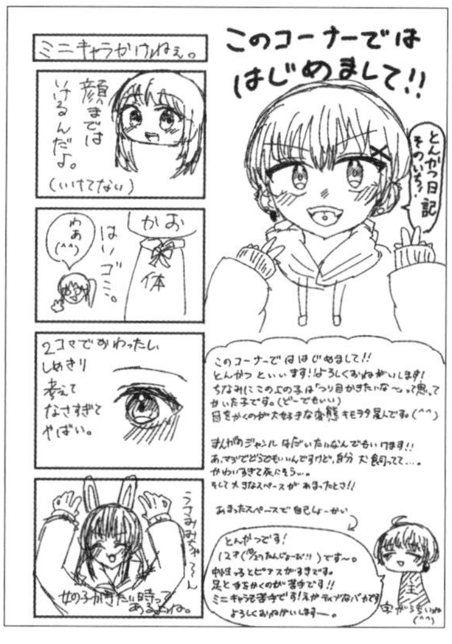

京都府・あはちゃ・18歳

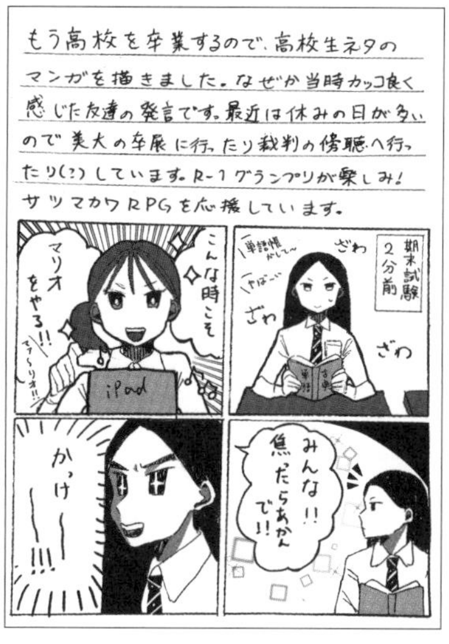

群馬県・RB

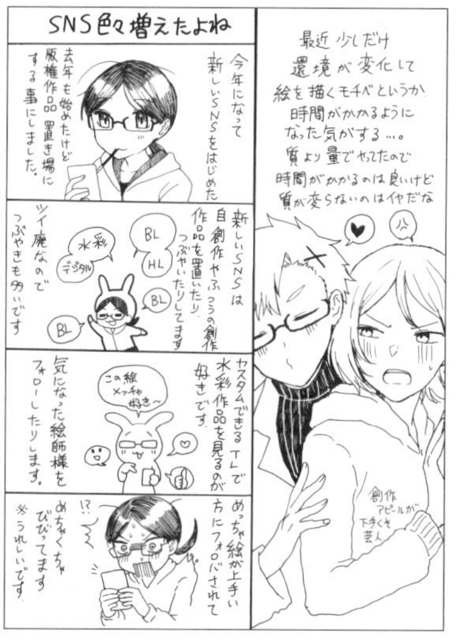

宮城県・流良戒

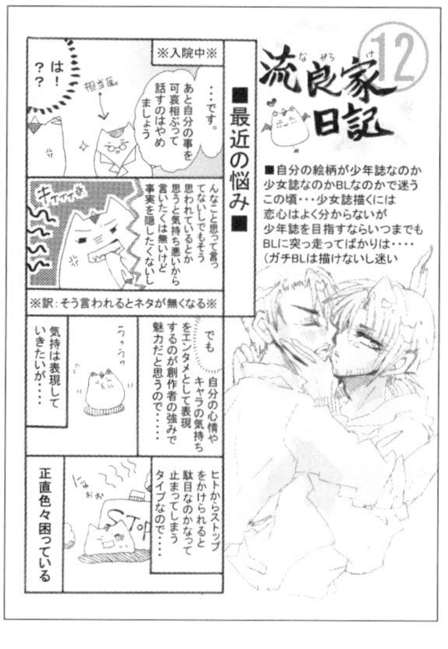

神奈川県・天猫なる・19歳

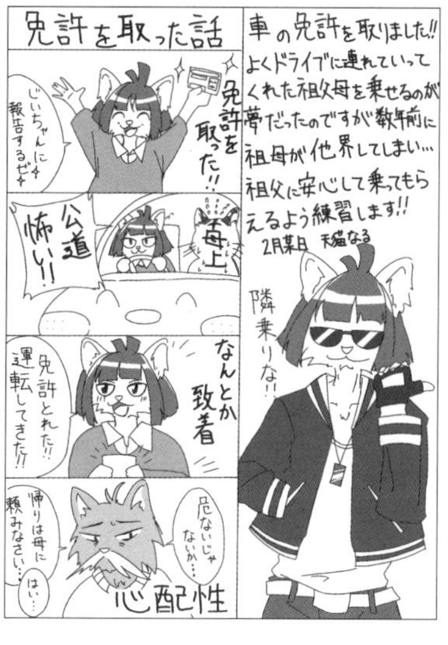

鹿児島県・鏡音ももこ・22歳

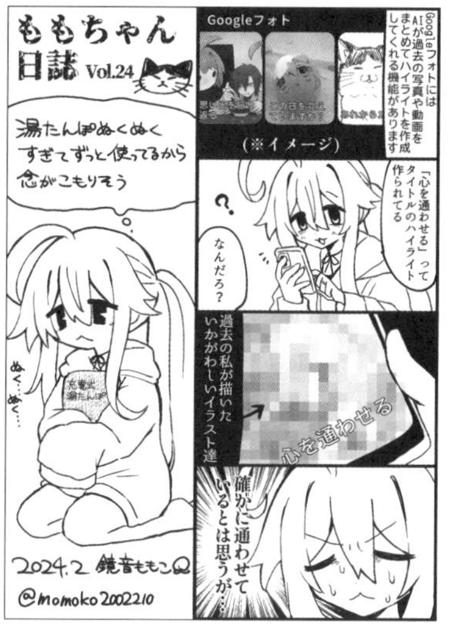

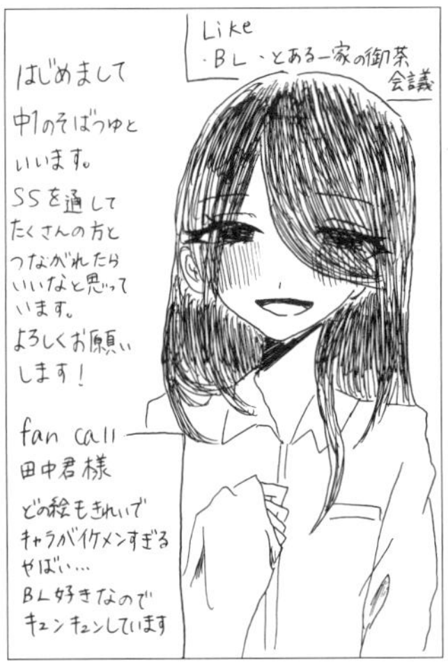

静岡県・そばつゆ・13歳

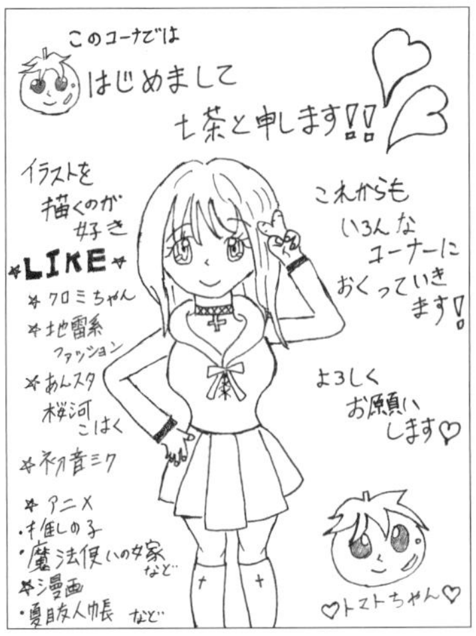

岐阜県・七茶

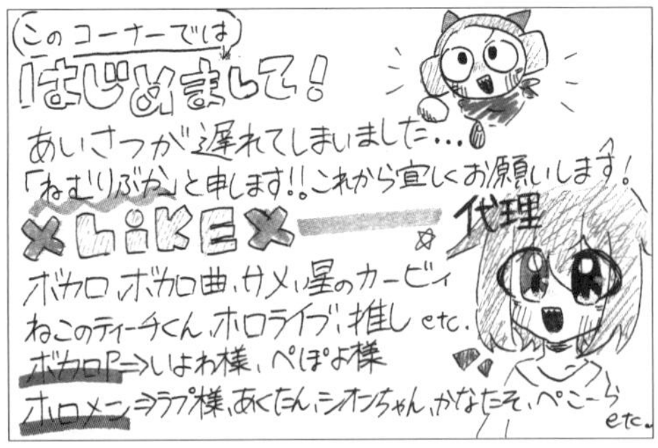

宮崎県・ねむりぶか・12歳

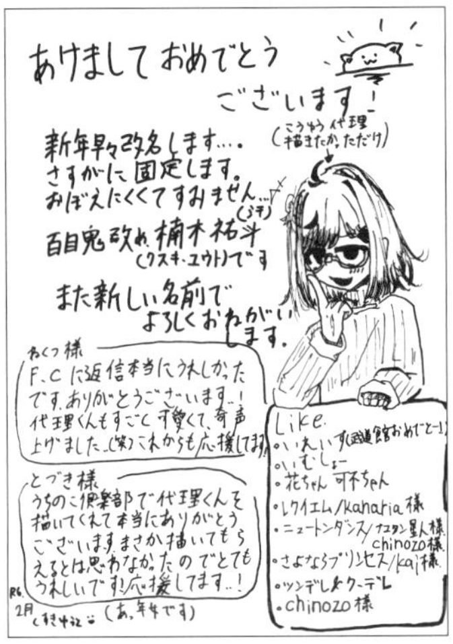

静岡県・楠木祐斗（百目鬼 改め）

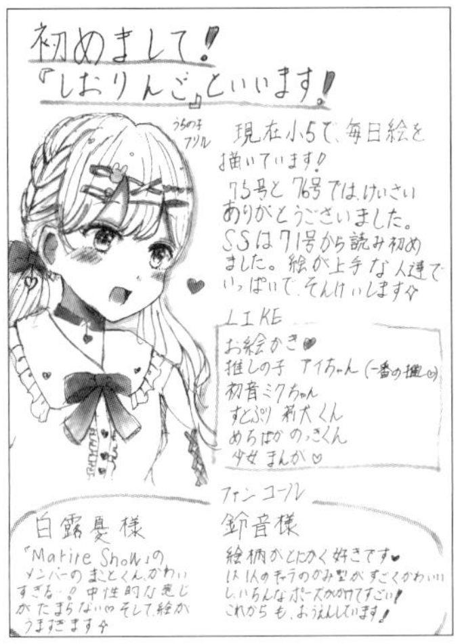

山梨県・しおりんご・11歳

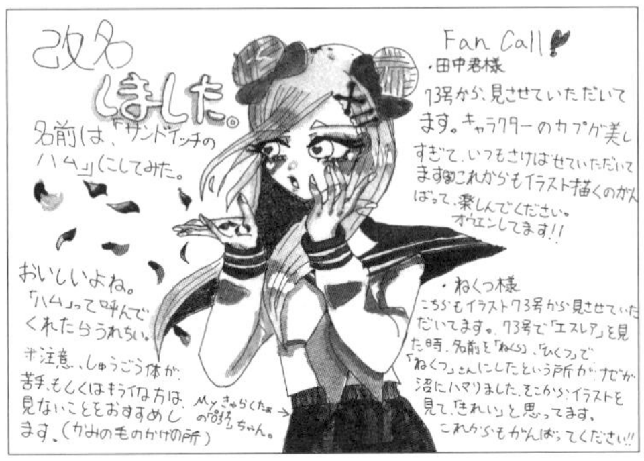

鹿児島県・サンドイッチのハム（天久 改め）

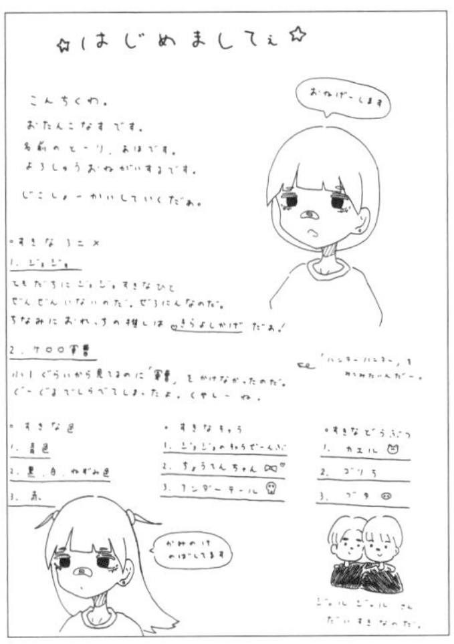

兵庫県・おたんこなす・14歳

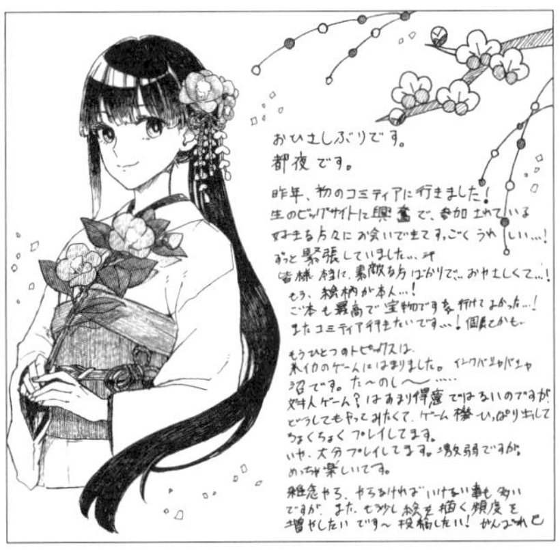

東京都・都夜

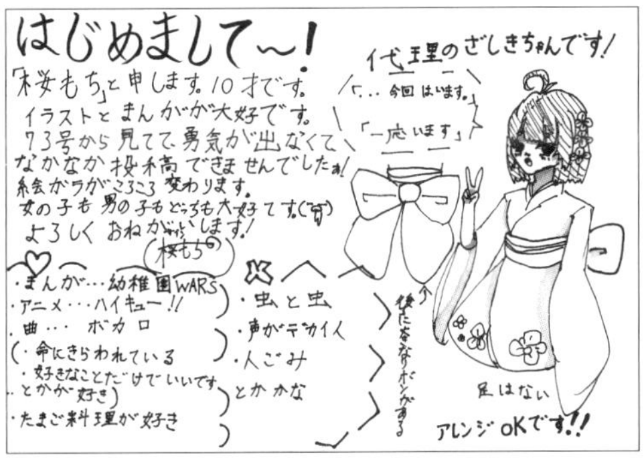

桜もち

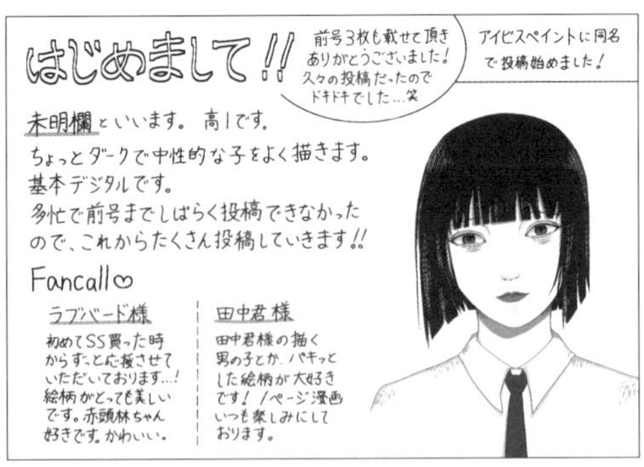

熊本県・未明欄・16歳

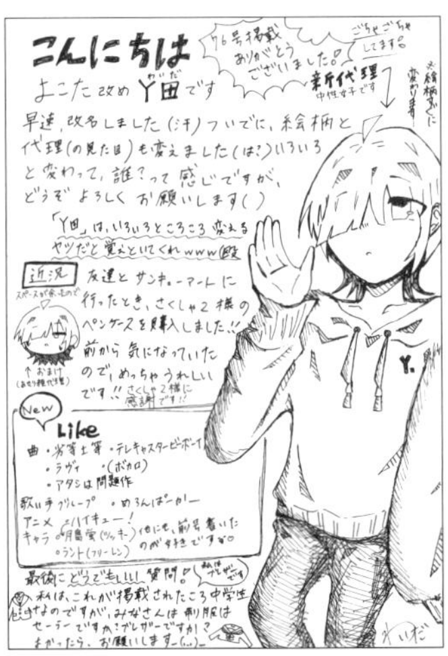

福島県・Y田（よこた 改め）・12歳

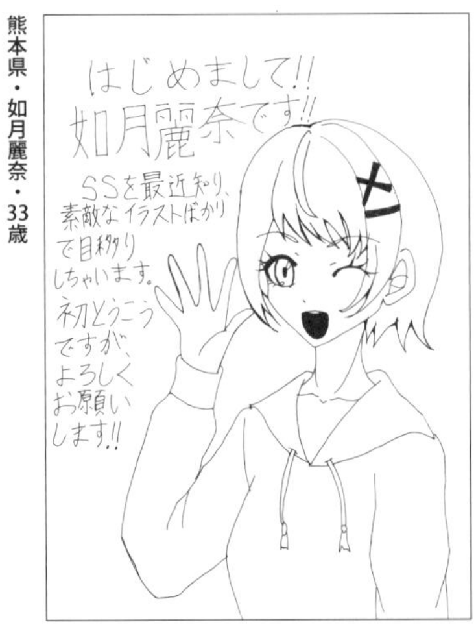

熊本県・如月麗奈・33歳

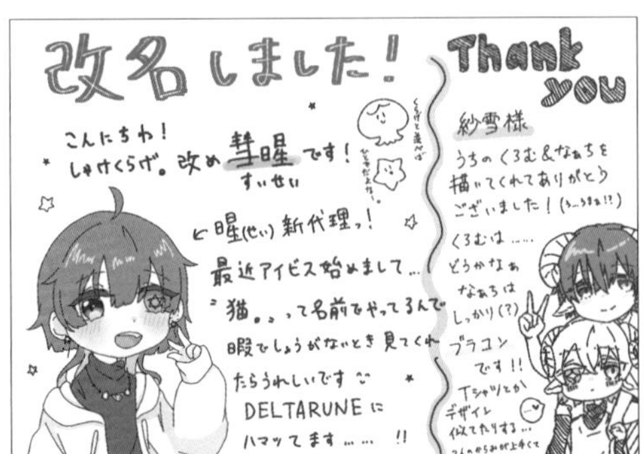

兵庫県・彗曜（しゃけくらげ。改め）

S SAY

S SAY

フリートーク的な文字投稿コーナー。近況や、みんなへの報告などいろんな話題を紹介!

神奈川県・るりるり

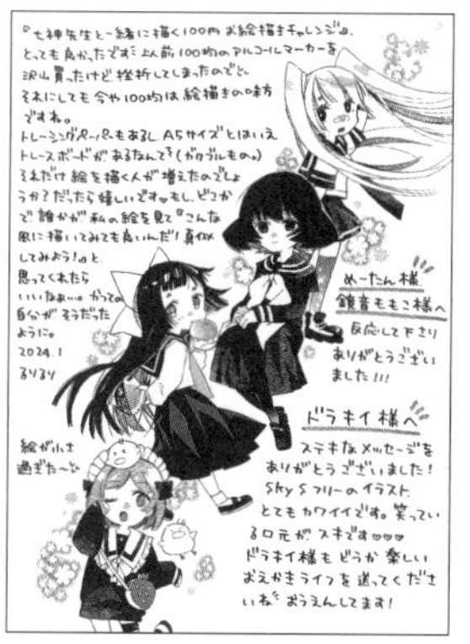

千葉県・武田和子・72歳

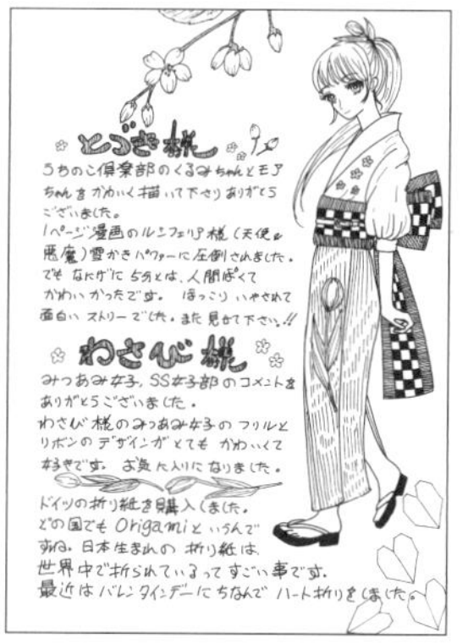

群馬県・RB

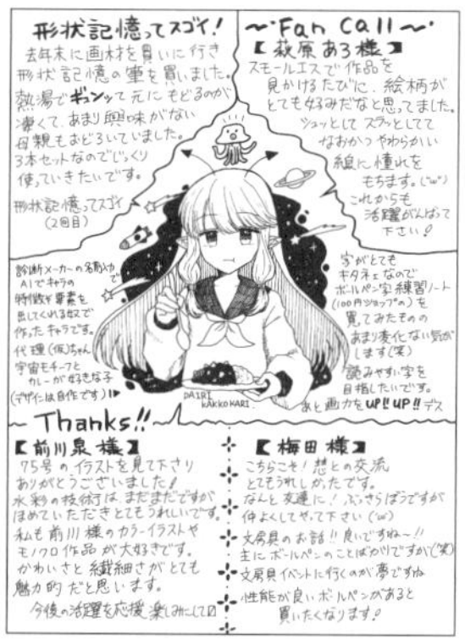

千葉県・前川泉

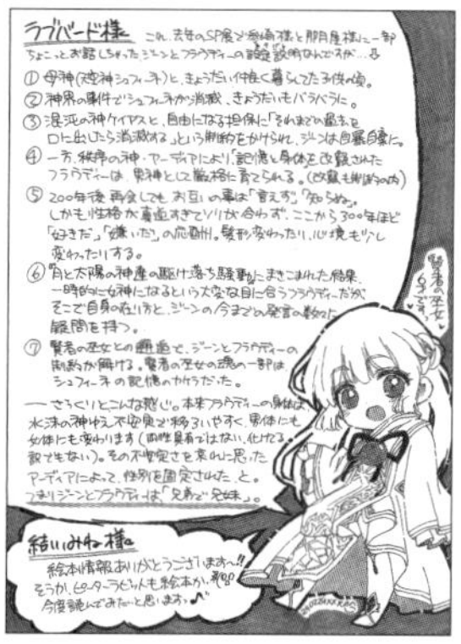

沖縄県・田中君

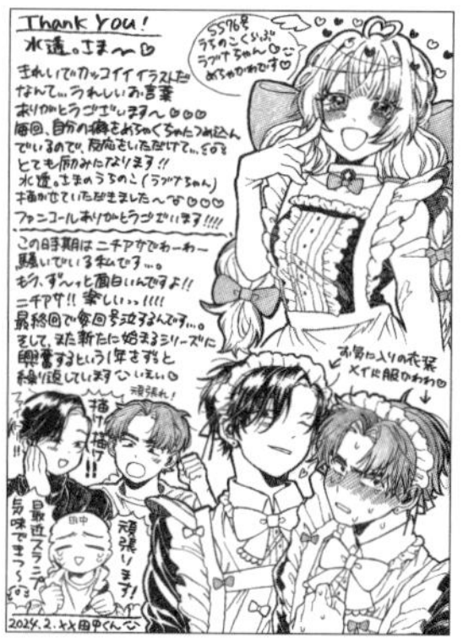

神奈川県・璃緒

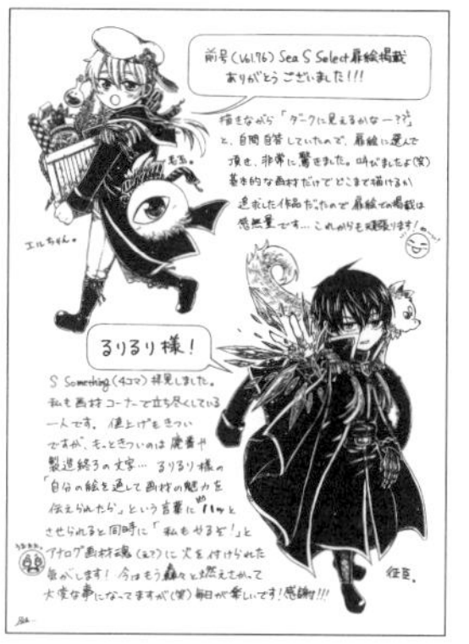

茨城県・めーたん・15歳

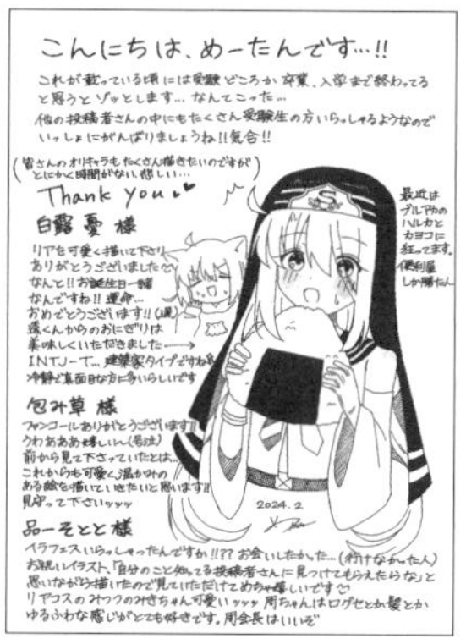

岡山県・月菟

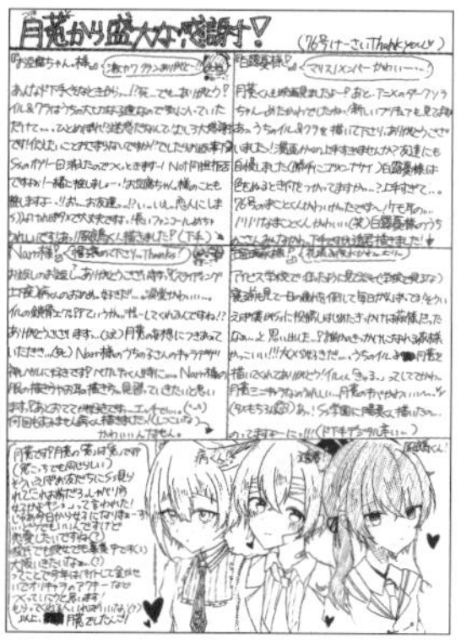

長野県・小林求・48歳

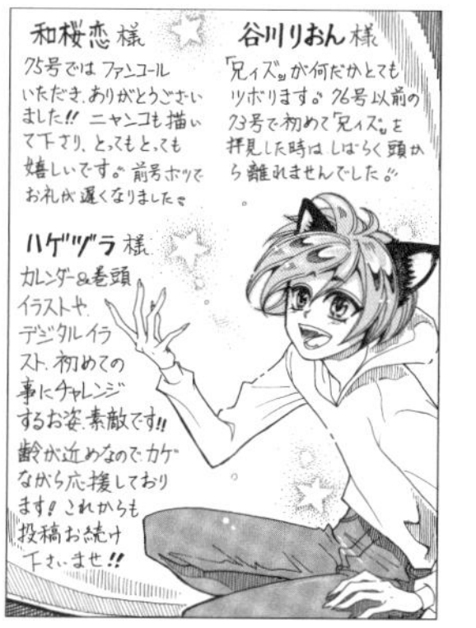

茨城県・結川みね・14歳

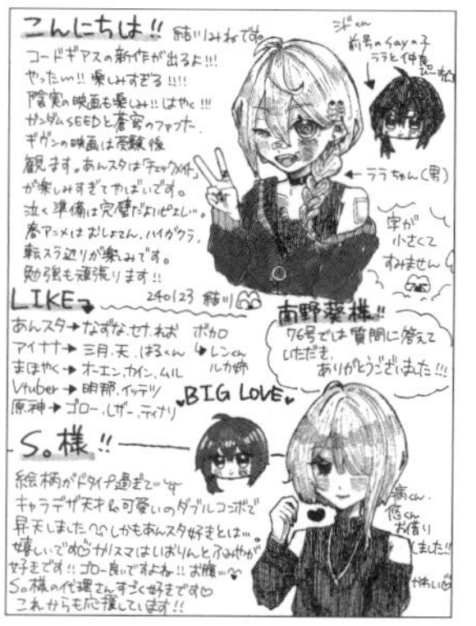

埼玉県・参崎シュリ

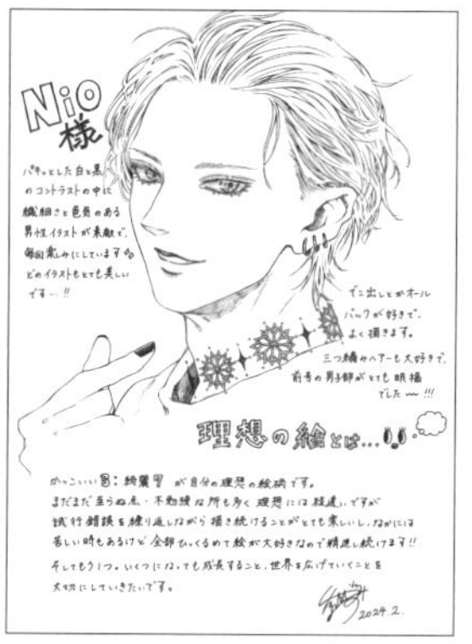

栃木県・那月屋しおん

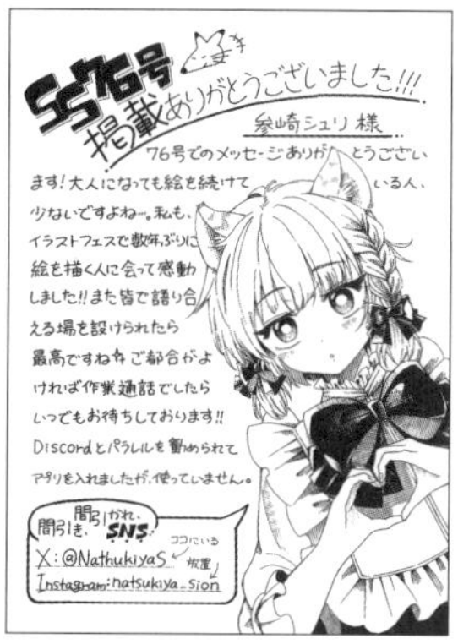

皆さん、こんにちは〜。SSナビゲーターの絵澄えすです。みなさんのお便りを紹介する「S say」のコーナーです。テクニックに関する質問から、近況報告、進路や絵柄についてのお悩みなど、文字投稿もぜひお送りくださいませ。

青森県・ワトソン

助けて下さい!!
私は絵を描くのが好きですが色付けが苦手です! 本屋さんにて36色のコピックを購入し塗ってみたもののベタ塗りになり立体感が出ません。プロのイラストレーターさんや漫画家さんは上手なので憧れる為にアドバイス下さい! せっかく買ったのにこのままでは無駄になってしまいます!!

色塗りが苦手で、コピックで着彩しても、うまく立体感が出ないというオハガキです。

ベタ塗りになってしまうのですね。今号でメイキングをしてくれた相楽ちとさんに伺ってみましょう。

相楽ちと　ベタ塗りにならない方法と言いますと、コピックのベーシックセットに淡い色が入っていますよね。これらを重ねて塗ると立体感が出ます。最初は濃い色をベタっと塗りがちなのですが、淡い色を選ぶと良いと思います。参考になるものを見ながら観察をして、何の色が使われているか研究するのはいかがでしょう。先ほど言った「コピックスケッチ ベーシック36色セット」には、BV11が入っていますが、カゲ色にこのような紫系をつかうと、全体的なイメージとして馴染みがいいからオススメです。立体感が出ると思います。赤だから赤のカゲをつかうというのでなく、薄い紫系をつかうと良いかもしれません。青寄りの紫ですね。RVではなくBV。でもピンク系の絵なら、RVをカゲ色にするのも良いと思います。全体でカゲ色を決めると統一感が出ます。

ありがとうございます! 立体感といえばカゲの表現が重要ですよね。そして淡い色の重ね塗りも、立体的な形を作り上げることが出来ると思います。いろいろと観察しながら描いてみてください。

神奈川県・眠夜トーカ

ラフを描いてそこに直接マルチライナーなどで●線画を書くのですがなんかラフのままの方が良かったな、と思う時が度々あります。解決法あるのでしょうか…? あと綺麗な線画を描くコツがあれば知りたいです。
いつも線が歪むので…。
真っ直ぐ描けない…

ラフにペン入れをすると上手くいかない…。綺麗な線画を描きたいというお便りです。私も線がガタつくのでなんとかしたいです…。

こちらも相楽ちとさんに聞いてみましょう!

相楽ちと　ラフがどれくらい整えられているかにも寄りますよね…。例えば、ペン入れでは、なぞるだけくらいにラフで線を決めてしまう方法もありますよね。あと、色鉛筆で描いてからコピックマルチライナーでなぞると、なじみが良いので、ラフの良さも残しつつ、コピックマルチライナーの良さも出るかもしれません。色鉛筆は線が太くなるから、ラフに近いイメージに仕上がります。そして線が歪む場合は、少しずつ線をなぞるのがポイントだと思います。紙を描きやすい方向に回転させるのも良いですよ。自分が線を引きやすい角度は一定に保ち、紙の方を回して動かすんです。

ありがとうございます。線を少しずつなぞるというのはわかります。すごく綺麗な線を描いている漫画家さんに取材すると、意外と長いストロークで線を引かず、少しずつ繋いで描いていました。うさぎのミッフィーも明確な線に見えますが、ブルーナさんは少しずつ線を引いて描いていますよね。ただ、自分に合う方法は人それぞれなので、いくつかの方法を試すのも良いと思います。そして結局は線を引く行為も肉体運動なので、慣れは大事です。自転車に乗れるまでは、左右にふらつきながら、まっすぐに進まなかったと思います。何度も練習して、乗れるようになれば、ふらつきませんよね。線を引くことも、安定

兵庫県・chi2・13歳

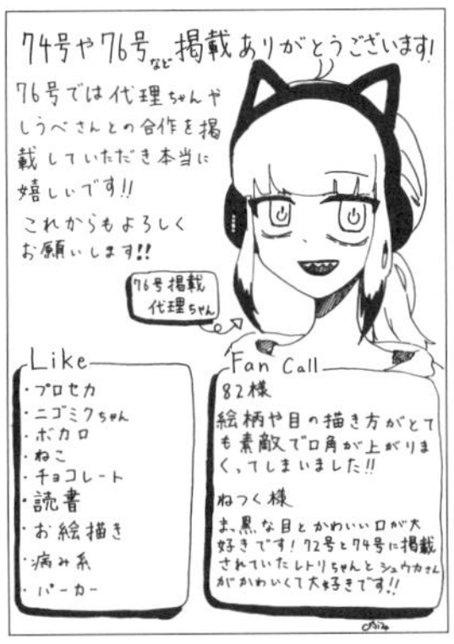

岐阜県・そらころ。・13歳

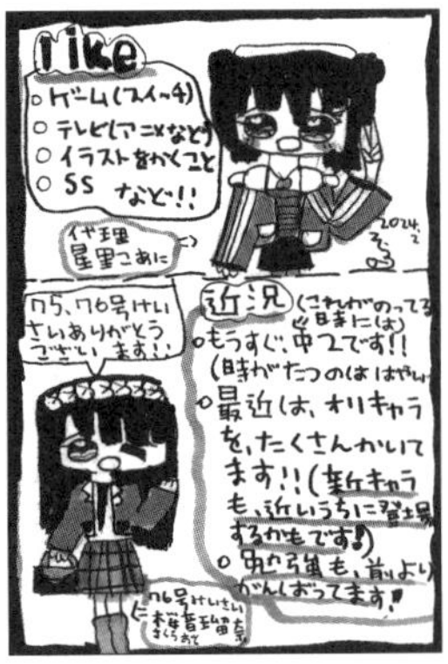

神奈川県・眠夜トーカ。

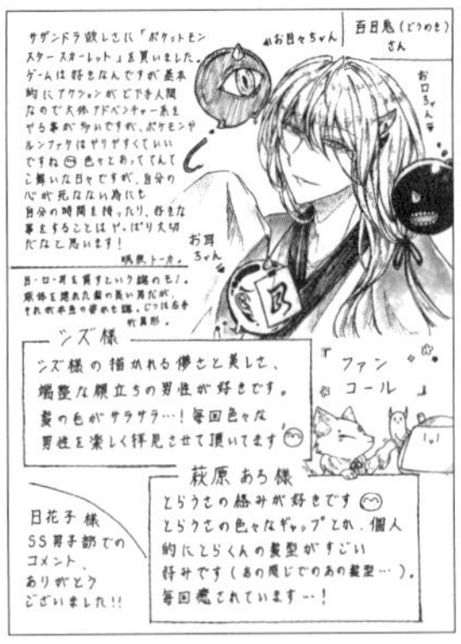

大阪府・ラブバード

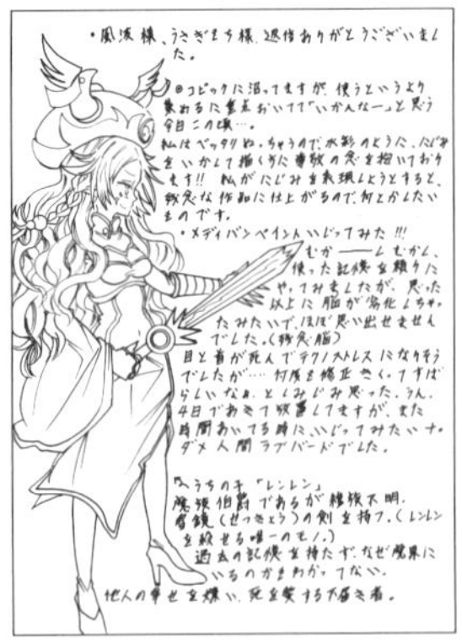

新潟県・色

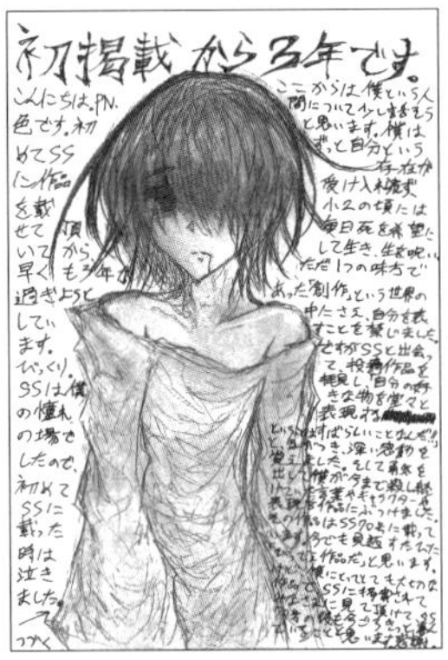

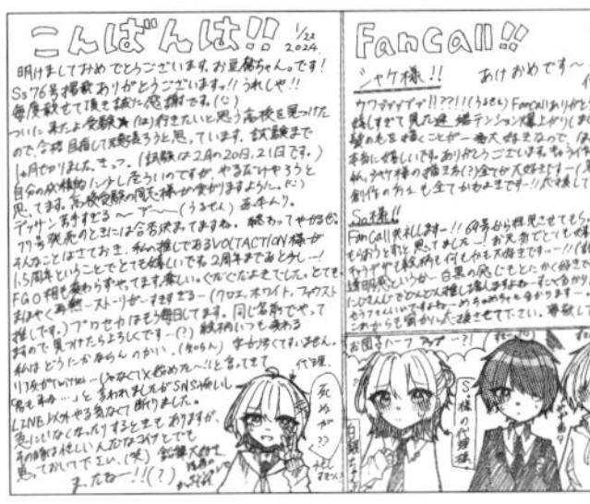

大阪府・お豆腐ちゃん。・15歳

長崎県・橘らのま

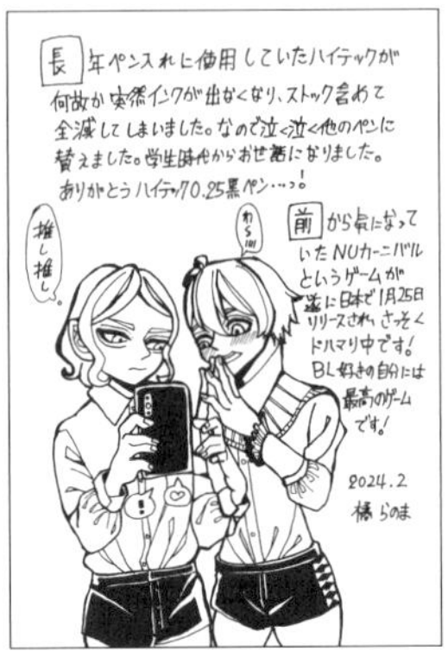

宮城県・秋津捨博・42歳

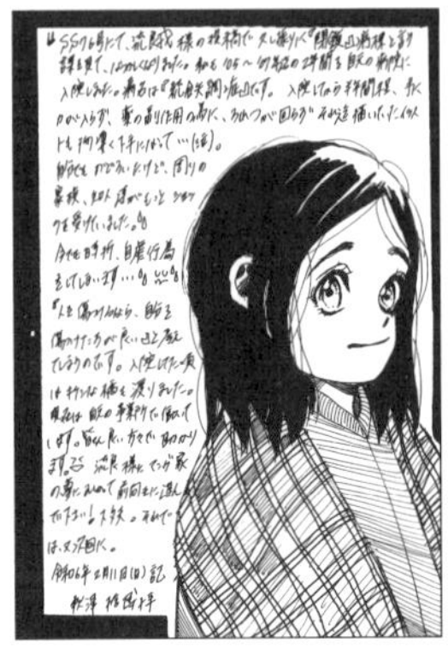

兵庫県・シャケ

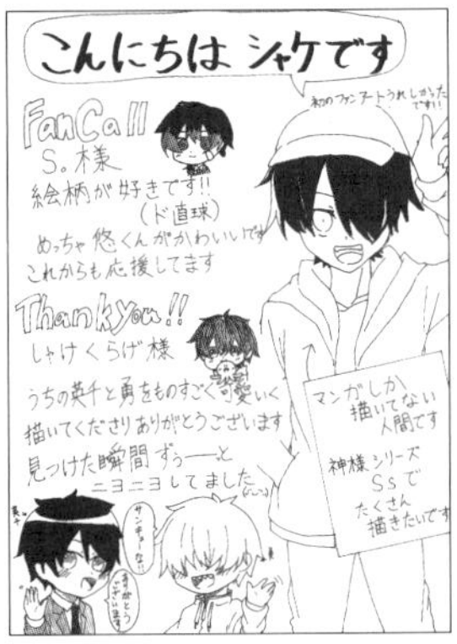

東京都・盾甘板

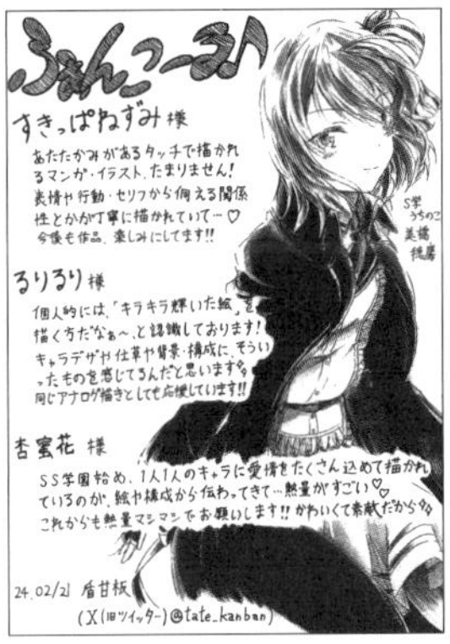

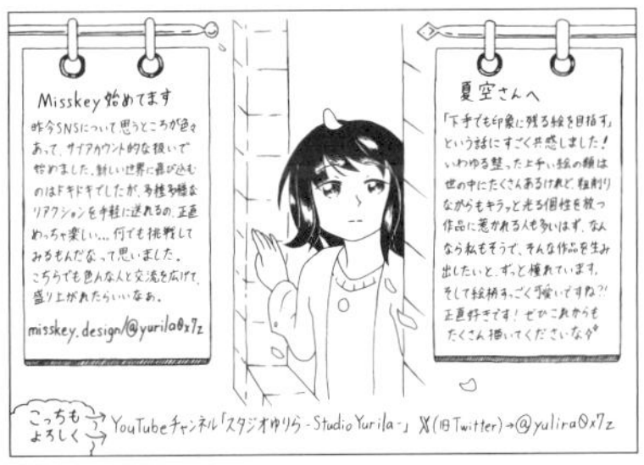

福岡県・ゆりら・30歳

静岡県・白露憂

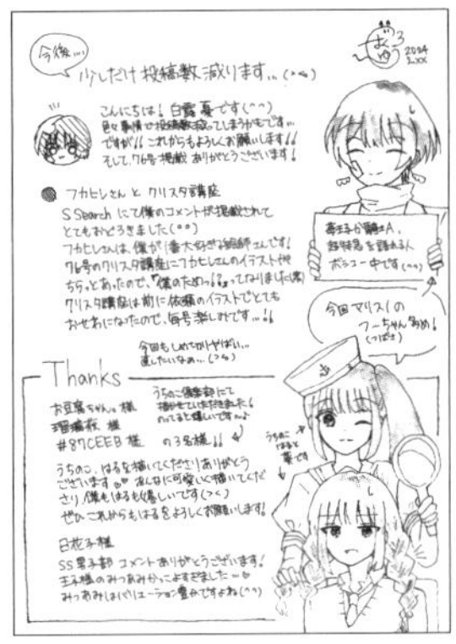

するまで引き続けるという肉体の慣れもあると思うので、どんどん数をこなして、描いていってくださいませ〜。

秋田県・幸由

全ての絵描さんに質問!
健康に気をつけている
ことはありますか?

ズバリ、健康に気をつけていることですね！　私は特に何もしてないので、この話題はお恥ずかしい…。

運動部を兼ねながら絵を描いている人もいるけど、皆さんどうでしょうね。くりゅうさんと上ノ句さんに聞いてみましょう。

くりゅう　毎日湯船に浸かることを心がけてます。運動は全くしないので、ドライヤー中に足つぼマットに乗ってます！

上ノ句　お散歩やジョギングなど、定期的な運動をすることを心掛けています。作業で長時間座りっぱなしなので、気づいたときにストレッチやスクワットをこまめにするようにしています。

お二人とも意識されていることがあるんですね！　そういえば漫画家さんは、椅子に座ってばかりだと、腰の骨を支える筋肉が弱まるから、骨に負担がかかって腰痛やギックリ腰など、大変なことになると聞きました。背筋や腹筋も絵を描くには大事かもしれないですね。そして、お風呂に浸かるのも良いのですね。そういえば、お湯に浸かっているとき、スマホなどを見ずに、何もしないでいると、副交感神経の働きでリラックスして、デフォルト・モード・ネットワークという状態に入るそうですね。これはアイディアが出るなど、創造性が活発になる脳の状態だそうで。だから何もしない時間が大事と言います。健康法は肉体の回復だけでなく、精神も良い状態に持っていくことを意識すると良いですね！

長野県・谷川りおん

資料をさがすのが苦手です。
実物を見る以外で資料
をみつける方法・また、
ジャンル的に実物が
存在しない・存在するけれど
なかなかお目にかかれない
場合、皆さんはどうやって
作画されているのか知り
たいです。
教本はダメでしょうか?

絵を描く際に参考になる資料を探すのが苦手というオハガキです。皆さん、どうされているのでしょう。

いろんな方法があると言いますよね。上ノ句さんと夏目レモンさんに聞いてみましょう。

上ノ句　そうですね。「存在しない」ものの場合、仕事の絵とかでなければ、完全にイメージだけで像を結んでも良いと思います。絵なので自由ですし、心がときめくものを描くのが一番ですよね。一方で仕事絵の場合や絵に説得力が欲しい時は、私はピンタレスト検索や代用品の組み合わせで解決しています。例えば「ありそうで無い服」を描くのであれば、まず軽いスケッチを描きながら「上着の素材はこれで〜」「袖はこのくらい厚みのある布がいいな」などと、イメージを膨らませます。普段着ている服の上からお布団のシーツやタオルなどをかぶせて架空の袖などを作ったり、ティッシュや折り紙、布の端切れなどをフィギュアに着せてイメージを固めることもあります。

私の場合は、教本を使ったことはありません。普段触れるものにこそ多くのヒントが詰まっていると思っていまして、個人的には不要だと思っています。

夏目レモン　資料については、今はピンタレストから検索することが多くなりました。探すときのポイントは、「目標となる全体のイメージ一枚」「色味の参考」「構図の参考」「装飾まわり参考」という風に、項目に分けて探しています。最初から正解の資料を選ぶのは難しいので、大量の画像をジャンル分けしながら取捨選択しています。また、現実にない生物に関しては、実在する動物の部位の資料を参考に組み合わせたり、映画、ゲーム、漫

S SAY

フリートーク的な文字投稿コーナー。近況や、みんなへの報告などいろんな話題を紹介!

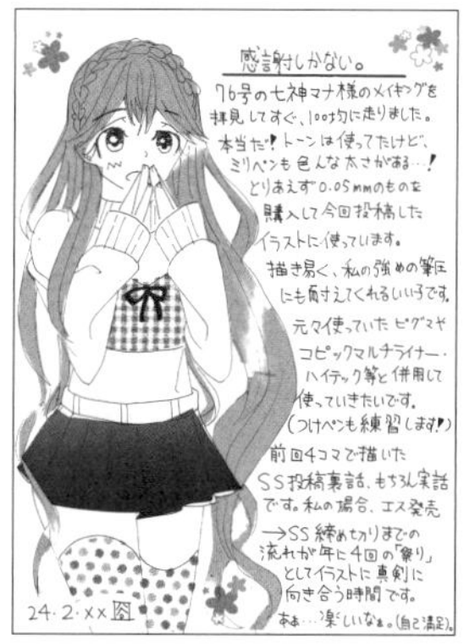

長野県・谷川りおん

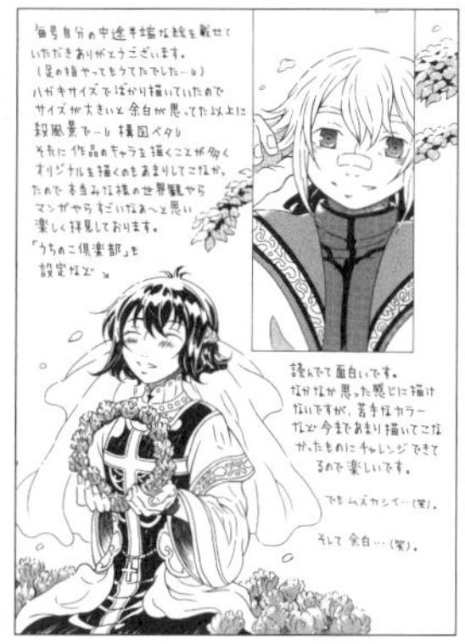

秋田県・鈴河馬

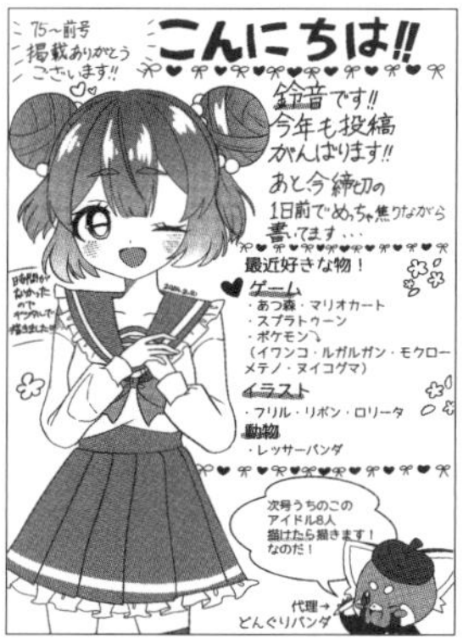

福岡県・鈴音・14歳

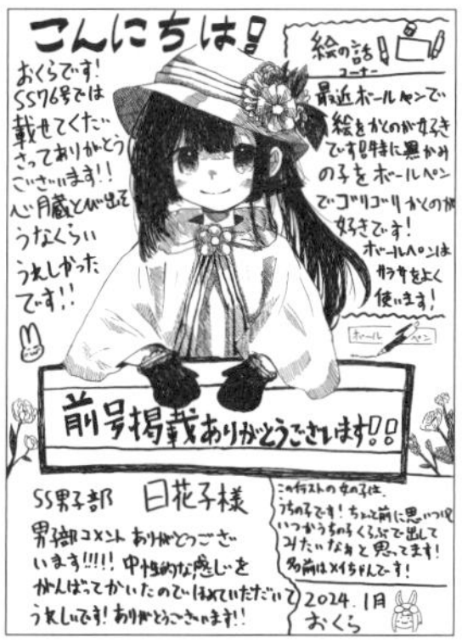

神奈川県・おくら・12歳

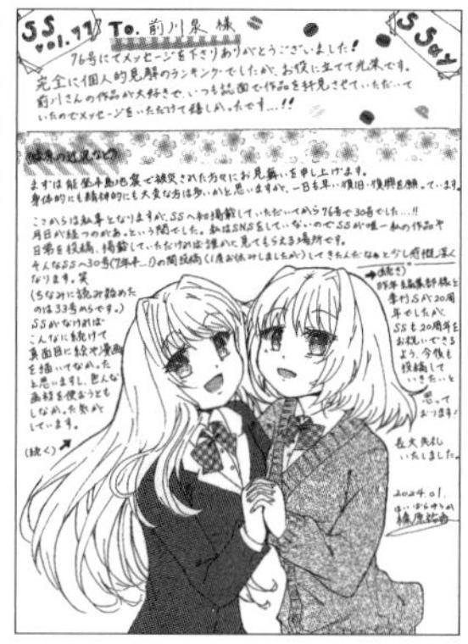

広島県・榛原祐香

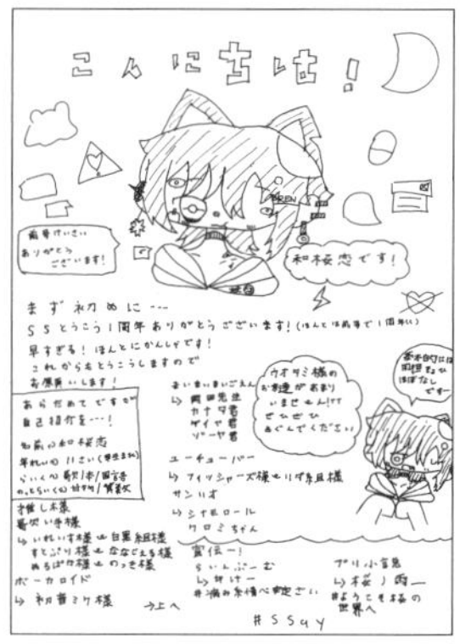

大阪府・和桜恋・11歳

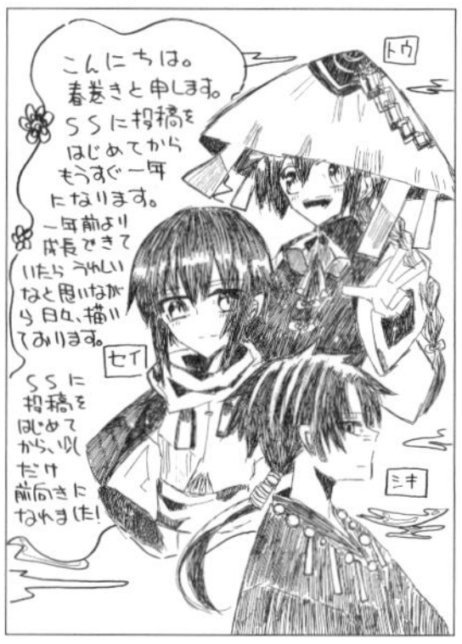

静岡県・春巻き

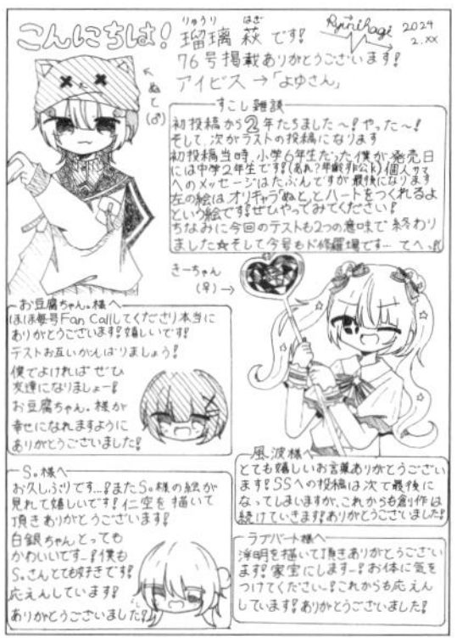

愛知県・瑠璃萩

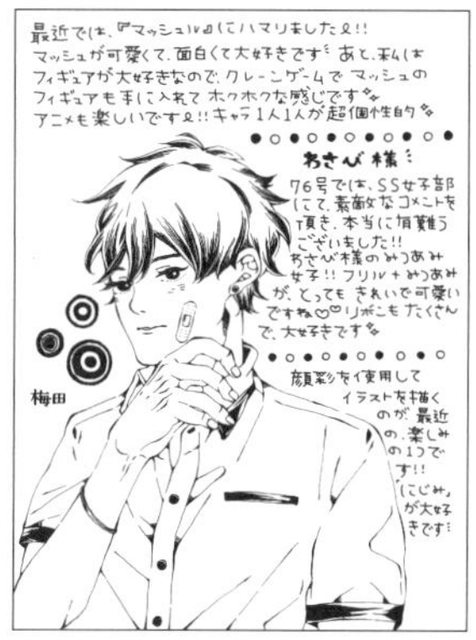

福岡県・梅田

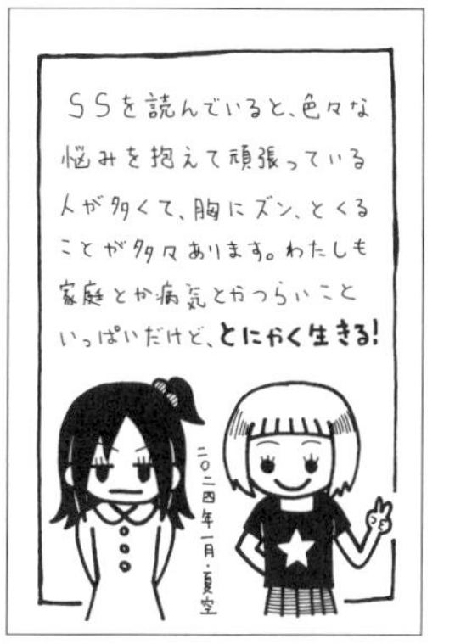

兵庫県・夏空

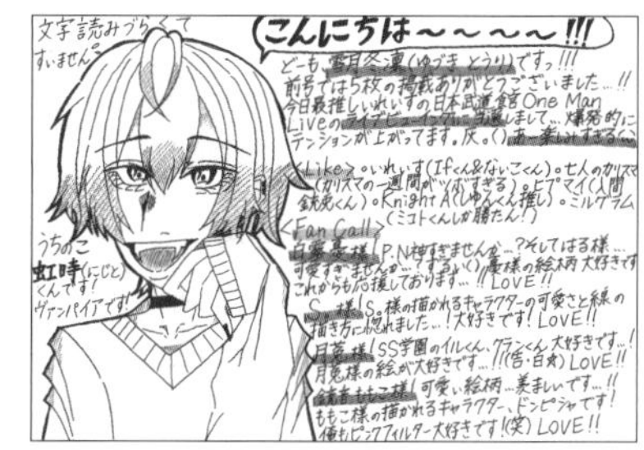

神奈川県・雪月冬凛・17歳

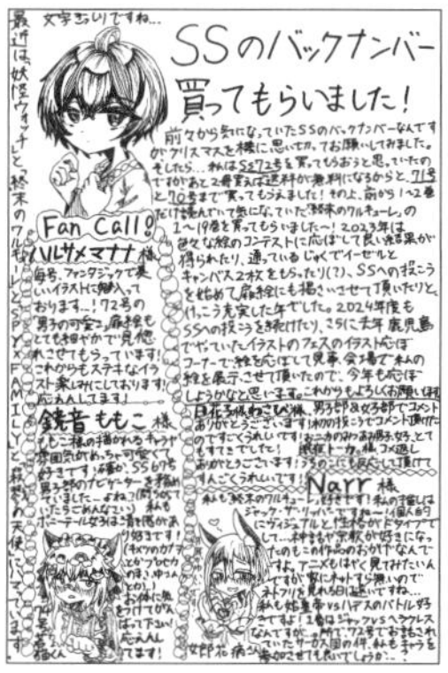

鹿児島県・ごまたに・14歳

画で、世界観や印象が近いものをとにかくかき集めて組み合わせています。

夏目レモンさんのジャンル分けのお話、参考になりますね。上ノ句さんの「ありそうで無い服」の発想法も興味深いです。家にあるタオルなどで架空の形を考えたり、フィギュアに紙や布を着せてみるなど、応用しながら想像していく。資料を探す際に、すでにデザインされた格好いいものを見ることも刺激になりますが、クオリティが高いものを見ると、それ以上の作品を想像できるのか? という問題が出てきます。凄いものに影響を受けて、呑み込まれてしまうと、結局「パクリ」のように、元絵に従属した真似事で終わってしまう。その意味では、自分の想像力が第一となるような、曖昧でラフなものを参考にするのも良いですよね。紙をくしゃくしゃに潰して、そこからフォルムを想像したり…。ぜひ試してみてください～。

大阪府・和桜恋・11歳

みな様に質問です。
うちは坂月さかな様の
「星旅少年」を毎夜読み
いやされております
そこで、みなさんが
いやされたまんが、画集、
絵本等を教えてください!

流れ星!

癒された漫画、画集、絵本ですか～。そうですね～、私は最近、おぱんちゅうさぎが好きですが…。

和桜恋さんは漫画作品『星旅少年』に癒されているのですね。スモールエスと同じ出版社から出ている本です。可愛いですよね～。こちらは、くりゅうさん、ひらきさん、夏目レモンさんに聞いてみましょう。

くりゅう 『パンやのくまさん』という絵本が大好きで、大人になった今でもお部屋に飾ってあります。昔から食べものが描かれている絵本や漫画を集めがちでした!

ひらき 今ぱっと思い浮かぶものというと悩みますが、苔や庭の写真が載った本には癒されています。絵本だと浮かぶものは島田ゆか先生の『バムとケロ』のシリーズで、キャラクターたちと物語が可愛くて面白くて癒されます。

夏目レモン 小さい頃は絵本の『11ぴきのねこ』が好きでした。馬場のぼる先生のシュールなキャラクターデザインと色合いが大好きです。今でも抱き枕とかぬいぐるみとか…グッズを見つけたらちょくちょく買っちゃいます! それから、小学生の頃は『なんでも魔女商会』シリーズが大好きだった記憶があります。次はどんなお洋服のデザインが見られるのか楽しみにしながら、図書館に通っていた記憶があります。

ありがとうございます。動物の出てくる絵本は、やっぱり癒されますね。今号を読んでくださっている皆さんもぜひ、癒される作品を教えてくださいませ～。

沖縄県・そいだぞい・11歳

はじめまして。
イラスト、SSAY、うちのこ倶楽部
など絵を描く時、どういうペン
を使うのか分からず、100円ショップ
に売っている0.3ミリのボールペン
を使って描いています。
イラストレーター、SSに投稿して
いる方たちは、どのようなペンを
使っているのでしょうか…?
どこで売っているか、値段、特徴、
何ミリか、など詳しく教えてくだ
さい。できれば、安いのが良いです。

青森県・iki

アナログモノクロペン画
消しゴムをかけても
うすくなりにくい
ペンを探しています。
つけペンとまんが用
インクを使うべきか…。
〇〇。

白黒のペンについて、ひらきさんと香琳さんは、いかがですか?。

ひらき 私の場合は、タチカワか日光の丸ペン、時々日本字ペンのどれかをメインで使っています。そして、加筆などにHI-TEC-Cの0.3ミリを使っています。インクはPILOTの製図用インキです。つけペンでない場合は、HI-TEC-CかPIGMAの

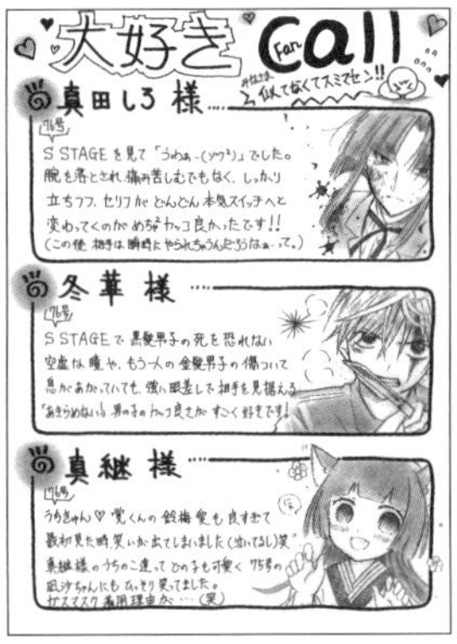

茨城県・あおいみう

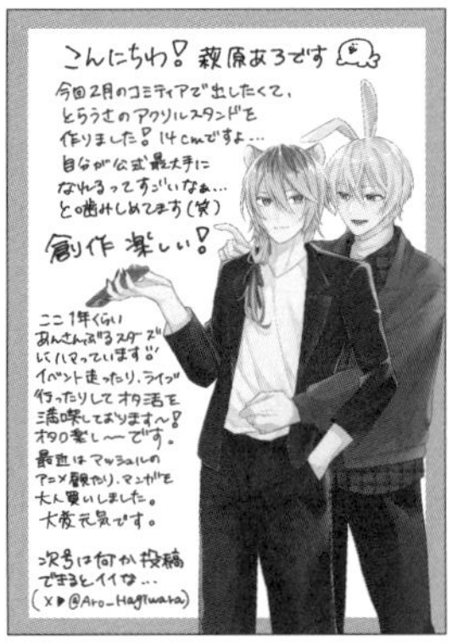

神奈川県・萩原あろ

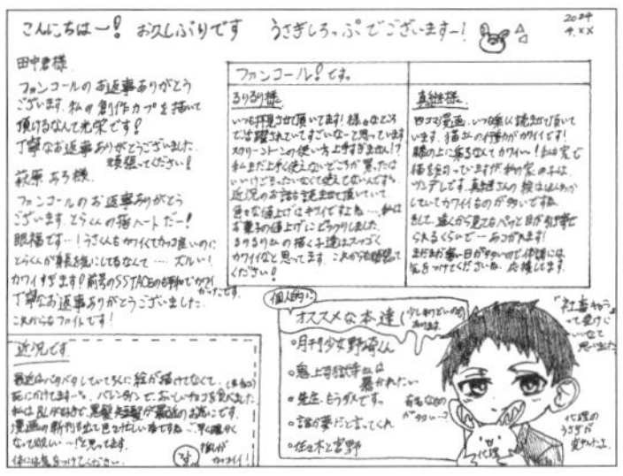
静岡県・うさぎしろっぷ

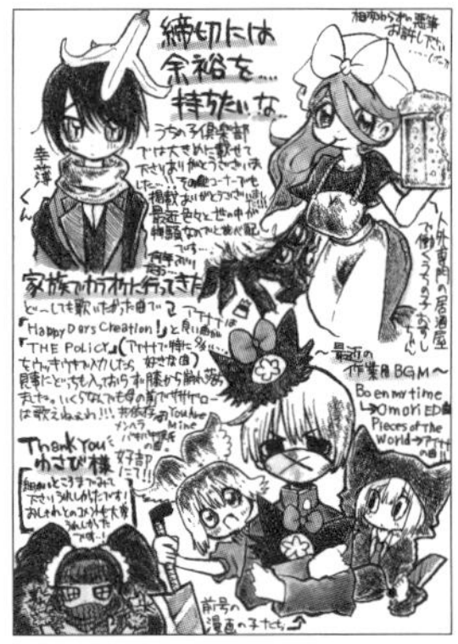

岡山県・のりあき・16歳

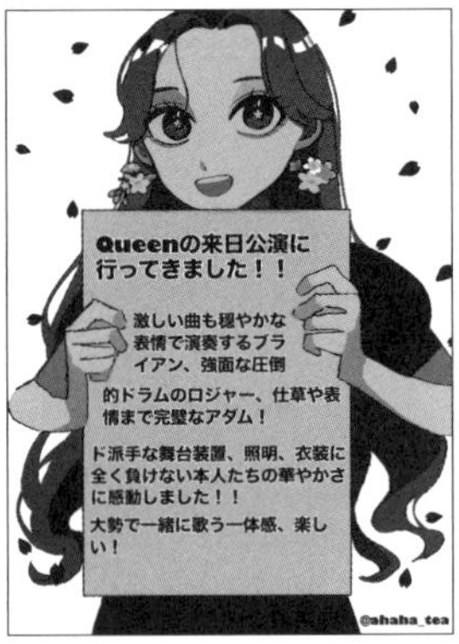

京都府・あはちゃ・18歳

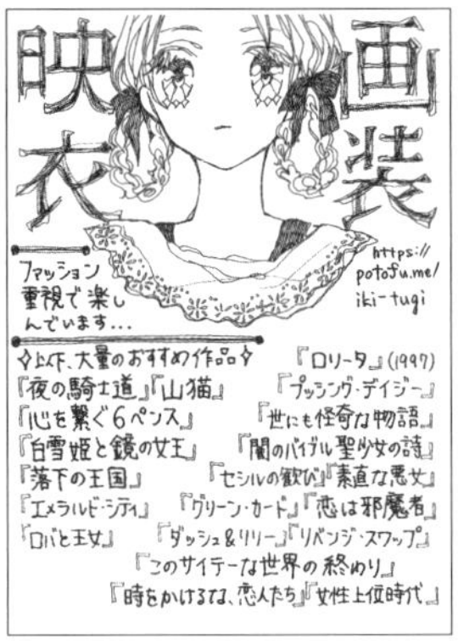

青森県・iki

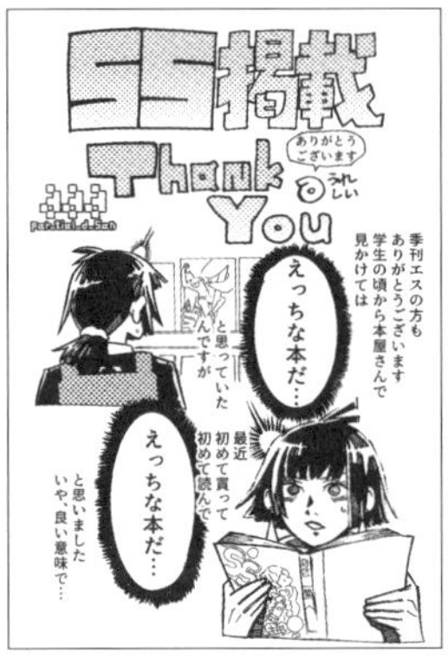

神奈川県・par_tial_d_san

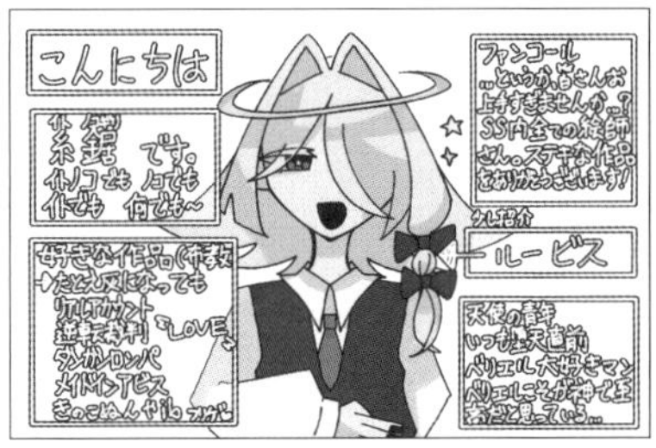

愛知県・糸鋸

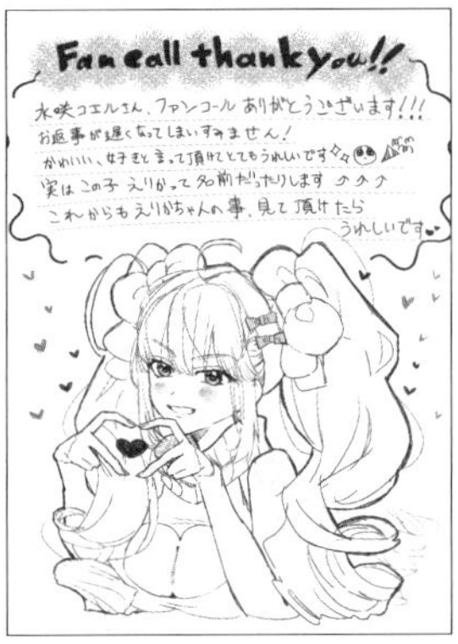

宮城県・またたび

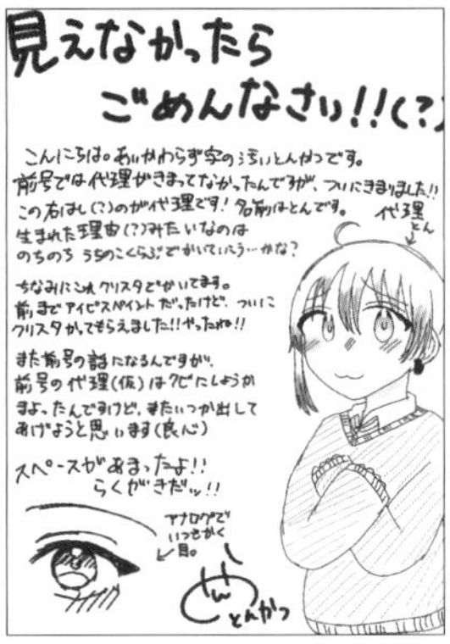
広島県・とんかつ・12歳

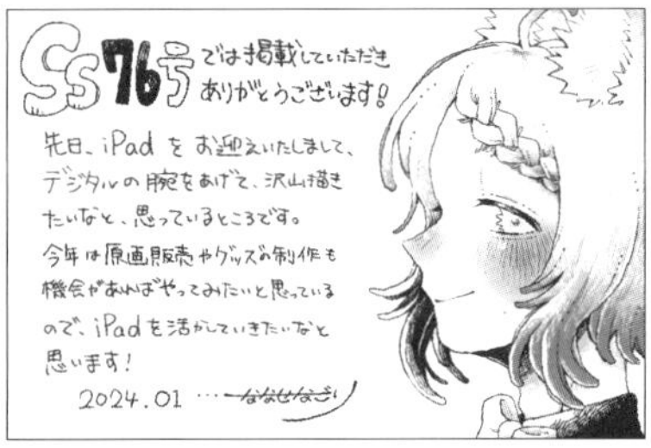

福岡県・七瀬なごり

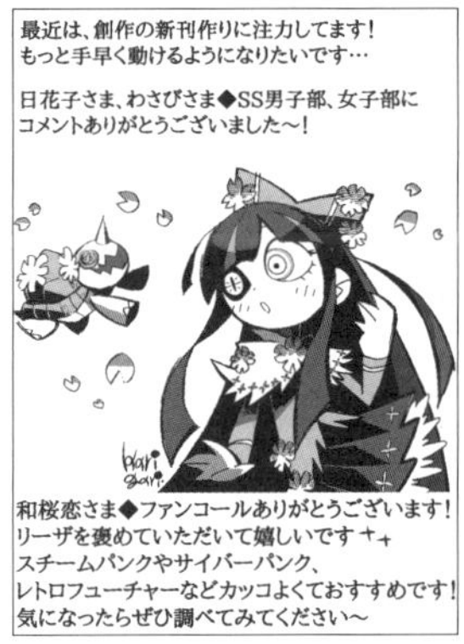

東京都・かりがり

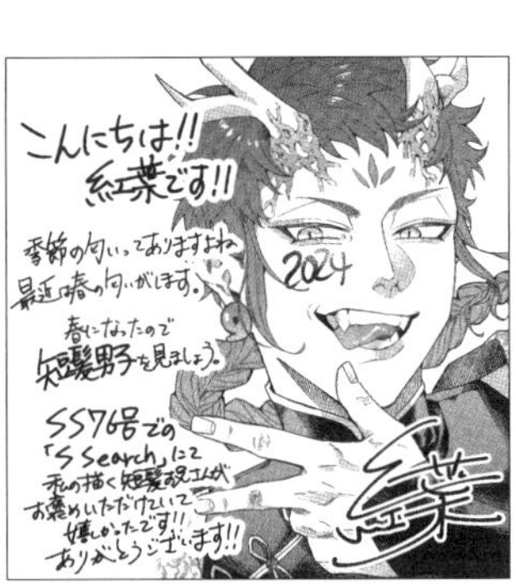

佐賀県・紅葉

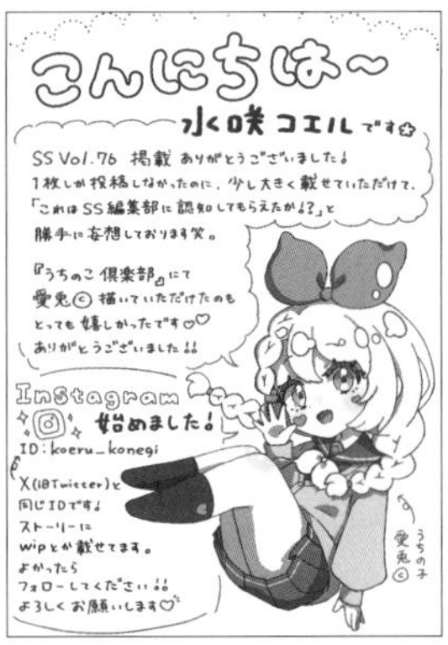

愛知県・水咲コエル・19歳

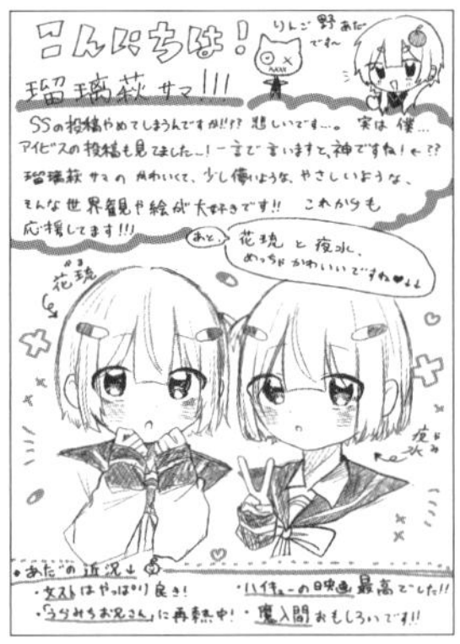

栃木県・りんご野あだ・14歳

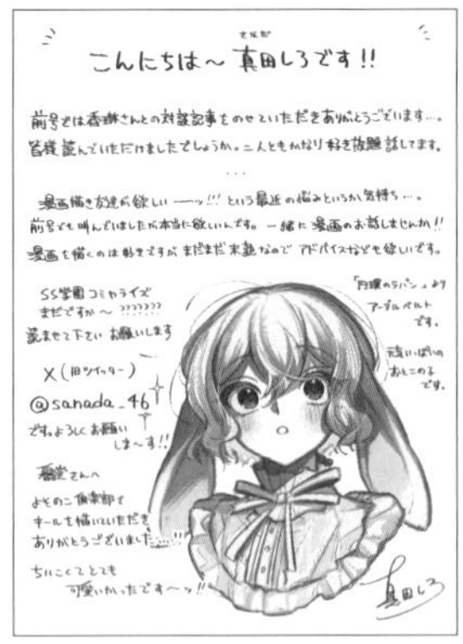

滋賀県・真田しろ

〇・三ミリなどが手に入りやすく、試してみるのにいいかなと思います。コピックマルチライナーも手に入りやすいですね。個人的には、モノクロだとつけペン、インク、EI-TEC-Cの組み合わせが、消しゴムをかけても線が薄くなりにくい気がするので使っています。つけペンがおっくうだな…というときはEI-TEC-Cだけで描くこともありますが、消しゴムをかけるときに線がしっかり乾いているか確認しないと失敗するのでそこだけは気を付けてます…。

香琳　イラストにはミリペンを使っている作家さんが多い気がします。私が使用しているのは〇・〇五ミリのコピックマルチライナーです（税込二四二円）。耐水・耐アルコール性で重宝しています。画材屋で購入できますので良ければ探してみてください。そして消しゴムをかけても薄くなりにくいペン探し、難しいですよね…。根本的解決には至らないのですが、消しゴムをかけずに済むようにトレース台で本番の紙に下描きを透かし、直接ペン入れという形も手かもしれません。

なるほど、消しゴムをかけると薄くなるという点が重要ですね。そうなってしまうのは鉛筆の上に重ねて描くからです。紙に直接ならインクが染み込むのですが、鉛筆線の上だと定着しにくい。だから消しゴムをかけると、インクが少し取れてしまうそうです。こういう問題に着目して作られたペンもあります。メイキングでも時折紹介している呉竹のZIG Cartoonist MANGAKAはそうですね。マーカーを塗ってもにじまないし、消しゴムに強いということで、数年前に話題になりました。漫画家の羽海野チカさんも愛用しています。また、つけペン用ですが、なつきさんが使うホルベインのアクリリックインクも薄くならずオススメ！　他にはスモールエスのギャラリーで展示をした小林系さんは、ユニボール シグノを使用。顔料インクで、水ににじまないし、色あせしにくいそうです。同じく顔料のユニボール ワンは、にじまないし、世界一濃い黒として話題になりましたよね。色々試してみてください～。

そして、次号も絵についての質問や気になる話題、今号のハガキへの御返事もお待ちしております～。

うちのこ倶楽部(くらぶ)

※人物紹介の文体は自由。セリフを言わせても良いです。
※複数のキャラを描いても良いですが、それぞれの名前がわかるようにして下さい。
※自分のうちのこが掲載されていても、他人のうちのこを描いた作品なら、複数掲載されます。

UCHINOCO CLUB

自分のオリジナルキャラクター「うちのこ」を発表して交流する投稿コーナー

自分のオリジナルキャラクター、つまり「うちのこ」を発表して交流する投稿コーナーです！　皆さんの「うちのこ」のキャラクターイラストを描いて、その紹介文章も同じ画面のなかに描いて下さい。そして、さらに交流ができたら楽しいのではないかと思い、その「うちのこ」は基本的に「SS」を見ている他の投稿者さん、読者さんに描いてもらってOKとします。このコーナーは、自分の「うちのこ」を描いて送るだけでなく、誌面に掲載された他の絵描きさんの「うちのこ」を描くことでも楽しめます。自分の「うちのこ」と、他の投稿者さんの「うちのこ」を共演させて描くのもOK！　皆さんのオリキャラを紹介しあって、描きあって遊びましょう！　掲載イラストにはSS編集部でコメントを入れさせていただきます～！　また、新コーナー『うちのこきゅん場面』（通称：『うちきゅん』）では、毎号SS編集部が出すお題に合わせて、皆さんのうちのこがどんなリアクションや表情をするのかを募集します～！

「うちのこ倶楽部」応募ガイド

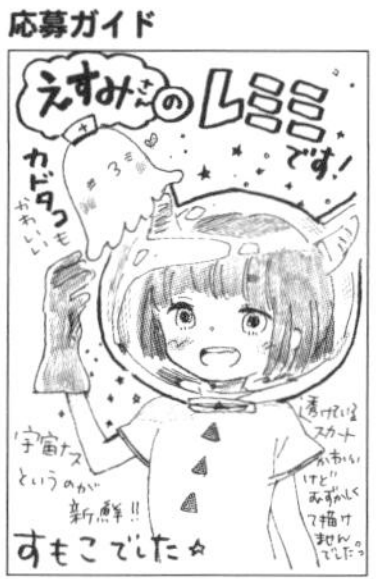

1枚の紙に自分のオリジナルキャラクターの絵、その名前、キャラ紹介文を描いてください。他の投稿者さんのオリキャラを描く場合は、その人のペンネームとキャラ名もわかるように描いてあげて下さい。（上図はその作例です）オリキャラは人間以外でもOK。動物や架空の生き物、ミニキャラも自由に描いて下さい。

第8回
「うちのこきゅん場面」

次回、第8回目のお題は、うちのこが「王子様／お姫様になったら」です！　さらなるうちのこの魅力を伝えていきましょ～ッ！

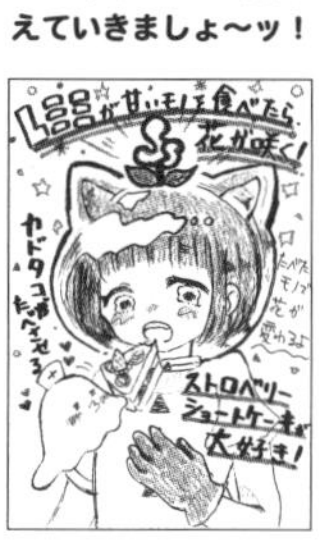

『うちのこきゅん場面』（通称：うちきゅん）では、お題に沿って皆さんのうちのこのリアクションや表情、セリフなどを描いてください（上図はその作例です）。うちきゅんお題募集中～！

神奈川県・眠夜トーカ

とある組織に所属する異能力者の二人。臣にだけ気を許している八智の関係性……イイね★

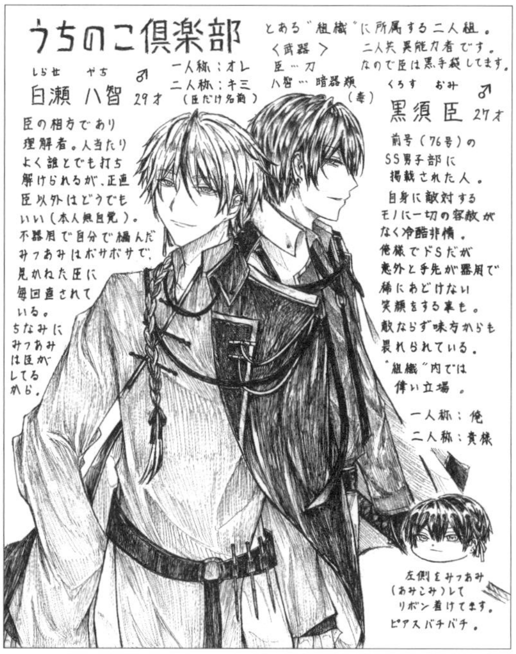

静岡県・白露憂

白露憂さんちのうちよそフレンズ～♡　おめめの描き方がとってもキュートだね♪

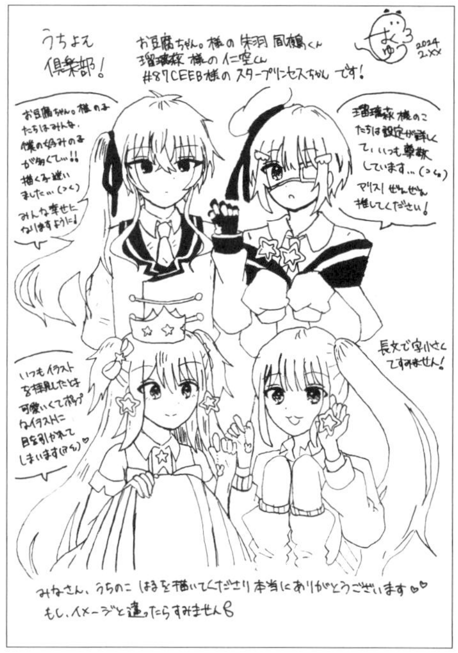

静岡県・鴉堂

鴉堂さんが描くラブナちゃん！　手を添えるポーズに表情がかわちぃ♡　まっすぐな瞳にきゅん！

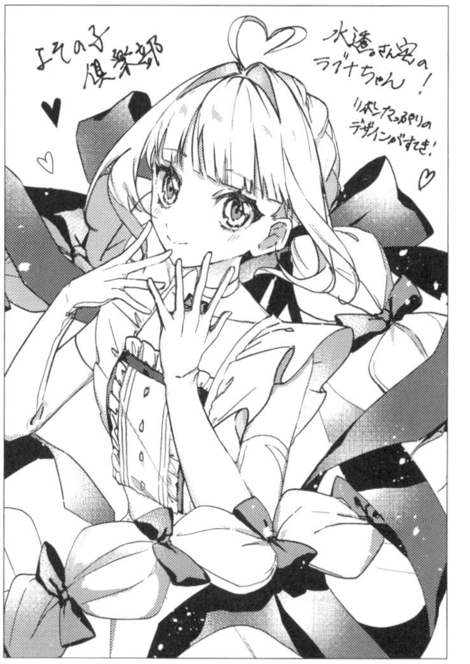

神奈川県・おくら

おくらさんちのうちのこダンサーズ！　それぞれのファッションが個性的でカッコ可愛いね！

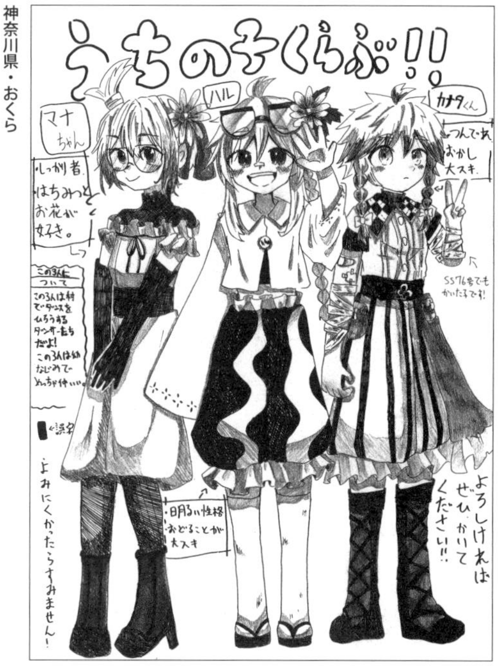

沖縄県・田中君

田中君の描くねくつさんちのこ。いずるさんへの愛が溢れて止まらないのが伝わってくるッ！

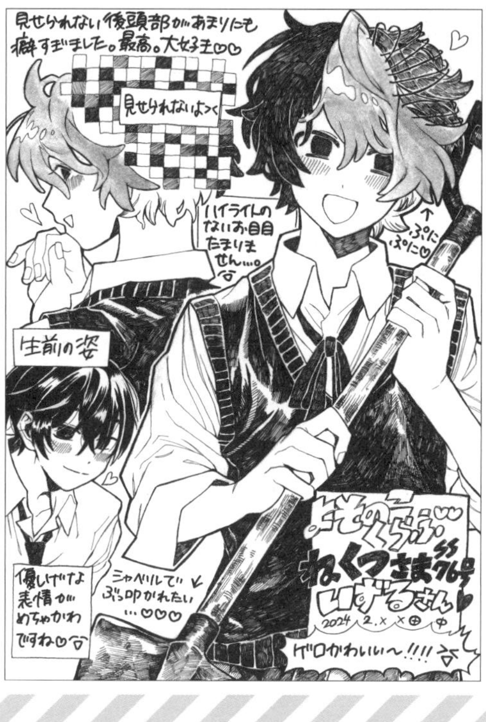

神奈川県・梨玖

梨玖さんの描くよそのこフレンズ祭り開催☆　愛のあるコメントもハッピーだね♪

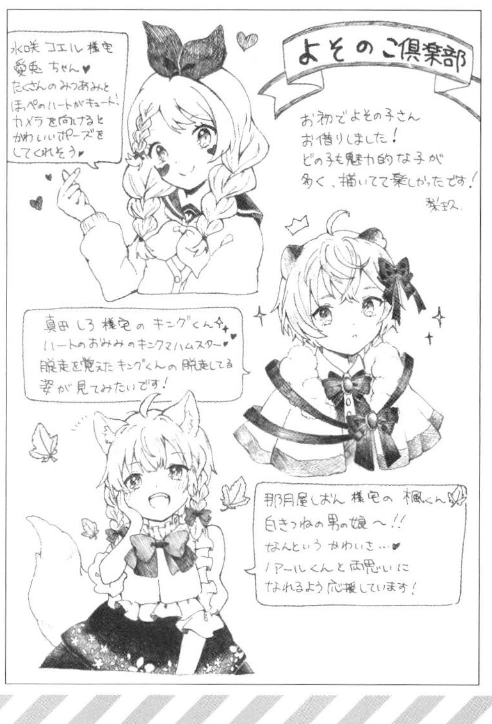

秋田県・水透。15歳

水透。さんちの魔法少女！ るびーの笑顔に元気を貰えるね☆

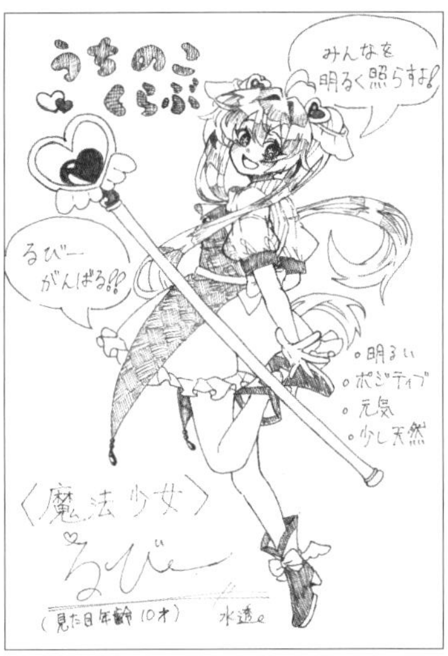

北海道・GENN・20歳

砂漠に現れる亡霊・サーキュレイ。下半身は砂の竜巻!? 見てみたいなぁ～。

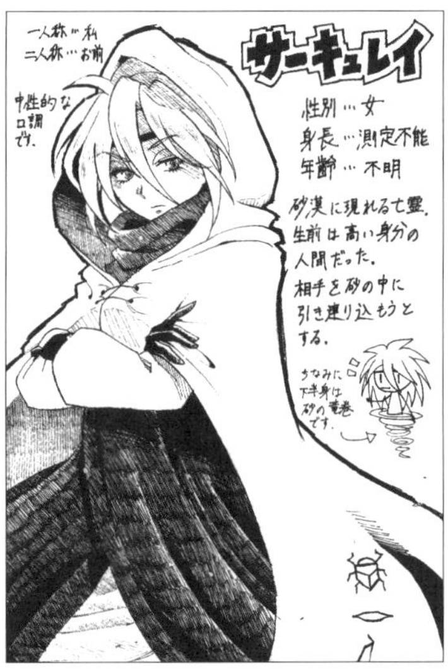

福岡県・梅田

一人でいるのが苦手な有馬翔太。つり目＋ホクロ＋照れ顔が可愛いッ!!

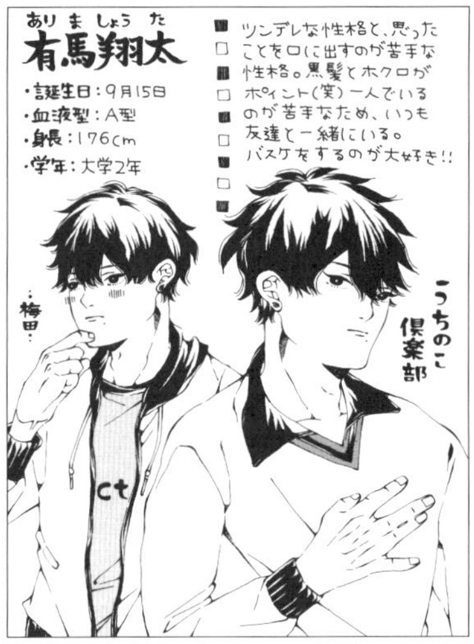

岩手県・放置された水筒（天宮雅 改め）・11歳

成長することが嫌な砂賀叶樹。衣装が細かくてとってもキュートだね♡

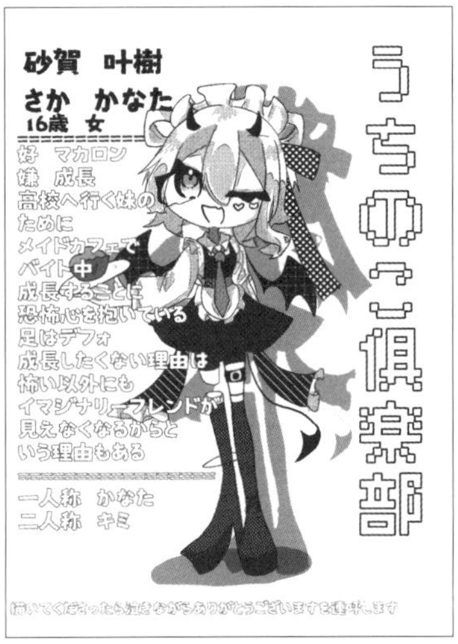

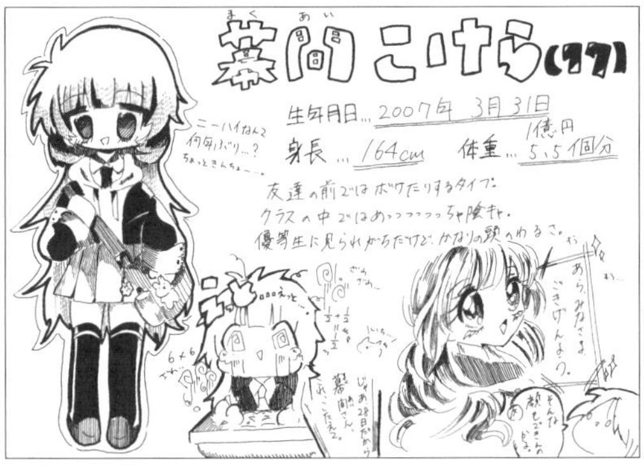

神奈川県・キカいおん・16歳

隠キャな幕間こけら。友達の前ではボケる姿が可愛い～！ ニーハイも似合ってるね♪

大阪府・香水あわわ

疑問を持ちながらも、しっかりニーハイを履いてくれるところが好き♡

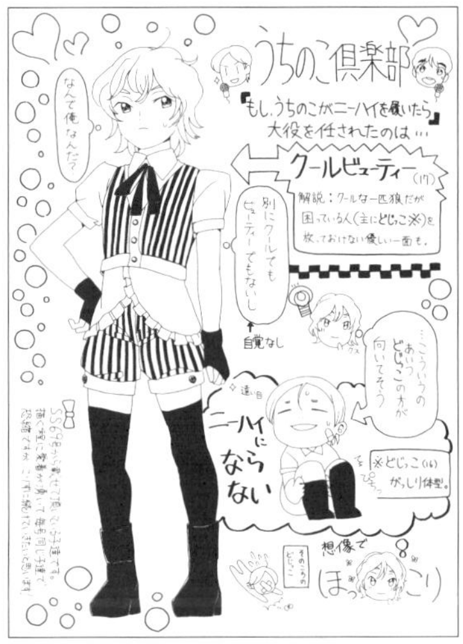

山梨県・しおりんご・11歳

かわいい物に目がないフリルちゃん♡ よくみると瞳の中も……

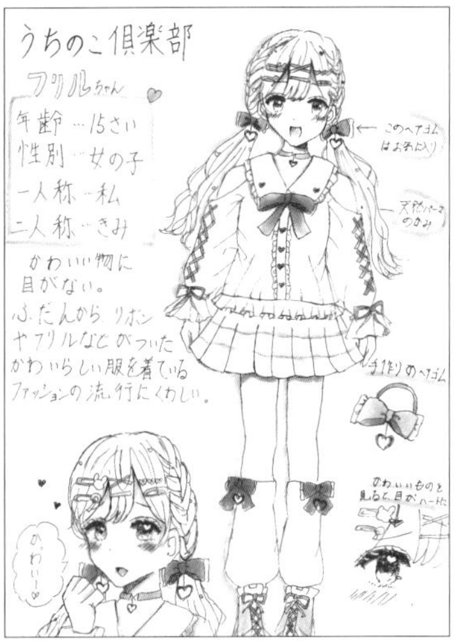

大阪府・和桜恋・11歳

インターネット回線に住む解不テナ。片八重歯＆片目がチャームポイント☆

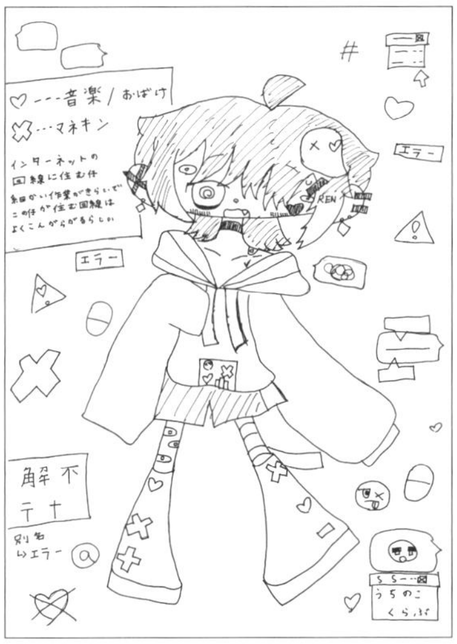

埼玉県・参崎シュリ

猫の異能力を持つノア。猫チャンと意思疎通ができて羨ましい～ッ！

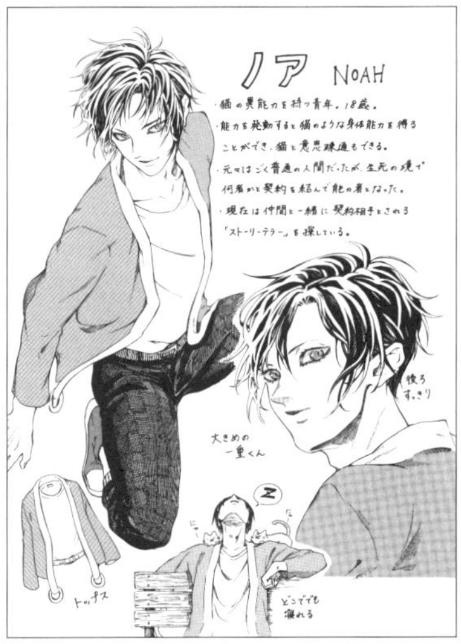

茨城県・結川みね・14歳

悪の組織の幹部＆脳筋のエト。好き嫌いが激しいエト……堪らないッ。

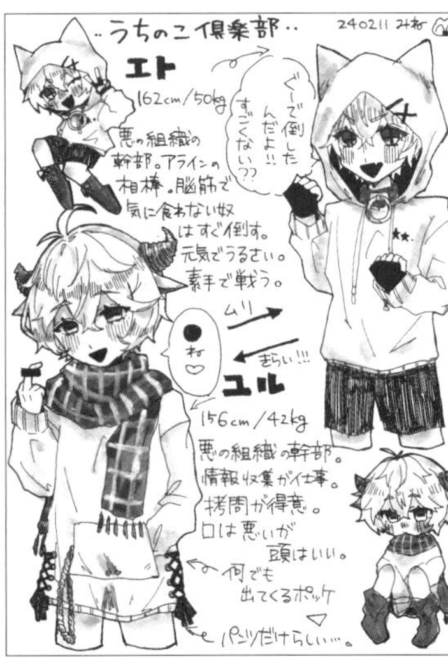

大阪府・ラブバード

吸血鬼のサイケデリック。キュートな顔立ちだけど男の子なギャップがイイ……。

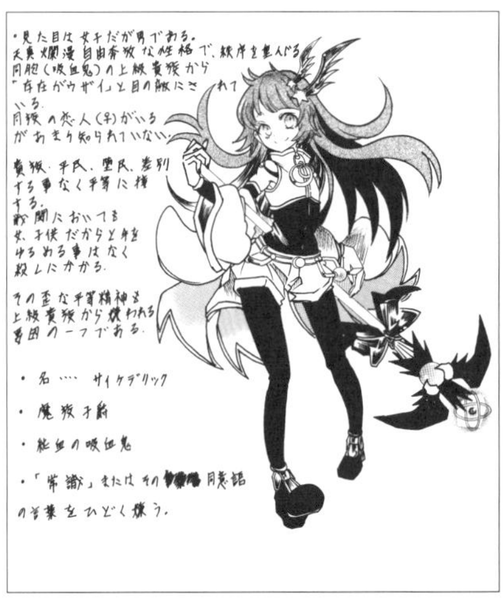

岡山県・月莬

悲しい過去を抱えたぬい。ぱっつん前髪からの覗くオッドアイの瞳が素敵☆

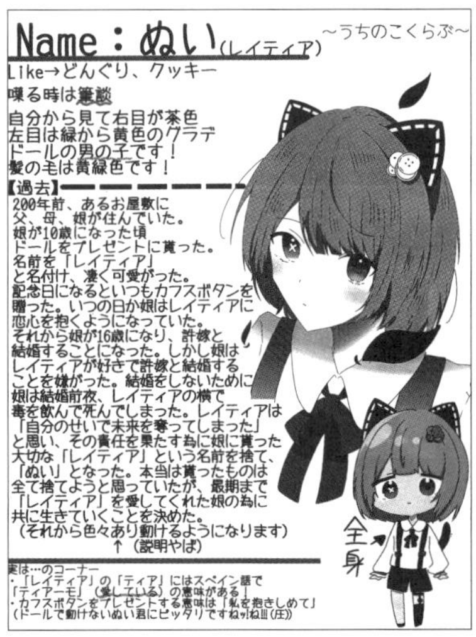

UCHINOCO CLUB

自分のオリジナルキャラクター「うちのこ」を発表して交流する投稿コーナー

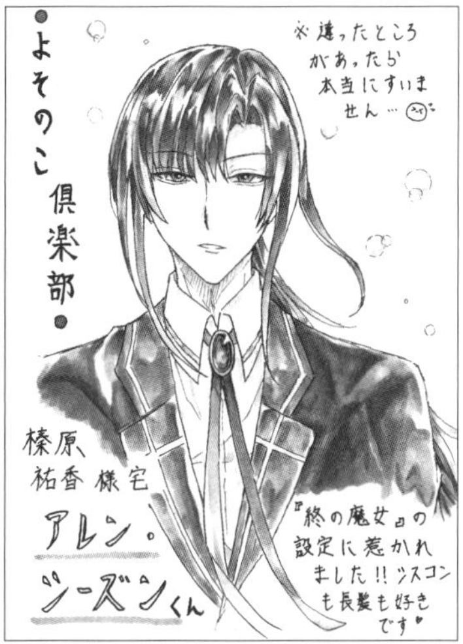

神奈川県・眠夜トーカ。
眠夜トーカ。さんの描くよそのこ。まっすぐな眼差しにドキッ……。

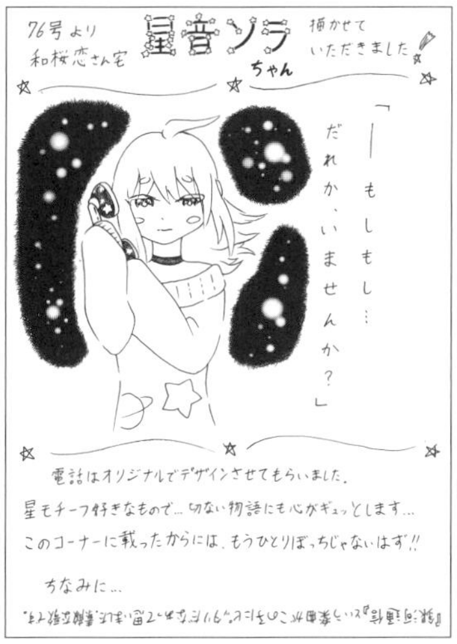

福岡県・ゆりら・30歳
ゆりらさんの描くよそのこ。星模様の電話も星音ソラに似合ってるね☆

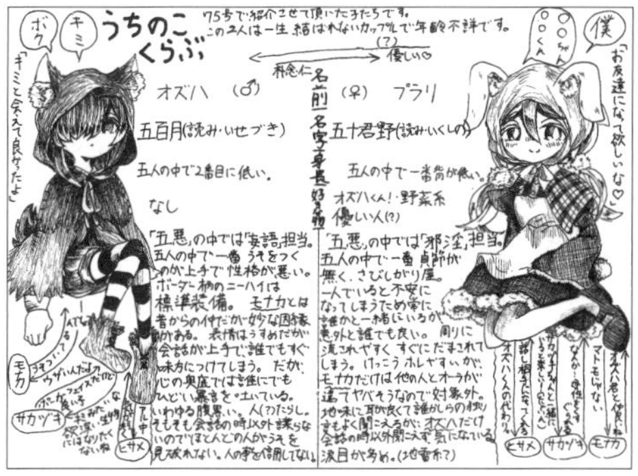

鹿児島県・ごまたに・14歳
一生結ばれないオズハとプラリ。ケモミミ＆ファッションのデザインがすごい！

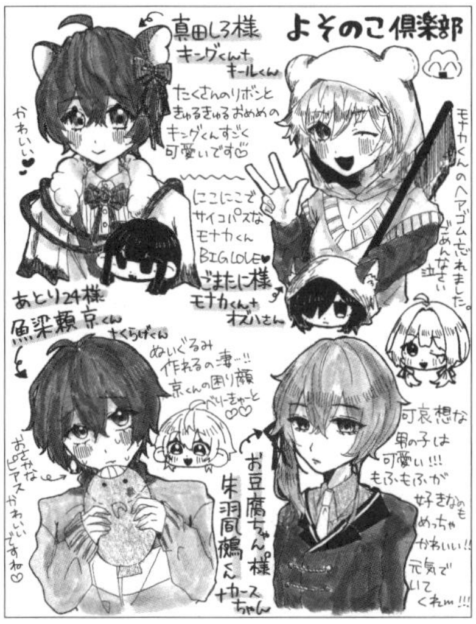

茨城県・結川みね・14歳
結川みねさんのよそのこ祭！ 表情&仕草からツボを感じる…♡

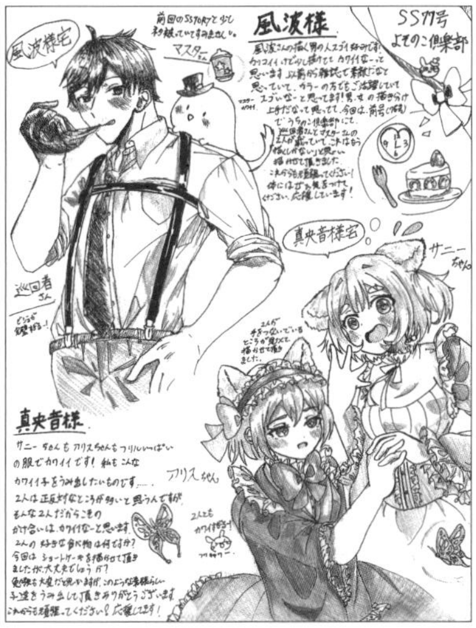

静岡県・うさぎしろっぷ
うさぎしろっぷさんの描くよそのこたち。細かいところまで表現してる！

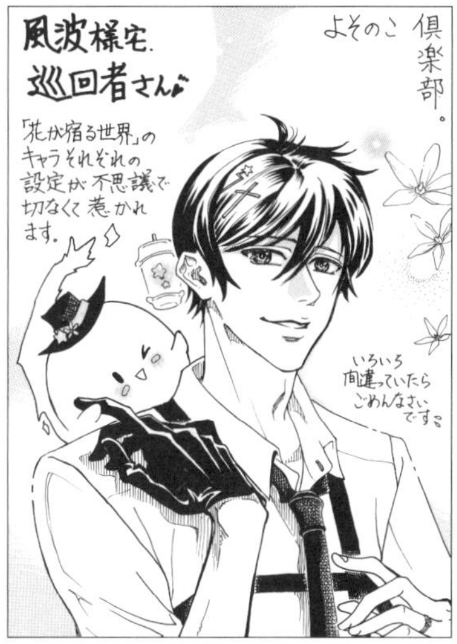

長野県・小林求
小林求さんの描いた風波さんちのこ。マスターと指を繋いだポーズも♡

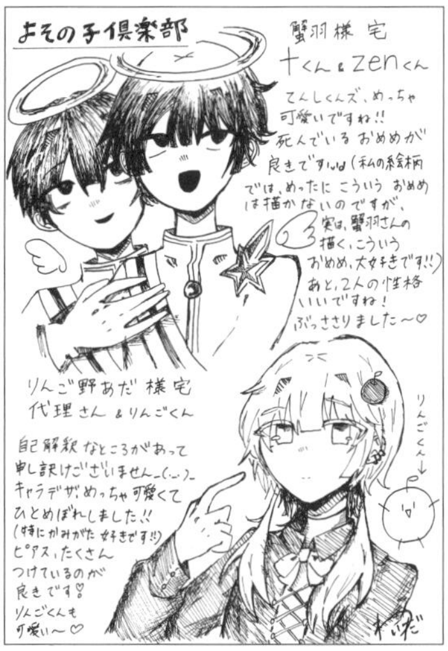

福島県・Y田（よこた改め）・12歳
Y田さんの描くよそのこたち。Y田さんの好みと愛が伝わってくる…。

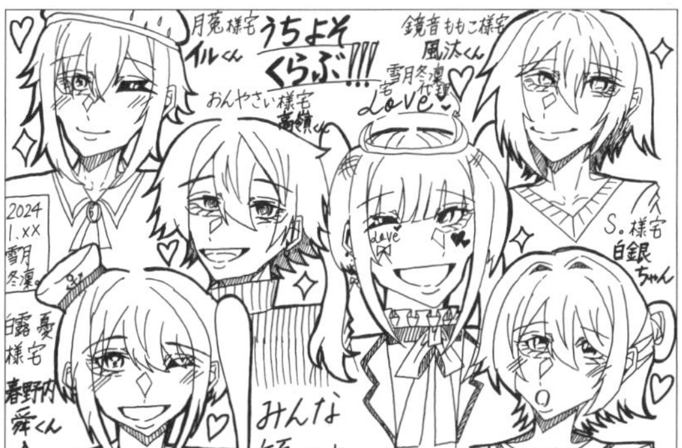

神奈川県・雪月冬凛・17歳
雪月冬凛さんちのうちよそパーティ！ 顔面良い〜〜〜っ！
LOVEなハートが止まらないね♡

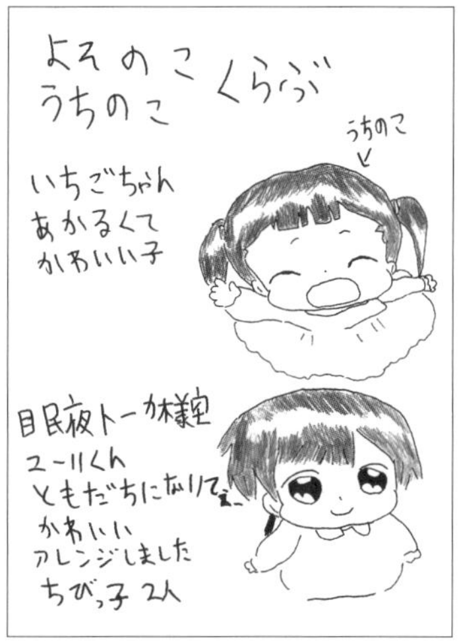

佐賀県・ほしぞら
ほしぞらさんちと眠夜トーカ。さんちのコラボ！ ちびっこフレンズかわちぃ。

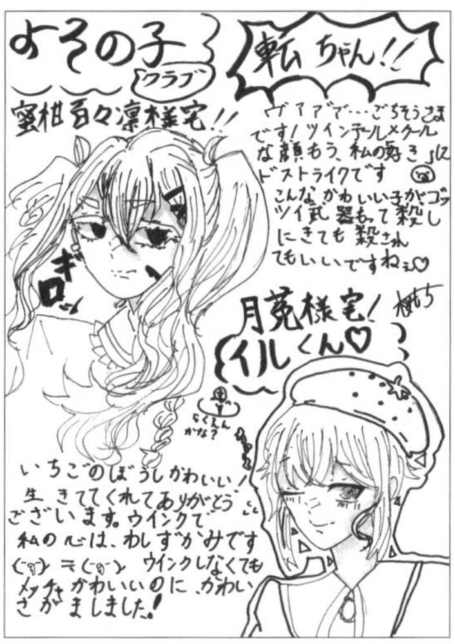

桜もち
桜もちさんの描くよそのこまつり。生き生きとしたカオがカッコいいね♪

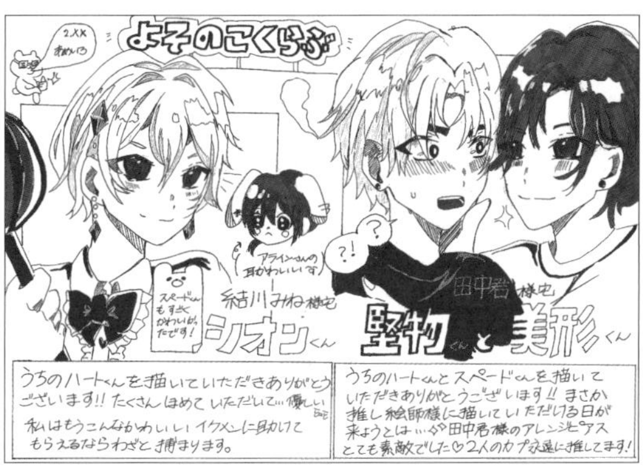

宮崎県・Ameiro・14歳
Ameiroさんからよそのこで結川みねさん＆田中君へお返事！ 頬を赤らめた顔がイイ♡

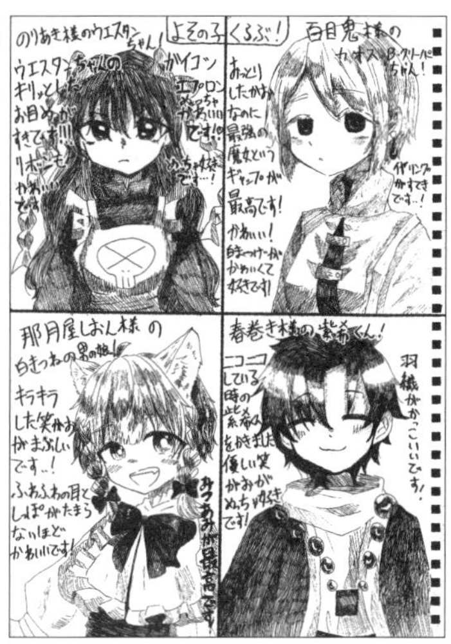

神奈川県・おくら・12歳
おくらさんちのよそのこ祭り！ フリルや服のシワの表現がすごい〜！

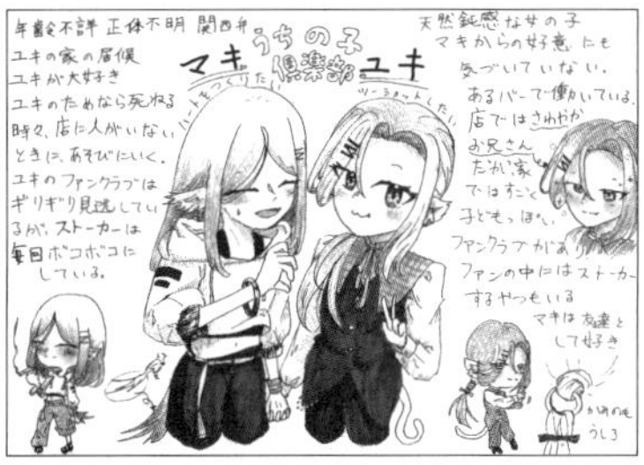

兵庫県・包み草

天然鈍感なユキの、マキの好意の気づかなさが尊すぎる…。BIG LOVE……♡

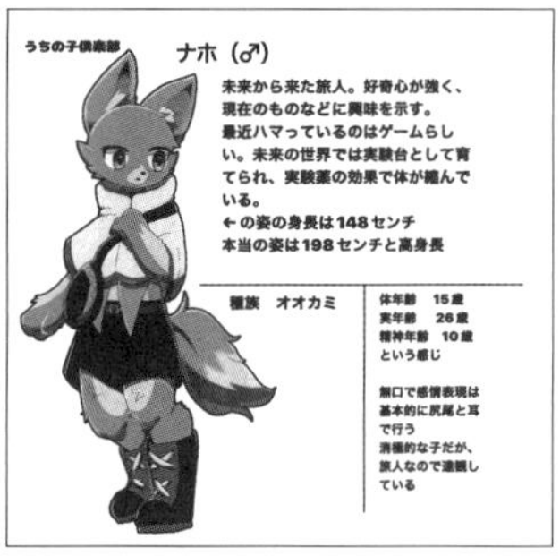

福岡県・けもおばけ

未来から来た旅人・ナオ。モッフモフな耳と尻尾の感情表現が見たい〜！

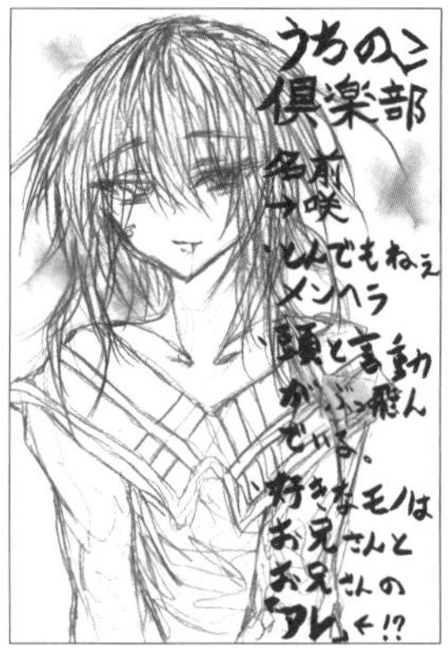

新潟県・色

メンヘラ咲のオーラに惹かれる！「アレ」って—!?

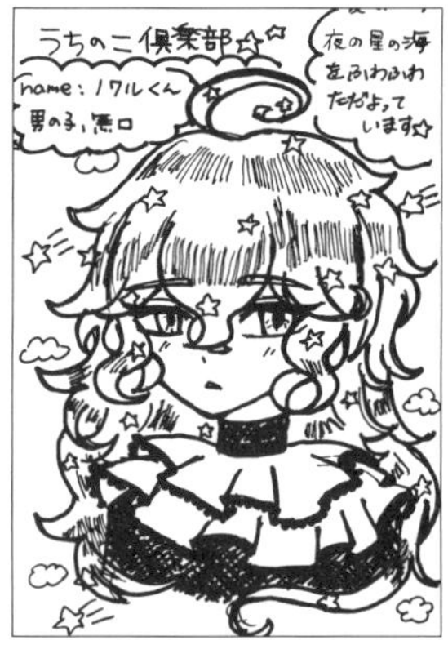

福井県・yu

夜の星の海をただようノワル☆ ふわふわした髪が好き♡

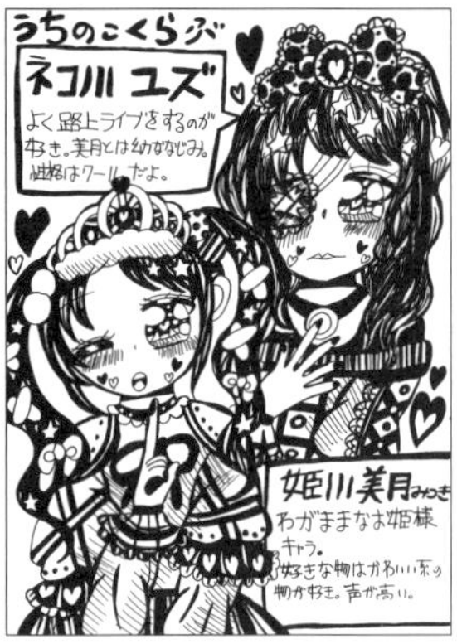

東京都・ひろくまひろみ

ユズ&美月が並んで映えすぎる〜！ キラキラな光が伝わる☆

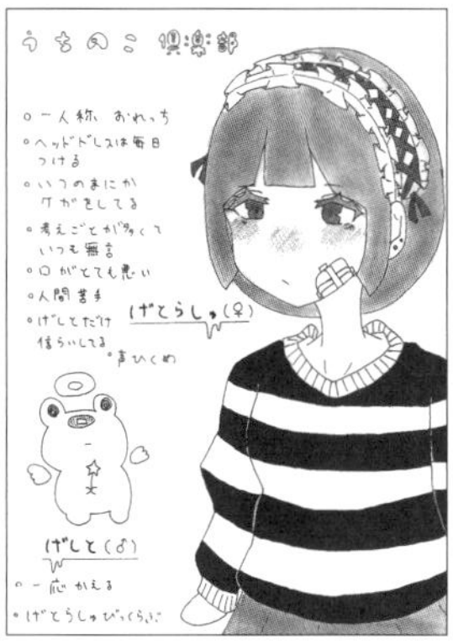

兵庫県・おたんこなす・14歳

ヘッドドレス似合いすぎ！ 一応かえるなげしと（笑）

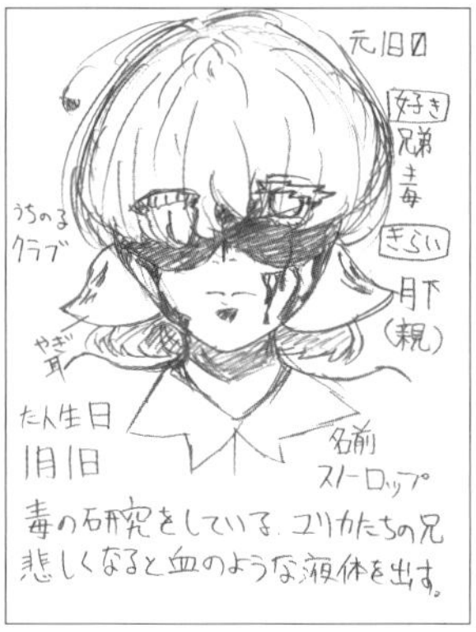

長崎県・め

悲しくなると血のような液体を流すスノーロップ！（号泣）

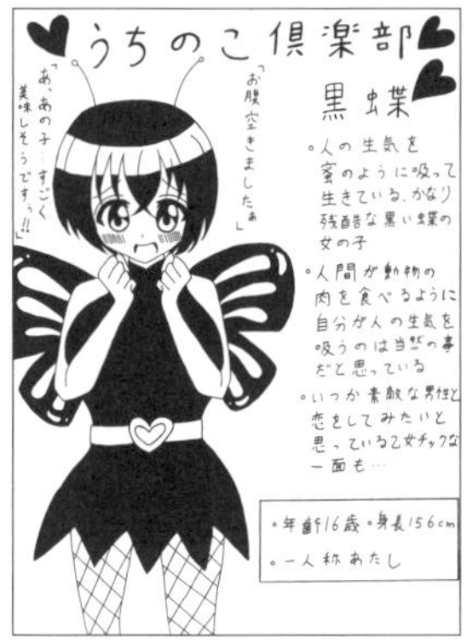

長野県・なす

可愛すぎて吸われても良いかも…と思ってしまった…（嬉）

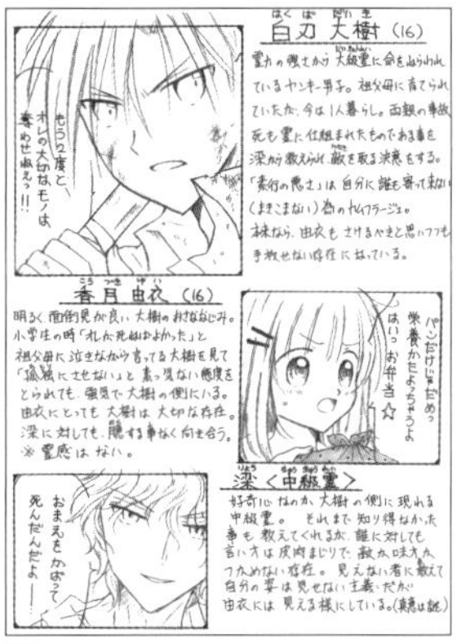

茨城県・あおいみう

大樹と由衣の関係が好き…。梁の不適な笑みがたまらんッ！

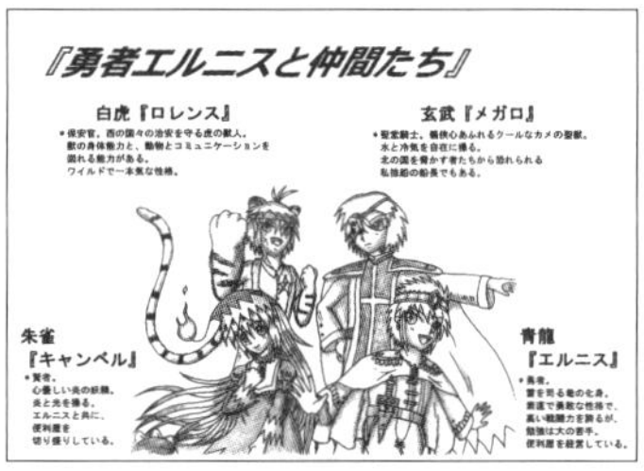

福岡県・マイマイン・38歳

賑やかな勇者エルニスと仲間たち☆ 白虎のロレンスがワイルド〜ッ！

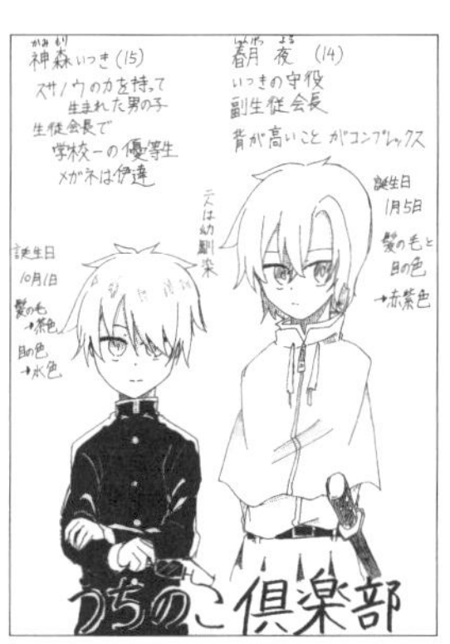

兵庫県・シャケ

伊達メガネないつきがクールッ！ 夜との会話が見たい〜！

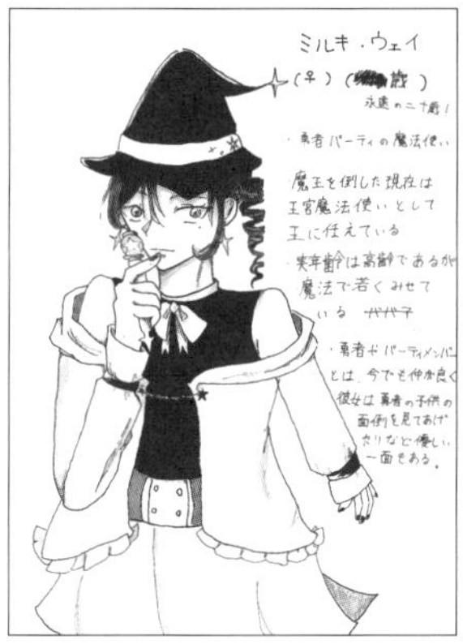

宮城県・ナア・15歳

魔法使いミルキ・ウェイの髪が素敵☆ 若く見せる魔法すご！

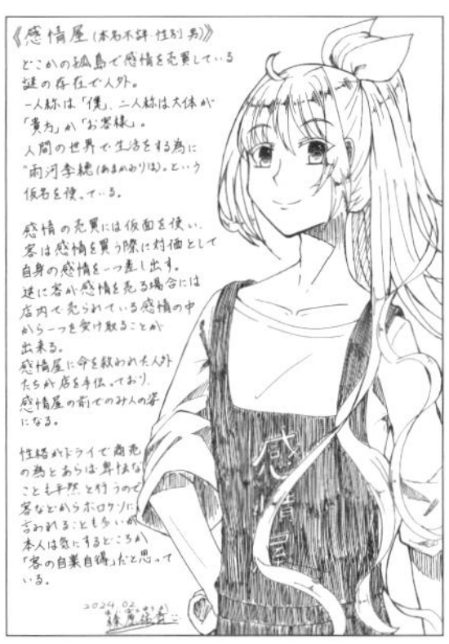

広島県・榛原祐香

感情屋の謎の存在。流れる眼差しとヘアーの透明感…♡

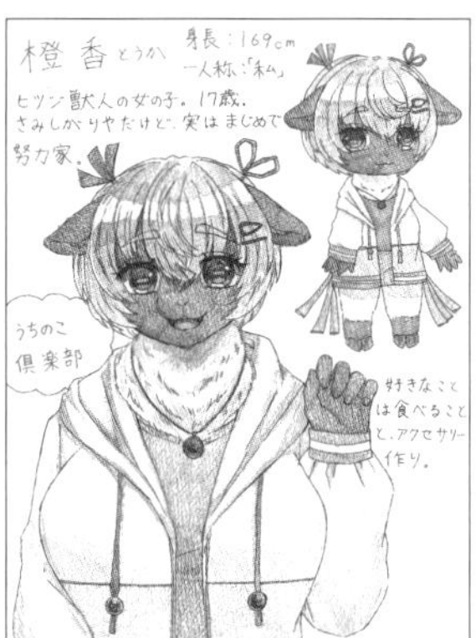

長野県・めいりん・18歳

もふもふな橙香に癒され♡ アクセサリー作ってほしい！

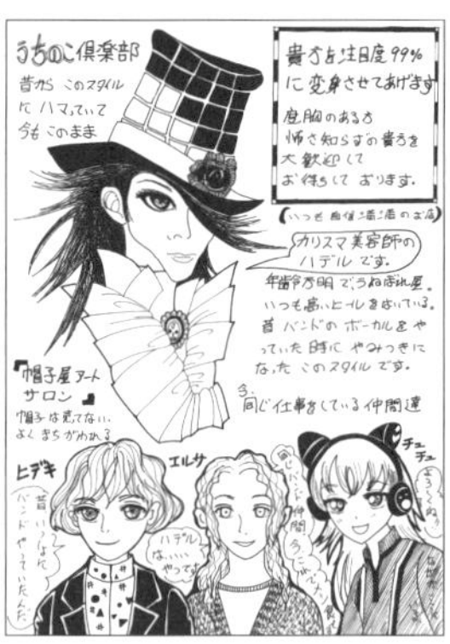

千葉県・武田和子・72歳

カリスマ美容師・ハデルの美…！ 仲間たちも可愛い〜♡

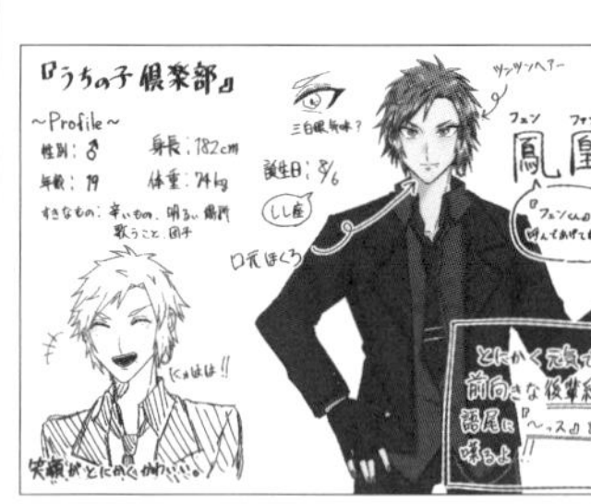

福島県・いぶき

笑顔が可愛すぎる三白眼後輩男子最高すぎッ〜!?

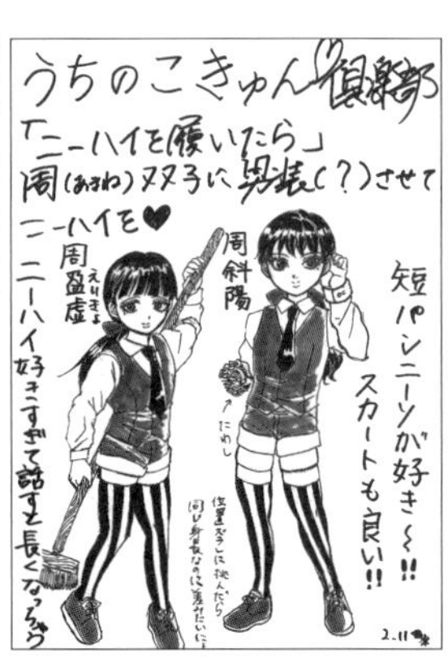

岩手県・あひるフロスト

短パンニーソの、だ、男装〜ッ!? 最高すぎませんか…（尊）

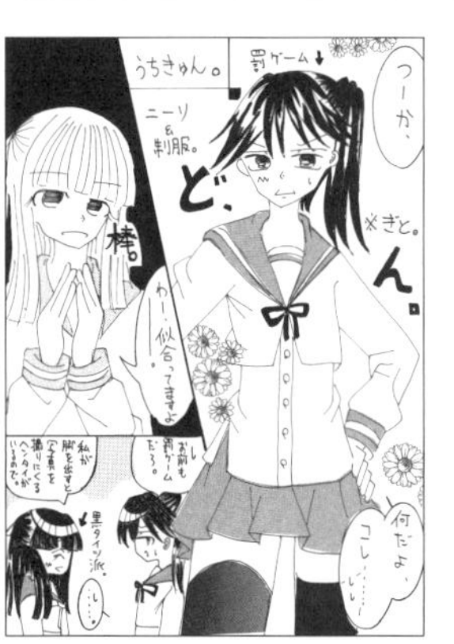

長野県・谷川りおん

照れながらニーハイ履いてくれてありがとう♡ 棒読み（笑）

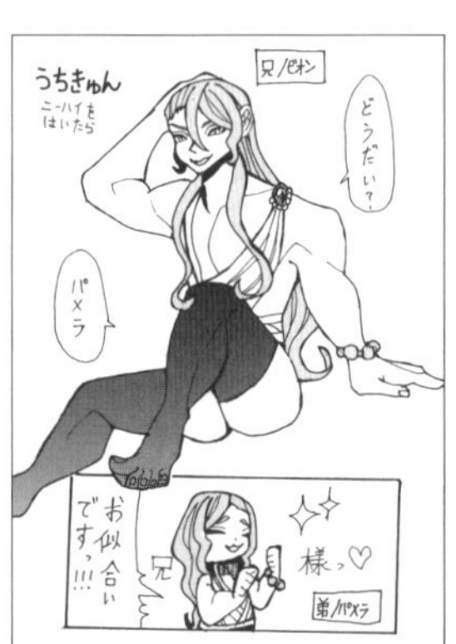

長崎県・橘らのま

ニーハイを履いたビオンの色気♡ パメラも可愛い♡

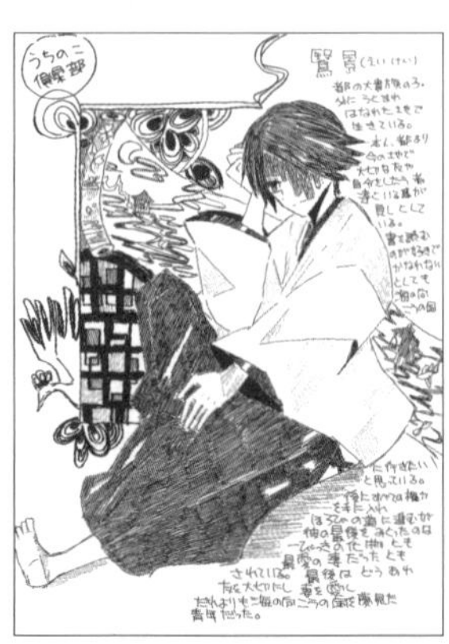

静岡県・春巻き

警景の抱える想い〜ッ…！ 警景の最後が泣ける…（号泣）

UCHINOCO CLUB

自分のオリジナルキャラクター「うちのこ」を発表して交流する投稿コーナー

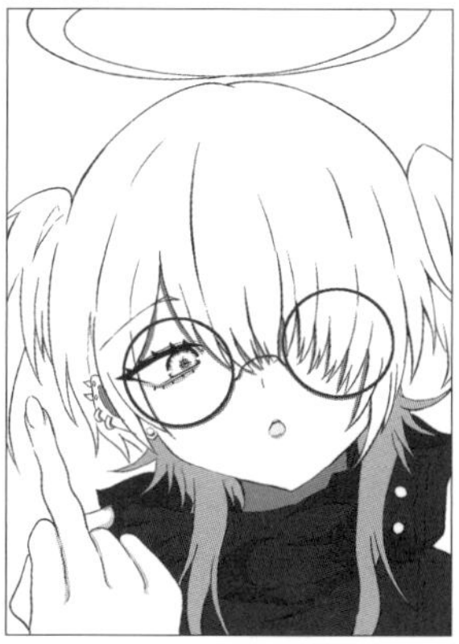

福島県・Choco
わるわる天使ちゃん〜！　見下した顔ありがとうございます。

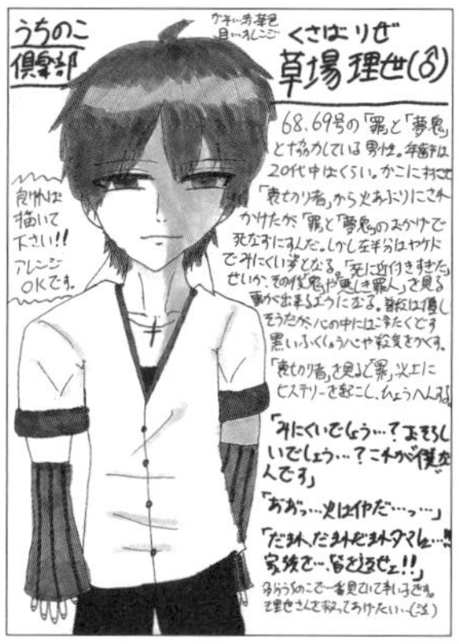

熊本県・月黒守・27歳
陰りのある表情〜〜〜！　理世を救ってあげたい…！！

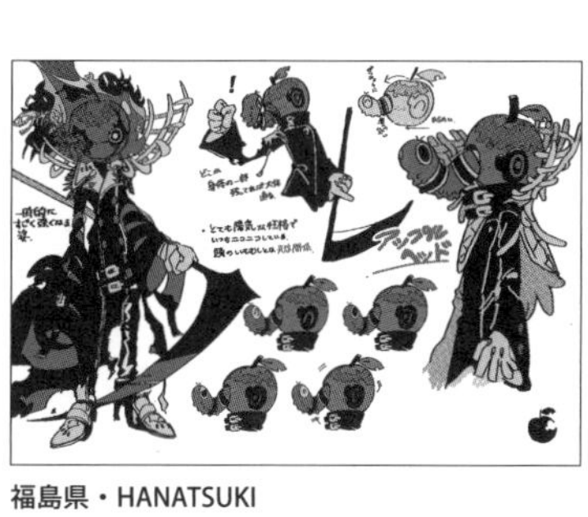

福島県・HANATSUKI
いもむしがにょろっと出たアップルヘッドの表情がよ、良すぎる〜ッ！！

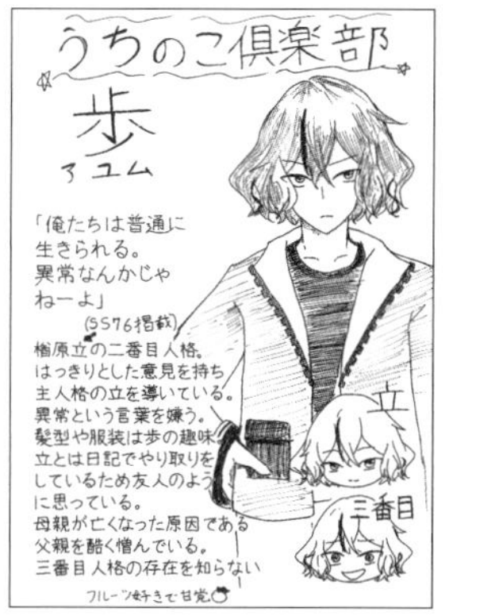

群馬県・ぐみ猫
立の二番目の人格・歩。友達のような関係性が良いね♡

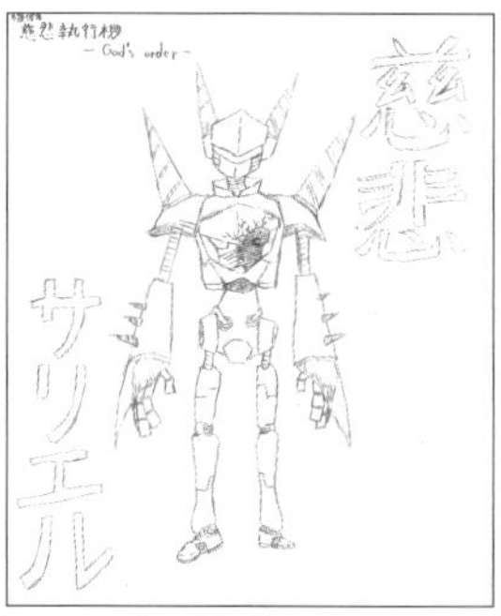

福島県・ショコラ・19歳
悪しき魂を滅して解放し慈悲を与える慈悲執行。胸元が痛々しいッ！

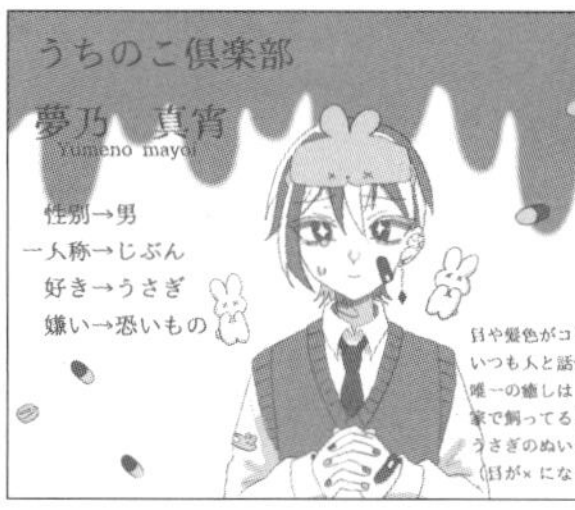

福岡県・あとり 24・15歳
泣いて目が腫れている真宵がたまらん〜！
周りのうさぎたちも可愛いね♡

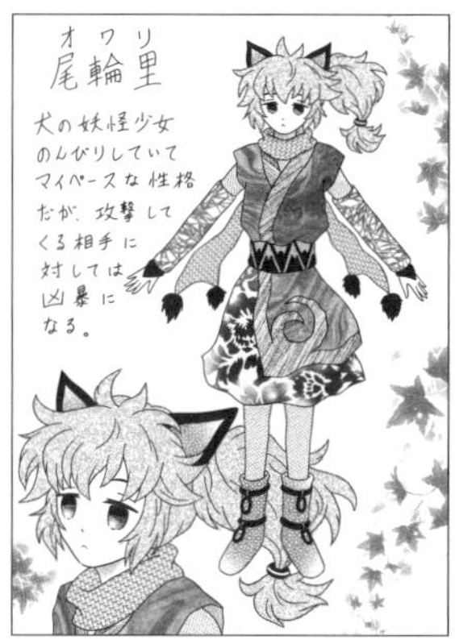

東京都・三田由子
のんびり伏せ目が可愛いけど強さを秘めてそうな…!?

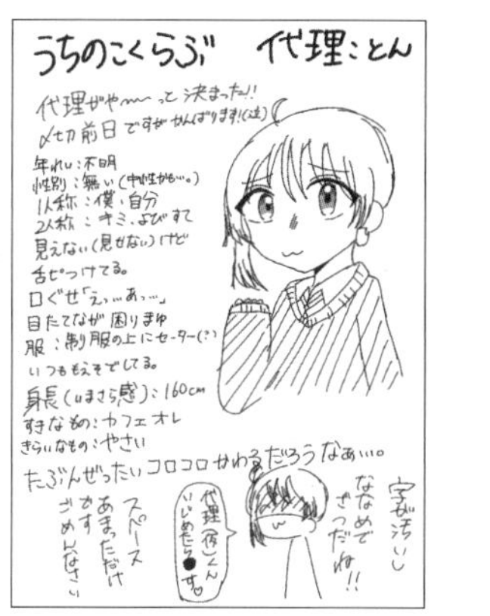

広島県・とんかつ・12歳
とんかつさんの代理・とん！　困り眉・もにょ口がよき〜♡

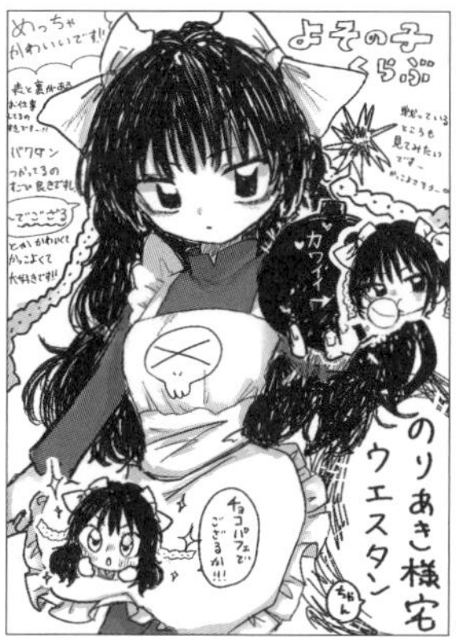

栃木県・りんご野あだ・14歳
ウエスタンのキリッとお顔がよき〜♡　ござる口調良いよね♡

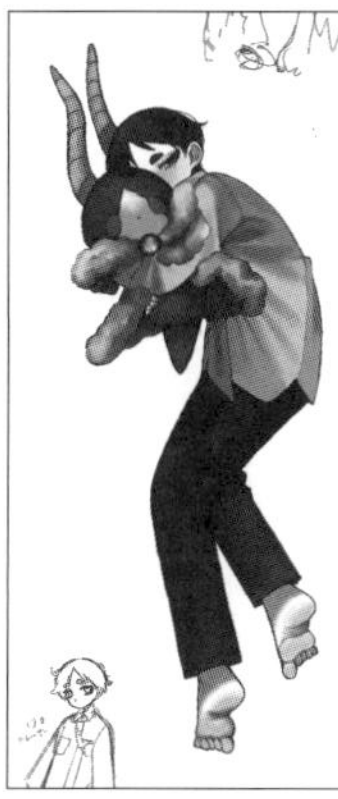

大阪府・ラオ・24歳
涙目で愛らしいッ〜♡　守ってあげたい可愛さ…！

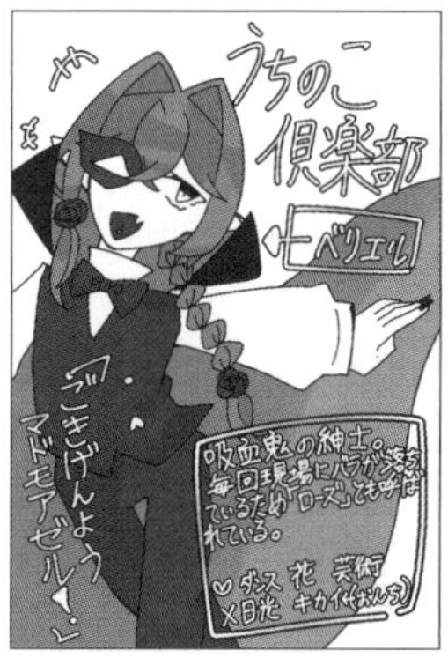

愛知県・糸鋸
吸血鬼のベリエル。美しい振る舞いでバラを落として〜！

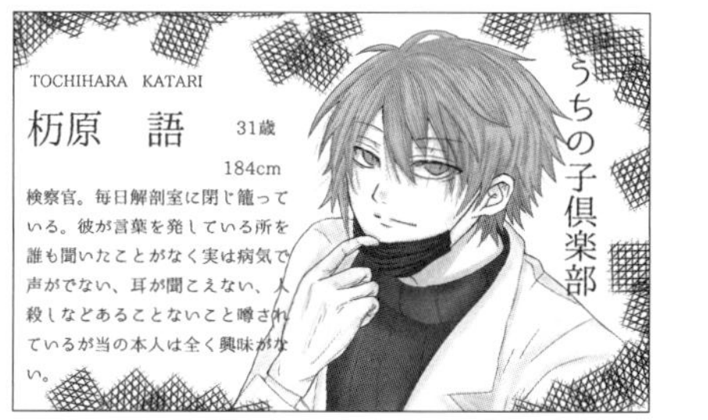

兵庫県・獅子冬
検察官の語。クイッとマスクを下げた仕草がなんだかセクシ〜♡

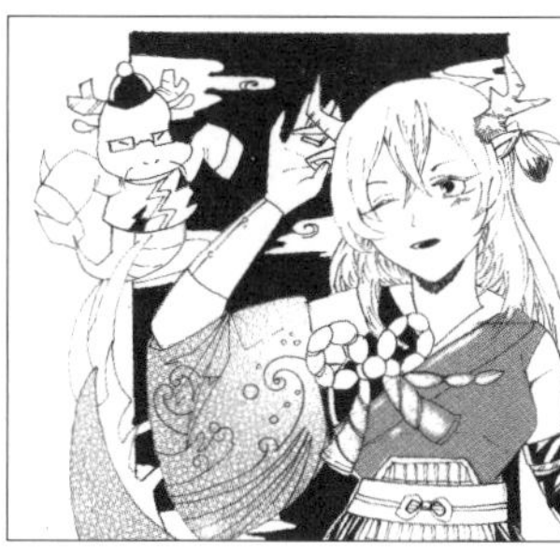

兵庫県・日向涼子
霧姫のウインクが素敵♡　隣にいる龍の指南役、南天師匠に癒され〜☆

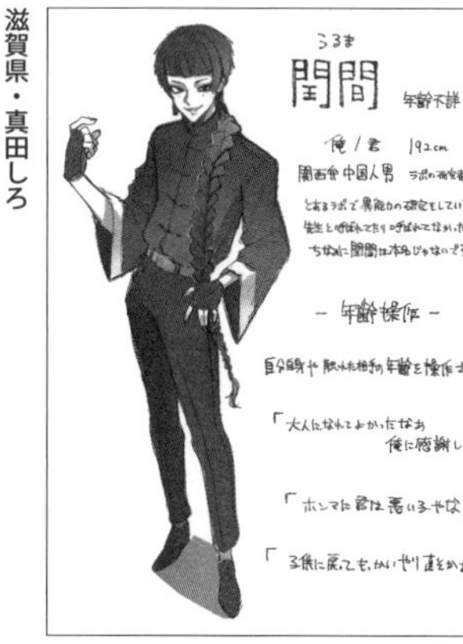

滋賀県・真田しろ
年齢操作の能力を持つ閨間。三つ編み×チャイナが良いッ！

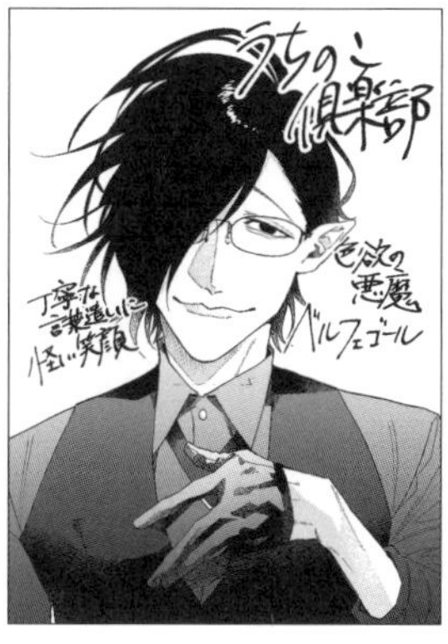

佐賀県・紅葉
色欲の悪魔・ベルフェゴール。色っぽい表情がセクシーすぎるッ！

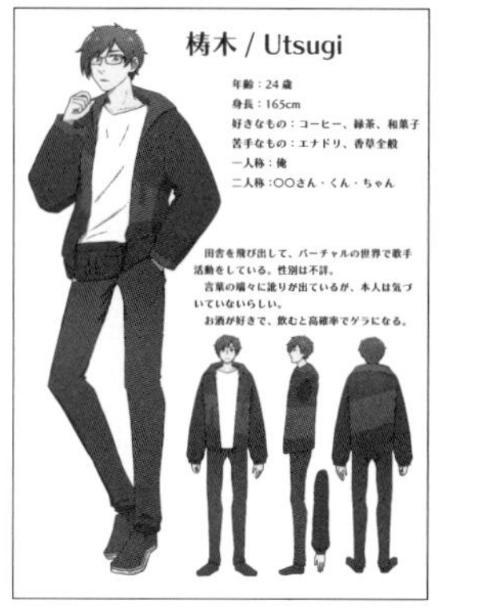

福島県・卯木
歌手の椿木の佇まいが好き♡　どんな歌声なんだろう〜。

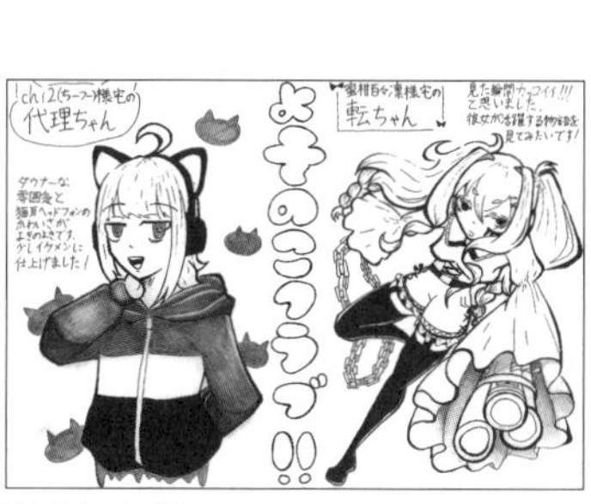

秋田県・とづき
転のポーズがカッコよすん!?　chi2（ちーつー）さんの代理ちゃんもイケメン♡

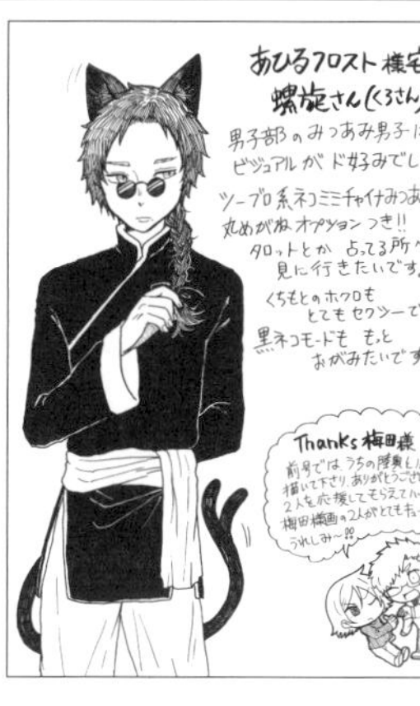

群馬県・RB
ピンとした猫耳がか、可愛すぎるッ〜！　私も拝みたい…。

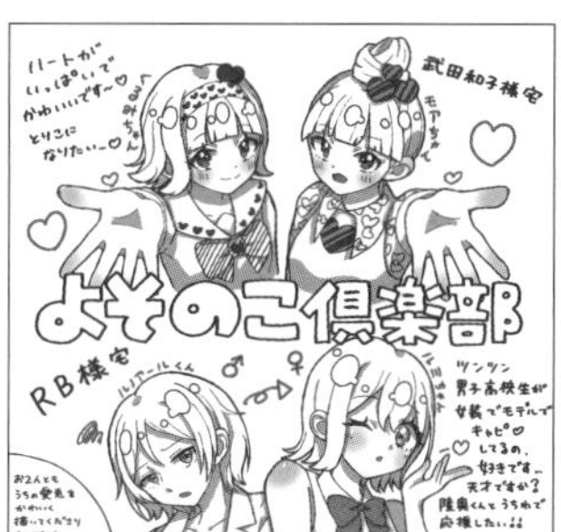

愛知県・水咲コエル・19歳
みんな可愛すぎる〜！　ルノアールのキャピしてるの好きです♡

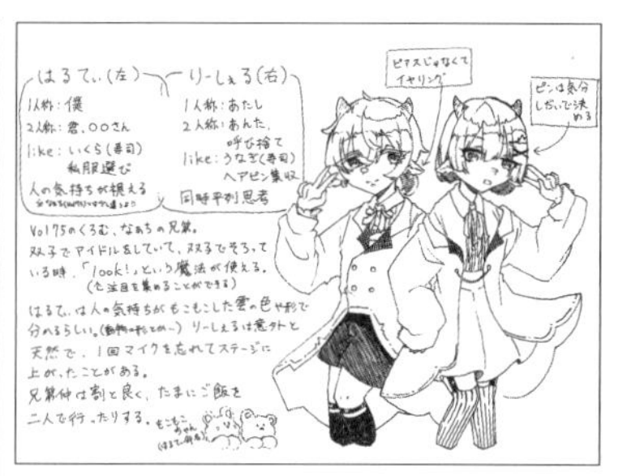

兵庫県・彗曜（しゃけくらげ。改め）
双子アイドルのはるてぃ&りーしぇる♡　ちっちゃなツノが可愛い〜！

男子の魅力をマニアックに特集

SS男子部

スーパークロップ男子特集

NAVIGATOR

上ノ句

【上ノ句】さんのコメントと一緒にお送りします！

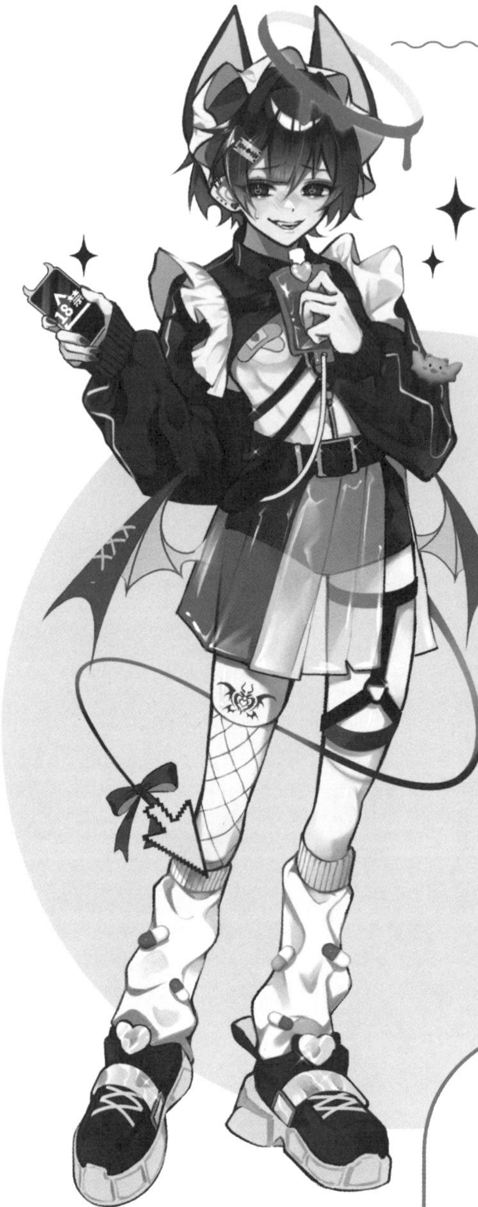

COMMENT

クロップドジャージにPVC素材のプリーツを合わせたY2Kスタイル。ハードなお洋服に対してフリルや広い面積の肌見せなど、異質な組み合わせが大好きです！ちょっぴりえっちな雰囲気が漂う男の子に仕立てました。皆さんはどんなスーパークロップ男子がお好み？

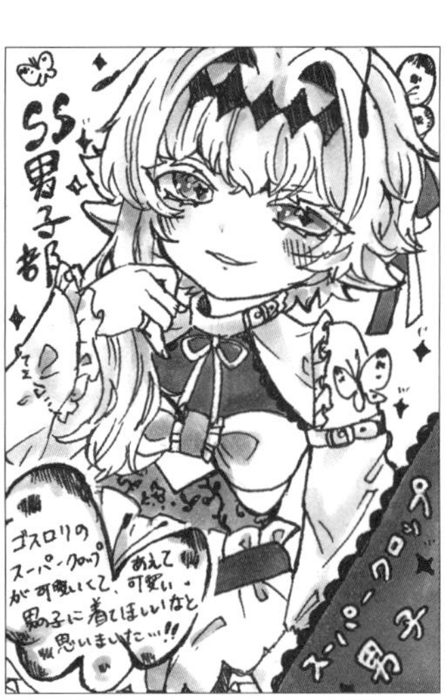

福岡県・杏蜜花

上品かつファンタジー感のある着こなし！ 赤らんだ頬がとってもカワイイ…ッ！ 可愛い男の子とゴスロリって最っ高の組み合わせですね〜〜！（上）

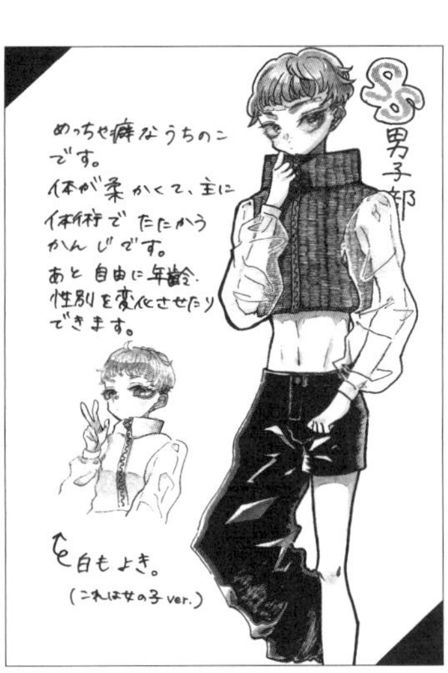

愛知県・佳月白・14歳

クールな表情と大胆なお洋服のギャップ！ 異素材の組み合わせがたまらないですね〜！ しなやかそうな腹筋がおいしいですね…参拝（上）

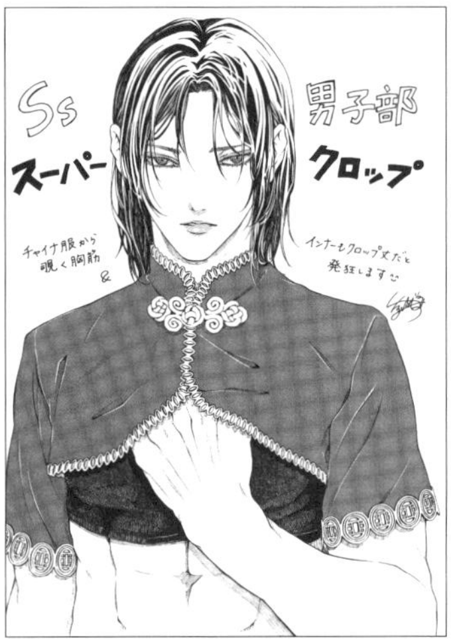

埼玉県・参崎シュリ

端正な顔立ちのお兄様＋チャイナ服ッ！ 崩れ落ちるほど大好きです、ありがとうございます!! 胸周りの筋肉と手から伝わる"男"感…最高です!!（上）

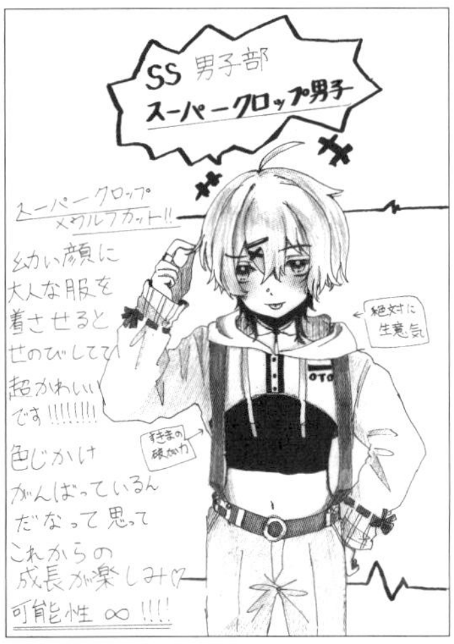

兵庫県・yakumo

童顔×大人っぽい服は世界の掟!! 生意気そうな表情がたまんないですね…このっ！ 可愛いなっっ！ すきまの破かい力サイコ〜〜〜!!（上）

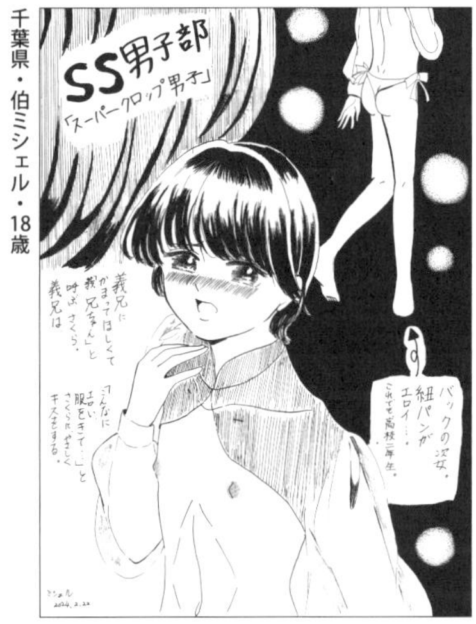

千葉県・伯ミシェル・18歳

少女みたいに可憐な男子と…紐パン…！ 背徳感がすっごいです、ありがとうございますッ！ 義兄ちゃんと過ごす時間が気になります…!!（上）

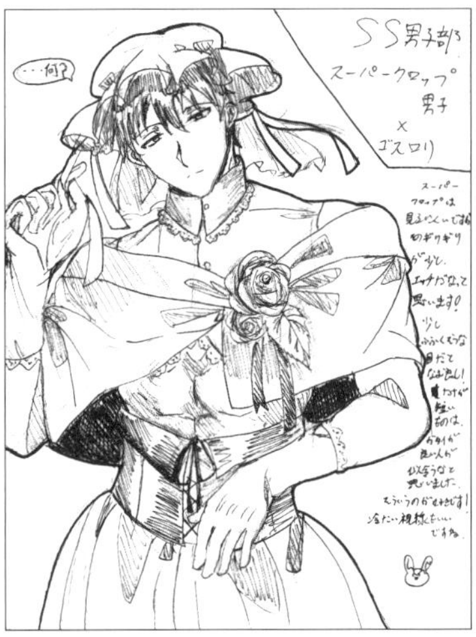

静岡県・うさぎしろっぷ

ガタイが良い男×ゴスロリ最高ー!!! 隠し切れない筋肉でパツパツになったブラウスと、不服そうな表情がとっっても可愛いです！（上）

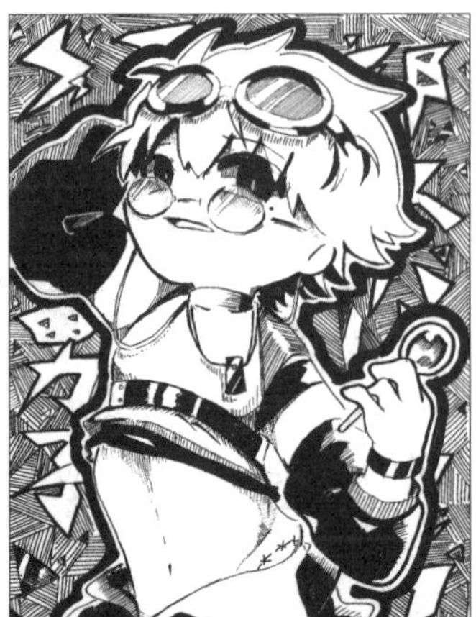

神奈川県・キカいおん・16歳

スタイリッシュで爽やかながら腹部がガッツリ開いているギャップにやられますね…!! ベルトやゴーグルなど小物使いがオシャレです！（上）

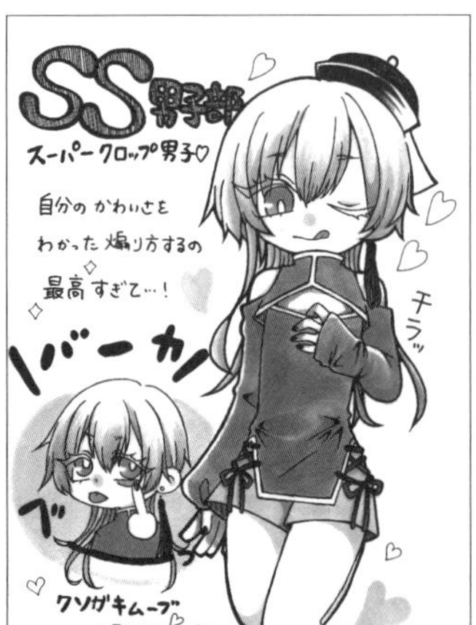

愛媛県・なご。

ハハァーッ！ クソガキ大好きですありがとうございます！ チャイナテイストのお洋服が可愛い〜 もっと強めに煽って頂いてもよろしいか（上）

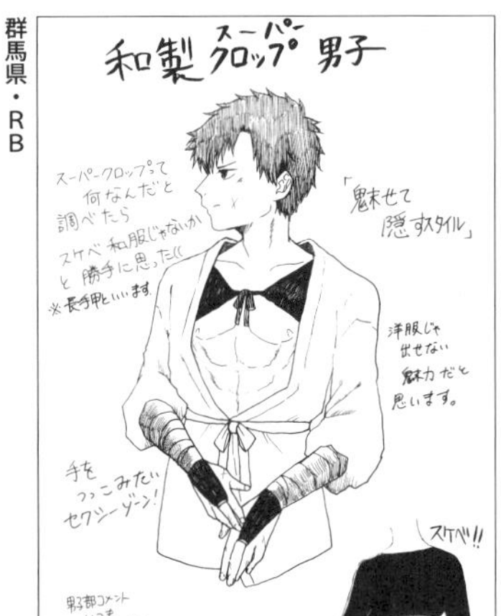

群馬県・RB

アハーッ待望の和服！ 待ってましたッッ！ そのインナーと長手甲が大好きです、防御する気の有無で惑わせてくる感じがたまんないですね…至高（上）

NEXT

次回は「セーラー服男子」を募集

ショートパンツから生脚を覗かせるマリンセーラーを着た金髪碧眼の男の子、セーラー服を着て渋谷でナンパ待ちをする可愛い系男子、文化祭で無理やりセーラー服を着せられて恥ずかしそうにする文化系男子など、みなさんのあらゆる「セーラー服男子」にまつわるツボをお寄せください！ お待ちしています〜！

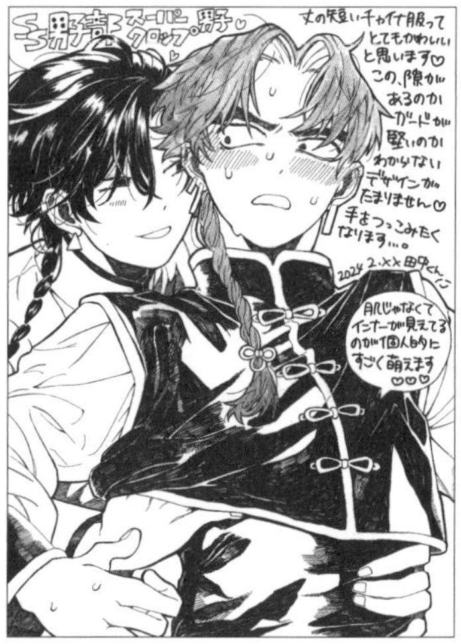

沖縄県・田中君
やっぱりチャイナってえっちだ…触られて汗出てるの可愛い…！ そういうの大好きですッッ!! 失礼、手を突っ込ませて頂いてもよろしいか(上)

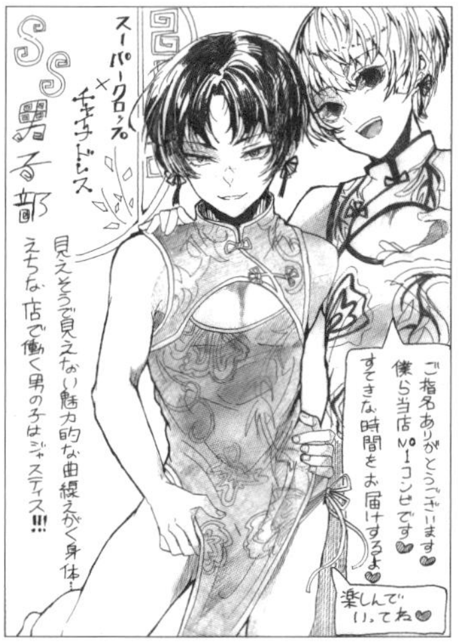

北海道・シズ
ああっ見え…そう！ 見えないッ！ このコンビは沼な予感…！ クール＋可愛いコンビとチャイナはまさにジャスティ――ス！(上)

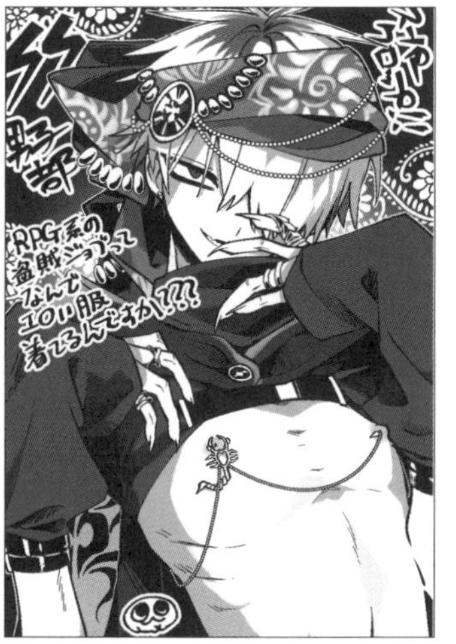

埼玉県・82
片目隠れ＋この表情はアカン!! 指先もえっちすぎます！ ニップルピアスおしゃれ〜…！ 腰をくねらせたような所作がたまらなく…えっちだ(上)

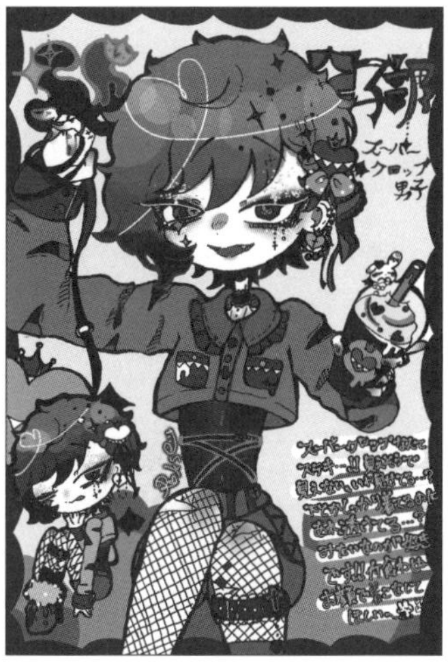

群馬県・Rokse
見えそうで見えないとか、相反する要素が最高ですよね！ ベルトや網タイツの悪魔的な魅力〜〜！ アクセなど細部までこだわりを感じます！(上)

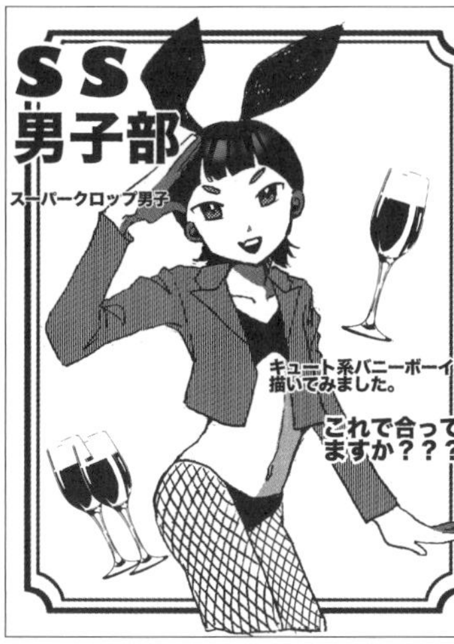

京都府・あはちゃ・18歳
これで合ってます。合ってますよ！ 模範解答です！ バニーボーイはまさに王道！ 太眉＋ぱっつん男子がバニーボーイというのがたまんないです！(上)

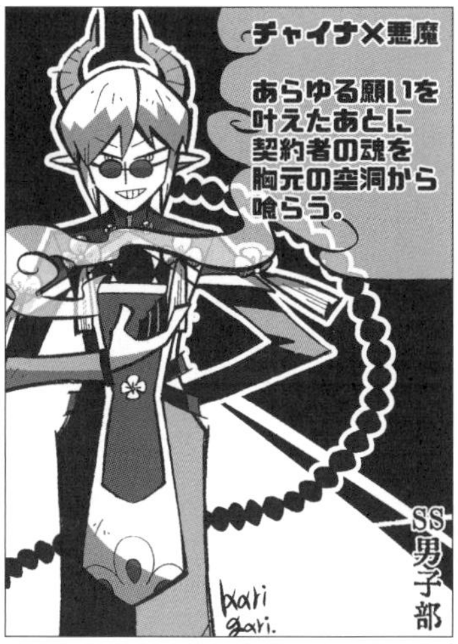

東京都・かりがり
めちゃくちゃ癖をくすぐられるデザインと設定…！ スレンダーなラインの中にチャイナな雰囲気の相性が最高です！ くびれ、好きです(上)

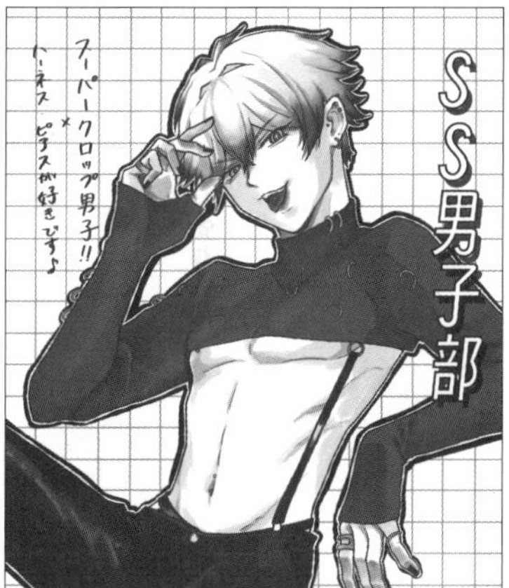

千葉県・くろむ
ああっハーネス…ありがとうございます、所作も相まって大変セクシーです…!! 下乳が見えるタイトなトップスに艶感のあるボトムスは大優勝!!(上)

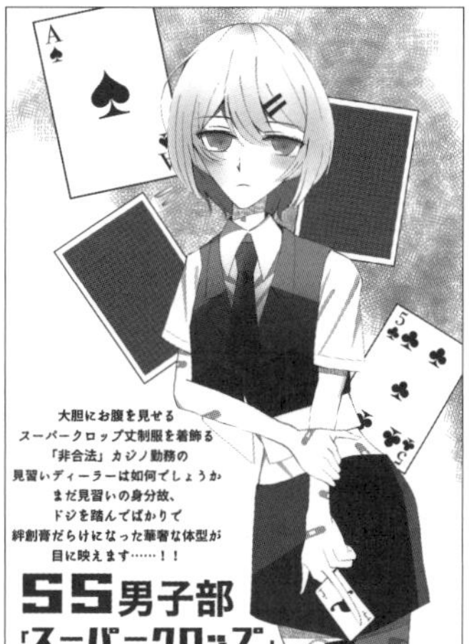

鹿児島県・ミセト
なんですかこの美味しい設定は〜!! それに絆創膏いっぱい貼ってる子いいですね…この奥ゆかしいお顔に対して腰や腿の絆創膏、えっちだ…(上)

岩手県・花灯こはく

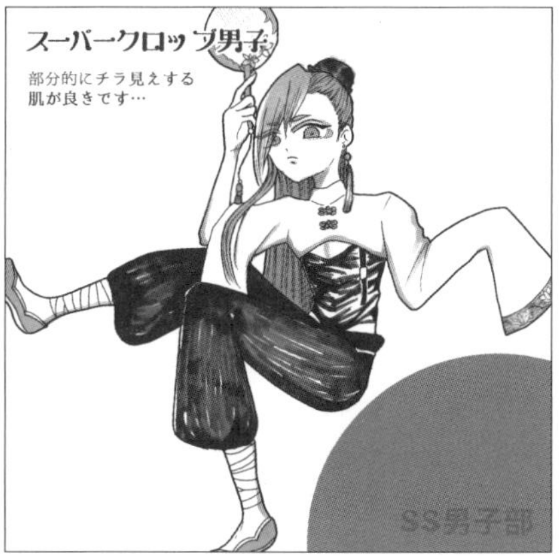

このインナー…大変えっちでは!? 限定的な部位の肌見せでしか得られない栄養がありますよね〜！ オリエンタルな衣装がとってもおしゃれです!!(上)

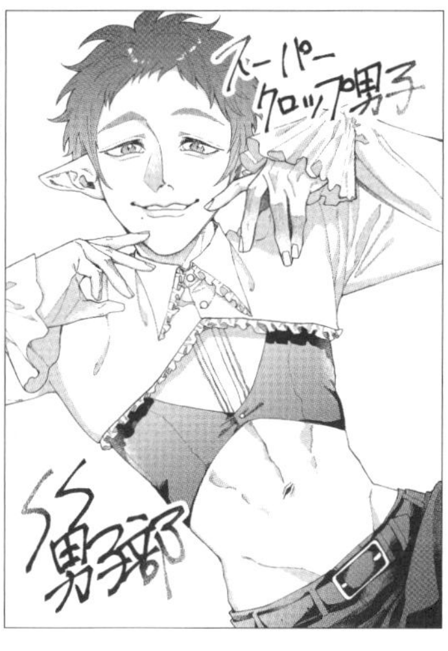

佐賀県・紅葉
垂れ目と口元ホクロがセクシ〜!! 腰骨が浮き出るこのライン大好きです！ さりげないフリルと胸部に沿うインナーが癖を貫通します…!!(上)

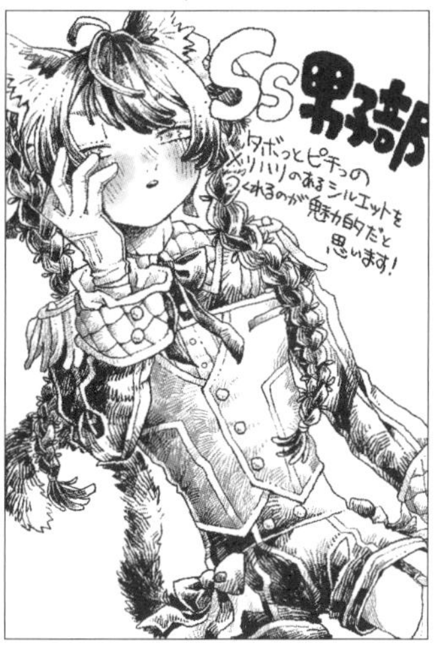

福岡県・七瀬なごり
わかりますメリハリシルエットいいですよね…大好物です！ おいし〜っっ！ リボンやキルティングなど細部までとってもおしゃれです〜!(上)

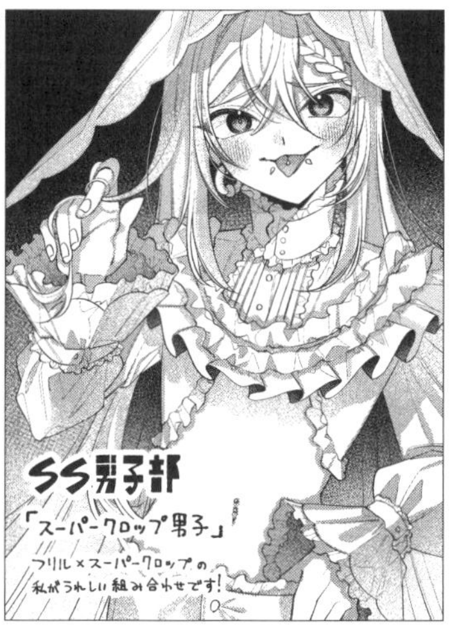

滋賀県・真田しろ
たっぷりのフリルとばっちり腹みせバランスが可愛…あえっ、おへそと口元にピアスですか!? 困り眉舌出し!? まさに癖の散弾銃や〜〜!!(上)

SS DANSHI-BU

「男子のこんなトコがたまらない！」という思いを皆で発表！ 第47回は「スーパークロップ男子」特集をお届け！

兵庫県・綿道草

中華系とクロップの相性は抜群ですね〜！　ダボッ×タイトの供給助かります〜…！　限定的な肌見せ領域が癖をくすぐられます！(上)

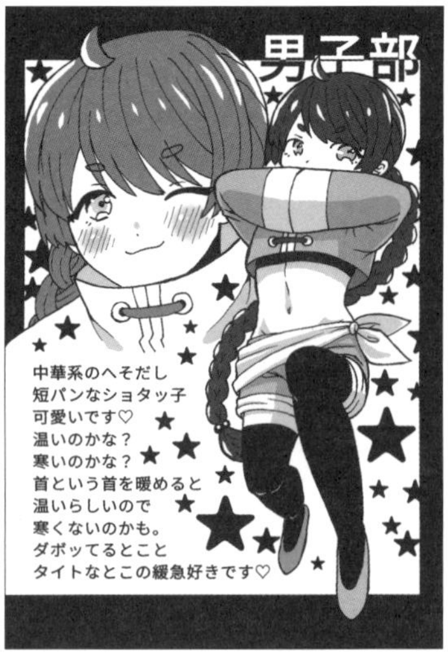

秋田県・木白らべ

黒目がちなおめめと麻呂眉がかわいい〜！　大胆クロップでお腹が見れると思ったらインナーで魅せてくるタイプッ！　もしかせずとも手練れですか!?(上)

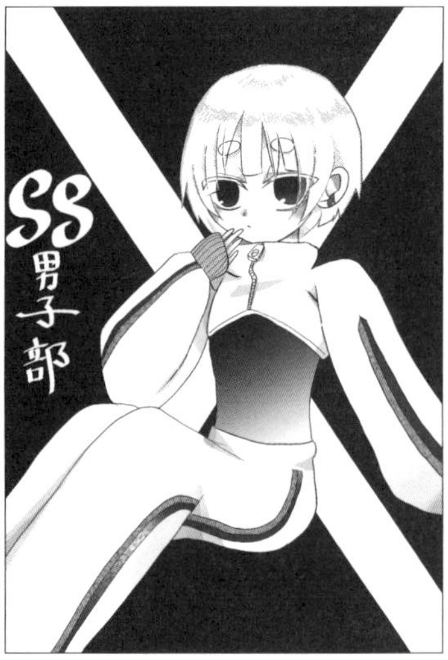

大阪府・洒落なぎ

〜〜ッ!!　表情がたまんないと思った矢先に腹筋&腰骨の色気ッ！　小物も丁寧に描きこまれていてこだわりを感じます！　う〜ん、目が幸福〜…!!(上)

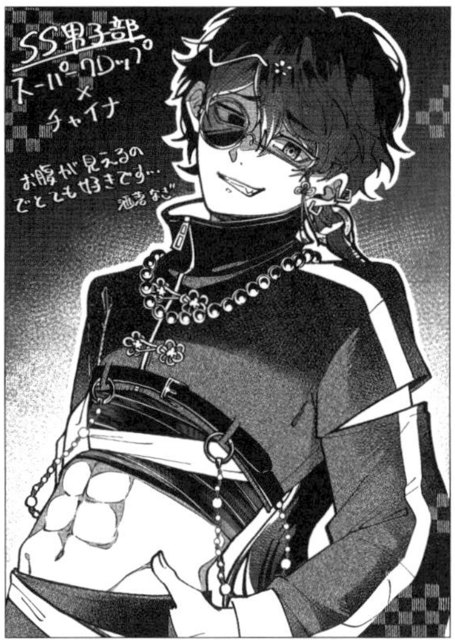

宮城県・レージン

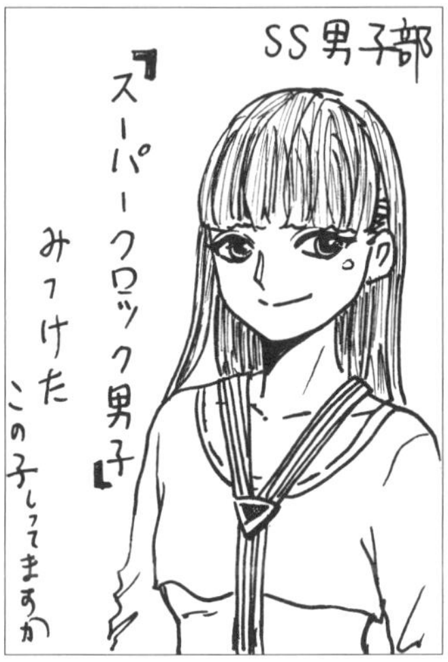

長野県・橘らのま

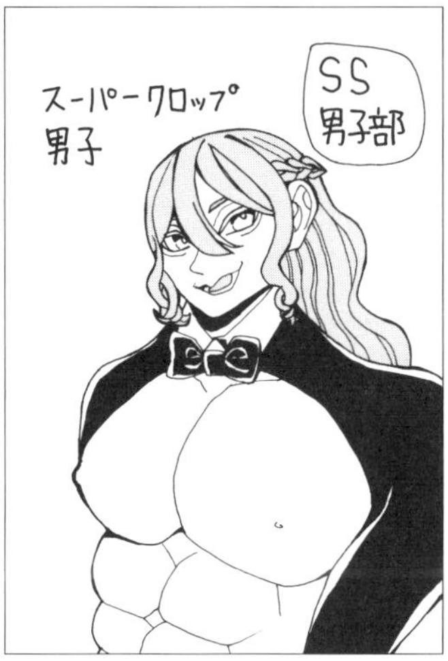

東京都・泉谷

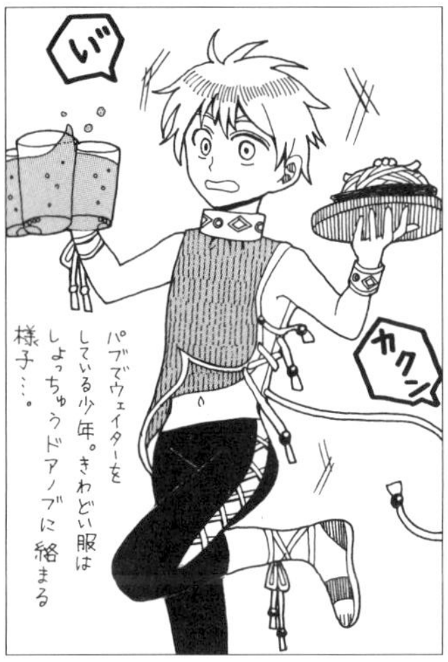

長野県・め

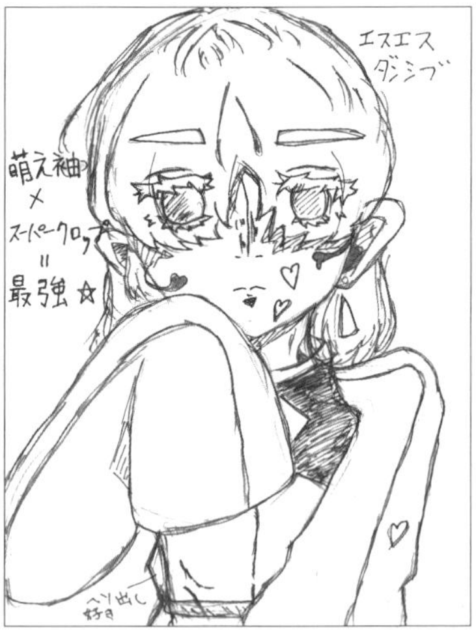

愛知県・瑠璃萩

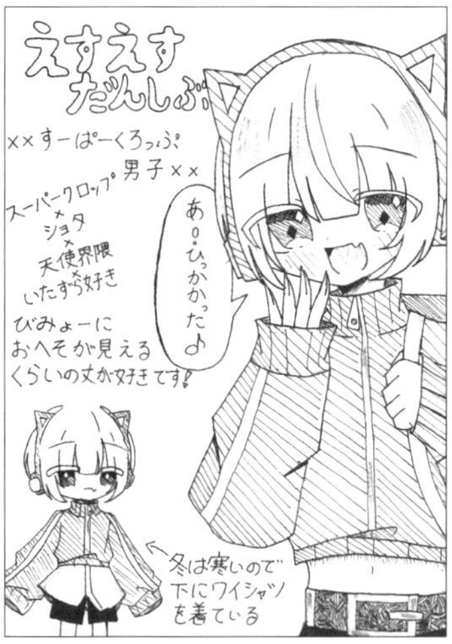

岩手県・あひるフロスト

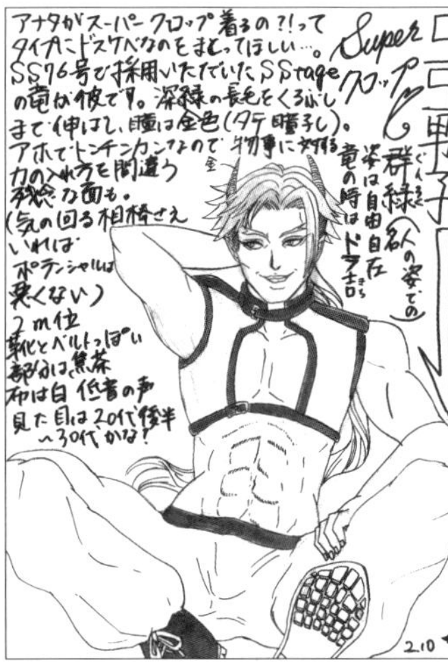

長野県・谷川りおん

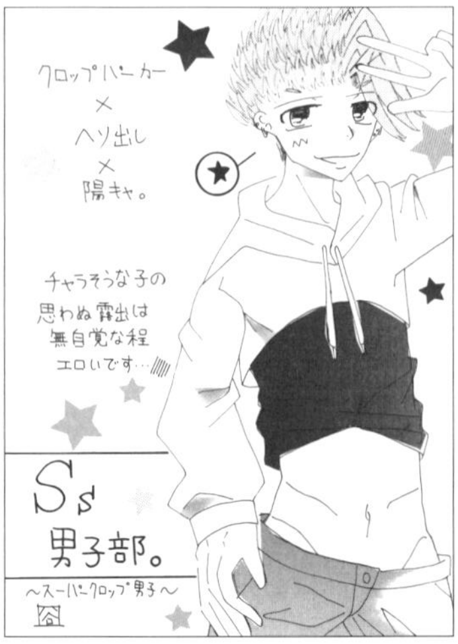

秋田県・とづき

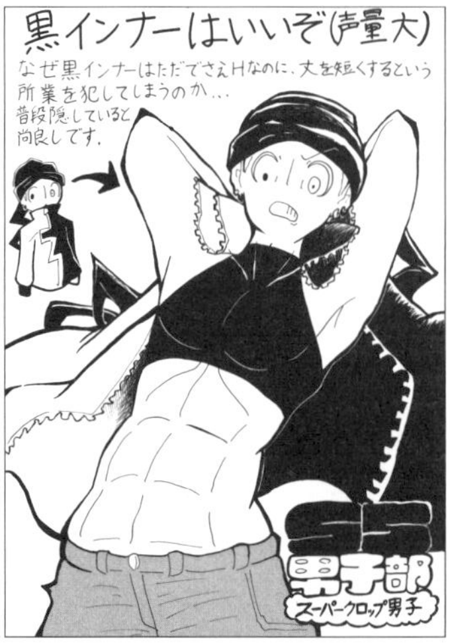

神奈川県・カドスケ・28歳

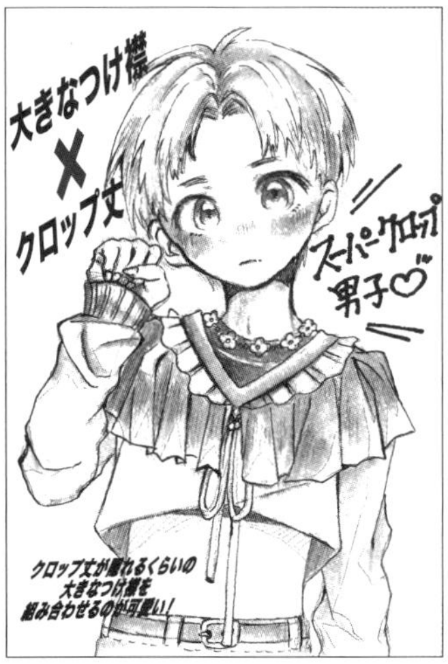

SS DANSHI-BU

スーパークロップ女子 特集

NAVIGATOR

SS JOSHI-BU

「女子のこんなトコがたまらない！」という思いを皆で発表！ 第47回は「スーパークロップ女子」特集をお届け！

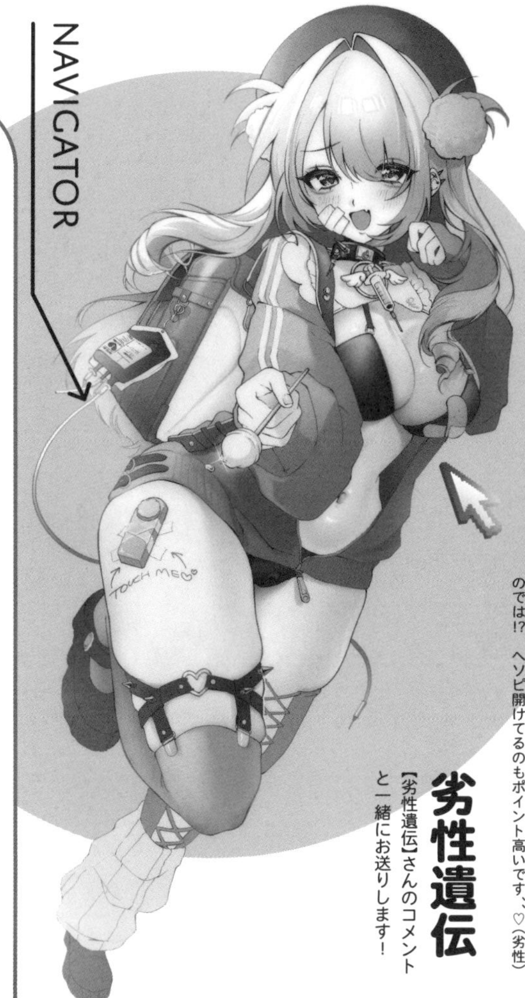

劣性遺伝

【劣性遺伝】さんのコメントと一緒にお送りします！

COMMENT

劣性遺伝　クロップの良さはなんと言っても隠すべき場所をあえて見せていくスタイル!!　お胸もおへそも本来は女性にとって隠すべきところ。でもそこをあえて見せて男の心も射止めちゃえ♡　そこで今回、「スーパークロップ×注射器×サブカル×ランドセル」好きなものをこんなにも詰め合わせてみちゃいました、、、！　見た目は大人なのにあえて女児っぽい雰囲気を狙いに行く女の子、こちらに飴を差し出し、今にも「ざぁこ♡」と罵倒してきそうなこの表情がたまらん、、、。「ランドセル×エロス」この相反するコンビネーションが個人的なポイントです！　みんなはどんなスーパークロップ女子がお好き？

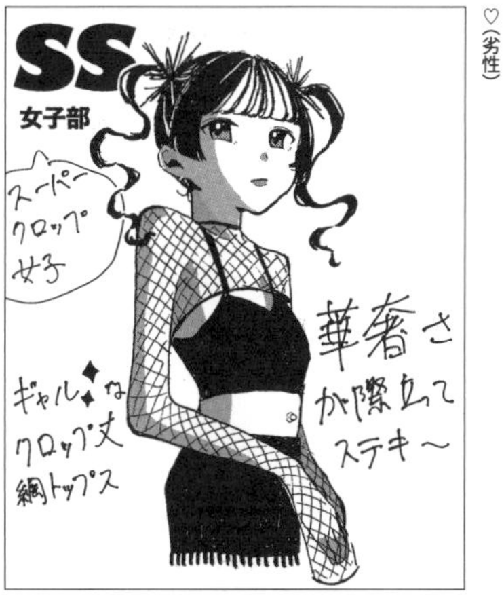

京都府・あはちゃ・18歳
フィッシュネットにクロップ丈のトップス、、なんですかこの欲張りセットは!!　最高ですね!!　全体的にミステリアスな雰囲気が漂ってて良き、、このルックスであえておへそが出てるのがフェチズムを感じます（劣性）

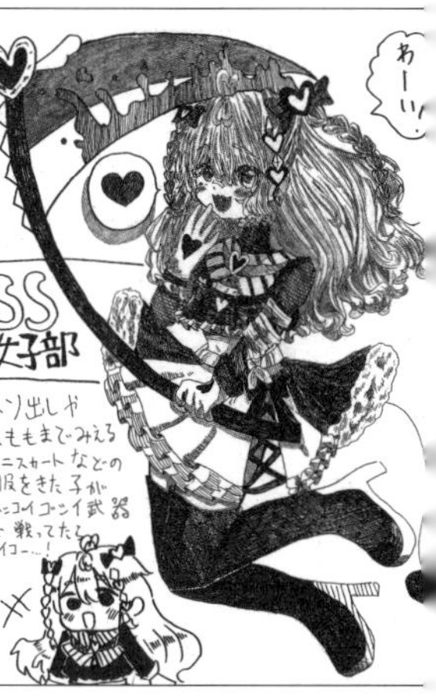

神奈川県・おくら・12歳
服装がキュートでメルヘンなのに死神が持ってそうな鎌で戦うスタイルだなんて、、素敵です♡　全体的な雰囲気が小悪魔ちっくなのも超キュート!!　フリルから垣間見える太ももとおへそが、、おへそがああ♡（劣性）

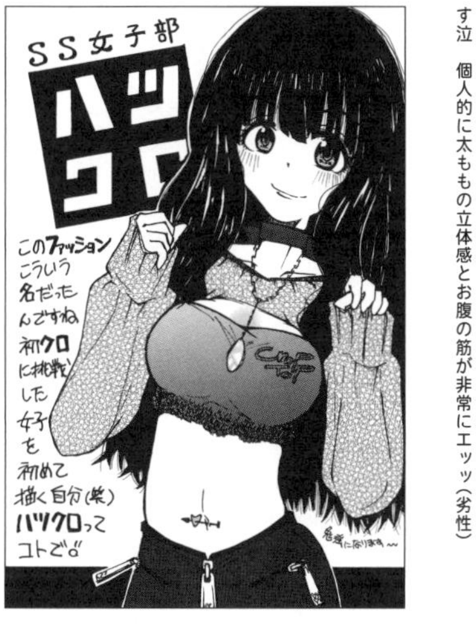

愛知県・いいづきにか
こんなにもおっきいのに一切胸元が見えてないのに美を感じます、、（変態）初めて知ったジャンルでここまでかけてしまうとは、、将来有望なのでは!?　ヘソピ開けてるのもポイント高いです、、♡（劣性）

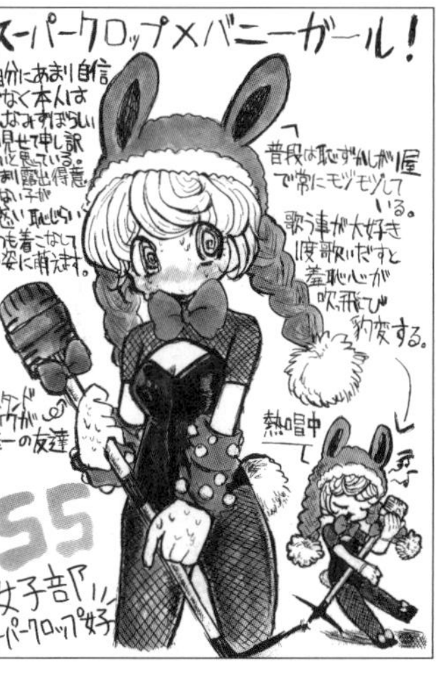

岡山県・のりあき・16歳
恥じらいバニー、、恥ずかしがり屋なのにあえてバニー姿を見せちゃうのが最高です。マイクが唯一の友達なのも頼りなくて、、不遇で、、かわいいです泣　個人的に太ももの立体感とお腹の筋が非常にエッッ（劣性）

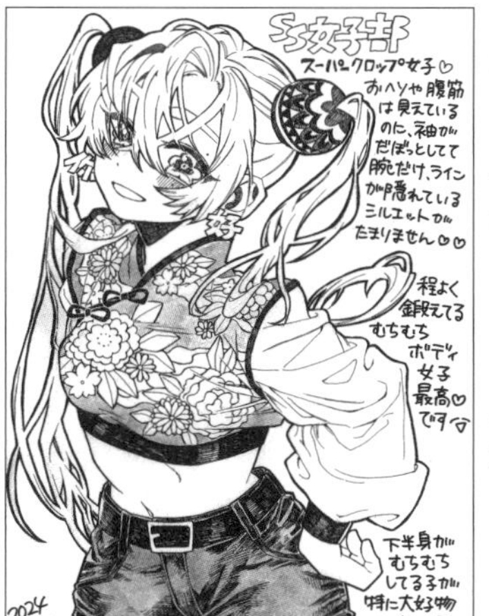

沖縄県・田中君
お目目がお花形になってる!!　很可愛～（超可愛い）クロップとズボンの間にある程よく鍛えられたお腹、、そしてその下にある今にもはち切れちゃいそうなむちむちな太もも、、すりすりしたいたくなっちゃいますね、、♡（劣性）

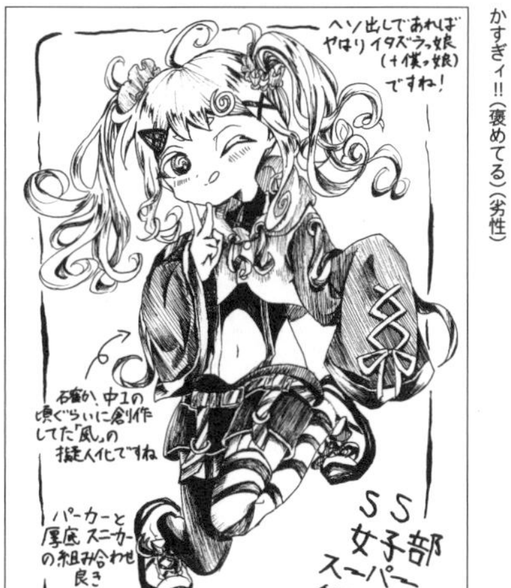

鹿児島県・ごまたに・14歳
「風」というワード一つで創作の子を作れる想像力、、素晴らしい泣　袖はダボダボなのにヘソと腰の当たりが強調されてるこの衣装、、コントラストが最高です♡　僕っ娘なの、、アメージング（劣性）

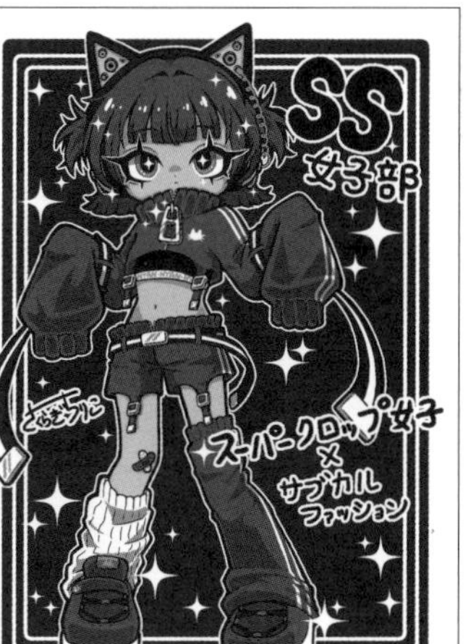

神奈川県・さくらぎちりこ
きちゃいましたよ、、劣性が大好きなクロップ×サブカルファッション。膝の絆創膏に左右で違うソックス、萌え袖に猫耳、、あなたとは話が合いそうね♡　靴のデザインやトップスのロゴ、スポブラにまで散りばめられたネコ要素細かすぎィ!!（褒めてる）（劣性）

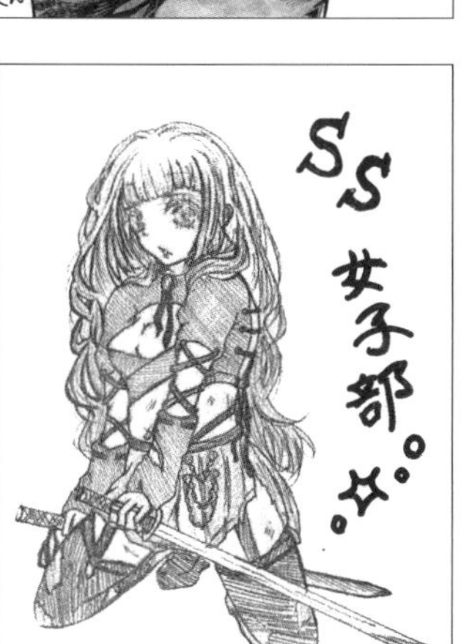

宮城県・A。A
クロップトップから垣間見える谷間、、破れかけのガーターに日本刀、、!!　全てにおいて可愛い!!　全身ボロボロなのに何食わぬ表情をしてるのがまた良き、、（劣性）

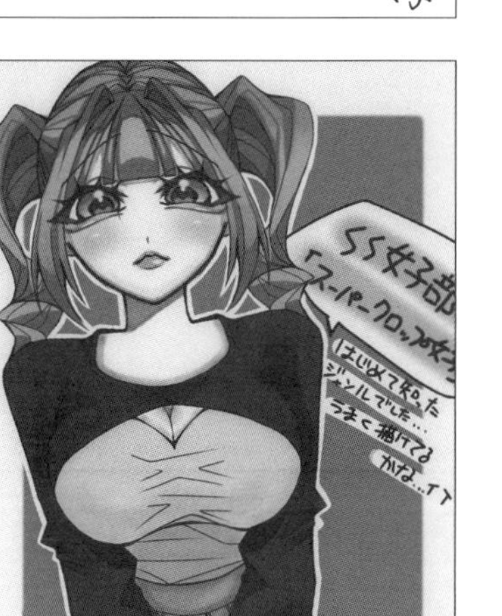

神奈川県・うさまる。・17歳
あえて捲ったかのようなトップス、、今にもはじけてしまいそうなお胸、、初めてなのにここまで壁を極められるものなんですね、関心です泣　女の子のなんとも言えない表情が最高です♡（劣性）

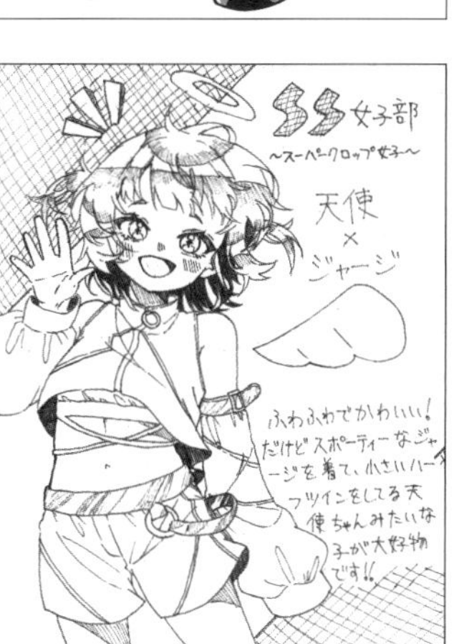

秋田県・水透。・15歳
あなた天才なんですの、、？　天使×ジャージにハーフツイン、、あなたとは気が合いそうですわ♡　趣味詰め合わせセットをみている気分で非常に脳が癒されました、、嬉泣（劣性）

茨城県・あおいみう

清楚に見えるのにクロップの良さと需要を理解してらっしゃるこの子、、素敵です。上があえてニットなのもより一層胸元とのコントラストができて良きです♡　こんなに微笑ましい会話のできるカップルになりたかった。(劣性)

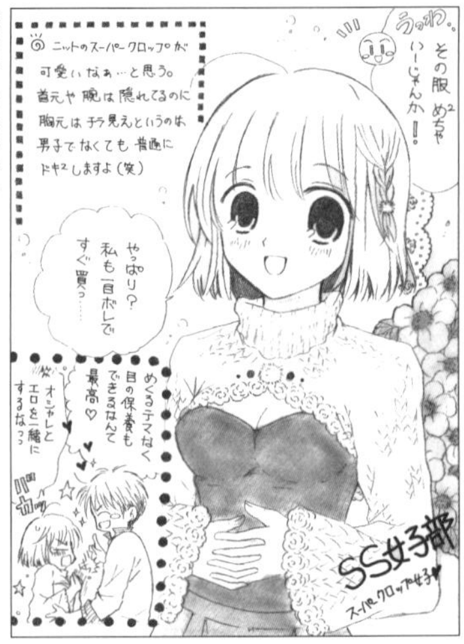

東京都・かりがり

褐色にリボンヘア、そしてまろまゆ、、、個性の塊なのに全然くどくない、むしろ良い!!　こんなに素敵なデザインを思いつく絵師さんがいるって知れて劣性、幸せです泣　この子に暗殺されちゃうのなら本望です♡(劣性)

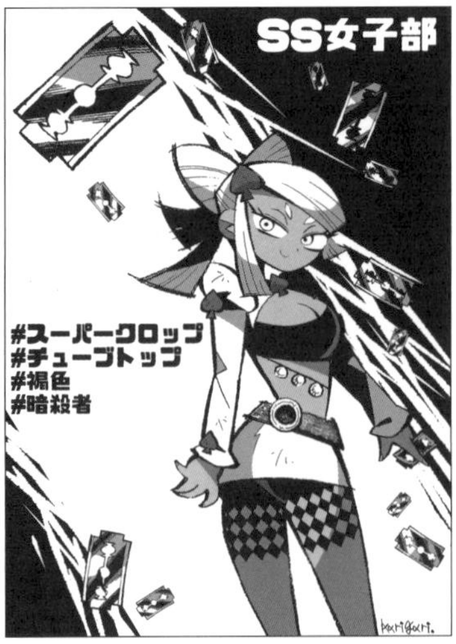

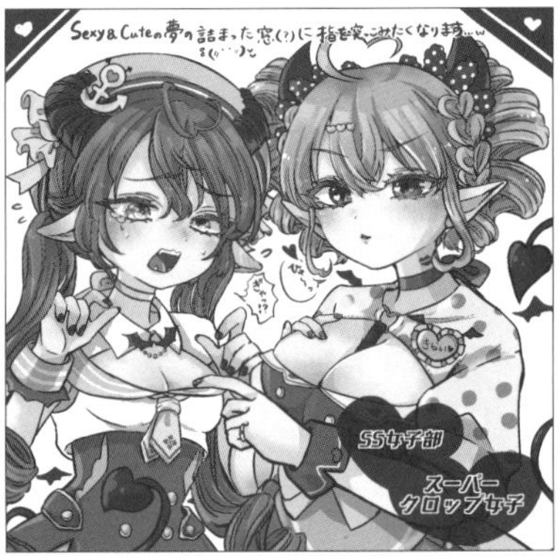

福岡県・杏蜜花

やばい、画面が幸せとロマンと何から何まで溢れかえっている、、切実に、は、挟まれたいっ(願望)きらいちゃんが左の子のことをちょっとからかってそうな感じの表情とそれに恥ずかしそうに焦る左の子、という構図が最高です。きらいちゃん、そのキスマは誰がつけたものだい泣(劣性)

埼玉県・クレマチス

宇宙のような瞳が読者をじっと見つめてくるようでなんだかミステリアスな女の子♡　大きめのフリルにボンデージベルト、メルヘンとY2Kが合わさってる感じがすっごくかわいい(劣性)

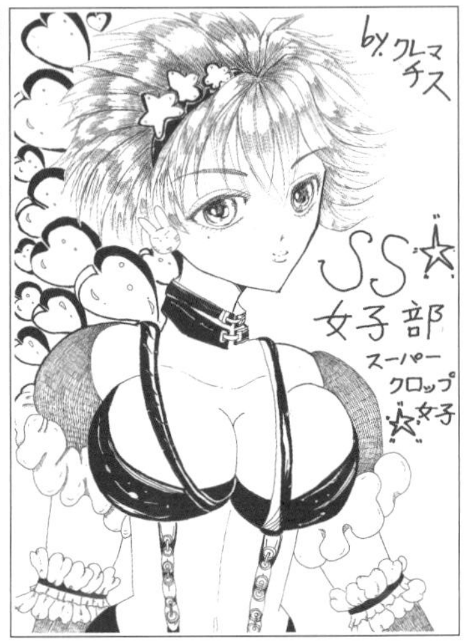

佐賀県・えすかあ

クロップ×ウエスタンスタイルが思いつくだなんて、、もしや天才ですか？スカーフから垣間見える谷間にどこか筋肉質なお腹、フェミニンチックなのにどこか頼れるお姉さん感が溢れるイラスト。良さで溢れてます！(劣性)

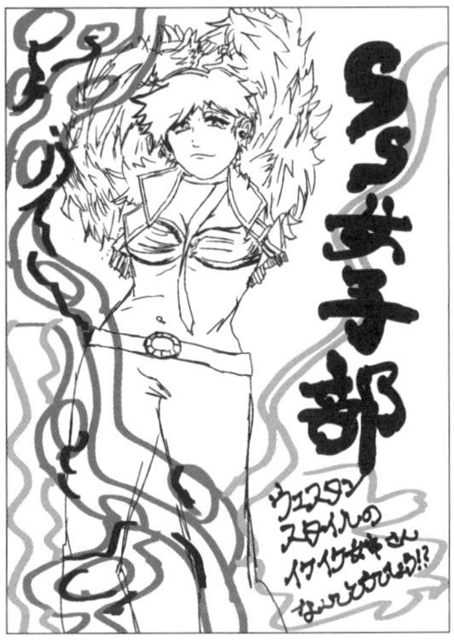

神奈川県・キカいおん・16歳

女騎士に見えたりはたまたサブカルファッションにも見えたり、、、不思議で魅力的な作品ですね。ちょっとダウナー系っぽく見えるのも素敵です、！　けだるげそうなのにファッションには気をつかってそうなところが可愛いっ(劣性)

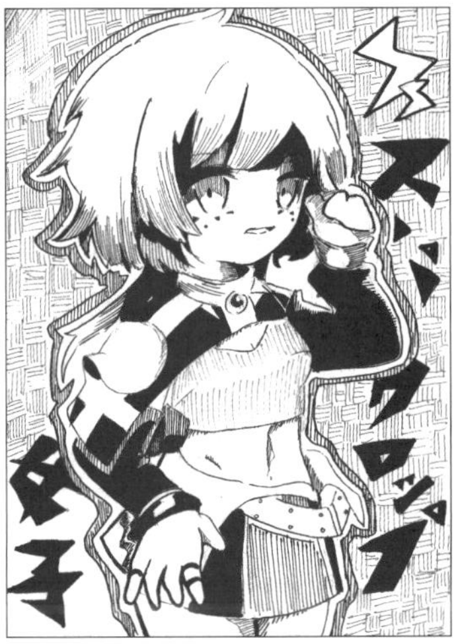

高知県・まろやか

デザインセンスの塊!?　胸元のリボンの装飾が細かくて可愛いのです、、、あとお団子の下のアクセサリーとか、手元のフリルとか、襟の装飾とか、縦巻きロールに絡まりつく三つ編みとか、、あげたらキリがないですね泣　全体のシルエットがミュシャっぽいのも素敵な理由の一つかも？(劣性)

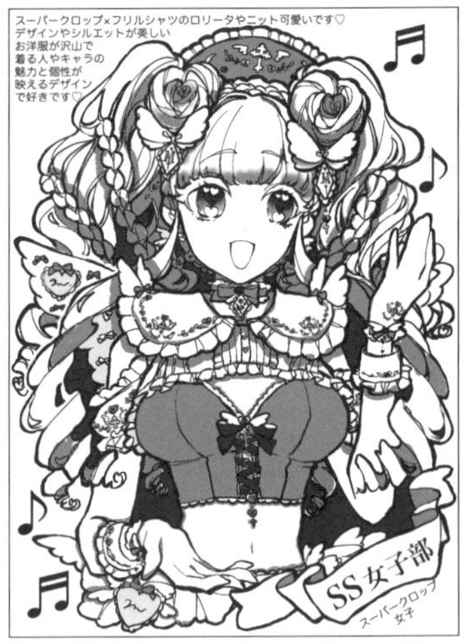

神奈川県・雨寄あらた

そうです、劣性は今この素敵すぎるおねえさんと画面外でおてて繋いでるんです、、そういう構図の絵ってことにしましょう!!　◇の領域がまさに最強です、そこに埋もれて取り乱しちゃいました、レザーやエナメルっぽい質感が再現されててすごいです!!(劣性)

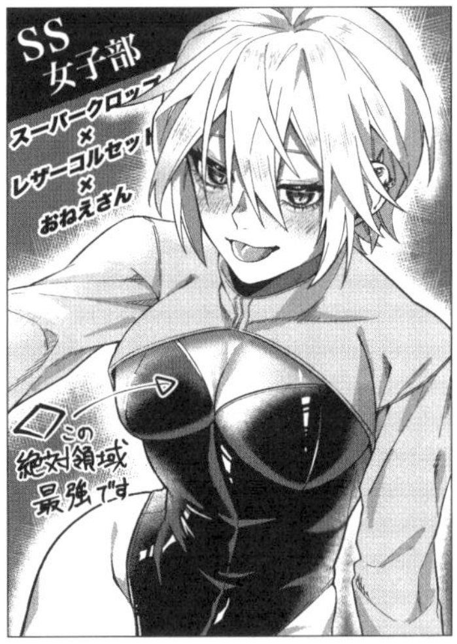

秋田県・木白らべ

あらお嬢様、胸元とお腹はあえてオープンにするスタイルなんですの？ゴシック調お嬢様がクロップをお召しになられるとは、、、この世も捨てた物じゃないですわね*　アメージングですわ♡(劣性)

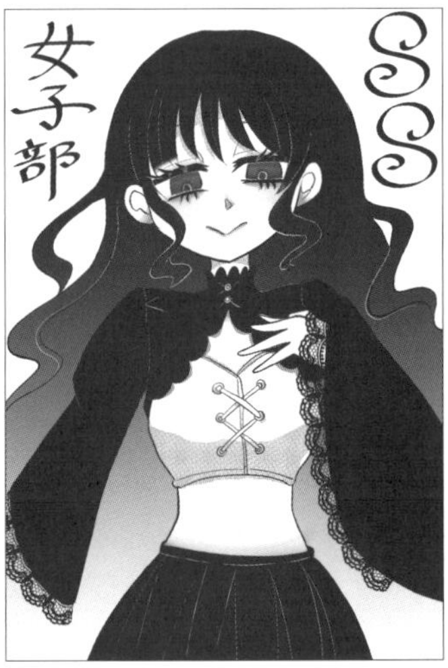

岩手県・花灯こはく

「ちょっとあんた！」って読者に対して言ってるようにも見えてなんだかゾクゾクしちゃいますねへへ、、ミリタリー×褐色おねえさん、、、どこかギャルっぽいのに正義感が強そうで、、こういうの大好きです♡(劣性)

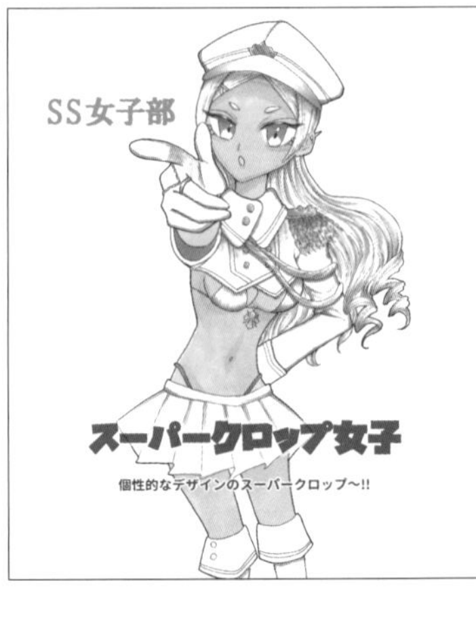

大阪府・ラブバード

クロップ×チャイナ×ファンタジー、、、なんですかこれは!!　最高です泣　細身なのにメリハリのある体、、舌を出してこちらをじっと見つめる表情、欲張りすぎですよ泣(いい意味で)ちょっとお茶目そうに見えるのにセリフから漂うお姉様感、惚れました(劣性)

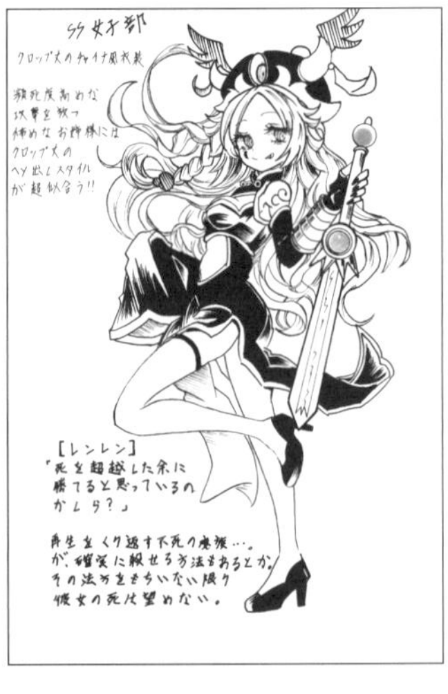

愛媛県・なご。

こんなに絵柄がキュートなのにセクシーお姉様かつ取り立て屋という設定、、、こんなお姉様に取り立てられたい人生でした泣　なぜか下が開くタイプの胸元ジッパーにジーンズから垣間見える紐パン、、、こんなお姉様に微笑まれたかった泣(劣性)

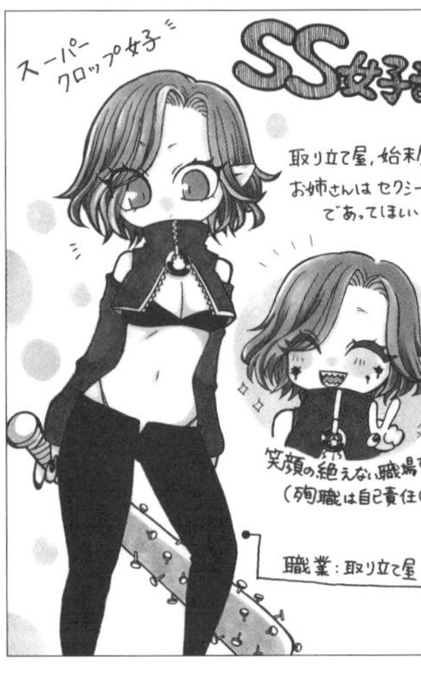

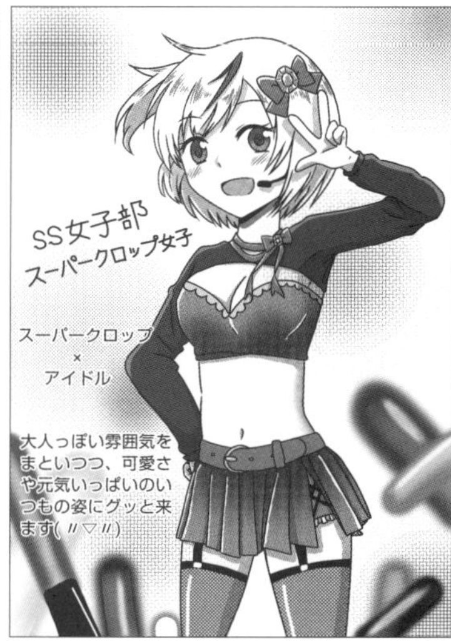

兵庫県・星河夕夏

アイドルなのにあえて胸元を見せていくスタイル…なんと大胆な!! 最高か! こんなに「正統派アイドル☆」って感じなのに隠すべきお胸やおへそ…おまけにガーターまで…こんなのウィンクされたら虜になっちゃいますね♡(劣性)

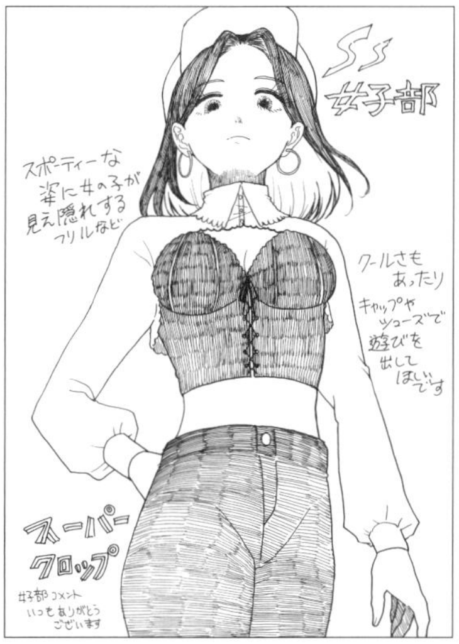

群馬県・RB

スポーティーなのにあえて襟のついたトップスを着させるの…いいですね♡ 全体的にボディーラインが目立つ衣装なのが素敵! 胸元のヒモが前にあるって事は…前から解いていいって事ですよネ(劣性)

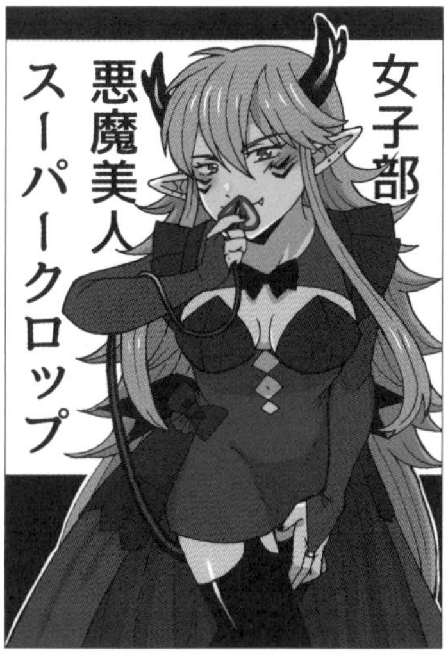

兵庫県・綿道草

はぁ♡ この悪魔おねえさまになら存分に意地悪されたい…尻尾を手にかけて誘ってくるだなんて反則級です!! 包み込むようなカップのパッド…ひしがたに空いたおへその窓…それにむちむちな太もも!! デザインに尋常じゃないエロスを感じます惚(劣性)

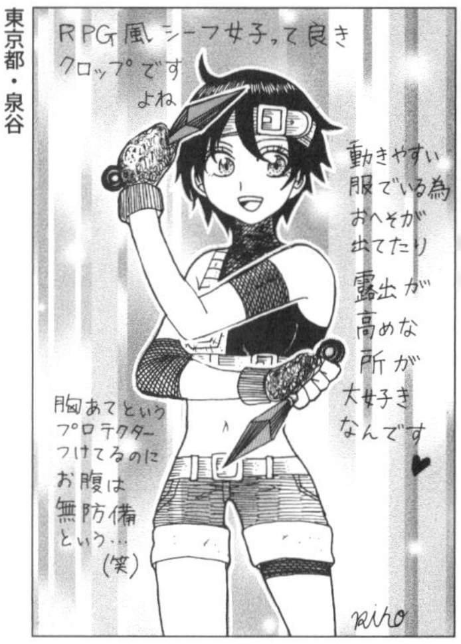

東京都・泉谷

胸を守りながらも一番臓器や重要な機関が多くあるお腹を隠さないという無防備さ…これがクロップの魅力です♡ わんぱくで純粋そうな子が露出度高い衣装着てるの…最高です(劣性)

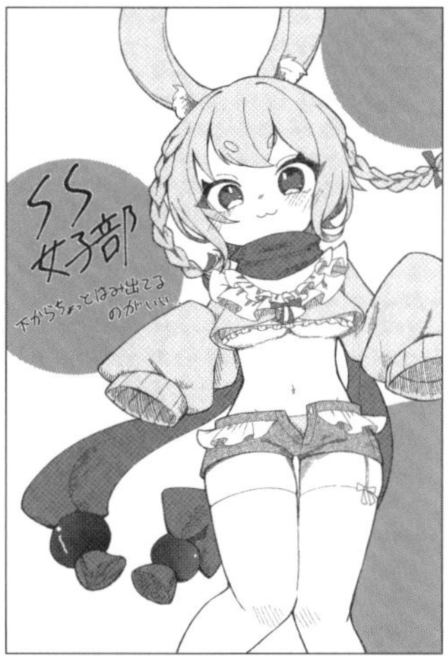

新潟県・鉛寺ほのか

かわいい〜ふわふわ〜とか思ってたら思わず息を飲み込んでしまう物を劣性みてしまいました…シタチチが…しかもショートパンツのボタン外れてるっ…困っちゃいましたね…無邪気そうな表情してるのに小悪魔的すぎる…その外れたボタン劣性が止め直してあげますね〜ぐへへ(劣性)

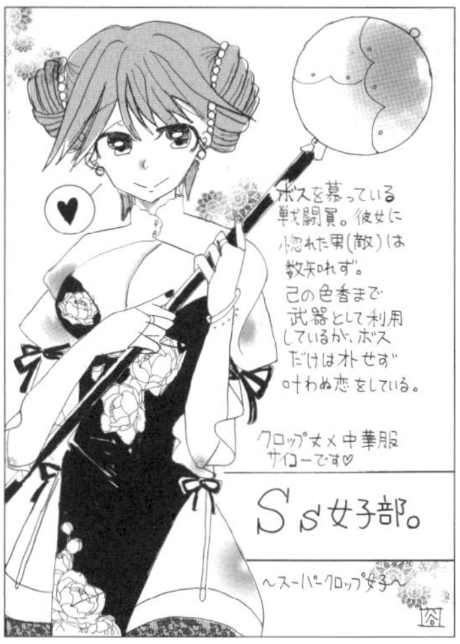

長野県・谷川りおん

彼女に惚れた男の中にぜひ劣性を追加してください…(男じゃないけど) ボスに恋しちゃってるのがまた可愛いっ。クロップ丈のバストに目が行きがちだけどこの子太ももがすごいぞっ…!?(劣性)

宮城県・秋津捨博・42歳

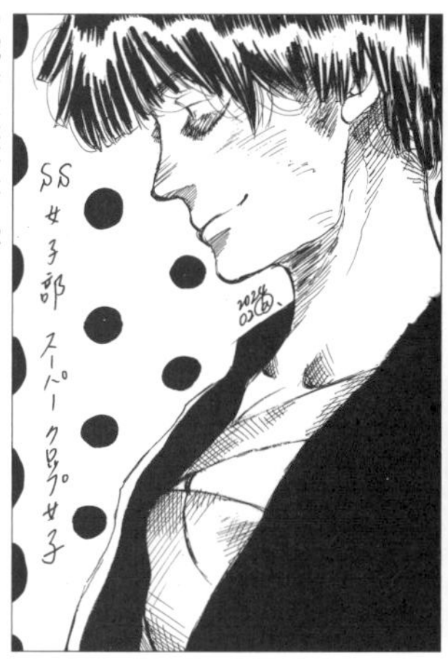

岩手県・あひるフロスト

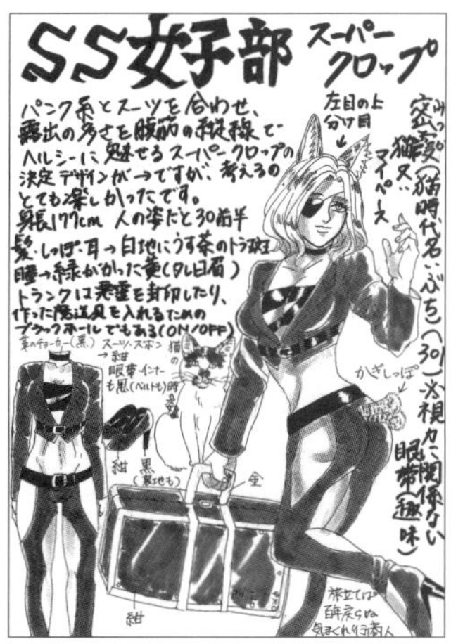

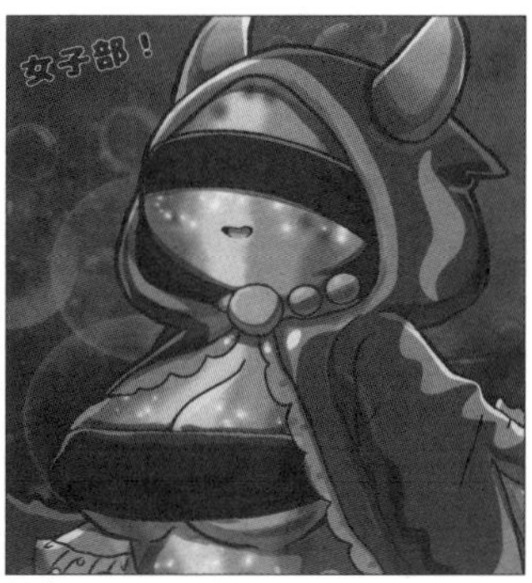

福岡県・けもおばけ

大阪府・香水あわわ

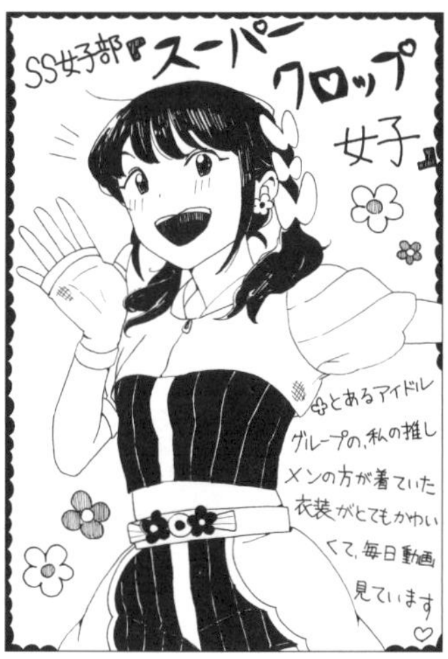

埼玉県・風見☆鶏・67歳

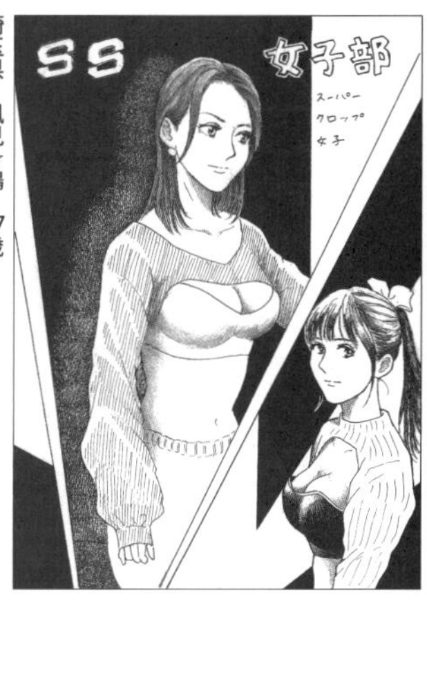

長崎県・橘らのま

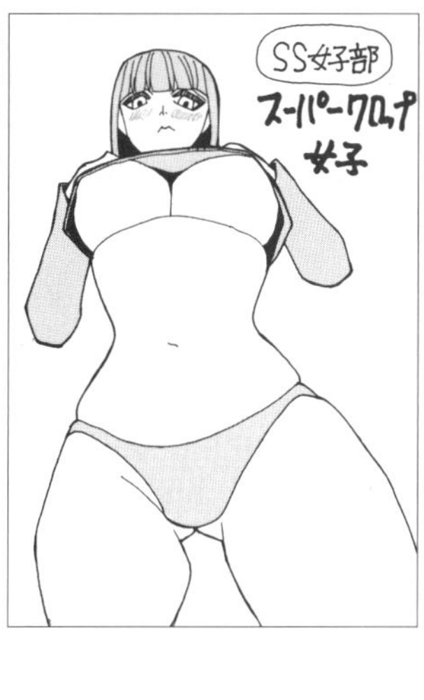

群馬県・ずんだもち

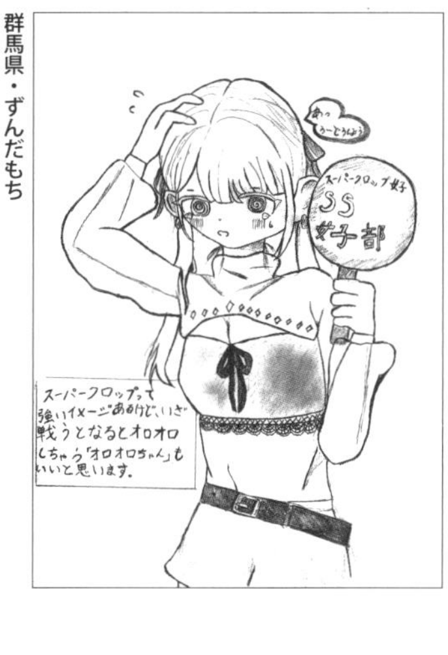

秋田県・とづき

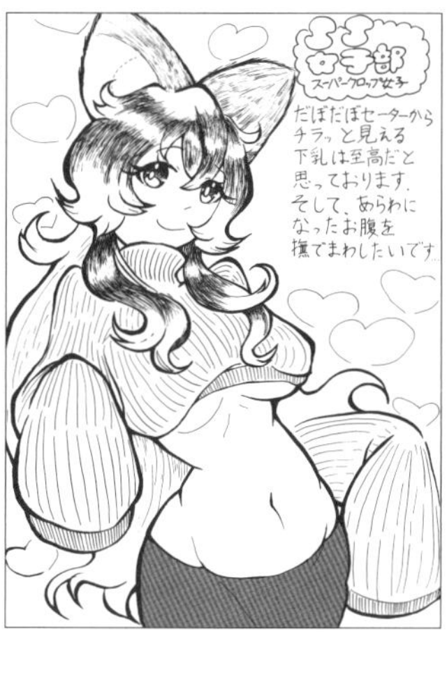

NEXT

次回は「セーラー服女子」を募集

黒いロングヘアーでセーラー服を着たクラスのマドンナミステリアス女子、フリルやリボンアレンジなマリン系地下アイドル、黒い眼帯に船長帽子、剣を掲げて元気に「ヨーソロー!」と言うパイレーツ×セーラー服女子、プリーツスカートをひるがえし巨大ハサミで戦う腹チラ絶対領域女子などなど…、みなさんのあらゆる「セーラー服女子」にまつわるツボをお寄せください〜!

SS恋愛部

恋愛や性についての話題は、身の回りの友人とは話しにくいもの。でも他の人はどうなのか気になりませんか？　だから「SS」誌上で自分の考えや体験を話し合ってみましょう。初恋の話題、告白の仕方、実際の恋愛体験談、好きな人の間に起きたトラブル、同性を好きな気持ち、恋愛には興味がない、自分は男でも女でもない。幅広い話題をしていきたいです。「SS恋愛部」にご相談をお寄せください〜！

ＳＳ恋愛部　投稿募集

皆さんが恋愛や性について感じていること、恋愛体験談をオハガキでお寄せください。人にはなかなか話せないし、聞けないこと。ここで皆さんが話してくれたら、知らなかったこと、聞けなかったことにふれることができます。特別なことでなくて大丈夫。自分では何でもないと思うことでも、他の人にとっては新鮮です。ＳＳ編集部も相談のお答えをしますし、ゲストも迎えながら、皆さんのお話を一緒に考えていきましょう！　ぜひ協力してください〜！

(例:以下のような実体験や具体例を交えつつ語ったりしていきましょう)

- ●恋愛をする機会がないので、皆がどうしているのか知りたい。
- ●告白した、告白された。そのときどうしたか、という体験談。
- ●いま恋愛が楽しい！　素敵な体験をした、という自分の恋愛報告。
- ●いま交際中の相手がいるけれど、うまくいかないから相談したい。
- ●自分は女性ではなく、無性／男性であると感じる。同じ人はいますか？
- ●同性を好きな気持ちがある。思いを伝えるべきか悩んでいる。
- ●性欲はあるが、性体験をする想像がつかない。どうしたらいい？
- ●皆が恋愛前提なのが困る。自分は一人で生きたい。同じ人はいますか？

——今回も恋愛部をよろしくお願いします。これまでの話の続きを、スミさんとホシさんに伺います。前回はお二人が、どんな風に人を好きになって、気持ちを伝えたのかを聞きました。今回は、もう少し距離が縮まったときのお話を聞かせてください。スミさんは前回の最後で、告白した相手と付き合えるようになったと言っていましたね。

スミ　はい。最初は恋人と言ってもどう接していいのかわからず、テンパっていました。どんな連絡をしたら良いのかもわからず、親と夜の散歩をした時に、夜の桜が凄く綺麗だったから、いきなりその写真をバン！　と送って「めっちゃ綺麗じゃない？」と、突然言っちゃったりとか。ずっと冷や汗かきながら。

——二人で歩いたりする時の距離感が、付き合って以降は近くなったりするという変化はありました？

スミ　そうですね…。近くなるのには、一年くらいかかりました。

一同　一年…？　長いですね！

スミ　距離感がつかめない〜って、一人でうわーっとなっていたのがもう半年くらい続いていたんです。相手は、「そんなにテンパらなくてもいいじゃん」みたいな感じだったんですけど。

——向こうにもテンパりが伝わっているのですね（笑）。

スミ　そうなんですよ。で、夏休みに入って、八月の半ばくらいに初めて「うち来る？」って言われまして。

一同　おぉお…（笑）。嬉しい。

スミ　普通にＬＩＮＥや電話するとき、返信が来るだけで『わあ、返信きた！』ってなるテンションだったんですよね。そんなときに「うち来る？」って、その一文字が来たもんだから、見た瞬間にスマホをパーン！って投げちゃって「きゃー！」って言って。

一同　投げちゃったかー（笑）。

スミ　もう、スマホがキッチンの床でコロ〜みたいな。「無理なんだけどー！　え？　ほんと？」って言って、スマホを拾いに行って、画面を見たら「ほんとにきてる！」って。

——現実（笑）。それは純粋に嬉しかったわけですよね？　スミさんには、もっと近付きたいという思いは芽生えていたんですか？

スミ　私は結構アウトドアも好きなんですけど、相手が凄いインドアだったんです。アニメ、漫画、ゲームが好きなんですよね。で、彼の誕生日が七月だったんですよ。付き合ったのが三月で、自分のお金で誕生日プレゼントをあげたいと思いました。親のお小遣いで好きな人にプレゼントをあげるのはどうなんだろうって思ったから、すぐにバイト先を探して面接を受けて、学校の合間合間に働きました。初任給を全額、誕生日プレゼントに当てたんです。

——すごー！　高校生だけど、結構なお金をつかいましたね…。

スミ　まだ何が好きかわからなかったから、いろいろ考えた結果、一緒に買いに行くことになって秋葉原に行きました。相手はマウスを選んだんですけど（笑）。

——色気がない（笑）。ゲーミング（笑）。

スミ　そうそう。ゲームをする時に使う用の。まあ、喜んでくれたから良かった（笑）。そういう姿を見ていてもね、「わー、かわいいな」って。

——喜んでいるのが？

スミ　そう。喜んで笑っている顔が可愛かった。私は全然ゲームをやったことがなかったんですけど、相手が凄く好きだし、あまり外に出ないから、私が相手に寄せればいいかな、という考えになって、バイト代でニンテンドースイッチを買ったんです。学校から帰ってきたらバイトに行って、その後でモンハンやって、レベルを100とかまでに上げて。そこを経て、「今度ゲームしない？　モンハンできるようになったから」と言って、二人でゲームをしたんですよ。

——あ、そのゲームのことがあったから、「うち来る？」となったんだ？　そこにつながるんだね。

スミ　そうです。家で相手がやっているのを見て、「おぉお！　うめぇ」となりましたね。あとはオススメのアニメ教えてよって言って、アニメを観たりとか。でも、彼の部屋に入ったときは焦りましたね。「どこに座ったらいいですか？」ってめっちゃ部屋の隅っこで、バックもかけたまま、何もできなかった。「なんでそんな端っこにいるの？　適当に座っていいよ」って言われて。私が床に座っていたら、「いや、そんなところじゃなくて布団に座っていいよ」って言われて。

——あ…、ベットの上に？

スミ　そう。それでベッドに乗るじゃないですか。でも落ち着かなくて、ずーっとカバンをいじって。

一同　まぁまぁまぁ。

スミ　そしたら「カバン置きなよ」って言われて、カバンを置いたんですけど、落ち着かないからクッションをずっと挙動不審な感じでいじっていたんです。で、相手が隣に座るじゃないですか…。

——お－！

スミ　近いんですよ！　もうこんな無理ー！って、下を向いたりして。

——ひゃー。

スミ　近いよー！って。相手はふざけて面白がって覗き込んで来たりして。

——ワオワオワオ！

スミ　わー、無理ーと思って、やっと目を合わせようとしたら、めっちゃ目の前にいるんです。「なにー!?」って。

——それでずっとクッションを抱いていたんだね。

スミ　そう。その日は帰るまでずーっとクッションを持っていたんです。相手は「クッションじゃなくて、俺をギューってしてくれればいいのに」って。

一同　えー！　すごーい！　高校生でそのセリフ！

スミ　「無理無理無理！」とか言って。帰る時は、「次はもうちょっと俺の方を見てね」って。

——なんかカッコいいセリフ！　その時は本当に何もなかったんだ？　手もつながなかったの？

スミ　もうこれが、距離はまったく縮まらなかった（笑）。

——クッションとはゼロ距離なのに…。さて、それではホシさんにも伺いましょう。距離感…、肉体的接触というか、近くになるとどうでした？

ホシ　私は潔癖症だったので、手をつないだりすると気持ち悪くなっちゃう感じでした。短いスパンだと大丈夫だから、その人を好きになれるかどうか、探りの期間という感じで、いろんな人と付き合っていました。

——スミさんの話にあったような、「クッションじゃなくて俺を」という感じで近づいてきた男子はいました？

ホシ　そうですね。スキンシップをとる感じでリードしてもらっていたんですけど、私がちょっと無理でした。もともと、そこまで好きになれないということも多くて。

——この人のこと好きだなって思えたのは、どういう人でした？

ホシ　中性的な人は好きでしたね！　なんかこうギラギラしていないっていうか、グイグイ来ないタイプの人はリラックス出来て好きでした。

——ちょっと可愛いタイプ？

ホシ　可愛いというか、どちらかといえばお母さんみたいな男の人（笑）。

——お母さんってどんなだろう？

ホシ　中性的で、お母さんみたいに穏やかで優しさがあって、男の人らしさがなくて、共感的な人というのかな…。話をしていたら、「わかるわかる」「そうだよねー」と言ってくれる人。短期間のお付き合いの人の中にも、一人いました。でも、なんかメンヘラだったんですよ。凄いメンヘラだったので短く終わっちゃいました。

——どういうメンヘラでしょう…？

SS RENAI-BU

～絵を描くみんなの恋愛を考えてみる～

真希

SS恋愛部

前号も掲載ありがとうございました。

自分の性別は肉体は女、心は男になります…。

こんにちは。真希です。

↓男性ホルモン注射のことです！

SS75号のSS恋愛部で、遂に治療が始まるかもしれない、と書いた件について、今回は書いていきます。（今回は悩み共有回です。）

あれから、一応、病院で検査や診断等をして頂き、無事治療開始一歩手前！というところまで来たのですが、できれば、というか、ほぼ必ずご家族（ご両親）とよく話し合って、理解、納得が得られてから治療を始めた方が良いです。（病院側も今までの経験上、その方が良いとのことでした。）親へのカミングアウトは既に済んでいたので、治療内容や自分のなりたい姿、気持ち等を更に具体的に説明しました。結果は、シンプルにダメでした。（ちなみに、説得は何度もしました。）説得のたびに、[illegible]言われ、正直、もう話したくないです…。理解は得られなくても、相談相手にはなってくれるだろうという自分の考えがそもそも甘かったようです。ほぼ全て話してしまったため、だったら最初から何も言わず、自己責任で勝手に始めれば良かった。と後悔しています。（←多分、こっちだったら、こっちで違う後悔も生まれるんでしょうけど…）ちなみに、自分は、治療を始める際の親の同意は要らない年齢です。（18歳未満の方は親の同意が確か必要です。）同意は要らなくても、よく話し合いをしておいて下さいとのことだったので、話をしました。

両親共に「リスクが高すぎてそこまでやる必要があるのか？」「他に方法はないのか？」「生まれ持ったものが衰えるのにもったいない」等といった風に、自分の気持ちに関しては完全無視でした。（反対する気持ちも分からない訳ではないですが…）

最終的には、自分でよく考えれば？と捨てられる始末です…（泣）

どうするのが正解だったのでしょうか…？

勝手に始めても良かったのですが、やはり自分の親であることは変わらないですし、けじめという意味も含めて今回のような形になりました。これについては、賛否ある内容だとは思うのですが、他の方の意見、アドバイス等が来れば、ぜひお聞きしたいです。

自分的には強行突破を最終手段として視野に入れています。

治療のためなら何だって頑張れました。ですが、それがなくなった今、何を目標にして生きていけばいいのか正直よく分かりません。辛いです。生まれ変わりたいです。同じような方、いらっしゃいますか…？

SS73号のSS恋愛部にて、カミングアウトした人に女友達1人と書いたのですが、自分の性別関連で色々とあり、疎遠になりました。つまり、事実上、リアルでは相談できる人は、ゼロです…。人生ハードモードすぎる…。

真希

夕陽・16歳

「SS恋愛部」

今度その子と会うまでに髪切ってかっこいい感じにシフトする予定。キュンとしてくれたらいいな…。

こんにちは！ 夕陽といいます。

突然ですが、同性の親友に恋愛感情を抱いています。(女の子)

お互いに高1（書いてる時点）です。

小学生のときに仲良くなり、小中とクラスもほぼ一緒でずっと隣にいるのが当り前のような感覚でした。ですが、高校が別になり、なかなか会えなくなったときに、存在の大きさを感じ、いつしか恋愛感情なのでは？と思い始めました。

（他に自分を完全に出せる友達がいないので、今思えば依存しきっていた。）

女の子を好きになるのは初めてだし、お互い昔から恋バナもしないので どうすれば…泣

今の関係のままでもいいのかなと思いつつ、両思いになれたらどんなに幸せか…

とりあえず好意をもってもらいたいので、がむしゃらに自分磨きを頑張っています。

愛知県・宵・14歳

母親に「○○ちゃんがそこで『僕はちがうよ～』とか言って大爆笑したんだよねw」とか言うと、（←いつも通り学校であったこととかを喋ってる）「え、○○ちゃんって僕っこ（娘）なの？」って言われるのが嫌です。（←急に言ってくる…）

自分も「僕」を使いたくて、学校とかで「僕」を使ってる子とかの前限定で使ってたりするのですが、家では使えないかな…。と思っています。

恋愛部で言われている方がいるように、自分も『僕＝男』という世の中の風潮的なものがあり、『女が僕を使うのはおかしい、変わってる』みたいな考えの人が多いのかな、と思えてしまって悲しいです。

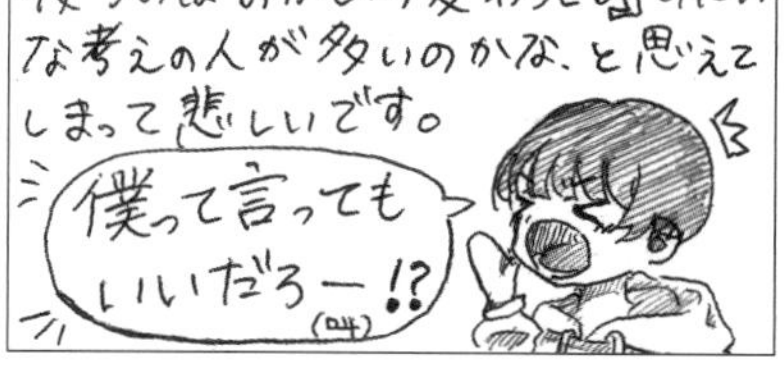

匿名希望

今年のバレンタイン私は友に友チョコを渡しました。一昨年、昨年には早目に好きな方へチョコを渡していたのだな～って。

今年は同じ職場の子が好きな職員さんにチョコを差しあげようと頑張っているらしいです。Fighting～!!!

そのチョコを渡そうとはりきっているこの子は周りの人達には『○○さん、かっこ良い！』って話していて、少々しつこいです。

○○さんの名前を言って欲しくて、『あの人、名前って何でしたっけ？教えて下さい』とか『○○さんって名前何て読んでしたっけ？フルネームで紙に書いて下さい』等、少々怖いです。

私も重かったけど、この子もかなり恋愛表現が重いのです。

でも、好きな人が居るだけで、可愛くなろう！、とか、やせよう！、とか頑張れますよね。

その子も無事にチョコ、渡せると良いなァ、Fighting。

75、76号のスミさんとホシさんの対談にキュンキュン（共感）しています!!『好きになる』って気持ちは皆同様にあるんですよね。76号の雪月冬凛様の『思い込みかもしれない』って気持ちも解りますけど…。

神奈川県・雪月冬凛・17歳

SS恋愛部。

皆様こんばんは、雪月冬凛（ゆづき とうり）です。

前号の俺の投稿、読んで下さった方はいたのでしょうか…。

今回も前号のことをお話します。

俺はわりと幼い頃にはいわゆる"彼氏"がいました。

それは俺の引っ越しと共に自然に消滅しましたが…。

恐らく、その時にはもう「自分の事を信じ込ませて人を好きになる」癖がついていたのかな、と思います。

ただ、唯一その癖の例外がありまして、それが「推しへの恋慕」です。今もこの状態です。

好きな人を作ろう、と思って作るのはおかしいと自分でも分かってはいるのですが…。俺は他人に依存して生きているので本当に依存する対象がいなくなると途端に不安定になります。それが怖くて「好きな人を作る」という事になってしまっているのだと思います。

正直、かなりこれは辛いです。やめたくてもやめられないのも辛いです。

「いや…よく生きてるよな…」ってとても思います。

花粉症も辛いです。()

2024.2月某日 雪月冬凛

宮城県・流良戒

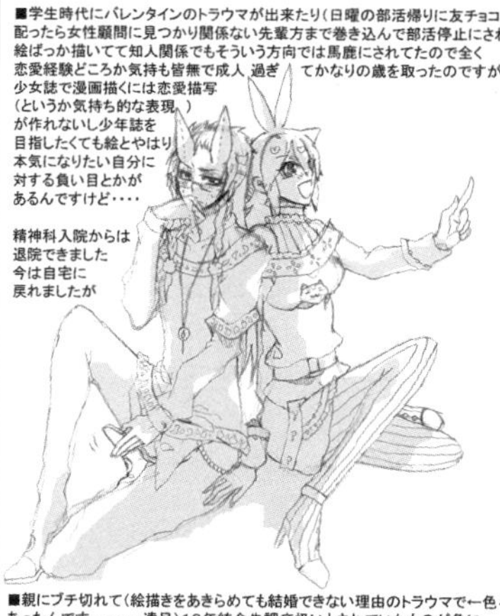

■学生時代にバレンタインのトラウマが出来たり（日曜の部活帰りに友チョコ配ったら女性顧問に見つかり関係ない先輩方まで巻き込んで部活停止にされた）絵ばっか描いてて知人関係でもそういう方向では馬鹿にされてたので全く恋愛経験どころか気持も皆無で成人過ぎてかなりの歳を取ったのですが少女誌で漫画描くには恋愛描写（というか気持ち的な表現）が作れないし少年誌を目指したくても絵とやはり本気になりたい自分に対する負い目とかがあるんですけど・・・・

精神科入院からは退院できました 今は自宅に戻れましたが

■親にブチ切れて（絵描きをあきらめても結婚できない理由のトラウマで←色々あったんです・・・・・・・遠目）10年統合失調症扱いとされていたものが急に全部の薬排除になって発達障害になり・・・・・・仕事もやめちゃったので（苦笑;）投稿用の漫画原稿は描いてますが"感情"が描けず軽く終わってる感が・・・・（泣）頑張ろうとは思いますがなんとなく頑張り切れなかった自分の無念さを晴らしたい気持ちもあり今この瞬間恋のときめき・・・・・・好きなモノに全力で駆け走っている青春な皆様を応援したいなぁと思います 頑張ってください！・・・・・凄く素敵な財産を未来に育ててるんだろうなと思います

香川県・ハナ

性的同意について

SS恋愛部

久しぶりの投稿になります。

最近性暴力のニュースを見かける事が多くなりました。

あるテレビ番組で恋人同士・夫婦でも性暴力になることもあると知りました。

私も恋人にも性的同意について話してみました。イヤな時はちゃんと「イヤ！」って言えるようになりたいです。

ホシ　私は高校の頃にバンドをやっていたんですけど、私ともう一人ギターがいて、その人は年上だったから、演奏を教わりに行ってたんですよ。それである日、一緒に寝ることがあって、別に性的なことはなかったんですけど、何があったかというと、私が朝に目を覚ましたら、手首が切られていた。

――えー!?　ホシさんの手首!?

ホシ　私の手首が切られていて、相手も自分の手首を切っていたんです。で、「お揃いの傷だね」みたいな。そういう人だったので別れました。

――やばー！　やばすぎる！　でも性的には何もないという？

ホシ　そこは何もなくて、傷だけお揃いにしたかったみたいな。怖いなーって。

――ヤンデレ？

ホシ　普通の優しい人なんですけど、そこだけちょっと異常でした。

――ちょっと殺されかねない。でも不思議ですね。男性ってエッチしたいとか、そういう迫り方をしてくるのは聞くけど、全然方向性が違う。

ホシ　確かに。方向性が違う欲求があったのかもしれない（笑）。

――なるほど～、そういう癖（へき）かもしれない。で、ツインギターをやっていたそのバンドは…。

ホシ　怖いから抜けました。さすがに…。

――確かに～。それは耽美系のバンドだったのかな？

ホシ　そうではないですけど、V系のカバーは当時流行っていましたね。

――そうしたら、血を流す可能性もあるか…。それゆえに中性的ではあったけど、大変な面もあったのですね…。今回もアツイ話をありがとうございました！

次号も、皆さんのお便りをお寄せくださいませ～！　恋愛のことや、自分の性別の悩み、なかなか人に言えない思いを語っていただけたら嬉しいです。同じように悩んだり、他の人がどう感じているか気になるという読者の皆さんの力になると思います。ぜひよろしくお願いします。

SS恋愛部 応募ガイド

- ●「文章」、「イラスト＆文字」で募集します（白黒原稿です）。
- ●ペンネームを通常の投稿と変えたい場合は、「ＳＳ恋愛部」用のペンネームを使用。ただし返却時の整理用に通常ペンネームも明記。
- ●プライバシーが気になる人は、県名を伏せても大丈夫。
- ●相談の参考にするために年齢はお書きください。
- ●一緒に相談するために、SS編集部から連絡することがあります。

●応募先

通常のイラスト投稿と同じ宛先です。
150-0041
東京都渋谷区神南1-13-3 アーク神南ビル2F
スモールエス●●号　SS恋愛部 係

※●●には、送付時に募集している号数をお書きください
※他の投稿と同じ封筒でOK。「SS恋愛部」用のペンネームを使用した場合、返却時の整理用に通常のペンネームも明記のこと。

「ＳＳ」投稿の応募要項

カラーイラスト投稿コーナー　※サイズ：ハガキ～Ａ４サイズまでなら大きさは自由。

Sky S

●Sky Sは自由に描いたカラーイラストと、テーマイラストの２コーナーを大募集！

1、「Sky S　フリー」自由に描いてもらったカラーイラスト。

2、「Sky S テーマ」次号のテーマは「アーティスト」（あなたの考えた架空のミュージシャン、歌手、アイドル、画家、芸術家を描いて！）

※「SS学園」絵の中に必ずキャラ名と説明を明記。詳しくはSS学園ページを見てね！

モノクロイラスト投稿コーナー

※サイズ：ハガキ～Ａ４サイズまでなら大きさは自由／★封筒の表にコーナー名を明記

Sea S

●Sea Sは9個のコーナーで、イラストや文章、漫画を大募集！
巻末ハガキは、切手を貼らずに無料で出せるので、そちらでの投稿も大歓迎！

1、「Sea S Sense」自分のセンスで自由に描いてもらった白黒イラスト。

2、「Sea S Select」毎号テーマをセレクトして募集するコーナー。
次号のテーマは「アーティスト」（あなたの考えた架空のミュージシャン、歌手、アイドル、画家、芸術家を描いてください）

3、「S Stage」自由に描いた１ページ漫画劇場。１枚で１ページマンガを描いてください。

4、「S Something」近況や好きなものを題材にした４コマ漫画。エッセイ漫画のように自分の体験したことを描く漫画です！

5、「S Story」絵と文で綴る作品。１枚のなかに絵と詩やモノローグ、セリフを配してください。

6、「S Say」フリートーク文字投稿。近況や好きなものを語ったり、絵についてのお悩みなども待っています。

7、「女子部」「男子部」女子＆男子の「ココが好き！」「グッとくる」というポイントを描いて送ってね。毎回違うナビゲーターが登場します！

8、「うちのこ倶楽部」自分のオリジナルキャラクター、「うちの子」を絵と文で描こう！詳細はうちのこの最初のページ！

9、「SS恋愛部」皆さんの恋愛体験談、お悩み、気になる話題を送ってください。イラスト付きも歓迎です！（新コーナー）
※SS恋愛部では、投稿者の方にメールやリモートでお話を聞きたいので、メールなどの連絡方法をお書きください。

※「S Say」「SS学園」「うちのこ倶楽部」の文字は小さいと読めないので、ご注意を！

カラーイラストのサイズはハガキから A4 まで

※これより小さいと絵が小さくしか掲載できません。

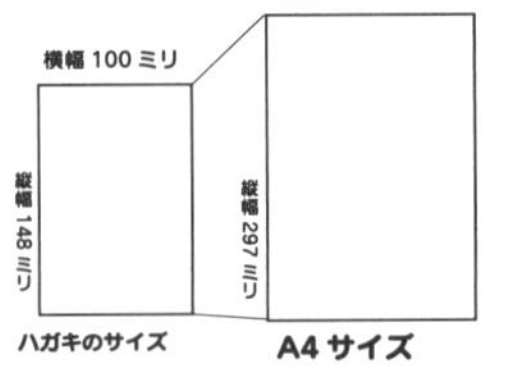

モノクロイラストのサイズはアンケートハガキのフリースペースから A4 まで

※サイズの小さいイラストは、小さくしか掲載できませんのでご了承下さい。

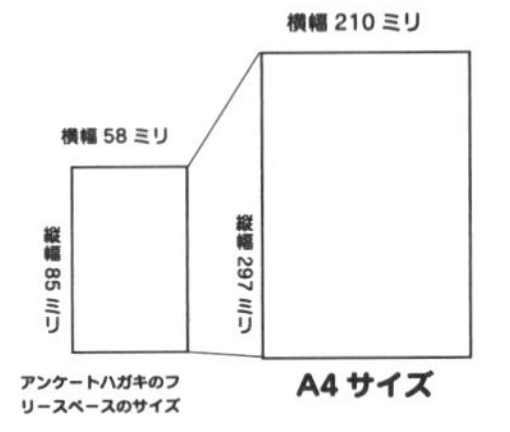

「S Stage」１ページマンガの原稿例

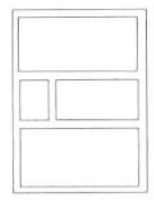

「S Stage」もハガキ～ A4 サイズまでの大きさで応募下さい。1 ページ漫画を 1 枚の中でコマ割りして描いていただければオッケー。

「S Something」４コママンガの原稿例

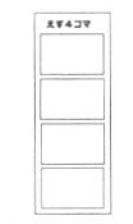

「S Something」もハガキ～ A4 サイズまでの大きさで応募下さい。サイズは自由ですが、コマを 4 つに割った漫画でお願いします。一枚の紙に 2 本描いてくださっても大丈夫です。

「S Story」絵と文の原稿例

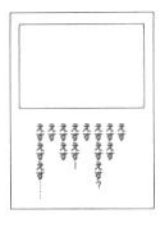

「S Story」もハガキ～ A4 サイズまでの大きさで応募下さい。形式は自由です。左図のように上に絵、下に文字というもののほか、全面に絵を描いて、その背景として文字を並べてもらっても良いです。

注意！　イラストの裏面に必要な応募事項（住所や氏名など）の記載がない場合、イラストを載せられないことがあります。

★応募要項

以下の要項を作品の裏面に記入し、各コーナー宛にお送りください（複数作品応募される場合も必ず全部の絵に書いて下さい）

1、SS何号の、どのコーナー宛のイラストなのか明記

2、郵便番号、住所、氏名、ペンネーム、年齢（非公開希望の方は「非公開」と明記。年齢は郵送時のもの。掲載時の年齢を気にする必要は無し）
電話番号またはメールアドレス（原稿依頼のための連絡先）

3、作品に関して一言

4、使用画材（Ssayのコーナーで集計を取るので、お書き下さいませ。アナログ投稿は、用紙の種類、メーカーも書いてくれると嬉しいです）

5、SNSの活動歴（XやPixivのアカウント。例【@esuesu】）、「ＳＳ」への掲載歴（初投稿の人は特に明記してください）。

※ネットの投稿サイト（Pixiv等）や自分のHPなど、過去どこかに発表したことのあるイラストも、SSに投稿可能です。

★注意事項

1、作品の天地左右がわかりにくいイラストは裏に明記すること。

2、返却希望の人は投稿時と同額の切手を貼った自分の住所氏名を書いた封筒を同封し、作品の裏に赤で「要返却」と書くこと。

3、投稿イラストには、全部で何枚あるか全てコーナーを通して全部のイラストの裏面に番記する。※封筒は１つにまとめて入れて大丈夫です。
（例えばSkySに１枚、SeaSに２枚の計３枚を投稿した場合、原稿の裏に１／３、２／３、３／３と書いて下さい。1枚の場合は、1／1）

4、イラストのサイズは、ハガキ～Ａ４サイズまでなら自由。規定より大きいと印刷所で扱えず、破損する恐れもあるのでお止めください。

5、郵送時に雨に濡れる恐れがあるので、気になる人はビニールなどに入れて投稿ください。

※返却を希望される方は、必ず「要返却」と書いて返却用封筒を同封してください。
不足していると、返却に時間がかかる場合があります。どうぞよろしくお願いします。

この号に掲載されているイラストの返却時期について

SS77号に掲載された作品、投稿したイラストの返却時期は、SS79号の発売日（2024年10月20日）前後となります。返却を希望されている方は、お待ち下さい。よろしくお願い致します。

〒150-0041　東京都渋谷区神南1丁目13-3　アーク神南ビル2F
SS編集部「SS（投稿するコーナー名を書く）」係

送付先住所！

※「SS」のお姉さん雑誌「季刊エス」の投稿コーナー「Star S」や「Space S」への投稿と同じ封筒でも受け付けます。
その場合は、両方の投稿が入っている事がわかるように封筒に明記してください。（例：Star S＆SkySフリーあて）
また、「SS」投稿用の絵の裏に「SS」係宛と書いてください。複数枚での投稿の方は、その中からどれかを「SS」宛にしてくだされぱオッケー。

SS78号に投稿するイラストの返却時期は、SS80号が発売される前後（2025年1月）になります。

●ネットワーク投稿も受け付けます。

季刊エスのサイト【http://s-ss-s.com/】に設置しているメールフォームから送ってください。
サイトにネットワークで投稿する際の詳しい注意事項も掲載しているので、よく読んでから送ってね。
※解像度はサイズ原寸で300dpiが理想です。それより低い解像度の場合は、掲載サイズが小さくなる恐れがあります。

● 締切：2024年5月23日（木）※当日消印有効（ネットワーク投稿は当日送信有効）

● 発表：「SS」第78号 発売日 2024年7月20日予定

電子版も発売開始！

SSの72号の内容から、電子書籍の発売がスタート！
投稿されたイラストは電子版にも掲載されます！　両方同じ内容です！
よろしくお願いします！

スモールエス「投稿特大号」に向けてのお知らせ

■スモールエスは、もうすぐ20周年！
記念すべき時に向けて、2024年10月20日に発売のSS79号では、「投稿特大号」を予定！次の次の号です！　この号は投稿ページをたくさん増やして「投稿特大号」にします！
ぜひ投稿くださいませ！！

★スモールエスの「投稿特大号」の締め切りは、
2024年8月22日（木）
あと4ヶ月あります！
この号にはたくさんの力作をお待ちしております。ぜひ一緒に「投稿特大号」を盛り上げてください！

スモールエス運営のギャラリーエクリもチェック！

好評受付中！

「SS」と「季刊エス」定期購読のお知らせ

「季刊エス」と「SS」のバックナンバーや年間定期購読サービスの紹介。
書店で探さずとも毎号確実に手に入るのが年間定期購読です。 QRコードからアクセス！
5/31まで、最大50%オフのお得なキャンペーンも実施しています！

■スモールエス定期購読（送料無料）
WEBサイトから
http://www.fujisan.co.jp/ss

SS定期購読

■季刊エス定期購読（送料無料）
WEBサイトから
http://www.fujisan.co.jp/kikans

季刊エス定期購読

※年間購読の申し込みはFujisan.co.jpになります。 お申し込みはFujisan.co.jp記載の利用規約に準じます。
★Fujisan.co.jpでは季刊エスとスモールエスのバックナンバーを購入することもできます！

エスの通販サイト

★「SS（スモールエス）」「季刊エス」
のオリジナルグッズをBOOTHで通販します。
特典付きのスモールエスや季刊エス、
また、ギャラリーエクリで販売するグッズの
通販もおこなっていきます。
是非チェックしてください！

http://kikan-s-ss.booth.pm

SS学園
公式設定資料集

編集後記

私たちは幼き頃から、「努力する」といえば、学校の勉強や運動を努力しなさいと言われてきました。そのせいか、自然とその努力の仕方に慣れていると思います。皆で同じことを競い合い、教えられたゴールや正解に向かうもの。だから、絵の活動をするときも、試験勉強のような方法を取ることがありますよね。SNSの場合、「バストアップなどで顔を目立たせる」「光を生かして明暗差をつける」のように、認知されやすい方法を学んでそれを実践します。もちろん、SNSでは見てもらえないことが多いので、このような方法を取ることは効果的。でも、見てもらうためのフォーマットに合わせた絵は、「試験の正解」のようなものですから、他と似てしまいます。同じ問題を解く答えは同じですから…。その結果、見てもらえる絵を描き上げることは出来ても、「これは私が描く意味はあるのかな…、他の人の絵でも別に良いんじゃないかな…」という不安も生まれそうですよね。試験の場合は、英語のテストで12番の人と、13番の人に本質的な「個性」の違いはないですから。絵の「努力」が、SNSで見てもらうことになると、そんな風に、似た者たちが同じルールを競い合う勉強のようになってしまう。考えてみれば、SNSがこのようなルールを持つのは、「絵の表示サイズが小さいこと」「目に留めるのが少しの時間であること」という機能上の理由です。スマホはツールですから、それは仕方がない。でも、あなたが描く絵はツールのためではありませんよね？ 好きだと思ってくれる人に見せるためですよね。だから、スマホは1つの場として使いつつも、まず自由に描いて、自分が見てもらいたい状態を実現する場を持てると良いと思います。例えば、時間をかけて見てもらいたい、大きく見てもらいたい。SSは雑誌なので、SNSのように膨大に絵を収めることはできません。でもその代わり、どんどん流れるわけではないから、何度も見返すことができます。また、私たちのギャラリーエクリの展示では、大きな絵をじっくり見てもらうことができます。他にもいろんな場があることでしょう。違う見せ方をしている場なら、別の伝わり方をする。一枚の作品を描いたら、それをいろんな場で見せて、一つの正解に収めないことが大切です。人生の中で学校や試験が全てではないように、より生き生きする場をあなたの絵に用意してあげれば、一層輝くことと思います（ノ）

イラスト投稿ガイド

160ページとあわせてよく読んでね！

● イラスト送付先住所（渋谷です！）
〒150-0041 東京都渋谷区神南1丁目13-3 アーク神南ビル2F
スモールエス編集部「（応募コーナー名を書いてください）」

現在の投稿先は渋谷です。イラストの水濡れが心配な方は、ビニール袋に入れて投稿くださいませ！

投稿イラストの裏面に必要事項を記入する
※読み間違いを防ぐために、丁寧に書いて下さい！
★住所、氏名などの必要事項は、必ず全てのイラストの裏に記入して下さい。封筒や別紙に記入するのは不可です！

これはStarSに1枚
SpaceSに2枚、
合計3枚を返却希望で送る
場合の図解です

返却希望の場合は「要返却」と**赤字**で記入して下さい。黒字はNGです。また、返却封筒の同封も必要になるので、忘れないよう、お気をつけ下さい。

イラストの返却を希望する場合
イラストの返却が不要の場合

返却用封筒の用意
イラストを返却する時に、これに入れてお返ししますので、返却を希望する場合に必ず必要となります。返却用封筒が無いとイラストの返却が出来ませんので注意して下さい！

返却時に必要な料金分の切手を貼って下さい
ご自分の住所、氏名を書いて下さい

宛名（編集部の住所、コーナー名）、差出人を書いた封筒に入れ、切手を貼る
リターンアドレスが書かれているか、切手の料金が足りているか確認！郵便料金は下の料金表を参考にして下さい。
★重さは自宅のキッチンスケールで量れます。はかりが無い場合など、必要な料金が分からない時は郵便局の窓口で出しましょう。

23.5cm×12cmよりも大きなもの、または厚みが1cmよりもあるものは定形外郵便の料金となるので要注意!!

郵便料金表

	定型内	定形外	角形2号厚み3cm以上の定形外
25gまで	84円	120円	200円
50gまで	94円		
100gまで		140円	220円
150gまで		210円	300円
250gまで		250円	350円

★上記は、10月1日以降の新価格を掲載！
※A4、B5、A5サイズ等は定形外郵便となるため郵送には最低120円かかります。

投稿やハガキに記載された情報は、投稿作掲載、原稿依頼、プレゼント発送という誌面での企画にしか使用いたしません。

POST CARD

料金受取人払郵便
渋谷局承認
7528
差出有効期限
令和7年
3月14日まで
切手は不要なので送ってね！

150-8790
202

東京都渋谷区神南1-13-3
アーク神南ビル2F
「SS スモールエス」編集部
vol.77
アンケート 係

この雑誌で面白かった記事は？（裏面の番号から5つまで）
[ ][ ][ ][ ][ ]
メイキングと投稿はどちらを見たいですか？
☐メイキング
☐投稿イラスト
サイン色紙は転売・譲渡禁止。当選者にはその契約を締結した後に発送します。
希望プレゼント番号： 第1希望 第2希望
住所：□□□-□□□□
都道府県
氏名：
ペンネーム：
性別：
職業：
年齢：
☐掲載時に年齢を載せない
電話番号：
メールアドレス：
※太枠内は投稿作品を掲載させる際に誌面に掲載します。
プレゼントの応募締切りは2024年5月23日(木)消印有効です

「SS（スモールエス）」vol.77 プレゼント

プレゼントの応募締切は
2024年5月23日（木）当日消印有効です

1

CLIP STUDIO PAINT PRO
1デバイス2年版アクティベーションコード
1名様
提供：株式会社セルシス
（Win/mac/iPad/iPhone/Android/Chromebookのいずれか1台で利用可能

2

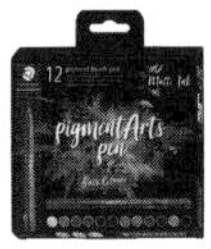

ステッドラー ピグメント
ブラッシュペン 12色セット

3名様
提供：ステッドラー日本株式会社

3A **3B**

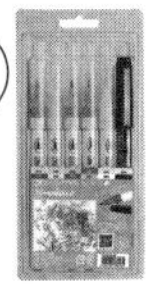

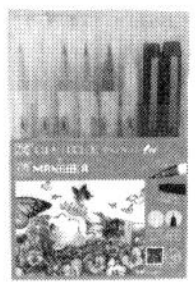

3Aは、リアルブラッシュ＋MANGAKA／12V
3Bは、リアルブラッシュ＋MANGAKA／24V
数量：各2名様＝合計4名様
提供：株式会社呉竹

4

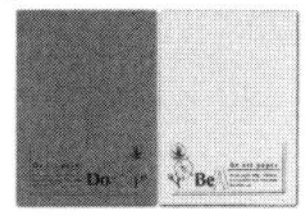

ドゥーアートペーパー
ビィーアートペーパー
パッド2冊セット
5名様
提供：株式会社ミューズ

5

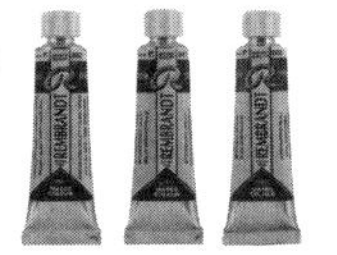

レンブラント透明水彩絵具
＃847 インターフェレンスバイオレット
＃862 カメレオンバイオレットブルーグリーン
＃865 スパークブルー
各10mlチューブ 3色セット
3名様
提供：株式会社ターレンスジャパン
（既存の包装材を使用しますため、中身と包装材の表記が一部異なりますが、ご了承ください）

6

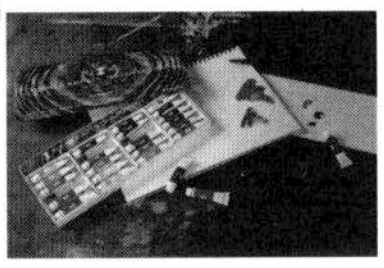

ターナー透明水彩絵具
24色セット
3名様
提供：ターナー色彩株式会社

7

**メイキング登場作家
サイン色紙とサイン本**

サイン色紙は各1名ずつ。
希望される方は具体的に
⑥-●とAからはじまるアルファベットも一緒にご記入ください。

⑥-A：村カルキ
⑥-B：相楽ちと
⑥-C：香琳
⑥-D：夏目レモン
⑥-E：しいろ

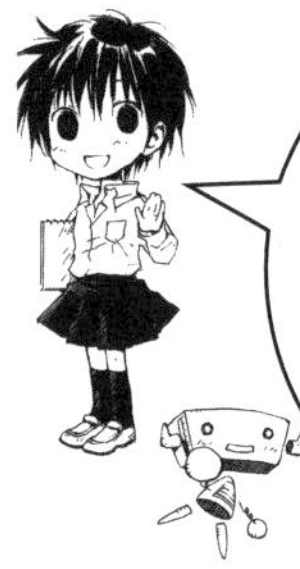

皆さん！
SSの背表紙に入れる「えす丸」のイラスト大募集！
サイズは右の図です。3センチ四方の正方形！ アンケートハガキに3センチの枠を描いて、その中に絵を描いてくれるなどして、送ってください！ 絵の感じは、今号の背表紙を例として見てみてくださいー！

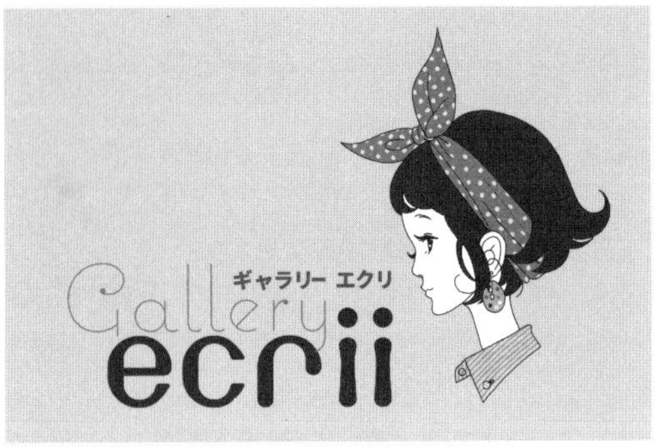

スモールエスのギャラリーエクリのお知らせ

「ギャラリーエクリ」では、
スモールエスや季刊エスに
ゆかりのある作家さんの展示を開催！

今後の予定は、公式Xで
報告していきます！
ぜひチェックください！
@galleryecrii

エクリのQRコード →

★アクセス
渋谷駅から徒歩7分

東京都渋谷区神南1丁目13-3
アーク神南ビル2F
（Googleマップで
「ARK神南」として表示されます）

TEL　03-6455-0223

エスエス 2024 vol.77
（アンケートのためのリスト番号）

1	表紙・ピンナップ：村カルキ
2	はむメロン　描き下ろし
3	白ノ　描き下ろし
4	月鈴蘭　描き下ろし
5	塔野アカリ　描き下ろし
6	雨図　描き下ろし
7	マッペ　描き下ろし
8	SS表紙イラストメイキング：村カルキ「CLIP STUDIO PAINT」
9	村カルキ　インタビュー
10	SSメイキング：相楽ちと「コピック」
11	SSメイキング：香琳「ステッドラー ピグメントブラッシュペン」
12	「夏目レモンの色んな画材をつかってみよう！」アムステルダムアクリリックカラー
13	CLIP STUDIO PAINT初心者講座 しいろ・明日見ゆうら
14	七神先生と一緒に描く100円お絵描きチャレンジ！
15	「くりゅう×南野葵」座談会
16	アンファン・テリブル　ゆめ
17	SS学園 ハモンド華麗／香琳／こけし／鴉堂　投稿コーナー
18	イラスト連載：友風子「汐風便り」
19	イラスト連載：七神マナ「あなたの可哀想なおんなのこ」
20	カラーイラスト投稿コーナー　Sky S
21	エスレア　和桜恋、豚骨先生
22	モノクロイラスト投稿コーナー　Sea SからS Sayまで
23	うちのこ倶楽部
24	「男子部」ナビゲーター「上ノ句」
25	「女子部」ナビゲーター「劣性遺伝」
26	SS恋愛部

SS 2024.vol.77

★SSのXや記事の中では、通常ペンネームで感想を掲載させて頂きます。
コメントの掲載がNG、またはペンネーム不可で匿名希望の場合は□にチェック！
□匿名希望　□掲載NG

■投稿ページ「Sky S」「Sea S」のイラストで気に入った絵を作家名で教えてください（それぞれ3人まで）
Sky S（　　　）
Sea S（　　　）

■今号の登場作家、投稿作品への感想をお書き下さい。

■絵の描き方や好きなものを聞いて、新コーナーで紹介したいので、以下にお答えください。
使ったことのある画材やソフト（　　　）
今後使ってみたい画材やソフト（　　　）
使用画材へのコメント（　　　）

好きなアニメや漫画（　　　）
好きな絵描きさん（　　　）
好きなボカロPや歌い手（　　　）
好きなゲーム（　　　）
ジャンル問わず好きなもの（　　　）
好きなものへのコメント（　　　）

■使用するSNSの用途を教えてください。（例：情報収集、絵を見る、作品発表、交流、学び、など）
□X（　　）□TikTok（　　）□Discord（　　）
□Instagram（　　）□Youtube（　　）□その他（　　）

■「SS」の表紙を描いて欲しい作家は？（イラストレーター、ネットやボカロ系絵師などで）

■理想的は恋愛は？（恋愛部で匿名で紹介予定）（例：内面の理解、VRでの交流、同じ趣味仲間の同居、ロボットに癒される）

フリースペース（絵や文章など、Sea S投稿用にもどうぞ！）
投稿コーナー名
ペンネーム